经以济世
建德尚真

贺教育部
重大攻关项目
成功立项

教育部哲学社會科学研究重大課题攻関项目

"十三五"国家重点出版物出版规划项目

境外宗教渗透论

ON OVERSEAS RELIGION PERMEATION

段德智

等著

中国财经出版传媒集团

经济科学出版社

Economic Science Press

图书在版编目（CIP）数据

境外宗教渗透论/段德智等著. —北京：经济科学
出版社，2016.5（2020.7 重印）
教育部哲学社会科学研究重大课题攻关项目
ISBN 978 – 7 – 5141 – 6838 – 9

Ⅰ. ①境…　Ⅱ. ①段…　Ⅲ. ①宗教 – 研究 – 中国
Ⅳ. ①B929. 2

中国版本图书馆 CIP 数据核字（2016）第 110050 号

责任编辑：解　丹　罗志荣
责任校对：刘　昕
责任印制：李　鹏　范　艳

境外宗教渗透论

段德智　等著

经济科学出版社出版、发行　新华书店经销

社址：北京市海淀区阜成路甲 28 号　邮编：100142

总编部电话：010 – 88191217　发行部电话：010 – 88191522

网址：www.esp.com.cn

电子邮件：esp@ esp.com.cn

天猫网店：经济科学出版社旗舰店

网址：http://jjkxcbs.tmall.com

北京季蜂印刷有限公司印装

787 × 1092　16 开　28 印张　530000 字

2016 年 5 月第 1 版　2020 年 7 月第 2 次印刷

ISBN 978 – 7 – 5141 – 6838 – 9　定价：70.00 元

（图书出现印装问题，本社负责调换。电话：010 – 88191502）

（版权所有　侵权必究　举报电话：010 – 88191586

电子邮箱：dbts@ esp.com.cn）

课题组主要成员

翟志宏　黄　超　白　虹　徐　弢　桑靖宇
王成军　方　永　董尚文　王思成　陈文安

编审委员会成员

主　任　周法兴

委　员　郭兆旭　吕　萍　唐俊南　刘明晖
　　　　刘　茜　樊曙华　解　丹

总　序

哲学社会科学是人们认识世界、改造世界的重要工具，是推动历史发展和社会进步的重要力量。哲学社会科学的研究能力和成果，是综合国力的重要组成部分，哲学社会科学的发展水平，体现着一个国家和民族的思维能力、精神状态和文明素质。一个民族要屹立于世界民族之林，不能没有哲学社会科学的熏陶和滋养；一个国家要在国际综合国力竞争中赢得优势，不能没有包括哲学社会科学在内的"软实力"的强大和支撑。

近年来，党和国家高度重视哲学社会科学的繁荣发展。江泽民同志多次强调哲学社会科学在建设中国特色社会主义事业中的重要作用，提出哲学社会科学与自然科学"四个同样重要"、"五个高度重视"、"两个不可替代"等重要思想论断。党的十六大以来，以胡锦涛同志为总书记的党中央始终坚持把哲学社会科学放在十分重要的战略位置，就繁荣发展哲学社会科学作出了一系列重大部署，采取了一系列重大举措。2004 年，中共中央下发《关于进一步繁荣发展哲学社会科学的意见》，明确了新世纪繁荣发展哲学社会科学的指导方针、总体目标和主要任务。党的十七大报告明确指出："繁荣发展哲学社会科学，推进学科体系、学术观点、科研方法创新，鼓励哲学社会科学界为党和人民事业发挥思想库作用，推动我国哲学社会科学优秀成果和优秀人才走向世界。"这是党中央在新的历史时期、新的历史阶段为全面建设小康社会，加快推进社会主义现代化建设，实现中华民族伟大复兴提出的重大战略目标和任务，为进一步繁荣发展哲学社会科学指明了方向，提供了根本保证和强大动力。

　　高校是我国哲学社会科学事业的主力军。改革开放以来，在党中央的坚强领导下，高校哲学社会科学抓住前所未有的发展机遇，紧紧围绕党和国家工作大局，坚持正确的政治方向，贯彻"双百"方针，以发展为主题，以改革为动力，以理论创新为主导，以方法创新为突破口，发扬理论联系实际学风，弘扬求真务实精神，立足创新、提高质量，高校哲学社会科学事业实现了跨越式发展，呈现空前繁荣的发展局面。广大高校哲学社会科学工作者以饱满的热情积极参与马克思主义理论研究和建设工程，大力推进具有中国特色、中国风格、中国气派的哲学社会科学学科体系和教材体系建设，为推进马克思主义中国化，推动理论创新，服务党和国家的政策决策，为弘扬优秀传统文化，培育民族精神，为培养社会主义合格建设者和可靠接班人，作出了不可磨灭的重要贡献。

　　自 2003 年始，教育部正式启动了哲学社会科学研究重大课题攻关项目计划。这是教育部促进高校哲学社会科学繁荣发展的一项重大举措，也是教育部实施"高校哲学社会科学繁荣计划"的一项重要内容。重大攻关项目采取招投标的组织方式，按照"公平竞争，择优立项，严格管理，铸造精品"的要求进行，每年评审立项约 40 个项目，每个项目资助 30 万～80 万元。项目研究实行首席专家负责制，鼓励跨学科、跨学校、跨地区的联合研究，鼓励吸收国内外专家共同参加课题组研究工作。几年来，重大攻关项目以解决国家经济建设和社会发展过程中具有前瞻性、战略性、全局性的重大理论和实际问题为主攻方向，以提升为党和政府咨询决策服务能力和推动哲学社会科学发展为战略目标，集合高校优秀研究团队和顶尖人才，团结协作，联合攻关，产出了一批标志性研究成果，壮大了科研人才队伍，有效提升了高校哲学社会科学整体实力。国务委员刘延东同志为此作出重要批示，指出重大攻关项目有效调动了各方面的积极性，产生了一批重要成果，影响广泛，成效显著；要总结经验，再接再厉，紧密服务国家需求，更好地优化资源，突出重点，多出精品，多出人才，为经济社会发展作出新的贡献。这个重要批示，既充分肯定了重大攻关项目取得的优异成绩，又对重大攻关项目提出了明确的指导意见和殷切希望。

　　作为教育部社科研究项目的重中之重，我们始终秉持以管理创新服务学术创新的理念，坚持科学管理、民主管理、依法管理，切实增强服务意识，不断创新管理模式，健全管理制度，加强对重大攻关项目的选题遴选、评审立项、组织开题、中期检查到最终成果鉴定的全过程管理，逐渐探索并形成一套成熟的、符合学术研究规律的管理办法，努力将重大攻关项目打造成学术精品工程。我们将项目最终成果汇编成"教育部哲学社会科学研究重大课题攻关项目成果文库"统一组织出版。经济科学出版社倾全社之力，精心组织编辑力量，努力铸造出版精品。国学大师季羡林先生欣然题词："经时济世　继往开来——贺教育部重大攻关项目成果出版"；欧阳中石先生题写了"教育部哲学社会科学研究重大课题攻关项目"的书名，充分体现了他们对繁荣发展高校哲学社会科学的深切勉励和由衷期望。

创新是哲学社会科学研究的灵魂，是推动高校哲学社会科学研究不断深化的不竭动力。我们正处在一个伟大的时代，建设有中国特色的哲学社会科学是历史的呼唤，时代的强音，是推进中国特色社会主义事业的迫切要求。我们要不断增强使命感和责任感，立足新实践，适应新要求，始终坚持以马克思主义为指导，深入贯彻落实科学发展观，以构建具有中国特色社会主义哲学社会科学为己任，振奋精神，开拓进取，以改革创新精神，大力推进高校哲学社会科学繁荣发展，为全面建设小康社会，构建社会主义和谐社会，促进社会主义文化大发展大繁荣贡献更大的力量。

教育部社会科学司

前　言

本书是教育部哲学社会科学研究重大课题攻关项目"境外宗教渗透与我国意识形态安全战略研究"（09JZD0004）的最终成果。

本课题的研究工作如果从 2009 年 7 月开始收集相关资料、初步形成思路时算起，差不多用了 69 个月的时间。

在《投标评审书》中，我们主要设计了八个子课题：（1）境外宗教渗透的结构语义学解析；（2）宗教意识形态的类型学考察；（3）美国的公民宗教及其对华宗教渗透；（4）境外宗教渗透与苏东剧变；（5）境外宗教渗透与民族分裂主义；（6）新中国抵制境外宗教渗透的经验与教训；（7）意识形态终结论批判；（8）境外宗教渗透情势下我国意识形态安全问题的战略性思考。

五年多来，围绕着这八个子课题，我们相继取得了一系列阶段性成果。

首先，我们先后写出了三本书稿：（1）《新中国宗教工作史》（段德智著，已由人民出版社出版）；（2）《境外宗教渗透与苏东剧变研究》（主要由白虹、王成军、段德智执笔，人民出版社即出）；（3）《境外宗教渗透与民族分裂主义》（主要由徐弢、桑靖宇、方永、段德智执笔，翟志宏曾参与写作提纲的制定，已经完稿）。此外，还有一些尚待加工的半成品。

其次，我们先后完成了三篇咨询报告：（1）《境外势力对我国高校的宗教渗透与反渗透战略思考》（多人参与调查，由段德智执笔）；（2）《留美中国学人基督教意识形态及对华宗教渗透问题》（由黄超执笔）；（3）《有效防范和抵制境外宗教渗透和抵制境外宗教渗透活动的几点建议》（由段德智执笔）。其中，前两篇报告为湖北省委统战部采纳，最后一篇报告为教育部社会科学司《专家建议》采纳并上报（见《教育部社会科学委员会专家建议》2013 年第 21 期）。

最后，我们先后在《马克思主义与现实》、《马克思主义哲学研究》、《世界宗教研究》、《中国党政干部论坛》、《俄罗斯中亚东欧研究》、《武汉大学学报》、《科学与无神论》和《战略与管理》等杂志上，发表了 20 多篇有较高学术水平的论文。

本书即是在加工、提炼这些阶段性研究成果的基础上形成的。没有这样一些高水平的研究成果，要完成这样一部著作是完全不可能的。因此，本书虽然是由我一个人执笔完成的，但它也可以看作是本课题组的集体作品。

因此，在本书完成之际，作为首席专家，我首先应当感谢的是本课题组全体成员四年来的辛勤付出，特别是本课题组主要成员（按姓氏笔画为序）方永、王成军、王思成、白虹、徐弢、桑靖宇、黄超、董尚文、翟志宏等的辛勤付出。

在开展课题研究的过程中，我们得到了武汉大学人文社会科学研究院和武汉大学哲学学院的关心和支持。在此，也一并向他们致以谢意。

在写作本书的过程中，我们曾参考了大量的中外文文献。在此，特向这些文献的作者致以谢意。如果我们在注释方面偶有疏漏，也望予以谅解。

我们在思考、写作和修改本书的过程中，不仅得到了教育部哲学社会科学研究重大课题攻关项目的资助，而且也得到了"中央高校基本科研业务费专项资金"资助（supported by "The Fundamental Research Funds for the Central Universities"），特此说明，并予以致谢。

尽管自苏东剧变以来，境外宗教渗透逐渐成了一个人们不时谈及的话题，尽管这些年来也有一些学者做过从境外宗教渗透的角度审视苏东剧变的尝试，但总的来说，有关探讨还不够全面、系统和深入。因此，尽管六年来我们一刻也不敢懈怠，但由于种种限制，本书不尽完善之处实在在所难免，还望方家和读者予以指正。

摘 要

本书正文由三篇内容组成。其中上篇"境外宗教渗透概论",旨在对境外宗教渗透进行逻辑解析;中篇"境外宗教渗透别论",旨在从境外宗教渗透主客模式的角度,分别对美国公民宗教的世界霸权主义本质,以及苏联、东欧和中国防范和抵制境外宗教渗透的经验教训进行史学考察;下篇"境外宗教渗透策论",旨在对社会主义国家防范和抵制境外宗教渗透作一些战略性思考。

上篇"境外宗教渗透概论"包括"'境外宗教渗透'的结构语义学解析"(第一章)、"境外宗教渗透与意识形态安全"(第二章)和"境外宗教渗透与宗教意识形态"(第三章)等三章,旨在对境外宗教渗透的概念进行结构语义学解析,对宗教意识形态进行类型学考察。本篇主要论证和强调:(1)宗教既是一种文化形态,也是一种意识形态;(2)境外宗教渗透的政治实质是"意识形态输出"和"社会复制";(3)境外宗教渗透的真实主体或终极主体是境外敌对势力,而非宗教组织和宗教团体;(4)境外宗教渗透的基本中介是"受操纵的宗教组织"和"受歪曲的宗教意识形态";(5)随着宗教的回归,宗教与国家安全的关系越来越密切;(6)宗教意识形态具有三种类型,即部门型、纲要型和跨国型;(7)宗教殖民主义是当代殖民主义的新形态;(8)宗教殖民主义的哲学基础是"普遍性思维"、"同一性思维"和"肯定性思维"。

中篇"境外宗教渗透别论"包括"美国公民宗教及其殖民主义本质"(第四章)、"境外宗教渗透与苏联解体"(第五章)、"境外宗教渗透与东欧剧变"(第六章)和"中国防范和抵制境外宗教渗透的基本历程"(第七章)等四章。该篇主要论证和强调:(1)在美国存在一个与教会宗教

"有着显著不同的、精心制作的和非常制度化了的公民宗教"；它实质上是"美国政治生活中的宗教维度"。（2）美国公民宗教在美国政治法律制度的确立和发展中一直发挥着"关键性作用"。（3）美国公民宗教的概念是在美国世界霸权主义的外交战略从"遏制战略"向"和平演变战略"转型时期提出来的，是为美国的"和平演变战略"，特别是为其"以信仰为基础"的外交政策服务的。（4）美国—梵蒂冈"神圣同盟"的宗教渗透是苏东剧变一个重要原因，防范和抵制境外宗教渗透对于维护社会主义国家的意识形态安全和国家安全具有极端重要性。（5）社会主义国家在宗教问题上无论是采取右的政治路线还是采取"左"的政治路线，都不利于防范和抵制境外宗教渗透。（6）唯有坚持马克思主义的宗教观、坚持马克思主义的宗教工作基本方针，才能有效地防范和抵制境外宗教渗透。

下篇"境外宗教渗透策论"包括"历史并未终结：'意识形态终结论'批判"（第八章）和"防范和抵制境外宗教渗透的战略思考"（第九章）等两章。该篇主要论证和强调：（1）当代意识形态终结论不仅是当代意识形态领域的一个热门话题，而且是当代资本主义意识形态的一个典型形式，其主旨在于宣扬基督宗教的"末世学"和"基督宗教的超国家"，宣扬"社会主义意识形态的终结"。（2）意识形态终结论是对社会主义国家防范和抵制境外宗教渗透斗志的灭火器；只有批判和破除意识形态终结论，才能树立防范和抵制境外宗教渗透的自觉意识。（3）为有效防范和抵制境外宗教渗透，必须树立防范和抵制境外宗教渗透的战略意识，树立世界意识、长时段意识、主权意识和国家安全意识。（4）为有效防范和抵制境外宗教渗透，不仅需要积极引导宗教与社会主义社会相适应、普及马克思主义宗教观和宗教法规教育，而且还需要采用"后发制人"与"先机制敌"相结合的积极防御战略。（5）为有效防范和抵制境外宗教渗透，还必须建立国家级的防范和抵制境外宗教渗透的领导机构和管理机构，并建立适应防范和抵制境外宗教渗透工作的外事队伍、宗教管理队伍、国家安全队伍和学术研究队伍。（6）对境外宗教渗透，既不应熟视无睹，也不要草木皆兵；既要看到防范和抵制境外宗教渗透的极端重要性，也不能将其"提到它所不应有的首要地位"，必须懂得"胜兵先胜而后求战"的道理，正确认识和处理好这项工作与社会主义建设大事业的辩证关系。

Abstract

This book is composed of three parts. Among them, the first part, *Generality of Overseas Religious Permeation*, is aimed at making a kind of logical analysis of overseas religious permeation. The second part, *Respective Discussing of Overseas Religious Permeation*, is aimed at making a kind of respective historical consideration of the essence of international hegemonism of American civil religion and the lessons of the precaution and resistance of overseas religious permeation of the Soviet Union, Eastern Europe and China, in perspective of subject-object mode of overseas religious permeation. The third part, *Counterplot of Overseas Religious Permeation*, is aimed at making some strategic thinking about socialist country's precaution and resistance of overseas religious permeation.

The first part contains three chapters: *Structural Semantic Analysis of Overseas Religious Permeation* (chapter 1), *Overseas Religious Permeation and Ideological Security* (chapter 2), and *Overseas Religious Permeation and Religious Ideology* (chapter 3). It is aimed at making a kind of structural semantic analysis of overseas religious permeation, and making a typological consideration of religion ideology. It principally demonstrates and emphasizes the following points: firstly, religion is both a kind of culture type and a kind of ideology; secondly, the political essence of overseas religious permeation is to make an export of ideology and to copy a society; thirdly, its real or ultimate subject is not religion, but the overseas hostile forces; fourthly, its fundamental intermediary agents are the manipulated religion organization and the distorted religion ideology; fifthly, along with religious regression, religion is on intimate with national security increasingly; sixthly, religious ideology has got three types: department type, outline type and transnational type; seventhly, religious colonialism is the new style of contemporary one; eighthly, the philosophical foundations of religious colonialism are universality thought, identity thought, and certainty thought.

The second part contains four chapters: *American Civil Religion and Its Colonialist Essence* (chapter 4), *Overseas Religious Permeation and the Collapse of Soviet Union* (chapter 5), *Overseas Religious Permeation and the Drastic Change of Eastern Europe* (chapter 6), and *Fundamental Course of the Precaution and Resistance of Overseas Religious Permeation in China* (chapter 7). It principally demonstrates and emphasizes the following points: firstly, in America there is a civil religion which is rather clearly different from the churches, an elaborate and well-institutionalized, and it is essentially the religious dimension in American political life; Secondly, American civil religion has been playing a critical role in the establishment and development of American political and legal system. Thirdly, the concept of American civil religion was put forward during the transitional period of American diplomatic strategy from containment to peaceful evolution, it serves for American strategy of peace evolution, especially for American faith-based diplomacy. Fourthly, the religious permeation of the holy alliance between America and Vatican is an important cause of the collapse of the Soviet Union and the drastic change of Eastern Europe, so that the precaution and resistance of overseas religious permeation has an extreme significance for socialist country maintaining its ideological and national security. Fifthly, both the right and left religious **lines** are to the disadvantage of socialist country's precaution and resistance of overseas religious permeation. Sixthly, only persisting in Marxist religious outlook and Marxist fundamental policy of religious work, we can prevent and resist overseas religious permeation effectively.

The third part contains two chapters: *History Has Not Ended Up: A Criticism of the Theory of Ideological Termination* (chapter 8) and *Strategic Thinking of the Precaution and Resistance of Overseas Religious Permeation* (chapter 9). It principally demonstrates and emphasizes the following points: firstly, the contemporary theory of ideological termination is not only a hot topic in the field of ideology, but also a representative form of contemporary capitalist ideology, the purport of which lies in advocating the Christian eschatology, the Christian super state, and the termination of socialist ideology. Secondly, the theory of ideological termination is an extinguisher for the will of the precaution and resistance of overseas religious permeation of socialist country. Only to criticize and explode the theory of ideological termination, we can set up the selfawareness of the precaution and resistance of overseas religious permeation. Thirdly, in order to prevent and resist overseas religious permeation effectively, we must set up the strategic awareness of the precaution and resistance of overseas religious permeation, and set up the awareness of the world as a whole, the awareness of long-term, the sovereignty awareness and the awareness of national security. Fourthly, in order to prevent and resist overseas religious permeation effectively, we should not only guide religions to adapt to socialist society, and popularize the education of Marxist religious outlook and the laws and regulations of religion, but also adopt the active defense strategy of combining gaining mastery by striking only after the enemy has struck with gaining mastery by striking only before the enemy has struck. Fifthly, in order to prevent and resist overseas religious permeation effectively, we should set up a specialized leading organization and a specialized management in national level, and set up a specialized foreign affairs team, a specialized management team of religious affairs, a specialized team of national security and a specialized academic research team which accommodate to the work of the precaution and resistance of overseas religious permeation. Sixthly, to overseas religious permeation, we should neither pay no attention nor be oversensitive; we should know the extreme significance of the precaution and resistance of overseas religious permeation, but we should not elevate this work to the leading position of all works of socialist cause, which it should not hold. We should understand the principle that in war the victorious strategist only seeks battle after he has got all necessary conditions to get victory, and correctly know and deal with the dialectical relationship between this work and the whole cause of socialist construction.

目 录

Contents

上 篇

境外宗教渗透概论   1

第一章 ▶ "境外宗教渗透" 的结构语义学解析   3

第一节 "境外宗教渗透" 中 "宗教" 的结构语义学解析   4

第二节 "境外宗教渗透" 中 "宗教渗透" 的结构语义学解析   25

第二章 ▶ 境外宗教渗透与意识形态安全   45

第一节 意识形态概念的 "历史轮廓" 及其 "中性化"   45

第二节 意识形态的社会功能、运行模式、历史性、异质性与时代性   60

第三节 意识形态安全与国家安全和宗教的安全化   75

第三章 ▶ 境外宗教渗透与宗教意识形态   91

第一节 宗教意识形态类型学：部门型、纲要型与跨国型   91

第二节 宗教殖民主义及其哲学基础   104

中 篇

境外宗教渗透别论   121

第四章 ▶ 美国公民宗教及其殖民主义本质   123

第一节 美国公民宗教概念的思想渊源   123

第二节 美国公民宗教的宏大叙事   137

第三节 美国公民宗教的政治轨迹   152

第五章 ▶ 境外宗教渗透与苏联解体　166

　　第一节　大国悲剧及其历史之谜　167
　　第二节　苏联的宗教工作与宗教政策　180
　　第三节　苏联宗教的历史沿革与苏联解体　192

第六章 ▶ 境外宗教渗透与东欧剧变　208

　　第一节　美梵"神圣同盟"与人民波兰的倾覆　209
　　第二节　波兰剧变的"多米诺骨牌效应"与独联体国家的
　　　　　　"颜色革命"　226

第七章 ▶ 中国防范和抵制境外宗教渗透的基本历程　240

　　第一节　前改革开放时期中国防范和抵制境外宗教渗透的斗争　240
　　第二节　改革开放初期中国防范和抵制境外宗教渗透的斗争　252
　　第三节　后冷战时代中国防范和抵制境外宗教渗透的斗争　259

下　篇

境外宗教渗透策论　287

第八章 ▶ 历史并未终结："意识形态终结论"批判　289

　　第一节　"意识形态终结论"的历史流变与历史走势　289
　　第二节　当代"意识形态终结论"的主要样态　300
　　第三节　作为"新福音书"的"历史终结论"批判　316

第九章 ▶ 防范和抵制境外宗教渗透的战略思考　339

　　第一节　防范和抵制境外宗教渗透的战略意识　341
　　第二节　防范和抵制境外宗教渗透的战略举措　357
　　第三节　防范和抵制境外宗教渗透的组织保障与战略管理　383

结语：既不应熟视无睹，也不应草木皆兵　400

参考文献　404

Contents

Part 1

Generality of Overseas Religious Permeation   1

Chapter 1   Structural Semantic Analysis of Overseas Religious Permeation   3

   1. Structural Semantic Analysis of Religion in Overseas Religious Permeation   4

   2. Structural Semantic Analysis of Religious Permeation in Overseas Religious Permeation   25

Chapter 2   Overseas Religious Permeation and Ideological Security   45

   1. Historical Sketch and Neutralization of Ideology Concept   45

   2. Social Functions, Operational Modes, Historicity, Heterogeneity and Times Characteristic of Ideology   60

   3. Ideology Security, National Security and the Securitization of Religion   75

Chapter 3   Overseas Religious Permeation and Religious Ideology   91

   1. Religion Ideological Typology: Department Type, Outline Type and Transnational Type   91

   2. Religious Colonialism and Its Philosophical Foundations   104

Part 2

Respective Discussing of Overseas Religious Permeation 121

Chapter 4　American Civil Religion and Its Colonialist Essence　123

1. Theoretical Origin of the Concept of American Civil Religion　123
2. Grandiose Narration of American Civil Religion　137
3. Political Track of American Civil Religion　152

Chapter 5　Overseas Religious Permeation and the Collapse of Soviet Union　166

1. Tragedy of Great Power and Its Historical Riddle　167
2. Religious Work and Religious Policy of Soviet Union　180
3. Historical Evolution of Soviet Union's Religions and the Collapse of Soviet Union　192

Chapter 6　Overseas Religious Permeation and the Drastic Change of Eastern Europe　208

1. Holy Alliance between America and Vatican and the Overturn of Polish People's Republic　209
2. Domino Effect of Polish's Drastic Change and Color Revolution of Countries of Commonwealth of Independent States　226

Chapter 7　Fundamental Course of the Precaution and Resistance of Overseas Religious Permeation in China　240

1. Struggles of the Precaution and Resistance of Overseas Religious Permeation before Reform and Opening in China　240
2. Struggles of the Precaution and Resistance of Overseas Religious Permeation during Initial Period of Reform and Opening in China　252
3. Struggles of the Precaution and Resistance of Overseas Religious Permeation during the Period of Post – Cold War in China　259

Part 3

Counterplot of Overseas Religious Permeation　　287

Chapter 8　History has Not Ended Up：A Criticism of the Theory of Ideological Termination　289

1. Historical Changes and Tendency of the Theory of Ideological Termination　289
2. Principal Modalities of Contemporary Theory of Ideological Termination　300
3. A Criticism of the Theory of Historical Termination as a New Gospel　316

Chapter 9　Strategic Thinking of the Precaution and Resistance of Overseas Religious Permeation　339

1. Strategic Awareness of the Precaution and Resistance of Overseas Religious Permeation　341
2. Strategic Measures of the Precaution and Resistance of Overseas Religious Permeation　357
3. Organizational Guarantee and Strategic Management of the Precaution and Resistance of Overseas Religious Permeation　383

Epilogue：To Overseas Religious Permeation，We Should Neither Pay No Attention Nor Be Oversensitive　400

References　404

3

境外宗教渗透概论

所谓境外宗教渗透，就其最基本的含义而论，指的无非是境外敌对势力利用所操纵的宗教组织和受歪曲的宗教意识形态，对对象国实施意识形态输出和社会复制，以达到其殖民侵略乃至称霸世界的野心。在国际关系史上，这类政治活动早已有之，但近二十多年来，伴随着苏东剧变这一当代最重大的政治事件的发生以及对其进行的反思，竟一跃而成为当代国际政治关系领域一个热门话题。一个在短短几十年间，就"从许多大国中的一个擢升到两个超级大国之一"的社会主义苏联，[①]怎么顷刻间就土崩瓦解了呢？一个从第二次世界大战后，一直让以美国为首的西方国家望而生畏的以苏联为首的"社会主义阵营"，怎么顷刻之间就轰然倒塌了呢？诚然，对这样一个问题，人们会见仁见智，但大多数政治家和思想家却毫不犹豫地将境外宗教渗透视为苏东剧变的一个原因（并非唯一原因）。美国前总统里根曾称赞教皇保罗二世是"结束共产专制统治的英雄之一"；波兰团结工会的领导人瓦文萨曾将波兰剧变的一半功劳归于保罗二世；前苏联总统戈尔巴乔夫也说过，没有教皇铁幕倒不下；波兰马克思主义理论家沙夫则谴责里根政府"利用教会这块牌子来征服人心"，在波兰和苏东国家实施

① ［美］尼克松，谭朝洁、孔岩、邓勇、马学印译：《1999：不战而胜》，中国人民公安大学出版社1988年版，第30页。

和平演变;① 江泽民在谈到苏联解体问题时也明确指出:"在苏联解体……的过程中,国际敌对势力就利用了宗教。"②

　　宗教不是出世的吗?境外政治渗透怎么可能和宗教沾上边?宗教渗透究竟是什么意思?它的主体究竟是谁?宗教作为一种意识形态,与其他社会意识形态究竟有什么区别?宗教不是具有超工具性吗?如果宗教具有超工具性,它何以成为以美国为首的西方敌对势力对社会主义国家实施政治渗透的工具?以美国为首的西方敌对势力对付社会主义国家除军事手段外,不是还有许多其他手段吗?他们为什么如此热衷于使用宗教和宗教意识形态这样一种手段呢?而且,这样一来,以美国为首的西方敌对势力不是在制造苏东悲剧的同时,又制造了一出宗教的悲剧吗?要回答这些问题,我们必须首先对"宗教"、"宗教意识形态"、"宗教渗透"和"境外宗教渗透"等这样一些宗教学和政治学的基本范畴进行一番解析和阐释。

　　① 〔波〕亚当·沙夫,郭增麟译:《美国—梵蒂冈"神圣同盟"内幕》,载于《当代世界社会主义问题》1997 年第 2 期。
　　② 《江泽民文选》第 3 卷,人民出版社 2006 年版,第 378 页。

第一章

“境外宗教渗透”的结构语义学解析

“思维规定”或逻辑范畴是我们进行任何理论思维都必须首先认真面对的问题。恩格斯在批评无视理论思维的自然研究家时曾经指出：“离开思维便不能前进，……要思维就得有思维规定。”[①] 而列宁也将“范畴”称作“帮助我们认识和掌握自然现象之网的网上纽结”。[②] 既然如此，在开始境外宗教渗透论的探讨时，我们就必须对境外宗教渗透这一范畴的内涵进行一番语义学考察。按照法国结构语言学家格雷马斯的观点，“单一的目的项没有意义”，“意义预设关系的存在，亦即项间关系的出现是有意义的必要条件”。[③] 因此，为要把握某个项的概念，就必须充分考虑到此项与他项的关系，考虑到诸项的整体结构。“境外宗教渗透”这个固定词组虽然由三个语词，即“境外”、“宗教”和“渗透”，组合而成，但考虑到该词组实际上是一种主谓结构的词组，其中的“境外”只不过是一个政治地理概念，一个修饰或限制“宗教”的语词，所以构成这一固定词组的两个基本语词或词项便是“宗教”和“（宗教）渗透”。既然“宗教”与“（宗教）渗透”是构成境外宗教渗透这一固定词组的两个基本词项，那么在对境外宗教渗透这一固定词组作结构语义学分析时，就应该着重从“境外宗教渗透”的整个意义链出发，对“宗教”和“（宗教）渗透”这两个基本词项进行考察。下面我们便依次从“境外宗教渗透与宗教”和“境外宗教渗透与宗教渗透”这两个

---

① 《马克思恩格斯选集》第 4 卷，人民出版社 1995 年版，第 308 页。
② 列宁：《哲学笔记》，人民出版社 1963 年版，第 90 页。
③ ［法］A. J. 格雷马斯，蒋梓骅译：《结构语义学》，百花文艺出版社 2001 年版，第 22 页。

层面展开考察。

第一节 "境外宗教渗透"中"宗教"的结构语义学解析

在"境外宗教渗透"这一范畴中，宗教乃其第一词项。因此，我们对境外宗教渗透的语义学解析，就应该从对宗教的考察入手。但考虑到既然"宗教"是境外宗教渗透范畴的一个词项，为了对"宗教"这一词项有一个较为真实的说明，就必须对境外宗教渗透的语义有一个虽说是初步的但却是概括的说明。

一、作为缩略语的"境外宗教渗透"：从两个"文件"的说法谈起

据我们所知，现在流行的"境外宗教渗透"这个说法，在中共中央文件中曾有两个比较原始的表达式：一个出现在 1982 年 3 月中共中央颁发的《关于我国社会主义时期宗教问题的基本观点和基本政策》中，另一个则出现在中共中央和国务院 1991 年 2 月发布的《进一步做好宗教工作若干问题的通知》中。第一个文件使用的是"外国宗教中一切敌对势力的渗透"这样一个表达式。[①] 而在第二个文件中，使用的则是"境外敌对势力利用宗教对我进行渗透"。[②] 不难看出，这两个文件的说法不尽一致，其中第一个文件侧重的是"外国宗教中"的"敌对势力"，而第二个文件强调的则是"利用宗教"的"境外敌对势力"。其差别在于：第二个文件的说法不仅强调了"境外敌对势力"在"外国宗教"之外的存在，而且进一步明确了"境外敌对势力"与"国外宗教"的关系是"利用"与"被利用"的关系。从我国抵制境外宗教渗透的长期实践看，后一个说法不仅更贴近事实，也更为严谨些。因此，我们不妨将"境外宗教渗透"这个范畴视为中共中央文件中这两个表达式的一个缩略语，尤其是第二个文件中的表达式的缩略语。这就是说，所谓"境外宗教渗透"，指的就是境外敌对势力利用宗教和宗教问题对我进行的渗透。而"宗教"和"宗教渗透"的内涵也必须由这个意义链获得理解。下面，我们就从这一意义链的整体出发对宗教概念（词

[①] 中共中央文献研究室综合研究组、国务院宗教事务局政策法规司编：《新时期宗教工作文献选编》，宗教文化出版社 1995 年版，第 70 页。

[②] 中共中央文献研究室综合研究组、国务院宗教事务局政策法规司编：《新时期宗教工作文献选编》，宗教文化出版社 1995 年版，第 213～214 页。

项）进行考察。

二、作为文化形态的宗教：宗教乃"活生生的文化遗留"

自从宗教产生之日起，人们即以这样那样的形式思考何谓宗教问题，进入文明社会后，随着人们抽象思维能力的提高，人们便形成了形形色色的宗教概念。即使在宗教这个词的词源中，我们也能依稀发现人们试图界定宗教的最初努力。

当前，国际宗教学界普遍将"宗教"（religion）一词的源头上溯到拉丁词 religio。而 religio 这词在拉丁语中主要有两个来源：一是古罗马哲学家西塞罗（前106～前43）的著作，二是古罗马修辞学家拉克坦提乌斯（约240～320）和著名教父哲学家奥古斯丁（354～430）的著作。最早是西塞罗在其著作《论神性》中先后使用过 relegere 和 religere 来表述"宗教"。其中，relegere 指的是在敬仰神灵上的（重新）"集中"和"注意"，而 religere 的词义则是"重视"、"小心翼翼"和"仔细考虑"。拉克坦提乌斯在其著作《神圣制度》中，奥古斯丁在其著作《论灵魂的数量》中都用 religare 来表述"宗教"，意指"结合"、"合并"和"固定"。从作为专门的和广义的宗教概念的角度看问题，特别是从宗教学奠基人缪勒在其宗教学奠基之作《宗教学导论》中所用的有关语词（religion）的角度看问题，这样一种主张是不无道理的，但这并不意味着世界诸宗教没有它们自己对宗教的理解，没有它们各自的宗教概念。

例如，在西方，古希腊人虽然不曾具有一个统一的专门的和广义的宗教概念，但却还是有他们自己的宗教理解和宗教观念。例如，他们把对神的敬畏和虔诚称作 eusébeia，把宗教的戒律和礼仪称作 thrēskeia，把人对神的畏惧称作 sébas。再如，古希伯来文中用 dat 来表示"宗教"。Dat 一词源于古老的阿拉米文 dāt，为"命令"和"律法"的派生词。《旧约圣经》中的《以斯拉记》中常用它表示"神的律法"。还有，"伊斯兰"系阿拉伯文动词不定式 islām 的音译，原义为"顺服"，其分词形式为 muslim（"穆斯林"），原义为"顺服者"。该词源于动词 aslama，词根为 salima，意为"神圣"，常被人们用来表达"完全奉献"和"完全顺服"的意思。

在东方，印度的"宗教"一词在梵文中为 dharma，南传佛教则用巴利文 dhamma 表示，该词被音译为"达磨"、"达摩"，被意译为"法"，在佛教中被用来指"佛法"或"一切法"。[①] 在藏文中这一概念表述为 Chos，在蒙文中为

---

① 尽管居顶在所著佛教经典《续传灯录》中有"吾住山久，无补宗教"的说法，但这里所谓的宗教，指的仍然只是崇拜佛陀及其弟子的教诲，并不具有西语"religion"所蕴涵的那种普遍性或普适性。

Shashin。汉语中虽然长期以来一直没有作为联缀词或合成词的"宗教"一词，但"宗"、"教"二字在我国则古已有之。其中，"宗"字，据许慎《说文解字》，由"宀"和"示"两个部分组成，"宀"意为"房顶"，"示"意为"神主"，合指供奉神主之位的庙宇，故其义为"尊祖庙也"。《尚书·大禹谟》中所谓"受命于神宗"中的"宗"，即是谓此。此外，"宗"字还有"归向"、"朝见"、"尊崇"、"本源"、"主旨"等含义。至于"教"字，则有"教化"、"教育"和"令"的意义。《易经》中所谓"神道设教"，《中庸》中所谓"修道之谓教"，即是谓此。受中文"教"字的影响，日文中的"宗教"也称为"教"（kyō），朝鲜文则称为 hak。

通过对"宗教"一词的语源学考察，我们不难发现，尽管各种文字中"宗教"一词的含义不尽相同，尽管人们对宗教的理解有广狭之分，但毕竟还是蕴涵着一些显而易见的共同的内容或意义。而且，这些共同的内容或意义，归结起来，不外下述三个层面：首先，凡宗教都关乎信仰对象，超越性、无限性、秩序（法则）、威仪乃信仰对象的本质特征；其次，凡宗教都关乎信仰者对信仰对象的敬畏、尊崇和顺从；最后，凡宗教都蕴涵信仰主体同信仰对象结合或合一的意向。毫无疑问，这些都属于宗教本质的范畴，构成宗教本质基本的不可或缺的内容。但是，古代人类对宗教的这样一些理解，尽管也关涉到宗教的文化意涵和社会规定性，但其中心内容却主要集中在对宗教自身的理解和说明上，从而缺乏一种广泛的文化学和社会学视野。这种情况至 19 世纪，随着宗教学这门新兴人文学科的问世，特别是随着宗教人类学、宗教文化学和宗教社会学这些宗教学分支学科的成形，有了根本的改变。

在宗教学史上，第一个从文化学的角度和高度审视宗教的是著名的宗教人类学家和宗教文化学家泰勒（Edward Burnett Tylor, 1832 ~ 1917）。泰勒在其代表作《原始文化》中，在文化考古的基础上，不仅给文化下了一个比较经典的定义，宣称"文化，或文明，就其广泛的民族学的意义来说，是包括全部的知识、信仰、艺术、道德、法律、风俗以及作为社会成员的人所掌握和接受的任何其他的才能和习惯的复合体"，[①] 而且，他还从文化学的角度对"神话"、"万物有灵论"、"宗教仪式和仪典"进行了基于"经验证实原则"的考察。按照泰勒的说法，无论是"神话"和"万物有灵论"，还是"宗教仪式和仪典"，都不仅是原始文化的一项内容，而且即使到了当今时代，它们也依然是"一种活生生的文化遗留"。[②] 该书的副标题为"神话、哲学、宗教、语言、艺术和习俗发展之研

---

① ［英］爱德华·泰勒，连树声译：《原始文化》，广西师范大学出版社 2005 年版，第 1 页。

② ［英］爱德华·泰勒，连树声译：《原始文化》，广西师范大学出版社 2005 年版，第 15 页；也请参阅孙亦平编：《西方宗教学名著提要》，江西人民出版社 2002 年版，第 45 页。

究"。仅从其副标题，也可看到泰勒将宗教视为一种文化或文化形态的立场。我国儒学大师梁漱溟在其《东西文化及其哲学》和《中国文化要义》等著作中，都曾在文化学的框架内讨论过宗教问题。他虽然提出过"以道德代宗教"的口号，但我们却不能因此而说他否认宗教在文化体系中的地位。因为他曾明确地强调过"宗教是有他的必要，并且还是永有他的必要"，① 宗教"在人类文化中占有很重要一个位置"。② 因此，梁漱溟关于"以道德代宗教"的本意并不在于否定宗教在文化中的位置或地位，而只是要以儒教和佛教这类"不含出世倾向的宗教"，亦即"道德宗教"，来取代西方那些"出世的宗教"。他之所以提出"世界文化三期重现说"，断言"世界未来文化就是中国文化的复兴"，③ 即是谓此。

事实上，宗教不仅如泰勒和梁漱溟所说，是一种文化或一种文化形态，而且它自身即是一个包括"器皿文化"（物质文化）、"制度文化"和"精神文化"在内的文化体系或文化系统。甚至可以说，世界诸宗教差不多都是这样一个由多种因素或多个层面组合而成的文化体系或文化系统。这首先是因为，凡宗教都有它的器物层面。不仅宗教建筑，如基督宗教的教堂、佛教的寺院和道教的宫观等，属于宗教的器物层面，而且道教的道袍、佛教的袈裟、基督宗教的十字架和伊斯兰教的麦加克尔白东南面壁上镶嵌的那块"玄石"等，也都属于宗教的器物层面。其次，凡宗教也都有它的制度层面。这是因为只要是宗教就有宗教组织问题。所谓宗教组织，是指宗教信徒在其中依据宗教观念过宗教生活并通过它进行宗教活动（宗教行为）的机构或团体。佛教的寺院、基督宗教的教会（含教堂或礼拜堂、修道院等）、伊斯兰教的清真寺等，便是这样的机构和团体。一方面这些机构或团体是作为宗教无形要素的宗教意识的外在（有形）表现，另一方面又是宗教生活和宗教行为的组织者和规范者。再有，为有效地组织和规范宗教生活和宗教行为，各宗教组织就必须制定这样那样的宗教制度。所谓宗教制度，实际上是那些维系宗教组织、规范宗教生活、指导宗教活动的规章、体制、惯例和传统的总称。基督宗教的主教制、公理制和牧首制以及佛教的寺院制等，都可以看作宗教的制度层面。此外，宗教的戒律也属于宗教的制度层面。犹太教和基督宗教有"律法书"（《创世记》、《出埃及记》、《利未记》、《民数记》和《申命记》）；犹太教还有专属于自己的《塔木德》；佛教有"三藏"（经藏、律藏和论藏）之说，其中律藏就是关于佛教戒律的著作集；伊斯兰教有所谓"沙利亚法"。所有这些关于宗教律法或宗教戒律的规定和著作，都关涉宗教的制度层面。最后，凡宗教也势必涉及精神层面。就如马克思所说，宗教实际上是"一种颠倒

---

① 梁漱溟：《东西文化及其哲学》，商务印书馆 2006 年版，第 111 页。
② 梁漱溟：《东西文化及其哲学》，商务印书馆 2006 年版，第 98 页。
③ 梁漱溟：《东西文化及其哲学》，商务印书馆 2006 年版，第 202 页。

的世界意识"，"是这个世界的总理论，是它的包罗万象的纲要"。① 而就宗教本身而言，凡宗教都有一个对作为终极实存的无限者的精神存在的信仰问题。离开了对这种精神存在的信仰，不要说高级形态的宗教，即使原始形态的宗教也不可能。事实上，不仅犹太教的耶和华、基督宗教的上帝和耶稣基督、伊斯兰教的安拉和道教的三清尊神是精神性的存在，即使佛教视为绝对不变的最高真理或本体的"本无"或"真如"（tathatā 或 Bhūta-tathatā）也应当作如是观。《成唯识论》中讲："'真'谓真实，显非虚妄；'如'谓如常，表无变易。谓此真实，于一切位，常如其性，故曰真如。"《大乘起信论》中讲："一切法从本己来，离言说相，离名字相，离心缘相，毕竟平等，无有变异，不可破坏，唯是一心，故名真如。"它们所强调的都是"本无"或"真如"的精神性。因此，我们完全有理由说，宗教是一种由"器皿文化"（物质文化）、"制度文化"和"精神文化"组合而成的文化体系或文化系统。②

三、作为意识形态的宗教：宗教乃社会的"神圣的帷幕"

同世界上任何事物都具有两重性一样，宗教也具有两重性，即一方面具有文化形态，另一方面又具有意识形态。

意识形态，其法文为 idéologie，其英文为 ideology，这个单词是安东尼·路易斯·克劳德·德斯都·德·特拉西（Antoine Louis Claude Destutt de Tracy，1754 ~ 1836）伯爵在 1796 年创造的。特拉西伯爵是一位法国哲学家和经济学家，以其"意识形态哲学"闻名于世，其代表作是四卷本的《意识形态原理》（*Elémens d' idéologie*)》。特拉西伯爵将意识形态界定为一门"组合观念的科学"或"观念结构的科学"。③ 他的这门科学是基于约翰·洛克的非实体主义和感觉主义的对人的行为的一种全面研究。在特拉西伯爵看来，意识形态是一门"超级科学"，凭借将这门科学的洞见运用到人类行为之上，可以将政治问题、经济问题和社会问题融会贯通到一起。"这是一门最伟大的艺术，所有别的科学和艺术都将由于这门艺术的成就而协调一致，规范社会，以至于人能够在其同类那里得他最大限度的帮助和最低限度的打扰。"④

---

① 《马克思恩格斯选集》第 1 卷，人民出版社 1995 年版，第 1 页。
② 吕大吉：《宗教是一种社会文化体系》，《社会科学战线》2007 年第 6 期。
③ Emmet Kennedy. *A Philosophe in the Age of Revolution：Destutt de Tracy and the Origins of "Ideology"*. Philadelphia：American Philosophical Society，1978，p. 45.
④ Emmet Kennedy. *A Philosophe in the Age of Revolution：Destutt de Tracy and the Origins of "Ideology"*. Philadelphia：American Philosophical Society，1978，p. 47.

根据特拉西伯爵对意识形态的上述界定，我们不妨将意识形态界定为一种"思想体系"，①或者界定为一种"社会思想体系"。而这种社会思想体系在社会结构中便常常扮演"观念上层建筑"的角色。美国学者安德鲁·吉奥吉和乔治·布莱克伍德把意识形态界定为"成套的政治、社会和经济信仰"，并认为每一种意识形态都有一个坚实的制度和组织基础。②不难看出，尽管这两个美国学者对意识形态这种界定与特拉西伯爵的定义小有区别，但大体说来还是一脉相承的。然而，根据意识形态这样的定义，我们便惊奇地发现："自从人类有文字记载的历史以来就出现了意识形态，最早的意识形态是宗教。"③这一结论乍一看有点耸人听闻，但细心品味起来，倒是深中肯綮的。我们知道，若是从宗教组织同社会组织的关联这一层面看问题，人类最初的宗教形态便是氏族—部落宗教。氏族—部落宗教的一个根本特征便在于它同社会组织和社会制度的合一或直接的同一。而氏族—部落宗教与氏族—部落社会以及氏族—部落社会制度的合一的一个直接结果便是，在这种情势下，氏族—部落宗教并不仅仅是社会母系中的一个社会子系统，而且其本身即是社会母系统。这种情况进而使得氏族—部落宗教在观念层面并不局限于宗教信仰和宗教礼仪，而是广泛涉及氏族社会和氏族社会制度的方方面面，从而具有百科全书式的性质。例如，犹太人在亚伯拉罕、以撒、雅各和摩西时代，当时处于氏族—部落社会，而这一历史时期的犹太教也应当属于氏族—部落宗教，从而其宗教观念也就不仅限于宗教信仰层面，而是广泛涉及犹太社会和犹太社会制度的方方面面。例如，"摩西十诫"的具体内容如下：（1）"除了我以外，你不可有别的神"；（2）"不可为自己雕刻偶像，也不可做什么形象"；（3）"不可妄称耶和华——你上帝的名"；（4）"守安息日为圣日"；（5）"孝敬父母"；（6）"不可杀人"；（7）"不可奸淫"；（8）"不可偷盗"；（9）"不可做假见证陷害人"；（10）"不可贪恋人的妻子，也不可贪图人的房屋、田地、仆婢、牛驴并他一切所有的"。④其中前面四条，关涉的主要是宗教信仰，属于狭义宗教观念的范畴，而后面六条，则关涉世俗社会道德伦理、法律制度以及以血缘亲属关系为纽带的经济制度和婚姻制度，属于广义宗教观念的范畴。这就是说，"摩西十诫"透露出来的并不只是某一单个的观念，而是一个相互关联的观念群或观念系统。从本质上讲，这个观念群或观念系统与特拉西伯爵所说的将政治问题、经济问题和社会问题融会贯通的观念体系，与安德鲁·吉奥吉和乔治·

---

① Dell G. Hitchner and William H. Harbold. *Modern Government：a survey of political science*，New York：Dodd，Mead，1965，p. 536.

② Andrew Gyorgy and George D. Blackwood. *Ideologies in World Affairs*. Waltham，MA：Blaisdell Publishing Company，1967，p. 6.

③ 王立新：《意识形态与美国外交政策》，北京大学出版社 2007 年版，第 3 页。

④ 《旧约·申命记》5：7—21。

布莱克伍德所说的"成套的政治、社会和经济信仰"并无二致。换言之,"摩西十诫"所展示出来的正是"意识形态"。区别只在于,特拉西伯爵及安德鲁·吉奥吉和乔治·布莱克伍德所说的是一种资本主义的意识形态,而"摩西十诫"所展示的是氏族—部落社会的意识形态罢了。

宗教作为一种社会意识形态,其基本功能在于将相应的社会和社会制度神圣化。就作为氏族—部落宗教的犹太教及其"摩西十诫"来说,其维系或神圣化犹太社会道德伦理、法律制度以及以血缘亲属关系为纽带的经济制度和婚姻制度的企图和功能是相当明显的。因为虽然"摩西十诫"中有六条涉及世俗的道德伦理、法律制度、经济制度和婚姻制度,但在这里这些却是以"宗教戒律"的名义规定的,是借上帝(耶和华)之口颁布的。例如,"孝敬父母"本来是一条再世俗不过的道德伦理,但在"摩西十诫"中却被表述成"当照耶和华——你上帝所吩咐的,孝敬父母,使你得福,并使你的日子在耶和华——你上帝所赐你的地上,得以长久"。① 这就赋予"孝敬父母"这条世俗伦理以神圣不可侵犯的光环和地位。其实,不仅氏族—部落宗教是一种社会意识形态,具有维系社会或神圣化社会的社会功能,而且所有历史时期的宗教都属于一种社会意识形态,都具有维系社会或神圣化社会的社会功能。我国《易传·观卦》中就有"圣人以神道设教,而天下服矣"的说法,足见古代宗教对于社会治理的重要性。

随着宗教社会学的问世和发展,越来越充分地说明了宗教的社会意识形态性质及其维系社会和创建社会的社会功能。宗教社会学的奠基人是法国的涂尔干(Emile Durkheim,1858~1917)。② 涂尔干是个具有犹太血统的无神论社会学家。他和宗教人类学家和宗教文化学家泰勒一样,也非常注重氏族—部落宗教的研究。与后者不同的是,他不是从人的灵魂出发来审视氏族—部落宗教,而是从人的社会出发来审视氏族—部落宗教。与泰勒将人的灵魂规定为氏族—部落宗教观念的"本原"不同,涂尔干将氏族—部落社会规定为氏族—部落宗教或宗教观念的"本原"。他强调说"图腾的本原即是氏族"。一方面他指出,"社会给我们永远的依赖感";③ 另一方面他又指出,"社会之于社会成员,就如同神之于它的崇拜者。实际上,神首先被人们认为是高于人自身的一种存在,是人的依靠"。④

---

① 《旧约·申命记》5:16。

② Durkheim,我国学者有三种不同译法:杜尔凯姆、涂尔干(如《宗教生活的基本形式》的译者渠东和汲喆)和迪尔凯姆(如《自杀论》的译者滕文芳)。在我们看来,倘若根据"名从主人"和"译音循本"的原则,将其译作杜尔凯姆比较合适。但考虑到本书所涉及的译著是由渠东和汲喆翻译出来的,同时也考虑到外国人名翻译中的"约定俗成"原则,我们最终还是采用了渠东和汲喆的译法。敬请读者留意。

③④ [法]涂尔干著,渠东、汲喆译:《宗教生活的基本形式》,上海人民出版社1999年版,第277页。

他由此得出的结论是：“氏族的神、图腾本原，都只能是氏族本身而不可能是别的东西。是氏族被人格化了，并被以图腾动植物的可见形式表现在了人们的想象中。”① 换言之，在涂尔干看来，不是宗教或神创造了人，而是社会创造了宗教，创造了神。那么，接下来的问题便是，社会为何要创造宗教、创造神？涂尔干的回答是：社会之所以要创造宗教和创造神，乃是为了从宗教和神那里获得无上的“道德权威”。他论证说：“如果社会唯有通过物质的压制，才能从我们这里获得让步与牺牲，那么它在我们的心灵中，就只能形成我们不得不屈服的物质力量的观念，而不是宗教崇拜那样的道德力量的观念。事实上，社会对意识所拥有的绝对权力，主要不是由于它在物质上所特有的无上地位，而是由于它所拥有的道德权威。如果我们服从于社会的指令，那不仅是因为强大的社会足以战胜我们的反抗，而首先是因为社会是受到尊崇的对象。”② 由此出发，涂尔干得出了“宗教本质上是观念论或观念的体系”的结论。许多人认为宗教起源恐惧，涂尔干驳斥了这种论点。他说道：“‘世上的神最初源于恐惧（primus in orbe deos fecit timor）’这个著名的说法没有任何事实根据。原始人并没有把他的神视为陌生人、敌人，或者是必须不惜任何代价让它满意的名副其实的恶毒的东西。恰恰相反，诸神是朋友，是亲戚，是他天然的保护者。”③ 涂尔干对宗教的本质和功能的解释是：“至关重要的是，它首先是一个观念的体系，个体作为社会的成员，要通过它向自己表现这个社会，表现他们与社会之间模糊而密切的关系。这才是它的基本功能，这种表现虽然是隐喻性的和符号性的，但它却不是不可信的。恰恰相反，它转述了有待解释的各种关系的所有本质。”④ 很显然，涂尔干在这里所表述的宗教的本质和功能，不是别的，正是他的同胞特拉西伯爵所说的“意识形态”或“社会意识形态”的本质和功能。

德国宗教社会学家马克斯·韦伯（Max Weber，1840～1920），与涂尔干一样，也把宗教理解成一种观念体系和意识形态。韦伯最著名的著作是他的《新教伦理与资本主义精神》。许多人把资本主义或资本主义精神理解为“资本的贪欲”或“财富的贪欲”。韦伯批评了这一观点。他强调指出：“对财富的贪欲，根本就不等同于资本主义，更不是资本主义的精神。倒不如说，资本主义更多地是对这种非理性欲望的一种抑制或至少是一种理性的缓解。”⑤ 那么，我们凭借什么才能够有效地“抑制”“非理性欲望”呢？韦伯的答案是，靠“宗教伦理观

---

① ［法］涂尔干著，渠东、汲喆译：《宗教生活的基本形式》，上海人民出版社1999年版，第276页。
② ［法］涂尔干著，渠东、汲喆译：《宗教生活的基本形式》，上海人民出版社1999年版，第277页。
③ ［法］涂尔干著，渠东、汲喆译：《宗教生活的基本形式》，上海人民出版社1999年版，第294页。
④ ［法］涂尔干著，渠东、汲喆译：《宗教生活的基本形式》，上海人民出版社1999年版，第296页。
⑤ ［德］马克斯·韦伯著，于晓、陈维纲等译：《新教伦理与资本主义精神》，三联书店1996年版，第8页。

念"或"宗教理念创造的世界观"。在韦伯看来,要发展资本主义固然需要"理性化的神秘关照",但"存在于生活的各个部门和文化的各个领域"的"各式各样的理性化"并不就意味着资本主义或资本主义精神,它们若要成为资本主义或资本主义精神,就需要有一种引擎。而这种引擎不是别的,正是"各种神秘的和宗教的力量,以及以它们为基础的关于责任的伦理观念"。[①] 为了强调"各种神秘的和宗教的力量,以及以它们为基础的关于责任的伦理观念"对人类实际的理性行为的"至关重要的和决定性的影响"[②],韦伯在《儒教与道教》一书中使用了一个非常形象的比喻,将作为"一种系统地理性化了的世界观"的"宗教伦理观念"称作人类行为的"扳道工"。他写道:"愿意并能够按照自己的思想和心理素质表达的东西,同样取决于这种世界观和立场。利益(物质的与理念的),而不是理念,直接控制着人的行动。但是,'理念'创造的'世界观'常常以扳道工的身份规定着轨道"。[③] 不难看出,韦伯在这里所说的以"扳道工"身份"规定"着人们行为"轨道"的被称作"一种系统地理性化了的世界观"的"宗教伦理观念"或"新教伦理",与特拉西伯爵所说的"意识形态"或"社会意识形态"并无二致。

彼得·贝格尔(Peter Ludwig Berger,1929~)是当代著名的宗教社会学家。在宗教社会学领域,其影响最大的著作是他的《神圣的帷幕:宗教社会学理论之要素》(1967年)。从这部著作的名称就可以看出,贝格尔与先前的宗教社会学家涂尔干和韦伯一样,把宗教的社会功能放在其宗教社会学体系的中心位置。按照贝格尔的理解,宗教一方面同"世界的建造"有关,另一方面又同"世界的维系"有关。

贝格尔承认,是人类构建了社会和社会法则,因为社会和社会法则就是人的社会意识的外在化和客观化。而社会的稳定程度则完全依赖于社会法则或社会秩序的内在化,亦即社会成员对支配社会诸法则或秩序的认可度。然而,保障和提升社会成员对社会诸法则或社会秩序认可度最有效的方式,是把社会诸法则或社会秩序提升到本体论的地位,使其获得"宇宙学"的意义。"正是在这一点上,宗教进入我们的论证之中是十分重要的。"[④] 而这种重要性或必要性就在于:"宗教是人类建立神圣宇宙的活动。换一种说法,宗教是用神圣的方式来进行秩序化的。在此,神圣意指一种神秘而又令人敬畏的力量之性质,它不是人,然而却与

① [德] 马克斯·韦伯著,于晓、陈维纲等译:《新教伦理与资本主义精神》,三联书店1996年版,第15页。

② [德] 马克斯·韦伯著,于晓、陈维纲等译:《新教伦理与资本主义精神》,三联书店1996年版,第16页。

③ [德] 马克斯·韦伯著,王容芬译:《儒教与道教》,商务印书馆1999年版,第19~20页。

④ [美] 彼得·贝格尔著,高师宁译:《神圣的帷幕》,上海人民出版社1991年版,第33页。

人有关联，人们相信它处于某些经验对象之中。……神圣的宇宙作为超越于人的巨大有力的实在与人相遇。然而这个实在又向人发话，将人的生命安置在一种具有终极意义的秩序之中。"① 在谈到这种重要性或必要性时，贝格尔还进一步讨论了"神圣"的含义和社会学意义。他强调指出：一方面，我们可以从世俗与神圣二分的角度对神圣或世俗下一个定义，将神圣和世俗分别定义为它们各自的反面，例如我们可以将神圣定义为对世俗的超越，将世俗定义为对"神圣性质的匮乏"。然而，"在更深一个层次上，神圣有另一个与它相反的范畴，即'混沌'的范畴。神圣的宇宙秩序从混沌中产生，并作为它的可怕的反面与混沌相对立。秩序与混沌的对立常常在各种关于宇宙起源的神话中得到表述。神圣的宇宙在实在之秩序化中既超越人又包括人，因此它给人提供了抵抗极度混乱之恐怖的终极保护物。处于与神圣宇宙的'正确'关系中，就阻挡了混沌之可怕威胁，而脱离这种'正常'关系，就将被抛至无意义的深渊之边缘。……可以有把握地说，最初的一切秩序化都具有神圣的特征。不仅在我们现在称为文明之前的人类在地球上生存的几千年当中，就是在人类历史的大部分时间中，都是如此。从历史看，人类的世界大多数都是神圣化了的世界。事实上，似乎首先只有借助于神圣者，人才有可能设想一个宇宙"。② 基于这样一种分析，贝格尔对宗教在社会构建中的"战略作用"给予了充分的肯定。他指出："在人类建造世界的活动中，宗教起着一种战略作用。宗教意味着最大限度地达到人的自我外在化，最大限度地达到人向实在输入它自己的意义之目的。宗教意味着把人类秩序投射进了存在之整体。换言之，宗教是把整个宇宙设想为对人来说具有意义的大胆尝试。"③

宗教的社会功能不仅表现为社会的建造方面，而且也表现为社会的维系方面。既然"一切在社会中建造起来的世界天生都是不稳定的"，则对有可能"晃动"的东西进行"合理化"论证就是一件十分必要的事情了。虽然，对社会或社会秩序"合理化"论证的范围要比宗教所及的范围"广阔得多"，但是，"二者之间"却存在着"重要的联系"。这是因为，"宗教一直是历史上流传最广、最为有效的合理化工具。一切合理化都在维持社会中得到解释的实在。宗教如此有效地证明了实在的合理，因为它把经验社会之不稳定的实在结构与终极实在联系起来了。社会世界的脆弱的实在性之根基，是神圣的实在，后者在定义上就超越了人类意义和人类活动之偶然性。"④ 由此看来，宗教是通过赋予社会制度"终极有效的本体论地位"，即通过把它们置于一个"神圣而又和谐的参照系"

① ［美］彼得·贝格尔著，高师宁译：《神圣的帷幕》，上海人民出版社 1991 年版，第 33～34 页。
② ［美］彼得·贝格尔著，高师宁译：《神圣的帷幕》，上海人民出版社 1991 年版，第 34～35 页。
③ ［美］彼得·贝格尔著，高师宁译：《神圣的帷幕》，上海人民出版社 1991 年版，第 36 页。
④ ［美］彼得·贝格尔著，高师宁译：《神圣的帷幕》，上海人民出版社 1991 年版，第 40～41 页。

之内，来论证社会制度的合理性的。凭借着这样一种论证，就可以从"超越历史和人的高度"来看待人类活动的历史结构。在对宗教社会功能这样一种解说中，我们不难发现，贝格尔从社会学的立场出发，但是又超越了此前的社会学（如涂尔干的社会学）而上升到了"宇宙学"的高度。

如果说，涂尔干在考察氏族—部落宗教的社会功能时，关注的是图腾向社会制度或氏族—部落的还原，贝格尔所作的努力则在于将世俗的社会制度或氏族—部落向宇宙实在提升；换言之，如果说，涂尔干所实施的是一条"下降"的路线的话，那么贝格尔所实施的则是一条"上升"的路线。因为在涂尔干那里，将世俗的社会制度和社会秩序视为最后的实在，而在贝格尔这里，则将世俗的社会制度和社会秩序则视为对宇宙的神圣结构的一种直接的反映；也就是说，在贝格尔这里，将社会和宇宙的关系视为"微观世界"与"宏观世界"之间的关系。这样，"在此下界"的每一样东西，在上界都有其类似物。人参与了社会的制度或秩序，也就在事实上参与了神圣的宇宙。就氏族—部落社会的情况来看，亲属关系的结构，便往往延展而超出人类的范围，一切存在（包括神的存在）都被认为具有社会中所给定的那种亲属关系的结构。因此，"不仅有图腾的'社会学'（a totemic 'sociology'），还有图腾的'宇宙学'（a totemic 'cosmology'）"。① 由此看来，宗教在合理化过程中的"关键作用"完全在于"宗教将人类现象'定置'于宇宙参照框架的那种独特作用"。一切合理化都是用来维持实在，即那种在特定人类集体中得到解说的实在。宗教合理化的目的则是"把人类解说的实在与终极的、普遍的、神圣的实在联系起来"。于是，"人类活动的内在不稳定性和转瞬即逝的结构，就被赋予了一种宇宙地位。"② 然而，既然贝格尔把宗教视为社会的"帷幕（the sacred canopy）"，视为世俗社会"一切秩序"合理化的工具，强调宗教在世俗社会建构中的"战略作用"，那么他的"图腾的宇宙学"就和涂尔干的"图腾的社会学"一样，也是一种观念的体系或社会意识形态。

四、文化形态与意识形态的相对相关："盲人摸象"的启示

由此看来，宗教，从一方面看，是一种社会文化形态，而从另一方面看，则又是一种社会意识形态。但对于这条似乎再平凡不过的真理，我们却是花费了很长的时间才有所认识的，并且为此还付出了惨重的代价。1979 年春，"文化大革命"刚刚结束不久，在"乍暖还寒时候"，我国宗教学界展开了一场关

---

① ［美］彼得·贝格尔著，高师宁译：《神圣的帷幕》，上海人民出版社 1991 年版，第 42 页。
② ［美］彼得·贝格尔著，高师宁译：《神圣的帷幕》，上海人民出版社 1991 年版，第 44 页。

于"宗教鸦片论"的比较激烈的争论。争论的一方要求重新理解和解释马克思关于"宗教是人民的鸦片"这条语录，而另一方面则宣称：马克思的这句"名言"是"马克思主义在宗教问题上的理论基础、理论核心，是我们研究宗教问题的根本立场和指导原则"。① 而后者立论的根据正在于这样一种观点：就宗教的本质和基本特征看，宗教不仅是"一种意识形态"，而且还是"一种上层建筑"。② 争论的反方却坚持认为，不能离开特定的历史背景来抽象地理解马克思的这句话，马克思从未把"宗教是鸦片"作为"定义"来提，他并不打算用这句话来"概括宗教的本质"；他们甚至反驳说：在马克思之先，霍尔巴赫、歌德、黑格尔、费尔巴哈、海涅、布鲁诺·鲍威尔、爱特迦·鲍威尔、摩西·海斯等当时知识界和宗教界的一些开明人士都发表过类似的观点，马克思"不过是"把他们"常说的一句话""引用了一次"。既然如此，说这句话一语道出了马克思主义宗教观的核心，"这在理论工作者不仅是一个不幸的常识性错误，而且是把马克思主义宗教观降低到资产阶级知识界和宗教界开明学者早已达到的水平"。③

这场关于"宗教鸦片论"的争论，如果从郑建业主教 1979 年在《宗教》上发表其《从宗教与鸦片谈起》算起，大约历时十年。如果说在我国宗教哲学现当代发展史上有什么最为重大的学术事件的话，这场关于"宗教鸦片论"的论争无疑属于意义重大的事件。这场论争的根本意义在于，"它开辟了或标志着我国宗教哲学发展的一个新的时代的开始，即我国宗教研究和宗教哲学研究开始从根本上跳出了政治化和意识形态化的藩篱，开始驶入了学术化的发展轨道，从而为我国宗教哲学的崛起和高歌猛进奠定了良好的基础，营造了自由、宽松的学术氛围"。④ 在一定意义上，我们甚至可以说，没有这样一种学术争论，我国宗教哲学在其后的崛起和高歌猛进简直是不可想象的。然而，就这场争论的主题本身而言，归根到底在于如何正确地理解宗教，尤其是对社会主义历史时期的宗教的本质属性问题。诚然，1843 年，马克思在《〈黑格尔法哲学批判〉导言》中，确实非常明确地说过："宗教是人民的鸦片。"⑤ 1909 年，列宁在《论工人政党对宗教的态度》中也确实说过："宗教是人民的鸦片——马克思的这一句名言是马克思主义在宗教问题上的全部世界观的基石。"⑥ 那么，我们究竟应当如何正确地看

---

① 张继安：《对"宗教是人民的鸦片"这个论断的初步理解》，载于《世界宗教研究》1981 年第 3 期。

② 张继安：《学习马克思关于宗教的几个基本理论问题：纪念马克思逝世一百周年》，载于《世界宗教研究》1982 年第 4 期。

③ 《丁光训文集》，译林出版社 1998 年版，第 401 页。

④ 段德智：《关于"宗教鸦片论"的"南北战争"及其学术贡献》，载于《复旦学报》2008 年第 5 期。

⑤ 《马克思恩格斯选集》第 1 卷，人民出版社 1995 年版，第 2 页。

⑥ 《列宁选集》第 2 卷，人民出版社 2012 年版，第 247 页。

待马克思和列宁的话呢？如果教条地看待马克思和列宁的话，不分青红皂白地将新中国的宗教视为麻醉人民的鸦片，那么，如何看待中国共产党和中央人民政府的宗教信仰自由的政策？如何对待绝大多数信教群众？如何对待新中国的各大宗教组织和宗教团体？对新中国各大宗教及其广大信众的尊重又从何谈起？因此，如何恰当地对待马克思和列宁的有关论断，对于自称坚持马克思主义和列宁主义的中国共产党人来说，就是一个原则问题了。

那么，究竟应当怎样来科学地认识和评判马克思和列宁这一论断呢？应该说，马克思和列宁的说法本身是有一定道理的。这是因为当马克思说这句话的时候，不仅俄国的十月革命没有成功，即使巴黎公社的事件也尚未出现，而列宁也是在十月革命前讲这句话的。既然如上所述，宗教作为上层建筑和意识形态的一部分，总是依附于一定的经济基础和政治上层建筑的；也就是说，在无产阶级革命取得胜利之前，宗教，作为一个整体，通常总是依附于资本主义和封建主义的经济基础和上层建筑，从而总是以这样那样的形式"麻醉"教徒和人民，维护过时的旧政权而反对革命力量的。在这种情况下，说"宗教是麻醉人民的鸦片"，显然是包含真理成分的。但是，"宗教是人民的鸦片"这句话所包含的只是一种相对真理，而非绝对真理，从而未必适用于无产阶级夺取政权之后的宗教，未必适用于社会主义历史时期的宗教。因为依据历史唯物主义的基本原理以及社会主义的具体实践，社会主义时期的宗教完全应该也完全能够成为维护社会主义经济基础和社会主义政治上层建筑的社会组织和社会团体。而在社会主义的条件下，继续强调宗教是麻醉人民的鸦片不仅不再恰当，而且肯定会损害广大信众宗教感情、挫伤其社会主义积极性。也正是在这个意义上，周恩来强调说："列宁在1909年曾经说过宗教就是鸦片，这是革命时期的口号。现在我们有了政权，可以不必强调宗教就是鸦片，而要尊重其民族的信仰。"[①] 应该说，周恩来的这个说法对于社会主义时期的中国宗教工作是有重要的指导意义的。但是，1957年以后，随着反"右派"斗争和反"右倾机会主义"的开展以及"以阶级斗争为纲"政治路线的确立，党的宗教信仰自由政策受到了越来越严重的破坏，党的宗教工作遭到了空前的浩劫，而我国各宗教组织、宗教团体和宗教活动场所在很长一段时间里几乎完全停止了活动。"文化大革命"伊始，连全国宗教工作部门都被扣上了"投降主义"、"修正主义"、"牛鬼蛇神的庇护所"和"资本主义的复辟部"等多顶帽子。鉴于如此沉痛的历史教训，人们在批判"以阶级斗争为纲"的"左"的政治路线和"唯意识形态论"的同时，理所当然地对"宗教鸦片论"也展开了批判。正是在对"宗教鸦片论"的批判过程中，人们在深刻反思新中国

---

① 罗广武编著：《新中国宗教工作大事概览（1949～1999）》，华文出版社2001年版，第7页。

宗教工作正反两方面经验的基础上，提出和论证了"宗教文化论"，开始强调宗教是一种文化或一种社会文化形态。"宗教文化论"的提出和论证不仅对宗教学界的思想解放产生了重大作用，而且也为我国的宗教和宗教工作带来了生机和光明。既然宗教是一种社会文化体系，既然中国宗教在其漫长的历史演进中，以信仰的形式，承载着中华民族的人生智慧、伦理道德和价值追求，那么在中华文化发展战略中，宗教便享有崇高的地位，便有望发挥无可替代的社会功能和文化功能。有学者甚至把"宗教文化论"的提出和论证看作"中国共产党人对马克思主义宗教本质观最大的创新，是中国化马克思主义宗教本质观的最大创新"，[①]这是有道理的。

在对"宗教鸦片论"以及"唯意识形态论"的批判和对"宗教文化论"的倡导和论证中，人们非常自然地得出了"宗教不仅仅是意识形态，它还是文化系统"这样一个比较健全的观点。[②] 而且，在随后的关于宗教本质属性的讨论中，人们还进而提出了，究竟应当以意识形态为主定位宗教，还是应当以文化形态为主定位宗教的问题。有学者认为，鉴于新中国历史上，"唯意识形态论"曾经将政教关系和宗教关系推向一种"你死我活"的对抗状态，从而不利于构建和谐社会与和谐宗教，因此我们现在应当"从意识形态为主定位宗教转变为从文化角度为主定位宗教"。应该说，这种说法对于我们防止和反对宗教工作中"左"的思想和路线是具有积极意义的。不过真正说来，在"宗教是意识形态"和"宗教是文化形态"之间分别主次的说法未必可行，也未必恰当。因为现实的宗教就是宗教，说"宗教是意识形态"和说"宗教是文化形态"，只不过是由于审视宗教的人的角度不同所造成的差异而已。如果一个人从意识形态或社会学的角度来审视宗教，他就会得出"宗教是意识形态"的结论；反之，如果一个人从文化形态或文化学的角度来审视宗教，他就会得出"宗教是文化形态"的结论。然而，无论审视宗教的人得出什么样的结论，都不应该因其所得出的结论而否认宗教既是意识形态又是文化形态的客观事实。这就像我们审视一个圆柱体一样，当我们仅仅从这个圆柱体的两端来审视它的时候，我们就会得出这个圆柱体是圆形的这样的结论；而当我们直面这个圆柱体的柱体的时候，就有可能得出这个圆柱体是柱形的这样的结论。

遗憾的是，在对宗教本质属性的进一步讨论中，偏偏出现了从一个极端走向另一个极端的情形：一种从"唯意识形态论"走向"唯文化形态论"的情形。在一些人看来，说宗教是一种意识形态就是在搞"以阶级斗争为纲"，就是在鼓

---

① 金泽、邱永辉主编：《中国宗教报告（2008）》，社会科学文献出版社 2008 年版，第 24 页。
② 金泽、邱永辉主编：《中国宗教报告（2008）》，社会科学文献出版社 2008 年版，第 27 页。

吹极左思潮，就是在搞"文化大革命"那一套。只有强调宗教是文化，才是马克思主义，才有利于和谐宗教与和谐社会的构建，才有利于我国宗教的健康发展。这就把"宗教是文化形态"与"宗教是意识形态"之间的关系闹到"你死我活"或"非此即彼"的地步了。毫无疑问，20世纪60年代和70年代搞的"以阶级斗争为纲"那一套无论如何是不容许死灰复燃的，但是，"以阶级斗争为纲"也好，"极左思潮"也好，其症结并不在于讲意识形态，而在于主张"唯意识形态论"。就宗教观或宗教的本质属性而言，"以阶级斗争为纲"和"极左思潮"的问题在于一味片面强调宗教是意识形态，而根本否认宗教的文化特征和文化属性。但是，在纠正"以阶级斗争为纲"的极左思潮以及与之密切相关的"唯意识形态论"的片面性的同时，如果陷入了另一种片面性，一种片面强调"宗教是文化形态"而根本否认"宗教是意识形态"的片面性，一种以"唯文化形态论"为表现形式的片面性，也是不对的。

　　文化形态与意识形态虽然是两个不同的范畴，各有自己的内涵和外延，但它们却是两个具有某种内在联系和统一性的范畴。就外延而论，文化形态比意识形态要宽泛得多。一如我们在前面所指出的，爱德华·泰勒就曾把文化定义为"包括全部的知识、信仰、艺术、道德、法律、风俗以及作为社会成员的人所掌握和接受的任何其他的才能和习惯的复合体"。① 梁漱溟也说："文化，就是吾人生活所依靠之一切"，"文化之本义，应在经济政治，乃至一切无所不包"。② 然而，既然"文化无所不包"，便势必内蕴有意识形态。考虑到文化外延的极其广泛性，许多文化学家都将文化形态或文化系统区分为不同层次的内容。美国人类学家和文化学家莱斯利·阿尔文·怀特（Leslie Alvin White，1900～1975）在其名著《文化的科学》中，曾将"文化系统"区分"三个层次"，宣称："底层是技术的层次，上层是哲学的层次，社会学的层次居中。"③ 我国学者庞朴在《文化结构与近代中国》一文中也提出了文化结构的"三层次说"。按照他的观点，中国的和世界各国的文化结构都是由三个层面组合而成的，即"器物层面"、"制度层面"和"文化心理层面"。④ 尽管学界也有提出文化四层次说等观点的，但我国学者在对文化类型的讨论中，多数都将文化区分为"物质文化"（器皿文化）、"制度文化"和"精神文化"三个层次，可以看作是对流行于国内外文化界的诸多文化层次学说的一种概括。如果着眼于这样一种文化三层次说，我们便不难发现，意识形态或作为意识形态的宗教，从总体上讲，当隶属于"精神文

---

① ［英］爱德华·泰勒著，连树声译：《原始文化》，广西师范大学出版社2005年版，第1页。
② 梁漱溟：《中国文化要义》，上海人民出版社2005年版，第6～7页。
③ ［美］怀特著，沈原等译：《文化的科学》，山东人民出版社1988年版，第350页。
④ 庞朴：《文化结构与近代中国》，载于《中国社会科学》1986年第5期。

化"形态。因为尽管如上所述，宗教包含有器皿文化和制度文化层面的内容，但宗教信仰和宗教观念则无疑属于精神文化层面的东西。就基督宗教来说，无论是其上帝论、三一论、创造论和圣灵论，还是教会论、圣经论、人论、终极论（末世论）和伦理观，都属于"精神文化"层面的东西。离开了由这些观念组合而成的观念体系，基督宗教便是不可想象的。就伊斯兰教来说，无论是其"安拉"观念、"信使"观念和"天使"观念，还是"经典"观念、"前定"观念和"后世"观念，也都属于"精神文化"层面的东西。① 离开了由这些观念组合而成的观念体系，伊斯兰教便是不可想象的。就佛教来说，尽管佛教有小乘和大乘之分，但无论是小乘还是大乘，没有不讲"四谛"说和"十二因缘"说的。然而，无论是"四谛"说，还是"十二因缘"说，都是由诸多宗教观念集结而成的观念群。而这些观念群无一不属于"精神文化"层面。离开了这些观念群，佛教也是无法想象的。诚然，离开了器皿文化和制度文化层面的东西，任何现实形态的宗教都是不可能存在的；但是，同样，离开了宗教观念系统，离开了宗教精神层面的东西，任何现实形态的宗教也是不可能存在的。

作为观念系统或意识形态的宗教信仰或宗教神学不仅是宗教文化的一个层面，而且还处于宗教文化的深层结构之中，是支配和制约其他层面的宗教文化的东西。尽管我们把宗教文化区分为器皿文化、制度文化和精神文化，尽管我们在谈论宗教要素时总少不了宗教行为（宗教礼仪）和宗教体制，但无论如何，唯有宗教信仰及其观念才是"宗教之为宗教的一个最为内在也最为根本的规定性"。② 诚然，无论是宗教行为还是宗教体制，在宗教结构中都有其相对的独立性，离开了宗教行为和宗教体制，就不可能有任何现实的宗教；不仅如此，那种离开了宗教行为和宗教体制的赤裸裸的宗教信仰和宗教观念也是根本不存在的。但无论如何，宗教行为和宗教体制，归根到底还是宗教信仰及其观念的外在形式或外在表现，归根到底都是由宗教信仰和宗教观念派生出来的。有学者将宗教经验、宗教行为和宗教体制与宗教观念的逻辑关系表达成"宗教观念→宗教经验→宗教行为→宗教体制"这样一种逻辑序列，应该说是颇有见地的。③ 如果我们用同心圆来表达宗教诸要素的逻辑关系的话，则构成这诸多同心圆圆心的便是宗教信仰及其观念，而宗教经验、宗教行为和宗教体制则构成了由这一圆心出发的依次向外扩散的若干个同心圆。事实上，无论是宗教行为还是宗教体制，无论是作为器皿层

---

① 伊斯兰教的宗教信仰称作"伊玛尼"，具体指信安拉、信使者、信天使、信经典、信前定和信后世，简称"六信"。
② 段德智：《宗教学》，人民出版社2010年版，第131页。
③ 吕大吉：《宗教学通论新编》，中国社会科学出版社1998年版，第84页。

面的宗教文化还是作为制度层面的宗教文化，离开了宗教信仰及其观念，它们全都失去了其宗教性质。例如，在周口店山顶洞人居住的洞穴里，考古学家就发现在人骨化石旁散落着赤铁矿染红的石珠。这些石珠之所以具有宗教器皿的性质，并不是因为它们是石珠，而是因为它们承载了或体现了灵魂不死和灵魂转世的宗教观念。离开了灵魂不死和灵魂转世的宗教观念，这些石珠也就与宗教文化无缘了。再如，按照基督宗教的圣餐礼，基督徒要在圣餐仪式上吃饼子，喝葡萄酒。然而，基督徒在圣餐仪式上所吃的饼子、所喝的葡萄酒，就这些饼子和葡萄酒本身而言，并没有任何宗教文化的意蕴，它们之所以被视为宗教文化用品，纯粹是由于基督宗教信仰和宗教观念的缘故。具体地说，这是因为耶稣在其被出卖的时候说过，在"最后的晚餐"上，他和圣徒所吃的饼子是"我的身体"，所喝的酒是"我的血"这样的话。[①] 正是这些话赋予圣餐仪式上的饼子和葡萄酒以基督宗教信仰和基督宗教观念的意涵。这样一来，圣餐仪式所表明的便不仅是基督徒以此纪念耶稣基督为了救赎人类而奉献其"身体"和"宝血"，而且还表明耶稣基督的生命乃教会信徒生命的供养和滋养，表明基督宗教徒在同一位信仰实体里的生命的交通与分享。正是由于这些宗教信仰和宗教观念赋予了圣餐仪式上的饼子和葡萄酒以宗教意义，后者才因此成了宗教文化用品。也正因为如此，基督宗教在其建立初期便将圣餐与一般的信徒"聚餐"做出了区分，而形成了独特的和专门的圣餐礼。[②]

而且，在其现实的状态中，对宗教的文化形态功能与意识形态功能是很难做出严格的区分的。例如，从社会结构论看问题，意识形态作为一种观念上层建筑，固然有服务政治上层建筑的功能，但它同时也具有服务社会、促进经济社会发展的功能。而当宗教在发挥其服务社会、促进经济社会发展的功能时，它所发挥的固然是其意识形态的功能，但在很大程度上也是一种文化功能或文化形态的功能。例如，当宗教在构建和谐社会中发挥积极作用时，我们便很难将其意识形态的功能与文化形态的功能区别开来。就中国佛教而论，当中国佛教用"自他不二"、"依正不二"等佛教观念来推动和谐佛教的构建以及和谐中国社会的构建时，它所发挥的便不仅是意识形态的功能，而且也是宗教文化的功能，就其深层结构看是意识形态的功能，就其表层结构看发挥的则是宗教文化的功能。同样，就道教而论，当道教以《道德经》第 42 章中"万物负阴而抱阳，冲气以为和"以及"太平"观念来推动和谐道教与和谐中国社会的构建时，它所发挥的便不仅

---

① 参阅《新约·哥林多前书》11：23 - 25。

② 参阅《新约·哥林多前书》11：28 - 29。在这里，使徒保罗强调说："无论何人，不按理吃主的饼，喝主的杯，就是干犯主的身主的血了。人应当自己省察，然后吃这饼，喝这杯。因为人吃喝，若不分辨是主的身体，就是吃喝自己的罪了。"

是意识形态的功能，而且也是宗教文化的功能，就其深层结构看是意识形态的功能，就其表层结构看发挥的则是宗教文化的功能。再如，当韦伯所说的新教伦理在其发挥推进资本主义经济生成的社会功能时，虽然韦伯所说的宗教伦理在这里发挥的是一种意识形态的功能，但在很大程度上却也是一种文化功能或道德伦理功能。[①] 由此看来，那种把宗教的意识形态功能与宗教的文化形态功能绝对对立起来的看法和做法是不恰当的。

《大般涅槃经》在详解"一切众生悉有佛性"时曾讲了一个"盲人摸象"的故事。这个故事以大象比喻"佛性"，以盲人比喻"无明众生"。说的是几个盲人在摸象后，分别将大象说成是"萝菔根"、"箕"、"木臼"、"床"、"瓮"和"绳"，并且因此而争论不休。[②] 毫无疑问，就这几个盲人所触及的象牙、象耳、象脚、象脊、象腹和象尾而言，他们也都是言之有据的，但就其分别将象牙、象耳、象脚、象脊、象腹、象尾误认为是大象整体而言，他们全都犯了以偏概全的错误。同样，"唯意识形态论"和"唯文化形态论"就其分别肯认和强调"宗教是意识形态"和"宗教是文化形态"而言是没有什么不对的地方，其错误仅仅在于他们以偏概全，片面强调宗教的一个本质属性而根本否认其另一个本质属性。因此，如果说在十一届三中全会前盛行的"以阶级斗争为纲"的政治路线以及与之密切相关的"唯意识形态论"和"宗教鸦片论"是错误的话，则20世纪80年代之后为少数人所极力倡导的片面强调"宗教是文化"的"唯文化形态论"，从方法论的角度看，也同样是错误的。这应该看作是"盲人摸象"这个寓言故事留给我们的最重要的启示。当然，如果因为批评和反对片面强调"宗教是文化"的"唯文化形态论"而重蹈"唯意识形态论"和"宗教鸦片论"，那就不仅犯了另一种片面的错误，而且是犯了一种更为严重的片面性错误。

五、宗教的工具性与超工具性："宗教的悲剧"

当从"境外宗教渗透"的整个意义链条来审视其词项"宗教"时，除了需要考察宗教的意识形态属性和文化形态属性外，还需要进一步考察宗教的"工具性"与"超工具性"。所谓宗教的工具性，是说宗教，与其他亚社会系统和亚文化系统一样，同是人类维系社会、创建社会、维系文化和创建文化的一种工具。例如，宗教与政府、军队、文学和艺术一样，都可以成为人类维系社会的一种工

---

① 意识形态也有两种，一种是统治阶级的意识形态，另一种是被统治阶级的意识形态。一般说来，统治阶级的意识形态发挥更多的是维系社会的功能，而被统治阶级的意识形态发挥更多的是构建社会的功能。

② 参阅中华大藏经编辑局编：《中华大藏经》（汉文部分），第14册，中华书局1985年版，第360页。

具。所谓宗教的超工具性，是说宗教作为人类文化（广义文化）的纵深维度、作为人类和人类社会的终极关怀，它不应当仅仅被理解为人类维系社会、创建社会、维系文化、创建文化的一种工具，它作为至上的理想人格和理想社会，作为人生和社会终极的目的因，总应该具有某种超越性，总应该构成某种规范人生和人类社会的东西。

宗教功能这样一种复杂性，要求我们在考察宗教功能时具有既要注意宗教的工具性，又要努力超越工具理性的思维模式，从终极关怀和终极实存的高度来审视宗教：既要看到宗教与世俗世界和世俗文化的统一性，又要看到宗教与世俗世界和世俗文化的差异性，看到宗教对世俗世界和世俗文化的超越性和规范性。这一点不仅对于从理论上全面正确和准确地理解宗教的本质和功能至关紧要，而且对于从实践上妥善处理宗教社会与世俗社会、宗教文化与世俗文化的辩证关系也同样至关紧要。许多宗教思想家都鲜明地强调过这一点。蒂利希在其《文化神学》里曾经提出过一个著名的命题，这就是"宗教是人类精神生活的一个方面"。然而，当他说这句话时，他并不是说宗教与道德功能、认识功能和审美功能一样，是"人类精神的一种特殊功能"，是这些功能的"工具"，是作为这些功能的"穷亲戚"而被这些功能"收留"并被要求"服务于"这些功能，从而在这些领域里挣得"一席之地"，找到自己的"家园"的。① 蒂利希强调的是，宗教原本不需要什么地盘，也根本不必去寻找什么家园。"在所有地方，也就是说，在人类精神生活所有功能的深层里，宗教都可以找到自己的家园。宗教是人类精神生活所有功能的基础，它居于人类精神整体中的深层。"② 这就是说，在蒂利希看来，宗教虽然有这样那样的社会功能和文化功能，但是它并不是作为这样那样的特殊功能发挥作用的，而是作为这些特殊功能的"基础"，作为这些特殊功能的"终极关切"发挥作用的。

其实，宗教的工具性与超工具性也是一个与宗教的正功能和负功能密切相关的问题。这是因为一旦人类及其社会仅仅将宗教视为世俗世界和世俗文化的一种工具，那么宗教不仅将会因此失去其超越性和神圣性，沦为一种完全世俗的东西，而且世俗世界和世俗文化所内蕴的任何一种恶欲也不仅会因此而极度膨胀，还会因此而披上神圣的帷幕，酿造出空前的灾难。在人类历史上，各式各样的"圣战"曾给人类及其社会带来了无穷无尽的灾难，然而，这些圣战却差不多都是宗教工具化的产物。在中世纪，绵延近两个世纪的"十字军东征"（1096～1270年）是在"宗教战争"的旗号下不断发动的，在第二次世界大战期间，日

---

① ［美］蒂利希著，何光沪选编：《蒂利希选集》（上），上海三联书店1999年版，第381页。
② ［美］蒂利希著，何光沪选编：《蒂利希选集》（上），上海三联书店1999年版，第382页。

本帝国主义发动的侵华战争也是在"圣战"的旗帜下进行的。① 而在这两种情况下，宗教所充当的都不过是世俗势力的一种工具而已。美国宗教社会学家罗伯特·尼利·贝拉（Robert Neelly Bellah，1927～）在谈到问题的这一方面时，曾非常中肯地说道："如果我们要给日本的宗教以促进现代日本奇迹般崛起的'荣誉'，那么，我们也必须给日本的宗教以助长于1945年达到极点的不幸灾难的'责难'。"② 贝拉正是在对日本宗教功能这种全面系统深入的研究中，相当充分地感受到了宗教工具化的严重后果，并且由此而相当充分地体悟到了神圣与世俗之间保持张力的必要性。他深有感触地写道："每一种宗教都试图表明超越世俗的真理，然而却陷入了试图超越的世俗之中。每一种宗教都试图以自己的形象再造世俗，但往往在某种程度上反被塑造成世俗的形象。这是宗教的悲剧。"③ 因此，要避免宗教这种悲剧以及由此产生的人类及其社会的种种悲剧，在任何情况下人类及其社会都必须在发挥宗教工具性功能的同时，发挥宗教的超工具性功能。这种以极其惨重的代价换取的历史教训是我们必须永远牢牢记取的。

由此看来，在人类宗教史上，宗教的工具性大体可区分为两大类型：一是出于宗教本身内在需要的工具性；二是由外在于宗教的社会势力所控制或操纵的宗教所表现出来的工具性。前面谈到的宗教依据其固有的宗教信仰和宗教观念，作为一种子社会系统和子文化系统，在与社会母系统和文化母系统的互存互动中，表现出来的维系社会、创建社会、维系文化、创建文化的社会功能和文化功能，便属于宗教本身内在需要的工具性。例如，中国佛教既然倡导"自他不二"和"依正不二"，则其积极构建中国和谐社会就当属于一种宗教本身内在需要的工具性。基督宗教既然主张"非以役人，乃役于人"，④ 那么当代中国基督宗教"服务社会"、促进中国经济社会发展就是一件再自然不过的事情了。更何况，当代中国宗教也只有在服务社会，在构建和谐社会和促进经济社会发展中，才能真正实现"自养"，才能赢得自身存在和发展的基本前提和先决条件。

然而，历史上宗教不仅充当过境外帝国主义势力侵略我国的工具，也充当过

① 诚然，日本军国主义发动的以建立"大东亚共荣圈"为目标的侵华战争首先是一种军事行为、政治行为和经济行为，但构成这一行为基础或激励机制的则是日本的武士道精神或神道教精神。既然武士道精神构成或体现了"日本的中心价值"，实乃日本的"道德化身"；既然"尊王"、"忠王"或"天皇崇拜""一直是日本的主要思想力量"，则日本军国主义在侵略战争中动用其宗教资源，就是一件自然不过的事情了。参阅［美］贝拉著，王晓山、戴茸译：《德川宗教：现代日本的文化渊源》，三联书店1998年版，第111、121、237页。

② ［美］贝拉著，王晓山、戴茸译：《德川宗教：现代日本的文化渊源》，三联书店1998年版，第238～239页。

③ ［美］贝拉著，王晓山、戴茸译：《德川宗教：现代日本的文化渊源》，三联书店1998年版，第239页。

④ 参阅《新约·马可福音》10：45。

境外敌对势力对我实施渗透的工具。例如，早在 1807 年，伦敦传教会教士马礼逊（Robert Morrison，1782～1834）受英国殖民主义者的派遣，即来到中国大陆传播基督教。其后不久，美国对外宣教会差遣裨治文（Elijah Coleman Bridgman，1801～1861）也来华传教。但是，直至鸦片战争前夕，外国基督教传教士的传教规模一直很小。至 1842 年，基督教传教士基本上只限于在广州和澳门活动，在华的基督教传教士只有 24 人，受洗教徒甚至不足 20 人。① 但是，出于侵略中国的需要，在鸦片战争期间及其以后的一段时间，外国基督教在我国的传教规模却有了极大的提升。至 19 世纪末，基督教传教士的活动范围波及全国绝大多数省份，基督教传教士约有 1 500 多人，基督教教徒则多达 9.5 万人。② 这就说明基督教大规模入华与帝国主义侵略中国是分不开的，基督教大规模入华一方面是帝国主义侵略中国的需要，另一方面又是侵略中国的产物。不仅如此，许多基督教传教士甚至直接参加了侵略中国的战争，其中有些，如郭士立、马儒翰、伯驾、裨治文和卫三畏等，在侵略中国的战争中还扮演了相当重要的角色。这个事实告诉我们，不仅帝国主义势力利用基督教侵略中国，基督教内部也曾有过帝国主义分子。毋庸讳言，从总体上看，基督教入华确实也具有文化交流的性质和意义。基督教传教士传给中国的不仅有基督教教义，也有西方先进的科学技术，如先进的医学、先进的期刊业、先进的印刷技术，特别是西方先进的教育理念和教育制度等。但我们并不能因此而否认基督教入华的殖民性质。事实上，基督教，也和天主教一样，具有明显的殖民性质。著名教育家蒋梦麟（1886～1964）曾揭露说："基督教与以兵舰做靠山的商业行为结了伙，因而在中国人心目中，这个宣扬爱人如己的宗教也就成为侵略者的工具了。"他还揭露说："人们发现一种宗教与武力形影不离时……慢慢地产生了一种印象，认为如来佛是骑着白象来到中国的，耶稣基督却是骑在炮弹上飞过来的。"③ 我国近代政治家曾国藩在谈到"教案"时，也曾愤然写道："凡教中犯案，教士不问是非，曲庇教民，领事亦不问是非，曲庇教士。遇有民教争斗，平民恒屈，教民恒胜。教民势焰愈横，平民愤郁愈甚。郁极必反，则聚众而群思一逞。"④ 在很长一段时间里，人们将基督教称作洋教，绝不是偶然的。

新中国成立后，帝国主义利用基督宗教在中国肆无忌惮的日子一去不复返了。但是，境外敌对势力并不甘心收场，他们千方百计地利用宗教对新中国进行渗透和颠覆破坏活动。例如，在新中国成立前后，黎培里即以"罗马教廷驻中国全权公使"的名义积极筹划组建"圣母军"，从事种种颠覆破坏活动。再如，20

---

①② 王美秀、段琦、文庸、乐峰等：《基督教史》，江苏人民出版社 2006 年版，第 376 页。
③ 蒋梦麟：《西潮·新潮》，岳麓书社 2000 年版，第 13 页。
④ 《曾国藩全集·奏稿十二》，岳麓书社 1987～1994 年版，第 7096 页。

世纪 50 年代以来，美国政府在宗教自由的名义下，不仅策划了达赖集团的叛逃活动，而且还千方百计地将西藏问题国际化。然而，当宗教沦为帝国主义势力或境外敌对势力推行殖民扩张和颠覆破坏活动工具的时候，也就失去了宗教的神圣性质，而成了罪恶的渊薮。正因为如此，新中国政府历来强调独立自主自办教会的原则，强调中国宗教彻底"割断同帝国主义的联系"。新中国成立初期，周恩来在与基督教界人士的谈话中，就曾强调指出："基督教最大的问题，是它同帝国主义的关系问题。中国基督教会要成为中国自己的基督教会，必须肃清其内部的帝国主义的影响与力量，依照三自（自治、自养、自传）的精神，提高民族自觉，恢复宗教团体的本来面目，使自己健全起来。"① 这就是说，基督教只有在完全摆脱境内外敌对势力控制、独立自主地开展教会活动的情况下，才有资格称作一个宗教或宗教组织，才算"恢复了宗教的本来面目"。所谓"在教言教，回归'宗教'"，② 即是谓此。这也就是《圣经》中所说的："该撒的物当归给该撒，上帝的物当归给上帝。"③ 基督教倘若受到帝国主义分子的蛊惑，甘心充当帝国主义的工具，违背《圣经》的训诫，不仅"上帝的物归给上帝"，而且该撒的物也归给上帝，那么这种违背《圣经》的基督教组织就不复是基督教组织了。在任何情况下持守宗教的神圣性、超越性或超工具性，实乃宗教的第一要务。

通过上述考察，不仅可以看到宗教既是一种社会文化形态又是一种社会意识形态，而且还可以看到宗教既具有工具性又具有超工具性，宗教的工具性又可进一步区分为出于宗教本身内在需要的工具性，以及由外在于宗教的社会势力所控制或操纵的宗教所表现出来的工具性，宗教在境外宗教渗透中所表现出来的工具性即属于后面一种情况，这就为透视境外敌对势力对宗教工具性的僭越使用和对宗教超工具性和神圣性的亵渎提供了认识论武器，而且也为理解境外宗教渗透的深层结构和政治实质奠定了基础。

第二节　"境外宗教渗透"中"宗教渗透"的结构语义学解析

既然我们前面业已通过对境外宗教渗透这一固定词组关联的分析，对宗教的

---

① 《周恩来统一战线文选》，人民出版社 1984 年版，第 182 页。

② 金泽、邱永辉：《中国宗教报告（2008）》，社会科学文献出版社 2008 年版，第 10 页。

③ 这句话出自我国基督教《圣经》译本（和合本）《新约·路加福音》20：25。我国天主教《圣经》译本（思高本）《新约·路加福音》第 20 章第 25 节的相关译文为："凯撒的，就应归还凯撒；天主的，就应归还天主。"

文化形态属性、意识形态属性、工具性和超工具性进行了概述，我们便可以说初步完成了对宗教这个词项意义的考察。这就为我们在与境外宗教渗透这一固定词组的关联中对宗教渗透这一词项的意义的考察奠定了基础。

一、宗教文化交流与宗教渗透的主要区别

在谈到宗教渗透这个概念时，一些人往往会心存疑虑。他们觉得讲抵制境外宗教渗透会妨碍国际宗教文化交流。他们产生这样的疑虑固然有多方面的原因，但倘若从认识论的角度看问题，将宗教渗透混同于宗教文化交流无疑是一个重要原因。因此，在具体阐述宗教渗透的意义之前，有必要厘清宗教渗透与宗教文化交流的区别，以便对宗教渗透概念的内涵有一个比较准确的把握。

"交流"这个词在中文中的基本意思是"往来"或"彼此予受"，与英文单词"communication"的意思大体相当。因此，所谓宗教文化交流或国际宗教文化交流，指的也就是一个国家和地区与另一个国家和地区在宗教文化层面的"往来"或"彼此予受"。唐时，玄奘（600～664）到印度取经，亲自参加印度佛教的学术论战，首尾历时 17 年（629～645），亲履 110 国，传闻 28 国，著《大唐西域记》12 卷，开创法相宗，堪称中印宗教文化交流的典范。[①] 13 世纪，威尼斯商人尼古拉·波罗和马飞奥·波罗兄弟，作为罗马教皇格列高利十世的信使来往于罗马教廷与元朝宫廷之间，曾随同来访的尼古拉·波罗之子马可·波罗回国后写出声闻遐迩的《马可·波罗游记》，堪称中欧宗教文化交流史上的美谈。[②]

"渗透"这个词在中文中的基本意思是"漏出"或"穿透"，与英文单词"osmosis"和"penetration"的意思大体相当。因此，广义的宗教渗透当指一种宗教意识形态和文化形态向其他意识形态和文化形态的"漏出"、"穿透"或"影响"。而这样的宗教渗透又可区分为两种形态，一种是境内宗教渗透，一种是境外宗教渗透。所谓境内宗教渗透，指的是境内宗教意识形态或宗教文化形态向境内其他意识形态或文化形态的渗透。而所谓境外宗教渗透，指的则是境外敌对势力利用宗教或宗教问题对一个国家和地区的意识形态或文化形态的渗透。在中世纪的欧洲，基督宗教及其神学在整个社会文化大系统中处于"万流归宗"的地位，以至于恩格斯说："中世纪把意识形态的其他一切形式——哲学、政治、法学，都合并到神学中，使它们成为神学中的科目"，"中世纪的历史只知道一种形

---

① 杜继文主编：《佛教史》，江苏人民出版社 2006 年版，第 249～254 页。
② 王美秀、段琦、文庸、乐峰等：《基督教史》，江苏人民出版社 2006 年版，第 353 页。

式的意识形态，即宗教和神学"。① 这可以看作是境内宗教渗透的一个典型。而当代境外宗教渗透的一个典型例证则是美国政治新保守主义势力与美国基督教基要主义势力结盟，共同推动美国国会通过《1998 年国际宗教自由法案》，使其成为美国保守势力利用宗教和宗教问题，充当国际警察，进行宗教干涉和殖民扩张的工具。② 然而，尽管宗教渗透有境内和境外之分，但在本书里，着重讨论的是境外宗教渗透，而渗透一词通常也是在境外宗教渗透的意义链中享有它的意义。

由此看来，宗教渗透与宗教文化交流并非一回事，而是有一些比较重大的区别的。它们之间的区别，归结起来，主要有下述几点：

首先，宗教渗透和宗教文化交流虽然都关涉宗教，但它们所涉及的宗教属性或宗教层面却不完全相同。宗教文化交流侧重的是宗教的文化形态属性，而宗教渗透侧重的则是境外宗教的意识形态属性（尽管也与其文化形态属性相关），并且因此而关涉该宗教意识形态所维护和论证的社会制度。正因为如此，境外宗教渗透往往具有"意识形态输出"和"社会复制"的政治意涵。

其次，在主客结构关系方面，宗教渗透与宗教文化交流不同。既然宗教文化交流的本质规定性在于"彼此予受"，那么从事宗教文化交流的双方便同时既是客体也是主体，它们之间不仅具有同构性，而且还具有互动性。如果我们用马丁·布伯《我与你》一书中的话说就是，从事宗教文化交流的双方之间是一种"实在的相会"，是一种"真正的相互性"，简言之，是一种"我—你"（I – Thou）关系。这样一种关系也就是我们通常说的"主体间性模式"。③ 而宗教渗透则不同，宗教渗透的主体和客体之间既不存在什么"同构性"，也不具有什么"互动性"。它们之间之所以不存在"同构性"，是因为宗教渗透的基本前提即在于宗教渗透的主体与客体之间的异构性或异质性。它们之间之所以不存在"互动性"，是因为在宗教渗透中作为宗教渗透主体一方的活动内容仅仅限于单方面的"予"，而作为宗教渗透客体的一方的活动内容仅仅限于单方面的"受"（至少从作为实施境外宗教渗透主体一方看，是意欲如此的）。我们将境外宗教渗透视为一种霸权主义、殖民主义，即是谓此。用马丁·布伯的话说就是，从事宗教渗透的境外敌对势力与作为他们实施宗教渗透对象国之间，不存在任何平等性和相互性，他们之间的关系，只是一种"我—它"（I – It）关系。④

再次，在真实主体或终极主体方面，宗教渗透与宗教文化交流也有所区别。

① 参阅《马克思恩格斯选集》第 4 卷，人民出版社 1995 年版，第 255、235 页。
② 参阅习五一：《简评美国〈1998 年国际宗教自由法案〉》，载于《新疆师范大学学报》2010 年第 3 期。
③ 参阅段德智：《主体生成论——对"主体死亡论"之超越》，人民出版社 2009 年版，第 233 ~ 234 页。
④ 参阅［德］马丁·布伯著，陈维纲译：《我与你》，三联书店 1986 年版，第 33 页。

27

一般来说，在宗教文化交流方面，实施宗教文化交流的主体往往是宗教神职人员和准宗教人员。例如，玄奘在西天取经活动中就扮演了主角。他虽然在西天取经后，"被荣耀地迎进长安"，但其在出国西游之前，却"陈表出国，有诏不许"，足见玄奘之西游印度并非国家行为。宗教渗透则不同，宗教渗透的真实主体不是宗教或某一宗教组织和宗教团体，而是推动宗教进行渗透活动的境外敌对政治势力，宗教往往成为这些政治势力实施宗教渗透的工具。而且在许多情况下，境外敌对政治势力还往往利用宗教问题或宗教意识形态大做文章，这就将从事境外宗教渗透活动的境外敌对政治势力的境外宗教渗透主体地位直接呈现出来了。例如，美国政治保守势力操纵国会通过的干涉外国宗教事务的《1998 年国际宗教自由法案》，就属于这样一种情况。

最后，侵略性和颠覆性也是境外宗教渗透活动的一项本质特征。从人类历史上看，国际文化交流无非取两种形态：一是有私欲性的国际文化交流，一是无私欲性的国际文化交流。无私欲性的国际文化交流，如唐朝高僧玄奘历经千难万险赴印度取经，完全以国际文化交流为鹄的，是一种与侵略和颠覆毫不相干的国际宗教文化交流活动。有私欲性的国际文化交流，作为一种互动性的活动，虽然内含私欲性，但一般来说也不存在侵略性和颠覆性。例如，伊斯兰教于唐朝传入我国无疑促进了伊斯兰教世界与我国的文化交流。尽管当时无论是经过陆路（史称"丝绸之路"）来华的"蕃客"（穆斯林），还是经过海路（史称"香料之路"）来华的"蕃客"，都不是以传教士的身份，而是以商人的身份来华的。[①] 就他们本人而言，他们来华与其说是为了开展国际宗教文化交流，不如说是为了经商或赚钱。但他们的经商活动客观上却明显地具有国际宗教文化交流的作用，而与侵略和颠覆活动毫不相干。境外宗教渗透活动则明显地具有侵略性和颠覆性，因而与上述那种类型的国际文化交流迥然不同。例如，在鸦片战争中，相当一部分外国传教士，诸如德国路德会牧师郭士立（Karl Friedrich August Gützlaff，1803 ~ 1851）、马礼逊的长子马儒翰（John Robert Morrison，1814 ~ 1843）和美国对外宣教会传教士伯驾（Peter Parker，1804 ~ 1888）等，不仅积极鼓吹鸦片战争，而且还不同程度地直接或间接地参与了鸦片战争，其宗教活动便具有鲜明的侵略性和颠覆性。再如，20 世纪 70 年代末从美国传入我国的"呼喊派"不仅"冲击和强占教堂"，而且还"冲击党政机关和公安部门"，并且公开叫嚣要"改朝换代"，其颠覆性昭然若揭。境外宗教渗透根本不是什么国际宗教文化交流活动，而是境外敌对势力在国际宗教文化交流旗号掩护下实施的一种侵略和颠覆行径。

既然境外宗教渗透与国际宗教文化交流完全不是一回事，而是具有多方面的

---

① 参阅金宜久主编：《伊斯兰教史》，江苏人民出版社 2006 年版，第 379 页。

重大区别的，我们就没有必要担心防范和抵制境外宗教渗透会妨碍国际宗教文化交流。而且，事实上，防范和抵制境外宗教渗透不仅不会妨碍国际宗教文化交流，反而有助于国际宗教文化交流的健康开展。因为只有有效地防范和抵制境外宗教渗透，才能有效地维护国家主权和国家安全，才能保证我国各宗教组织和宗教团体健康有序地发展，才能更好地作为国际宗教文化交流的一方卓有成效地开展国际宗教文化交流。防范和抵制境外宗教渗透与积极开展国际宗教文化交流是两件并行不悖的事情。

充分注意宗教渗透区别于宗教文化交流的诸多特征，是我们正确理解和掌握宗教渗透内涵的一项必要条件，也是卓有成效地防范和抵制境外宗教渗透的一项必要条件。在后面的叙述中，我们不仅会常常提起这些特征，而且还会不时地对其进行进一步的印证和论证。

二、境外宗教渗透的政治实质："意识形态输出"和"社会复制"

在前面讨论宗教的工具性时，曾经将宗教的工具性区分为两种类型：一是出于宗教本身内在需要的宗教的工具性；二是由外在于宗教的社会势力所控制或操纵的宗教所表现出来的宗教的工具性。而境外宗教渗透，作为一种具有单向性、侵略性和颠覆性特征的社会活动，显然属于后者。因为所谓境外宗教渗透，如前所述，指的正是境外敌对势力利用宗教和宗教问题对我实施的渗透、颠覆和破坏活动。同时，既然如前所述，宗教不仅是一种文化形态，而且还是一种意识形态，那么境外宗教渗透便势必首先表现为"意识形态输出"。

有学者在谈到资本主义的当代发展时，曾经将我们的时代界定为从"国家垄断资本主义"向"国际垄断资本主义"过渡的时代。既然一如列宁所指出的，"对自由竞争占完全统治地位的旧资本主义来说，典型的是商品输出。对垄断占统治地位的最新资本主义来说，典型的则是资本输出，"[①] 则国际垄断资本主义也就和国家垄断资本主义一样，终究难以摆脱"资本输出"这一固有特征。然而，到了当今时代，国际垄断资本主义在进行"资本输出"的同时，也非常注重资本主义意识形态的输出。在西方国家利益中意识形态和意识形态的输出具有独特的地位和作用。亨廷顿在《文明的冲突与世界秩序的重建》中曾对意识形态与国家利益的关系做了较为深刻的阐述。他写道："价值、文化和体制深刻地影响着国家如何界定它们的利益。……在主要的安全关注之上和之外，不同类型的国

---

① 《列宁选集》第 2 卷，人民出版社 2012 年版，第 626 页。

家用不同的方式来界定自己的利益。具有类似文化和体制的国家会看到他们之间的共同利益。……在冷战后的世界中，国家日益根据文明来确定自己的利益。它们常常同具有与自己相似或共同文化的国家合作或结盟，并常常同具有不同文化的国家发生冲突。"① 沃尔特·卡理斯尼斯更明确地将"一个国家的外交政策"看作是"其独特的意识形态的表达"，是"主权社会及其基本价值观向国际舞台的意识形态拓展"。② 而约瑟夫·奈则一方面将意识形态称作"第二权力"或"软权力"，另一方面又将之称作"同化权力"（cooperative power）。③ 这就是说，意识形态的对抗和输出的根本目标在于用自己的意识形态来改变敌对国家的意识形态。

　　既然宗教观念也是一种意识形态，那么，对于国际垄断资本主义来说，作为意识形态的宗教观念，作为一种"软实力"或"软权力"的宗教观念，也就与资金、厂房、设备、金融等一样，在国际政治关系中发挥着非常重大的作用，发挥着其他意识形态难以替代的作用。这一方面是由宗教在诸多意识形态中的支配地位决定的，另一方面也是由我们时代的特征决定的。正如有学者指出的，如果说1648年"威斯特伐利亚和约"的签订意味着将宗教从国际关系舞台"放逐"的话，那么当前"宗教的全球复兴"和"世界性非世俗化"的趋势则意味着宗教重新回到了"国际关系舞台的中心"。当前，美国朝野尤其是外交和安全权力建制已经开始逐步摆脱忽视宗教因素的"启蒙主义偏见"，并开始从外交与国家安全和战略的高度来看待宗教及宗教问题，不仅把宗教自由当作"国家安全的一个界定因素"，④ 而且还逐步将其作为外交政策中的一个"核心因素"。⑤ 所谓美国政府的"以信仰为基础的外交"（faith-based diplomacy），即是谓此。然而，西方国家的"以信仰为基础的外交"实质上是一种以宗教意识形态为基础的外交，对于社会主义的国家来说，就是一种以资本主义意识形态输出为基础的外交。

　　在某种意义上，甚至可以说，西方国家的意识形态输出本身也非他们的终极目的。他们的终极目的在于输出由西方国家的意识形态予以维护和论证的资本主义经济制度和政治制度，在于将西方社会制度"全球化"，倘若用《意识形态与

---

① ［美］塞缪尔·亨廷顿著，周琪、刘绯、张立平、王圆译：《文明的冲突与世界秩序的重建》，新华出版社2002年版，第15页。

② Walter Carlesnaes. *Ideology and Foreign Policy: Problems of Comparative Conceptualization*. Blackwell, 1987, pp. 4 - 5.

③ ［美］约瑟夫·S. 奈著，门洪华译：《硬权力与软权力》，北京大学出版社2005年版，第106~197页。

④ Robert A. Seiple and Dennis R. Hoover, eds. *Religion & Security: The New Nexus in International Relations*. Lanham, Boulder: Littlefield Publishers, 2004, Forward by Douglas Johnston, p. x.

⑤ Thomas F. Farr. "Diplomacy in an Age of Faith, Religious Freedom and National Security". in *Foreign Affairs*, March/April 2008, pp. 111 – 112.

现代文化》的作者约翰·B. 汤普森的话说，就是"社会复制"（social reproduction）。[①] 尼克松在谈到西方世界的意识形态输出时，曾经要求将西方的意识形态输出提升到战略的高度来看待。他十分强调一个"好的战略"的决定性意义，指出："没有好的策略，就不可能实施好的战略。但是，除非纳入好的战略，否则好的策略也无用处。"[②] 那么，对于美国这样的西方国家，究竟什么才算得上"好的战略"呢？尼克松认为，不是"遏制战略"，而是"和平演变战略"。[③] 尼克松强调说："我们必须采取各种政策，使苏联人参与我们的两种制度之间的竞争，以便将来促进他们制度内的和平演变。"[④] 这可以看作是尼克松为美国和西方世界所设计的全球政治攻略。古巴领导人菲德尔·卡斯特罗（1926～）在谈到美国和西方世界的这一全球战略时，曾经一针见血地指出："我想我们正生活在一个比以往任何时候都更意识形态化的世界上，只是在这个世界上有人试图把资本主义思想、帝国主义思想、新自由主义思想强加于人，恰恰是试图把一切与这种思想不同的思想从政治地图上抹掉。"[⑤] 1990 年，陈云在一封致江泽民的信中指出："利用宗教，同我们争夺群众尤其是青年，历来是国内外阶级敌人的一个惯用伎俩，也是某些共产党领导的国家丢失政权的一个惨痛教训。"[⑥] 这里谈到的也是社会复制或和平演变问题。正是在这个意义上，我们才将境外宗教渗透定义为"以颠覆中华人民共和国政权和社会主义制度、破坏祖国统一为目的的反动政治活动和宣传"，[⑦] 才强调境外宗教渗透实质上是一种"政治渗透"，境外宗教渗透问题实质上是一个"政治问题"。[⑧]

西方国家对我国实施意识形态输出或境外宗教渗透，虽然就其内容、实质和根本目标看，在于用资本主义的意识形态同化社会主义的意识形态，用资本主义

---

① ［英］约翰·B. 汤普森著，高铦等译：《意识形态与现代文化》，译林出版社 2005 年版，第 95～107 页。

② ［美］尼克松著，谭朝洁、孔岩、邓勇、马学印译：《1999：不战而胜》，中国人民公安大学出版社 1988 年版，第 196 页。

③ ［美］尼克松著，谭朝洁、孔岩、邓勇、马学印译：《1999：不战而胜》，中国人民公安大学出版社 1988 年版，第 171 页。

④ ［美］尼克松著，谭朝洁、孔岩、邓勇、马学印译：《1999：不战而胜》，中国人民公安大学出版社 1988 年版，第 164 页。

⑤ ［古］菲德尔·卡斯特罗著，王玫等译：《全球化与现代资本主义》，社会科学文献出版社 2000 年版，第 144 页。

⑥ 中共中央文献研究室综合研究组、国务院宗教事务局政策法规司编：《新时期宗教工作文献选编》，宗教文化出版社 1995 年版，第 177 页。

⑦ 中共中央文献研究室综合研究组、国务院宗教事务局政策法规司编：《新时期宗教工作文献选编》，宗教文化出版社 1995 年版，第 194 页。

⑧ 中共中央文献研究室综合研究组、国务院宗教事务局政策法规司编：《新时期宗教工作文献选编》，宗教文化出版社 1995 年版，第 211 页。

的经济制度和政治制度来同化社会主义的经济制度和政治制度，但是，就其形式看，却明显地区别于19世纪鸦片战争中西方帝国主义用洋枪洋炮对中国的入侵，采取的是一种非军事的和平演变的方式。也正是在这个意义上，邓小平将西方世界企图用以改变我国社会性质的这样一种做法称作"西方国家正在打一场没有硝烟的第三次世界大战"。① 邓小平解释说："所谓没有硝烟，就是要社会主义国家和平演变。"② 邓小平的这个说法可以看作是从内容与形式两个层面对境外宗教渗透政治实质和战略意图的深刻揭露。

三、境外宗教渗透的主客模式："主人公的缺席"与义和团的误读

前面我们在讨论宗教渗透与宗教文化交流的差异时，曾经指出：在宗教文化交流中，进行宗教文化交流的双方"彼此予受"，互为主客体，从而是一种"我—你"（I – Thou）关系或"主体间性"关系。而宗教渗透的主客体之间则明显缺乏这样一种主客体间的相互性，其主体是单方面的"予"，而客体则被要求单方面的"受"，至少从宗教渗透主体的角度看，它与受到渗透的客体之间是根本不存在任何平等性或"主体间性"问题，而是一种典型的布伯式的"我—它"（I – It）的单向性关系。

然而，当用主客体模式来审视"宗教渗透"或"境外宗教渗透"这一固定词组时，却发现"主人公的缺席"。因为如前所述，从防范和抵制境外宗教渗透的实践来看，所谓"境外宗教渗透"，所要表明的是境外敌对势力利用宗教问题或宗教对我实施的渗透、颠覆和破坏活动。而这就意味着境外敌对势力乃境外宗教渗透的主体，用结构语言学家格雷马斯的话来说，境外敌对势力乃"第一施动者"、"主体"和"发出者"。而境外宗教充其量不过是"辅助者"，而受到渗透的国家则是"客体"、"对象"和"接受者"。③ 这样一个语义链应该说是普遍适合"境外宗教渗透"这一语义域的。然而，当用有关境外宗教渗透的这种"施动者"的模式来审视境外宗教渗透这一固定词组时，却突然发现，在"境外宗教渗透"这一固定词组中，竟然找不到境外宗教渗透的"主体"、"第一施动者"或"发出者"。在《结构语义学》中，格雷马斯曾专门讨论过"主人公的缺席"这一问题。格雷马斯所谓"主人公的缺席"，说的是在叙事中，"主人公从出发

---

① ② 《邓小平文选》第3卷，人民出版社1993年版，第344页。

③ 在《结构语义学》中，格雷马斯在解析施动者的模型时，曾先后提出了三对范畴。这就是：（1）"主体 vs 客体"；（2）"发出者 vs 接收者"；（3）"辅助者 vs 反对者"。参阅［法］A. J. 格雷马斯著，蒋梓骅译：《结构语义学》，百花文艺出版社2001年版，第257～264页。

到'隐匿身份到达'这一长段序列中都没有出现"这种情况。① 现在，在审视境外宗教渗透这一固定词组时似乎也遇到了"主人公的缺席"这一问题。因为在这一固定词语中，渗透既然具有动词性，无疑就是这一谓项词组的核心内容。而这一词组的其他两个词项，无论是"宗教"还是"境外"都不足以构成这一以"渗透"为中心内容的谓项词组的主词或主体。因为，"宗教"在境外宗教渗透的意义链中扮演的充其量是一个"辅助者"的角色，是一个被境外敌对势力利用的角色。而这一角色显然并不配当第一施动者、主体和发出者。而且，如果我们把境外宗教理解成为境外宗教渗透的第一施动者、主体或发出者，这就意味着防范和抵制境外宗教渗透即是在防范和抵制境外宗教向我国的传播，这就意味着我们在重复义和团的错误。

众所周知，义和团运动是19世纪末20世纪初发生在我国北部的人民群众反对帝国主义的一场轰轰烈烈的武装斗争。当时，广大农民、手工业者和其他群众，以"扶清灭洋"为口号组织起来，对英、美、德、法、俄、日、意、奥的联合侵略军（史称"八国联军"）进行了英勇的斗争，曾一度给侵略者以沉重的打击。毫无疑问，就其本身而言，义和团运动是一场由民族矛盾空前激化而引发的政治性运动，而非宗教运动。但在这场运动中，义和团出于对帝国主义侵略行径的义愤也杀害了不少教士和教徒。据统计，天主教方面被杀的有主教5人，教士43人，中国教徒近3万人。新教方面被杀的有教士143人，教徒约2万人。东正教也有约200名教徒被杀。虽然这些被杀害的人中确实有一部分是不法传教士和教徒，但也确实有一部分传教士和绝大多数中国教徒是无辜的，他们不幸成了帝国主义在华侵略政策的替罪羊。② 后来毛泽东在《实践论》中曾用"笼统的排外主义"来概括义和团的反帝斗争。③ 毫无疑问，义和团反对帝国主义是正义的，是必须予以充分肯定的。但是，在反对帝国主义的时候，它却打出了"灭洋"的旗帜，这就把作为"洋教"的中国天主教和中国基督教也都放到了"打倒"之列。因此，说义和团是"笼统的排外主义"应该说是一个比较贴切的说法。毛泽东关于义和团的反帝爱国运动还有一个说法，这就是：义和团对帝国主义的认识还是一种"表面的感性的认识"。④ 这也是有一定道理的。诚然，就义和团看到帝国主义利用传教活动推行帝国主义政策的一面是正确的，但是，倘若就其没有将帝国主义分子利用的天主教和基督教与帝国主义分子区别开来，没有将为帝国主义侵略政策效劳的少数天主教教士和基督教教士与并未为帝国主义侵略政策效劳的大多数天主教和基督教教士及教徒区别开来，统统将他们作为打击对象，显

---

① ［法］A. J. 格雷马斯著，蒋梓骅译：《结构语义学》，百花文艺出版社2001年版，第293页。
② 参阅王美秀、段琦、文庸、乐峰等：《基督教史》，江苏人民出版社2006年版，第380页。
③④ 《毛泽东著作选读》上册，人民出版社1986年版，第127页。

然是不恰当的。套用格雷马斯结构语义学的术语来说，义和团当时并没有真正理解帝国主义侵略活动的深层结构，没有真正看到帝国主义侵略活动的"第一施动者"、"主体"和"发出者"。而中国人民只是到了1919年"五四运动"前后，才超出义和团运动的眼界，达到了对帝国主义的深层的理性的认识，才真正看到了帝国主义侵略活动的"第一施动者"、"主体"和"发出者"，才有了后来的新民主主义革命的伟大胜利。[①]

现在，面对"境外宗教渗透"这个固定词组，同样有一个如何正确确认境外宗教渗透活动"第一施动者"、"主体"和"发出者"的问题。我们说在境外宗教渗透这一固定词组中有"主人公的缺席"问题，这是从词面意义上讲的，而非是从深层结构上讲的。从其深层结构上看，境外宗教渗透的第一施动者、主体或发出者肯定是有的。因为任何没有第一施动者、主体或发出者的行动都是不可能的。因此，看到"境外宗教渗透"这一固定词组中"主人公的缺席"固然重要，从境外宗教渗透这一固定词组中找到或召回"缺席的主人公"则显得更为重要。否则，不仅对境外宗教渗透的认识只能一知半解，而且对境外宗教渗透的考察也将失去其全部实践意义。那么，究竟如何才能真正找到或召回"缺席的主人公"呢？

尽管在境外宗教渗透这一固定词组中"主人公""缺席"，但我们为找到或召回这一"缺席的主人公"，除了回到境外宗教渗透这一固定词组本身，再也没有别的途径。为简洁计，主人公的缺席在任何一种语言的叙事或固定词组中，都是难免的。汉语中就有不少成语是"缺席""主人公"的。例如，"刻舟求剑"和"口蜜腹剑"就是如此。"刻舟求剑"中隐去了"谁""求剑"和"谁""刻舟"的问题，而"口蜜腹剑"则隐去了"谁""腹剑"而"口蜜"的问题。当然，在《吕氏春秋》的"察今"篇中，"刻舟求剑"成语中的"谁"是清清楚楚的，即那个作为"涉江者"的"楚人"；在司马光的《资治通鉴》中，"口蜜腹剑"成语中的"谁"也是清楚的，即唐玄宗李隆基的宰相李林甫。然而，成语一项本质特征就在于言简意赅，其缩略一些东西是可以理解的。问题是读者在看到这些成语时如何能够非常敏捷地将其与其出处或整个意义域关联起来，从而立即意识到这个"缺席"的"主人公"及其泛指的含义。这样一个过程显然是一个溯源的逆过程。现在，当我们立意寻找"境外宗教渗透"这一固定词语的"缺席"的"主人公"，也应遵循这样的思路。按照格雷马斯的结构语义学，"主人公"之所以"缺席"，从句法学的角度看，乃是由于我们把问题简单化，仅仅着眼于"整个信息清单的谓项"，从而"撇开了与信息相关的施动者（主项）"。

---

① 《毛泽东著作选读》上册，人民出版社1986年版，第127页。

因此，也就只能借对谓项的分析或考察来寻找与之相关的施动者（主项），而这也正是对谓项的分析所必须的。格雷马斯在谈到这种必要性时强调："问题的简单化在于我们撇开了与信息相关的施动者。因为连续的信息要被视为一个算式，就必须满足一个条件，即信息中显现的功能都归于同一个施动者。品质信息也一样，只有当它们包含同一个施动者的全部限定成分时才成为一个类。因此，现在必须重新研究这个问题，把施动者的多元性对信息和信息清单的影响考虑在内。"① 毫无疑问，从元语言的角度看问题，主项对于谓项、施动者对于功能和品质享有一种支配地位。因为施动者总是"代表"、"甚至可以说是包含了谓项类"，"我们设定的功能模型和品质模型也要受控于层次更高的组织模型，亦即施动者模型"。② 但正如格雷马斯强调的，在信息层面和话语显现层面的路向上，功能和品质与施动者的关系却正好相反："在单独予以考虑的信息层面，功能和品质看来是归属于施动者的，但在话语显现层面，情况则相反。我们看到，在话语显现层面，功能和品质一样，都能产生施动者"。③ 换言之，倘若从话语显现层面看问题，便完全可能从显性的谓项推演出隐性的主项，从主体的活动或功能推演出实施活动或展现功能的主体。就目前讨论的"境外宗教渗透"这个固定词组而言，因此而有可能从"境外宗教渗透"推演出实施境外宗教渗透的"主体"、"第一施动者"和"发出者"。

现在，我们就尝试着从"境外宗教渗透"这一谓项短语推演出它的主项或主体。前面在讨论境外宗教渗透活动的政治实质时，曾经指出：境外宗教渗透的政治实质是"资本主义意识形态输出"和资本主义的"社会复制"，是一种对社会主义社会制度的颠覆和破坏活动；境外宗教渗透问题本质上是一个"政治问题"，而非"宗教问题"。④ 基督宗教的《圣经》说："该撒的物当归给该撒，上帝的物当归给上帝。"⑤ 据此，便应当说：境外宗教渗透是一个"当归给""该撒"的问题，而非一个"当归给""上帝"的问题，是一个"当归给"政治活动家的政治问题，而非一个"当归给"宗教活动家的宗教问题。由此还可进一步得出结论说：境外宗教渗透的真正的主项或主体不应当是宗教或宗教活动家，而应当是政治活动家或境外敌对势力。基于这种主（主项、主体）—谓（谓项、客体）结构或施动者结构，不仅可以更好地全面贯彻落实中国共产党和中国政府的宗教信仰自由政策，积极有效地开展国际宗教文化交流，而且还可以完全打消一些人关于防范和抵制境外宗教渗透会障碍国际宗教文化交流的顾虑，从而放心地投身到防范和抵制境外宗教渗透的实践活动中去。换言之，对于境外宗教渗

①②③　〔法〕A. J. 格雷马斯著，蒋梓骅译：《结构语义学》，百花文艺出版社 2001 年版，第 188 页。
④　参阅本书第一章第二节第二部分。
⑤　《新约·路加福音》20：25。

透主体的这种"找出"或"召回"不仅具有重大的理论意义，而且还具有重大的实践意义。

在这里所说的境外宗教渗透的主体，即境外敌对势力，也就是格雷马斯所说的"主人公"、"第一施动者"或"发出者"。实践表明，种种境外宗教渗透活动都是由境外敌对势力图谋和策划的。境外敌对势力为了实施其殖民主义的全球战略，为了达到其和平演变社会主义国家的战略目标，长期以来他们确实持续不断地利用宗教和宗教问题对社会主义国家进行意识形态渗透或输出。就此而言，我们不妨将一些为境外敌对势力所操纵和利用的宗教组织和宗教问题看作是境外宗教渗透的"辅助者"。但是，这里需要指出两个问题：一是即使将这样的宗教组织和宗教问题纳入施动者的结构之中，纳入广义的"主体"范畴之中，也必须看到：在这种场合、在这一意义上，宗教、宗教组织或宗教问题所扮演的也只是一种次终极主体，而非终极主体，也只是一种"辅助者"，而非"第一施动者"。二是当我们将宗教、宗教组织或宗教问题称作境外宗教渗透活动的"辅助者"或"次终极主体"时，指的只是那些受到境外敌对势力所操纵和利用的极个别宗教组织（其实是一种政治组织）及相关宗教活动家和特定的宗教问题，而非泛指一切宗教组织和一切宗教问题。例如，只有像20世纪80～90年代一度在我国猖狂活动的所谓"呼喊派"一类的所谓宗教组织，才被视为境外敌对势力对我实施宗教渗透活动的"辅助者"；只有像美国国会通过的《1998年国际宗教自由法案》中所谈的所谓"宗教自由"问题，才被视为境外敌对势力对我实施宗教渗透和宗教干涉的手段和载体。

另外，当讨论境外宗教渗透问题时还有两个问题需要注意。首先，尽管境外宗教渗透是境外敌对势力对我实施敌对意识形态输出的极其重要的手段，但却不能因此而将其视为境外敌对势力对我实施敌对意识形态输出的唯一手段。事实上，境外敌对势力往往是采用多种手段对我实施敌对意识形态输出的。"基督教与以兵舰做靠山的商业行为结了伙，因而在中国人心目中，这个宣扬爱人如己的宗教也就成为侵略者的工具了"，"宗教与武力形影不离……耶稣基督是骑在炮弹上飞过来的"，[1] 蒋梦麟先生在谈到西方列强侵略中国时所说的这些话，就生动地告诉我们，西方列强在侵略我国时不仅使用了传教士，而且还使用了"商业"和"兵舰"以及"炮弹"。即使到了今天，境外敌对势力在对我实施敌对意识形态输出时，除了利用宗教和宗教问题外，也还动用了"人权"、"最惠国待遇"等手段。其次，境外敌对势力之所以热衷于利用宗教和宗教问题对我实施渗透和敌对意识形态输出，并不是由于宗教本身或宗教问题本身就是一种他们可以利用

---

① 蒋梦麟：《西潮·新潮》，岳麓书社2000年版，第13页。

的工具，而是由于在许多场合下某些宗教或宗教问题对于他们实施这些活动往往具有更多的便利性和更大的隐蔽性。换言之，境外敌对势力之所以热衷于利用宗教和宗教问题对我实施渗透和敌对意识形态输出，并不是宗教本性使然，而是宗教的某些属性使然。而且，也正是宗教或宗教问题的某些特殊属性（如宗教信仰的出世性等），使得境外敌对势力通过宗教和宗教问题对我进行敌对意识形态输出和社会复制，具有其他手段或工具所欠缺的便利性、欺骗性和隐蔽性，从而获得小成本、大回报的社会效果。法国首任驻沪领事敏体尼（Louis Charles Nicolas Maximilien Montigny，1805~1868）在1848年写给法国公使的信中，直言不讳地宣称："公使先生，我再重复对你说，这批传教士是法国将来在这里取得重要地位和成就的工具，我们的政府应该认真考虑如何保护他们。……出于维护祖国的荣誉，我认为保护他们是我们国家的利益所在。西方国家迟早会认真地过问中国事务，而我们的传教士必将为法国作出重大的贡献。至于商业方面，这些正直的人所作出的努力，早就该大受赞扬的了。"[①] 1979年，在一次欢迎邓小平的宴会上美国总统卡特向邓小平郑重提出"恢复外国传教士传教计划"的"请求"，[②]由此不仅可以看出西方政治家对境外宗教渗透的特别重视，而且也可以看出实施宗教渗透对西方国家确实有其方便之处。

在对境外宗教渗透施动者结构或要素的考察中，有学者提出过"三要素"说，断言"任何形式的宗教渗透都由三大要素构成，即宗教渗透策源国、宗教渗透载体、宗教渗透对象国"。[③] 应该说，宗教渗透三要素说大体表达了境外宗教渗透的深层内容或宏观结构。但是，倘若深究起来，这种说法仍有笼统之嫌。例如，美国第105届国会通过的由克林顿总统签署的《1998年国际宗教自由法案》无疑是美国对我实施宗教渗透的一项重大举措。就此而言，说美国是对我实施宗教渗透的策源国也是说得过去的。但是，细究起来，这种说法还是有一定问题的。一是这种说法并没有充分注意到，即使在美国国会内部也存在不同意见这一实际情况。例如，这项法案在美国众议院讨论时就有人持否定意见，而在投票表决时也依然有41个众议员投了反对票。二是这一法案是否真正代表了美国广大人民的利益也是值得考察的。因此，如果使用"策源国"的说法，我们便不足以充分表达美国内部这些不同的声音。而这些声音或力量，如果套用格雷马斯结构语义学的术语来说，就是存在于美国社会内部的境外宗教渗透的"反对者"。然

---

① ［法］史式徽著，天主教上海教区史料译写组译：《江南传教史》第1卷，上海译文出版社1983年版，第174页。

② 卡特的这一请求理所当然地遭到了邓小平的拒绝。参阅叶小文：《变与不变：宗教发展的中国模式》，《中国宗教》2008年第2期。

③ 张桥贵主编：《云南跨境民族宗教社会问题研究（之一）》，中国社会科学出版社2008年版，第39页。

而，如果使用"境外敌对势力"这一术语，就不仅有望避免"宗教渗透策源国"说法所招致的种种不精确性，而且还可以避免将防范和抵制境外宗教渗透的矛头指向国外宗教。鉴于此，我们还是认为用"境外敌对势力"表达境外宗教渗透活动的主体、第一施动者和发出者比较严谨和科学。

四、境外宗教渗透的基本中介：受操纵的宗教组织和受歪曲的宗教意识形态

作为一个活动链条或"施动者"链条，境外宗教渗透不仅包含活动的主体和客体（对象），而且还内蕴工具、中介和载体。宗教无疑是境外敌对势力实施宗教渗透活动的基本工具、基本中介和基本载体，[①] 否则，所谓宗教渗透也就成了无稽之谈。然而，这种说法虽然包含一定的真理，但还是显得过于简单和笼统，有失精确和严谨。

首先，笼统地把宗教说成是境外敌对势力对我实施宗教渗透的基本载体，容易给人造成一种错觉，似乎防范境外宗教渗透就应当防范所有境外宗教，抵制境外宗教渗透就应当抵制所有境外宗教，这样是不利于更积极地开展国际宗教文化交流活动的，有返回关门办教老路之虞。因为在这种语境中，宗教一词显然过于空泛。凡现实的宗教都是具有宗教组织和宗教观念的，离开了具体宗教组织和具体宗教观念的宗教就只能是一个抽象概念，而不可能是任何一种类型的现实的和具体的宗教。因此，当讨论宗教渗透时，谈论的当是那种现实的和具体的宗教，当是现实的与具体的宗教组织和现实的与具体的宗教观念，否则，我们的讨论就是空谈。

其次，一些现实的具体的宗教组织确实曾经成为境外敌对势力用来对我实施宗教渗透的载体或工具。例如，在新中国成立前后，由"教廷驻中国全权公使"黎培里操纵的中国天主教教务协进会和"圣母军"即充当了境外敌对势力对我实施宗教渗透的载体或工具，在宗教"超政治"、"超国界"的掩护下，大肆从事对新政权的颠覆和破坏工作。1951 年 7 月 13 日，天津市军事管制委员会主任黄敬签署 21 号布告，宣布取缔"圣母军"，天津市公安局依法逮捕圣母军华北分会会长邓华光，并驱逐巴黎遣使会会士、天津教区主教文贵宾（Jean De Vienne，1877～1957）。1951 年 9 月初，上海市公安局抓捕天主教教务协进会和圣母军头目沈世贤、陈哲敏（黎培里秘书）、莫克勒和苏冠明。9 月 4 日，南京军事管制

[①] 张桥贵主编：《云南跨境民族宗教社会问题研究（之一）》，中国社会科学出版社 2008 年版，第 45 ~ 47 页。

委员会以"间谍罪"、"组织反革命团体罪"、"煽动反对政府罪",宣布将黎培里驱逐出境。所有这一切,都可以看作是新中国抵制境外宗教渗透的最初努力。[1]再如,20世纪80年代一度在我国大肆活动的"呼喊派"也同样可以看作是境外敌对势力对我实施宗教渗透的载体或工具。而我国政府有关部门于1983年根据中共中央批转中央统战部、公安部和国务院宗教事务局三部门《关于处理所谓"呼喊派"问题的报告》的指示精神,依法取缔了"呼喊派",这可以看作是我国在新时期抵制境外宗教渗透的一场重大斗争。

再次,就境外敌对势力对新中国实施宗教渗透的实际情况看,境外敌对势力越来越倚重于歪曲利用宗教意识形态。例如,自《1998年国际宗教自由法案》通过以来,美国政府多次在其发表的国际宗教自由年度报告中将我国列为"特别关注国家",对我国的宗教事务妄加指责和干涉,[2]它所利用的工具或载体便不是一般的宗教组织,而是作为宗教意识形态的"宗教自由"问题。美国等西方国家越来越重视利用宗教问题或宗教意识形态对我实施宗教渗透不是偶然的,这是由其社会制度和社会意识形态的特殊本质决定的。既然按照美国政要的说法,"宗教自由"乃美国宪法中的"第一自由",[3]既然"宗教自由"不仅是美国的"立国之本",[4]而且是美国外交政策的"基础",[5]则美国反华势力利用宗教自由或宗教意识形态对我实施宗教渗透,就是一件再自然不过的事情了。

最后,无论是境外宗教势力用作实施宗教渗透工具或载体的某些宗教组织,还是境外宗教势力用作实施宗教渗透工具或载体的某些宗教意识形态(如宗教自由等宗教问题),都不是本来意义上的宗教组织和宗教意识形态,而是被政治化了的宗教组织和宗教意识形态。例如,在新中国成立前后,受境外敌对势力操纵和利用的中国天主教教务协进会和"圣母军",已然不再是一个纯粹的宗教组织,而成了对抗和颠覆我国新生政权的政治组织。对20世纪80年代在我国出现的"呼喊派"也应当作如是观。至于美国《1998年国际宗教自由法案》所体现出来的"宗教自由"观,已经将"宗教自由"弄成了美国干涉别国主权和宗教事务,推行其全球殖民主义和世界霸权主义的口实和工具,已不复是纯然宗教信仰和宗教意识形态的东西,而成为与美国政治上层建筑浑然一体的东西,成了美国政府一种对外战略或对外政策。因此,充当境外敌对势力对我实施宗教渗透中介、工具或载体的,并非作为宗教的宗教,而是那些受境外敌对势力操纵利用的某些宗

---

[1] 参阅罗广武编著:《新中国宗教工作大事概览(1949~1999)》,华文出版社2001年版,第59~62页。

[2] 参阅习五一:《简评美国〈1998年国际宗教自由法案〉》,载于《新疆师范大学学报》2010年第3期。

[3] Annual Report of the United States Commission on International Religious Freedom,2001.

[4] Annual Report of the United States Commission on International Religious Freedom,2006.

[5] 徐以骅:《当代国际传教运动研究的"四个跨越"》,载于《世界宗教文化》2010年第1期。

教组织，或那些受境外敌对势力歪曲利用的宗教意识形态。当然，境外敌对势力操纵利用某些宗教组织、歪曲利用某些宗教意识形态的途径和方式也不是单一的，而是多种多样的。例如，操纵利用某些宗教组织、歪曲利用某些宗教意识形态的境外敌对势力，可能是西方社会的某些政要，也可能是某些混迹于宗教组织内的帝国主义分子。1982 年 3 月，中共中央在其《关于我国社会主义时期宗教问题的基本观点和基本政策》之中，在谈到"坚决抵制外国宗教中的一切敌对势力的渗透"的宗教工作方针时，明确指出："国际宗教反动势力，特别是帝国主义宗教势力，包括罗马教廷和基督教的'差会'，① 也力图利用各种机会，进行渗透活动，'重返中国大陆'。"② 该文件因此强调指出：在开展国际宗教文化交流中，"一定要坚持独立自主、自办教会的原则，坚决抵制国际宗教反动势力重新控制我国宗教的企图，坚决拒绝任何外国教会和宗教界人士插手干预我国宗教事务，绝不允许任何外国宗教组织（包括它们所控制的机构）用任何方式来我国传教，或者大量偷运和散发宗教宣传材料"。③ 这就表明，境外敌对势力既可能存在于或活动于宗教组织之外，也可能存在于或活动于宗教组织之内。对于问题的这两个方面，都应当予以高度警惕。

五、境外宗教渗透的政治战略："西化"与"分化"

境外敌对势力对我实施境外宗教渗透的政治战略，总的来说，就是两条：一是"西化"，二是"分化"。

"西化"的主体或第一施动者是西方国家的敌对势力或反华势力，他们对我实施宗教渗透的政治目标，归根到底在于对我实施资本主义意识形态输出，在我国复制西方社会，复制西方国家的社会制度；既复制西方国家的经济制度，也复制西方国家的政治制度。因此，所谓"西化"的政治战略，其实也就是尼克松所

---

① 差会为西方各国基督宗教新教差派传教士到世界各国进行传教活动的组织。产生于 17 世纪中叶，随着欧洲殖民主义扩张，逐渐向美洲殖民地和亚洲、非洲各地伸展。初期的差会，多由殖民主义国家政府直接主持。19 世纪以来，形式上多由教会办理，也有不从属于任何教会而独立组织者，一般受垄断资本集团的支持和资助。第二次鸦片战争后，外国差会势力在我国迅速发展。至 20 世纪 50 年代初，随着中国基督教界三自革新运动的展开及中国基督教三自爱国运动委员的成立，外国差会势力在我国基本绝迹。但自 20 世纪 70 年代末以来，一些外国差会势力又开始在我国秘密活动，企图死灰复燃。参阅段德智：《新中国宗教工作史》，人民出版社 2013 年版，第 37～56、192～196、214～215 页。

② 中共中央文献研究室综合研究组、国务院宗教事务局政策法规司编：《新时期宗教工作文献选编》，宗教文化出版社 1995 年版，第 70 页。

③ 中共中央文献研究室综合研究组、国务院宗教事务局政策法规司编：《新时期宗教工作文献选编》，宗教文化出版社 1995 年版，第 78 页。

说的"和平演变战略"。① 邓小平在谈到西方世界这种"和平演变战略"时，曾经使用了"西方国家正在打一场没有硝烟的第三次世界大战"的说法。② 他之所以将西方国家对我实施的种种渗透活动称作"第三次世界大战"，是因为在邓小平看来，当今世界的问题尽管纷纭复杂，但归根到底就是两个：一个是南北问题，一个是东西问题。所谓南北问题，说的是西方世界针对整个南方、针对整个第三世界发动的"冷战"。所谓东西问题，说的则是西方世界针对社会主义国家发动的"冷战"。他之所以将西方世界针对第三世界和社会主义国家发动的这种"冷战"称作"第三次世界大战"，原因之一是想借以表明：南北问题固然重要，东西问题也不容小视。因为"第三次世界大战"这个说法自 20 世纪 40 年代末产生以来，就一直带有"资本主义与社会主义决战"的意蕴。至于邓小平强调这是一场"没有硝烟"的世界大战，也是想借以表明，这场战争尽管是一场你死我活的战争，但归根到底其中心战场在意识形态领域，最基本的是资本主义意识形态和社会主义意识形态之间的较量。而境外宗教渗透和抵制境外宗教渗透无疑是资本主义意识形态和社会主义意识形态较量的主战场或主战场之一。也正是在这个意义上，我们强调境外宗教渗透的根本政治战略是西化，是资本主义意识形态输出和资本主义社会制度在社会主义国家的"复制"，是对社会主义社会制度的"和平演变"。

境外敌对势力不仅借境外宗教渗透对我国实施"西化"的政治战略，而且还借境外宗教渗透对我国实施"分化"的政治战略。③ 所谓分化政治战略，说的是境外敌对势力利用宗教问题或宗教意识形态，煽动民族分裂主义，"破坏祖国统一和民族团结"，④ 以实现其破坏和颠覆我国社会主义制度的罪恶目的。长期以来，西方反华势力一直千方百计地煽动和支持达赖集团，企图将西藏从中国分裂出去。这可以看作是西方反华势力利用宗教问题或宗教意识形态对我国实施分化战略的典型例证。然而，从我国防范和抵制境外宗教渗透的长期实践看，通过宗

---

① ［美］尼克松著，谭朝洁、孔岩、邓勇、马学印译：《1999：不战而胜》，中国人民公安大学出版社 1988 年版，第 171 页。

② 《邓小平文选》第 3 卷，人民出版社 1993 年版，第 344 页。

③ "分化"和"反分化"（即防范和抵制民族分裂主义问题）也是贯彻本书的一条极其重要的线索。有关论述，请参阅本书第七章第二节第三小节"抵制民族分裂主义，平息拉萨骚乱事件"、第七章第三节第五小节"抵制境外宗教渗透，反对民族分裂主义"、第九章第二节第二小节"抵制境外宗教渗透，反对宗教民族主义"。请特别参阅其中第九章第二节第二小节"抵制境外宗教渗透，反对宗教民族主义"。在这一小节中，作者用"三个一"（即"一个国家——一个民族——一个宗教"）对宗教民族主义的理论纲领做了概括。此外，从广义上讲，整个第五章"境外宗教渗透与苏联解体"，也与我们当前这个话题有关。在谈到苏东问题时，我们常常使用"东欧剧变"和"苏联解体"这样的措辞，这就意味着人们通常认为苏联演变中既有"西化"的问题，也有"分化"的问题。

④ 中共中央文献研究室综合研究组、国务院宗教事务局政策法规司编：《新时期宗教工作文献选编》，宗教文化出版社 1995 年版，第 214 页。

教问题或宗教意识形态问题对我国实施分化战略的主体或第一施动者并不限于西方反华势力，还有其他一些值得注意的政治力量。例如，在"疆独"问题上，"东突"即是一股值得注意的政治力量。在历史上，"东突厥斯坦"原本只是一个地理术语，但自19世纪以来，却越来越具有浓重的政治色彩，成为暴力恐怖势力、民族分裂势力和宗教极端势力企图将新疆从我国分裂出去的政治旗帜。境外敌对势力借境外宗教渗透对我实施分化战略不是偶然的，而是由许多因素决定的。除了其政治意图外，我国宗教的基本特性，特别是我国宗教自身所具有的民族性也是一个相当重要的社会因素。逻辑地看，宗教问题与民族问题是两个不同范畴的问题，但实际上，它们却是内在地结合在一起的。在我国广大地区，特别是在广大少数民族地区，由于不少少数民族差不多全都信仰某一宗教，从而致使许多民族问题往往同时也是宗教问题。例如，在西藏地区，西藏问题在很大程度上也就是藏传佛教问题，藏传佛教问题若得不到妥善解决，西藏问题断然得不到妥善解决。再如，在新疆，虽然存在有40多个民族，但其中信仰伊斯兰教的10个少数民族（维吾尔、哈萨克、回、柯尔克孜、塔吉克、塔塔尔、乌孜别克、东乡、撒拉和保安族）差不多占了新疆总人口的六成。因此，新疆问题在很大程度上也就是伊斯兰教问题。正因为如此，中国共产党和中国政府历来重视宗教的民族性。早在新中国成立初期，中国共产党即提出了我国宗教的"五性说"，强调我国宗教具有国际性、民族性、长期性、群众性和复杂性，[1] 这就把宗教的民族性作为我国宗教一项基本特征提了出来。1953年，中共中央在《关于过去几年党在少数民族中进行工作的主要经验》中明确指出："我国的少数民族大都信仰宗教，其中，伊斯兰教和佛教在许多少数民族中有广泛和更深入的信仰，成为许多少数民族几乎是全体信奉的宗教。在这类少数民族地区，宗教问题不仅是个人信仰问题，而且是整个民族问题不可分离的一个重要部分。"[2] 这就非常突出地强调了我国宗教的民族性特征。在新时期，中国共产党和中国政府一如既往地注重我国宗教的民族性。2001年12月，江泽民在全国宗教工作会议上发表讲话时，曾经在"关于加强党对宗教工作的领导"的小标题下指出："宗教问题与民族问题有密切联系，在做宗教工作时，必须紧密结合贯彻党的民族政策，全面做好民族工作、宗教工作。"[3] 江泽民在这里强调的虽然是宗教问题与民族问题的密切关系、宗教工作与民族工作的密切关系，但这些说法显然是以突出和强调我国宗

---

[1] 中共中央统战部研究室编：《历次全国统战工作会议概况和文献》，档案出版社1988年版，第326页。

[2] 中共中央统战部研究室编：《历次全国统战工作会议概况和文献》，档案出版社1988年版，第185页。

[3]《江泽民文选》第3卷，人民出版社2006年版，第393页。

教的民族性为基础和前提的。那种把民族分裂主义与境外宗教渗透对立起来的做法是片面的，也是不符合我国宗教问题和宗教工作实际的。

既然宗教问题往往与民族问题纠缠在一起，分化问题也就往往与西化问题纠结在一起，常常构成境外宗教渗透的一项重要内容。例如，中共中央、国务院1991年的《关于进一步做好宗教工作若干问题的通知》中，即明确地把防范"民族分裂主义利用宗教煽动骚乱闹事"作为防止境外宗教渗透的首要内容。该文件写道："必须看到，境外敌对势力一直利用宗教不断地对我进行渗透和破坏活动。民族分裂主义分子也利用宗教煽动骚乱闹事，攻击党的领导和社会主义制度，破坏祖国统一和民族团结。有的地方少数敌对分子活动猖獗，……"① 1993年12月，江泽民在全国统战工作会议上的讲话中就"西化"和"分化"问题指出："现在世界上不少国家和地区的民族矛盾和宗教纷争十分突出。频频引发流血冲突和局部战争，动乱不断。国际敌对势力把民族问题和宗教问题，作为对社会主义国家实行'西化'和'分化'的突破口。"② 2001年12月，江泽民在全国宗教工作会议上，在谈到境外宗教渗透时，再次明确地将境外敌对势力利用宗教搞民族分裂活动作为宗教渗透的中心内容之一。他指出："随着对外开放的扩大，我国宗教界与世界各国宗教界的友好交往日益增多，但境外利用宗教对我国进行渗透的问题也日益突出。……他们支持达赖集团和'东突'恐怖主义进行分裂活动，支持境外一些基督教团体加大对我国搞'福音化'的力度。"③

尽管分化和西化同属于境外敌对势力实施宗教渗透的战略目标，但如果就其对我国社会主义制度的威胁而言，西化毕竟具有更大的危险性。第一，这是因为，倘若用长时段的眼光看问题，就会看出当今时代是一个从资本主义社会向社会主义过渡的时代。尽管整个人类社会要实现这样一个过渡还需要相当长的一个历史时期，但是，既然封建社会能够取代奴隶社会、资本主义社会能够取代封建社会，那么社会主义社会取代资本主义社会就是可能的。诚然，人类社会要实现这样的过渡必然会付出代价，要走许多曲折的道路，但是，既然封建社会和资本主义社会在分别取代奴隶社会和封建社会的过程中也付出惨重的代价，也走过许多曲折的道路，但最后还是实现了社会的更替，那么，就完全有理由相信我们的时代是一个由资本主义向社会主义过渡的时代，相信社会主义社会取代资本主义社会的可能性。而在这样的时代里，西化问题势必成为社会主义国家必须正视并

---

① 中共中央文献研究室综合研究组、国务院宗教事务局政策法规司编：《新时期宗教工作文献选编》，宗教文化出版社1995年版，第213页。

② 中共中央文献研究室综合研究组、国务院宗教事务局政策法规司编：《新时期宗教工作文献选编》，宗教文化出版社1995年版，第249页。

③ 《江泽民文选》第3卷，人民出版社2006年版，第390页。

予以认真应对的问题。第二，就当前的世界局势看，尽管我们已经进入了后冷战时代，但后冷战时代也只是一个相对的说法。也就是说，这个说法是相对于冷战时代而言的，是就东西矛盾（社会主义制度与资本主义制度、社会主义意识形态与资本主义意识形态之间的矛盾）不再构成时代的主要矛盾，即不再构成支配时代其他矛盾的矛盾，而是下降成为时代的一种次要矛盾，成为一种受时代主要矛盾决定或制约的矛盾而言的。但次要矛盾也是矛盾。就是说，东西矛盾依然是我们时代的一种矛盾。从根本上否认东西矛盾的存在是不切实际的，也是极其有害的。第三，后冷战时代一项根本特征在于南北矛盾的地位显著上升。但南北矛盾地位上升这种情况，与强调东西矛盾的存在和相对重要性并不冲突。因为在当今时代，至少在眼前这个历史阶段，社会主义国家无一不是不发达国家或发展中国家。① 这就是说，在当今时代，东西问题与南北问题存在一种"重合关系"或"从属关系"。从这个意义上，我们可以说以美国为首的西方国家向社会主义国家进行种种渗透或资本主义意识形态输出既具有"东西"的性质，也具有"南北"的性质。而且，即使对于非社会主义的发展中国家来说，它们也同样面临着一个反对"西化"的问题。② 这就使得"西化"和"反西化"的矛盾和冲突在我们的时代带有某种国际全局的性质，在我们时代的各种矛盾和冲突中占据一种特殊的不容忽视的地位。第四，以"和平与发展"为主题内容的后冷战时代固然不可能在几年或十几年内结束，但也不可能无限制地延续下去，不可能一直持续存在几百年甚至更长的时间。从人类历史发展的规律看，它很可能在几十年后让位于新的冷战时代，也就是说，在几十年后，东西矛盾有可能重新成为时代的主要矛盾，成为支配其他时代矛盾的矛盾。因此，后冷战时代虽然不可能是一个短时段概念，但它也不可能成为一个长时段概念。否认当今世界进入了后冷战时代是主观片面的，否认在后冷战时代之后出现新的冷战时代的可能性，也是一种主观片面性。第五，尽管境外反华势力不限于西方反华势力，但从全球的范围看，西方反华势力毕竟是世界上最主要的反华势力。而且，尽管逻辑地看，分化问题与西化问题是两个不同性质的问题，但是，既然西方反华势力往往把分化当作从属于其西化的一种手段，在这种情况下，至少对于西方反华势力来说，分化问题也就因此往往处于从属的地位。当然，无论是对于西化，还是对于分化，都是应当予以认真对待的，但是，在认真对待分化的基础上和前提下，将更多的注意力放在应对境外敌对势力的西化战略方面，却是十分必要的。

---

① 例如，我们国家就既是一个社会主义国家，也是一个发展中国家。

② 正如一些学者所指出的，"向发展中国家""灌输西方价值观念"、"鼓吹西化"是以美国为首的西方国家"目前在意识形态方面推行新殖民主义的一种典型表现"。参阅张顺洪、孟庆龙、毕健康：《新殖民主义论：对当代世界的一种解释》，载于《马克思主义研究》1999 年第 4 期。

第二章

境外宗教渗透与意识形态安全

如前所述，宗教不仅是一种文化形态，而且还是一种意识形态，宗教渗透具有单向性、侵略性和颠覆性，境外宗教渗透的政治实质是"意识形态输出"，所以，境外宗教渗透势必成为一个与意识形态和意识形态安全内在相关的问题。有鉴于此，在对境外宗教渗透进行上述结构语义学解释之后，就有必要对意识形态概念及其社会功能和运行模式等问题进行较为具体、较为系统和较为深入的考察，以期进一步表明防范和抵制境外宗教渗透对维护我国意识形态安全和国家安全的绝对必要性。

第一节　意识形态概念的"历史轮廓"及其"中性化"

在近现代社会科学术语中，恐怕很少有一个术语会像"意识形态"一样，具有那么多相互抵牾的含义。有人将意识形态称作"观念科学"，有人则将其称作"高贵的谎言"，有人视其为根本的实存，有人则视其为一种"副现象"，有人视其为"国家机器"，有人则视其为"公共舆论"。真可谓见仁见智，众说纷纭。然而，意识形态概念之所以具有这样的多义性或歧义性，不是偶然的，而是由多方面的原因决定的，其中一个重要原因即在于它是一个"具有长期、复杂历史的概念"。① 正如英国学者汤姆森所指出的："为什么这个概念在今天如此含糊，有那么多不同的用法和细微差别的含义，是因为这个概念自从两个世纪以前被引入欧洲语言以来，它经历了漫长而迂回的道路：今天它表现的多种含义就是这一历史进程的产物。"② 既然意识形态的多义性是其经历的"漫长而迂回的道路"的产物，为比较具体、深入地了解这一概念的真义，就需从再现它的"历史轮廓"，即它所经历的"漫长而迂回的道路"着手。

一、特拉西的作为"观念科学"的意识形态

如前所述，"意识形态"一词，是由法国哲学家和经济学家狄斯都特·德·特拉西（Destutt de Tracy，1754～1836）于 1796 年创造出来的。"意识形态"（idéologie）这个词源于希腊词 idéa（观念）+ logos（关于……的研究，关于……的科学）。因此，就其最基本的含义看，所谓意识形态，即是关于观念的研究，或者说是一门关于观念的科学。特拉西是一位富有的、有教养的贵族。他曾经研究过许多启蒙思想家的著作，深受孔狄亚克思想的影响。孔狄亚克不仅是《百科全书》的撰稿人，还是一位著名的经验主义或感觉主义哲学家。特拉西追随孔狄亚克，坚持经验主义或感觉主义的认识论路线。特拉西曾在法国国家研究院的道德伦理与政治科学部任职。1796 年，他在道德伦理与政治科学部发表的一系列回忆录中，不仅提出了"意识形态"这个术语，而且还勾画了这门学问的性质和主旨。在特拉西看来，只要能够系统地分析感觉观念，就足以为一切科学知识提供坚实的基础。而他所提出的作为"观念科学"的"意识形态"也就是这样一门能够为一切科学知识提供坚实基础的科学。特拉西不仅宣称作为观念科学的意识形态是"肯定的，有益的，可以具有严格精确性的"，③ 而且还宣称意识形态是"第一科学"、"超级科学"或"最伟大的艺术"。这是不难理解的。因为既然一切科学知识都是观念的结合，那一切科学知识，无论是文法、逻辑和教育的科学知识，还是道德科学知识和政治科学知识，便势必以意识形态这门观念的科学为基础。

特拉西坚持以感觉论作为其意识形态的认识论基础，不吝在感觉论或智力官能方面花费精力。他的四卷本的《意识形态原理》（Elémens d'idéologie）出版于1803 年至 1815 年间，相当系统地研究了思想、感觉、记忆与判断等智力官能，

①② ［英］约翰·B. 汤普森著，高铦等译：《意识形态与现代文化》，译林出版社 2005 年版，第 5 页。

③ 转引自 ［英］约翰·B. 汤普森著，高铦等译：《意识形态与现代文化》，译林出版社 2005 年版，第 32 页。

以及习惯、动作和意志等。特拉西在对智力官能和经验形式的阐述中极力贯彻一种坚实而严格的理性主义和自然主义。在特拉西看来，人类作为物质现实的一部分，只不过是一个比较复杂的动物物种罢了，所以作为观念科学的意识形态不能不特别注重人的智力官能的考察或研究。用特拉西自己的话说："意识形态是动物学的一部分"，"如果我们不知道一个动物的智力官能，那么对它的了解便是不完全的"。① 特拉西的这些话不仅使我们想到了孔狄亚克和洛克，而且还使我们进一步想到了他的另一个法国前辈——《人是机器》和《人是植物》的作者拉美特里。尽管在意识形态概念学说史的进一步发展中，将意识形态自然化和永恒化逐步演变成了意识形态虚饰化的一条重要谋略，但在特拉西这里这一切在很大程度上似乎包含有学者的某种真诚。

然而，所有这一切却并不意味着在特拉西这里，作为观念科学的意识形态本质上是一门自然科学，或是一门仅仅用作自然科学基础的东西。在这里，特拉西想要表达的是，意识形态本质上是一门社会科学，是一门作为道德伦理和政治科学基础的科学。他之所以强调意识形态的自然科学属性，只在于强调意识形态的严格意义上的科学性和普遍适用性，在于强调它作为道德伦理和政治科学基础的合法性和客观有效性。康德曾把"要有勇气运用你自己的理智"作为"启蒙运动的口号"。② 恩格斯在谈到法国启蒙运动时，也强调指出："在法国为行将到来的革命启发过人们头脑的那些伟大人物，本身都是非常革命的。他们不承认任何外界的权威，不管这种权威是什么样的。宗教、自然观、社会、国家制度，一切都受到了最无情的批判；一切都必须在理性的法庭面前为自己的存在作辩护或者放弃存在的权利。思维着的知性成了衡量一切的唯一尺度。"③ 诚然，就其所在时代而言，特拉西与他的哲学前辈有所区别，但他作为"革命时代"的哲学家（肯尼迪语），在思想路线方面，与他的哲学前辈却是一脉相承的。正如启蒙运动（the Enlightenment）的名称所示，"启蒙运动本质上是对有独立见解的知识活动的价值重估"。④ 这就是说，启蒙思想家之强调真伪，其目标不仅在于区别真伪，而且要区别善恶和扬善去恶，在于社会重建和政治重建，用美国存在主义哲学家巴雷特的话说：在于"社会的理性安排"。⑤ 特拉西《意识形态原理》最后一卷《论意志及其结果》被英译为《论政治机构》，这再清楚不过地表明了特拉西著述《意识形态原理》的用心所在。特拉西虽为贵族后裔，但却与共和主义政治有

① Antoine – Louis – Claude Destutt de Tracy. *Elémens d' idéologie.* Paris：J. Vrin，1970，p. 8.
② ［德］康德著，何兆武译：《历史理性批判文集》，商务印书馆 1976 年版，第 22 页。
③ 《马克思恩格斯选集》第 3 卷，人民出版社 1995 年版，第 719 页。
④ ［英］伯兰特·罗素著，温锡增译：《西方的智慧》，商务印书馆 1999 年版，第 232 页。
⑤ ［美］威廉·巴雷特著，段德智译：《非理性的人》，译文出版社 2007 年版，第 30 页。

密切联系，支持与法国大革命有关的许多改革，并因此在雅各宾派专政时期被捕下狱。所幸的是，尽管许多贵族和知识分子在这一时期遭到镇压，被处以死刑，特拉西却于 1794 年随着罗伯斯庇尔的下台而被释出狱。他的作为"观念科学"的意识形态观念也正是在出狱后提出来的。

特拉西这位史称"革命时代的哲学家"的学者长期保持着饱满的政治热情。他把大革命的过度行为归咎于雅各宾派的狂热，而不是归咎于革命体制本身，相反，他将革命体制视为进步和启蒙的柱石。也正是由于他的共和主义立场和对革命体制的钟情，特拉西及其作为观念科学的意识形态学说与法国大革命本身的命运休戚相关。1799 年 10 月，鉴于第二次反法同盟对法国的军事进攻和法国国内保王党势力的日益猖獗，远征埃及的拿破仑抛下法国远征军，仅率少数随行人员，秘密返回巴黎，随即于 11 月初发动了雾月政变，成为法兰西共和国第一执政，宣布"大革命已经结束"，并且开始嘲笑作为"观念科学"的意识形态学说，把它说成是一种"脱离政治权力现实的抽象的推测性学说"。一些人也乘势给这一学说扣上"阴谋反对新政权"的帽子。[1] 1812 年，随着拿破仑兵败莫斯科，法兰西帝国步入穷途末路，特拉西的意识形态学说逐步成了拿破仑独裁政权失败的替罪羊，受到拿破仑本人严厉的谴责。拿破仑曾在国务会议上谴责特拉西的作为观念科学的意识形态学说，是一种"虚幻的形而上学"，并将"美好的法国所遭受的病患"归罪于特拉西这一学说。[2] 在拿破仑统治的最后年代里，他对特拉西这一学说的攻击更为狠毒和猖獗。"几乎所有各类宗教和哲学思想都被谴责为意识形态。这个词本身已成为一个死命压制反对派以支撑摇摇欲坠的政权的皇帝手中的武器。"[3]

随着拿破仑 1814 年 4 月退位和波旁王朝的复辟，特拉西的政治处境得到了根本的改善。但特拉西本人处境的改变，却没有给他所倡导的作为观念科学的意识形态学说带来好运。这一方面是由于特拉西原先设计的给一般科学知识提供基础、给社会调节提供指导的作为观念科学的意识形态学说，由于与共和主义的联系而多有妥协，从而使其学科面目越来越模糊化。另一方面是由于当"idéologie"一词由于"流入政治舞台而被一位受到围攻的皇帝把它掷回哲学家"时，这个词的"含义和关联"便开始改变了："它再不能毫不动摇地主张启蒙运动的实证精神了。最值得尊敬的、作为实证与卓越科学的观念科学逐渐让位于只值得受嘲笑

---

① Emmet Kennedy. *A Philosophe in the Age of Revolution*：*Destutt de Tracy and the Origins of "Ideology"*. Philadelphia：American Philosophical Society，1978，p. 81.

② Emmet Kennedy. *A Philosophe in the Age of Revolution*：*Destutt de Tracy and the Origins of "Ideology"*. Philadelphia：American Philosophical Society，1978，p. 215.

③ ［英］约翰·B. 汤普森著，高铦等译：《意识形态与现代文化》，译林出版社 2005 年版，第 34 页。

和鄙视的、作为抽象和幻想观念的意识形态。"①

尽管特拉西及其所倡导的作为观念科学的意识形态学说经历了这样一场悲喜剧式的发展，但是，其作为人类理性自决的理想、作为现代社会科学诞生的一个标志、作为试图发展启蒙运动成果的一种尝试，在人类思想史上，特别是在意识形态概念史上，却享有无可替代的历史地位。但是，其发展的曲折经历及其含义的变异，人们（包括拿破仑在内）对其负面性理解和对抗性立场，都在一定程度上预示了意识形态概念未来的处境和命运。随着滑铁卢战役的惨败和拿破仑的再次退位，特别是随着他被流放圣赫勒拿岛，拿破仑作为一个政治家和军事家，应该说已经成为历史，但拿破仑对特拉西作为观念科学的意识形态概念这种谴责和批判立场，却没有因此而成为历史，而是作为意识形态概念演变的伴随物，始终以这样那样的形式出现在关于意识形态概念的争论之中，并且推动后世的意识形态概念不断地更新自己的形式和内容。

二、马克思和恩格斯的作为"副现象"的意识形态

特拉西的意识形态概念虽然遭到了拿破仑的谴责和人们的普遍歪曲，但丝毫没有影响人们不断反思这一概念的理论热情。特拉西和拿破仑之后，涌现了一批批杰出的研究者，马克思和恩格斯就是其中的佼佼者。在谈到马克思的卓越地位时，英国学者汤普森强调指出："马克思的著作在意识形态概念史中占有中心地位。由于马克思这个概念获得了新的地位，成了一种批判手段和新的理论体系中的一个组成部分。"② 而在意识形态论坛上，马克思之所以能够推群独步，最根本的就在于他将意识形态概念建立在一种崭新的社会观、历史观和世界观，亦即他所开创的唯物史观的基础之上，第一次将包括意识形态在内的所有观念理解成了一种"副现象"，理解成社会经济基础的"副产品"或"派生物"。

马克思非常关注特拉西的意识形态学说。1844 年至 1845 年，马克思在流亡巴黎期间，阅读并摘录了特拉西的一些著作。随后，马克思与恩格斯合作撰写了长篇论著《德意志意识形态》。在这一著作中，马克思和恩格斯所说的"德意志意识形态"，指的是费尔巴哈、鲍威尔和施蒂纳等"青年黑格尔派"的所谓"批判观点"。在青年黑格尔派看来，只要对传统观念采取批判态度，打好思想仗，打好"观念战役"，就可以完全改变社会现实。在《德意志意识形态》中，马克思和恩格斯对青年黑格尔派这种"批判思想"和"幻想"进行了全面、深入的

---

① ［英］约翰·B. 汤普森著，高铦等译：《意识形态与现代文化》，译林出版社 2005 年版，第 35 页。
② ［英］约翰·B. 汤普森著，高铦等译：《意识形态与现代文化》，译林出版社 2005 年版，第 36 页。

批判。他们嘲笑青年黑格尔派的思想批判只不过是一种"同现实的影子所作的哲学斗争"。① 青年黑格尔派以激进派自居，但在事实上却非常保守，只不过是一群把自己看作狼的绵羊。之所以说青年黑格尔派是一群绵羊，是因为他们过高地估价了观念或思想在历史上和社会生活中的价值和功能；是因为在青年黑格尔派看来，"观念、思想、概念，即被他们变为某种独立东西的意识的一切产物"，乃"人们的真正枷锁"，是"人类社会的真正羁绊"，人们只要砸碎了这些枷锁，摆脱了这些羁绊，就会迎来一个全新的社会。因此，青年黑格尔派认为我们应当做的一切仅仅在于以观念反对观念，以言辞反对言辞。但在马克思和恩格斯看来，青年黑格尔派这种努力丝毫无助于改变社会现实，其根本错误在于他们根本颠倒了社会存在和社会意识的关系，认为是社会意识决定社会存在，而非社会存在决定社会意识。马克思和恩格斯用"照相机"来比喻青年黑格尔派这种唯心主义观点。他们写道："如果在全部意识形态中，人们和他们的关系就像在照相机中一样是倒立呈现的，那么这种现象也是从人们生活的历史过程中产生出来的，正如物体在视网膜上的倒影是直接从人们生活的生理过程中产生的一样。"② 因此，马克思和恩格斯把青年黑格尔派的意识形态思辨学说称作"关于意识的空话"，是一种"从天国降到人间"的哲学。然而，在马克思和恩格斯看来，"真正的知识"和"真正实证的科学"不应该"从天国降到人间"，而应当"从人间升到天国"。他们强调说："德国哲学从天国降到人间；和它完全相反，这里我们是从人间升到天国。"③ 他们解释说："这就是说，我们不是从人们所说的、所设想的、所想象的东西出发，也不是从口头说的、思考出来的、设想出来的、想象出来的人出发，去理解有血有肉的人。我们的出发点是从事实际活动的人，而且从他们的现实生活过程中还可以描绘出这一生活过程在意识形态上的反射和反响的发展。"④不仅如此，马克思和恩格斯还进一步从本体论的高度，从思维与存在的关系的高度对他们与青年黑格尔派的分歧做出了概括："不是意识决定生活，而是生活决定意识。前一种考察方法从意识出发，把意识看作是有生命的个人。后一种符合现实生活的考察方法则从现实的、有生命的个人本身出发，把意识仅仅看作是他们的意识。"⑤不难看出，马克思和恩格斯所说的"符合现实生活的考察方法"不是别的，正是现在称之为唯物史观的研究方法。

对于"符合现实生活的考察方法"，马克思在《〈政治经济学批判〉序言》中做出了进一步的阐述和概括。他写道："人们在自己生活的社会生产中发生一定的、必然的、不以他们的意志为转移的关系，即同他们的物质生产力的一定发

---

① 《马克思恩格斯全集》第 3 卷，人民出版社 1960 年版，第 15 页。

② 《马克思恩格斯选集》第 1 卷，人民出版社 1995 年版，第 72 页。

③④⑤ 《马克思恩格斯选集》第 1 卷，人民出版社 1995 年版，第 73 页。

展阶段相适合的生产关系。这些生产关系的总和构成社会的经济结构，即有法律的和政治的上层建筑竖立其上并有一定的社会意识形式与之相适应的现实基础。物质生活的生产方式制约着整个社会生活、政治生活和精神生活的过程。不是人们的意识决定人们的存在，相反，是人们的社会存在决定人们的意识。社会的物质生产力发展到一定阶段，便同它们一直在其中运动的现存生产关系或财产关系（这只是生产关系的法律用语）发生矛盾。于是这些关系便由生产力的发展形式变成生产力的桎梏。那时社会革命的时代就到来了。随着经济基础的变更，全部庞大的上层建筑也或慢或快地发生变革。"① 这段话常常被视为马克思主义唯物史观的经典表达。正是在这段话中，清晰地展现了他们对人类社会结构崭新的理解。一方面，构成人类社会基础的东西不是意识形态，而是"社会的经济结构"；另一方面，"一定的社会意识形式"不仅为社会的经济基础所决定，也必定与"法律的和政治的上层建筑""相适应"。也正是马克思对意识形态在人类社会结构中这种规定构成了马克思关于意识形态的"副现象"概念。在这篇著名的序言中，马克思依据他的意识形态"副现象"概念，进一步批判了青年黑格尔派的唯心史观。马克思在阐明了其唯物史观的基本观点之后，紧接着指出："在考察这些变革时，必须时刻把下面两者区别开来：一种是生产的经济条件方面所发生的物质的、可以用自然科学的精确性指明的变革，一种是人们借以意识到这个冲突并力求把它克服的那些法律的、政治的、宗教的、艺术的或哲学的，简言之，意识形态的形式。我们判断一个人不能以他对自己的看法为根据，同样，我们判断这样一个变革时代也不能以它的意识为根据；相反，这个意识必须从物质生活的矛盾中，从社会生产力和生产关系之间的现存冲突中去解释。"② 很显然，在这里马克思和恩格斯对以时代的"意识"为根据来判断和理解人们所在时代的错误观点的批判，其矛头同样指向了青年黑格尔派唯心主义的意识形态学说。

马克思和恩格斯既然把人理解为现实历史的处于一定生产关系中的人，他们的意识形态副现象论便在强调"生产的经济条件"或"社会的经济基础"的同时，也会同样强调意识形态的阶级属性。在《德意志意识形态》中，马克思和恩格斯明确指出："统治阶级的思想在每一时代都是占统治地位的思想。这就是说，一个阶级是社会上占统治地位的物质力量，同时也是社会上占统治地位的精神力量。"③ 他们给出的理据在于："支配着物质生产资料的阶级，同时也支配着精神生产资料，因此，那些没有精神生产资料的人的思想，一般是隶属于这个阶级的。占统治地位的思想不过是占统治地位的物质关系在观念上的表现，不过是以

---

① 《马克思恩格斯选集》第 2 卷，人民出版社 1995 年版，第 32～33 页。
② 《马克思恩格斯选集》第 2 卷，人民出版社 1995 年版，第 33 页。
③ 《马克思恩格斯选集》第 1 卷，人民出版社 1995 年版，第 98 页。

思想的形式表现出来的占统治地位的物质关系；因而，这就是那些使某一个阶级成为统治阶级的关系在观念上的表现，因而这也就是这个阶级的统治的思想。"①尽管马克思和恩格斯遵循的依然是"社会存在决定社会意识"、"物质决定精神"的唯物史观，但却把阶级关系或阶级统治关系带进了意识形态副现象论中。在后面的考察中，无论是20世纪上半叶的列宁和卢卡奇，还是20世纪下半叶的法兰克福学派，都在很大程度上得益于马克思和恩格斯的这一学说。

三、意识形态概念的"中性化"I：从列宁到卢卡奇

由于马克思和恩格斯关于意识形态的"副现象论"是马克思和恩格斯同青年黑格尔派的论战中提出的，被人称作"论战概念"，又由于这一观点被马克思和恩格斯用来批判种种唯心史观，又被称作"批判概念"。② 但马克思和恩格斯并不仅仅是为论战而论战、为批判而批判的，他们之所以要与青年黑格尔派进行论战，要批判种种唯心主义的意识形态学说，从实践上说，是为了把"思想批判"转化为"政治批判"；从理论上说，是为了提出和阐扬他们基于唯物史观的意识形态学说，更确切地说，是为了更好地提出和阐扬唯物史观。正是在他们对其新的意识形态概念和唯物史观的阐释中，意识形态这个概念开始中性化。事实上，当马克思和恩格斯反对青年黑格尔派"关于意识的空话"，强调从"现实生活"出发、从"生产的经济条件"出发来审视人们的意识和意识形态时，便在排除那种仅仅具有负面意义或否定意义的意识形态概念，而力求赋予意识形态以前所未有的实在的内容，从而不仅消解了青年黑格尔派唯心的意识形态概念，也消解了拿破仑纯然消极的意识形态概念，使意识形态概念获得空前积极的具有实存内容的意涵。这无疑是马克思和恩格斯对意识形态概念学说的一项重大贡献。那种为了强调马克思意识形态概念的批判性而将马克思的意识形态概念混同于拿破仑的意识形态概念，宣称马克思"接过了拿破仑使用这个词的负面和对抗的意义"③的说法，显然是有失偏颇的。此外，马克思和恩格斯在阐述"思想"或"意识形态"的阶级属性时，使用了"统治阶级的思想"和"占统治地位的思想"这样的说法，就意味着在任何一种社会形态中，都有可能同时存在"被统治阶级的思想"和"不占统治地位的思想"。而在这些陈述中，思想或意识形态自然也就成为一种"上位概念"，成了既可以拥有"统治阶级"的思想或意识形态，也可

---

① 《马克思恩格斯选集》第1卷，人民出版社1995年版，第98页。

② 参阅［英］约翰·B. 汤普森著，高铦等译：《意识形态与现代文化》，译林出版社2005年版，第37、36页。

③ ［英］约翰·B. 汤普森著，高铦等译：《意识形态与现代文化》，译林出版社2005年版，第36页。

以拥有"被统治阶级"的思想或意识形态这样内容相反的下位概念的上位概念，从而赋予思想或意识形态一种"中性化"的性质和规定性，使意识形态概念的研究获得了一种学术的性质和旨趣。从这个意义上，可以说，意识形态中性化是马克思和恩格斯对意识形态学说的一项卓越贡献。

在马克思主义阵营中，列宁作为追随马克思和恩格斯，把他们开创的意识形态中性化理论推向前进的无产阶级革命理论家，与马克思一样，十分注重从意识形态阶级属性的角度来阐释意识形态问题；但与当年马克思冷静地强调"统治阶级的思想"往往是"占统治地位的思想"、"被统治阶级的思想"往往是"不占统治地位的思想"的观点不尽相同，列宁始终强调作为被统治阶级的俄国无产阶级在意识形态领域的领导权和意识形态的党性原则。早在 1905 年，列宁在《党的组织和党的文学》一文中，就提出了意识形态的党性原则问题，要求文学、法律、政治等意识形式"在资产阶级社会范围内也能摆脱资产阶级的奴役，同真正先进、彻底革命的阶级运动汇合起来"。① 随后，列宁又明确地提出了无产阶级意识形态的党性原则问题，他指出："哲学上的党派斗争""归根到底表现着现代社会中敌对阶级的倾向和意识形态"。② 列宁不仅强调了无产阶级意识形态的党性原则问题，而且还强调了社会主义意识形态的灌输问题。列宁曾借用考茨基的话，强调指出："社会主义意识是一种从外面灌输（von auβ en Hineigetragenes）到无产阶级的阶级斗争中去的东西，而不是一种从这个斗争中自发地（urwüchsig）产生出来的东西。"③ 列宁给出的理由："工人本来也不可能有社会民主主义的意识。这种意识只能从外面灌输进去，各国的历史都证明：工人阶级单靠自己本身的力量，只能形成工联主义的意识，即确信必须结成工会，必须同厂主斗争，必须向政府争取颁布对工人是必要的某些法律，如此等等。而社会主义学说则是从有产阶级的有教养的人即知识分子创造的哲学理论、历史理论和经济理论中发展起来的。"④ 很显然，列宁给出的社会主义意识只能从外面灌输的这些理由，与马克思和恩格斯关于意识形态阶级属性的论述是完全一致的，并且显然是以后者为基础和前提的。列宁在强调意识形态的阶级属性的同时，还强调了意识形态的科学属性。列宁在驳斥波格丹诺夫时指出："任何意识形态都是受历史条件制约的，可是，任何科学的意识形态（例如不同于宗教的意识形态）都和客观真理、绝对自然相符合，这是无条件的。"⑤ 这样，在列宁这里，意识形

① 《列宁选集》第 1 卷，人民出版社 2012 年版，第 667 页。
② 《列宁选集》第 2 卷，人民出版社 2012 年版，第 240 页。
③ 《列宁选集》第 1 卷，人民出版社 2012 年版，第 326 页。
④ 《列宁选集》第 1 卷，人民出版社 2012 年版，第 317~318 页。
⑤ 《列宁选集》第 2 卷，人民出版社 2012 年版，第 96 页。

态已经全然摘掉了拿破仑给它戴上的"虚幻的形而上学"的帽子，获得了"和客观真理、绝对自然相符合"的科学性质。列宁之所以这样做，固然与其为社会主义意识形态、为科学社会主义辩护和正名的动机有关，但无论如何，从列宁对意识形态的这样一些论述中，我们领略到意识形态概念中性化的实际进程。

　　格奥尔格·卢卡奇（Ceorg Lukacs，1885～1971）追随马克思和列宁，强调意识形态的阶级属性，并且坚持认为，社会主义意识形态虽然不是自发产生出来的，但却是无产阶级的意识形态，因为它集中表达了无产阶级长远的和整体的利益。卢卡奇最著名的著作是被称作西方马克思主义"圣经"的《历史与阶级意识》（1923 年）。在这部著作中，卢卡奇虽然对资产阶级的"物化"意识展开了激烈的批判，但这丝毫无损于他对"阶级意识"和"无产阶级的阶级意识"的科学论证。在谈到何谓"阶级意识"这个话题时，卢卡奇确定地指出："阶级意识——抽象地、形式地来看——同时也就是一种受阶级制约的对人们自己的社会的、历史的经济地位的无意识。"① "阶级意识不是个别无产者的心理意识，或他们全体的群体心理意识，而是变成为意识的对阶级历史地位的感觉。"② 就是说，所谓阶级意识，既非某个阶级成员的心理意识，也非某个阶级成员对自己眼前局部利益的一种意识，而是一个阶级对其自身历史地位和历史作用自觉的理论认识。在卢卡奇看来，历史唯物主义的总体性原则是无产阶级阶级意识的一项根本原则。在资本主义物化关系中，无产阶级的意识往往呈现出一种分化的状态，其典型表现就是政治斗争与经济斗争的分离，无产阶级的直接利益与最终目标之间的分离。机会主义者或庸俗的马克思主义者的致命缺点即在于用目光短浅的"现实政治"来取代重大的原则斗争，就在于"它是从结果，而不是从原因；是从部分，而不是从整体；是从症状，而不是从事情本身出发"，③ 从而使无产阶级永远处于资产阶级的意识水平上。真正的马克思主义态度应是"把个别因素纳入到对过程的总的考察之中，只有和最终目标联系起来，它才能具体地和有意识地超越资本主义社会，才是革命的"。④ 卢卡奇认为，和庸俗的马克思主义者的根本区别在于：真正的马克思主义者不拘泥于历史的个别事件，而是从总体上抓住社会发展过程中起决定影响的核心问题，引导无产阶级自觉地将一切为追求眼前利益而进行的斗争，纳入到对最终目标的追求中，把对资本主义社会局部的否定，纳入到对资本主义总体的批判之中。唯物辩证法之所以是无产阶级的意识形态，

---

① ［匈］卢卡奇著，杜章智译：《历史与阶级意识》，商务印书馆 1992 年版，第 96 页。
② ［匈］卢卡奇著，杜章智译：《历史与阶级意识》，商务印书馆 1992 年版，第 133 页。
③ ［匈］卢卡奇著，杜章智译：《历史与阶级意识》，商务印书馆 1992 年版，第 134 页。
④ ［匈］卢卡奇著，杜章智译：《历史与阶级意识》，商务印书馆 1992 年版，第 131 页。

之所以是一种革命的辩证法，归根到底就在于它把社会的整个发展作为总体加以考察，把历史发展的每一个步骤都纳入自己的视野。

卢卡奇不仅强调意识形态的总体性特征，而且还强调意识形态的实践性品格和大众化趋向。在卢卡奇看来，社会主义意识或无产阶级阶级意识的根本特征，不仅在于它要求无产阶级"从核心出发来观察社会"，更重要的还在于它要求无产阶级"从核心上，从改变现实上来采取行动"，"自觉地把自己的行动作为决定性的因素投放到历史发展的天平上去"。① 卢卡奇强调说：对于社会主义意识或"无产阶级的阶级意识"来说，"中心问题乃是改变现实"。② 然而，社会主义意识要成为现实，要"改变现实"，要成为"无产阶级意识"，就必须掌握群众。卢卡奇坚信，理论一经掌握群众，一旦变为无产阶级的阶级意识，就会立刻转化为实践，变为物质力量，无产阶级也就不仅能够上升为真正的历史主体，而且也能够实现自己的历史使命。

卢卡奇将意识形态区分为两种基本的类型：一是"虚假意识"，一是"真诚意识"。历史上各种不同的意识形态大都属于虚假意识的类型，而社会主义意识则是一种"真诚意识"，一种"无掩饰的真理"。在卢卡奇看来，无产阶级的阶级斗争同时也意味着其阶级意识的觉醒，这种意识的觉醒处处表现为对真实状况（实际存在的历史联系）认识的结果，这正好是使无产阶级的阶级斗争在所有的阶级斗争中具有特殊地位的那种东西。这也是我们将历史唯物主义视为无产阶级所有武器中最重要的武器之一的根本缘由。他强调说："在过去的阶级斗争中，各种不同的意识形态，宗教的、伦理的和其他的'虚假意识'形式都是决定性的，而无产阶级的阶级斗争，最后一个受压迫的阶级争取自由的战争却在对无掩饰的真理的阐明中找到了自己的斗争口号，同时也找到了最强大的武器，所以，由于无产阶级的阶级地位，历史唯物主义通过揭示了历史事件的真正动力而成为一种武器。"③ 从这样的观点看问题，真诚意识与虚假意识不仅具有相互对立的一面，而且同时也具有相辅相成的一面。这不仅是因为无论虚假意识还是真诚意识都是一种意识，都是一种意识形态，不仅是因为真诚意识与虚假意识是相比较而存在，而且还因为作为无产阶级意识形态的历史唯物主义的根本任务之一在于，用"科学的冷静之光"来"透视"资产阶级意识形态用以"修饰"和"掩盖""阶级斗争真实情况"的种种"虚伪"、"骗人"的"面纱"，"认清""阶级斗争真实情况"的真相本身。由此看来，意识形态的中性化非但不妨碍卢卡奇对历史上存在的种种意识形态"虚假性"的揭露，反而有助于他对作为"真诚意

---

① ［匈］卢卡奇著，杜章智译：《历史与阶级意识》，商务印书馆 1992 年版，第 127～128 页。
② ［匈］卢卡奇著，杜章智译：《历史与阶级意识》，商务印书馆 1992 年版，第 50 页。
③ ［匈］卢卡奇著，杜章智译：《历史与阶级意识》，商务印书馆 1992 年版，第 306～307 页。

识"的无产阶级意识形态开展论证。

后面会看到，列宁和卢卡奇提出和阐释的这种意识形态中性化理论正好构成了对防范和抵制境外宗教渗透、维护社会主义意识形态安全这一论题进行论证的一个重要的理论根据和学术平台。而离开了意识形态中性化理论，便无法在西方国家的意识形态与我国的社会主义意识形态之间进行区分，无法充分揭示它们之间的差异和对立，无法充分揭露境外敌对势力利用宗教对我进行意识形态输出和社会复制的侵略性，无法充分说明抵制境外宗教渗透、维护社会主义意识形态安全的正义性。

四、意识形态概念的"中性化"Ⅱ：曼海姆的"知识社会学"

正当卢卡奇追随马克思和列宁沿着马克思主义道路致力于意识形态概念中性化的时候，他的同事卡尔·曼海姆（Karl Mannheim，1893~1947）则在马克思主义传统之外致力于意识形态概念中性化的工作。早年，曼海姆曾活跃于匈牙利布达佩斯的知识分子圈里，并一度接触过马克思主义，不仅曾与卢卡奇共同就学于布达佩斯大学，而且还曾一度与卢卡奇过从较密。他所开创的"知识社会学"尽管被认为是逸出了马克思主义传统，但却与马克思的意识形态概念有着内在的关联。曼海姆认为，意识形态概念有两种基本类型，即意识形态的"特殊概念"和意识形态的"总体概念"。所谓意识形态的特殊概念，指的是那些停留于或多或少自觉伪装和欺骗层面的概念，是那些歪曲实际事态性质的概念。"当'意识形态'这一术语表示我们怀疑我们的论敌所提出的观察和陈述时，这一概念的特殊含义便包含其中"。[①] 而所谓意识形态的总体概念，指的是那些着眼于一个时代总体思想结构的概念。曼海姆强调说：意识形态的总体含义"指的是某个时代或某个具体的历史—社会集团（例如阶级）的意识形态，前提是我们关心的是这一时代或这一集团的整体思维结构的特征和组成"。[②] 在曼海姆看来，意识形态的特殊概念和意识形态的总体概念之间存在着一些本质的差别，一方面，意识形态的特殊概念仅仅是在"纯粹心理学的水平上"对观念进行的分析，而意识形态的总体概念则"达到了理论的或精神的层次"；另一方面，意识形态的特殊概念仅仅关涉论敌一些具体主张和陈述，而意识形态的总体概念则"对论敌的总体世界观（包括他的概念结构）表示怀疑，并试图把这些观念理解为他所参与的集体

[①] ［德］卡尔·曼海姆著，黎鸣、李书崇译：《意识形态与乌托邦》，商务印书馆2000年版，第56页。
[②] ［德］卡尔·曼海姆著，黎鸣、李书崇译：《意识形态与乌托邦》，商务印书馆2000年版，第57页。

生活的结果"。① 他认为，马克思的卓越之处，在于他不仅着眼于意识形态的特定概念，而且还着眼于意识形态的总体概念，堪称把意识形态的特定概念过渡到总体概念的"第一人"。② 然而，在曼海姆看来，马克思意识形态学说也有不够完善之处。他认为，马克思意识形态学说的根本缺陷在于它的鲜明的阶级性或党派性，在于马克思虽然能够联系资产阶级意识形态的社会背景来批判他的对手，但是却不能将同样的方法运用到他自己的意识形态学说上。他认为，马克思的意识形态学说之所以陷入这样的局面，根本的原因就在于马克思从意识形态的特定概念向意识形态的总体概念的过渡不够彻底，也就是说，在马克思那里，始终保留了意识形态特定概念的一些因素。因此，在曼海姆看来，他的使命就在于消解马克思意识形态学说中特定概念的因素，实现从意识形态特殊概念向总体概念的彻底转变，彻底消解马克思意识形态概念的阶级属性和党派性质。

既然意识形态的总体概念"达到了理论的或精神的层次"，既然马克思是将意识形态的特殊概念上升到意识形态总体概念的"第一人"，马克思的意识形态学说何以会存在曼海姆所指责的那种缺陷呢？为了解说这个问题，曼海姆对意识形态的总体概念又做了进一步的区分。在曼海姆看来，可以将意识形态的总体概念区分为两种：一是意识形态的"特殊阐释"，一是意识形态的"一般阐释"。意识形态的特殊阐释的根本特征或根本弊端在于只知责人不知责己，在于自觉不自觉地将自己的立场、观点绝对化。而根据总体意识形态的一般阐释，"一个观点和解释方法不再有可能把所有其他观点攻击为意识形态，而自己却被置于免于受到同样被攻击的地位"。③ 他认为，从这个意义上可以说："所有时代的一切党派都具有意识形态特征。"④ 在曼海姆看来，马克思的意识形态学说之所以应当超越，其因盖在于此。

曼海姆对意识形态总体概念的一般阐释，其实也就是他所谓的知识社会学。曼海姆解释说："随着意识形态总体概念的一般阐述方式的出现，单纯的意识形态理论发展成为知识社会学。曾经是党派的思想武器的东西变成了社会和思想史的一般研究方法。"⑤ 由此看来，对意识形态总体概念的一般阐释既是曼海姆引出他的知识社会学的分析路径，也是他用以将意识形态去阶级性、去党派性的理论进程，亦即他借以将意识形态泛化为所有社会集团的思想体系的理论进程。曼海姆是借他所谓"非评价性"的意识形态分析方法，实现其意识形态的去党派性

---

① ［德］卡尔·曼海姆著，黎鸣、李书崇译：《意识形态与乌托邦》，商务印书馆2000年版，第58页。

② 参阅［英］约翰·B. 汤普森著，高銛等译：《意识形态与现代文化》，译林出版社2005年版，第53页。

③ ［德］卡尔·曼海姆著，黎鸣、李书崇译：《意识形态与乌托邦》，商务印书馆2000年版，第75页。

④⑤ ［德］卡尔·曼海姆著，黎鸣、李书崇译：《意识形态与乌托邦》，商务印书馆2000年版，第79页。

和泛化的。鉴于意识形态总体概念的特殊阐释运用的是一种"评价性"的方法，一种基于是非善恶等评价概念的分析方法，曼海姆转向了"非评价性"的分析方法，一种要求研究者对待各种观点持中立立场的方法。"意识形态非评价性的广泛、总体的概念，主要可以在那些历史调查中发现，在那些调查中，人们为了简化问题，而不对关于所陈述的思想的正确性做出判断。这种方法把自己限于发现某些精神结构与其所存在于其中的生活状况之间的关系"。① 这就是说，非评价性方法其实是一种描述性方法，而非那种规范性方法。

为了使人们对其意识形态总体概念的一般阐释有更为具体更为深入的理解和把握，曼海姆不仅区分了评价性方法和非评价性方法，而且还进一步区分了"相对主义"和"相关主义"这两种认知方法或认知理论。曼海姆所说的相对主义，指的是那种以分析上具有绝对必然性的命题为参照范式的社会—历史认知理论。例如，$2 \times 2 = 4$ 这样的数学公式即是一个具有绝对必然性的命题。相对于这样一种命题，我们对社会—历史的认知便都是"相对"的。曼海姆反对相对主义的认知理论，称其为一种"过时"的认知理论。鉴此，曼海姆提出了一种他称之为相关主义的认知理论。在曼海姆看来，一切历史认知都是"相关认知"。只有根据认知者与观察者的社会—历史环境，才能够理解和阐明关于社会—历史的所有认知。曼海姆断言，在调查中所获得的虽然只是一种"局部"的知识，但这种知识却和更大范围的知识和真相相关，和历史现实的整体结构相关。尽管不能奢望理解和掌握这一整体或全局，但却可以设法掌握尽可能多的局部的观点，并把它们整合成一个动态的、全面的整体。究竟谁最有机会产生出这种整合呢？曼海姆认为，只有那些不属于任何阶级的知识分子才享有这样的机会。因为只有这样的知识分子才能够摆脱各种对立观点的干扰，专注于社会和历史的强有力的、整体的特质，才愿意并能够产生出一个不受任何特定阶级或社会集团利益束缚的整合。

为使人们对其所讲的相关主义有更为具体更为深入的理解，曼海姆又进一步将意识形态区分为"广义的意识形态"和"狭义的意识形态"。从相关主义的立场看问题，凡是与社会存在相关的思想都属于意识形态的范畴，曼海姆的广义的意识形态，即是谓此。但是，在曼海姆看来，除了广义的意识形态外，还有一种意识形态，不仅一般地相关于社会存在，而且还倾向于改变社会存在。他把这种意识形态称作狭义的意识形态，并命名为"乌托邦"。广义的意识形态和狭义的意识形态都相关于社会现实，都受社会现实制约，都属于超越现实的思想，都指向一个超越现实的理想世界。狭义的意识形态或乌托邦与广义的意识形态的区别

---

① ［德］卡尔·曼海姆著，黎鸣、李书崇译：《意识形态与乌托邦》，商务印书馆2000年版，第81页。

仅仅在于，前者不仅超越现实而且还进一步倾向于打破现实或改变现实。曼海姆强调说："我们称之为乌托邦的，只能是那样一些超越现实的取向：当它们转化为行动时，倾向于局部或全部地打破当时占优势的事物的秩序。"① 诚然，乌托邦和广义的意识形态一样，都主张超越现实，但广义的意识形态主张的却是一种无法实现的超越观念。"意识形态是超越情况的思想，它们事实上从来没有成功地实现自己所设计的内容。"② 在曼海姆看来，"人人皆兄弟"即属于广义的意识形态范畴。它虽然是一个美好愿望，却根本不可能付诸实现，只能是一种慰藉心灵的工具。因此，这种意识形态总具有某种欺骗性和麻痹性，常常发挥着维护社会现实秩序的社会功能。就此而言，广义的意识形态具有保守性，而狭义的意识形态，即乌托邦，则具有革命性；广义的意识形态才是真正的乌有之乡。

应该说，在意识形态中性化的历史进程中，曼海姆的知识社会学扮演了一个非常重要的角色。曼海姆的社会存在概念不仅蕴含马克思所说的物质性的社会关系和生产关系，还包含社会地位、阶级、世代、职业角色、利益关系、群体结构、社团、权力结构和社会竞争等，在思考"社会存在决定社会意识"这一唯物史观的基本原理时，他这些观点还是可资借鉴的。但是，曼海姆为消除意识形态的阶级性和党派性，构建出来的作为知识社会学的意识形态学说，从根本上说，不仅完全偏离了马克思社会存在决定社会意识的根本原理，而且自身也明显地具有乌托邦的性质。这种乌托邦性质不仅表现在曼海姆的知识社会学根本不可能消解意识形态的阶级性或党派性，而且也根本不可能由所谓持中立立场的知识分子构建起来。因为完全持中立立场的知识分子团体本身就是子虚乌有的东西。曼海姆之所以将自己的意识形态学说称作知识社会学，其初衷在于强调任何知识、任何意识形态都必须与社会和历史相关，任何知识和意识形态的研究本身都处于社会和历史之中，但是当其具体阐述知识社会学原理时，却又常常将自己置身于社会和历史之外，这样一来，知识社会学就脱离社会和历史，不复有资格称作知识"社会"学了。英国社会学家汤普森在谈到曼海姆的知识社会学的内在悖论时指出："我们可以公正地提问：把知识社会学的新方案视为意识形态分析的合理继承者或者是具有共同范围，是否有所助益。曼海姆自己在这方面显得有些矛盾。在有些情况下，他强调以前意识形态的局限性并主张意识形态观点的一般性，在另外一些文章中，他提出意识形态研究必然是有局限的，所以可以与知识社会学区分开。一度，他甚至提出也许最好在知识社会学中避免使用'意识形态'一词，而代之以更加中性的'观点'的概念。但是，如果是这样的话，那么人们很

---

① ［德］卡尔·曼海姆著，黎鸣、李书崇译：《意识形态与乌托邦》，商务印书馆2000年版，第196页。

② ［德］卡尔·曼海姆著，黎鸣、李书崇译：《意识形态与乌托邦》，商务印书馆2000年版，第198页。

可以怀疑曼海姆试图把意识形态概念加以一般化和中性化能否成功。"①

尽管曼海姆的知识社会学有这些重大矛盾，具有这样那样的"乌托邦"性质，然而，我们还是要强调指出：他的意识形态学说，就其构建一般的和中性的意识形态概念的理论意图和主观旨趣而论，在构建论证抵制境外宗教渗透、维护我国意识形态安全的理论平台方面，还是可资借鉴的。

第二节　意识形态的社会功能、运行模式、
历史性、异质性与时代性

就与抵制境外宗教渗透、维护社会主义意识形态安全这个题目相关的内容而言，意识形态这个话题除了意识形态概念及其中性化问题外，它的社会功能、运行模式、历史性、异质性和时代性等问题也值得探讨。如果说在其近现代的发展中，意识形态学说的核心问题是意识形态概念的内涵及其中性化的话，意识形态的社会功能、运行模式、历史性、异质性和时代性也逐步成为包括阿尔都塞、法兰克福学派在内的当代意识形态学界的主要话题。

一、意识形态的社会功能：社会维系与社会复制

人类历史的进展不仅表现为社会制度的更替，也表现为思维范式的转变。就我们的时代而论，在思维范式方面发生的最重大最根本的变化是从实体主义向非实体主义、本质主义向功能主义的转变。开启社会功能主义的斯宾塞、开启心理功能主义的詹姆斯以及开启宗教功能主义的涂尔干、韦伯等宗教社会学家，我们都可以将他们视为我们时代思维范式转换的标志性人物。在这种思潮影响下，意识形态研究领域也经历了一场由本质主义向功能主义的转型。尽管当代意识形态研究者也关注意识形态的本质，但他们却更为关注意识形态的社会功能。

早在第二次世界大战之前，安东尼奥·葛兰西（Antonio Gramsci，1891~1937）就在他的《狱中札记》中突出地强调了意识形态的社会功能。葛兰西认为，传统的意识形态理论一个根本错误在于，偏执于对意识形态虚幻与真实之争，忽视了对其社会功能的具体考察。在葛兰西看来，不能简单地将意识形态界定成一种错误的或虚幻的观念，而应当看到意识形态是一种对社会总是发挥至关

---

① ［英］约翰·B. 汤普森著，高铦等译：《意识形态与现代文化》，译林出版社 2005 年版，第 57 页。

紧要作用的理论活动。他强调说："在这里，人们可以说'意识形态'。但必须是在世界观——它含蓄地表现于艺术、法律、经济活动和个人与集体生活的一切表现之中——的最高意义上使用此词。这个问题是保持整个社会集团——意识形态使之凝聚并使之统一——的意识形态上的统一的问题。"① 葛兰西认为，意识形态具有至关紧要的积极的社会实践功能。有机的意识形态的构建能够改变人民群众的心态，使之从常识层面得到提升，成为联合一致的整体，使个人成为真正的、有自觉意识的人。他把意识形态称作"实践哲学"，宣称："实践哲学不但没有把'普通人'滞留在常识的原始哲学的水平上的倾向，相反地倒是把他们引导向更高的生活概念。如果说它肯定知识分子和普通人之间接触的必要性的话，那么，这不是简单地为了限制科学活动并在群众的低水平上保持统一，而恰恰是为了建造一个能够在政治上使广大群众而不只是知识分子小集团获得进步成为可能的智识—道德集团。"② 意识形态的第二项重要特征在于其具有权力支配功能。葛兰西强调说：意识形态能"把一个特定的社会集团纠合在一起，影响其道德行为和意志的方向。这种概念具有不同的效力，甚至往往充分有力到足以产生这样一种情景，在这种情景中，意识形态的矛盾状态不允许采取任何行动、任何决定或任何选择，从而造成道德和政治上的消极状态"。③ 正是在强调意识形态上述社会功能的基础上，葛兰西提出了意识形态的领导权或"霸权"问题。葛兰西认为，领导权或霸权包含两个层面的内容：一是"统治权"，即相对于政治社会的"政治的领导权"；二是"智识与道德的领导权"，即相对于市民社会的"文化领导权"，也就是意识形态的领导权。一个社会集团在取得政治领导权之前，必须先获得意识形态领导权，而在其取得政治领导权之后，则需要进一步加强其意识形态领导权。他说："一个社会集团的霸权地位表现在以下两个方面，即'统治'和'智识与道德的领导权'。一个社会集团统治着它往往会'清除'或者甚至以武力来制服的敌对集团，而领导着同类的和结盟的集团。一个社会集团能够也必须在赢得政权之前开始行使'领导权'（这是赢得政权的首要条件之一）；当它行使政权的时候就最终成了统治者，但它即使是牢牢地掌握住了政权，也必须继续以往的'领导'。"④ 值得注意的是，在葛兰西看来，意识形态不仅仅是一种观念体系，而且还内在化于社会的物质对象上，如教会、学校、工会、政党等社会团体以及报纸、杂志、广播等各种文化传媒等，所有这些都构成了意识形态的物质载体。因此，对于葛兰西来说，意识形态的领导权总是与控制、掌握或领

---

① ［德］安东尼奥·葛兰西著，曹雷雨等译：《狱中札记》，中国社会科学出版社 2000 年版，第 239 页。
② ［德］安东尼奥·葛兰西著，曹雷雨等译：《狱中札记》，中国社会科学出版社 2000 年版，第 243 页。
③ ［德］安东尼奥·葛兰西著，曹雷雨等译：《狱中札记》，中国社会科学出版社 2000 年版，第 244 页。
④ ［德］安东尼奥·葛兰西著，曹雷雨等译：《狱中札记》，中国社会科学出版社 2000 年版，第 38 页。

导意识形态的这些物质载体密切相关的。葛兰西曾特别强调控制、掌握或领导学校的必要性。他强调说："学校具有正面的教育功能，法院具有镇压和反面的教育功能，因此是最重要的国家活动；……它们构成统治阶级政治文化霸权的手段。"① 强调意识形态的社会凝聚功能和社会控制功能，把意识形态领导权提升到国家层面或国家活动层面，是葛兰西意识形态学说的重要贡献。

在葛兰西之后，"马克思主义"的结构主义哲学家路易·阿尔都塞（Louis Althusser，1918~1990）继续强调意识形态的社会功能或实践功能。为了凸显意识形态的社会和实践功能，阿尔都塞将意识形态与"科学"对立起来，强调意识形态的"实践的和社会的功能压倒理论功能"。他指出："我们只要粗浅地知道，意识形态是具有独特逻辑和独特结构的表象（形象、神话、思想或概念）体系，它在特定的社会中历史地存在，并作为历史而起作用。我们暂且不去研究一门科学同它自己的过去有什么关系的问题，我们要指出，作为表象体系的意识形态之所以不同于科学，是因为在意识形态中，实践的和社会的职能压倒理论的职能（或认识的职能）。"② 这就是说，从根本上说，意识形态问题并非理论问题，而是实践问题；并非认识论问题，而是政治问题；并非单纯的是非善恶价值判断问题，而是社会功能或政治功能问题，是统治者用来进行统治的工具问题。为了鲜明地表达这一思想，阿尔都塞创造了"意识形态国家机器"这个术语。在阿尔都塞看来，意识形态国家机器这个术语所强调的不是别的，正是意识形态维护社会统治的政治功能或社会功能，正是意识形态维系国家机器得以正常运转的器械或润滑剂，正是意识形态对于国家制度或国家机器的不可或缺性或内在性。日本学者今村仁司在谈到阿尔都塞的意识形态国家机器这个术语时曾经指出："意识形态'扎根'于制度之中，或者说'实际存在'于制度乃至'机器'之中。这样，国家的机器就成了国家的意识形态机器。占统治地位的意识形态首先在国家机器中现实化。"③ 总的来说他的这个观点应该是相当中肯的。

如前所述，马克思在《〈政治经济学批判〉序言》中，曾经明确地将上层建筑区分为两层：一是政治上层建筑，即政治、法律制度以及军队、警察、法庭、监狱、政府部门、党派等国家机器和政治组织；二是观念上层建筑，即整个观念性的意识形态。据此，阿尔都塞将国家机器区分为两种：一是强制性的国家机器或镇压的国家机器，一是非强制性国家机器，即意识形态国家机器。这两种国家机器的区别在于：前者为多，后者为一；前者绝大多数散布于私人领域，后者则完全属于公共领域；前者是以暴力方式发挥作用，后者则以非暴力方式发挥作

---

① ［德］安东尼奥·葛兰西著，曹雷雨等译：《狱中札记》，中国社会科学出版社 2000 年版，第 214 页。
② ［法］路易·阿尔都塞著，顾良译：《保卫马克思》，商务印书馆 1984 年版，第 201 页。
③ ［日］今村仁司著，牛建科译：《阿尔都塞认识论的断裂》，河北教育出版社 2001 年版，第 244 页。

用；倘若没有政治上层建筑作"后盾"，意识形态国家机器不可能正常运转，但是倘若得不到意识形态国家机器的支撑，不仅整个政治上层建筑或整个强制性国家机器难以发挥其社会功能，其本身存在的合法性也得不到保证。

在意识形态社会功能的当代讨论中，法兰克福学派扮演着一个相当重要的角色。法兰克福学派奠基人马克·霍克海默尔（Max Horkhaimer，1895～1971）不仅创造性地提出了"文化产业"这个术语，而且还开展了对"大众文化"的批判。在霍克海默尔之前，虽然葛兰西提出了意识形态领导权或霸权问题，也强调了抓好学校以及报纸、杂志、广播等各种文化传媒等意识形态物质载体的至关紧要性，阿尔都塞也提出了意识形态国家机器的概念，把意识形态提升到国家政治层面，但他们都没有充分考虑大众文化的性质、传播与功能，都没有充分注意文化产业的性质和功能。① 在当代意识形态学说史上，霍克海默尔是提出"文化产业"概念的第一人。霍克海默尔认为，文化有"精英文化"与"大众文化"之分。而大众文化的受众显然要比精英文化多得多。大众文化虽然有大众化和通俗化的特征，但在现代社会中，大众文化的特点却远非仅仅如此。随着当代社会的发展，随着大众文化的信息化、商业化、传媒化和产业化，现代大众文化不复是服务大众的文化，反而成了一种对大众实施强制或压制的文化，成了一种奴化大众的文化，成了一种使大众成为社会原子的文化。霍克海默尔在谈到现代大众文化这种奴化大众的政治实质时，深刻地指出："今天，文化消费者的想象力和自发性之所以逐渐萎缩，决不能归罪于心理机制。文化产品本身，其中最有代表性的有声电影，在抑制观众的主观创造能力。"② 这就意味着，现代大众文化是一种要大众满足于现存社会秩序的文化。《社会学诸方面》一书在谈到文化产业的意识形态特征时，曾经明确指出："如果要把大众文化的意识形态究竟是什么压缩成一句话，那就是把它描述为下述指令的模仿：'成为你自己'，作为对已有状况的夸张重复和理由，并剥夺一切超越和一切批评。在这种社会有效精神的局限之中再次向人类提出已经构成他们存在的条件，而同时却宣称这种当前存在是它自身的规范，这就向人们肯定了他们对纯存在的无信仰之信仰。"③ 这就把意识形态维系社会的社会功能清楚地宣示出来了。早期法兰克福学派的另一个代表人物西奥多·阿多诺（Theodor Wistuqrund Adorno，1903～1969）在谈到当代消费文化的商品性质及其维护现存社会的社会功能时，甚至将文化消费者称作"庙堂

---

① 参阅［英］约翰·B. 汤普森著，高铦等译：《意识形态与现代文化》，译林出版社 2005 年版，第11 页。

② 转引自刘放桐编著：《新编现代西方哲学》，人民出版社 2000 年版，第 469～470 页。

③ ［德］法兰克福社会研究所，约翰·维尔特尔译：《社会学诸方面》，海涅曼出版社 1973 年版，第202 页。

奴隶"。他说道："在商品的神学幻想面前，消费者成了庙堂奴隶。在任何其他地方不作牺牲的人在这里就作了，而且在这里他们完全原形毕露。"① 因此，凡是被文化产业的步伐打垮的人，便已经不完全是人，而越来越成为依附于社会或集体的社会原子。也正是在这个意义上，法兰克福学派常常将文化产业或意识形态称作"社会凝合剂"。法兰克福学派第二代代表人物尤尔根·哈贝马斯（Jürgen Habermas，1929~）不仅提出了科学技术是"第一生产力"的观点，而且还提出了"科学技术即意识形态"的观点，断言："科学技术今天具有双重功能，它们不仅是生产力，而且也是意识形态。"② 按照哈贝马斯的说法，科学技术具有两种基本功能：一方面，作为生产力，实现了对社会的统治，而作为意识形态，则实现了对人的统治。哈贝马斯的意思是说，科学技术与生产结盟，成为意识形态的共谋，而意识形态作为一种政治社会范畴，总是与某一特定的利益集团和权力阶层相关，成为他们统治人民和控制人民的工具。因此，尽管哈贝马斯的"科学技术即意识形态"的观点有混淆社会意识与社会存在之嫌，但就其初衷而言，是在强调意识形态维系社会、维系统治关系的社会功能。

当代意识形态专家不仅提出和论证了意识形态维系社会、维系统治关系的社会功能，而且还提出和论证了意识形态的社会复制功能。英国社会学家和传媒研究专家汤普森曾将葛兰西和阿尔都塞等当代意识形态专家的有关思想概括为"国家组织的和意识形态保证的社会复制总理论"。按照汤普森的观点，这一理论试图"认清促成现有社会关系再生产的一些机制"，试图回答"为什么一般的社会特别是当代资本主义社会尽管有种种分歧和不平等的特点而仍能继续存在"这一问题。这一总理论大体蕴含三个层面的内容。首先，是"社会复制共识理论"，断言现有社会关系的复制不但要求"社会生活物质条件的复制（食品、住房、机器等）"，而且还要求"集体共有价值观与信仰的复制"。这就是说，社会复制同时要求两个层面的复制：一是"社会生活物质条件的复制"，二是"集体共有价值观与信仰的复制"。"社会生活物质条件的复制"指的是生产资料（工具、机器、工厂等）和生产者的生活资料（住房、衣着、食品等）必须不断得到供应和更新，以维系社会生活得以持续。如果生产资料与生活资料不能不断得到供应和更新，那么现有社会关系就会崩溃而发生危机和冲突。"集体共有价值观与信仰的复制"要求持续提供和更新象征形式，因为象征形式在某种程度上是集体共有的而且服务于塑造人们的行动与态度。惟其如此，才能保证人们持续顺从社会秩序的规范性规则与条例，才能将人们塑造为适合社会复制这一重大活动为它们

① 转引自 ［英］约翰·B. 汤普森著，高铦等译：《意识形态与现代文化》，译林出版社 2005 年版，第 111 页。

② 转引自刘放桐等编著：《新编现代西方哲学》，人民出版社 2000 年版，第 482 页。

编定的角色。其次，是"意识形态的社会凝聚剂理论"，断言某些集体共有价值与信仰构成"统治意识形态"，它通过向全社会扩散取得人们遵守社会秩序。社会复制的共识理论很容易联系到某种特定的意识形态，即统治意识形态。而正是这种统治意识形态提供了事实上的象征凝聚剂，它不仅统一社会秩序，而且将人们整合进社会秩序之中。由于统治意识形态的普遍存在，就将各社会阶层的人们整合进一个结构上不平等的社会秩序，从而助推和实现了为统治集团利益服务的社会秩序的复制。最后，是"意识形态的国家行为性质"。按照社会复制理论，统治意识形态的生产与扩散是国家的任务之一，或者是国家特定部门和官员的任务之一。如果这一任务得以完成，国家就可以根据在现存社会关系中受益最多的阶级或一些阶级的长远利益行事，也就是说，可以根据统治阶级的长远利益行事。如前所述，阿尔都塞曾经将国家机器区分为"强制性的国家机器"或"镇压的国家机器"，以及"非强制性国家机器"，即"意识形态国家机器"。阿尔都塞认为，构成意识形态国家机器的那些机构与活动虽然千差万别，但本质上却是统一的或一致的：依靠它们或通过它们实现的意识形态主要是统治阶级的意识形态，也就是说，它们实质上都是宣扬统治阶级意识形态的工具或机制。尽管意识形态国家机器里也可能包含其他的意识形态成分，但是，意识形态这种结构必定有利于统治阶级的意识形态，统治阶级对意识形态实施主导或施加控制。因此，在这种情况下，国家的各种机构，如教会、学校、家庭、大众传播系统等，都被视为统治阶级的意识形态得以产生和扩散的手段，视为复制现存生产关系、现存生产者和现存社会秩序的手段。诚然，如汤普森所指出的，当代意识形态专家的"社会复制总理论"具有这样那样的片面性，但其昭示的意识形态的社会复制功能则是确实无疑的。

二、意识形态的运行模式：合法化和虚饰化

当我们说意识形态的社会功能在于维系社会和复制社会时，是从一般的或抽象的意义上来谈论的。但是，凡社会都是具体的，都是由具体的社会关系构成的，不仅涉及个人与国家的关系，而且还涉及民族关系和阶级关系等。在诸多关系中，统治关系或者说统治与被统治的关系是最为根本的关系。从这个意义上，我们不妨说，意识形态的社会功能最根本的就在于它对建立和支撑或颠覆和破坏一种统治关系的服务功能。意识形态既是一个信仰体系，也是一个实践体系。它不仅涉及认识的真假问题，尤其涉及实践的功用问题。在实际运行或操作中，在许多情况下，它常常为了实践的功用而牺牲认识的真假。在一般情况下统治关系或权力关系是一种"系统地不对称的关系"，是一种赋予一些人统治地位或享有

权力，而赋予另一些人受治地位或无权地位的关系。意识形态的根本使命在于为这种统治关系提供理据或谋略。例如，在我国历史上有过所谓"血统论"，鼓吹"龙生龙，凤生凤，老鼠生来会打洞"，就是用来为统治关系提供理据或谋略的。而秦末陈胜、吴广在率领农民起义时却喊出了"王侯将相，宁有种乎？"（《史记·陈涉世家》）的口号。其实，在某种意义上，说王侯将相有种是一种意识形态，说王侯将相完全没有种也是一种意识形态，不过前者在于建立和支撑一种统治关系，后者在于颠覆和破坏一种统治关系罢了。

这里所说的意识形态的理据或"谋略"，其实也就是意识形态的运行模式。意识形态的运行模式或者说它所提供的建立和支撑或颠覆和破坏统治关系的理据或谋略虽然非常繁多，但其中最为根本的是合法化和虚饰化。

合法化是意识形态最为基本的运行模式。如果一种统治关系不能被多数人认识为是合法的，那么这种统治关系势必很难建立起来，即使勉强建立起来也势必很难得到有效的支撑。马克斯·韦伯认为，意识形态的根本功能就在于将统治关系合法化，而意识形态将统治关系合法化的基本手段又在于将统治关系正义化。这是因为，在马克斯·韦伯看来，"一般而言，在所有的民众司法中，判决的作出是以具体的道德、政治考虑或社会正义的情感为基础的"。① 既然如此，凡正义的统治关系，就是应当支持和值得支持的，从而是合法的，不仅能够建立起来，并且能够得到有效的支撑。在合法化这一基本运行模式中，除了正义化这一典型谋略外，还有合理化和普遍化等典型谋略。合理化说的是，意识形态的根本目标在于为某一社会关系、社会制度或统治关系的存在编造出一系列理由和根据，赋予统治关系或社会制度某种神圣不可侵犯性或巨大的感召力。而宗教在社会合理化方面往往扮演一个非常重要的角色。我国从明太祖朱元璋开始，在皇帝诏书中都用"奉天承运，皇帝诏曰"字样，其用意即在于给皇帝的诏书提供合理的根据。在这种语境下，"皇帝诏曰"披上了"奉天承运"的光环。如前面已经指出的，当代著名的宗教社会学家贝格尔在谈到宗教这一特殊功能时，曾使用了一个著名的短语，即"神圣的帷幕"。他解释说："宗教是人类建立神圣宇宙的活动。换一种说法，宗教是用神圣的方式来进行秩序化的。"② 然而，在贝格尔看来，宗教这种建立神圣宇宙的活动本质上是对社会的"合理化"。他强调："宗教一直是历史上流传最广、最为有效的合理化工具。一切合理化都是在维持社会中得到解释的实在。宗教如此有效地证明了实在的合理，因为它把经验社会之不稳定的实在结构与终极实在联系起来了。社会世界的脆弱的实在性之根基，

---

① ［德］马克斯·韦伯著，张乃根译：《论经济与社会中的法律》，中国大百科全书出版社1998年版，第229页。

② ［美］彼得·贝格尔著，高师宁译：《神圣的帷幕》，上海人民出版社1991年版，第33～34页。

是神圣的实在，后者在定义上就超越了人类意义和人类活动之偶然性。"① 宗教对社会合理化的论证不仅表现在对社会善的辩护上，而且还表现在对社会恶的辩护上。神学的"神正论"归根到底就是一种为社会上恶的存在进行辩护的理论。例如，在莱布尼茨那里，社会上恶的存在不仅完全无碍于"他自己的神圣性和至上的善"，而且也完全无碍于上帝创造的世界之为"可能世界中最好的世界（le meilleur des mondes possibles）"。② 也正因如此，贝格尔将神正论称作"对无秩序现象的宗教合理化论证"。③ 普遍化也是将统治关系合法化的一项重要谋略。普遍化这种谋略蕴含有两个层面。一方面，"服务于某些人利益的体制安排被描述为服务于全体人的利益，而且这些安排被视为原则上对任何有能力、有意愿从中取胜的人开放"。④ 另一方面，这种谋略还面向国外，面向世界，将本国的统治关系和社会制度说成是世界上最好的统治关系和社会制度，应当成为世界各国仿效的楷模。1989 年，福山曾在《国家利益》杂志上发表了一篇题为《历史的终结?》的文章，极力美化西方的自由民主制度，强调这种社会制度"作为一个政体在全世界涌现的合法性"，断言这种制度"也许是'人类意识形态发展的终点'和'人类最后一种统治形式'，并且因此构成'历史的终结'"。⑤ 福山的这些话可以看作是西方国家特别是美国意识形态普遍化谋略的典型表述。事实上，美国乃至西方世界对我国实施境外宗教渗透和和平演变战略，归根到底正是以这种意识形态普遍化的根本谋略为理论基础的。

虚饰化是意识形态又一种比较常见的运行模式或操作法。虚饰化的根本特征就是要千方百计掩饰和否认现实的社会关系或社会进程。转移乃是虚饰化意识形态的一条重要谋略。"转移这个词习惯上指用一物或一人来谈另一物或另一人，从而把这个词的正面或反面含义转到另一物或另一人。"⑥ 在 1848 年法国总统的选举中，路易·波拿巴（1778～1846）以拿破仑·波拿巴（1769～1821）合法继承人自居就是实施转移谋略一个极其典型的例证。众所周知，拿破仑是法国资产阶级著名的军事家和政治家，他对法国封建制度的清算曾比较沉重地打击了法国封建贵族，给法国农民带来过一些利益。路易·波拿巴本来只不过是一个普通军官，但他在 1848 年的法国总统选举中却由于打着拿破仑合法继承人（他是拿破仑的侄子）的旗号，赢得了广大农民的选票，最后竟以压倒多数当上了总统。路易·波拿巴之所以成功，归根到底就在于在选举中凭借在法国农民中的一个根

---

① ［美］彼得·贝格尔著，高师宁译：《神圣的帷幕》，上海人民出版社 1991 年版，第 40～41 页。
② 参阅段德智：《莱布尼茨哲学研究》，人民出版社 2011 年版，第 389～396 页。
③ ［美］彼得·贝格尔著，高师宁译：《神圣的帷幕》，上海人民出版社 1991 年版，第 65 页。
④⑥ ［英］约翰·B.汤普森著，高铦等译：《意识形态与现代文化》，译林出版社 2005 年版，第 69 页。
⑤ ［美］福山著，黄胜强、许铭原译：《历史的终结及最后之人》，中国社会科学出版社 2003 年版，第 1 页。

深蒂固的"拿破仑观念",使广大法国农民把对当前现实生活状况的注意力转移到了"过去",转移到了一个"幻觉"上面。马克思在谈到路易·波拿巴这一谋略时,曾经深刻地指出:"历史传统在法国农民中间造成了一种迷信,以为一个名叫拿破仑的人将会把一切美好的东西送还他们。于是就出现了一个人来冒充这个人,……经过20年的流浪生活和许多荒唐冒险行径之后,预言终于实现了,这个人成了法国人的皇帝。"① 显然,在这里冒充即是转移,而路易·波拿巴在法国总统选举中就是靠"冒充"和"转移"成功的。虚饰社会关系或统治关系的另一条重要谋略是美化。所谓美化就是将原本具有负面评价的社会关系或统治关系描述成仅仅具有正面评价的社会关系或统治关系。1871年5月,麦克马洪元帅率军攻占巴黎,残酷镇压了巴黎公社起义,不仅残杀了3万多人,而且还监禁、流放了5万多人。但这一残暴的行为却是在"秩序、正义和文明"的口号下进行的。② 1968年6月,以色列派遣2万名士兵和数百辆坦克入侵黎巴嫩,发动了"第五次中东战争",但以色列首相贝京却声言:他们入侵黎巴嫩是为了"反对恐怖主义"。贝京在接受《卫报》采访时振振有词地说道:"你入侵一个地方,是要征服它,或者吞并它,或者至少部分征服它。而我们并不觊觎哪怕一英寸土地。"2003年3月20日,美国派遣10多万军队联合4万多英军对伊拉克发动了第二次海湾战争(亦即伊拉克战争)。威廉·恩道尔在谈到美国入侵伊拉克的目的时曾经深刻地指出:"对伊拉克的入侵与美国将中东军事化直接相关",与"华盛顿的新石油地缘政治"内在相关。③ 但时任美国总统布什在3月18日发表的电视讲话中却给出了搜寻并销毁藏匿在伊拉克境内的大规模杀伤性武器的借口。美国国会通过的《1998年国际宗教自由法案》明明意在充当国际警察,干涉别国内政,但却美其名曰"谴责对宗教自由的侵犯,促进并协助他国政府促进宗教自由这一基本权利"。④ 由此看来,美化实乃意识形态虚饰化一条重要的谋略。

三、意识形态的历史性与异质性:意识形态的类型学考察

如前所述,意识形态,作为一个概念或术语,是特拉西于1796年创造的。那么,这是否意味着只有在18世纪之后才有意识形态存在呢?为了解说这个问题,不妨暂时返回康德的存在概念。康德在《纯粹理性批判》里,在讨论上帝存

---

① 《马克思恩格斯选集》第1卷,人民出版社1995年版,第678页。
② 《马克思恩格斯选集》第3卷,人民出版社1995年版,第74页。
③ [美]威廉·恩道尔著,吕德宏等译:《霸权背后——美国全方位主导战略》,知识产权出版社2009年版,第39页。
④ 国家宗教事务局宗教研究中心编:《国外宗教法规汇编》,宗教文化出版社2002年版,第295页。

在的本体论证明时，曾从逻辑概念和现实存在的区分的角度考察了"存在"概念。他强调说："存在显然不是一个真正的谓词，或一个有些什么东西可以添加到一件事物概念上面的概念。"① 也就是说，倘若从逻辑概念的角度看问题，"现实的东西所包含的决不会比单纯可能的东西更多"。例如，"一百个现实的塔勒所包含的丝毫也不比一百个可能的塔勒更多"。② 但是康德认为，倘若就现实存在而论，情况就不同了。他强调说："但是在我的财产状况中，现实的一百塔勒比一百塔勒的单纯概念（即一百塔勒的可能性）有更多的东西。"③ 美国存在主义哲学家威廉·巴雷特在谈到康德这一观点时，曾经非常中肯地评论道："如果哲学家的概念不允许在 100 元实在的钱和 100 元只是可能的钱之间做出任何区别，那么，这些哲学家们的概念可就算糟透了！看来这倒算得上一个不乏哲学深度的人性反驳。"④

由此看来，如果不想使意识形态概念成为一个"糟透了"的概念，也应当遵循康德的路线，在作为实存概念的意识形态和作为逻辑概念的意识形态之间进行区分，并对人类历史现实存在过的种种意识形态展开考察。

首先，当考察人类历史上现实存在过的种种意识形态时，我们发现，凡意识形态都是具体的，都具有一定的社会性，都是一定社会的意识形态。众所周知，在人类历史上，随着生产力的发展和生产方式的演变，先后出现过五种不同的社会形态，即"原始社会"、"奴隶社会"、"封建社会"、"资本主义社会"和"共产主义社会"（社会主义社会是其第一阶段）。⑤ 与此相适应，在人类历史上，也先后出现过五种不同类型的意识形态：原始社会的意识形态，奴隶社会的意识形态，封建社会的意识形态，资本主义社会的意识形态和社会主义社会的意识形态。既然任何一种社会都是由一定的经济基础、政治上层建筑和作为意识形态的观念上层建筑构成，既然意识形态在任何社会里都只是一种"副现象"，那么意识形态的类型适应于社会形态的类型以及意识形态的类型随着社会类型的变更而变更，也就是自然的了。

其次，人类历史上现实存在过的意识形态总是具有这样那样的暂时性和变动性。一些思想家常常由于其所在阶级的局限，宣扬特定意识形态的永恒性。其实，永恒不变的意识形态只不过人们的一种幻想罢了。一些思想家虽然在一定程度上也承认意识形态的暂时性和变动性，但还是把某种意识形态或社会理想设定为具有永恒价值的东西。柏拉图在《理想国》中曾经把人类社会描写成从"贤人政体"依次蜕变为"军阀政体"、"财阀政体"、"民主政体"和"僭主政体"，

---

① 参阅康德著，邓晓芒译、杨祖陶校：《纯粹理性批判》，人民出版社 2004 年版，第 476 页。
②③ 康德著，邓晓芒译、杨祖陶校：《纯粹理性批判》，人民出版社 2004 年版，第 476 页。
④ ［美］威廉·巴雷特著，段德智译：《非理性的人》，译文出版社 2007 年版，第 320 页。
⑤ 参阅《马克思恩格斯选集》第 2 卷，人民出版社 1995 年版，第 33 页。

然后再返回"贤人政体"的循环过程。在柏拉图的意识形态体系中，"贤人政体"便获得了一种永恒的价值和意义。事实上，就如恩格斯在《路德维希·费尔巴哈和德国古典哲学的终结》中所宣布的：凡是合理的都是存在的，凡是现存的都是"一定要灭亡"的。① 这既是万物的历史定命，也是人类历史上现实存在的意识形态的历史定命。其实，意识形态的暂时性和变动性也同样是由其社会性决定的。"历史同认识一样，永远不会在人类的一种完美的理想状态中最终结束；完美的社会、完美的'国家'是只有在幻想中才能存在的东西；相反，一切依次更替的历史状态都只是人类社会由低级到高级的无穷发展进程中的暂时阶段"，② 所以，称作为社会副现象的意识形态具有永恒性和不可变动性，就是一种"幻想"的东西。正如奴隶社会取代原始社会、封建社会取代奴隶社会、资本主义社会取代封建社会、社会主义社会取代资本主义社会具有历史必然性一样，奴隶社会的意识形态取代原始社会的意识形态、封建社会的意识形态取代奴隶社会的意识形态、资本主义社会的意识形态取代封建社会的意识形态、社会主义社会的意识形态取代资本主义社会的意识形态也具有历史必然性。马克思和恩格斯在《共产党宣言》中所宣布的这条历史定律虽然不可能在最近的将来变为现实，但最终实现的可能性还是难以否定的。历史的逻辑是不可抗拒的。公元96年，当横跨欧亚非三洲的罗马帝国进入安敦尼王朝时代，亦即它的"黄金时代"时，作为帝国皇帝的涅尔瓦无论如何也没有想到，到公元5世纪，罗马帝国竟然会被北方异族所征服。1789年6月20日，当法国国王路易十六试图武力解散由第三等级代表组成的国民议会时，无论如何也没有想到三年之后，即1793年1月21日，他本人竟被送上了断头台。由此看来，所谓永恒不变的社会制度以及为其辩护的意识形态只不过是统治者的一厢情愿，在历史上是根本不存在的。

再次，正如上述，意识形态具有社会性，所以意识形态就是一定社会的意识形态；意识形态具有短暂性和可变动性，所以势必具有个殊性，进而任何一种现实存在的意识形态便都既有其存在的理据，也有进一步改善或走向灭亡的可能，那种被渲染为放之四海而皆准的普遍适用的意识形态是不存在的。意识形态的个殊性主要体现在两个方面。其一，从宏观层次看，意识形态的个殊性指的是，各种不同的社会形态的意识形态都有自己的特殊规定性，都明显地区别于其他社会形态的意识形态。如封建社会的意识形态明显地区别于奴隶社会的意识形态，资本主义社会的意识形态又明显地区别于封建主义的意识形态。其二，从微观层次看，意识形态的个殊性指的是，即使同属于一个社会形态的意识形态，其表现形

---

① 《马克思恩格斯选集》第4卷，人民出版社1995年版，第216页。
② 《马克思恩格斯选集》第4卷，人民出版社1995年版，第216~217页。

式也不尽相同，也不可避免地具有自己的特殊性。例如，中国封建社会的意识形态与西方中世纪的意识形态虽然同属于封建社会的意识形态，但它们之间却有明显的区别。在西方中世纪，基督宗教神学处于万流归宗的地位，但在我国，无论是道教还是佛教非但没有这种地位，而且还逐步为儒学这一主流形态的世俗文化所同化。再如，17世纪、18世纪的英国革命和法国革命虽然都确立了资本主义的意识形态，但它们之间的区别却是相当明显的。由此可见，尽管如上所述，普遍化是意识形态一种常见的运行模式，但它本质上仍然是一种虚饰化。

最后，人类历史上现实存在过的意识形态是多样性与统一性的辩证统一。前面所说的意识形态的社会性、短暂性和个殊性，强调的都是意识形态的异质性或多样性。从时间维度看，这种异质性和多样性强调的是意识形态的与时俱进，强调的是人类历史上不仅存在资本主义的意识形态和社会主义意识形态，而且还存在过原始社会的意识形态、奴隶社会的意识形态和封建社会的意识形态。倘若从空间维度看，这种异质性和多样性强调的是，意识形态在不同国家和不同地区的存在样式的多样性和异质性，以及意识形态在不同国家和地区发展的不平衡性。例如，在17~18世纪，欧洲一些国家先后产生了资本主义的意识形态，而我国当时的意识形态则基本上属于封建主义的。但是，意识形态这种异质性和多样性，并不妨碍它们之间依然存在一定程度的统一性。对于意识形态的统一性也可以从不同的角度和高度予以考察。例如，如上所述，尽管17~18世纪法国和英国的主流意识形态存在这样那样的差异，但还是可以同样归属于资本主义意识形态的范畴。另一方面，倘若从长时段的观点看问题，还可以将人类历史上存在过的种种意识形态——原始社会的、奴隶社会的、封建社会的、资本主义社会的和社会主义社会的意识形态，进行进一步归类，将它们进一步区分为私有制社会的意识形态和公有制社会的意识形态。如果按照这样的区分，则奴隶社会、封建社会和资本主义社会的意识形态便属于私有制社会的意识形态，而原始社会的和社会主义社会的意识形态便属于公有制社会的意识形态。

对意识形态进行这种类型学考察，不仅会为具体深入地考察意识形态的本质属性、运行模式、社会功能和历史使命带来极大的便利，而且也可以为具体深入地考察境外宗教渗透的政治实质和运行模式等带来极大的方便。例如，这种类型学考察极有利于揭示私有制意识形态的虚饰化和普遍化。在人类历史上，许多剥削阶级的思想家和政治家都极力掩饰统治权力的阶级本质。例如，柏拉图在《政治家篇》中曾经把政治家比喻成"照料成群牛马的牧人"。[①] 罗马皇帝卡里古拉

---

① 柏拉图：《政治家篇》，261D。参阅柏拉图著，王晓朝译：《柏拉图全集》第3卷，人民出版社2003年版，第93页。

就是根据柏拉图的"牧人"思想而鼓吹"君王都是神明，或者说，人民都是畜牲"，①来为罗马帝国的奴隶制度进行辩护的。众所周知，18世纪的伟大启蒙思想家卢梭（1712～1778）在《社会契约论》中曾对私有制社会这种意识形态展开过认真的批判。而卢梭高人一筹之处恰恰在于他不是像大多数主张私有制意识形态的思想家那样，以一种私有制意识形态批判另一种私有制意识形态，而是用"原始社会"的意识形态，即公有制社会的意识形态来批判私有制社会的意识形态，从而比较充分地揭露了私有制社会意识形态的虚饰化和普遍化。卢梭断言："一切社会之中最古老的而又唯一自然的社会，就是家庭。"②他强调说："我们不妨认为家庭是政治社会的原始模型：首领就是父亲的影子，人民就是孩子的影子；并且，每个人都生而自由、平等，他只是为了自己的利益，才会转让自己的自由。"③即使公有制社会的意识形态也有一定的虚饰化和普遍化倾向，例如，列维·布留尔在《原始思维》一书中所说到的巴隆加人对"穆罕蒙巴"（mhamba）的膜拜，也可以说是内蕴一种虚饰化和普遍化的东西，但是，巴隆加人意识形态的虚饰化和普遍化毕竟只是一种集体无意识的产物，与哲学家柏拉图、皇帝卡里古拉刻意杜撰出来的统治权力观念所具有的虚饰化和普遍化毕竟有明显的差异。一般而言，公有制社会的意识形态由于其辩护的是公有制而非私有制，往往无需加以粉饰。《共产党宣言》中宣布："共产党人不屑于隐瞒自己的观点和意图。他们公开宣布：他们的目的只有用暴力推翻全部现存的社会制度才能达到"，④即是谓此。毋庸讳言，强调公有制社会意识形态的去虚饰化和去普遍化，是就公有制社会应然状态的意识形态而言的。就公有制社会实然状态的意识形态而言，特别是就低级形态公有制社会的意识形态而言，往往难免具有这样那样的虚饰化和普遍化，不过即便如此，它所具有的虚饰化和普遍化形式也应当与私有制社会意识形态的虚饰化和普遍化有所区别。卢卡奇将社会主义意识称作"真诚意识"或"无掩饰的真理"，将剥削阶级的意识形态称作"虚假意识"，显然也是立足于这样一种类型学的分析。

四、意识形态的历史性与时代性："一球两制"与"和平演变"

讨论意识形态的现实性和历史性，固然在于揭示意识形态的异质性，在于对

---

① 参阅［法］卢梭著，何兆武译：《社会契约论》，商务印书馆1982年版，第10～11页。

② ［法］卢梭著，何兆武译：《社会契约论》，商务印书馆1982年版，第9页。

③ ［法］卢梭著，何兆武译：《社会契约论》，商务印书馆1982年版，第9～11页。

④ 《马克思恩格斯选集》第1卷，人民出版社1995年版，第307页。

意识形态进行类型学考察，但这样做更为根本的目标在于揭示意识形态的时代性，揭示当今时代意识形态的本质特征。时代既是一个总体性概念也是一个长时段概念，如果想要对我们的处境有一种深刻而清醒的认识，对身处其中的时代的根本特征没有一个较为准确的认识，是绝对不可能的。

那么，我们时代意识形态的根本特征究竟是什么呢？对于这个问题，尽管很难做出准确无误、详尽无遗的回答，但还是有可能进行某种说明的。如果从人类历史发展的总趋势和历史发展的大阶段来看，不妨将我们的时代概括为"一球两制"的时代，概括为社会主义意识形态与资本主义意识形态不仅并存而且相互竞争的时代，概括成社会主义意识形态渐次取代资本主义意识形态的时代。当这样说的时候，并不是以中时段的眼光来看待问题的，更不是以短时段的眼光来看待问题的，而是以长时段的眼光来看待问题的。也就是说，这个时代不可能在几十年内结束，甚至也不可能在一两百年的时间内结束，很可能要花费四五百年甚至更长的时间。但是，这样的时代应该说还是存在的。在西方历史上有一个极其重要的历史时期，人们称之为"文艺复兴时期"，它其实是欧洲从封建主义向资本主义过渡的时期，是资本主义意识形态与封建主义意识形态相互竞争、资本主义意识形态逐步取代封建主义意识形态的历史时期。这个历史时期始自 13 世纪末14 世纪初，终于 16 世纪，绵延了整整三个世纪。资本主义社会和封建社会都是私有制社会，资本主义意识形态和封建主义意识形态都是私有制社会的意识形态，实现这种过渡尚且需要三个世纪，社会主义取代资本主义、社会主义意识形态取代资本主义意识形态需要更长的时间就不难理解了。

对我们所处时代这种界定虽然突出了我们时代意识形态的两种主要形式，即资本主义意识形态和社会主义意识形态，但这并不意味着在我们时代根本不存在别的形式的意识形态，而只是强调资本主义意识形态和社会主义意识形态是我们时代两种主要的意识形态，只是强调资本主义意识形态和社会主义意识形态的矛盾构成了我们时代意识形态领域的主要矛盾，它规定和制约着意识形态领域其他矛盾的存在和发展。毛泽东在谈到"主要矛盾"这个问题时，曾经指出："在复杂的事物的发展过程中，有许多的矛盾存在，其中必有一种是主要的矛盾，由于它的存在和发展，规定或影响着其他矛盾的存在和发展。"① 也正是在这个意义上，将我们的时代界定为从资本主义向社会主义过渡的时代，界定为社会主义意识形态取代资本主义意识形态的时代的。

其实，当把我们的时代界定为社会主义意识形态与资本主义意识形态相互竞争的时代时，所做的这种界定并非只是一种主观设想，在一定意义上，这也可以

① 《毛泽东著作选读》上册，人民出版社 1986 年版，第 160 页。

看作是当代政治家和思想家一种"共识"。因为无论是西方世界的政治家还是社会主义国家的政治家，不论其讲得多么动听，骨子里都只有一样东西，这就是"一球一制"。[①] 例如，美国前总统尼克松就主张将资本主义意识形态与社会主义意识形态的竞争和对抗视为美国外交政策的根本出发点。在尼克松看来，美国在非共产主义世界或第三世界虽然也有其"关键利益"，但推动美国控制非共产主义世界或第三世界的根本动机则在于美苏的"竞争"或"对抗"。换言之，美国之所以热衷于控制非共产主义世界或第三世界，并不在于非共产主义世界或第三世界本身，而在于它们是美苏竞争的"目标"。用尼克松自己的话说，就是："最重要的是，美苏竞争的最大得失是在第三世界。"[②] 正因为如此，尼克松反复告诫美国统治者或政治家，美国决不应该将眼睛盯住非共产主义世界或第三世界不放，而是要把主要精力放在应付与社会主义国家的竞争和对抗上，放在与社会主义意识形态的竞争和对抗上，放在对社会主义国家"和平演变"的战略上。[③] 尼克松曾强调说："没有好的策略，就不可能实施好的战略。但是，除非纳入好的战略，否则好的策略也无用处。"[④] 也正是在这个意义上，尼克松才将"和平演变"称作美国政府一项"战略"。

新中国领导人历来注重从"一球两制"的高度来审视和处理国际事务，强调反对和抵制西方世界的"和平演变"战略。1957 年 11 月 18 日，在莫斯科共产党和工人党代表会议上的讲话中，在谈到国际形势时，毛泽东曾明确地指出："世界上现在有两股风：东风，西风。中国有句古语：不是东风压倒西风，就是西风压倒东风。"[⑤] 在这里，毛泽东讲"两股风"，指的显然就是"一球两制"；讲东风和西风的"压倒"问题，指的显然是资本主义和社会主义两种社会制度和两种意识形态的竞争和对抗。也正是从"一球两制"的高度和对帝国主义"和平演变"战略的警觉，毛泽东随后提出了坚持马克思主义、反对修正主义以及培养和造就无产阶级革命事业接班人，使帝国主义"和平演变"的预言"彻底破产"的战略构想。尽管这些战略构想往往与阶级斗争扩大化的政治路线交织在一起，但其防范和抵制帝国主义"和平演变"战略企图的初衷则是应当肯定的。邓

① 即使他们明智地承认"一球两制"，但他们对"一球两制"的承认归根到底也是为了实现其"一球一制"这一终极目的的。
② ［美］尼克松著，谭朝洁、孔岩、邓勇、马学印译：《1999：不战而胜》，中国人民公安大学出版社 1988 年版，第 137 页。
③ ［美］尼克松著，谭朝洁、孔岩、邓勇、马学印译：《1999：不战而胜》，中国人民公安大学出版社 1988 年版，第 164 页。
④ ［美］尼克松著，谭朝洁、孔岩、邓勇、马学印译：《1999：不战而胜》，中国人民公安大学出版社 1988 年版，第 196 页。
⑤ 《毛泽东文集》第 7 卷，人民出版社 2009 年版，第 321 页。

小平也是一个注重从"一球两制"的高度来审视和处理国际事务的战略思想家。1989年9月，邓小平在会见美籍华裔学者李政道教授时，就曾明确指出："美国，还有西方其他一些国家，对社会主义国家搞和平演变。美国现在有一种提法：打一场无硝烟的世界大战。我们要警惕。资本主义是想最终战胜社会主义，过去拿武器，用原子弹、氢弹，遭到世界人民的反对，现在搞和平演变。"① 当年11月，在会见南方委员会主席、坦桑尼亚革命党主席尼雷尔时，邓小平虽然也谈"南北"问题，但却着重谈了"东西"问题，谈了西方国家对社会主义的"和平演变"问题。邓小平强调说："我希望冷战结束，但现在我感到失望。可能是一个冷战结束了，另外两个冷战又已经开始。一个是针对整个南方、第三世界的，另一个是针对社会主义的。西方国家正在打一场没有硝烟的第三次世界大战。所谓没有硝烟，就是要社会主义国家和平演变。"② 这就从时代的高度、从"一球两制"的高度，将防范和抵制帝国主义国家的和平演变战略和资本主义意识形态输出的工作摆到了全党和全国人民的面前。

第三节　意识形态安全与国家安全和宗教的安全化

既然意识形态具有维系社会和复制社会的社会功能，既然当今时代具有"一球两制"的本质特征，既然"东西问题"依然是时代的一个基本问题，意识形态问题或意识形态安全问题就势必关乎社会主义国家的国家安全问题。

一、国家安全的时代特征及其与意识形态安全的内在关联：从威斯特伐利亚时代到后冷战时代

国家安全问题是一个非常古老的问题，可以说自从有了国家也就有了国家安全问题。但是，现代意义的国家安全意识和国家安全概念的出现却是一个比较晚近的事情。现代意义的国家安全意识和国家安全概念，是世界各国在国际对抗、冲突和战争背景下，为了维护国际秩序和各国各自核心利益而逐步酝酿和形成的。16～18世纪的"均势思想"或"均势理论"可以视为国家安全概念的雏形。虽然有人（如休谟）将均势思想或均势理论上溯到古希腊城邦国家时期，但它的

---

① 《邓小平文选》第3卷，人民出版社1993年版，第325～326页。
② 《邓小平文选》第3卷，人民出版社1993年版，第344页。

真实源头却在近代，是"主权国家"或"绝对主义国家"的产物。在封建时代，特别是在欧洲的封建时代，由于君权神授和教权至上的缘故，国家或王权并未获得或享有严格意义上的主权，从而只能说是一种"相对主义国家"或"相对主义主权"。[①] 但是，至17世纪随着以王权为核心的新型君主制的出现，这种情况开始发生变化。因为在以王权为核心的新型君主制国家里，王权非但无需屈服和受制于教会，教会和封建领主反而必须屈服和受制于王权及王权领导下的政府权威，这就催生了现代意义上的主权国家。随着现代意义上的主权国家的产生，为主权国家辩护的法律应运而生，这就是格劳秀斯在《战争与和平法》（1625年）中所阐述的自然法和国际法。按照格劳秀斯的观点，所谓国际法即是"涉及国家或国家的统治者的相互关系的法律"，正如一个国家的法律，目的在于谋求"一个国家的利益"，所以国家与国家之间，也必然有其法律，其所谋取的不是"任何国家的利益"，而是"各国共同的利益"。[②] 1618年，爆发了德意志新教诸侯和丹麦、瑞典和法国反对受罗马教皇支持的神圣罗马帝国的旷日持久的国际战争，史称"三十年战争"，亦称"宗教战争"。结果，受罗马教皇支持的神圣罗马帝国战败，于1648年10月，签订了《威斯特伐利亚和约》。《威斯特伐利亚和约》不仅标志着基督宗教正式退出国际政治舞台的中心，标志着由主权国家通过谈判解决国际争端的开端，而且还促成了欧洲近代民族国家的形成和崛起，开创了以国际会议解决国际争端的先例，并确立了国际关系中应当遵守的国家领土、主权与独立原则，使得国家与国家之间有了真正意义的国际关系。均势政治正是在这种国际关系的背景下产生的。均势政治是一种现实主义国际政治理论，其目标并不在于维护和平，而在于在强权争夺中谋求国家安全、独立地生存，为此目的即使诉诸战争和牺牲他国利益也在所不惜。各国在寻求盟友时，首先考虑的是现实国家利益而非宗教观念和意识形态。

均势政治将欧洲分裂成几个地区性均势系统或军事集团，非但没有给欧洲带来和平，反而带来更大规模的国际性战争，致使一些弱小国家成为大国战争的牺牲品。鉴此，均势政治逐步让位于"集体安全"政治。"集体安全"政治最初是由美国第28任总统托马斯·伍德罗·威尔逊（1856～1924）提出来的。按照威尔逊提出的集体安全的设想，世界各国应该建立一个全球性的集体安全保障体系（即"国际联盟"）。在这一体系内，国家不分大小一律平等，实行民族自决，相互缔结和约以"永远结束战争"。倘若一个会员国违反集体安全而诉诸战争，各

---

① 参阅［英］佩里·安德森著，刘北成、龚晓庄译：《绝对主义国家的系谱》，上海人民出版社2001年版，第3～10页。

② 马克思曾称赞格劳秀斯"已经开始用人的眼光来观察国家"，他"从理性和经验出发而不是从神学出发来阐明国家的自然规律"。见《马克思恩格斯全集》第1卷，人民出版社1995年版，第227页。

境外宗教渗透论

国可予以制裁直至使用武力。但由于利益所趋，国际联盟非但没有保障世界的安全，即使欧洲的安全也未能保障，其自身也随着第二次世界大战的爆发而解体。威尔逊的集体安全主张因此被人讥为"理想主义的乌托邦"。第二次世界大战后成立的联合国也是依照集体安全的思路建立的。联合国成立后，虽然在促进国际安全方面做出过一些贡献，但是国际安全和国家安全问题依然严峻。

事实上，正是在第二次世界大战后，才将国家安全问题作为紧迫的政治问题提了出来。例如，美国就是在1947年通过《国家安全法》并且随后成立了国家安全委员会的。据英国学者彼得·曼戈尔德的考察，"国家安全"（national security）概念的现代用法是由美国报纸专栏作家李普曼在其1943年的著作《美国外交政策》中最早使用的，但这个提法成为国际政治中一个核心概念，成为军事事务、外交政策、外交事务等传统语词的替代品，则是第二次世界大战之后的事情。[1] 与此同时，许多学者和政治家也开始思考这一问题并界定这一概念。例如，英国前国防部长哈罗德·布朗在其1983年出版的《思考国家安全》一书中宣称："国家安全是一种能力：保持国家的统一和领土完整，基于合理的条件维持它与世界其他部分的经济联系，防止外来力量打垮它的特质、制度和统治，并且控制它的边界。"美国出版的《国际社会关系百科全书》认为，国家安全这个概念一般是指一个国家保护它的内部社会制度不受外来威胁的能力。日本警视厅在解释日本的国家安全时认为，国家安全应该理解为用军事以外的手段保卫本国的领土、国民的生命、身体和财产不受侵犯，或者指本国的基本政治组织的永存。苏联出版的《大百科全书》认为，保卫国家安全，即保卫现行国家制度、社会制度、领土不受侵犯和国家独立不受敌对国家的间谍特务机关以及国内现行制度的敌人破坏所采取的措施的总和。我国学者刘跃进则将国家安全界定为"国家处于没有危险的客观状态，也就是国家既没有外部的威胁和侵害又没有内部的混乱和失序的客观状态"。[2] 所有这些都指向一个事实，即国家安全是一个关乎国家核心利益或核心价值观的概念，从而强调了国家安全的极端重要性。但是，就国家安全的具体内涵或实质性内容看，似乎是见仁见智，很难有一个统一的总体性或整体性的把握。

现在流行的将国家安全区分为传统安全和非传统安全的做法似乎进一步肢解了国家安全的内容。按照流行的说法，传统安全指的主要是国土安全、军事安全和政治安全，而非传统安全指的则主要是经济安全、科技安全、信息安全、生态安全、国民安全和文化安全等。这种说法很容易造成两种误解。首先，有可能造

---

① 参阅王逸舟：《全球化时代的国际安全》，上海人民出版社1999年版，第37页。
② 刘跃进：《论国家安全的基本含义及其产生和发展》，《华北电力大学学报》2001年第4期。

成一种错觉，似乎作为传统安全的国土安全、军事安全和政治安全都成了过去式，当今时代根本无需重视这些安全。其实，国土安全、军事安全和政治安全过去是、现在也依然是国家安全中最当受到关注的安全类型。[1] 很难设想，一个缺乏国土安全、军事安全和政治安全的国家，在经济安全、科技安全、信息安全、生态安全和文化安全方面会万无一失。而且，即使就当前的话题论，如果国土安全、军事安全和政治安全无关紧要，强调防范和抵制境外宗教渗透，强调反对"西化"和"分化"，坚持反对"藏独"、"疆独"和"台独"，就完全无的放矢了。其次，这种说法还很容易造成一种错觉，仿佛当今时代存在的经济安全、科技安全、信息安全、生态安全、国民安全和文化安全等，不仅在无需考虑国土安全、军事安全和政治安全的情况下，而且在无需考虑这些安全类型中的其他安全类型的情况下，就可以单个地得到解决似的。事实上，这些安全类型只是一种逻辑上的划分罢了，在现实的国家安全情势中，这些安全类型往往是紧密联系的。例如，信息安全既可能与国土安全、军事安全和政治安全紧密相关，也可能与经济安全、科技安全、生态安全、国民安全和文化安全紧密相关。在这种情况下，形而上学地或孤立地看待和处理这些本来相互关联的国家安全类型，势必一叶障目，不见泰山，要想收到预期的效果是不可能的。事实上，不仅传统安全与非传统安全"相互交织"，而且传统安全和非传统安全的各种安全因子也是"相互交织"的。也就是说，构成国家安全的所有因子都不是孤立存在的，它们一起构成了国家安全网络。在这个国家安全网络中，只要有一个节点出现了问题，这一安全网络就有可能遭到破坏。因此，要建立起一个完善的国家安全保障体系，就必须牢固树立全局观念，对构成国家安全的所有因子有一种总体的或统筹的了解和把握。不仅要充分考虑国家安全类型的多样性，更应当充分注意这些安全类型或安全因子的内在统一性。[2]

然而，要既充分考虑到国家安全类型的多样性，又充分注意这些安全类型或安全因子的内在统一性，就必须站到一定的高度，就必须努力抓住国家安全网络的总纲。那么，国家安全保障体系的总纲究竟何在呢？国家安全保障体系乃国家机器一个不可或缺的部分，因此，要找到国家安全保障体系的总纲，就必须对国

---

[1] 2007年2月10日，俄罗斯总统普京在慕尼黑国际安全政策会议上批评美国的外交政策。在谈到军事安全问题时，他尖锐地指出："今天我们见证了几乎不受制约的力量——军队——在国际关系中的超级使用，这个力量正在将世界拖入持久冲突的深渊。其结果是，我们对任何一个冲突都没有足够的力量来找到全面的解决办法，也不可能找到任何一种政治解决办法。"见［美］威廉·恩道尔著，吕德宏等译：《霸权背后：美国全方位主导战略》，知识产权出版社2009年版，第14页。

[2] 有学者指出："国家安全是一个综合的概念。一些看似不重要的因素都可能牵一发而动全身，直至威胁到国家的存亡。"这是很有道理的。见夏保成、刘凤仙：《国家安全论》，长春出版社2008年版，第7页。

家机器本身有一个先行的了解。前面说过，阿尔都塞将国家机器区分为两种，一种是强制性国家机器，一种是非强制性国家机器，即意识形态国家机器。所谓强制性国家机器，即政治上层建筑，所谓非强制性国家机器或意识形态国家机器，即观念上层建筑。意识形态，作为观念上层建筑，按照其发明者特拉西的说法，是观念的科学或观念的体系。这一观念体系不仅内蕴着关于一个社会的经济制度、政治制度和法律制度的观念，而且也内蕴着与该社会的经济制度、政治制度和法律制度相适应的道德伦理观念乃至哲学和宗教神学观念，从而对该社会的种种社会观念，特别是它的核心价值观念有一种融通功能和统摄作用。意识形态之所以具有维系社会和复制社会的功能，究其深层原因，正在于此。然而，意识形态具有的维系社会的功能也有上限和下限之分，由于国家安全是一个社会得以正常运转的基本前提，所以意识形态之维护国家安全的功能势必构成意识形态维系社会功能的下限或基础。倘若一种意识形态不再具有维护国家安全的社会功能，也就因此不再享有意识形态国家机器的资格和称号了。意识形态之所以具有维系国家安全的特殊功能，除了它同各色各样的国家安全类型都有内在关联外，一个根本的原因还在于它作为国家机器的一部分，对各色各样的国家安全形态有一种高度的统摄功能和提升功能。也就是说，它不仅可以对各色各样的国家安全类型或安全形态实施有机的整合，而且还有望将其提升到国家安全的层面予以处置。[①]例如，当考察生态安全时，就不仅将其与政治安全、经济安全等安全形态挂钩，而且还将其提升到国家安全的层面予以审视。从这个意义上，不妨将作为国家机器一部分的意识形态视为国家安全保障体系的总纲。国家安全问题或国家安全保障体系问题，说到底是一个作为国家机器一部分的意识形态问题或意识形态安全问题。第二次世界大战以来，西方国家之所以坚持对社会主义国家实施和平演变战略，我国之所以始终坚持将防范和抵制西方国家的和平演变战略作为国家安全保障体系的核心内容，究其根本原因，正在于此。1989 年 12 月 1 日，在会见日本国际贸易促进协会访华团主要成员时，邓小平谈道："国家的主权、国家的安全要始终放在第一位，……西方的一些国家拿什么人权、什么社会主义制度不合理不合法等做幌子，实际上是要损害我们的国权。"[②] 邓小平在这里所谈的"人权"及"社会主义制度合理合法"问题显然属于作为社会主义国家机器一部分的意识形态。邓小平将国家的主权和国家的安全问题，与作为国家机器一部分的

----

① 有学者指出："意识形态是国家的灵魂，统率着全体社会成员的整体行为的一致性。一个丧失了意识形态或意识形态混乱的国家，犹如一个精神病人，其行为缺少目的性，表现为错乱和无序，失去了自主性和自我保护的能力，必然很快灭亡。因而，意识形态的安全是国家安全的重要组成部分。"见夏保成、刘凤仙：《国家安全论》，长春出版社 2008 年版，第 7 页。

② 《邓小平文选》第 3 卷，人民出版社 1993 年版，第 348 页。

意识形态直接联系起来，就清楚不过地将意识形态安全在国家主权和国家安全中的地位凸显出来了。

现在流行着一种观点，将从第二次世界大战之后到 20 世纪 90 年代初苏东剧变称作意识形态时代，而将此后的时代称作去意识形态时代。其意思是说，自苏东剧变后，意识形态的冲突和对抗已经从历史上退隐，人类从此进入了不知意识形态为何物的时代。历史常常具有两面性。在历史面前，理想与现实、应然与实然、显与隐、体与用、语言与行为常常呈现出两种面孔。毋庸讳言，苏东剧变前后，两种社会制度（资本主义制度与社会主义制度）和两种意识形态（资本主义意识形态和社会主义意识形态）矛盾的历史地位发生了重大变化。在苏东剧变前，两种社会制度和两种意识形态的矛盾构成了时代的主要矛盾，美苏争霸世界的斗争（用尼克松的话，就是美苏争霸世界的"战争"）主要就是在两种社会制度和两种意识形态斗争的旗号下进行的。但苏东剧变后，两种社会制度和两种意识形态的矛盾从世界范围来看，不再构成时代的主要矛盾而降低为时代的一项次要矛盾，充其量构成当今时代的一个次要维度。所谓"和平与发展"真正构成了时代的"主题"，步入了"后冷战时代"，① 即是谓此。但这些说法涉及的是两种社会制度和两种意识形态这一矛盾历史地位的变化，而非两种社会制度和两种意识形态矛盾历史地位的有无，更非两种社会制度和两种意识形态这一矛盾的有无。两种社会制度和两种意识形态的矛盾依然是我们时代的一种矛盾，它们之间的斗争依然是影响时代发展的一个重要内容。在这种情势下，幻想以美国为首的西方国家完全抛弃其意识形态输出的国策，幻想人们自此完全彻底地抛弃"冷战思维模式"是不切实际的，对于社会主义国家安全保障体系的构建和完善是有害的。在冷战时代结束之后，一些西方学者，如弗朗西斯·福山等，依然在宣扬"意识形态时代的终结"或"意识形态终结论"，有谁能够否认他们所宣扬的意识形态终结论本身即是一种意识形态宣言呢？例如，当在《历史的终结及最后之人》中读到"我们找不出比自由民主理念更好的意识形态"以及"自由民主制度也许是'人类意识形态发展的终点'和'人类最后一种统治形式'，并因此构成'历史的终结'"时，② 有谁能够否认作者持守的正是惯常指责的"冷战思维模式"？有谁能够否认作者所做的正是一种意识形态宣传？有谁敢说美国在格鲁吉亚、乌克兰和吉尔吉斯斯坦等独联体国家鼓吹"民主建设"，策划"颜色革

---

① 关于我们对"后冷战时代"的理解和阐述，也请参阅本著第七章第三节"后冷战时代中国防范和抵制境外宗教渗透的斗争"引言部分。

② ［美］弗朗西斯·福山著，黄胜强、许铭原译：《历史的终结及最后之人》，中国社会科学出版社 2003 年版，第 1 页。

命"与其意识形态输出的国策毫无瓜葛呢?① 亨廷顿提出的"文明冲突论"也是一个伪命题。按照亨廷顿的说法,随着冷战时代的结束,意识形态的冲突将让位于不同文明的冲突,未来世界的命运将主要是由基督宗教文明、伊斯兰教文明和儒教文明三者之间的关系和斗争决定的。众所周知,中国、日本、韩国、朝鲜、越南和新加坡同属于儒教文明,但有谁能够看到这些国家有结成联盟共同对抗西方基督宗教文明的迹象呢? 不仅如此,大陆和台湾、韩国和朝鲜之所以在统一问题上困难重重,一个根本的原因不正在于社会制度和意识形态上的分歧吗? 中美关系尽管总体上趋于缓和,但摩擦和冲突却时有发生,这难道与两国之间意识形态的分歧和对立毫无关系吗? 有学者指出:中美分歧的"根本原因"并不在于亨廷顿所说的"基督宗教文明"与"儒教文明"的矛盾和冲突,而在于"美国坚持自由主义的意识形态,中国政府坚持以马克思主义为指导的社会主义意识形态",② 虽然这种说法略有"绝对"之嫌,却也并非无稽之谈。由此看来,所谓"意识形态时代"结束的说法只不过是一种掩耳盗铃的伎俩罢了。时代在变化,但在它的变中确实保存有某种不变的东西。看不到时代的变化是一种片面性,然而,如果看不到时代在变中还保留着某种不变的东西,显然也是一种片面性。

二、《新安全论》的理论缺失:领域化、非安全化和地区化

1997 年,哥本哈根学派代表人物巴瑞·布赞、奥利·维夫和迪·怀尔德合著了一部名为《安全:一个新的分析框架》的著作。该书的根本目标在于超越现实主义的传统安全观,确立一种以建构主义为中心内容的安全分析的新框架。2003 年,中国学者朱宁将其汉译,以《新安全论》为名在浙江人民出版社出版。按照西方国际关系学界的理解,当代中国的安全研究"仍然保持着以国家中心主义和权力政治学为特征的现实主义传统"。据此,该书作者推断中国读者很难对该书"感兴趣"。③ 然而,出乎作者的预料,我国不少学者对该书有比较浓厚的兴趣,对该书的观点多所褒奖和借鉴,反而鲜有批评。这种现象固然反映了改革开放以来我国学者的开放心态,但也难免产生一些负面影响,妨碍对该书的本质有一种全面深刻的理解,从而妨碍对当代中国国家安全观的科学建构。鉴此,在本书中,我们将对这部在我国学界已然有一定影响的著作的理论缺失进行一些分析。

---

① 参阅孙壮志:《美国在独联体国家推动"颜色革命"的主要策略和做法》,载于《中国党政干部论坛》2005 年第 8 期。

② 吴玉荣:《后冷战时代意识形态的变迁》,载于《中国党政干部论坛》2003 年第 5 期。

③ [英]巴瑞·布赞、[丹]奥利·维夫、[丹]迪·怀尔德著,朱宁译:《新安全论》,浙江人民出版社 2003 年版,"序言"第 38 页。

《新安全论》一个基本观点是所谓"领域化"。该书认为传统的安全观只关注军事安全和政治安全，尤其是关注军事安全，其本质是一种聚焦于军事的安全观。鉴此，该书在军事安全和政治安全之外，加入了经济安全、环境安全和社会安全三个领域，以便"透过军事、政治、经济、环境和社会五个领域，对安全动力及其不同特征进行研究"。[①] 该书之所以要将安全研究议程领域化，根本意图在于"确认它们为特殊类型的互动"。例如，军事领域是"关于武力胁迫（coercion）的关系"；政治领域是"关于权威、管理地位和'承认'（recognition）的关系"；经济领域是"有关贸易、生产和金融的关系"；社会领域是"有关'集体认同'（collective identity）的关系"；而环境领域则是"关于人类活动和周围生物圈的关系"。[②] 该书之所以提倡领域化主要出于两个目的。一是旨在突出和强调经济安全、社会安全和环境安全，使"经济、社会和环境安全事务""扮演着与军事和政治安全相提并论的角色"。[③] 二是旨在对安全的分析"达到简化和清晰的目的"。[④] 但是，该书将安全问题领域化的做法势必将国家安全问题"碎片化"。诚然，该书似乎也意识到了领域化的这种弊端，故而在不同场合强调了"跨领域的联系"和"各领域之合成"，然而该书在这一方面的所有努力似乎都仅仅表明了各个领域在某些方面存在着一定的关联，对于它们之间的内在统一性和总体性以及它们统一的基础并未给出任何实质性的说明。因此，碎片化的问题，并未因作者的这些努力而解决。迈克尔·曼（Michael Mann）在其1986年出版的《社会权力的源泉》一书中曾经将权力区分为四种：意识形态权力、经济权力、军事权力和政治权力。就此而言，迈克尔·曼的"四权力"说可以看作是哥本哈根学派"五领域"说的先声。至少从字面上看，哥本哈根学派的五领域说只不过是用"社会"和"环境"这两项置换了迈克尔·曼"四权力"说中的"意识形态"罢了。这种置换固然使得"五领域"说获得了更大的具体性和可操作性内容，但却因此而有支离之虞。无论如何，意识形态对经济、军事和政治的统摄和整合功能是社会和环境不可或缺的。就此而言，碎片化实在是领域化在所难免的缺陷。

《新安全论》的另一项重要方法论原则是所谓"非安全化"。《新安全论》对

① ［英］巴瑞·布赞、［丹］奥利·维夫、［丹］迪·怀尔德著，朱宁译：《新安全论》，浙江人民出版社2003年版，"序言"第38页。

② ［英］巴瑞·布赞、［丹］奥利·维夫、［丹］迪·怀尔德著，朱宁译：《新安全论》，浙江人民出版社2003年版，第10页。

③ ［英］巴瑞·布赞、［丹］奥利·维夫、［丹］迪·怀尔德著，朱宁译：《新安全论》，浙江人民出版社2003年版，第9页。

④ ［英］巴瑞·布赞、［丹］奥利·维夫、［丹］迪·怀尔德著，朱宁译：《新安全论》，浙江人民出版社2003年版，第11页。

安全和安全化进行了批判性分析。作者指出："'安全'是超越一切政治规则和政治结构的一种途径，实际上就是一种所有政治之上的特殊政治。'安全化'（securitization）因此可以被视为一种更为激进的'政治化'描述。"① 在作者看来，一个问题一旦被"政治化"和"安全化"，就意味着这一问题已然作为"存在性威胁"被提了出来，已然成了"国家政策的一部分"，国家不仅可以名正言顺地动用各种"社会资源"，而且还可以采取任何超出"政治秩序正常限度"的"紧急措施"，这就不仅意味着国家可以因此享有"特权"，而且在国家把问题安全化的同时也倾向于解决问题手段的"军事化"。该书作者由此得出结论：不应当扩展安全的外延，而应当朝着"非安全化"的方向努力，即将一些问题从安全议程上撤下来，而不是加入越来越多的新问题。作者强调说："国家安全的解释不应当理想化。国家的安全化运作造成了这样一个后果：为了压制反对派和运用权力控制更多的机会，以便以国内意志为由利用'威胁'来要求支配某些事务的权力，使国家仅仅被很小一部分国内力量统治和主宰。所以，我们的信条是，并非'安全越多越好'。基本上，安全应当被视为消极的，是作为常规政治处理问题的一种失败而不得已采取的措施。"② 这就是说，人们不宜轻易地谈论"安全威胁"，不宜轻易地将安全威胁提高到"一种刻不容缓的超政治状况"来阐述。这就意味着，要求那些切实面临安全威胁的国家应当尽可能地解除警报。这种理论似乎不仅具有帮助那些对别国安全构成现实威胁的霸权国家施放烟幕的功能，还具有给那些面临安全威胁的弱小国家施加压力的功能。正因为如此，该书阐述的"非安全化"理论一直遭到多方面的诟病。戴维·穆提默断言，事实上非安全化理论将整个安全领域都抛到了军方手中，结果反而加强了军队在社会中掌握的权力以及对资源的要求。③ 一些学者对"非安全化"理论所带有的欧洲中心主义的先天性特征表示谴责，认为这种理论带有"强烈的建构主义种族优越感"。④ 他们指出，对于丹麦这种生存压力并不很大、威胁并不明显的国家来说，且不要说追求"非安全化"，即便保持瑞士式的永久中立也是可能的。但是，对发展中国家，特别是朝鲜、伊拉克这样的国家以及大多数获得民族解放和独立为时不长的国家，这种理论无疑是一种"梦呓"。"这种理论基于这样一个事实：多数已

① ［英］巴瑞·布赞、［丹］奥利·维夫、［丹］迪·怀尔德著，朱宁译：《新安全论》，浙江人民出版社 2003 年版，第 32 页。

② ［英］巴瑞·布赞、［丹］奥利·维夫、［丹］迪·怀尔德著，朱宁译：《新安全论》，浙江人民出版社 2003 年版，第 40 页。

③ 参阅［美］亚历山大·温特著，秦亚青译：《国际政治的社会理论》，上海世纪出版集团 2000 年版，"中文版前言"第 28～29 页。

④ 转引自［英］巴瑞·布赞、［丹］奥利·维夫、［丹］迪·怀尔德著，朱宁译：《新安全论》，浙江人民出版社 2003 年版，"译者序"第 12 页。

无政治—军事威胁之虞的西方国家，提高了安全的门槛。这种'非安全化'实质上是弱化作为国际结构中主要行为主体的国家对安全、尤其是军事武力的承诺。"①

与非安全化直接关联的是《新安全论》所宣扬的地区化。该书另一个中心内容在于对安全的"层次分析"。该书认为，可以从不同层次对安全进行分析：全球层次、地区层次和国家层次。虽然从这三个不同层次对安全进行分析都是必要的，但是在后冷战时代，应该"将人们的目光从国家安全和全球安全的极端关注中挪开，而将分析的焦点集中在地区层次"。② 这就是说，在后冷战时代，对于安全的最恰当的研究是地区层次的安全研究，尽管这种研究也应当同对国家内部条件、地区的国家关系、地区之间的关系以及地区与全球性大国之间关系的研究紧密联系起来。该书在谈到其将"地区"作为安全分析焦点的理据时断言，这不仅是由于作者早先"有关地区复合安全理论方面的著述"，也源于对后冷战时代的形势的判断。就是说，源于作者的"一种普遍假定"，即"在后冷战时代，国际关系将呈现一种地区化趋向更为显著的特征"。③ 该书的作者之所以持守这个假定，是出于下述两个理由。其一，"两极世界的崩溃已经在全球层次上消除了主要的有组织性武力"，而所剩大国都显示出"想要避免扩大政治交战"的迹象。这就在安全层次上制造了虚弱的领导，从而给地区解决自己的事务留下了比较充分的余地。其二，是由于"主要大国军事能力在世界上大部分地区上升而引发的竞争，造成大国之间全球性承诺的削弱"。④ 然而，由于下面两个理由，其一，将地区安全设定为安全的主要类型或主要层次很可能是一个假命题，因为用以支撑这个命题的证据实际上很可能是一种假证据。随着经济的全球化，世界上各主要大国的战略利益将是全球性的，从而全球层次安全的意义或价值在现在及未来很长一个阶段非但不可能缩小，反而有可能增大。其二，国家自产生之日起，就一直是最基本的政治实体，从而也就应该是最基本的安全单元。地区安全归根到底是一个地区的国家或国家之间的安全。脱离了国家安全的地区安全只能是一种虚构。因此，以地区安全为中心的安全明显地具有虚拟的性质，这种安全观不仅模糊或削弱了国家安全的性质和意义，而且还模糊了或掩盖了国家安全和地区安全的"全球性根源"，从而掩盖了或虚饰了某些霸权国家的全球性战略：不仅掩盖或虚饰了"南北"问题，而且还掩盖或虚饰了"东西"问题。⑤ 对于哥本哈根学

---

① ［英］巴瑞·布赞、［丹］奥利·维夫、［丹］迪·怀尔德著，朱宁译：《新安全论》，浙江人民出版社 2003 年版，"译者序"第 26 页。

②③④ ［英］巴瑞·布赞、［丹］奥利·维夫、［丹］迪·怀尔德著，朱宁译：《新安全论》，浙江人民出版社 2003 年版，第 20 页。

③ 参阅《邓小平文选》第 3 卷，人民出版社 1993 年版，第 344 页。

派安全理论这种危险倾向，是必须高度警惕的。

三、宗教的回归与宗教的安全化和被安全化：走向前威斯特伐利亚时代

之所以讨论哥本哈根学派的安全观，不仅在于它宣扬的安全观具有明显的"虚拟"性质或乌托邦性质，更重要的还在于它宣扬的安全观与本书的境外宗教渗透这一基本话题密切相关。因为依据哥本哈根学派所宣扬的"非安全化"（desecuritization）理论，境外宗教渗透就有可能成为一个伪命题，防范和抵制境外宗教渗透也有可能是"杞人忧天"。如上所述，哥本哈根学派"非安全化"理念是建立在"非政治化范畴"之上的。在哥本哈根学派的安全理论中，"安全化"（securitization）、"政治化"和"被安全化"（being securitized）是三个含义极其相近且密切相关的范畴。它们三者的关系可以从《新安全论》中的一段话中体悟出来："'安全化'（securitization）因此可以被视为一种更为激进的'政治化'描述。从理论上讲，所有的公共问题都可能被置于非政治化的范围（也就是说，国家并未涉及它，以及它也没有以任何其他方法制造一种公共争论问题和决定）——从使其政治化（意谓这些问题是国家政策的一部分，需要政府的决心和资源配置，或者，还需要一种不同以往的公共治理体制）到使其被安全化（意谓这些问题作为'存在性威胁'被提出，需要采取紧急措施，以及能够证明这些措施固然超出了政治程序正常限度仍然不失为正当）。"① 然而，按照哥本哈根学派的"安全化"和"被安全化"范畴，宗教及其信仰是"很容易""安全化"和"被安全化"的。这是因为"信仰是族群生存性问题，而不是可有可无的存在，一旦信仰面临挑战，则这种挑战很可能被看作生存威胁"。② 也正因为如此，《新安全论》在讨论"安全化"和"被安全化"问题时，特别提到了"使宗教政治化"的问题，③ 也就是宗教的"安全化"和"被安全化"问题。这也是不难理解的。既然将宗教信仰遭到的挑战视为"生存威胁"，则国家将其规定为"国家政策的一部分"，并为保障其安全而进行一定的资源配置，建立一定的公共治理体制，并因此采取一定的超乎寻常的"紧急措施"，就非常自然了。

---

① ［英］巴瑞·布赞、［丹］奥利·维夫、［丹］迪·怀尔德著，朱宁译：《新安全论》，浙江人民出版社2003年版，第32～33页。

② 朱晓黎：《"安全化"语境中的宗教非政府组织——基于组织行为学的分析》，载于《国际论坛》2010年第2期。

③ ［英］巴瑞·布赞、［丹］奥利·维夫、［丹］迪·怀尔德著，朱宁译：《新安全论》，浙江人民出版社2003年版，第33页。

宗教作为人类历史上最为古老的社会现象之一，不仅在人类社会发展史上始终占有重要地位，在国际政治史、国际关系史和国家安全史上也始终发挥着相当重要的作用。不过，在不同的历史时期宗教政治功能的发挥也不尽一致，有时极其充分，有时则相对欠缺。例如，在中世纪欧洲，各国普遍实行政教合一制，宗教的政治功能发挥得就极其充分。这种状况即使到了 17 世纪也依然存在。1618 ~ 1648 年间爆发的三十年战争，不仅是欧洲主要国家卷入的大规模国际战争，而且也具有明显的宗教性质。由于这场战争基本上是以德意志新教诸侯和丹麦、瑞典、法国（法国原本是信天主教的，但为了称霸欧洲而与新教国家站到了一起）为一方，并得到荷兰、英国、俄国的支持，以神圣罗马帝国、德意志天主教诸侯和西班牙为另一方，并得到罗马教皇和波兰的支持，故而又被称作"宗教战争"。战争的结果是两败俱伤，最终于 1648 年 10 月双方签订了著名的《威斯特伐利亚和约》。《威斯特伐利亚和约》的签订，不仅创立了以国际会议解决国际争端的先例，确立了国家主权平等原则，从而开启了近代国际关系，也表明宗教自此被逐出了国际政治的舞台中心，开始处于被边缘化的状态，其在国际政治关系中的历史地位开始被神圣化了的"国家中心主义"取而代之。

然而，近几十年来，随着"全球宗教复兴"和"世界非世俗化"，特别是随着冷战时代的结束和"9·11"事件的发生，被美苏两极对抗所掩盖和压抑的宗教和宗教安全问题得以释放，终于催生了"从文化和宗教信仰角度自我界定时代的到来"，[①]"使宗教从'威斯特伐利亚的放逐'回归'国际关系的中心'"。[②] 这样，便似乎回到了 1648 年以前，回到了前威斯特伐利亚时代。

从 20 世纪 60 年代，特别是从冷战时代结束以来，宗教在全世界都迅速增长。而且，据有关专家估计，在世界范围内宗教这种增长的态势还会持续一个较长的历史时期。到 2020 年，世界人口的 54.2% 将是基督宗教徒，36.76% 将是穆斯林教徒。[③] 据此，一些学者将当今时代称作"全球宗教复兴"的时代或"世界复魅"的时代。20 世纪中叶，许多西方神学家，如朋霍费尔（1906 ~ 1945）、汉密尔顿（1924 ~ ）、考克斯（1924 ~ ）和罗宾逊（1920 ~ ）等世俗神学家和激进神学家都曾宣称当今时代是"上帝已死"或"上帝隐匿"的时代，是"神变成人"的时代或一个"没有上帝的人的时代"。[④] 但是，当后冷战时代到来的时候，面对着"全球宗教复兴"和"世界性非世俗化"的大潮，一些学者将现代世界

① ［美］塞缪尔·亨廷顿著，程克雄译：《谁是美国人？》，新华出版社 2010 年版，第 249 页。

② 徐以骅：《当代国际关系中的"宗教回归"》，引自《宗教与美国社会：宗教与国际关系》第 4 辑（上），时事出版社 2007 年版，第 1 页。

③ K. R. Dark. "Large - Scale Religious Change and World Politics". in K. R. Dark, ed., *Religion and International Relations.* Bashingstocke, Hampshire；Palgrave，2000，p. 73.

④ 参阅段德智：《试论当代西方宗教哲学的人学化趋势及其历史定命》，载于《哲学研究》1999 年第 8 期。

中伊斯兰教、基督宗教和犹太教的复兴惊呼为"上帝的报复",宣称已经进入了
"宗教民族主义对抗世俗国家"、"跨国宗教与国家式微"的时代。①

宗教的全球复兴或宗教的回归带来的不仅是国际政治舞台上主要角色的转
换,还催生了宗教的政治化和安全化或被安全化,致使宗教安全成为当代国际安
全和国家安全的一个中心话题或中心话题之一。在全球宗教复兴运动中,最引人
注目的当属基督宗教的复兴和伊斯兰教的复兴。就基督宗教而言,在 20 世纪,
可以说是大体完成了从西方发达国家向非西方发展中国家的结构性转移。20 世
纪初,全世界 85% 的基督宗教徒还居住在西方世界;到 1950 年便已经有 25% 的
基督宗教徒居住在亚、非、拉三洲;到 21 世纪初,在亚、非、拉三洲居住的基
督宗教徒则超过了 60%。而且,亚、非、拉三洲的基督宗教徒在整个基督宗教
徒中的比例还有稳步上升的态势。② 关于伊斯兰教的复兴,人们比较关注的主要
有两个问题,一个是伊斯兰复兴运动,一是穆斯林人口的高出生率和高增长率。
亨廷顿在谈到伊斯兰教的复兴时曾特别强调了穆斯林人口的高增长率。他写道:
"东亚的崛起被惊人的经济增长率所推动,而伊斯兰教的复兴是被同样惊人的人
口增长率所推动。"③ 亨廷顿指出,伊斯兰国家人口的膨胀,尤其是在巴尔干、
北非和中亚,大大超过了其邻近国家和世界的一般水平。他举例说,1965 ~ 1990
年,全球总人口从 33 亿增加到 53 亿,年增长率为 1.85%。穆斯林社会的增长率
几乎总是在 2.0% 以上,常常超过 2.5%,有时达 3.0% 以上。因此,穆斯林在世
界人口中的比例将呈持续攀升的势头。他援引 1993 年联合国发表的《世界人口
展望》所提供的数据认为,1980 年穆斯林可能构成世界人口的 18%,而在 2000
年可能将超过 20%,到 2025 年将达到 30%。④ 而这种估计后来甚至为更为激进
的估计所取代。有人断言,至 2020 年,世界上将有 36.76% 的人口为穆斯林。⑤
有人甚至据此预言,伊斯兰教徒的人数有朝一日将超出基督宗教教徒。而这一预
言令西方世界的政治人士极为不安。

---

① 徐以骅:《当代国际关系中的"宗教回归"》,引自《宗教与美国社会:宗教与国际关系》第 4 辑
(上),第 2 ~ 3 页。

② 李毅:《莱茵霍尔德·尼布尔国际政治思想的历史根源及其与经典现实主义国际政治理论之比
较》,载于《宗教与美国社会》第 1 辑,时事出版社 2004 年版,第 348 ~ 349 页。

③ [美] 塞缪尔·亨廷顿著,周琪、刘绯、张立平、王圆译:《文明的冲突与世界秩序的重建》,新
华出版社 2002 年版,第 119 页。

④ [美] 塞缪尔·亨廷顿著,周琪、刘绯、张立平、王圆译:《文明的冲突与世界秩序的重建》,新
华出版社 2002 年版,第 119 ~ 120 页。

⑤ K. R. Dark. "Large – Scale Religious Change and World Politics". in K. R. Dark, ed., *Religion and International Relations*, Bashingstocke, Hampshire:Palgrave, 2000, p.73.

全球宗教复兴运动中，另一个值得特别注意的现象是宗教基要主义①或宗教保守主义的抬头和持续增长。这种情况无论在基督教中和伊斯兰教中都比较普遍。就基督教而言，在世界上的大部分地区，福音派不仅增长迅速，而且逐步跻身主流，扮演了海外传教运动的主导角色。就伊斯兰教而言，在新的形势下，泛伊斯兰主义有了新的发展，并且出现了与宗教极端主义和宗教恐怖势力相结合的趋势。随着宗教基要主义或宗教保守主义的抬头和持续增长，当代宗教在世界范围内越来越公共化和政治化，越来越成为跨国意识形态，在当代国际关系中越来越成为举足轻重的非国家行为体。宗教基要主义或保守主义与宗教极端主义和宗教恐怖主义的结合，进一步使一些宗教冲突成为当代意识形态冷战的新形态，酿成了一系列种族冲突和地区冲突，给国家安全和国际安全带来了严重的威胁。这种基于宗教基要主义或宗教保守主义的新的意识形态的冷战，虽然常常以地区冲突的形式表现出来，但却明显地具有全球性质或东西方冲突的性质。一方面，这种跨国宗教的冲突或挑战被视为非西方宗教或文明对西方信仰和西方价值观的挑战，特别是被视为伊斯兰教对西方所倡导的西方世界所建立、所主导的世界秩序的挑战。另一方面，西方世界又借"人权"和"宗教自由"将斗争的锋芒指向非西方国家，在所谓侵犯人权和宗教自由的口号下对这些国家进行政治的和军事的干涉。在当今时代，宗教即便尚未取代地缘政治成为影响国际安全和国家安全的首要因素，也无疑成了影响当代国际安全或国家安全的最重要的变量之一。宗教的安全化和被安全化依然构成当代国际安全或国家安全的一项重要特征。

宗教安全化的行为主体不仅有来自宗教方面的宗教基要主义或宗教保守主义，而且还有来自国家和政府方面的"宗教转折"。近20年来，特别是"9·11"事件以来，美国安全和外交政策研究领域的变化可以说将这一转折体现得淋漓尽致。长期以来，美国奉行的国际关系理论归纳起来不外乎新现实主义、新自由主义和主流建构主义三种。这三种国际关系理论之间虽然在许多方面存在差异，但在强调国家中心主义、将宗教边缘化方面却是相同的。不过最近几年，美国在安全和外交方面已经开始逐步摆脱忽视宗教因素的"启蒙主义偏见"，开始从国家安全和战略高度来看待宗教和宗教问题，不仅将宗教自由视为人权问题，

---

① 宗教基要主义是第一次世界大战以来基督宗教新教一些自称"保守"的神学家为反对现代主义、自由主义和世俗主义而形成的神学主张。其核心主张有五点，即承认《圣经》字句无错谬；耶稣基督是神；耶稣是童贞女玛利亚所生；基督为人代死而使人类同上帝重新和好；人类终将身体复活且基督将以肉身再次降临人世。1925年美国田纳西州得通城中学教师施科普斯因讲授达尔文进化论，被信奉基要主义的教会人士指控违反《圣经》所说"人是上帝所造"的道理，并展开广泛宣传，终于迫使法庭判决施科普斯违反州内法案。

规定为"第一自由"，① 而且还进一步将其视为"国家安全的一个界定因素"，甚至是某种"硬性"的地缘政治和"国土安全"问题。"9·11"事件之后，美国更明确地将宗教自由视为应对宗教极端主义的解药和宗教反恐的利器。美国国务院国际宗教自由办公室第一任主任托马斯·F. 法尔就曾明确地将当今时代称作"信仰时代"，反复呼吁在"信仰时代"，美国外交应把"保护和扩大宗教自由作为其核心因素之一"，并且宣称"美国国家安全的中心议题是伊斯兰极端主义"。② 有些美国政要甚至进而宣称，既然进入了信仰时代，就应当确立"以信仰为基础的外交"这个理念。2008 年 7 月 14 日，时任美国总统的布什在白宫举行的纪念《1998 年国际宗教自由法案》立法十周年的活动上发表讲话时表示，"这一法案为美国政府在海外推进宗教自由创造了重要的外交工具"，并且"使宗教自由适得其所，即美国外交政策的中心"。③ 这就表明，在美国，以信仰为基础的外交已经由一种外交政策理念转化成为外交实践。

然而，尽管这种以信仰为基础的外交或以宗教为基础的外交可能成为像美国这样的大国推行全球战略的一种重要的外交工具，却往往给国际安全、地区安全和国家安全带来这样那样的威胁。关于这些威胁，国际关系学专家斯科特·M. 托马斯在其一篇题为《宗教与国际冲突》的论文中概括为下述八个方面：（1）宗教作为某种意识形态在国际关系中往往具有冲突的倾向，从而使现行的冲突更加难以消解。这是因为凡受宗教信仰、实践和机构影响的政策选择通常都具有终极性质和绝对性质而比较难以达成妥协。（2）在大多数情况下，宗教作为个人认同和社会认同的主要方式，比所有别的认同，如种族认同、阶级认同和性别认同等，都更为基本或更为重要，都具有更强烈的排他性。亨廷顿就曾经说过"宗教在划分异己方面其严厉性和排他性更甚于种族"。（3）在宗教全球化的大背景下，宗教作为"跨国意识形态"，促进了世界各地同一宗教信仰民众之间的更加紧密的联系，从而形成巨大的、休戚与共的国际教会体系或"跨国宗教亚文化群"。（4）在国际关系中，宗教作为跨国意识形态或"观念力量"是一种"软实力"，与作为"硬实力"的军事和经济等相对相关，发挥着无可替代的作用。（5）宗教作为国际非政府组织和其他国际行为体的基础，间接或直接地影响着国际关系，与此相关，某些宗教领袖也可能在国际关系中发挥重大作用。（6）世界各大宗教的发源地通常与最主要古代文明的核心地带相吻合，而目前世界主要文

---

① U. S. Department of State，Annual Report on International Religious Freedom 2001，Washington D. C. ：GPO，Dec. 2001，Introduction.

② Thomas F. Farr. "Diplomacy in an Age of Faith，Religious Freedom nad National Security". in *Foreign Affairs*，March/April 2008，pp. 111 – 112.

③ http：//www. whitehouse. gov/news/releases/2008/07/20080714 – 1. html

化组合与主要世界宗教也在相当程度上重叠。正如美国国务院所属外交政策研究中心主任迈克尔·弗拉霍斯所言，人们的"思想和行为方式"及其冲突不仅是民族主义的产物，而且也是各种文化的产物，所以国际关系或国际冲突就不能不打上宗教的烙印。(7) 西约姆·布朗认为人们为他们的观念共同体的利益献身是国家唯一持久的黏合剂，在后冷战时代，一个国家与其对手在冲突中取胜的能力，将"取决于把人们在观念共同体中联接在一起的思想观念的吸引力"，宗教为跨国观念共同体，势必在国际冲突中发挥至关紧要的作用。(8) 世界各大宗教虽然均有古典的经典，但并无固定的信仰。它们的信仰，它们对信仰的解释，是其信徒在与社会就各宗教传统当前意义的对话中形成的，而宗教团体也不是由与现代化或全球化力量隔绝的信徒构成的。离开了社会和政治，宗教及其信仰就失去了源头活水。[1] 由于宗教具有社会性，所以宗教与所在社会的内在关联是在所难免的；宗教作为跨国境活动的"跨国家或国际行为体"，在国际关系或国际冲突中扮演重要角色，也就在所难免，宗教渗透与反渗透成为国际冲突的一种重要表现形式也同样在所难免。"宗教外交"（religious diplomacy）或以信仰为基础的外交也就因此而成为一些国家推行其全球战略外交的重要手段或基础。

既然宗教往往作为跨国意识形态或跨国观念共同体在国际关系或国际冲突中发挥重要作用，那么在考察抵制境外宗教渗透与维护社会主义意识形态安全和国家安全时，对作为意识形态的宗教进行更为全面、更为详尽的考察就是一件非常必要的事情了。

---

[1] Scott M. Thomas. "Religion and International Conflict". in K. R. Dark, ed., *Religion and International Relation*. Bashingstocke, Hampshire: Palgrave, 2000, pp. 1–23.

第三章

境外宗教渗透与宗教意识形态

如上所述，境外宗教渗透的基本中介除受操纵的宗教组织外，还有受歪曲的宗教意识形态，在宗教回归的时代，国家的安全不仅与政治意识形态安全密切相关，而且与宗教意识形态安全密切相关。为了更好地防范和抵制境外宗教渗透、维护社会主义的意识形态安全和国家安全，就必须对宗教意识形态、对以资本主义意识形态输出为中心内容的境外宗教渗透的殖民主义本质及其理论基础，有更具体、更深入的了解和把握。

第一节 宗教意识形态类型学：部门型、纲要型与跨国型

"横看成岭侧成峰，远近高低各不同。"宗教其实就像庐山，从不同的角度予以审视，就会有不同的观感。这一节将对宗教意识形态进行一种类型学的考察。

一、作为"部门型意识形态"的宗教意识形态

宗教作为一种意识形态由来已久。宗教史学常识告诉我们，宗教自诞生之日起，就作为一种观念上层建筑或一种意识形态发挥着其重大的社会功能。依据宗教社会学家涂尔干的考察，"氏族的神、图腾本原，都只能是氏族本身而不可能

是别的东西"。① 这就意味着，早在氏族—部落社会时期，宗教就已经作为观念上层建筑、作为意识形态发挥着维系社会的社会功能了。当代宗教社会学家贝格尔说宗教是"神圣的帷幕"，强调的也是宗教作为观念上层建筑、作为意识形态维系社会的社会功能。

在我国，早在公元前 2400 年左右，颛顼即"命南正重司天以属神，命火正黎司地以属民"（《国语·楚语下》）。这表明，从颛顼时代开始，我国社会便已经设置神职和民职两个管理系统了。就是说，从那个时候起，宗教意识形态作为观念上层建筑已经开始发挥其社会功能了。《易传》中所谓"观天之神道，而四时不忒。圣人以神道设教，而天下服矣"（《观卦·象传》），不仅强调了宗教意识形态在社会管理系统中的地位，而且还强调了宗教意识形态的社会效用。我国西周时期就提出"以德配天"的思想，这说明在西周时期，宗教意识形态在诸多意识形态中虽然仍享有至上的地位，但其他意识形态，如道德意识形态等，也同样享有相对独立的地位，这说明宗教意识形态明显具有"部门型意识形态"的特征。唐王朝时实行"三教并奖"政策以及我国封建时代"三教合流"的格局，都表明在与世俗意识形态（所谓儒教意识形态）不断适应和相互融合的过程中，我国宗教意识形态（佛教和道教意识形态）始终扮演着"部门型意识形态"的角色。

宗教意识形态之为部门型意识形态不仅在人类宗教史上有鲜明的表现，而且在意识形态观念史上也有鲜明的表现。毋庸讳言，在"意识形态"概念创始人特拉西那里，宗教意识形态并未得到应有的重视。特拉西本人是个经济学家，后来又在国家研究院的道德伦理和政治科学部工作，本人又深受孔狄亚克哲学的影响，因此，虽然将意识形态界定为观念学或观念的体系，但在其观念体系中，占突出位置的是经济观念、政治观念、道德伦理观念和哲学观念。但是，这并不意味着，在他的观念体系中宗教意识形态就没有任何位置。因为当拿破仑攻击特拉西的意识形态学说或观念学时，曾将"几乎所有各类宗教和哲学思想"都谴责为意识形态。② 这从一个侧面表明，在特拉西的意识形态体系中还是蕴含宗教观念或宗教意识形态的。特拉西之所以没有给宗教意识形态以应有的地位不是偶然的，主要是由文艺复兴运动和欧洲启蒙运动所营造的对中世纪神权政治的激烈批判所造成的。如果说 1648 年《威斯特伐利亚和约》的签订是国家中心主义对教权至上论的颠覆的话，文艺复兴运动和欧洲启蒙运动宣示的则是理性主义和人文主义对宗教信仰主义的胜利。然而，在意识形态观念学说后来的发展中，宗教意

---

① ［法］涂尔干著，渠东、汲喆译：《宗教生活的基本形式》，上海人民出版社 1999 年版，第 276 页。

② 参阅［英］约翰·B. 汤普森著，高銛等译：《意识形态与现代文化》，译林出版社 2005 年版，第 34 页。

识形态很快获得了应有的地位。例如，在德国哲学家黑格尔那里，宗教观念或宗教意识形态不仅获得了作为部门型意识形态的地位，还赢得了高于经济观念（经济意识形态）、道德伦理观念（道德伦理意识形态）、政治法律观念（政治法律意识形态）的地位。因为在黑格尔的哲学体系里，绝对精神高于客观精神，经济观念（经济意识形态）、道德伦理观念（道德伦理意识形态）、政治法律观念（政治法律意识形态）属于客观精神范畴，而宗教则与艺术和哲学一起，属于绝对精神的范畴。这就把宗教观念或宗教意识形态的地位突出出来了。

马克思虽然摒弃了黑格尔的"客观精神"和"绝对精神"这些概念，但对宗教之为"部门型意识形态"的身份却始终承认并且予以肯定。例如，早在《1844年经济学哲学手稿》中，马克思就从社会形态学的高度明确承认了宗教作为社会政治上层建筑和观念上层建筑的突出地位。他在谈到私有财产和异化问题时，曾经强调："宗教、家庭、国家、法、道德、科学、艺术等等，都不过是生产的一些特殊的方式，并且受生产的普遍规律的支配。"[①] 在这里，马克思不仅赋予宗教以上层建筑和意识形态的意涵，还把宗教放到了最突出的地位，表明马克思不像特拉西那样刻意回避宗教问题，而是有意地强调宗教和宗教问题。在马克思与恩格斯合著的《德意志意识形态》中，宗教更是一个经常论及的话题。如果说在《1844年经济学哲学手稿》中，马克思主要还是从上层建筑的角度来思考宗教的话，在《德意志意识形态》中，他就开始专门从意识形态（观念上层建筑）的角度来审视宗教了。在《德意志意识形态》中，马克思着力批判的是青年黑格尔派。青年黑格尔派一方面将"所谓占统治地位的形而上学观念、政治观念、法律观念、道德观念以及其他观念"，都归入"宗教观念或神学观念的领域"；另一方面，他们还将"政治意识、法律意识、道德意识"宣布为"宗教意识或神学意识"，将"政治的、法律的、道德的人，总而言之，'一般人'"，宣布为"宗教的人"。[②] 针对这样一种唯心史观，马克思主要强调了下述两点。首先，"表现在某一民族的政治、法律、道德、宗教、形而上学等的语言中的精神生产""最初是直接与人们的物质活动，与人们的物质交往，与现实生活的语言交织在一起的"。[③] 其次，"不是意识决定生活，而是生活决定意识"。如是，则"道德、宗教、形而上学和其他意识形态，以及与它们相适应的意识形式便不再保留独立性的外观了"。[④] 这样，在马克思这里，宗教、宗教观念或宗教意识非但不是统治现存世界的独立力量，反而与形而上学观念、政治观念、法律观念和

---

① 马克思：《1844年经济学哲学手稿》，人民出版社2006年版，第82页。
② 《马克思恩格斯选集》第1卷，人民出版社1995年版，第65页。
③ 《马克思恩格斯选集》第1卷，人民出版社1995年版，第72页。
④ 《马克思恩格斯选集》第1卷，人民出版社1995年版，第73页

道德观念等意识形式一样，只不过是由社会存在所决定或制约的"全部意识形态"（马克思语）中的一种意识形态罢了。此后，于1859年，马克思在《〈政治经济学批判〉序言》中对他所创造的唯物史观进行了更为经典的表达。如果说在《德意志意识形态》中，马克思表达的是一种静态的社会形态学的话，在《〈政治经济学批判〉序言》中马克思所表达的主要就是一种动态的社会形态学了。也就是说，在这里，马克思主要是从社会变革的角度来谈社会形态的。马克思指出："随着经济基础的变更，全部庞大的上层建筑也或慢或快地发生变革。在考察这些变革时，必须时刻把下面两者区别开来：一种是生产的经济条件方面所发生的物质的、可以用自然科学的精确性指明的变革，一种是人们借以意识到这个冲突并力求把它克服的那些法律的、政治的、宗教的、艺术的或哲学的，简言之，意识形态的形式。"① 在这里，在两个层次上界定了宗教这种意识形态形式：一方面，宗教这种意识形态是"全部庞大的上层建筑"的一部分；另一方面，宗教这种意识形态是作为观念上层建筑的意识形态总体中的一种，是意识形态的一种形式，或"意识形态的形式"中的一种。对宗教意识形态身份的这种界定，在一定意义上，可以看作是对马克思《1844年经济学哲学手稿》的宗教意识形态思想（宗教之为上层建筑一部分），和马克思《德意志意识形态》的宗教意识形态思想（宗教之为观念上层建筑一部分）的一种综合。

1883年，马克思去世后，恩格斯捍卫和发展了马克思的宗教意识形态学说。这集中地表现在恩格斯所写的有关书信特别是下述五封信中：1890年8月5日和10月27日致康·施米特的信，1890年9月21~22日致约·布洛赫的信，1893年7月14日致弗·梅林的信和1894年1月25日致瓦·博尔吉乌斯的信。这五封信史称恩格斯晚年五篇历史唯物主义书信，集中回应了莱比锡大学教授保尔·巴尔特（1858~1922）在1890年出版的《黑格尔和包括马克思及哈特曼在内的黑格尔派的历史哲学》一书中对马克思的唯物史观和意识形态学说的歪曲。在这本书中，巴尔特将马克思的理论歪曲为"经济唯物主义"和"技术经济史观"，批评马克思根本否认包括宗教在内的意识形态的作用，把经济发展当成了历史中唯一起作用的因素。在这五篇书信中，恩格斯在强调经济关系是社会历史的决定性基础的同时，着力强调了包括宗教在内的意识形态的能动作用。在写给布洛赫的信中，针对巴尔特的上述观点，恩格斯强调指出："……根据唯物史观，历史过程中的决定性因素归根到底是现实生活的生产和再生产。……如果有人在这里加以歪曲，说经济因素是唯一决定性的因素，那么他就是把这个命题变成毫无内容的、抽象的、荒诞无稽的空话。经济状况是基础，但是对历史斗争的进程产生影

---

① 《马克思恩格斯选集》第2卷，人民出版社1995年版，第33页。

响并且在许多情况下主要是决定着这一斗争的形式的，还有上层建筑的各种因素：阶级斗争的政治形式及其成果——由胜利了的阶级在获胜以后确立的宪法等等，各种法的形式以及所有这些实际斗争在参加者头脑中的反映，政治的、法律的和哲学的理论，宗教的观点以及它们向教义体系的进一步发展。这里表现出这一切因素间的相互作用。"① 为了解说这种相互作用，恩格斯提出了以"力的平行四边形"解说的"历史合力论"。在致施米特的信中，恩格斯又进一步强调指出："构成我们称之为意识形态观点的那种东西——又对经济基础发生反作用，并且能在某种限度内改变经济基础，我认为这是不言而喻的"。② 而且，在这一封信中，恩格斯还特别地强调了宗教意识形态的理论特征，把宗教说成是一种"更高地悬浮于空中的意识形态"。③ 在致博尔吉乌斯的信中，恩格斯继续强调说："政治、法、哲学、宗教、文学、艺术等等的发展是以经济发展为基础的。但是，它们又都互相作用并对经济基础发生作用。并非只有经济状况才是原因，才是积极的，其余一切都不过是消极的结果。"④ 在这里，恩格斯强调的是宗教意识形态的能动作用，而非它作为"部门型意识形态"的身份。就后者而言，恩格斯的立场与马克思的立场则是完全一致的。

在近现代思想家中，除马克思和恩格斯外，绝大多数人都将宗教视为"部门型意识形态"。这一点在"公民宗教"这一说法中可以得到比较充分的印证。卢梭在论及公民宗教时，曾经指出：公民宗教的好处，"就在于它把对神明的崇拜与对法律的热爱结合在一起；而且由于它能使祖国成为公民崇拜的对象，从而就教导了他们：效忠于国家也就是效忠于国家的守护神"。⑤ 这种明显具有作为观念上层建筑的意识形态社会功能的公民宗教，无疑是一种典型的作为观念上层建筑的意识形态。亨廷顿将公民宗教界定为"宗教与爱国主义相交织"（the mingling of religion and patriotism），⑥ 突出的也正是宗教意识形态的意识形态本质和社会功能。

二、作为"纲要型意识形态"的宗教意识形态

宗教意识形态不仅是一种"部门型意识形态"，还是一种"纲要型意识形

---

① 《马克思恩格斯选集》第 4 卷，人民出版社 1995 年版，第 695~696 页。
② 《马克思恩格斯选集》第 4 卷，人民出版社 1995 年版，第 702 页。
③ 《马克思恩格斯选集》第 4 卷，人民出版社 1995 年版，第 703 页。
④ 《马克思恩格斯选集》第 4 卷，人民出版社 1995 年版，第 732 页。
⑤ ［法］卢梭著，何兆武译：《社会契约论》，商务印书馆 1982 年版，第 178 页。
⑥ 参阅 ［美］塞缪尔·亨廷顿著，程克雄译：《谁是美国人?》，新华出版社 2010 年版，第 77 页。

态"。所谓纲要型意识形态，是说宗教意识形态不仅与政治观念、法律观念、道德伦理观念和哲学观念一样，是作为观念上层建筑的意识形态的一种形式，而且作为意识形态母系统中的一个子系统，宗教意识形态对意识形态母系统中的各个子系统具有程度不同的统摄作用和支配功能。例如，在西方历史上长期流行的"君权神授"说，以及在我国历史上长期流行的"君权天授"说，体现的都是宗教意识形态对政治意识形态的统摄作用和支配功能。董仲舒不仅提出过"君权天授"的观点，强调"受命之君，天意之所予也。故号为天子者，宜视天如父，事天以孝道也"（《春秋繁露·深察名号》），还赋予社会等级秩序和社会纲常制度以宗教含义，强调"王道之三纲，可求于天。天不变，道亦不变"（《春秋繁露·基义》)，足见宗教意识形态对我国政治意识形态和政治上层建筑的深刻影响。宗教意识形态不仅对政治法律意识形态有统摄作用和支配功能，而且对道德伦理观念也同样有统摄作用和支配功能。在西方关于上帝存在的各种证明中，不仅有上帝存在的本体论证明和宇宙论证明，还有上帝存在的道德论证明。在《纯粹理性批判》中，康德虽然批判了"理性神学"，但在《实践理性批判》中却还是论证了上帝的存在。这是因为在康德看来，上帝存在之所以必要，最根本的就在于倘若不设定上帝存在，就既无法保证"灵魂不朽"，也无法保证"意志自律"，从而根本不可能实现"至善"。① 章太炎在《建立宗教论》中不仅强调了宗教"陶铸尧舜"的道德功能，提出了"世间道德，率自宗教引生"的著名观点，还从宗教超越性的角度对宗教何以能够"引生""世间道德"进行了具体的阐述。他强调："非说无生，则不能去畏死心；非破我所，则不能去拜金心；非谈平等，则不能去奴隶心；非示群生皆佛，则不能去退屈心；非举三轮清净，则不能去德色心。而此数者，非随俗雅化之居士所能实践，则聒聒者谱无所益。此沙门、居士，所以不得不分职业也。"② 这就是说，在人类道德伦理的构建中，宗教有一种"无可置换的功能"，之所以如此，从根本上说，在于唯有宗教才能够在现存自我与理想自我、现存社会与理想社会之间，酿造出永远无法弥补的令人感到无限诧异和震惊的反差和张力，从而使人获得足够的精神活力，达到洁身自好、严格律己的目标。③ 虽说他的说辞过于极端，但宗教意识形态的道德伦理功能却是无可否认的。

宗教意识形态之所以对观念上层建筑的意识形态的其他形式具有统摄作用和支配功能，之所以能够成为一种纲要型意识形态不是偶然的，而是由其本身的规

① ［德］康德著，关文运译：《实践理性批判》，商务印书馆 1960 年版，第 135、128 页。
② 章太炎：《建立宗教论》，引自黄夏年主编：《章太炎集 扬度集》，中国社会科学出版社 1995 年版，第 51 页。
③ 参阅段德智：《宗教学》，人民出版社 2010 年版，第 284 页。

定性决定的。黑格尔曾经对宗教的内在规定性做出过说明。黑格尔哲学的基本概念叫"绝对精神"。绝对精神既是实体也是主体，是一种自我运动和自我认识的辩证发展过程，一种从纯粹概念阶段发展到自然阶段再发展到精神阶段的辩证发展过程。既然精神是概念与自然的统一，精神阶段便是绝对精神运动的最高阶段。不仅如此，黑格尔还进一步将精神阶段区分为"主观精神"、"客观精神"和"绝对精神"三个发展阶段，强调绝对精神作为客观精神与主观精神的统一高于客观精神，是绝对精神自我运动、自我认识的最后阶段或最高阶段。黑格尔在客观精神的名义下考察了法权、道德、社会伦理、家庭、社会、国家和人类历史。也就是说，在这一部分里，黑格尔考察的主要是社会形态及其构成的问题，是作为政治上层建筑和观念上层建筑的问题。黑格尔在绝对精神的名义下依次考察了艺术、宗教和哲学。宗教虽然在表现形式上与艺术和哲学有别，但却同属于高于客观精神的绝对精神，同是客观精神与主观精神的统一。黑格尔在谈到宗教的内在规定性时强调："宗教……通过内容与哲学相关联。宗教的对象不是地上的、世间的，而是无限的。哲学与艺术，尤其是与宗教，皆共同具有完全普遍的对象作为内容。艺术和宗教是最高的理念出现在非哲学的意识——感觉的、直观的、表象的意识中的方式。"① 在《法哲学原理》中，黑格尔再次强调了宗教内容的普遍性。他写道："普遍精神的定在的要素，在艺术中是直观和形象，在宗教中是感情和表象，在哲学中是纯自由思想，而在世界历史中是内在性和外在性全部范围的精神现实性。世界历史是一个法院，因为在它的绝对普遍性中，特殊的东西——即在现实中形形色色的家神、市民社会和民族精神——只是作为理想性的东西而存在，在这个要素中，精神的运动就在于把这一事实展示出来。"② 这就是说，根据黑格尔的观点，宗教意识形态超越政治观念、法律观念和道德伦理观念的地方，在于其内容的"完全普遍性"和"无限性"，相对于宗教意识形态，政治观念、法律观念和道德伦理观念只是一种"特殊"的东西和"有限"的东西，只不过是"展示"宗教意识形态或宗教意识形态所内蕴的"普遍"和"无限"内容的东西，所以，它们作为宗教意识形态统摄、支配的意识形态，就完全可以理解了。

马克思虽然对黑格尔和青年黑格尔派将政治观念、法律观念和道德伦理观念归结为宗教观念的观点持有异议，但并未因此否认宗教意识形态对于政治观念、法律观念和道德伦理观念的统摄作用和支配功能，相反，他十分注重并特别强调宗教意识形态这种统摄作用和支配功能。与将一切归结为宗教，宣称宗教创造了

---

① ［德］黑格尔著，贺麟、王太庆译：《哲学史讲演录》第 1 卷，商务印书馆 1981 年版，第 62 页。
② ［德］黑格尔著，范扬、张企泰译：《法哲学原理》，商务印书馆 1979 年版，第 351 页。

人、国家和社会的青年黑格尔派不同，马克思强调，是国家和社会创造了宗教而非宗教创造了国家和社会，国家与社会和宗教的关系就是一种存在与意识的关系。据此，他将现存的德意志国家和德意志社会称作"颠倒的世界"，而将德意志的宗教称作"颠倒的世界意识"，是一种用以维护德意志国家和社会统治关系的意识形态。笔者认为，就维护德意志国家和社会的统治关系而言，宗教意识形态与政治观念、法律观念和道德伦理观念并没有什么两样，其差别仅仅在于，宗教意识形态在意识形态体系中所独享的纲要性地位，在于它对所有其他形式的意识形态具有一种统摄作用和支配功能。在谈到宗教与作为"人的世界"的国家和社会的关系时，马克思说道："宗教是这个世界的总理论，是它的包罗万象的纲要，它的具有通俗形式的逻辑，它的唯灵论的荣誉问题［point d'honneur］，它的狂热，它的道德约束，它的庄严补充，它借以求得慰藉和辩护的总根据。"① 值得注意的是，马克思在这段话中使用了"总理论"、"包罗万象的纲要"和"总根据"这些字眼，足见其突出和强调宗教意识形态在整个意识形态体系中的"纲要性"地位的用意。

宗教意识形态的纲要性不仅仅是个理论问题，而且还是个实践问题。这在整个人类宗教发展史上都有鲜明的体现。宗教意识形态的纲要性在氏族部落宗教和民族宗教中体现得尤为鲜明。依照列维·布留尔的《原始思维》的说法，处于氏族—部落社会历史发展阶段的巴隆加人与其所崇拜的"穆罕蒙巴"（mhamba）共存亡。② 由此看来，巴隆加人对穆罕蒙巴这种信仰体现的不仅是一种宗教意识，也可以说是一种政治意识、道德伦理意识和法律意识。涂尔干将宗教与氏族视为一而二二而一的东西，宣称"氏族的神、图腾本原，都只能是氏族本身而不可能是别的东西"，③ 这同样极其扼要地表达了氏族宗教作为意识形态的纲要性。卢梭在讨论公民宗教时，也突出地强调了神权政体状态下的宗教意识形态的纲要性。他写道：公民宗教"是写在某一个国家的典册之内的，它规定了这个国家自己的神，这个国家特有的守护者"。④ 恩格斯在谈到基督宗教及其神学在中世纪欧洲意识形态体系中"万流归宗"的地位时，也由衷地感叹道："中世纪把意识形态的其他一切形式——哲学、政治、法学，都合并到神学中，使它们成为神学中的科目"，"中世纪的历史只知道一种形式的意识形态，即宗教和神学"。⑤

---

① 《马克思恩格斯选集》第 1 卷，人民出版社 1995 年版，第 1 页。正是基于对宗教意识形态纲要性和总体性的强调，马克思一方面强调"对宗教的批判是其他一切批判的前提"，另一方面又强调在宗教批判之后还必须进而展开政治批判。

② 参阅［法］列维·布留尔著，丁由译：《原始思维》，商务印书馆 1986 年版，第 245 页。

③ ［法］涂尔干著，渠东、汲喆译：《宗教生活的基本形式》，上海人民出版社 1999 年版，第 276 页。

④ ［法］卢梭著，何兆武译：《社会契约论》，商务印书馆 1982 年版，第 177 页。

⑤ 《马克思恩格斯选集》第 4 卷，人民出版社 1995 年版，第 255、235 页。

尽管在近现代很长一段时间里，随着政教分离历史大潮流的涌进，宗教意识形态在意识形态体系中的纲要性地位似乎大势已去，但它还是以这样那样的形式顽强地表现自己。首先，尽管政教分离已然成了近现代各国处理宗教与政治关系的主流模式，但许多国家依然在实行一种弱化了的政教合一制度。例如，玻利维亚、西班牙等国依然以天主教为国教，丹麦、瑞典、挪威等国家依然以福音派路德教为国教，伊朗、阿富汗、巴基斯坦等国家依然以伊斯兰教为国教，希腊依然以希腊正教为国教，泰国依然以佛教为国教。① 而且，随着"宗教全球复兴"和"世界非世俗化"时代的到来，宗教意识形态在作为观念上层建筑的意识形态体系中的地位也得到显著的提升。就美国而言，这一点是显而易见的。首先，美国的宗教政策自 20 世纪中叶开始便呈现出越来越宽松的趋势。早在 1789 年美国第一届国会通过的《权利法案》的《第一条修正案》中就明文禁止侵害信仰自由实践的法律。但在后来的法律实践中，却对宗教自由做了种种限制。例如，1879年，联邦最高法院在"雷诺诉美国案"中，就曾对摩门教的神权政治做出了限制。但是，总的来说，从 20 世纪 40 年代起，宗教自由问题在美国得到越来越大的关注。例如，在 1940 年，在"坎特维尔诉康涅狄格州案"中，联邦最高法院将地方法令干涉耶和华见证人会挨家挨户散发宣教品的行为判为违宪。再如，20世纪末开始的《宗教自由恢复法》和《宗教自由保护法》的立法和争论，也是宗教意识形态地位在当代美国逐步攀升的一种迹象。美国政治学者艾伦·赫茨克在谈到美国的政教关系时指出："不理解宗教向度就不可能理解美国政治。"② 美国著名经济学家及政治评论家凯文·菲利普斯指出："神权政治"在美国已经不只是一种思潮，而是逐渐演变成为一种政治和政府行为了。③ 帕特里克·格林也曾经说："20 世纪末美国生活中最惊人和出乎意料的特点之一，就是宗教情感作为政治和文化中一个重大力量的再现。"④ 亨廷顿在谈到 20 世纪末美国信念所发生的这样一种变化时，曾经指出："在 20 世纪 90 年代，宗教的思想、观念、问题、群体和讲道有了引人注目的复兴，宗教在公众生活中的存在远远超过了这一世纪先前的水平。"⑤ 在《谁是美国人?》中，他进一步用"美国人转向宗教"来概括这种现象。⑥ 就美国法律层面看，在美国《1998 年国际宗教自由法案》中，宗教意识形态的纲要性身份和地位得到了极其鲜明的重申和强调。该法案强调："宗

---

① 参阅段德智：《宗教学》，人民出版社 2010 年版，第 272 页。

② ［美］艾伦·D. 赫茨克著，徐以骅、黄凯、吴志浩译：《在华盛顿代表上帝：宗教游说在美国政体中的作用》，上海人民出版社 2003 年版，第 162 页。

③ 参阅 Kevin Phillips. *Ameirican Theocracy*. New York：Viking，2006，p. 240.

④ Patrick Glynn. "Prelude to a Post – Secular Society". *New Perspectives Quarterly*，12（Spring 1995），p. 17.

⑤⑥ ［美］塞缪尔·亨廷顿著，程克雄译：《谁是美国人?》，新华出版社 2010 年版，第 249 页。

教自由权利是美国建国之本和生存基础"，"宗教信仰自由和实践是一项普遍人权和基本权利"。① 可以说，现在在美国"宗教自由"已经上升到了"第一自由"的高度，已经进入了美国意识形态体系的核心层面。②

三、作为"跨国型意识形态"的宗教意识形态

宗教意识形态的类型，除"部门型意识形态"和"纲要型意识形态"外还有一个类型，这就是"跨国型意识形态"。如前所述，阿尔都塞曾经将国家机器区分为"镇压性国家机器"和"非镇压性国家机器"，并且将意识形态国家机器称作非镇压性国家机器。当将宗教意识形态区分为部门型意识形态和纲要型意识形态时，出发点与阿尔都塞显然是相当接近的；这就是说，也是从意识形态国家机器的角度和高度，也是从意识形态的角度和高度来审视宗教意识形态的。然而，对于宗教意识形态，不仅可以从国家机器和观念上层建筑的角度和高度予以审视，还可以从国际关系的角度和高度予以审视。作为跨国型意识形态的宗教意识形态也就由此产生。换言之，所谓作为跨国型意识形态的宗教意识形态，指的无非是一个国家的宗教意识形态向他国的推广和延展，或者说是对他国宗教意识形态的取代或置换。

虽然在国际关系中，作为跨国型意识形态的宗教意识形态一直在以这样那样的方式发挥作用，但它成为宗教意识形态的主要类型、成为西方大国外交政策基础性的东西，则是比较晚近的事情，是以经济全球化和宗教全球化为前提和背景的。离开经济全球化和宗教全球化，就无法理解作为跨国型意识形态的宗教意识形态之所以成为西方大国外交政策的基础。毋庸讳言，无论是经济全球化还是宗教全球化都具有一定的历史必然性。马克思早就预言过，"地域性的个人"必将为"世界历史性的、经验上普遍的个人"所取代。③ 就此而言，经济全球化和宗教全球化都是社会生产力和现代科技发展的必然结果，都是人类历史发展的必然产物。然而，无可否认，无论是经济全球化还是宗教全球化同时具有一定程度的人为性质。就经济全球化而言，当今时代的经济全球化毕竟主要是在资本主义经济体系及其"游戏规则"主导和控制下运行的，其过程难免受到西方发达国家的操纵和控制，从而使这一过程在一定程度上不仅成为资本主义国际资本在世界范围内进一步扩张的过程，也成为西方国家资本主义意识形态不断对外输出或不断

---

① 国家宗教事务局宗教研究中心：《国外宗教法规汇编》，宗教文化出版社 2002 年版，第 293～294 页。

② 艾伦·D. 赫茨克、凯文·R. 邓达克著，涂怡超译，徐以骅校：《"第一自由"与美国的政教政策》，引自《宗教与美国社会：宗教与国际关系》第 4 辑（下），时事出版社 2007 年版，第 527 页。

③ 《马克思恩格斯选集》第 1 卷，人民出版社 1995 年版，第 86 页。

"国际化"的过程。① 德国学者汉斯—彼得·马丁和哈拉尔特·舒曼在谈到经济全球化时曾经指出：全球化"决不是某种自然规律或某种不容选择的线性技术进步的结果。……这不过是西方工业国一个世纪以来曾有意识地推行并且至今仍在推行的政府政策的必然结果"。"全球化被看作是世界市场力量的解放，从经济上使国家失去权力，这种全球化对于大多数国家来说是一个被迫的过程，这是它们无法摆脱的一个过程。对于美国来说，这却是它的经济精英和政治精英有意识推动并维持的过程。"② 美国前总统克林顿在谈到经济的全球化和美国化时，曾经直言不讳地说道："某些人把这种不断增加的国际互相依赖视为对我们国家和我们作为美国人的价值观的威胁。但事实几乎恰恰相反。在世界上影响不断加强的正是美国的价值观——自由、自决和市场经济。"③ 也正因为如此，不妨将经济全球化的历史逻辑归结为下述两个公式：（1）经济全球化→意识形态全球化→政治全球化；（2）经济全球化→全球一体化＝西方化/美国化。

西方世界要有效地推进其全球战略，实现其全球一体化、意识形态全球化和政治全球化，不仅需要"硬实力"，而且还需要"软实力"，不仅需要借势于经济全球化，而且还需要借势于宗教全球化，需要借势于作为跨国型意识形态的宗教意识形态。西方世界各国，特别是美国外交政策的调整也正是据此进行的。正如对于西方国家，经济全球化的根本目标在于意识形态全球化和政治全球化一样，宗教全球化的根本目标也不限于基督宗教的南进和东扩，更为重要的是西方世界宗教意识形态的国际化。众所周知，近几十年来，美国最重要的人权立法是《1998年国际宗教自由法案》。这个法案可以上溯到1996年1月23日基督教福音派重要组织——"全国福音派协会"关于所谓宗教迫害问题的一次会议上通过的《"全国福音派协会"关于世界性宗教迫害的良心声明》。因此，《1998年国际宗教自由法案》的立法与美国宗教势力的活动关系密切。④ 但是，在美国，由于立法的是国会，而联邦法律需要总统签署，因而这项法案的通过终究是美国国家和政府的事情。该法案于1998年10月9日在美国参议院以98∶0通过，之后于第二天也就是在105届国会的最后一天众议院也以全票通过。1998年10月27日，时任美国总统克林顿签署了该法案，宣称美国政府"已经把宗教自由作为美

① 参阅钟崇东：《论全球化的意识形态性》，载于《新视野》2001年第6期。

② ［德］汉斯—彼得·马丁、哈拉尔特·舒曼著，张世鹏等译：《全球化陷阱——对民主和福利的进攻》，中央编译出版社1998年版，第148、297页。

③ ［美］比尔·克林顿著，金灿荣等译：《希望与历史之间：迎接21世纪对美国的挑战》，海南出版社1996年版，第117页。

④ 有学者甚至据此称"该法案的确立是美国宗教势力影响国家外交政策的标志性事件"。见习五一：《简评美国〈1998年国际宗教自由法案〉》，载于《新疆师范大学学报》2010年第3期。

国外交政策的一个核心因素"。① 这就充分说明,《1998 年国际宗教自由法案》的立法完全是一种国家行为和政府行为。那么,为什么美国要将宗教自由作为美国外交政策的核心因素呢? 这里就有一个宗教作为跨国型意识形态的问题,有一个美国宗教意识形态的对外输出问题。在《1998 年国际宗教自由法案》中有三个要素是不能忽视的:(1)"宗教自由权利是美国建国之本和生存基础。"②(2)"谴责侵犯宗教自由的行为,促进并协助别国政府促进宗教自由这一基本权利""应作为美国的政策"。③(3)"为自由执言,站在受迫害者一边,利用并完善美国外交政策中的适当工具,包括外交、政治、商贸、慈善、教育和文化渠道,促进所有政府和人民对宗教自由的尊重。"④ 其中,第一个要素告诉我们,在美国宗教自由或宗教意识形态不仅是一种部门型意识形态,而且还是一种纲要型意识形态,构成美国意识形态的第一要义和核心内容,属于美国的核心价值观。第二个要素则告诉我们,《1998 年国际宗教自由法案》的根本目标在于将美国宗教意识形态国际化,使之成为一种普世的宗教意识形态或跨国的宗教意识形态。第三个要素则进一步告诉我们,为了推进美国宗教意识形态国际化,使之成为一种跨国型意识形态,美国政府不惜动用属于美国政治上层建筑国家机器的所有力量,不惜动用美国所有的社会资源。《1998 年国际宗教自由法案》之所以要求国务院设立"国际宗教自由办公室"和"国际宗教自由无任所大使",要求"在国家安全委员会的职员中应有一名国际宗教自由总统特别顾问,其职位应与总统行政办公室主任的职位相当",要求总统对海外侵犯宗教自由做出"针对性反应",都是为了更好地动用美国国家机器的所有部件和美国所有社会资源这样一个目的。⑤

为了掩饰美国《1998 年国际宗教自由法案》(以下简称《法案》)的霸权主义和殖民主义本质,一些美国政要和美国学者还千方百计地对它加以虚饰和美化。他们虚饰和美化这一法案的一个重要说辞是"宗教自由和平论"。美国国际宗教自由无任所大使汉福德⑥ 2002 年 10 月在美国国务院公布当年国际宗教自由报告的新闻发布会上说,宗教自由能够促进民主。就像美国国父一代所认识到的

① 转引自《宗教与美国社会》第 2 辑,时事出版社 2004 年版,第 533 页。
② 国家宗教事务局宗教研究中心编:《国外宗教法规汇编》,宗教文化出版社 2002 年版,第 293 页。
③ 国家宗教事务局宗教研究中心编:《国外宗教法规汇编》,宗教文化出版社 2002 年版,第 295 页。
④ 国家宗教事务局宗教研究中心编:《国外宗教法规汇编》,宗教文化出版社 2002 年版,第 295 ~ 296 页。
⑤ 国家宗教事务局宗教研究中心编:《国外宗教法规汇编》,宗教文化出版社 2002 年版,第 297 ~ 318 页。
⑥ 约翰·汉福德(John V. Hanford Ⅲ),曾先后担任首任美国国际宗教自由无任所大使(1999 年 5 月~2002 年 5 月)和第二任国际宗教自由无任所大使(2002 年 5 月~),在制定和推行美国《1998 年国际宗教自由法案》活动中发挥了至关紧要的作用。

那样，宗教自由是民主的核心。哪里有民主，哪里就有和平。[①] 美国参议员汤姆·迪莱的助手威廉·英博登认为，《法案》代表着传统的威尔逊理想主义与道德作为美国对外政策的一部分。英博登强调说，美国应该促进国外宗教自由，不仅因为它是正确的，还因为这是美国国家利益之所在。他在对宗教自由与和平、稳定之间的关系做出分析后指出，尊重宗教自由的国家彼此间一般不会发生战争，一般都会遵守法律、崇尚民主价值观，因此宗教自由可以充当一个国家是否"健康"的试金石。他由此得出结论：促进宗教自由不仅是美国的传统，也是美国至关重要的国家利益之所在。[②] "宗教自由安全论"是美国政要和美国学者为《法案》的霸权主义和殖民主义性质辩护的另一个重要说辞。2008 年春，美国国务院国际宗教自由办公室第一任主任、美国乔治敦大学外交学院访问教授托马斯·F. 法尔为纪念《法案》通过十周年在美国《外交》双月刊上撰文，抨击美国政府对国际社会上存在的宗教迫害问题重视力度不够。法尔批评说，《法案》通过十年来，无论是民主党还是共和党当局，抑或国务院，都没有将《法案》作为一种广泛的对外政策工具，仅仅将它作为一项与美国广泛的国家利益并不相关的、狭隘的人道主义工具。在他看来，"美国是一个宗教的国度，但是，美国对外政策的学者与具体执行者都没有认真地考虑过宗教对美国对外政策的影响"。法尔认为，在美国一些对外政策制定者中存在着一种误解，即全球性的宗教复兴会阻碍美国对外政策的推广。在他看来，宗教复兴对美国的对外政策是一种机会而并非是一种威胁与挑战，宗教与自由之间并不存在矛盾，宗教信仰与宗教活动能够巩固与扩展有秩序的自由。他认为，宗教需求涉及人内心深处的尊严问题；另外，从历史上来看，如果民主制度要得以延续，保护宗教自由并充分利用与管理好宗教活动从事有益的事情，都是非常重要的。他认为社会科学数据也强有力地证明，宗教自由与社会、经济和政治发展之间有着密切的关系。所以，美国外交应该将捍卫与推广宗教自由作为核心组成部分，美国应该将捍卫与普及宗教自由作为促进有秩序的民主与削弱宗教极端主义的一种新的武器。法尔在文章中还用大量的篇幅抨击美国政府对中东政策中的失误。在他看来，只有最大限度地倡导宗教信仰自由，伊斯兰教中的极端主义势力才不会有存在的社会基础，美国国家安全利益才能够得到切实保障。因此，法尔呼吁将"保护和扩展宗教自由"作为美国外交的"核心因素"。[③] 需要指出的是，法尔的"宗教自由安全论"并非一家之言。

① On – the – Record Briefing：Release of the 2002 Annual Report on International Religious Freedom ［EB/OL］. http：//www. state. gov/g/drl/rls/spbr/14201. htm.

② Rosalind J. Hackett，Mark Sild，Dennis Hoover. *Religious Persecution as a U. S. Policy Issue* ［C］. Connecticut：Leonard Greenberg Center For the Study of Religion in Public Life，2000，p. 13.

③ Thomas F. Farr. "Diplomacy in an Age of Faith". *Foreign Affairs*，March/April，2008.

此前，美国国际宗教自由无任所大使汉福德在发表美国国务院"2004 年国际宗教自由年度报告"的新闻发布会上就宣称："尊重宗教自由的国家极少对邻国构成安全威胁。"① 汉福德所强调的与法尔的观点显然同属于"宗教自由安全论"。

第二节　宗教殖民主义及其哲学基础

在第一章"'境外宗教渗透'的结构语义学解析"中，我们曾强调指出："境外宗教渗透"区别于宗教文化交流的本质特征，在于它的"单向性"、"侵略性"和"颠覆性"；其政治实质在于"意识形态输出"和"社会复制"；其基本中介为"受操纵的宗教组织"和"受歪曲的宗教意识形态"；其政治战略是"西化"和"分化"。在第二章"境外宗教渗透与意识形态安全"中，我们强调：意识形态的社会功能在于"社会维系"和"社会复制"；意识形态的运行模式在于"合法化"和"虚饰化"；意识形态的时代特征在于"一球两制"，在于西方世界对社会主义国家的"和平演变"；随着宗教的回归或"世界复魅"和宗教保守主义的抬头，西方世界的以信仰为基础的宗教外交开始对国际安全和国家安全构成威胁。在第三章第一节"宗教意识形态类型学：部门型、纲要性与跨国型"中，我们又指出：宗教意识形态不仅是一种"部门型意识形态"，而且还是一种"纲要型意识形态"和"跨国型意识形态"。所有这些都指向了一点：以美国为首的西方国家的以信仰为基础的宗教外交，及其对社会主义国家实施的境外宗教渗透的本质，是一种以"西化"为中心内容的宗教殖民主义。

一、从旧殖民主义到新殖民主义：和平演变新战略

1989 年 11 月 23 日，邓小平在会见南方委员会主席、坦桑尼亚革命党主席尼雷尔时，曾经指出："非洲的解放和发展不是几年能够解决的。老殖民主义、新殖民主义、霸权主义、强权主义，真不少啊！现在贫穷弱小的国家，环境比过去更困难一些，需要更多的艰苦奋斗。"② 邓小平的这几句话至少给我们两点启示：一是殖民主义有多种形态；二是研究当代殖民主义，不仅要研究新殖民主义，还

① John Hanford. "A Briefing by Ambassador-at-Large for International Religious Freedom. Washington D. C. September 15, 2004", www. state. gov/secretary/rm/36197. htm.

② 《邓小平文选》第 3 卷，人民出版社 1993 年版，第 344 页。

应研究旧殖民主义，研究霸权主义和强权主义。

就原初的意义讲，殖民这个词有三个基本的含义。首先，殖民这个词的基本含义是"移民"，是移出自己原来国家边界的民。从这个意义上，所谓殖民地其实也就是移民地。其次，殖民这个词另一个基本含义是统治者，所谓殖民就是在殖民地享有统治权的移民。按理说，对于原住民而言殖民应该算是客人，可是，这种客人却反客为主，或是直接奴役原住民，或者将原住民赶出殖民地。在这个意义上，所谓殖民主义就是一个国家主权的对外扩展和延伸。最后，殖民的第三个基本含义是民族中心主义或种族中心主义。殖民之所以能够反客为主，最根本的"合法化"根据在于民族中心主义或种族中心主义。殖民何以"应该"成为殖民地的统治者，其借口是自己所在的民族或种族比原住民优越。社会达尔文主义的真正源头并非达尔文主义，其实可以追溯到原始殖民主义。在人类历史上，有过马其顿帝国、罗马帝国、蒙古帝国、阿拉伯帝国和奥斯曼帝国等。所有这些帝国没有不实施民族中心主义或种族中心主义的。

尽管可以将殖民主义上溯到马其顿帝国和蒙古帝国，但对殖民主义讨论的重点却不在这种原始殖民主义，而在于那种与资本主义相联系的殖民主义，一种始自欧洲的殖民主义。欧洲殖民主义可以上溯到16世纪初，上溯到1510年葡萄牙舰队司令阿尔布克尔克攻占印度的果阿城。其后，葡萄牙、西班牙、英国、法国和荷兰等资本主义国家相继在美洲、非洲和亚洲建立了一系列殖民地。第一次世界大战后，战败国即同盟国的海外殖民地被战胜国即协约国瓜分。随着第二次世界大战的结束和民族独立解放运动的蓬勃开展，这种状况才有了根本的改观。所谓旧殖民主义，即是谓此。在旧殖民主义时代，殖民主义帝国统治殖民地的方式主要有两种：一是所谓"特别统治主义"，一是所谓"内地延伸主义"。特别统治主义是殖民主义者对殖民地一种间接的统治方式。当年大英帝国主要采取的就是这种方式。按照这种方式，殖民地在政治上和经济上均保持一定的独立性。例如，在非洲和印度，英国保留了许多原有的土邦国；即使在被划分为英皇直辖殖民地的地区，也依然保留了原有的部落、乡村等行政机构，并且任用当地人为次级地方官员。法国、葡萄牙和西班牙等国则不同，它们采取直接统治的方式，即所谓内地延伸主义的方式，尽力将殖民地在政治上和经济上与宗主国结为一体，尽力用宗主国的政治制度、经济制度和意识形态来同化殖民地国家，至少使后者对其产生一定程度的认同感。此外，第二次世界大战期间，法西斯日本和德国也推行了一种特殊的殖民主义管理模式。日本军国主义的"大东亚共荣圈"实质上是一种将东亚各国当作其奴役和剥削对象，作为卫星国、附属国、保护国和殖民地的地区霸权主义。而纳粹德国则不仅在本土实施种族歧视、种族隔绝和种族灭绝政策，而且在殖民地也大力推行这种政策。

新殖民主义是第二次世界大战后旧殖民主义体系土崩瓦解、民族解放运动蓬勃发展的产物。①《中国大百科全书》将新殖民主义界定为"帝国主义在旧殖民体系趋于瓦解的形势下采用隐蔽方式进行殖民扩张，以保持其垄断和统治地位的政策体系"。② 在这个定义中，有两点值得特别注意。首先，新殖民主义与旧殖民主义在本质上并没有什么差别，其根本目标都在于"殖民扩张"，都在于"保持其垄断和统治地位"。其次，新殖民主义与旧殖民主义在推行殖民主义政策的"方式"方面有所不同：后者采取直接的明火执仗的方式，前者则采取"隐蔽方式"。这种方式上的不同又进一步表现在两个方面：一是侵略方式不同，二是统治方式不同。就侵略方式而言，旧殖民主义主要是以军事手段来侵略的。如上所述，葡萄牙当年是靠军舰打败印度军队攻占果阿城的，英国、法国等帝国主义也是通过发动鸦片战争使中国沦为半殖民地半封建社会的。就统治方式而言，如上所述，旧殖民主义主要采取间接的统治方式和直接的统治方式，亦即"特别统治主义"和"内地延伸主义"两种。

新殖民主义则不同。就侵略方式而言，新殖民主义主要靠打意识形态战，即一种"没有硝烟的战争"或"和平演变"来实现自己的霸权政治战略目标。③ 1945 年 9 月 2 日，日本签署投降书，第二次世界大战宣告结束。1945 年 10 月 27 日，美国总统杜鲁门即声称美国的外交政策"决不允许同邪恶的东西妥协"，④ 随后，美国政府便制定了一系列遏制苏联的政策。在这里，杜鲁门所说的"邪恶的东西"不是别的，正是当时苏联所坚持和推进的社会主义制度和共产主义意识形态。1946 年 3 月 5 日，前英国首相丘吉尔在美国密苏里州富尔顿发表演说，宣称一道"铁幕"已经降临欧洲大陆，表明冷战业已开始。⑤ 丘吉尔演说的中心话题是"一球两制"问题，是资本主义意识形态与社会主义意识形态的威胁和对抗问题。他攻击苏联政府是压制自由和人权的"警察政府"，宣称："没有人知道，

---

① 史学专家高岱曾经指出："'新殖民主义'与'殖民主义'这个词一样，也是贬义词。在第二次世界大战之后，随着非殖民化的进展，许多欧洲大国的殖民地先后摆脱了宗主国的控制，赢得了政治上的独立。在这种情况下，'新殖民主义'一词才逐渐为人们所接受。"（参阅高岱：《"殖民主义"与"新殖民主义"考释》，载于《历史研究》1998 年第 2 期）。史学专家张顺洪、孟庆龙、毕健康也将"二战结束"视为新殖民主义的发轫期。他们写道："从考察新殖民主义演变的角度看，战后可以分为两个时期。第一个时期从二战结束到东欧苏联巨变，此后为第二个时期。"（参阅张顺洪、孟庆龙、毕健康：《新殖民主义论：对当代世界的一种解释》，载于《马克思主义研究》1999 年第 4 期）。正因为如此，有学者断言：认为新殖民主义"开始于战后 40 年代并一直持续到现在的特殊历史时期"，是"国内外学术界""基本达成的共识"（参阅吴朝美：《论全球化背景下的美国新殖民主义》，载于《凯里学院学报》2008 年第 1 期）。

② 《中国大百科全书·经济学》，中国大百科全书出版社 1988 年版，第 1108 页。

③ 参阅周琪：《意识形态与美国外交》，上海人民出版社 2006 年版，第 7 页。

④ *Foreign Relations of the United States*：*Conference of Berlin*（*Potsdam*），1945，Washington，D. C.：Government Printing Office，1960，p.259.

⑤ ［美］加特霍夫著，伍牛、王薇译：《冷战史：遏制与共存备忘录》，新华出版社 2003 年版，第 1 页。

苏俄和它的共产主义国际组织打算在最近的将来干些什么，以及它们扩张和传播倾向的止境在哪里。"① 他甚至用"第五纵队"来宣扬社会主义意识形态和社会制度对西方资本主义世界的威胁。他说道："共产党的'第五纵队'遍布各国，到处构成对基督教文明的日益严重的挑衅和危险。"② 1947 年 3 月 12 日，杜鲁门在致国会的关于援助希腊和土耳其的演说中，从"一球两制"的高度，将世界上的各种斗争概括为"自由制度"与"极权政体"之间的斗争，③ 提出以"遏制共产主义"作为国家政治意识形态和对外政策的根本指导思想，强调美国要承担"自由世界"守护神的使命，从而正式提出了"杜鲁门主义"。应该说，杜鲁门主义不仅是第二次世界大战以后杜鲁门一个总统的"偏见"，还是第二次世界大战以后所有美国总统的主张。40 年后，曾任美国总统的尼克松在谈到美国和苏联之间的"深刻分歧"时，强调指出："明显的真相是这两个国家的意识形态和对外政策是截然相悖的。苏联和美国之间的斗争……是一个极权主义的文明和一个自由的文明之间的斗争，是一个对自由噤若寒蝉的国家和一个衷心热爱自由的国家之间的斗争。"④ 不难看出，尼克松的这番言论与杜鲁门主义是一脉相承的。打意识形态战实在是新殖民主义一项本质特征。

毋庸讳言，第二次世界大战以后，新殖民主义也依然像旧殖民主义一样，采取军事和经济等手段来推行自己的殖民主义政策。例如，1945 年，法国殖民主义者发动了侵略越南的战争；1950 年，美国新殖民主义者发动了侵略朝鲜的战争；1955 年，美国侵略者发动了侵略越南的战争；1958 年，英国和美国同时分别出兵干涉黎巴嫩和约旦；1961 年，美国雇佣军入侵古巴；1964 年，英国出兵干涉肯尼亚；1989 年，美军入侵黎巴嫩。但是，与旧殖民主义不同的地方在于，第二次世界大战以后，新殖民主义者相当一部分军事行动都具有鲜明的意识形态性质，这在朝鲜战争、越南战争和入侵古巴的事件中表现得尤为明显。

不仅新殖民主义的军事行动具有这样的特征，新殖民主义的对外经济政策也同样具有明显的意识形态性质。例如，为了落实杜鲁门主义，美国不仅在军事方面建立了北大西洋公约组织，而且在经济方面推行了援助西欧的马歇尔计划。杜鲁门在 1947 年 3 月 12 日的演说中明确地向国会提出了向希腊和土耳其提供军事援助的要求。1947 年 5 月 22 日，杜鲁门正式签署《援助希、土法案》。根据该法案，1947～1950 年间，美国向希腊和土耳其提供了多达 6.59 亿美元的经济援

---

① 王绳祖：《国际关系史第 7 卷（1945～1949）》，世界知识出版社 1995 年版，第 108 页。

② 王绳祖：《国际关系史第 7 卷（1945～1949）》，世界知识出版社 1995 年版，第 109 页。

③ 王绳祖：《国际关系史第 7 卷（1945～1949）》，世界知识出版社 1995 年版，第 117 页。

④ ［美］尼克松著，谭朝洁、孔岩、邓勇、马学印译：《1999：不战而胜》，中国人民公安大学出版社 1988 年版，第 44 页。

助。美国政府为什么要急于援助希腊和土耳其呢？杜鲁门正是从"一球两制"的高度来思考和处理问题的。当时希腊等国爆发了人民革命，如果美国听任这些革命成功，这些国家自然就会进入以苏联为首的社会主义阵营，从而使美国丧失希腊等国家。就是说，希腊的危机不仅关涉希腊一个国家，还会危及土耳其和整个中东，"影响不仅远及东方，而且远及西方"。这正是美国迫不及待地援助希腊和土耳其的根本动因。不仅如此，整个马歇尔计划也是出于同样的动机。第二次世界大战之后的一个时期，即使在西欧各国，由于各国共产党在战争期间的卓越表现而声望大增。在这些国家战后的选举中，共产党自然而然地取得了普遍的成功。在法国，法国共产党甚至一度成为议会的第一大党。这令杜鲁门及其政府极为不安。马歇尔计划虽然也被称作欧洲复兴计划，但就其政治实质看，显然是一种遏制苏联对西欧各国的影响、对抗以苏联为首的社会主义阵营的计划。由此看来，基于"一球两制"的意识形态之间的竞争和对抗实在是新殖民主义的根本着眼点。正因为如此，尼克松曾经相当尖锐地批评了那些对意识形态方面的竞争缺乏敏感的美国政治家。尼克松指责说："我们不应该犯这样的错误，即认为苏联的超级大国地位只是依赖于它的军事力量，所以，莫斯科没有别的资产。正如威廉·谢尔所警告的，'这将导致轻视苏联能力所及的非军事权力和影响工具。这些工具有的是苏联独有的，而且对我们是陌生的'。"[①] 因此，尼克松呼吁重视"意识形态的力量"。他强调："我们与苏联的竞争是军事、经济和政治的竞争，但是美苏对抗的根本原因是意识形态的。苏联要扩大共产主义的范围，破坏自由，而美国要阻止共产主义的扩张，扩大自由的范围。如果我们在意识形态领域的斗争中失利，我们所有的武器、条约、贸易、外援和文化交流将毫无意义。"[②] 在谈到当代国际关系和国际政治的本质特征时，美国学者贝利斯·曼宁指出："未来的外交史家将会看到我们的时代是由两个经典式冲突和一个新的与古老的宗教战争极为相似的新型冲突构成的：两个经典式冲突包括围绕均势的斗争进而对经济利益的争夺，新型冲突则是围绕什么是'应该'支配经济分配模式和个人、集体、国家之间正当关系的'正确'原则的意识形态斗争。"[③] 显然，他的这番话也同样适用于刻画新殖民主义的本质特征。打意识形态战，乃新殖民主义的基本战场和终极战场。

　　就统治方式而言，新殖民主义与旧殖民主义也很不相同。前面说过，旧殖

　　① ［美］尼克松著，谭朝洁、孔岩、邓勇、马学印译：《1999：不战而胜》，中国人民公安大学出版社 1988 年版，第 114 页。

　　② ［美］尼克松著，谭朝洁、孔岩、邓勇、马学印译：《1999：不战而胜》，中国人民公安大学出版社 1988 年版，第 44 页。

　　③ Bayless Manning. "Goals, Ideology and Foreign Policy". *Foreign Affairs*, Vol. 54, No. 2, Jan. 1976, p. 274.

民主义主要有两种统治方式，即"特别统治主义"和"内地延伸主义"，而新殖民主义既不采取"特别统治主义"，也不采取"内地延伸主义"。新殖民主义主要打意识形态战，主要靠意识形态输出和社会复制，其根本目标在于改变对象国的意识形态和社会制度，根本不允许对象国保留自己的意识形态和社会制度，从而也就不可能像当年英国殖民主义者那样在殖民地推行"特别统治主义"。当然，就新殖民主义打意识形态战，搞意识形态输出和社会复制，极力改变对象国的意识形态和社会制度而言，似乎可以说新殖民主义采取的是一种"内地延伸主义"。对于旧殖民主义来说，内地延伸主义是殖民主义者对殖民地的直接的统治方式，是由殖民者自己出面直接充当统治者的统治方式。在当今世界，这种统治方式不仅由于时代的缘故不合时宜，缺乏任何现实的可能性，也与其和平演变的战略指导思想相违背。意识形态输出和和平演变战略的侵略路径的根本特征不在于外部颠覆，而在于内部颠覆，不在于统治者国籍的更换，而在于统治者思想的更换，在于遵循一条从意识形态到社会制度的和平演变路线。例如，1989 年 9 月，波兰经过大选后，由雅鲁泽尔斯基出任总统。雅鲁泽尔斯基作为波兰统一工人党领导人，原来走社会主义道路，后来却主张社会主义多元化，致使波兰局势出现剧烈动荡，走上了资本主义道路。而且，波兰剧变正是在他任总统期间最终完成的。波兰剧变生动地告诉我们，和平演变的始作俑者虽然是新殖民主义者，但和平演变却可以采取非常隐蔽的方式进行，一个社会主义国家被西化或和平演变，甚至在无需更换主要国家领导人的情况下也可以实现。尽管雅鲁泽尔斯基在其出任波兰总统的第二年，即为团结工会负责人瓦文萨所取代，然而，即使瓦文萨推行的完全是西方资本主义的那一套，但就瓦文萨的国籍而言，却依然是一个波兰人。因此，新殖民主义的支配和统治方式与旧殖民主义大相径庭。加纳前总理可瓦米·恩克鲁玛曾将此规定为新殖民主义的"实质"。他强调说："新殖民主义的实质是，在它控制下的国家从理论上说是独立的，而且具有国家主权的一切外表。实际上，它的经济制度，从而它的政治政策，都是受外力支配的。"[①]

如上所述，所谓新殖民主义就是殖民主义者为"保持其垄断和统治地位"以"隐蔽方式"进行的"殖民扩张"，尽管不能够将新殖民主义简单地归结为"意识形态战"或"和平演变战略"，但意识形态战或和平演变战略无疑是新殖民主义以"隐蔽方式"实施殖民扩张的重要手段或最重要的手段之一。从冷战时代苏美争夺世界霸权的情况看，新殖民主义的野心比旧殖民主义有过之而无不及，因为他们企求的都是世界霸权和全球利益。正是在这个意义上，尼克松将美苏之间

---

① 克瓦米·恩克鲁玛：《新殖民主义：帝国主义的最后阶段》，世界知识出版社 1966 年版，第 1 页。

开展的争夺或战争称作"第一次真正的全球战争"。① 在谈到苏联及其世界目标时，尼克松将苏联称作"帝国主义"和"新殖民帝国"，断言："第三次世界大战一直进行着，从苏联夺占东欧，到共产党征服中国，朝鲜战争和印度支那战争，在古巴建立苏联力量在西半球的前哨站，到苏联及其盟国目前对非洲伊斯兰新月地区和中美洲的推进。"② 在谈到苏联的全球战略对象或战略目标时，尼克松将其设定为三个：首先是美国，这是苏联的"最后目标"；其次是西欧和日本，这是苏联的"中间目标"；最后是"非洲、亚洲、中东和拉丁美洲"，这是苏联的"当前目标"。③ 尽管尼克松这段话有明显的意识形态性质，但其中包含的内容是值得注意的，这就是，苏联的新殖民主义或大国沙文主义不仅与其控制的卫星国（东欧国家）有关，而且还与广大的第三世界有关。同样，美国的新殖民主义或大国沙文主义也有全球性的图谋，也同样包含三个战略对象和战略目标：这就是苏联本身，苏联的卫星国（主要是东欧国家）和第三世界。在谈到苏联时，尼克松指出："我们必须采取各种政策，使苏联人参与我们的两种制度之间的竞争，以便将来促进他们制度内的和平演变。"④ 在谈到苏联的卫星国时，尼克松明确地提出了"使东欧国家'芬兰化'"的目标。⑤ 众所周知，芬兰自 1948 年起，在很长的一段时间里虽然保持着独立国家的身份或名义，但在内政外交上却听命于宗主国苏联。现在，尼克松提出"使东欧国家'芬兰化'"的战略目标，显然意在使东欧国家从苏联的"卫星国"转换成美国的"卫星国"，使美国取代苏联成为东欧国家的"宗主国"。这在尼克松看来，他"使东欧国家'芬兰化'"的战略目标非但不是使这些国家丧失其独立国家的地位和身份，反而是使其真正成为"独立"的国家，即成为"独立于苏联"的国家。⑥ 在谈到第三世界时，尼克松直言不讳："我们的竞争将主要集中在第三世界。"⑦ 需要特别注意的是，在尼克松看来，不仅美国与苏联一样，其战略是全球的，也包含三个基本目标，而且他反复强调的是：他们打的主要是意识形态战，靠的主要是资本主义意识形态输出和社会复制。在谈到美苏之间的对抗和竞争时，尼克松强调指出：美国和苏联的"深刻分歧"在于这两个国家的"意识形态"和"对外政策"的根本对立，

---

①② ［美］尼克松著，常铮译：《真正的战争》，新华出版社 1980 年版，第 23 页。

③ ［美］尼克松著，常铮译：《真正的战争》，新华出版社 1980 年版，第 28 页。

④ ［美］尼克松著，谭朝洁、孔岩、邓勇、马学印译：《1999：不战而胜》，中国人民公安大学出版社 1988 年版，第 164 页。

⑤⑥ ［美］尼克松著，谭朝洁、孔岩、邓勇、马学印译：《1999：不战而胜》，中国人民公安大学出版社 1988 年版，第 171 页。

⑦ ［美］尼克松著，谭朝洁、孔岩、邓勇、马学印译：《1999：不战而胜》，中国人民公安大学出版社 1988 年版，第 53 页。

它们之间的斗争是一个"极权主义的文明"和一个"自由的文明之间"的斗争。① 在谈到"使东欧'芬兰化'"这一战略目标时，尼克松突出的也是他的"东欧和平演变战略"②，并且相当乐观地说道："我们不能决定东欧事件的结局，但我们能够影响那里发生的事件。如果我们采取负责任的政策，在东欧与莫斯科竞争，我们就能促成并加速客观变革的进程"，使东欧人民"逐渐扩大他们的自由"。③ 在谈到有关在第三世界进行竞争的问题时，尼克松同样强调："在下一个世纪，采取侵略的代价将会更加高昂，经济力量和意识形态号召力将成为决定性因素。"④ 在尼克松看来，自第二次世界大战以来，苏联不仅使"反西方"的共产党取代"亲西方"的势力"在东欧执政"，还使"反西方"的共产党取代"亲西方"的势力"在中国、北朝鲜、整个越南、柬埔寨、老挝、阿富汗、埃塞俄比亚、南也门、安哥拉、莫桑比克和古巴执政"，所以美国也应当反其道而行之，用"亲西方"的势力颠覆"反西方"的共产党政权，并使之重新在这些国家执政。⑤ 在这里，同样是"西方"与"东方"的对抗，是两种社会制度和两种意识形态的对抗。由此看来，打意识形态战，搞和平演变战略，无疑是当代新殖民主义一项基本战略。

应该看到，随着冷战时代的结束和后冷战时代的到来，新殖民主义者的殖民手段也发生了这样那样的变化。例如，在冷战时代，由于存在苏美两个超级大国争霸世界这样的大格局，美英法等发达资本主义大国在推行其殖民主义的活动中，常常打出"反对共产主义和遏制社会主义国家"的旗号。到了后冷战时代，苏联已经瓦解，美国成了"唯一的超级大国"，在这种情况下，如果再打出"反对苏联共产主义威胁"的旗号就不灵了。但这并不意味着新殖民主义者再也不使用"意识形态"的武器来对付欠发达国家和发展中国家。事实上，资本主义意识形态优越论依然是新殖民主义推行殖民政策的一项重要手段。有学者指出，"向

---

① ［美］尼克松著，谭朝洁、孔岩、邓勇、马学印译：《1999：不战而胜》，中国人民公安大学出版社1988年版，第44页。

② ［美］尼克松著，谭朝洁、孔岩、邓勇、马学印译：《1999：不战而胜》，中国人民公安大学出版社1988年版，第171页。

③ ［美］尼克松著，谭朝洁、孔岩、邓勇、马学印译：《1999：不战而胜》，中国人民公安大学出版社1988年版，第165、171页。值得注意的是，尼克松的这样一种战略设计并非只是一种纸上谈兵，在20世纪80年代末90年代初的东欧剧变中，特别是在波兰剧变中，差不多就是美国政府的行动纲领（参阅本著第六章"境外宗教渗透与东欧剧变"）。而且，即使是在后冷战时期，尽管美国政府往往感到捉襟见肘、力不从心，但它还是参与了2014年的乌克兰事变（参阅《奥巴马明确承认美国曾参阅乌克兰政变进程》，观察者网，2015年2月2日；《美曾参与乌克兰政变进程》，凤凰网，2015年2月3日；《奥巴马公开承认美国曾参与乌克兰政变进程》，中新网，2015年2月2日）。

④ ［美］尼克松著，谭朝洁、孔岩、邓勇、马学印译：《1999：不战而胜》，中国人民公安大学出版社1988年版，第53页。

⑤ ［美］尼克松著，常铮译：《真正的战争》，新华出版社1980年版，第4～20页、28～56页。

第三章　境外宗教渗透与宗教意识形态

发展中国家灌输西方价值观念、贬损发展中国家的传统文化和价值观，鼓吹'西化'"等，正是新殖民主义者"目前在意识形态方面推行新殖民主义的一种典型表现"。①

二、当代殖民主义的新形态：宗教殖民主义

苏东剧变后，国际关系乃至整个世界局势都发生了重大变化。于是有人据此将后冷战时代称作后殖民主义，② 尽管各自的理由不一，但无一不强调意识形态输出与和平演变这一事实，只是给出的理由并不充分。如上所述，注重意识形态输出与和平演变并非是后冷战时代才开始的，早在第二次世界大战以后西方强国就极力图谋了，而到后冷战时代，西方强国在这方面只是变本加厉罢了。例如，在后冷战时代，西方强国最热衷的莫过于人权外交。西方强国的人权外交并非始自后冷战时代，早在 20 世纪 60 年代末 70 年代初的尼克松时代，美国国会就提出了人权外交的主张。1976 年，美国国会向国务院提出了撰写并发表国别年度人权报告的要求。1977 年卡特一上台，便打出了"人权外交"的旗帜，声称要将人权变成"我国外交政策的中心主题"。③ 1981 年，里根上台后，也明确宣称：人权是美国外交政策的"核心"和"最终目的"。④ 由此可见，在注重意识形态输出与和平演变方面，后冷战时代与冷战时代并没有什么两样，如果有所区别的话，只是在后冷战时代，殖民主义的意识形态色彩更鲜明而已。卡斯特罗在谈到这样一种情况时，曾经指出："我想我们正生活在一个比以往任何时候都更意识形态化的世界上，只是在这个世界上，有人试图把资本主义思想、帝国主义思想、新自由主义思想强加于人，恰恰是试图把一切与这种思想不同的思想从政治地图上抹掉。"⑤ 应该说，卡斯特罗的这个论断是深中肯綮的。后冷战时代与冷战时代的殖民主义都注重意识形态输出与和平演变，其区别仅仅在于程度上的差异，所以在新殖民主义之外另提出后殖民主义似乎就不合时宜了。

---

① 张顺洪、孟庆龙、毕健康：《新殖民主义论：对当代世界的一种解释》，载于《马克思主义研究》1999 年第 4 期。

② 参阅宇杰：《新殖民主义寿终正寝了吗？》，载于《世界经济与政治》1996 年第 6 期；王林：《警惕后殖民主义》，载于《光明日报》1995 年 10 月 18 日；盛宁：《"后殖民主义"：一种立足于西方文化传统内部的理论反思》，载于《天津社会科学》1997 年第 1 期。

③ ［美］吉米·卡特著，卢君甫等译：《忠于信仰——一位美国总统的回忆录》，新华出版社 1985 年版，第 167 页。

④ A. Glenn Mower. *Human Rights and American Foreign Policy: the Carter and Reagan experiences*, Westport, CT: Greenwood Press, 1987, p.25.

⑤ ［古］菲德尔·卡斯特罗著，王玫等译：《全球化与现代资本主义》，社会科学文献出版社 2000 年版，第 144 页。

然而，尽管后冷战时代和冷战时代的殖民主义者都注重意识形态输出与和平演变，但后冷战时代，殖民主义者打意识形态战的战术手段发生了一些重大变化。例如，在冷战时代结束后，新殖民主义者一方面大肆宣扬意识形态终结论，另一方面又开始把意识形态战的重点放在宗教意识形态层面，放在境外宗教渗透层面。就意识形态终结论而言，意识形态终结论本身就是西方殖民主义者发动的新一轮意识形态战或心理战。美国前总统国家安全事务助理布热津斯基1989年出版了一本名为《大失败——20世纪共产主义的兴亡》的著作，宣布了共产主义的"大失败"和"最后危机"。同一年，霍普金斯大学国际政治经济学教授弗兰西斯·福山发表了《历史的终结？》一文，一方面欢呼共产主义的"大面积塌方"，另一方面又迫不及待地宣布"自由民主制度"和"自由"、"民主"意识形态是"人类意识形态发展的终点"和"人类最后一种统治形式"。一个欢呼"大失败"，一个欢呼"大塌方"，有谁能说这不是一种新形式的意识形态战和心理战呢？20年过去了，社会主义并没有绝迹，不仅继续存在，而且在某些方面又有了新的进步和新的发展。意识形态的虚饰化运行模式再次得到了验证。然而，这种虚饰化本身恰恰说明了意识形态终结论的意识形态实质，恰恰说明了在新的冷战时代，意识形态依然是资本主义制度与社会主义制度竞争的主要舞台或主要战线。

后冷战时代，殖民主义者意识形态战的战术变化还突出地表现在，比以往任何时候更注重发挥宗教意识形态的意识形态输出功能和社会复制功能。一个典型的事实是，宗教意识形态开始进入西方发达资本主义国家外交政策和外交实践的基础层面和核心层面，尤其在《1998年国际宗教自由法案》中极其典型。在该法案中，美国国会首次直言不讳地宣布，"谴责侵犯宗教自由的行为，促进并协助别国政府促进宗教自由这一基本权利"是美国的外交政策。该法案之所以将"促进宗教自由"规定为美国政府的外交政策，其根本理由或"合法化"理据仅仅在于："宗教自由权利是美国建国之本和生存基础。"然而，作为"美国建国之本和生存基础"的东西何以必须成为"世界各国"的建国之本和生存基础呢？很显然，支撑这一推断的根据只有一个，就是旧殖民主义奉行的"内地延伸主义"，或者说"霸权主义"和"殖民主义"。那么，"宗教自由权利是美国建国之本和生存基础"究竟有何深意呢？只要稍微推敲一下就会发现，这一表述正好揭示了宗教意识形态在美国外交政策和外交实践中的基础地位和核心作用。从现象上看，美国外交政策和外交实践所展示的无非是三个东西：一是人权外交，二是反对共产主义，三是全球一体化。但是，倘若从本质上看，这三个东西其实都指向一个东西，"自由"。首先，"人权"外交的中心内容是"人权"。那么，何谓人权？本来人权是个相当宽泛的概念，就其内涵而论，人权不仅讲自由，而且讲平等，不仅讲自由和平等，而且讲生存和发展；就其外延而论，可以按照享受权利的主体将它区分为"个人人权"和"集体人权"。个人人权涉及个人依法享有的生命、人身和政治、经济、社会、文化等方面的权利，而集体人权则涉及作为个人社会存在方式的集体享有的权利，如种族平等权、民族自决权、发展权、环境权、和平权等。而美国的意识形态、特别是它的跨国型意识形态却只讲自由，不讲平等、生存和发展，只讲个人人权，不讲集体人权。对人权这种偏狭的理解正是美国意识形态特别是其跨国型意识形态的本质特征。对于美国意识形态来说，特别是对于美国跨国型意识形态来说，所谓人权不是别的，就是"自由"。其次，反共产主义也是美国意识形态一项核心内容。从杜鲁门时代起，美国政府对外就公开打出了反对共产主义的旗帜，而反共产主义什么呢？从意识形态层面看，就是反共产主义强调集体人权，强调生存权和发展权，一句话，就是反共产主义所谓"不讲个人自由"的"极权"。总之，美国政府是按照自己理解的偏狭的"人权"概念，按照自己理解的"自由"概念，来反对共产主义，反对社会主义制度和社会主义意识形态的。美国政府之所以每每以"自由世界"卫道士自居，打出反对"极权政治"的旗帜，盖源于此。最后，作为"华盛顿共识"核心内容之一的全球一体化，虽然就政治上看，强调的是超越民族国家的全球善治，然而从意识形态上看，却是要把美国资本享有的"自由权利"延伸到世界各地。美国政府鼓吹的这种全球一体化，其本质上是世界各国人民的去自由化，而这也正是美国政府或美国资本代理人自由权利的最大化。由此看来，美国意识形态的根本问题和核心内容，或者说美国社会的核心价值观，正是它所片面强调的个人自由问题，正是所谓自由主义。[1] 人们将自由主义称作"美国的绝对主义"（America's absolutism）[2] 是不无理由的。

然而，自由毕竟是一个包含着许多具象的抽象概念。1941年1月，富兰克林·罗斯福在关于"租借法案"国情咨文中曾提出过"人类的四大基本自由"问题。按照他的说法，美国外交的根本目标就是要在世界各国普及"人类四大自由"，即"言论自由"、"信仰自由"、"免于贫困的自由"和"免于恐惧的自由"。在这里，罗斯福是将"言论自由"，即政治自由，规定为第一自由的。[3] 然而，在《1998年国际宗教自由法案》中，宗教自由却取代"言论自由"成为美国的"建国之本"和"生存基础"，也就是说，成为第一自由了。宗教自由或信仰

① Charles W. Kegley, Jr. and Eugene R. Wittkopf. *American Foreign Policy: Pattern and Process.* New York: St. Martin's Press, 1991, p. 254.

② Louis B. Hartz. *The Liberal Tradition in America: An Interpretation of American Political Thought Since the Revolution.* New York: Harcourt, Brace, 1955, p. 3.

③ 李世安：《美国人权政策的历史考察》，河北人民出版社2001年版，第215页。

自由在美国自由谱系中地位的升迁和凸显，生动地体现了宗教意识形态在美国意识形态体系中地位的升迁和凸显，体现了宗教意识形态已经深入美国外交政策和外交实践的基础层面和核心层面。这可以被视为是当代宗教殖民主义的典型表现。

宗教殖民主义是当代殖民主义的一种典型形态。毋庸讳言，在早先的殖民主义形态中，宗教组织和宗教意识形态也曾扮演过重要的角色。例如，1510 年，葡萄牙殖民者在攻占印度的果阿城后，随即在该城兴建了果阿天主教堂。果阿天主教堂高 68 米，是葡萄牙殖民地中最大的文艺复兴时期兴建的教堂，即使在葡萄牙本土也称得上是最大的教堂之一。由此足见葡萄牙殖民者对于宗教意识形态维系其殖民统治社会功能的重视。再如，在外国列强发动的侵略中国的鸦片战争中，许多西方的传教组织和传教士，如德国路德会牧师郭士立，第一个来华的基督教传教士、伦敦传教会牧师马礼逊之子马儒翰，美国对外传教会教士伯驾等都曾多次直接参与过帝国主义侵略我国的活动。外国传教士不仅直接参与侵略者的军事活动，而且还配合外国的殖民活动，不断地对我国人民灌输奴化思想。当年，我国天主教著名爱国人士英剑之在其发表的《劝学罪言》中，就曾公开揭露过外国传教士强迫中国教徒爱"外国"的殖民罪行："法教士惟歌功颂德于法，意德等教士惟歌功颂德于意德"，"演出形迹，使其人敬如虎伥，使其教竟同罪薮"，并发出了"至于我国宣道者，从未闻有提及爱国者，……岂圣教道理，独于中国教民，当使之爱外国乎"的诘问。[①] 然而，需要指出的是，在过去时代的殖民主义活动中，一些宗教组织和外国传教士虽然也曾扮演过重要的角色，但是，构成西方殖民者侵略政策和侵略活动基础性和核心性的东西，却不是宗教组织和宗教意识形态，而是他们所运用的军事手段、政治手段和经济手段。即使进入新殖民主义时期，在很长一段时间里，宗教意识形态充其量也只是扮演了一个极其次要的角色。只是在后冷战时代，随着宗教的全球复兴和后威斯特伐利亚时代的到来，随着宗教向国际政治舞台中心的逐步回归，宗教意识形态才逐步扮演了西方资本主义强国向社会主义国家实施意识形态输出主要载体的角色，才出现了宗教殖民主义的新气象。

三、宗教殖民主义的哲学基础："奥德修斯的诡计"

公元 756 年，法兰克王丕平三世为了酬谢教皇支持其篡夺王位，将意大利半岛拉文纳至罗马的大片土地交给了教皇及其继任者，由此出现了绵延 1100

---

① 顾裕禄：《中国天主教的过去和现在》，上海社会科学出版社 1989 年版，第 81 页。

多年的教皇国（756～1870年）。教皇国实施的由教会组织直接统治世俗社会的政教合一制度，史称教国制。教皇国的官方名称为"Civitas Ecclesiae"，意为"隶属于教会的诸邦国"。这个名称表明，教皇国并非是一个单一制国家，作为一个政治共同体，不仅包括昔日独立的城邦、小国和贵族领地，也包括昔日半独立的城邦、小国和贵族领地。人类历史上，实施教国制的国家除罗马教皇国外，还有哈里发帝国。哈里发是"安拉使者代理人"的意思。哈里发帝国是632年由阿拉伯人建立的由哈里发为最高统治者的伊斯兰教国家。哈里发帝国由于为阿拉伯人所建，又称作阿拉伯帝国，而我国史书上称作大食。该帝国一直绵延了620多年（632～1258年）。至倭马亚王朝，哈里发帝国不仅攻占和征服了亚洲的伊拉克和中亚，而且还攻占和征服了非洲的埃及、亚历山大、突尼斯和摩洛哥等地以及欧洲的西哥特王国，发展成疆土横跨亚、欧、非三洲的大帝国。

我们所说的宗教殖民主义，作为新殖民主义的一种形态，指的显然不是当代西方资本主义强国在世界范围内推行教国制，建立形形色色的"罗马教皇国"和"哈里发帝国"，而仅仅是指当代西方资本主义强国，以宗教意识形态作为外交政策和外交实践的基础，对世界各国实施以宗教意识形态为核心内容和主要载体的资本主义意识形态的输出和社会复制，以达到支配和控制世界各国、实现其霸权政治的战略图谋。在考察包括宗教在内的意识形态的基本属性时，我们曾经用合法化和虚饰化来概括意识形态的运行模式，下面，就以此为基础，对以作为跨国型意识形态的宗教意识形态为主要载体和基本手段的宗教殖民主义的哲学基础或思维范式，进行扼要的考察和说明。

宗教殖民主义的哲学基础问题既是一个相当大的题目，也是一个相当复杂的问题，为简明计，不妨以美国推行的宗教殖民主义为例予以说明。前面说过，美国推行的宗教殖民主义在美国国会通过的《1998年国际宗教自由法案》中有典型的表达。这一法案对宗教意识形态在美国意识形态体系中的首要地位给出了极其经典的表述："宗教自由权利是美国建国之本和生存基础。"① 这个说法虽然值得商榷，但无疑是有一定的历史根据的。当年英国清教徒之所以背井离乡，乘五月花号来到美洲，不仅建立了新英格兰，而且还率先发动了独立战争，建立了世界上第一个共和国，最为根本的目的就是摆脱英国统治者加给他们的宗教迫害，维护和实现自己的宗教自由权利和政治自由权利。因此，如果可以把自由主义称

---

① 国家宗教事务局宗教研究中心编：《国外宗教法规汇编》，宗教文化出版社2002年版，第293页。

作"美国的绝对主义"或"美国主义"的话,[1] 也就可以将宗教自由或宗教自由主义称作"美国的绝对主义"或"美国主义"。从这个意义上看,把宗教自由权利规定为美国的"建国之本"和"生存基础",是一点也不为过的。如果事情到此为止,就根本无权谴责美国的作为跨国性意识形态的宗教意识形态,无权谴责美国的宗教殖民主义。问题在于:《1998 年国际宗教自由法案》如此高调突出宗教意识形态在美国意识形态中的核心地位,其目的并不仅仅在于告诉人们美国是"一个"世界上最尊重宗教自由权利的国家,也不仅仅在于告诉人们美国在这个方面是一个"例外",而是要告诉人们,对于世界各国来说,美国如此尊重宗教自由权利,是一个具有普遍意义的、应当效法的"典范",告诉人们美国因此有权充当"国际警察",来"促进并协助别国政府促进宗教自由这一基本权利"。[2]这样,问题就出来了。首先,既然美国是一个按照宗教精神建立起来的国家,那么,其以宗教精神为建国之本的治国理念何以能够适用于那些按照世俗精神建立起来的国家呢?其次,世界上存在各种各样的宗教,即使基督宗教也存在许多不同的派别,既然美国是按照清教精神建立起来的,那么,其以清教精神为建国之本的治国理念,何以能够适用于基督宗教其他教派占优势地位的国家呢?何以能够适用于其他宗教(如伊斯兰教和佛教)占优势地位的国家呢?最后,即使在美国,把宗教自由宣布为第一自由显然也具有意识形态通常的虚饰化成分。例如,在美国建国之初,于 1791 年由国会通过的《美国宪法第一条修正案》中虽然明文规定:"国会不得制定关于确立宗教的法律,不得制定禁止自由信仰宗教的法律",然而,1848 年,当犹他地区受美国管制后,联邦政府却对摩门教的神权政治实施了比较严格的控制。不仅国会制定了专门的法律对摩门教进行种种限制,联邦法院还在"雷诺诉美国案"中支持了有关法案,而不管摩门教徒争辩说,联邦政府的这些做法违反了他们的"信教自由"。2000 年,《宗教自由保护法》提案虽然在众议院获得通过,但在参议院却未能通过。这个事实明明白白地告诉人们,在美国至今不仅还有保护宗教自由的问题,而且对宗教自由的保护也依然存在这样那样的阻力。既然如此,美国国会和美国政府何以在对外政策方面要如此热衷于且"理直气壮"地打出宗教自由的旗帜呢?

在美国的宗教殖民主义外交理论和外交实践中,除了虚饰化问题,还有一个合法化问题,也就是宗教殖民主义的哲学基础或思维范式问题。据古希腊传说,特洛伊王子帕里斯来到希腊斯巴达王麦尼劳斯宫作客,受到主人的盛情接待,但

---

① Louis B. Hartz. *The Liberal Tradition in America: An Interpretation of American Political Thought Since the Revolution.* pp. 58 – 59; Semour Martin Lipset. *American Exceptionalism: A Double – Edged Sword.* New York: W. W. Norton, 1996, p. 31.

② 国家宗教事务局宗教研究中心编:《国外宗教法规汇编》,宗教文化出版社 2002 年版,第 295 页。

帕里斯却恩将仇报，拐走了麦尼劳斯的妻子。于是，麦尼劳斯联合希腊其他城邦讨伐特洛伊。由于特洛伊城池牢固，易守难攻，麦尼劳斯攻打十年，也未能如愿。最后，希腊西部伊塔卡岛之王奥德修斯献计，让士兵们烧毁营帐，登上战船离开，造成撤退回国的假象，并故意在城下留下一个巨大的木马。特洛伊人将木马当作战利品拖进城内。当晚，正当特洛伊人酣歌畅饮欢庆胜利的时候，藏在木马中的士兵悄悄溜出，打开城门，放进早已埋伏在城外的希腊军队，结果一夜之间特洛伊化为灰烬。法兰克福学派代表人物之一的西奥多·阿多诺在阐述意识形态的谋略时，曾将此称作"奥德修斯的诡计"。而阿多诺所说的"奥德修斯的诡计"其实也就是意识形态的哲学基础或思维范式问题。

事实上，许多现当代思想家都曾对资本主义意识形态的谋略或"诡计"进行过探讨和阐述。例如，在《德意志意识形态》中，马克思曾经用"抽象性思维"或"普遍性思维"来刻画统治阶级意识形态的理论基础。他写道："占统治地位的将是越来越抽象的思想，即越来越具有普遍性形式的思想。因为每一个企图取代旧统治阶级的新阶级，为了达到自己的目的不得不把自己的利益说成是社会全体成员的共同利益，就是说，这在观念上的表达就是：赋予自己的思想以普遍性的形式，把它们描绘成唯一合乎理性的、有普遍意义的思想。"① 与马克思将统治阶级的意识形态的哲学基础归结为"抽象性思维"或"普遍性思维"不同，阿多诺将此归结为"同一性思维"。阿多诺认为，意识形态最大的秘密在于同一性。他以现实社会中的市场交换原则为例对同一性原则的本质加以说明。在市场交换中，可通约的东西是"平均劳动时间的抽象普遍概念"，而这也就构成了市场交换逻辑中的同一性原则。② 通过这样的交换原则，人的各种具体的劳动就都转化成了一种抽象劳动，转化成了在市场上可以比较和交换的劳动。这种交换原则，从表面上看，体现了人与人之间的"平等"，但在实际上不仅掩盖了资本与劳动背后产生的剥削和资本主义社会事实上存在的"不平等"，而且它所体现的也正是一种社会操纵和社会控制。也正是在这个意义上，阿多诺将作为同一性原则的市场交换原则称作"奥德修斯诡计"的变种。从哲学的层面看，客观存在的事物之间总是既有一致性也有不一致性，既有同一性也有非同一性。同一性思维的根源在于人们将概念和概念所表示的东西等同起来，从根本上否定了它们之间的不一致性或非同一性。而资本主义意识形态的本质特征正在于它促进和维护社会的"思想同一性"。也正是在这个意义上，"同一性思维"成了"资本主义社会意识形态的哲学基础"。③ 与阿多诺用"非同一性原则"取代"同一性原则"

---

① 《马克思恩格斯选集》第 1 卷，人民出版社 1995 年版，第 100 页。
② Theodo W. Adorno, trans., E. B. Ashton. *Negative Dialectics.* New York：Continuum，1973，p. 146.
③ 王晓生等：《西方马克思主义意识形态理论》，社会科学出版社 2009 年版，第 145 页。

的努力相呼应，另一位法兰克福学派代表人物赫伯特·马尔库塞主张用"否定性思维"取代"肯定性思维"。在马尔库塞看来，资本主义的生产方式对人性不仅实施基本的压抑，而且实施额外的压抑，从而不仅使生存斗争模式永恒化，而且还使社会"单向度化"，即使资本主义社会丧失了否定性的向度，而只具有一种肯定性的向度。① 由此看来，普遍性思维、同一性思维和肯定性思维都可以看作是资本主义意识形态维护现存统治关系和社会秩序的理性工具和思维范式。

当然，无论是马克思的"抽象性思维"或"普遍性思维"，还是阿多诺和马尔库塞的"同一性思维"和"肯定性思维"，直接涉及的都是资本主义国家内部的社会关系，并非资本主义国家的对外关系和外交政策。但是，一个国家的外交无非是其内政的一种延伸和扩张，所以抽象性思维或普遍性思维、同一性思维和肯定性思维同样有可能适用于一个国家的外交关系或外交政策，成为殖民主义或宗教殖民主义的思维范式和哲学基础。首先，就马克思所说的抽象性思维或普遍性思维而言，一个国家的统治阶级往往借赋予自己的思想"普遍性的形式"虚饰自己的思想，使之具有合理性和合法性，所以这一手段也就同样适用于这个国家的外交关系和外交政策，同样有可能成为其殖民主义或宗教殖民主义政策的哲学基础和思维范式。例如，美国的自由主义意识形态和政治制度，特别是美国的宗教自由主义，既然能够将自己美化成代表美国各阶层利益的普遍的东西，它便同样能够将自己美化成代表世界任何国家利益的东西，从而具有"普世的价值"，成为世界上任何国家都应该普遍接受的东西。再者，就阿多诺所说的"同一性思维"而言，既然同一性思维的根本弊端在于"把同一单纯地认作抽象的同一，认作排斥一切差别的同一"，② 在于其根本排除了"任何矛盾和对立"，③ 那么同一性便不仅可以用来为一个国家的统治者操纵社会和控制社会服务，也可以用来为一个国家的统治者操纵世界和控制世界服务。最后，就马尔库塞所说的"肯定性思维"而言，既然肯定性思维的根本弊端在于通过"建构主体"使资本主义社会成为"单向度"的社会，成为丧失否定性向度的社会，那么肯定性思维同样可以通过"建构主体"，使国际社会成为"单向度"的社会，从而完全纳入西方资本主义强国梦寐以求的"自由国际主义新秩序"。

普遍性思维、同一性思维和肯定性思维不仅是西方资本主义强国推行以意识形态输出为主要载体和中心内容的新殖民主义外交政策的哲学基础、思维范式和谋略，也是它们推行以宗教意识形态输出为主要载体和核心内容的宗教殖民主义外交政策的哲学基础、思维范式和谋略。正是由于这种哲学基础、思维范式和谋

---

① ［美］赫伯特·马尔库塞著，刘继译：《单向度的人》，上海译文出版社1989年版，"导言"第4页。
② ［德］黑格尔著，贺麟译：《小逻辑》，商务印书馆1980年版，第259页。
③ T. W. Adorno. *Negative Dialectics*. New York：Seabury Press，1973，p. 149.

略，作为美国"立国之本"和"生存基础"的宗教自由主义才有可能使美国输出自由主义形态、肆意干涉世界各国内政、在全球范围内推行霸权政治的殖民主义外交政策具有"合法性"。然而，普遍性思维也好，同一性思维和肯定性思维也好，从本质上讲，都不过是一些骗术而已，尽管在一段时间内能够得逞，但欺骗终究是不能长久的。历史终将证明，西方资本主义强国没有当年希腊人那么幸运，它们的宗教殖民主义的庐山真面目终究会被识破的。

中　篇

境外宗教渗透
别论

上一篇对境外宗教渗透进行了结构语义学解析和概论性的考察与论述，这一篇将从境外宗教渗透主客模式出发，依次对作为境外宗教渗透主体的美国和作为境外宗教渗透客体的苏联、东欧和中国的有关情况分别考察和论述。如果说前一篇旨在对境外宗教渗透进行逻辑分析，那么本篇则旨在对境外宗教渗透与防范和抵制境外宗教渗透的实践进行事实的考察。由于苏东剧变不仅是当代国际共产主义运动中一个核心事件，也是当代国际政治中一个核心事件，又由于苏东剧变是美国—梵蒂冈神圣同盟对苏东国家实施政治渗透和宗教渗透的直接结果，本篇将主要围绕苏东剧变这一核心事件展开。

前面，在讨论境外宗教渗透的主客模式时，曾强调了两点：一是境外宗教渗透的"主体"或"第一施动者"不是本真意义上的宗教或宗教组织；二是境外宗教渗透的"主体"或"第一施动者"不是原初意义上的"某个国家"（所谓"策源国"），而是某个或某些国家的"敌对势力"。之所以强调第一点，是为了指出：防范和抵制境外宗教渗透并非防范和抵制境外宗教（如是，则没有对外宗教文化交流可言），而是旨在防范和抵制境外敌对势力，利用受操纵的宗教组织和受歪曲的宗教意识形态，对我实施"意识形态输出"和"社会复制"。之所以强调第二点，是为了指出：在防范和抵制境外宗教渗透的活动中，防范和抵制的应是境外敌对势力及其策划和推动的渗透活动，而非将某个或某些国家作为防范和抵制的对象。只有如此，才能建立起最广泛的国际统一战线，卓有成效地开展防范和抵制境外宗教渗透活动，确保我国的意识形态安全和国家安全。

然而，如此强调，在任何意义上都不是说，防范和抵制境外宗教渗透与境外敌对势力所在的国家毫无关系。尽管当代宗教殖民主义者一直在兜售"主权有限论"，但他们的努力却丝毫不能改变当代国际关系史上的一个基本事实：国家是当今时代最基本的政治实体。20世纪美国最著名的神学家和基督教现实主义的奠基人莱茵霍尔德·尼布尔（Reinhold Niebuhr, 1892～1971）在谈到国家及其与教会的关系时指出："现代国家是具有最强社会内聚力的人类群体，是具有最无可争辩的中心权威的人类群体，也是其成员资格界定得最清楚的人类群体。在中世纪，教会可能向国家的支配地位发出挑战；在我们的时代，经济阶级可能同国家竞争，同它争夺人们的忠诚。但正如17世纪以来的情况所表明的那样，国家是所有的人类联合体中的至高无上者。"① 因此，境外敌对势力为了尽可能多地动员本国的社会资源，对社会主义国家实施政治渗透和宗教渗透，往往千方百计地推动所在国家的国家机器开展这样的活动，成为境外宗教渗透的"主体"和"施动者"。② 在这个意义上，境外宗教渗透策源国的说法也是成立的。如果此说成立，便可以将美国视为境外宗教渗透的主要策源国。尽管其他西方国家在境外宗教渗透方面也曾扮演了不光彩的角色，尽管向社会主义国家进行宗教渗透的还有其他势力（如"东突"等），但从第二次世界大战以来的情况看，特别是从苏东剧变的情况看，说美国是社会主义国家境外宗教渗透的主要策源国一点也不为过。因此，本篇将首先考察美国的公民宗教及其殖民主义和世界霸权主义本质。由于20世纪80年代初至90年代初美国与梵蒂冈结盟，对苏东国家实施政治渗透和宗教渗透，致使这些国家相继和平演变，本篇将用整整两章的篇幅从境外宗教渗透的角度对苏东剧变这一当代国际共产主义运动中的重大事件予以考察。最后，拟对新中国60多年来的防范和抵制境外宗教渗透的工作进行一番历史的考察，以期总结经验，更有效地防范和抵制境外宗教，避免苏东国家悲剧的重演。

---

① ［美］莱茵霍尔德·尼布尔著，蒋庆、王守昌等译：《道德的人与不道德的社会》，贵州人民出版社1998年版，第67页。在尼布尔的原著中，"经济阶级"这个词组在这段引文中为"economic class"。从整部著作看，尼布尔的"经济阶级"这个词涉及具有不同经济地位的各个阶层，既包括资产者阶级、贵族阶级和教士阶层，也包括无产者阶层。

② 可以将美国《1998年国际宗教自由法案》的提出、通过和总统签署视为境外敌对势力运作国家机器的一个比较典型的模式。

第四章

美国公民宗教及其殖民主义本质

在后冷战时代，美国作为世界上唯一的超级大国，在当代殖民主义中扮演着"领头羊"的角色，其宗教殖民主义与其宗教民族主义有着显而易见的内在关联。为深层解读当代宗教殖民主义，特别是美国的宗教殖民主义，有必要对美国的宗教民族主义，特别是它的公民宗教进行必要的说明。

第一节　美国公民宗教概念的思想渊源

1967年，美国宗教社会学家罗伯特·贝拉发表了一篇题为《美国的公民宗教》的著名文章，提出了"美国公民宗教"概念，受到广泛关注，引起了比较热烈的讨论。在这篇文章中，贝拉写道："'公民宗教'这个短语当然是卢梭提出来的。"[①] 据此，我们可以将贝拉提出的美国公民宗教的理论源头上溯到卢梭。

一、卢梭：公民宗教概念的滥觞

卢梭是18世纪最著名的平民思想家和法国启蒙运动最卓越的代表人物之一。

[①] Robert N. Bellah. *Beyond Belief*：*Essays on Religion in a Post‑Traditional World*. Berkeley：University of California Press，1991，p. 172.

1762 年，卢梭在其著名的《社会契约论》一书中首次提出了"公民宗教"概念，并对其内涵做出了初步的规定和阐释。

在卢梭看来，在人类历史上存在有三种不同类型的宗教，这就是"人类的宗教"（la religion de l'home）、"古代城邦居民的宗教"（celle du citoyen）、和"牧师的宗教"（la religion du prêtre）。[①] 这三种宗教虽然都在人类历史上产生过重大影响，但"它们各有其自己的缺点"。[②] 而卢梭正是在批判考察这些宗教形态的"弱点"的基础上提出并论证他的"公民宗教"（la religion civil）思想的。

首先，与其同时代的培尔[③]、伏尔泰和孟德斯鸠一样，卢梭对为封建专制制度辩护的牧师的宗教，即天主教或"罗马基督教"，持激烈批判的立场。卢梭认为，牧师的宗教，是各种类型的宗教中"坏处"最为"显著"的宗教。[④] 其根本弊端在于它的反社会性，在于它破坏社会的统一性，赋予人一种"无以为名的、混合的、反社会的权利"。因为"这种宗教给人以两套立法、两个首领、两个祖国，使人们屈服于两种互相矛盾的义务，并且不许他们有可能同时既是信徒又是

---

① Jean‐Jacques Rousseau, *Oeuvres Complètes* 2: *Oeuvresphilosophiques et politiques: des premiers écrits au Contrat social*, 1735–1762, p. 575. 也请参阅［法］卢梭著，何兆武译：《社会契约论》，商务印书馆 1982 年版，第 177~178 页。何兆武先生将 celle du citoyen 译成"公民的宗教"，似乎欠妥。如是，一方面有可能使读者将卢梭的"公民宗教"误解成与"一切原始民族的宗教"毫无二致的东西，另一方面又可能使读者将卢梭的"公民宗教"误解成"建立在谬误与谎话的基础之上的"宗教。这种误译很可能源于对"公民"（civil）和"古代城邦居民"（citoyen）的混同。"citoyen"虽然也有"国民"和"公民"的含义，但它的原始义或第一义毕竟是古代城邦居民（参阅《新法汉词典》，上海译文出版社 2001 年版，第 185 页）。"居民"虽然与"公民"相关，但毕竟不是一回事。在卢梭这里，古代城邦居民的宗教是一种人类历史上曾经存在过的宗教，是"一切原始民族的宗教"，但"公民宗教"却是他在批判"牧师的宗教"和"古代城邦居民的宗教"的基础上创建出来的一种新型宗教。正因为如此，当卢梭正面阐释自己的宗教观念时，使用的始终是"la religion civile"。其实，何兆武先生在将 celle du citoyen 译成"公民的宗教"的同时，也意识到了这种译法不太妥帖，故而，他在后面（即《社会契约论》中译本第 178 页注 3 中）又补充说：他所谓"公民的宗教"并非卢梭所首倡的"公民宗教"，而是指"古代异教城邦的民族宗教"。敬请读者留意。

② ［法］卢梭著，何兆武译：《社会契约论》，商务印书馆 1982 年版，第 178 页。

③ 培尔（Pierre Bayle, 1647~1706），18 世纪法国资产阶级启蒙思想家的一个重要理论先驱。他继承蒙台涅和笛卡尔的怀疑主义传统，以怀疑论为武器，对天主教和传统哲学展开广泛的批判。曾编著《历史与批判辞典》（*Dictionaire histarique et critique*）。莱布尼茨曾就其中"罗拉留"词条与之展开长期的辩论。何兆武先生将 Bayley 译成"贝尔"（见卢梭，何兆武译：《社会契约论》，商务印书馆 1982 年版，第 177 页），本身也谈不上有什么错误。但鉴于《辞海（哲学分册）》、《简明不列颠百科全书》、《新哲学辞典》和《马克思恩格斯全集》中都将其译作"培尔"（参阅《辞海（哲学分册）》，上海辞书出版社 1980 年版第 354 页；《简明不列颠百科全书》第 6 卷，中国大百科全书出版社 1980 年版，第 421 页；［英］安东尼·弗卢主编：《新哲学辞典》，上海译文出版社 1992 年版，第 56 页；《马克思恩格斯全集》第 2 卷，人民出版社 1957 年版，第 162 页），我们还是将其译作培尔。此外，何兆武先生在此处在对培尔的注释中有培尔是"《历史与批评大辞典》一书的作者"的说法。这种说法本身也无大错，但他所译的书名多出的这个"大"字，显然有"无中生有"之嫌。本人揣摩，何兆武先生之所以这样做，很可能是由于他考虑到这部辞典的篇幅巨大而添加了这个"大"字。

④ ［法］卢梭著，何兆武译：《社会契约论》，商务印书馆 1982 年版，第 178 页。

公民"。① 卢梭强烈谴责："凡是破坏社会统一的，都是毫无价值的；凡是使人们自身陷于自相矛盾的制度，也是毫无价值的。"② 如果考虑到卢梭的社会契约论和公民社会理论，他对天主教或罗马基督教持这种激烈的批判态度和批判立场，也就不难理解了。卢梭主张"人是生而自由的"，③ 主张"人民作为整体来说是主权者"，④ "立法权力是属于人民的，而且只能是属于人民的"，⑤ 所以他就无论如何不能容忍任何形式的等级制度和专制制度，无论是封建的等级制度和专制制度，还是宗教的等级制度和专制制度。

其次，卢梭在对希腊人、罗马人和犹太人的古代城邦居民的宗教具体考察的基础上，不仅对该类型宗教的政治实质进行了说明，对其利弊也进行了具体的剖析。在谈到古代城邦居民的宗教的政治实质时，卢梭强调了这种宗教的"神权政体"取向。他写道："起初，人类除了神祇之外并没有别的国王，除了神权政体之外就没有别的政府。""每一个政治社会的头上都奉有一个神"。⑥ 罗马皇帝卡里古拉说"君王都是神明，而人民都是畜牲"，即是谓此。在谈到这种宗教的好处时，卢梭强调了这种宗教的好处正在于它是一种神权政体，在于其教权与政权直接合二而一。他写道：古代城邦居民的宗教的"好处"，就在于"它把对神明的崇拜与对法律的热爱结合在一起；而且由于它能使祖国成为公民崇拜的对象，从而就教导了他们：效忠于国家也就是效忠于国家的守护神。"⑦ 在这种神权政体下，政权便获得了一种神圣性，获得了民众的无限支持。因为政权即是教权、君王即是教主、行政长官即是牧师，所以"为国家效死也就是慷慨殉道，而违犯法律也就是亵渎神明；并且让犯罪的人受公众的诅咒，也就是把他供献给了神的震怒"。⑧ 至于古代城邦居民的宗教的"坏处"或"缺点"，卢梭则主要指出了两点：一是它的虚饰性或欺骗性，二是它的排他性或不宽容性。卢梭断言，古代城邦居民的宗教是"建立在谬误与谎话的基础之上的，因而它欺骗人民，使人民盲从、迷信，并且把对神明的真正崇拜沦为一种空洞的仪式"。这样的宗教也很容易成为排他性的东西，成为暴君们对异族发动"圣战"的口实，"会使全民族成为嗜血的和绝不宽容的，从而它就唯有靠谋害和屠杀才能够活下去；而且还相信杀死一个不信奉它那种神的人，也就是做了一件神圣的行为"，结果"就使得这样一个民族对其他的一切民族都处于一种天然的战争状态"。卢梭认为，原始民族宗教的排他性或不宽容性甚至是它的更为严重的缺点或弊端，因为这样一种缺

---

① ② ⑦ ［法］卢梭著，何兆武译：《社会契约论》，商务印书馆 1982 年版，第 178 页。

③ ［法］卢梭著，何兆武译：《社会契约论》，商务印书馆 1982 年版，第 8 页。

④ ［法］卢梭著，李平沤译：《爱弥尔》下册，商务印书馆 1978 年版，第 709 页。

⑤ ［法］卢梭著，何兆武译：《社会契约论》，商务印书馆 1982 年版，第 75～76 页。

⑥ ［法］卢梭著，何兆武译：《社会契约论》，商务印书馆 1982 年版，第 170、171 页。

⑧ ［法］卢梭著，何兆武译：《社会契约论》，商务印书馆 1982 年版，第 178～179 页。

点不仅损人，而且害己，使自己的安全常常受到威胁。①

最后，卢梭虽然把"人类的宗教"一般地称作基督教，但他心目中的"基督教"既非天主教，也非处于实然状态下的新教，而是一种"神圣的、崇高的、真正的宗教"，也就是他所说的"福音书的宗教"。他强调说："人类的宗教"也可以说"就是基督教"，"但并不是今天的基督教，而是福音书的基督教，那和今天的基督教是全然不同的"。② 人类的宗教或福音书的基督教虽然本身是"神圣的、崇高的、真正的宗教"，但从公民社会的角度看却是有缺点或成问题的。一方面，从政治的角度看，这种宗教的根本弊端在于它与政治或公民社会毫无瓜葛。这是因为这样的基督教是"一种纯精神的宗教"，它"一心只关心天上的事物"，"基督徒的祖国是不属于这个世界的"。③ 诚然，这样的基督教与"大社会"，即"普遍的人类社会"或"整个的人类社会"也有某种关联，但与"小社会"，即公民社会或政治体却没有"任何特殊的关系"，从而在公民社会或政治体里，"就只好让法律去依靠其自身所具有的力量，而不能再给它增加任何别的力量"。④ 另一方面，从权利的角度看，臣民这种宗教信仰与公民社会和主权者也是毫无关系的。在公民社会中，每个人都有权了解别人的权利观和义务观，主权者也有权考察每个人的权力观和义务观，但每个人之是否对这样的宗教具有信仰，主权者是"不能过问"的。这是因为"社会公约所赋予主权者的统治臣民的权利，……决不能超出公共利益的界限之外"。⑤ 而且，既然这样的宗教关涉的只是"另一个世界"，而主权者关涉的只是这一世界，只是公民社会，则主权者对另一世界，对于这样的宗教信仰就是"根本无能为力"的。"所以，只要臣民们今生是好公民，则无论他们来世的命运如何，就都不是主权者的事情了。"⑥ 这就是说，在卢梭看来，人类的宗教，作为一种纯精神的宗教，作为一种关于来世生活的宗教，从根本上说，是一种与今世生活、政治社会和公民社会不相干的宗教。

既然牧师的宗教即天主教或罗马基督教的根本弊端在于反社会性和反人民性，既然古代城邦居民的宗教是一种具有虚饰性、欺骗性和排他性的宗教，既然人类宗教是一种与今世生活、公民社会和政治社会不相干的宗教，那么，公民社会或政治社会究竟需要一种什么样的宗教呢？卢梭的答案是：公民宗教。

公民宗教的根本特征在于其社会性和公民性。公民宗教的社会性和公民性在

---

① ② ［法］卢梭著，何兆武译：《社会契约论》，商务印书馆 1982 年版，第 179 页。
③ ［法］卢梭著，何兆武译：《社会契约论》，商务印书馆 1982 年版，第 181 页。
④ ［法］卢梭著，何兆武译：《社会契约论》，商务印书馆 1982 年版，第 179 ~ 180 页。
⑤ ［法］卢梭著，何兆武译：《社会契约论》，商务印书馆 1982 年版，第 180 页。
⑥ ［法］卢梭著，何兆武译：《社会契约论》，商务印书馆 1982 年版，第 184 ~ 185 页。

下述三个层面均有鲜明的体现。

首先，从公民宗教的定义层面看，它的社会性和公民性是非常鲜明的。在《社会契约论》中，卢梭径直将公民宗教界定为"一篇纯属公民信仰的宣言"。①在他的这个表述中有两点值得注意：一是公民宗教关乎的只是"信仰"，而不涉及宗教组织、宗教仪式和宗教活动，与历史上存在的所有宗教形态都不同。卢梭在1756年8月18日致伏尔泰的信中将公民宗教称作"一部精神法典"②，即是谓此。二是公民宗教的信仰主体不是历史上存在的各种宗教的教徒，而是"作为主权权威的参与者"的"公民"，③ 从而公民宗教的内容也就只能涉及公民及其政治活动，而不可能涉及其他方面。

其次，从卢梭对公民宗教条款的一般规定看，公民宗教的社会性和公民性也是非常鲜明的。卢梭在一般地谈论公民宗教的条款时，着重强调了两点：一是公民宗教的条款"应该由主权者规定"；二是公民宗教的教条"并非严格地作为宗教的教条，而只是作为社会性的感情，没有这种感情则一个人既不可能是良好的公民，也不可能是忠实的臣民"。④这两项规定无疑都指向了公民宗教的社会性和公民性。将公民宗教的教条说成是"社会性的感情"而非"私人性的感情"，不仅突出了公民宗教的社会性，也突出了公民宗教的公民性，并因此将公民宗教与历史上存在过的各种具体宗教明晰地区别开来了。而卢梭强调公民宗教的教条由主权者规定，也同样具有突出公民宗教社会性和公民性的意图。因为卢梭这里所说的主权者指的是"由全体个人的结合所形成的公共人格"，⑤倘若离开了作为公民的全体个人的参与，离开了社会公约，形成这种公共人格显然是完全不可能的。

最后，从卢梭对公民宗教条款内容的具体规定看，公民宗教的社会性和公民性也是一目了然的。卢梭认为，公民宗教的条款必须具有简洁、精确和自明的特征。公民宗教并非精英宗教，上述各项要求是十分自然的。至于条款的具体内容，卢梭将其区分为"正面的教条"和"反面的教条"两个层面。正面教条具体涉及五个方面的内容：（1）"全能的、睿智的、仁慈的、先知而又圣明的神明之存在"；（2）"未来的生命"；（3）"正直者的幸福"；（4）"对坏人的惩罚"；（5）"社会契约与法律的神圣性"。这五个方面的内容看似相互孤立，实际上是相互贯通、相互演绎的，中心点是社会的政治和法律问题，而非各种具体宗教所强调的个人救赎问题。虽然将"社会契约与法律的神圣性"放在最后，但在这五

---

① ④　[法] 卢梭著，何兆武译：《社会契约论》，商务印书馆1982年版，第185页。

②　[法] 卢梭著，何兆武译：《社会契约论》，商务印书馆1982年版，第185页注3。

③　[法] 卢梭著，何兆武译：《社会契约论》，商务印书馆1982年版，第26页。

⑤　[法] 卢梭著，何兆武译：《社会契约论》，商务印书馆1982年版，第25页。

个方面的内容中却是最为根本的。无论在卢梭的政治思想体系中，还是在其公民宗教理论中，社会性的法律问题及其神圣性问题都是第一重要的问题。公民宗教不仅注重社会性的法律及其神圣性，还注重社会性的道德的重要性，注重"正直者的幸福"和"对坏人的惩罚"。在卢梭看来，如果不能保证"正直者的幸福"和"对坏人的惩罚"，"社会契约与法律的神圣性"势必形同虚设。然而，如何才能保证"正直者的幸福"和"对坏人的惩罚"呢？这势必上溯到"全能的、睿智的、仁慈的、先知而又圣明的神明之存在"和"未来的生命"。从这个意义上，不妨将卢梭关于公民宗教正面教条这五个方面的内容看作是他对上帝存在的政治论和道德论的证明。

至于"反面的教条"，卢梭说得很干脆，就是"不宽容"。宗教宽容问题是为卢梭长期关注的问题。在《新爱洛绮丝》中，卢梭曾经强调："一个真正的信徒决不是偏激的和迫害人的。"① 他甚至说："没有任何真正的信仰者是会不宽容的，或者是会变成迫害者的。假如我是官吏而法律又对无神论者处以死刑的话，那末谁要是宣判别人这种罪状，我首先就要把他烧死。"② 在卢梭之前，洛克曾写过一本题为《论宗教宽容》的专著。但洛克在这部著作中对宗教宽容的讨论，主要是以"严格区分公民政府的事务与宗教事务，并正确规定二者之间的界限"为前提和基础的。③ 与洛克着眼于政教之间的划界不同，卢梭强调的是宗教上的或神学上不宽容与政治上的不宽容的关联性，以及宗教上或神学上不宽容对于公民社会的危害。卢梭强调说："这两种不宽容是分不开的。……凡是承认神学上的不宽容的地方，都不可能不产生某种政治效果的。而且只要神学上的不宽容一旦产生了这种效果，主权者即使在世俗方面也就不再是主权者了；从此牧师就成了真正的主人，而国王则只不过是牧师的官吏而已。"④ 这就是说，宗教上或神学上不宽容的根本弊端在于摧毁公民社会，褫夺人民的公民权利，使公民宗教堕落成"排他性的国家宗教"，使公民社会堕落成一种神权政体。换言之，卢梭之所以如此强烈地反对宗教上或神学上的不宽容，其用意完全在于捍卫公民社会和主权在民的思想原则。由此，便不难理解卢梭何以会说"我们应该宽容一切能够宽容其他宗教的宗教，只要他们的教条一点都不违反公民的义务"，同样也不难理解卢梭何以会说"有谁要是胆敢说：教会之外，别无得救，就应该把他驱逐出国家之外"。⑤

① ［法］卢梭著，伊信译：《新爱洛绮丝》，商务印书馆 2002 年版，第 671 页。
② 转引自［法］卢梭著，何兆武译：《社会契约论》，商务印书馆 1982 年版，第 186 页。
③ ［英］洛克著，吴云贵译：《论宗教宽容》，商务印书馆 1982 年版，第 5 页。
④ ［法］卢梭著，何兆武译：《社会契约论》，商务印书馆 1982 年版，第 186~187 页。
⑤ ［法］卢梭著，何兆武译：《社会契约论》，商务印书馆 1982 年版，第 187 页。

二、涂尔干："法国共和国公民宗教的大教士和神学家"

美国宗教社会学家罗伯特·尼利·贝拉（Robert Neelly Bellah，1927～）的公民宗教概念虽然可以上溯到卢梭，但他的许多有关思想却在很大程度上得益于法国宗教社会学家涂尔干。涂尔干在宗教社会学领域的代表作有《宗教现象之解释》（1899年）和《宗教生活的基本形式》（1912年）。贝拉非常关注关于涂尔干的研究成果，曾于1973年编辑出版了一部《涂尔干论道德与社会》的论文选集。在这部文选的导论中，贝拉不吝赞美之词，称赞涂尔干不仅是一位社会学家、哲学家和道德学家，而且还是"法国第三共和国公民宗教的大教士和神学家"，是"呼吁现代法国乃至整个现代西方社会在面对重大社会危机和道德危机时加以改进的先知"。[①]

应该说，涂尔干的宗教社会学与卢梭的公民宗教思想是具有某种内在关联的。如前所述，卢梭公民宗教思想的基本出发点在于他处理宗教与社会的关系时始终坚持社会本位的原则。之所以应当超越牧师的宗教（罗马基督教）、古代城邦居民的宗教（原始民族的宗教）和人类的宗教（福音书的宗教），最根本的在于它们脱离了社会本位的原则，它们不是游离于公民社会之外，就是凌驾于公民社会之上。公民宗教之所以值得提倡，最根本的就在于它是一种纯粹的关于公民信仰的东西，是一种关于"社会契约和法律的神圣性"的东西，一种神圣化的公民社会的东西。然而，这也恰恰是涂尔干宗教社会学一个基本思想。涂尔干在宗教学史上最重大的贡献正在于将宗教学的研究完全放到"社会事实"的基础之上。在他看来，之所以应当纠正宗教学创始人麦克斯·缪勒的"自然崇拜说"和英国宗教人类学家泰勒的"泛灵论"，就在于它们脱离了"社会事实"，把宗教弄成了一个"幻觉系统"。[②] 正是从这个基本原理出发，在对图腾信仰的历史考察中，涂尔干得出了"图腾的本原即是氏族"，以及"氏族的神、图腾本原只能是氏族本身而不可能是别的东西"的结论。[③] 也正是从这个基本原理出发，涂尔干得出了"社会是宗教的起源"以及"社会的观念正是宗教的灵魂"的结论。[④]

涂尔干不仅以其社会本位论为卢梭的公民宗教学说提供了新的理论支撑，还以他提出的崭新的宗教观为卢梭的公民宗教学说提供了新的诠释。卢梭公民宗教

---

① Emile Durkheim. *Emile Durkheim on Morality and Society*（ed. by Robert N. Bellah）. Chicago：University of Chicago Press，1973，"Introduction"，p. x.

② ［法］涂尔干著，渠东、汲喆译：《宗教生活的基本形式》，上海人民出版社1999年版，第84～86页。

③ ［法］涂尔干著，渠东、汲喆译：《宗教生活的基本形式》，上海人民出版社1999年版，第276页。

④ ［法］涂尔干著，渠东、汲喆译：《宗教生活的基本形式》，上海人民出版社1999年版，第552页。

的核心内容无非是：作为公民公共信仰的"信仰"和作为"社会性感情"的"宗教条款"。倘若从历史上存在的形形色色的具体宗教的立场看问题，这种缺乏有形建制、缺乏来世维度的宗教是没有资格称作宗教的。然而，在涂尔干看来，缺乏有形建制和来世维度这两条并不能构成排除公民宗教宗教身份的充足理由。他认为宗教之为宗教，既包含某种永恒性的东西，也包含某种变动性的东西。那么，宗教所包含的永恒性的东西究竟是什么呢？在涂尔干看来，这种永恒性的东西不是这样那样的有形建制，而是信仰。他明白无误地写道："宗教中存在着某些永恒的东西，这就是膜拜和信仰。"① 卢梭所说的公民宗教本质上是一种信仰，所以这种公民宗教也就不缺乏宗教中永恒不变的东西，也就因此获得了成为一种宗教的可能性。他还认为，与膜拜和信仰之为宗教的永恒性因素不同，宗教信条或宗教条款是变动不已的。涂尔干强调说："任何信条都不是长生不老的，我们也没有理由认为人性不再能创造新的信条。至于这种新的信仰会以什么样的符号来表达自己，它们是否会与过去的符号非常接近，它们是否更适于转达现实，所有这些问题，都超出了人类的预见能力"。② 这就为公民宗教的合法存在预留了空间。

值得注意的是，涂尔干竟然以法国大革命为例加以说明。涂尔干写道："社会创造神或者把自己装扮成神的本事，在法国大革命的开头几年里表现得再明显不过了。那时候，在普遍狂热的影响下，实际上具有纯粹世俗性质的事物也被公众舆论转变成了神圣的事物，那就是'祖国'、'自由'和'理性'。一种宗教就要确立起来了，它还有它的教义、符号、圣坛和节期。对理性和上帝的膜拜就是要试图给这些自发的激情提供一种冠冕堂皇的满足。诚然，这次宗教改革只是昙花一现，那是因为最初灌输给群众的爱国热情很快就松懈了。原因已经消逝，结果也就不再存在。然而，这次经历虽然短暂，它却保留了它全部的社会学意义。在特定的情况下，我们还会看到社会及其基本的观念，直截了当地、未经任何变形就能成为名副其实的膜拜对象。"③ 涂尔干所说的法国大革命"确立起来"的宗教，正是卢梭所说的"公民宗教"。1791 年，在死后 13 年，卢梭成为法国公民宗教的膜拜对象，他不仅被安葬于巴黎贤人祠，国民公会还通过决议，给他树立雕像，以金字题词——"自由的奠基人"。更为重要的是，法国大革命还将卢梭《社会契约论》中观念形态的"公民宗教"转换成了事实形态的公民宗教。著名的"花月法令"宣布法国公民宗教的诞生。1794 年花月 18 日（5 月 7 日），罗伯斯庇尔以救国委员会的名义，向国民公会提出《关于宗教、道德思想与共和国各项原则的关系，关于国家节日》的报告，并附有《关于最高主宰崇拜和国家

① ［法］涂尔干著，渠东、汲喆译：《宗教生活的基本形式》，上海人民出版社 1999 年版，第 566 页。
② ［法］涂尔干著，渠东、汲喆译：《宗教生活的基本形式》，上海人民出版社 1999 年版，第 563 页。
③ ［法］涂尔干著，渠东、汲喆译：《宗教生活的基本形式》，上海人民出版社 1999 年版，第 284 页。

节日法令》的草案。在报告中，罗伯斯庇尔严格遵循卢梭的公民宗教思想，宣称："对最高主宰的存想意味着对正义的不断存想；因此，最高主宰的观念是社会的，又是共和主义的。"[①] "神的存在，来世之说，社会契约和法律的神圣不可侵犯——这些都是我们共和国的坚实基础。"[②]《关于最高主宰崇拜和国家节日法令》共十五条。其中第一条称："法国人民承认最高主宰的存在和灵魂不灭论。"第二条称："法国人民认为，完成每一个人应尽的责任，是崇拜最高主宰的最好的方法。"第三条称："法国人民认为，在那些应尽的责任中，最重要的是痛恨背信弃义和专制统治，惩罚暴君和叛徒，帮助不幸者，尊重弱者，保护被压迫者，为自己的邻人尽力做好事，并以正直态度对待所有的人。"第十五条称："择定牧月 20 日（1794 年 6 月 8 日）为最高主宰的全国纪念日。"[③] 由此看来，法国大革命并非完全抛开了"宗教外衣"，"它只是在抛开基督教的外衣的同时又迅即披上了一件新的宗教外衣"。[④] 而它披上的这件新的宗教外衣，正是卢梭所说的"公民宗教"。如果贝拉将涂尔干称作"法兰西第三共和国公民宗教的大教士和神学家"的说法还有待商榷的话，若有人将其称作"法兰西第一共和国公民宗教的大教士和神学家"，这种说法倒是十分贴切的。

三、贝拉："美国公民宗教"的"先知"

如果说在卢梭和涂尔干那里，公民宗教指的首先是一种法国的或欧洲的公民宗教的话，那么，在贝拉这里，讨论和阐释的则是美国公民宗教。

在贝拉之前，美国学者威尔·赫伯格在 1955 年发表了《新教—天主教—犹太教：论美国宗教社会学》，提出了"美国化宗教"的概念。另一位美国学者西德尼·E. 米德随后发表了《具有教会之魂的民族》（1955 年）和《后新教概念与美国的两类宗教》（1964 年）两篇相关论文，提出并阐释了"共和国宗教"概念。赫伯格和米德虽然有肇始之功，但并未明确提出"美国公民宗教"的概念。贝拉是明确提出并详尽阐释"美国公民宗教"概念的第一人。贝拉也是这么看待自己的创始人地位的。这在贝拉于 1967 年发表的《美国的公民宗教》的开篇引言中即有明确的告白。贝拉开门见山地说道："尽管一些人主张基督宗教是民族的信仰，而另一些人主张教会和犹太会堂赞美的只是关于'美国生活方式'的广

---

① ［法］索布尔著，王养冲编：《法国大革命史论选》，华东师范大学出版社 1984 年版，第 67 页。
② ［苏］卢金著，吕式伦等译：《罗伯斯庇尔》，商务印书馆 1963 年版，第 104 页。
③ 楼均信主编：《法兰西第一至第五共和国论文集》，东方出版社 1994 年版，第 38、39 页。
④ 段德智：《法国大革命的新阐释——读〈法兰西风格：大革命的政治文化〉》，载于《历史研究》1993 年第 6 期。

义的宗教（the generalized religion），但几乎没有人意识到，在美国，实际上，与这些教会同时存在的，还有一种与其显著不同的、精心制作的和非常制度化了的公民宗教（there actually exists alongside of and rather clearly differentiated from the churches an elaborate and well-institutionalized civil religion in America）。本文不仅主张存在有美国公民宗教这样一种东西，而且还主张这种宗教——或者更确切地说，这种宗教维度——有它自己的严肃性和完整性，它要求在理解中给予与任何其他宗教同样的关注。"① 在这段话中，贝拉宣布了他在美国宗教问题上的一个基本发现：在所有"教会宗教"之外美国另存在一个公民宗教，一个有着自身"严肃性"和"完整性"的宗教，"一个精心制作的和非常制度化了的宗教"。其实，贝拉也正是由于他的这一发现，成为"美国公民宗教"的代言人和主要代表人物。

然而，贝拉提出美国公民宗教这个概念也不是偶然的，有其深刻的历史背景和社会背景，即由第二次世界大战后美国宗教民族主义情绪的空前高涨决定的。第二次世界大战之后，无论是美国的国际地位还是所面临的国际形势都发生了重大变化。就其国际地位而论，美国在整个西方世界一枝独秀。就其面临的国际形势看，它在世界范围内遇到了以苏联为首的华约阵营的挑战。所有这些都使美国人不仅进一步滋生了民族优越感，还进一步催生了美国的宗教民族主义。从杜鲁门时代起，美国开始在国内和国外两条战线开展反苏反共。自 1950 年 2 月开始的麦卡锡主义的政治迫害可以看作是美国在其社会内部发动的"清除共产主义意识形态"的政治运动，而同年 6 月在朝鲜半岛发动的侵略战争则是美国在国外发动的一场"清除共产主义意识形态"的战争。② 这就使得许多美国人"在共产主义的无神论性质和美国公民性的宗教基础之间划出一条清楚的界限"，极大地强化了许多美国人固有的宗教民族主义倾向，为后来一些美国学者提出"美国公民宗教"概念做了重要铺垫。③ 如果说在杜鲁门时代，美国主要是通过反苏反共的政治行动来宣泄自己的宗教民族主义情绪，到艾森豪威尔时代，美国便开始着手将自己的宗教民族主义情绪仪式化和符号化。这首先表现在对美国忠诚宣誓誓词的修改上。众所周知，6 月 14 日是美国的国旗日。每年这一天，全国各地的各种公共场所、大型建筑物，甚至家庭，都要悬挂国旗，各州还举行各种纪念仪式。其中一个重要仪式就是在国旗下进行忠诚宣誓。美国忠诚宣誓的誓词最初是

---

① Robert N. Bellah. *Beyond Belief: Essays on Religion in a Post-Traditional World.* Berkeley: University of California Press, 1991, p. 168.

② 这也就是人们所说的"20 世纪 50 年代美国的'反共十字军运动'"。参阅徐以骅：《宗教新右翼与美国外交政策》，引自《宗教与美国社会》第 1 辑，时事出版社 2004 年版，第 86 页。

③ Kenneth Thompson. *Belief and Ideology.* London: Tavistock, 1986, p. 38.

由一个叫弗朗西斯·贝拉米的杂志编辑撰写的，1842 年，美国政府认可该誓词，正式成为美国公民政治生活中一本"信经"。但这个誓词中着力强调的是效忠于"美利坚合众国国旗"，并没有"上帝"等宗教字眼。1953 年，时任美国总统艾森豪威尔说服国会，在誓词中加入"上帝庇护下"（under God）的短语。修改后的誓词大意如下："我谨宣誓效忠于美利坚合众国国旗，忠诚于它所代表的共和国，上帝庇护下的一个国家，不容分割，人人由此享有自由与正义。"① 这个誓词中的上帝，既不单单属于清教徒，也不单单属于圣公会教徒，更不可能单单属于天主教教徒和犹太教教徒，显然属于所有美国人，至少属于绝大多数美国人，因此这个忠诚宣誓的誓词明显地具有公民宗教的烙印。在艾森豪威尔时代，公民宗教意识不仅已经渗透到美国公民的日常政治生活中，还渗透到美国公民的日常经济生活中。这方面的典型例证是，在 1955 年美国通过立法将"我们相信上帝"印到所有的钱币上。"我们相信上帝"（IN GOD WE TRUST）最早出现在 1864 年发行的两美分的硬币上。而由于这一字样在 1907 年发行的新金币上却并未现身，遭到公众的强烈批评。所以，1908 年 5 月美国国会通过立法，要求在所有硬币上铸上"我们相信上帝"的字样。事情并未到此为止。在艾森豪威尔时代，鉴于美国宗教民族主义情绪显著高涨，美国国会于 1955 年 7 月通过立法，不仅要求在所有硬币上印有这一字样，而且美国所有的纸币上也都必须印有这一字样。1956 年 7 月 30 日，美国国会又通过法案，确认"我们相信上帝"为全国格言。这就把对上帝的信仰变成了美国公民的公共信仰和行为通则。

贝拉关于与教会宗教"有着显著不同"的"完备的和非常制度化的公民宗教"概念，正是在这样一种历史背景下提出来的。那么，贝拉说的美国公民宗教究竟有什么样的具体意涵呢？

第一，在贝拉看来，公民宗教乃"政治生活中的宗教维度"（the religious dimension in political life）。卢梭在《社会契约论》中，将公民宗教界定为"公民信仰"或"公民信仰的宣言"，并且宣称"这篇宣言的条款""并非严格地作为宗教的信条，而只是作为社会性的感情"。不仅如此，卢梭还将"公意"与"众意"区别开来，宣称："众意与公意之间经常总有很大的差别；公意只着眼于公共的利益，而众意则着眼于私人的利益，众意只是个别意志的总和。"② 所有这些，都在贝拉的《美国的公民宗教》中有所体现。在美国，大多数公民都有特定的宗教信仰，这就提出了"公民宗教如何一方面与政治社会相关，另一方面与私人宗教组织相关"的问题。贝拉以肯尼迪 1961 年 1 月 20 日的就职演说为例来解

---

① 其原文为：1 pledge allegiance to the flag of the United states of America and to the Republic for which it stands，one Nation under God，indivisible，with liberty and justice for all.

② ［法］卢梭著，何兆武译：《社会契约论》，商务印书馆 1982 年版，第 39 页。

说这个问题。肯尼迪总统是一个基督宗教教徒，更确切地说，他是一个天主教徒。但他在演说中却只是"一般地提到上帝"，而不是强调基督是世界的主，或表明对天主教会的尊重。这并不意味着肯尼迪缺少一种特定的宗教信仰，而只是因为"这些是他自己的私人宗教信仰问题，只关系到他自己的特定教会的问题；它们不是一些以任何直接的方式与他的公职行为相关的问题。另一些具有不同宗教观点和献身于不同教会或教派的人们同样有资格参与政治过程"。① 这可以看作是政教分离原则的一种运用。而这种运用或实践不仅保证了宗教信仰的自由，"同时也清楚地从政治领域剥离出来了宗教领域"，因为教会宗教或宗教信仰问题本质上被看作是"私事"。然而，政教分离所涉及的只是教会与国家的分离以及私人宗教信仰与公民公共信仰的分离，所以政教分离原则便丝毫无损于公民宗教的存在，丝毫无损于"政治领域的宗教维度"。"尽管个人宗教信仰、崇拜和社团（association）这些问题被看作是严格意义上的私人事务，然而也存在着某些共同的宗教倾向的因素，这些因素是绝大多数美国人共享的。它们在美国国家制度的发展中扮演了一个重要的角色，并且仍在为美国生活的整个结构，包括政治领域，提供宗教的维度。"② 而贝拉所谓美国的公民宗教指的正是"政治生活的宗教维度"或"公共的宗教维度"在"一套信仰、象征和仪式"中的"表达"。③ 历届总统的就职演说就是美国公民宗教"一个重要的仪式"，而这种仪式表明："在一切事情中，宗教合法化具有最高的政治权威"。④ 因为政治生活中的宗教维度不仅为人的权利提供了最高根据（因为主权不仅来自人民，而且从根本上说来自上帝），而且也为各项政治进程提供了"一个先验的目标"。美国钱币上之所以印有"我们相信上帝"，忠诚宣誓的誓词中之所以要有"上帝庇护之下"的短语，肯尼迪就职演说的结尾处之所以强调"上帝在尘世的事业必须真正成为我们自己的事业"，⑤ 都是极力表达这层意思，都是告诉人们：在美国，最高的政治权威的源头不是别的，正是公民宗教，正是公民宗教对美国政治生活和政治原则的"合法化"。

第二，美国公民宗教是一种"非常制度化了"（well-institutionalized）的宗教。在贝拉看来，作为美国政治领域的宗教维度，美国公民宗教不仅体现在美国的各种政治活动中，还体现在美国的各项政治制度中，体现在美国各项政治制度的建构之中。贝拉说的美国政治领域的宗教维度"在美国制度的发展中扮演了一个重要的角色"，即是谓此。然而，美国公民宗教对美国政治制度的建构作用首

　　①②③④　Robert N. Bellah. *Beyond Belief*: *Essays on Religion in a Post - Traditional World*，Berkeley：University of California Press，1991，p. 170.

　　⑤　Robert N. Bellah. *Beyond Belief*: *Essays on Religion in a Post - Traditional World*，Berkeley：University of California Press，1991，p. 169.

先体现在《独立宣言》和美国宪法的制定和相关条款中。贝拉曾认真剖析过《独立宣言》的宗教维度。他指出，《独立宣言》共有四处提到了上帝。其中第一处提及"自然的法则和上帝的旨意"（Laws of Nature and of Nature's God），它给每个民族"以独立平等的身份立于世界列国之林"的权利。第二处是那句著名的宣言，即"造物主赋予所有的人若干不可让与的权利，其中包括生存权、自由权和追求幸福的权利"。贝拉指出，美国第三任总统杰斐逊曾把新民族的根本合法性定位于一个"更高的法则"（higher law），这个"更高的法则"本身既基于古典的自然法则，又基于圣经的宗教。第三处是在——列举了大不列颠王国种种暴行之后，宣布诉诸"判定我们目的公正性的世界上的至上法官"。最后一处是"坚定地信赖上帝的保佑"（a firm reliance on the protection of Divine Providence）。这最后一处指明，上帝不仅是自然中的上帝，也是历史中的上帝，指明了历史中的圣经的上帝处于世界之上的"裁判地位"。[①] 由此看来，美国的公民宗教不仅是美国公民的共同信仰，也是一种非常制度化的东西，它差不多体现在美国所有的政治法律制度之中，差不多构成了整个美国政治上层建筑的"钢筋"或"骨架"。

第三，美国公民宗教是"相当一神论"的宗教。美国公民宗教之所以是"相当一神论"的宗教，是因为美国公民宗教的上帝是"相当'一神论'的"（rather "Unitarian"）。[②] 这就是说，美国公民宗教中的上帝虽然与美国三大传统宗教中的上帝不无关系，但并不就是这三大传统宗教中的上帝，而是作为绝大多数美国公民公共信仰的上帝。贝拉解释说："尽管大量的东西有选择地来自基督宗教，但这种宗教显然不是基督宗教本身。……不管是华盛顿，还是亚当斯，抑或杰斐逊，都没有在他们的就职演说中提到基督；后来的总统也没有任何一位提到过，尽管他们中没有一个没提到过上帝。"[③] 贝拉的这个解释应该说还是比较有说服力的。因为在基督宗教里，从三位一体的角度可以说耶稣基督即是上帝，但是在美国公民宗教里，却不能够说，上帝即是耶稣基督。这充分说明美国公民宗教的上帝与基督宗教的上帝不完全是一回事。从新教、天主教和犹太教各自的教义和传统看，它们都是主张"一神论"的，但是，从圣经宗教的三大传统整体看问题，便会发现新教的上帝既不全等于天主教的上帝，更不全等于犹太教的上帝，可以说存在三个上帝。从这个意义上，便不能够说圣经宗教或教会宗教是绝对"一神论"的。但美国公民宗教的上帝则明显为一。作为圣公会信徒的华盛顿、作为长老会信徒的林肯与作为罗马天主教会信徒的肯尼迪，就他们的私人宗

---

① Robert N. Bellah. *Beyond Belief*: *Essays on Religion in a Post - Traditional World*, Berkeley: University of California Press, 1991, p. 174.

②③ Robert N. Bellah. *Beyond Belief*: *Essays on Religion in a Post - Traditional World*, Berkeley: University of California Press, 1991, p. 175.

教信仰而论，他们所信仰的上帝的意涵不尽相同，但是作为美国总统或美国公民宗教共同信仰的代言人，他们所讲的上帝则是同一的或一致的。因此，便可以说美国公民宗教是一种"民族宗教"或"全民宗教"。然而，在谈论美国公民宗教的"一神论"性质时，有两点是值得注意的。其一，美国公民宗教这种"民族宗教"或"全国宗教"与国家宗教不是一回事。因为美国公民宗教并非严格意义上的宗教团体或宗教组织，而只是美国公民所具有的一种"公共信仰"。其二，把美国公民宗教说成是一种民族宗教或全民宗教，也只是一种相对的说法。严格地讲，美国公民宗教只是美国绝大多数公民的公共信仰，在美国公民中也有少数人对美国的政治制度持有异见，此外还有少数公民持无神论的态度和立场。从这个意义上讲，美国公民宗教这个说法本身不仅具有一定程度的虚饰性，也明显地具有反对社会主义和共产主义意识形态的性质和功能。这一点从后面的考察中可以很容易看出来的。

第四，美国公民宗教的上帝"更多地与秩序、法律、权力而不是与救赎和爱联系在一起"。众所周知，教会宗教，尤其是基督宗教，是特别注重讲爱的，特别注重讲个人的救赎。《马太福音》明确宣布："爱主你的上帝"和"爱人如己""这两条诫命，是律法和先知一切道理的总纲"。① 《约翰福音》还谈道："耶稣说：'我就是道路、真理、生命。若不藉着我，没有人能到父那里去。"② 然而，美国公民宗教则不同。它专注的不是"众意"，而是"公意"；不是"来世"，而是"今世"；不是个人救赎，而是社会政治法律制度或政治上层建筑。诚然，公民宗教也注重道德，在某种意义上，公民宗教本身即是一个社会或国家应当遵循的道德规范或道德准则。但它特别注重的却是社会公德或伦理，而非私人道德。也正是在这些意义上，贝拉强调说："公民宗教的上帝……严格说来，更多地与秩序、法律、权力而不是与救赎和爱联系在一起。"③ 英国化学家、英国皇家学会的元老波义耳（1627～1691）喜欢将法国斯特拉斯堡那座著名的大钟比作世界。这个类比有力地支持了波义耳将上帝看作神圣时钟制造者的论点。因为一座时钟显然不是偶然的产物，而是其最初创造者人工技能的结果。④ 但是在贝拉看来，上帝"决不只是一个制造钟表的上帝"，他首先是位社会活动家或政治活动家，他无时无刻不在介入美国政治法律制度的构建。

第五，公民宗教既是"一般"的也是"特殊"的。公民宗教与教会宗教的

---

① 《马太福音》22：40。

② 《约翰福音》14：6。

③ Robert N. Bellah. *Beyond Belief: Essays on Religion in a Post - Traditional World*, Berkeley: University of California Press, 1991, p. 175.

④ 参阅［美］伊安·G. 巴伯著，阮炜等译：《科学与宗教》，四川人民出版社 1993 年版，第 51 页。

一项重大区别在于：一个国家的教会宗教总是具体的和特殊的，而公民宗教相对于这些具体的教会宗教而言总是一般的。从这个意义上，可以将公民宗教称作"一般宗教"（religion in general）。很显然，公民宗教这种一般性品格是相对于一个国家存在的作为具体宗教的种种教会宗教而言的。但是，倘若从世界的范围看问题，就会发现，"每个国家和每个民族都会形成某种形式的宗教自我理解"，[①]从而都会形成自己的公民宗教，美国公民宗教只是诸多公民宗教中的一种。由此，就会发现美国公民宗教不仅具有相对于美国各种具体宗教而存在的普遍性或一般性，也具有相对于世界各国公民宗教而存在的具体性或特殊性。正是因为这一点，贝拉在强调美国公民宗教的一般性的同时也强调了公民宗教的特殊性。他深刻地指出："公民宗教不仅仅是'一般宗教'。一般性无疑被一些宗教看成是一种优点……但是当公民宗教进入美国的主题时，它就显得足够特殊。恰恰由于这种特殊性，公民宗教不仅免遭空洞的形式主义的侵害，而且作为民族宗教自我理解的真正的工具而起作用。"[②] 这对于正确地理解美国公民宗教至关紧要。由此出发，依据美国《独立宣言》所阐述的"自由"和"平等"的人权原则得出的结论只能是：应该尊重各国公民宗教的特殊性和独立存在的正当权利，而不应当对它们的特殊性横加指责，甚至图谋将一国的公民宗教单边地宣布为"世界公民宗教"，并且枉费心机地用它来取代世界各国的公民宗教。普遍性思维实在是宗教殖民主义的一种常见的思维范式，是讨论和阐述公民宗教问题时必须时时警惕并反对的。

第二节　美国公民宗教的宏大叙事

英国社会学家汤普森在阐释"合法化"这一意识形态运行模式时，曾强调了"叙事化"谋略的重要性。他写道："对合法性的一些要求也可以通过叙事化的谋略来表达：这些要求包罗在描述过去并把现在视为永恒宝贵传统一部分的叙事之中。有时，传统确实被制造出来以产生一种社群归属感和一种超越冲突、分歧、分裂经验的历史归属感。这些叙事是由官方编年史家和个人在日常生活中述说的，其作用在于为掌权者行使权力作辩护，在于使无权的其他人顺从。讲话、

---

① Robert N. Bellah. *Beyond Belief: Essays on Religion in a Post – Traditional World.* Berkeley: University of California Press, 1991, p. 168.

② Robert N. Bellah. *Beyond Belief: Essays on Religion in a Post – Traditional World.* Berkeley: University of California Press, 1991, p. 176.

纪实、历史、小说、电影被制作成叙事材料，用以描绘社会关系并揭示行动结果，使之确立和支撑权力关系。……通过讲述叙事和接受（听取、阅读、观看）他人讲述的叙事，我们可能被纳入一个象征过程，而在某些环境下建立并支撑统治关系。"① 作为美国宗教意识形态一种典型形式，美国公民宗教为了充分发挥"建立并支撑权力关系"的社会功能，也大规模地施展叙事化的谋略，努力"再现"甚至"制造"美国公民宗教的官方编年史，把美国独立、建国和发展的历史，写成一部美国公民宗教的生成史和演进史。在这一节里，我们将在政教分离的大背景下，努力揭示美国公民宗教的宏大叙事。

一、"分离之墙"的墙外之音：教会宗教与公民宗教

美国是一个信教程度极高的国家，从殖民地时代起，就一直是绝大多数人虔信基督宗教的国家。法国历史学家和社会学家托克维尔（1805～1859）当年曾经感叹道："我一到美国，引起我注意的第一件事就是美国人宗教信仰之深。"② 这样一种状况至今也没有发生根本的变化。1991年对包括美国、北爱尔兰、菲律宾、爱尔兰、波兰、俄罗斯在内的17个国家和地区的调查显示：美国是宗教信仰程度最高的国家，接下来的是北爱尔兰、菲律宾、爱尔兰和波兰。此外，1990～1993年，涉及41个国家和地区关于"信仰强烈者所占人口比例"的另一项调查显示：一方面，"美国是世界上信教程度最高的国家之一"，除了波兰和爱尔兰外，美国远远超过其他欧洲国家；另一方面，"美国是信教程度最高的新教国家"。③ 美国人所具有的超常的信教程度，使瑞典神学家克里斯特·斯滕达尔在谈到美国人的宗教信仰时也说："甚至美国的无神论者说话也带宗教味儿。"④ 这种情况很可能让人产生误解：在阐释美国的宗教意识形态和宗教殖民主义时只注意教会宗教就足够了，似乎没有必要花费太多的笔墨来讨论公民宗教问题。

然而，如果充分考虑到"政教分离"这一美国的基本国策，这种误解就有望消除了。政教分离是美国在建国之初就确定的基本国策。这项政策最初明确地表达在1789年7月美国制宪会议通过的10条宪法修正案，即《人权法案》中。《人权法案》中的"宪法第一条修正案"（简称"宪法第一修正案"）规定："国会不得制定设立宗教或禁止其自由实践的法律"。不难看出，这项规定包含着两个分句，其中一个是设立分句，旨在限制国家以法律形式确立官方宗教；另一个

---

① ［英］约翰·B. 汤普森著，高铦等译：《意识形态与现代文化》，译林出版社2005年版，第69页。
② Samuel P. Huntington. *Who Are We?* New York：Simon & Schuster，2004，p. 85.
③ Samuel P. Huntington. *Who Are We?* New York：Simon & Schuster，2004，p. 89.
④ Samuel P. Huntington. *Who Are We?* New York：Simon & Schuster，2004，p. 87.

为禁止分句，旨在保证信教自由。1802 年，时任美国总统的杰斐逊在谈到这项规定时，将其宗旨明确地宣布为"建立一道教会与国家（机器）的分离之墙"。①此后，尽管人们对"宪法第一修正案"真正意涵的理解一直存在争议，但"政教分离"的原则大体上还是坚持下来了。

然而，政教分离之宪法原则实际上是一把双刃剑，既指向国家和政府，也指向教会，一方面限制了国家和政府干预教会的权力，另一方面又限制了教会干预国家和政府的权力。因此，有人将这一宪法原则称作"双面制约"之墙。

但是，政教分离宪法原则的确立似乎并不能从根本上阻断宗教对美国政治的深刻影响。1954～1966 年发生在美国各地的、广大美国黑人参加的声势浩大的"民权运动"，无疑是第二次世界大战后美国政治生活中具有重大历史意义的事件。这一运动或事件不仅迫使美国国会通过了《民权法案》（1964 年），而且还迫使美国国会通过了《选民登记法》（1965 年），使黑人的社会地位得到了根本的改善。而领导这一运动的组织正是一个宗教组织，即南方基督教领袖会议，其主要领袖即是先后为德克斯特浸信会和埃比尼泽浸信会牧师的马丁·路德·金（1929～1968）。②再如，正是在美国宗教右翼组织的推动下，美国国会制定并通过《1998 年国际宗教自由法案》的。随着西方殖民主义在世界各地的强势推进和世界基督宗教重心从北半球向南半球、从西半球向东半球的转移，基督宗教在世界的布局发生了根本性变化。20 世纪初，全世界 85% 的基督宗教教徒还居住在西方，但到 20 世纪末，全世界基督宗教教徒已有 60% 以上居住在北美和欧洲之外。在这种情况下，宗教自由问题或宗教迫害问题就成为西方国家在世界范围内干涉其他国家内政最容易的口实。正是在这种情况下，美国宗教的右翼组织，如"基督教联盟"、"全国福音派协会"和"家庭研究会"等，不仅大造舆论，说什么全世界至少有 2 亿基督宗教教徒正在遭受迫害，而且还积极推动或参与有关宗教立法。例如，早在 1996 年 1 月 23 日，"全国福音派协会"就在一次关于所谓宗教迫害问题的重要会议上通过了《"全国福音派协会"关于世界性宗教迫害的良心声明》，要求美国国会和行政当局在公开反对某些国家（主要指共产党和伊斯兰教国家）迫害基督宗教教徒方面发挥积极作用，并建议采取具体行动，如由总统出面发表谴责迫害基督宗教教徒的重要演讲、任命关于国际宗教自由的总统特别助理、指示美国驻外和驻联合国使节与持不同教见者会晤、推进国际宗教自由、训练移民和归化局官员重视所谓宗教迫害问题、加速受理宗教避难的申

① Thomas Jefferson. *Writing of Thomas Jefferson*, vol. XVI. Washington D. C.：The Thomas Jefferson Memorial Association，1904，p. 282.

② 参阅 George C. Bedell, Leo Sandon, Jr.，Charles T. Wellborn. *Religion in America*. New York：Macmillan，1982，pp. 355 – 368.

请、中止对那些未采取有力措施结束对基督宗教教徒和其他宗教徒所谓迫害的国家和政府的非人道主义援助等。这一由迈克尔·霍罗威茨起草的声明即刻得到了国会和行政当局的回应。该声明发表不到一月，众议院国际关系委员会国际行动和人权小组委员会主席、新泽西州共和党众议员克里斯·史密斯便专门就所谓国外对基督宗教教徒的迫害举行了听证会。1996年夏国会还通过决议要求国务院就该问题提出报告，要求在美国对外政策中包含支持宗教自由的内容。1997年，美国宗教右翼策划的"反宗教迫害运动"进一步升级。霍罗威茨又起草了《1997年消除宗教迫害法案》。1997年5月20日在众议院由弗吉尼亚州共和党众议员弗兰克·沃尔夫和宾夕法尼亚州共和党参议员阿伦·斯佩克特共同提出该项法案，故又称"沃尔夫—斯佩克特法案"。1998年5月14日，经过多次修改后，该法案在众议院以375对41票获得通过。由于《1997年消除宗教迫害法案》的制裁措施过于严厉，参议院积极寻求妥协性替代法案。于是，1998年3月，参议员唐·尼古拉斯和后被提名为民主党副总统候选人的康涅狄克州参议员乔·利伯曼作为共同发起人，在参议院正式提出"国际宗教自由法案"，该法案又称"尼古拉斯—利伯曼法案"或"参议院法案"。1998年10月9日参议院以98对0票通过"尼古拉斯—利伯曼法案"，第二天众议院也以全票通过该法案。1998年10月27日克林顿签署了《1998年国际宗教自由法案》，宣称美国政府"已把宗教自由作为美国外交政策的一个核心因素"。与全国福音派协会1996年通过的《关于世界性宗教迫害的良心声明》相比，《1998年国际宗教自由法案》虽然在措辞上稍显缓和、在措施上更为周全，但在根本内容和根本举措上却没有原则性差别，足见美国教会宗教对美国内政外交的巨大影响。

那么，究竟应当如何正确看待上述宗教活动对美国政治的这种影响呢？换言之，宗教活动对美国政治这种影响是否有违美国政教分离的基本国策呢？其实，政教分离涉及的是一个国家的政治体制问题，是宗教团体或宗教组织与国家政权及其组织结构或组织形式之间的关系问题。其对立面是政教合一制度。政教合一政治制度的根本特点在于政权与教权均系于一体，国家法律以宗教教义为依据。在中世纪，拜占庭帝国、阿拉伯帝国和沙俄都推行过这种制度。当今时代，实施政教合一政治制度最为典型的当属梵蒂冈。当年，列宁在谈到政教分离时，也是着眼于"宗教团体"与"国家政权"的关系的。他写道："应当宣布宗教是私人的事情……国家不应当同宗教发生关系，宗教团体不应当同国家政权发生联系……这些团体应当是完全自由的、与政权无关的志同道合的公民联合会。"①然而，宗教组织或宗教团体与国家政权或国家政体无关，并不意味着宗教活动与

① 《列宁全集》第12卷，人民出版社1987年版，第132页。

政治活动无关。正如教会宗教都有宗教组织或宗教团体一样，公民宗教也有宗教活动或宗教行为。洛克在《论宗教宽容》中曾经将宗教行为区分为"纯粹思辨性的信仰行为"和"实践性的道德行为"两种。洛克认为，纯粹思辨性的信仰行为比较单纯，只是一种宗教性和私人性的行为，而实践性的道德行为则具有双重身份，即一方面，它与纯粹思辨性的信仰行为一样，是宗教性的和私人的，另一方面，它又与纯粹思辨性的信仰不同，是政治性的和公民性的，"是与公民政府息息相关的"。① 这就是说，宗教或宗教活动本身也具有政治性和公民性的一面。而前面所说的 20 世纪 50～60 年代南方基督教领袖会议所领导的民权运动，以及 20 世纪末美国宗教右翼组织所策动的国际宗教自由立法活动，都具有明显的政治性和公民性性质。美国宗教社会学家约翰斯通在谈到政教分离泛化倾向时，曾经批评那种认为"宗教和政治活动的领域完全不同，没有重叠的地方"的论调，强调指出："在这里，人们必须假定，宗教服务于灵魂，而国家服务于肉体——或者宗教完全是个人化的，而政治与国家则服务于群体，处理和人们生存有关的外在事物，并且完全是世俗的。这种完全的分离从没有成功过，因此它仍然是一种纯粹理论的可能性。"② 约翰斯通本人的立场是："从社会学角度来看部分的分离是最实际的选择。就宗教和政治都是社会制度并都包括一些亚群体、规范和人们来说，它们是相互作用的；它们有时候在功能上是重叠的；它们经常包括同样一些人，寻求同样一些人去归属于它们并参加到它们当中去。"③ 约翰斯通还从"宗教和选举行为"以及"道德立法"两个层面具体阐述了"宗教对政治的影响"。

由于政教分离关涉的只是宗教组织或宗教团体与国家政权及其组织结构的关系问题，宗教不只是一种社会组织或社会团体，还有其独特的行为或活动，所以宗教便有可能翻过"分离之墙"，将自己的声音或影响传达给政治，从而对一个国家的政治活动产生这样那样的影响。然而，宗教也不仅仅是一种社会行为或社会活动，它还是一种社会意识，一种社会意识形态。事实上，作为一个国家或一个民族文化传统的一部分，宗教意识或宗教意识形态对这个国家或这个民族的政治的影响，要比宗教行为或宗教活动的影响直接得多、广泛和深刻得多。这是在讨论宗教意识的社会维系功能和复制功能时应该特别注意的。宗教意识区别于其他社会意识的根本特征，就在于它本质上是一种"信仰"和"膜拜"。涂尔干讲

---

① ［英］洛克著，吴云贵译：《论宗教宽容》，商务印书馆 1982 年版，第 35 页。

② ［美］罗纳德·L. 约翰斯通著，尹今黎、张蕾译：《社会中的宗教》，四川人民出版社 1991 年版，第 164 页。

③ ［美］罗纳德·L. 约翰斯通著，尹今黎、张蕾译：《社会中的宗教》，四川人民出版社 1991 年版，第 164～165 页。

"信仰和膜拜"是宗教的永恒因素，即是谓此。哈佛大学"比较宗教史"专家威尔弗雷德·坎特韦尔·史密斯在其名著《宗教的意义与终结》中将宗教归结为"信仰"，并宣称"信仰超越神学"，[①] 想要强调的也是这一点。公民宗教之为公民"宗教"正是因为它是一种"信仰"，一种由一个国家绝大多数公民持守的对其政治制度、政治理念和政治英雄的"信仰"。因此，公民宗教的本质特征就在于对教会宗教信仰的"合理转移"：从信仰主体层面看，是从宗教教徒向国家公民的合理转移；从信仰对象层面看，是从彼岸世界向此岸世界的合理转移，从宇宙学向社会学的合理转移，从不可知者向可知者的合理转移，从超验的神秘向现成的政治制度、政治理念和政治人物的合理转移。这样，宗教信仰与政治的关系便自然而然地凸显出来了。

约翰斯通在阐述宗教与政治的关系时，曾专题讨论"公民宗教"。他写道："在继续考察宗教与政治的关系时，我们需要研究一个概念，这个概念是那些企图了解宗教与政治如何相互影响、特别是在美国如何相互影响的人所广泛注意的。这个概念就是'公民宗教'。就这一术语的最简单的意义讲，公民宗教的观念是指某些人所持的这样的一种见解，它认为，社会的基础和标志着历史进步的事件，乃是更大的事物的神圣框架中的一个部分；政治结构和由这些结构中产生的政治行动有某种超验的方面——上帝在我们的国家中起作用，因此我们都有某种命运。"[②] 美国宗教社会学家约翰·A. 柯尔曼曾给公民宗教下了一个较为完整的定义，并列举了美国公民宗教三个主要特点。他把公民宗教界定为"把一个人作为公民的角色和他在空间、时间、历史中的社会地位与其最终存在和意义的条件联系在一起的一套信仰、礼仪和符号"。[③] 柯尔曼所列举的美国公民宗教的三个主要特点为：（1）国家是上帝在历史中有意义活动的首要代表。这种信仰产生了关于明确的使命与世界责任的教义。（2）国家是主要的社会，在这种关系中，各个美国人发现了个人和群体的同一性。这是一种熔炉式的教义。（3）国家也具有像正义共同体一样的教会特征。[④] 柯尔曼的这些观点与贝拉在《美国公民宗教》中阐释的观点非常接近。下面，就对美国公民宗教在美国政治法律制度的确立和发展中发挥的"关键性作用"[⑤] 进行一番历史的考察。

---

① W. C. Smith. *The Meaning and End of Religion*. New York：The Macmillan Company，1963，p. 201.

② ［美］罗纳德·L. 约翰斯通著，尹今黎、张蕾译：《社会中的宗教》，四川人民出版社1991年版，第185页。

③ John A. Coleman. "Civil Religion". *Sociological Analysis*，31（2），Summer 1970，p. 76.

④ John A. Coleman. "Civil Religion". *Sociological Analysis*，31（2），Summer 1970，p. 74.

⑤ Robert N. Bellah. *Beyond Belief：Essays on Religion in a Post - Traditional World*. Berkeley：University of California Press，1991，p. 171.

二、美国版《出埃及记》：作为美国摩西的华盛顿

按照《旧约·创世记》的叙事，亚当和夏娃由于犯了原罪而被上帝从伊甸园赶了出去。他们在世上相继生了该隐、亚伯和塞特三个儿子。塞特的后裔诺亚生了三个儿子：闪、含和雅弗。闪的后裔以撒生下以扫和雅各，而雅各生下十二个儿子。后来由于迦南发生饥荒，雅各和他的儿子们为了活命逃到埃及。于是，就有了《出埃及记》的故事。

出埃及的故事开始于公元前 1350 年左右。希伯来人移居埃及以后，随着时间的推移，逐渐沦为受埃及奴役的民族。他们被迫在尼罗河三角洲为埃及法老的建筑工程干活，遭受非人的待遇。以色列利未族人的后裔摩西在流亡中受到上帝的召唤，要他带以色列人离开埃及，摆脱眼前遭受奴役的境地，前往上帝应许给以色列人的"美好宽阔流奶与蜜之地"——迦南。耶和华对摩西说："我是你父亲的上帝，是亚伯拉罕的上帝、以撒的上帝、雅各的上帝。……我的百姓在埃及所受的困苦，我实在看见了……我下来是要救他们脱离埃及人的手，领他们出了那地，到美好宽阔流奶与蜜之地，就是到迦南人、赫人、亚摩利人、比利洗人、希未人、耶布斯人之地。……我要打发你去见法老，使你可以将我的百姓以色列人从埃及领出来。"[①] 摩西与埃及法老反复较量，最后终于迫使埃及法老允诺在埃及居住 430 年之久的以色列人离开埃及，踏上归程。当以色列人到达红海后，上帝又令摩西用杖指海，在海浪中显出一条干路，使以色列人顺利通行。其后摩西领导以色列人在走向迦南这个流着奶和蜜的应许之地的征途中，不仅进一步纯洁了信仰，而且还建立了以色列人的各级政治机构，制定了一些重要法律（如"摩西十诫"）和一系列规章制度。摩西虽然未能如愿带领以色列人到达应许之地，但所幸的是，在临终前他还是登上了尼波山顶的毗斯迦峰，看到了约旦河对岸的迦南大地，并在对迦南大地的远眺中结束了他波澜壮阔的一生。摩西死后不久，大约在公元前 1225 年，在他的接班人先知约书亚领导下，以色列民族终于从旷野进入了迦南这块"应许之地"。上帝的应许和摩西的遗愿终于变成了现实。

在摩西领导以色列人出埃及大约 2900 多年之后，一批又一批大不列颠人或欧洲人演绎了一出"出大不列颠"或者"出欧洲"的故事。不过这些人的目的地不是中东的迦南，而是"美国"。"美国"这个地方最初的原住民是印第安人的祖先——亚洲的流浪者。大约 1 万年前，又有一批亚洲人移居到此，形成了后来的爱斯基摩人。15 世纪末，当哥伦布到达他所认为的新大陆时，居住在"美

---

① 《出埃及记》3：6-10。

国"的印第安人，大约有 150 万之众。但从 17 世纪开始，情况发生了重大变化，首先是英国人，也有一些其他欧洲人陆续来到美国这块土地。1607 年，一个约有一百人的英国殖民团体，在乞沙比克海滩建立了第一个永久性殖民地——詹姆斯镇。1643 年。由马萨诸塞湾、纽黑文、康涅狄格、普利茅斯联合而成的新英格兰同盟成立。在此后的 100 多年间，陆续涌来了大批殖民者，定居于沿岸地区。至 18 世纪中叶，在现在美国的东北部地区，相继形成了 13 个英国殖民地，它们在英国最高主权下设立了各自的政府和议会。1774 年，来自 13 州的代表聚集在费城，召开第一次大陆会议，谋求独立，开启了美国的独立运动。1775 年，在其独立要求遭到英王拒绝后，马萨诸塞州列克星敦打响了独立战争第一枪。1776 年，在费城召开第二次大陆会议，发表了著名的《独立宣言》，正式宣告脱离英国而独立，成立美利坚合众国。1787 年，制定了世界上第一个比较完整的成文宪法，确立了美国的共和政体制度。接着，于 1789 年，国会通过 10 条修正案，即《人权法案》。同年，乔治·华盛顿当选美国第一任总统（1789～1797年）。华盛顿早年在法国印第安人战争中曾担任支持大英帝国一方的殖民军军官。1758 年，当选弗吉尼亚议员。1774 年和 1776 年，先后两次作为弗吉尼亚议会代表出席第一届和第二届大陆会议。1775 年，华盛顿就任大陆军总司令，为北美独立战争的胜利做出了无可替代的贡献。1783 年，《巴黎和约》签订，英国承认美国独立。同年 12 月 23 日，华盛顿递交辞呈，解甲归田。1787 年他主持召开费城制宪会议，制定联邦宪法。1789 年，他当选美国总统后，组织机构精干的联邦政府，颁布司法条例，成立联邦最高法院，支持汉密尔顿关于成立国家银行的计划，批准杰斐逊所支持的公共土地法案。1793 年，华盛顿再度当选总统。1796 年 9 月 17 日，他发表告别词，表示不再出任总统，次年回到自己的维农山庄园。由于其对美国独立和美国立国做出的重大贡献，被尊为"美国国父"。

无论在美国的历史上还是在人类的历史上，美国的独立战争都具有重大的历史意义。列宁曾将这次战争称作"一次伟大的、真正解放的、真正革命的战争"。[1] 但美国公民宗教却赋予这场战争以完全不同的宗教意涵。在这里，美国公民宗教提出的第一个概念是"美国的以色列"。早在 1799 年，马萨诸塞黑弗里尔第一教会的牧师阿贝尔·阿博特在一次感恩布道中就曾明确地提出"我们美国的以色列"这个概念，强调"美利坚民族比地球上的任何其他民族都更接近于古代以色列"。[2] 那么，"美国的以色列"究竟有什么深意呢？依据《圣经》，"美国的以色列"的基本含义应该是讲美国和古代以色列一样，也是一个受到上帝

---

① 列宁：《给美国工人的信》（1918 年 8 月 20 日），《列宁全集》第 35 卷，人民出版社 1985 年版，第 47 页。

② Hans Kohn. *The Idea of Nationalism*. New York：Macmillan，1961，p.665.

"祝福"的民族，也是一个上帝"拣选"的民族。在《申命记》第六章中，临终的摩西谆谆告诫以色列人："以色列阿，你要听、要谨守遵行（上帝所吩咐教训你们的诫命、律例、典章）、使你可以在那流奶与蜜之地，得以享福，人数极其增多，正如耶和华你列祖的上帝所应许你的。"① 在第七章中，摩西又进一步告诫说："你归耶和华你上帝为圣洁的民，耶和华你上帝从地上的万民中拣选你，特作自己的子民。耶和华专爱你们，拣选你们，……只因耶和华爱你们，又因要守他向你们列祖所起的誓，就用大能的手领你们出来，从为奴之家救赎你们，脱离埃及王法老的手。"② 由此可见，美国人之所以自诩为"以色列"，不仅在于它可以像以色列一样获得上帝的"救赎"，也不仅因为它可以像以色列一样"享福"，还在于它可以像以色列那样成为"多国的民"的"君王"。《创世记》在谈到上帝给雅各改名为以色列时叙述道："你的名原是雅各，从今以后不要再叫雅各，要叫以色列。……我是全能的上帝，你要生养众多，将来有一族，和多国的民从你而来，又有君王从你而出。"③ 也许正是成为"多国的民"的"君王"的冲动才勾起了美国人自诩以色列的渴望。"美国的以色列"是美国宗教民族主义的基本象征。这一象征不仅成为"美国例外论"的原始支撑，而且也成为美国"国家伟大"和"国家使命"的原始支撑。

美国公民宗教提出的第二个概念是"欧洲是埃及，美国是迦南"。在这个概念中有两个明显的比照：一是欧洲与埃及的比照，一是美国与迦南或"应许之地"的比照。这两个比照都颇具深意。从血缘关系、族源关系和文化关系的角度看，大多数美国人都属于英国人和欧洲人的后裔。据此，有人将美国文化称作"盎格鲁—新教文化"，也有人据此将美国视为欧洲"自由主义"、"洛克主义"或"启蒙运动"的"一个余波"或"一个版块"。④ 然而，在美国公民宗教看来，所有这一切全都是无稽之谈。英格兰对于新英格兰是什么？英国女王对于美国人是什么？欧洲大陆对于美洲大陆是什么？是专制政体，是独裁政权，是暴政，是近代的"埃及"，是埃及的"法老"，是对清教徒的美国人的迫害者。在托马斯·杰斐逊起草的《独立宣言》中，美国人对自己的压迫者、迫害者和剥削者的愤怒情绪有非常鲜明的表达。《独立宣言》告诉世人的一个基本事实："当今大不列颠国王的历史，是接连不断的伤天害理和强取豪夺的历史，这些暴行的唯一目标，就是想在这些州建立专制的暴政。"《独立宣言》通篇列举的都是大

---

① 《申命记》6：3。

② 《申命记》7：6—8。

③ 《创世记》35：10—11。

④ James Ward and A. Leland Jamison, eds. . *Religious Perspectives in American Culture.* Princeton：Princeton University Press，1961，p. 85；Huntington. *American Politics：The Promise of Dishamony.* Cambridge：Harvard University Press，1981，p. 154.

不列颠国王的"暴政"。在某种意义上，可以说《独立宣言》就是一篇美国人血泪斑斑的控诉书，是一篇美国人讨伐大不列颠国王的战斗檄文。当初，他们之所以背井离乡，逃出英格兰，其目的正是为了逃避英国专制政府的迫害，今天，他们之所以要举行独立战争，也同样是为了逃避英国专制政府的迫害。美国人心目中的英国形象就是"敌人形象"，这和当年以色列人心目中埃及法老的形象是一模一样的。德国历史学家于尔根·海德金在谈到美国人这一政治情结时指出："1776 年，意识形态，而不是种族、语言或宗教，成了国民身份的试金石。美国人心目中的敌人形象，是近代历史上第一次出现的意识形态敌人的形象。"① 独立后头一百年期间，美国是世界上唯一一个始终保持共和政体和民主体制的国家，美国人把暴政、君主制、贵族制以及压制自由和个人权利的行为视为敌人这种政治情结、宗教情结和意识形态情结，即使现在看来也是可以理解的。

与"欧洲是埃及"的比照相应的是"美国与迦南或应许之地"的比照。常说的最早一批美国人是从英国移民到北美的英格兰人。但是，从公民宗教的立场看，这种观点是不能接受的。持公民宗教立场的人认为，从英格兰到美国居住的头几批美国人不是移民而是定居者。他们宣称："定居者与移民有根本区别。"这种区别就在于：就其最基本的意义看定居者与移民似乎是一致的，即一些人离开自己现存的社会，到另一个不同的社会，但定居者是"革命者"（富兰克林·罗斯福语），是新的社会制度的创建者或缔造者。他们之所以要离开自己现存的社会，目的是在另一个地方创建一个崭新的社会。而移民通常不是革命者，而只是一个不同社会的"适应者"。人们常常把 18 世纪 70 年代和 80 年代赢得独立和创制宪法的人称作"开国元勋"，然而，这些开国元勋的工作显然是以"开路的定居者"的工作为基础和前提的。因此，美国政治体制建构的历史原点必须上溯到最早几批定居者。也正是在这个意义上，亨廷顿断言："美国这一社会的历史不是始于 1775 年、1776 年或 1787 年，而是始于 1607 年、1620 年和 1630 年的头几批定居者群体。正是在这中间的一个半世纪当中建立了盎格鲁—美利坚新教的社会和文化，而 18 世纪 70 年代和 80 年代发生的事态则是根植于这样的一个社会和文化，是这一社会和文化的产物。"② 这些定居者是带着希望或憧憬离开英格兰的。对于这些定居者来说，"新英格兰"就是"流奶与蜜"的"迦南"，甚至比迦南更值得令人向往。《圣经》中所说的迦南实际上包括今日的以色列、约旦、巴勒斯坦和黎巴嫩等国家和地区，其面积当在 20 万平方公里之内。美国的国土

---

① Jürgeen Heideking. "The Image of an English Enemy During the American Revolution". in Ragnhild Fibig-von Hase and Ursula Lehmkuhl, eds.. *Enemy Image in American History.* Providence, RI: Berghahn Books, 1997, pp. 104, 95.

② Samuel P. Huntington, *Who Are We?* New York: Simon & Schuster, 2004, p. 40.

即使在建国之初，也已经有大约 80 万平方公里。而且，经过不到一个世纪的"西进"，其疆土扩增 10 多倍，达到 930 多万平方公里，大体相当于整个欧洲面积的 9/10。美国不仅幅员辽阔，而且自然条件得天独厚。34% 的国土属于温带湿润气候型，32% 的农田位于最有利的高温带。在自然资源方面，美国石油、天然气、铀、铜、钒、钛等 18 种矿产品储量居世界第一位。1805 年，杰斐逊在第二次当选美国总统后的就职演说中，曾经心满意得地说道："我也需要上帝的恩宠，我们在他的掌握之中，他领导我们的先辈，像古代的以色列人那样，离开他们自己的土地，将他们安置在一个万物具备、生活舒适的国家"。①

美国公民宗教的第三个概念是"摩西"。宗教社会学家马克斯·韦伯在《儒教与道教》中，曾经引入"卡里斯马"（Charisima）的概念："卡里斯马，无论在哪里，都是一种非常的力量。"② 卡里斯马作为一个社群崇拜的领袖：（1）具有神一般的超越常人的特殊资质；（2）掌握特别的知识或启示；（3）能引导其追随者走上新的革命的道路；（4）对其追随者具有极大的"召唤"力，他们对其超常地信任、爱和顺从。如果说在《出埃及记》中，这种卡里斯马的人物是摩西的话，在美国公民宗教中，这种卡里斯马的人物就是华盛顿，华盛顿最终成为美国的摩西。在独立战争时期的美国的政治意识中，特别是在独立战争时期的领袖人物的政治意识中，摩西的类比一直有着相当强烈的印记。这在他们最初设计美国国徽图案的构想中曾有过相当鲜明的表达。1776 年 7 月 4 日，大陆会议曾经组织了一个三人委员会来草拟国徽图案。其中富兰克林和杰斐逊提交的提案中直接间接地使用了摩西的象征。"富兰克林设计的图案是：摩西高举起他的权杖，把红海一劈两半，而埃及法老被海水吞没，题词是：对暴君的反抗就是对上帝的服从。杰斐逊的设计是：在旷野中的以色列儿童，他们'白天被乌云所引导，夜晚被火柱所引导'。"③ 其实，美国独立战争中扮演摩西角色的很可能不止一人。可以说，三人委员会中的任何一个，无论是富兰克林，还是杰斐逊和亚当斯，在这样那样的场合都曾扮演过摩西的角色。但无论如何，在这些开国元勋中，最有资格充当美国摩西的是当属华盛顿。在几十年的战斗生涯中，他不仅扮演了"受人尊重和受到崇拜的民族英雄"的角色，而且还扮演了"不容置疑的民族圣人"的角色。④ "没有什么比华盛顿这人更好的证据来说明早期美国历史上生机勃勃的公

---

① Robert N. Bellah. *Beyond Belief：Essays on Religion in a Post – Traditional World*. Berkeley：University of California Press，1991，p. 175.

② ［德］马克斯·韦伯著，王荣芬译：《儒教与道教》，商务印书馆 1999 年版，第 76 页。

③ 参阅 Anson Phelps Stokes. *Church and State in the United States*. Vol. 1. New York：Harper，1950，pp. 467 – 468.

④ Richard V. Pierand ＆ Robert D. Linder. *Civil Religion ＆ Presidency*. Grand Rapids，MI：Zondervan，1988，p. 65.

民宗教的存在"，① 他是"美国早期公民宗教神话中一个让人敬畏的人物"，他就是"美国的摩西"，② 就是"上帝指派的领导他的人民摆脱极权统治的摩西"。③

三、美国版《福音书》：作为美国耶稣的林肯

公民宗教的中心问题是"公共信仰"问题。华盛顿之后，林肯成了美国公共信仰的第二个大英雄："华盛顿被视为圣父和美国的摩西，而林肯则被视为耶稣基督和第一位大烈士。"④ 有学者将林肯与华盛顿和 1963 年遇刺身亡的美国第 35 任总统肯尼迪联系在一起，宣称他们一起构成了美国公民宗教公共信仰的"三位一体"。"在另一位总统 98 年后遇刺身亡后，⑤ 有人甚至提出，公民宗教现在已经有了它的三位一体——华盛顿为圣父的象征，林肯为圣子的象征，约翰·F. 肯尼迪则为在其安葬在阿灵顿国家公墓里的墓上的燃烧着的永不熄灭的火焰，即圣灵。"⑥ 在这个三位一体的比喻中，就当前的话题而言，最为重要的，是将林肯喻为美国公民宗教中的耶稣基督或圣子。然而，一旦将林肯喻为耶稣基督或圣子，便立刻进入了《新约》圣经的福音故事系统，不仅因此立刻发现一个"受难的耶稣"和"复活的耶稣"，还因此窥见耶稣基督和《圣经》关于新人新天新地启示的全部意义。对于美国公民宗教来说，从这个美国版的福音故事中，至少可以读到"牺牲"、"复活"和"圣事化"这三个核心概念。

林肯和南北战争向美国公民宗教提供的首要概念是"牺牲"。亚伯拉罕·林肯既是美国历史上出身最为清贫的总统，也是美国历史上首位遇刺身亡的总统。他的父亲不仅务农，而且还做过鞋匠、伐木工人和木匠等。少年林肯不仅帮助家里务农，还先后当过摆渡工、种植园工人、店员和木工，后来又当过土地测绘员和律师。1834 年，25 岁的林肯当选州议员。1847 年，当选美国众议员。1860年，当选美国第 16 任总统。1861 年，在南方联盟不宣而战的情况下，作为废奴

---

① Richard V. Pierand & Robert D. Linder. *Civil Religion & Presidency*. Grand Rapids，MI：Zondervan，1988，p. 65.

② Richard V. Pierand & Robert D. Linder. *Civil Religion & Presidency*. Grand Rapids，MI：Zondervan，1988，p. 67.

③ Robert N. Bellah. *Beyond Belief*：*Essays on Religion in a Post – Traditional World*. Berkeley：University of California Press，1991，p. 176.

④⑥ Richard V. Pierand & Robert D. Linder. *Civil Religion & Presidency*. Grand Rapids，MI：Zondervan，1988，p. 112.

⑤ 这里所谓"另一位总统"指的是美国第 35 任总统约翰·肯尼迪（John Kennedy，1917～1963）。美国第 16 任总统亚伯拉罕·林肯是第一个遭遇刺杀的美国总统。由于其被刺杀身亡的时间为 1865 年 4 月 15 日，而肯尼迪被刺杀身亡的时间为 1963 年 11 月 22 日，两者相距 98 年，故有"另一位总统 98 年后遇刺身亡"之说。

运动领袖的林肯果断地领导了南北战争。1862 年，林肯签署了《宅地法》，1863
年，又亲自起草并签署了《解放黑人奴隶宣言》，同年在著名的盖茨堡讲演中，
提出了"民有、民治、民享"的纲领性口号，从根本上保证了南北战争的最后胜
利。1864 年 11 月 8 日，林肯再次当选美国总统。1865 年 4 月 14 日晚上，林肯在
华盛顿的福特剧院看戏时，被南方奴隶主收买的暴徒刺杀。林肯不幸逝世后，有
150 万人瞻仰了他的遗容，有 700 多万人伫立在道路两旁向出殡的行列致哀。由
于在南北战争中的卓越贡献，林肯被称作"伟大的解放者"，而自己却在解放美
国奴隶的同时，献出了自己的生命。正因为如此，许多美国人称林肯为"the
martyred leader"。[①] "The martyred leader"既可译作"受难的领袖"，又可译作
"富于牺牲精神的领袖"。这和耶稣基督在福音故事中扮演的角色几乎没有什么两
样。耶稣基督道成肉身降生在世本来是要救世的，但到最后却不仅背负十字架游
街，还在"各各他"与两个强盗一起被钉死在十字架上。[②] 当时，人们嘲笑耶稣
基督"自称为王却不能自救"，然而，救人（救世）而非自救正是耶稣基督精神
的本质，也正是十字架精神的本质。所谓"牺牲"精神，也就是一种无私的奉献
精神。同样，人们可以嘲笑林肯，说他虽然解放了美国的黑人奴隶，但却未能使
自己免受凶手的暗害。可正因为如此，林肯才戏剧般地显示了他的牺牲精神或奉
献精神，才更配称作"伟大的解放者"。至少从长时段的眼光看，林肯的受难本
身绝不只是美国黑人解放运动中一个偶然的插曲，而应当被看成推进美国黑人解
放运动乃至美国人权运动和民主运动不断走向深入的一项具有永恒意义的事件。

　　林肯和南北战争向美国公民宗教提供的第二个概念是"复活"。林肯是为了
黑人的解放运动和南北战争而死的，然而为了黑人解放运动和南北战争死去的决
非林肯一人。迄今为止，在美国本土的战争中南北战争是最为"血腥"的战争。
"内战不仅上演了同族相残的悲剧，而且它是 19 世纪最为血腥的战争。生命损失
比美国人先前遭受的任何事件都要大得多。"[③] 据统计，南北战争的总死亡人数
在 62 万以上，总伤残人数则在 41 万以上。这就使得死亡成为美国公民宗教一个
新的主题或新的话题。林肯的死值得吗？100 多万人的死亡和伤残值得吗？从而
提出了南北战争的意义问题。南北战争的意义首先是对美国的意义。美国之为美
国，首先就在于《独立宣言》宣布的"自由和平等"的理念或原则。然而，美
国在此后却长期容忍了奴隶制。不仅如此，美国奴隶主阶级还于 1861 年 2 月公

---

① Richard V. Pierand & Robert D. Linder. *Civil Religion & Presidency*. Grand Rapids, MI: Zondervan, 1988, p. 108.

② 《马太福音》27：22—50。

③ Robert N. Bellah. *Beyond Belief*: *Essays on Religion in a Post - Traditional World*. Berkeley: University of California Press, 1991, p. 176.

然成立"美利坚邦联",宣布黑人奴隶制为其立国的基础。这就尖锐地提出了要不要持守《独立宣言》的理念或原则的问题,即要不要持守美国的立国基础或立国原则。而林肯之所以坚持废奴运动,从根本上说,就是为了捍卫《独立宣言》的立国理念或立国原则,就是为了"复活"《独立宣言》所昭示的立国理念或立国原则。正因为如此,南北战争被称作"美国历史的中心"。[①] 同时,南北战争还具有明显的世界意义。如上所述,美国是当时世界上唯一一个坚持共和制度的国家。要不要开展废奴运动,要不要将美国扭转到共和轨道上来,从世界范围讲,实质上是人类应当步入更加文明的社会制度,还是长期滞留在野蛮的专制制度的问题。据《圣经》记载,耶稣在"登山训众"时,曾要求他的信徒做盐做光。耶稣说道:"你们是世上的光。城造在山上,是不能隐藏的。人点灯不放在斗底下,是放在灯台上,就照亮一家的人。"[②] 从美国公民宗教的立场看,美国就是耶稣所说的"世上的光"和"山城之巅"。"林肯不仅怀有而且还彰显了美国的这种使命感。与新英格兰清教徒一样,他坚信上帝拣选了美国这个民族来落实他的人类计划。……林肯就是那将主流的福音圣经宗教与民主理念合二而一从而创造出一个'山巅之城'公民宗教版的最负责任的人物。"[③] 贝拉在谈到内战的意义与林肯时,也指出:"内战提出了民族意义的最深刻的问题。对于美国人来说,不仅提出而且在其自身中体现其意义的人是亚伯拉罕·林肯。……伴随着内战,一个新的主题:死亡、牺牲和复活,进入了公民宗教。它在林肯的生和死中得到了象征性的表达。"[④] 罗伯特·洛维尔在论及林肯及其著名的盖茨堡演讲时,也曾指出:"林肯象征性地死去了,正是因为联盟士兵真正死去了——以及他本人实际上很快就死去。……他赋予战场一种它所缺乏的象征意义。对我们和我们的国家来说,他使得杰弗逊的自由和平等理想加入到基督宗教死亡和复活的牺牲行动中。"[⑤] 无怪乎林肯的同代人就已经开始拿他与耶稣相比,称林肯是"上帝选择的一个人",是"自耶稣基督以来最高贵和最可爱的人"。[⑥]

---

① Sidney E. Mead. *The Lively Experiment.* New York：Harper & Row，1963，p. 12.

② 《马太福音》5：14—15。

③ Richard V. Pierand & Robert D. Linder. *Civil Religion & Presidency.* Grand Rapids，MI：Zondervan，1988，p. 99.

④ Robert N. Bellah. *Beyond Belief*：*Essays on Religion in a Post – Traditional World.* Berkeley：University of California Press，1991，p. 177.

⑤ Robert Lowell. "On the Gettysburg Address". in Allen Nevins, ed.. *Lincohn and the Gettysburg Adress.* Urbana，III.：Univ. of III. Press，1964，pp. 88 – 89.

⑥ 参阅 Sherwood Eddy. *The Kingdom of God and the American Dream.* New York：Harper & Row，1941，p. 162.

林肯和南北战争对美国公民宗教做出的第三个贡献是"美国公民宗教的圣事化"。① 在南北战争中，美国公民宗教的圣事化肇始于 1863 年 7 月 1 日至 7 月 3 日的盖茨堡之役。该战役是南北战争中最血腥的一场战斗，也是联邦军在南北战争中转败为胜的关键性战役。此役双方共损失五万多人（包括阵亡、受伤、失踪、被俘者）。战后，超过七千阵亡战士的遗体躺在烈日下，五千多匹战马尸骸遍野。为了纪念这场伟大的战役，为了纪念这些伟大的阵亡战士，美国政府在此兴建了国家公墓。1864 年 11 月 19 日，林肯总统在国家公墓揭幕礼上向在场的一万多人发表了著名的"盖茨堡演说"。1866 年，南北战争结束后，美国北方一些州的退伍军人和市民于 5 月间带着花束、花圈、十字架和旗帜到附近埋葬北方士兵的公墓举行纪念活动。1868 年，北方诸州开始统一在 5 月 30 日举行纪念仪式，向在南北战争中献出生命的北方士兵致敬。1882 年，美国北方各州开始将这个日子定为法定节日。1971 年，尼克松总统宣布美国阵亡将士纪念日为国家假日，纪念日定为 5 月的最后一个周一。贝拉在谈到公民宗教意义时，曾经指出："源于内战的阵亡将士纪念日，给我们业已讨论的主题以仪式的表达。……阵亡将士纪念日仪式，尤其是在美国的城镇和小城市中，在牵涉到纪念殉难者、牺牲的精神以及美国观时，对整个社区来说，是个主要事件。就像感恩节——只是偶然地在林肯在位期间被牢固地确立为一个年度的民族节日——有助于把家庭统一进公民宗教中一样，阵亡将士纪念日旨在将当地社区统一进民族礼拜中。"②

由此看来，"美国的公民宗教最主要地集中在革命事件上"。③ 美国的革命（独立战争）和南北战争作为美国革命历史两个中心事件，在美国公民宗教中均获得了典型的表达。美国版的"出埃及记"和美国版的"福音书"以及美国版的摩西（华盛顿）和美国版的耶稣（林肯）所展现的，正是这两个革命事件的宗教维度。而由此提供的"美国的以色列"、"美国是迦南"、"美国的摩西"以及"牺牲"、"复活"和"圣事化"，事实上成为美国公民宗教的基本构件，在后来的美国政治生活中一直发挥着宗教意识形态的社会功能。

---

① Richard V. Pierand & Robert D. Linder. *Civil Religion & Presidency.* Grand Rapids, MI: Zondervan, 1988, p. 87.

② Robert N. Bellah. *Beyond Belief: Essays on Religion in a Post – Traditional World.* Berkeley: University of California Press, 1991, p. 179.

③ Robert N. Bellah. *Beyond Belief: Essays on Religion in a Post – Traditional World.* Berkeley: University of California Press, 1991, p. 176.

第三节　美国公民宗教的政治轨迹

鉴于美国公民宗教以"美国的以色列"、"欧洲是埃及，美国是迦南"以及美国乃"山城之巅"等为其核心概念，有人便断言：美国公民宗教本质上是美国民族的一种"自我崇拜"，[①] 是一种"宗教国家主义"或"爱国主义宗教"。[②] 这种说法有一定道理，但显然不够全面。美国公民宗教既然脱胎于作为世界宗教的基督宗教，就势必具有某种"世界主义的习性"，[③] 从而超越通常意义上的自我崇拜或爱国主义，内蕴一种世界主义或普世主义。这从美国公民宗教的上述概念中也可以窥见一二。例如，就"美国的以色列"论，依据《圣经》，以色列乃上帝的选民，而上帝之所以拣选它，就是要它成为世界各国的"君王"，要它在世上替天行道。美国人既然以以色列自诩，美国公民宗教里显然便有成为世界各国"君王"的雄心，有替天行道的使命意识。再如，既然美国人要"做光"，将美国视为"山城之巅"，美国公民宗教势必试图将美国的光投向世界各国，将美国的政治制度推向世界各国。至于美国公民宗教宣扬"欧洲是埃及，美国是迦南"，更彰显了美国人想要扮演世界救世主的角色。如果说在 18～19 世纪，扮演"埃及法老"或"美国意识形态敌人形象"的是"英国"和欧洲，在第二次世界大战之后则是苏联和中国及其所代表的共产主义，以及"伊斯兰好斗分子"。[④]

正因为如此，随着美国国际地位的不断提升，越来越暴露其公民宗教的"世界主义的习性"，不仅在美国的内政方面而且在美国的外交方面，美国公民宗教都发挥了越来越大的社会功能，在美国推行世界霸权主义和宗教殖民主义的活动中越来越多地扮演了"世界公民宗教"的角色。美国公民宗教的"末世论目标"并不限于美国自身，而是在于世界，在于取代联合国，建构"一种真正的跨民族的主权"："迄今为止，联合国的光焰燃烧得太低了，以致不能成为一种礼拜的焦点，但是一种真正的跨民族的主权必定会改变这一点。有必要把至关重要的国际

---

① Robert N. Bellah. *Beyond Belief: Essays on Religion in a Post - Traditional World.* Berkeley: University of California Press, 1991, p. 168.

② Robert Wuthnow. *The Restructuring of American Religion: Society and Faith Since World War II.* Princeton: Princeton University Press, 1988, p. 249.

③ Martin E. Marty. *Modern American Religion.* Vol. 1, Chicago: The University of Chicago Press, 1997, pp. 17 – 24.

④ Samuel P. Huntington. *Who Are We?* New York: Simon & Schuster, 2004, pp. 357 – 358.

象征整合进我们的公民宗教"，整合进"世界公民宗教"。① 尽管在一定意义上可以把美国的公民宗教视为这种世界公民宗教的"一部分"，但是，这种世界公民宗教本质上只不过是美国公民宗教的"实现"，而不是对它的"否定"。关于这一层，美国公民宗教概念的先知和主要代言人贝拉解释得很清楚："幸运的是，既然美国的公民宗教不是对美利坚民族的崇拜，而是根据终极的和普遍的实在对美国经验的一种理解，那么由这种新形势所决定的重组就不必破坏美国宗教的连续性。一种世界公民宗教可能作为美国公民宗教的实现而不是对它的否定而被接受下来。的确，这样一种结果从一开始就已经是美国公民宗教的末世论希望。否定这样一种结果就是在否定美国自身的意义。"②

现在，考察一下美国公民宗教在美国的外交政策中是如何一步步地扮演"世界公民宗教"的角色的。

一、从"孤立主义"到"世界霸权主义"

美国要在全球范围内充当救世主，首先必须做大做强，一个弱小的国家不仅不可能在全球范围内扮演救世主的角色，甚至也不足以充当"典范"。而做强做大自己的首要条件就是要竭力排除欧洲列强对美国安全的威胁，正是基于这一认识，美国才推行孤立主义的外交政策和外交路线。

17 世纪中期，三十年战争的结束和《威斯特伐利亚和约》的签订不仅催生了一系列欧洲大国，也酿成了以均势外交为中心内容的国际秩序。均势外交本质上是一种实力外交，其结果是弱小国家不断成为大国（如英国、法国、西班牙、奥地利、德意志、俄罗斯等）"补偿原则"的牺牲品。例如，在 1814 年 10 月～1815 年 6 月召开的维也纳会议上，波兰和萨克森便成为均势外交的牺牲品。在这种情势下，作为弱小国家的美国要避免波兰和萨克森的命运，只有不仅要确保自身的安全，还要把自己做强做大，最佳选择自然是拒绝与欧洲列强结盟，采取所谓"孤立主义"的外交路线。在建国初期美国的政治精英们看来，孤立主义的外交路线并非一种纯然消极的防御性战略，依然蕴含"世界主义"的用心。对于这些政治精英们来说，孤立主义的外交路线不仅可以使尚处于弱小状态的美国有效地避开欧洲专制势力的干扰，还可以专心致力于美国自身的革命事业和自由事业，为世界各国树立典范，更好地扩大美国在世界的影响。曾参与起草《独立宣言》和美国宪法的富兰克林断言：把美国的事情办好具有世界的意义。因为这不

---

①② Robert N. Bellah. *Beyond Belief*: *Essays on Religion in a Post - Traditional World*. Berkeley: University of California Press, 1991, p. 186.

仅可以在世界上"为热爱自由的人们准备一个避难所",而且可以使人们发现"我们在捍卫我们自由的时候也是在为他们的自由而战","我们的事业"同时也就是"整个人类的事业"。[①]1821年7月4日,时任美国国务卿的约翰·昆西·亚当斯在独立日的演说中,突出地强调了美国事业的"典范"意义。他说道:"美国不要到国外去寻找怪物加以消灭,她真诚地希望所有人都获得自由和独立。她将只是自身自由和独立的捍卫者和支持者。她将通过声援的方式和树立典范表现出的仁爱的同情来支持这一普遍的事业。"[②]

在门罗总统1923年12月2日的国情咨文中,这种以"树立典范"为中心内容的"孤立主义"外交路线得到了明确而完整的表述,并赋予其新的内容。这项咨文即通常所说的"门罗宣言",所包含的原则即通常所说的"门罗主义"。门罗主义针对欧洲"神圣同盟"干涉拉丁美洲独立运动的企图,提出了"美洲事务是美洲人事务"的原则:(1)要求欧洲国家不在西半球殖民。这一原则不仅反对西欧国家对拉美的扩张,而且也反对俄国在北美西海岸扩张。(2)要求欧洲不干预美洲独立国家的事务。(3)保证美国不干涉欧洲事务,包括欧洲现有的在美洲的殖民地的事务。

门罗主义的提出是美国外交政策史上一块重要的界碑,再生动不过地表明:美国的孤立主义外交路线是与它的扩张主义路线结伴而行的。门罗主义表达的与其说是"美洲是美洲人的美洲",毋宁说是"美洲是美国人的美洲"。当美国以美洲代言人的身份警告欧洲人"不要插手"时,等于向世人宣布美洲是美国的势力范围。而这种扩张政策在某种意义上可以说是美国与生俱来的。1776年7月4日,北美的13个殖民地宣布脱离英国独立,此时美国的领土只是大西洋沿岸的13个州,其面积只是大约80万平方公里。经过八年的独立战争,于1783年,美国和英国签订了《巴黎和约》,英国承认美国的独立,并先后把13个州以外大西洋沿岸的大部分土地划归美国,美国领土达到230万平方公里,约占现在美国本土面积的30%。1803年4月30日,美国以"金钱外交"的和平方式和法国代表签订条约,仅以150万美元的代价便取得了密西西比河西岸约260万平方公里的土地。1819年2月,美国又以500万美元的代价武力兼并了西班牙统治的15万平方公里的佛罗里达。1845年和1859年,美国又先后兼并了墨西哥的得克萨斯和俄勒冈。1848年2月,美国又以1500万美元的微小代价武力兼并了墨西哥近53万平方公里的土地。由此看来,门罗主义无非是西部运动的一种继续而已。殖民扩张实在是美国外交政策的一项核心内容。所有这些都指向一点:美国公民

---

① 参阅 David Armstrong. *Revolution and World Order*. Oxford:Clarendon Press,1993,p.52.

② Walter LaFeber,ed.. *John Quincy Adams and American Continental Empire:Lectters,Papers and Speeches*. Chicago:Quadrangle Booksm 1965,p.45.

宗教的"典范论"从一开始就具有明显的殖民性或虚饰性，美国孤立主义外交路线本质上是一条扩张主义或殖民主义路线。随着美国实力的提升，美国"典范论"和美国的孤立主义外交路线的殖民主义本质，暴露得越来越充分，[①] 其结果便是全球主义或世界霸权主义外交路线的制定和实施。

在美国总统中，第一个提出全球主义外交路线的是威尔逊。威尔逊是美国第28任总统。在其第一个任期内，威尔逊和他的前辈一样恪守"孤立主义"的外交路线，努力在协约国和同盟国之间取中间立场，实施"远离战争"的传统国策。但随着德国于1917年发动无限制潜艇战并秘密邀请墨西哥与德国结盟反对美国，威尔逊最终决心投入第一次世界大战，进行一场"结束一切战争的战争"。1917年4月2日，威尔逊发表战争咨文。威尔逊提出的美国参战的"充足理由"正是他的"世界主义"。他说：美国之所以必须拿起武器，是"为了世界的最后和平和各国人民的解放，……是为了世界无论大小民族的权利和各地人民选择他们生活方式和政治权威的特权。"[②] 在此后的全国巡回演讲中，威尔逊向美国人民发出了走出孤立主义的呼吁。他说："美国的孤立状态结束了，这不是因为我们选择了走进世界政治的舞台，而是因为这个民族的聪敏才智和我们力量的增长已经使我们成为人类历史的一个决定性力量。在你成为决定性力量之后，无论你是否希望，你都不能继续保持孤立，是历史的进程，而不是我们自己的选择结束了孤立，而且历史的进程也不过是实现了我们共和国的建立者的预言。"[③] 1918年1月8日，威尔逊在巴黎和会上正式提出了关于国际社会新秩序的"十四点原则"，其中包括"签订公开条约，杜绝秘密外交"、"平时和战时海上航行的绝对自由"、"消除国际贸易壁垒"、"裁军和限制军备"、"公道地处置殖民地"以及"建立国际联合机构"等。对于威尔逊来说，这种全球主义的外交路线无非是将美国宪法原则普世化，美国秩序世界化。而这原本就是作为上帝选民的美国的使命。在威尔逊看来，美国外交政策这一转向不是偶然的，归根到底是由其所承担的"天命"决定的。他告诉人们，美国此前"一直全神贯注于国内的发展"，"这第一项任务已经大体完成"，现在是"美国开始关注它对整个世界承担的任务"的时候了。"这样一种时刻已经到来，在上帝的保佑下，美国将再一次向世界表明，它生来就是为人类服务的。"[④] 不难看出，威尔逊所鼓吹的全球主义外交路线的根本目标在于，推动国际秩序的根本改造，将美国社会山巅之城的

---

① 自1894年起，美国的国民经济就跃居全球第一位。

② Arthur Roy Leonard, ed.. *War Addresses of Woodrow Wilson.* Boston：Ginn and Company, 1918，p. 42.

③ Anders Stephanson. *Manifest Destiny：American Expansionism and the Empire of Right.* New York：Hill and Wang, 1995，p. 117.

④ Lloyd E. Ambrosius. *Wilsonian Statecraft：Theory and Practice of Liberal Internationalism during World I.* Wilmington：SR Books, 1991, p. 98

光普照世界，从而在全球范围内实现"美国治下的和平"。正是由于美国怀抱这种"使命感"和"全球意识"，推动它在第二次世界大战后、90年代前与苏联争霸天下，在20世纪90年代后又竭力独霸世界。

二、从"遏制战略"到"和平演变战略"

虽然在口头上美国主张以民族自决为基础建立国际新秩序，实际上，无论是在推行孤立主义外交政策的时期，还是在推行全球主义外交政策的时期，对外干涉都是美国外交活动一项基本内容。例如，美国之所以推行孤立主义外交路线，固然有维护自身国家安全的考虑，但还有一个重要目的，就是为了消除欧洲列强在美洲的影响，确立美国在美洲的主宰地位。美国的早期干涉主义不仅在1846～1848年的美墨战争中有鲜明的表现，而且在1898年的美西战争中也有鲜明的表现。1846～1848年的美墨战争始于对墨西哥内政的干涉，终于对墨西哥领土的掠夺。① 而1898年的美西战争不仅宣示了美国在推行孤立主义外交路线时代所奉行的西半球主义，也宣示了美国的全球觊觎。因为通过美西战争，美国不仅从西班牙手中夺取了古巴和波多黎各这两个西半球的海外殖民地，还从西班牙手中夺取了菲律宾和关岛这两个东半球的海外殖民地。20世纪初，在美西战争中扮演过重要角色的第26任美国总统西奥多·罗斯福曾对美国对外政策的干涉主义本质有毫不掩饰的表白。一方面，他从门罗主义推论出美国独享的在西半球的"国际警察权"，宣称："在西半球美国的坚守门罗主义，可能迫使美国不论多么不情愿，仍不得不对恶名昭彰的恶行或无能，行使其国际警察权。"② 另一方面，他又要求将美国在西半球所独享的"国际警察权"延伸至东半球，宣称：美国"愈来愈有义务坚持对世界作适当的警察行为"。③ 由此看来，既可以将西奥多·罗斯福的国际警察论理解为威尔逊全球主义外交路线的先声，又可以理解为威尔逊全球主义外交路线的注脚。

尽管从美西战争起，美国便在很大程度上放弃了孤立主义，转向罗斯福—威尔逊的全球主义，但长期以来美国参与国际事务的活动及其范围一直是相当有限的。这种状况到了第二次世界大战期间才有了根本的变化。对美国外交政策方面这种转向产生决定性影响的，是发生在1941年12月7日的珍珠港事件。正如著名外交史家罗伯特·奥斯古德所言："自从美国成为一个世界大国以来，大多数美国

---

① 根据1848年2月2日美墨双方签订的和约，墨西哥割让得克萨斯、新墨西哥、上加利福尼亚等230万平方公里土地给美国。

② James D. Richardson. *A Compilation of the Messages and Papers of the Presidents.* New York：Bureau of National Literature，1897 – 1913，Vol. 10，p. 7053.

③ ［美］基辛格著，顾淑馨、林添贵译：《大外交》，海南出版社2012年版，第23页。

人第一次明白他们的日常生活会受到海外发生的事态的深刻影响，他们国家至关重要的利益会受到其他地区国际权力格局变化的破坏。"① 这一事实再次表明，唯有美国利益和美国安全才是推动美国的外交路线和外交政策转向的真实动因。

然而，当美国从西半球走向世界后不久，突然发现一度是自己在第二次世界大战中重要盟友的苏联竟是自己最主要的敌人。出于充当"国际警察"的需要，美国对整个第三世界进行了广泛的干涉。从第二次世界大战结束到苏联解体的40多年时间里，美国对危地马拉、古巴、印度尼西亚、中国、阿富汗、安哥拉、柬埔寨和尼加拉瓜等国家实施了准军事行动，对朝鲜、黎巴嫩、多米尼加、越南、格林纳达和巴拿马实施了直接的军事干涉，并对40多个第三世界国家实施了经济制裁。但是，美国对第三世界国家的干涉和制裁不仅在很大程度上是出于与苏联争夺世界霸权的动机，在很大程度上还是出于削弱和消除苏联世界影响的考虑。"让我们不要欺骗自己。正是苏联鼓动了正在发生的动乱。如果苏联人民没有卷入这种多米诺游戏，世界就不会有热点。"② 可以将里根总统这番话看作冷战时代历届美国总统外交思维方式的典型写照。

正因为有了这种外交思维定式，在整个冷战时代，美国对苏联采取了严厉的遏制政策。乔治·凯南（George Frost Kennan，1904～2005）是提出"遏制政策"的第一人。1925年，凯南从普林斯顿大学毕业后进入外交部工作，开始接受俄语和俄国事务的专门培训。1929年后到柏林大学学习俄罗斯文化，并在欧洲一些国家从事外交工作，随后被任命为美国驻苏大使威廉·马歇尔·布利特的助手兼翻译。1944～1946年，他被任命为莫斯科代办。1946年2月22日，凯南向美国国务院发了一封长达8 000字的电文，提出并最终被美国政府采纳的美国对付苏联的长期战略，即遏制政策。1947年，他以"X"的署名在《外交事务》杂志上发表《苏联行为的根源》，明确提出美国要使用"抵抗力量"对苏联的扩张倾向进行长期、耐心、坚定与警觉的"遏制"。普遍认为这一主张是美国对苏战略的思想基础，凯南本人也由此获得了"遏制之父"的称号。同年，凯南出任美国国务院政策规划司首任司长，并一手推动建立中央情报局，并开始参与马歇尔计划的策划。1952年，凯南被杜鲁门总统任命为美国驻苏大使。1953年，凯南退出外交部，返回母校任教。2005年去世后，美国最有影响力的《纽约时报》和《华盛顿邮报》同时在头版报道其去世的消息，称他为"冷战时代的顶级战略家"和"构筑美国外交政策的圈外人"。

美国对苏联的遏制活动是多方位的。它不仅在国内外掀起了一轮又一轮反对

---

① Robert E. Osgood. *Ideals and Self-Interest in America's Foreign Relations*. Chicago：The University of Chicago Press，1953，p. 429.

② Arthur M. Schlesinger Jr. . *The Cycle of American History*. Boston：Houghton Mifflin，1986，p. 55.

共产主义意识形态的活动，而且还在经济和军事方面对苏联采取了一系列遏制措施。以美国的"马歇尔计划"为例：第二次世界大战之后，美国设计和制定了援助西欧国家的计划，即"马歇尔计划"。按照这项计划，自1947年7月起，在四个财政年度内，美国给西欧各国提供包括金融、技术、设备等形式在内的援助合计达130亿美元。受到援助的国家包括奥地利、比利时、卢森堡、丹麦、法国、德国、希腊、冰岛、爱尔兰、意大利、荷兰、挪威、葡萄牙、瑞典、瑞士、土耳其和英国。而以英国、法国和德国获得的援助为最多。其中英国获得32.97亿美元的援助，法国获得22.96亿美元的援助，德国获得14.48亿美元的援助。关于马歇尔计划的深层动机，历史学家中有两种意见：一种意见认为该项计划旨在复兴欧洲经济；另一种意见则认为该计划本意在于抗衡和遏制苏联和共产主义势力在欧洲的进一步渗透和扩张。从表面上看，该计划复兴欧洲经济的用意是不容否定的。第二次世界大战对欧洲经济造成的损害远远超过第一次世界大战。至1947年，欧洲经济依然徘徊在战前水平以下，并几乎看不到增长的迹象。欧洲农业生产是1938年水平的83%，工业生产为88%，出口总额则仅为59%。就此而言，美国官方将马歇尔计划称作"欧洲复兴计划"不是没有缘由的。但是，从另一个方面看，该项计划抗衡与遏制苏联和共产主义在欧洲进一步渗透和扩张的用意也是十分明显的，而且很可能是其更深层次的动因。首先，凯南呼吁美国政府对苏联采取"遏制政策"的报告是在1946年2月22日上报给美国国务院的，而英国前首相丘吉尔是在1946年3月5日在杜鲁门总统陪同下，在杜鲁门的母校威斯敏斯特学院发表反苏反共的铁幕演说的，这就使得马歇尔计划具有了浓重的意识形态性质。而且，在丘吉尔的铁幕演说中，对于铁幕的边界做了明确的划定。他说道："从波罗的海的斯德丁〔什切青〕到亚得里亚海边的的里雅斯特，一幅横贯欧洲大陆的铁幕已经降落下来。在这条线的后面，坐落着中欧和东欧古国的都城。华沙、柏林、布拉格、维也纳①、布达佩斯、贝尔格莱德、布加勒斯特和索

---

① 维也纳是一座拥有1800多年历史的欧洲古城。自1278年起，维也纳成为神圣罗马帝国的首都。至19世纪随着奥匈帝国的强盛，维也纳先后成为奥地利帝国（自1806年起）和奥匈帝国（自1867年起）的首都。第一次世界大战宣告哈布斯堡王朝统治的终结和奥匈帝国的解体。1918年11月，德意志奥地利共和国在维也纳成立，1919年，德意志奥地利共和国更名为奥地利共和国。1922年，维也纳成为奥地利的一个联邦州。此时，社会民主主义在维也纳城市参议院、州议会和地方议会选举中获胜，被称作"红色维也纳"。1938年，希特勒占领维也纳，吞并奥地利。1945年4月，苏联红军占领维也纳，并着手建立新的城市管理机构，先是由共产党人担任临时市长，随后由奥地利社会民主党人接替。1945年4月27日，奥地利社会民主党、奥地利人民党和奥地利共产党的代表在维也纳市政厅宣布奥地利独立，并组成临时新政府，4月29日占领当局将议会大厦移交给临时新政府，奥地利民主共和国重建。1945年秋，苏联允许美国、英国和法国三个其他同盟国军队进入维也纳和奥地利，由四国实施共同管理。1955年5月15日，奥地利国家条约签署，盟军撤出，奥地利完全独立。由于丘吉尔的铁幕讲演是在1946年3月进行的，故而其讲演中有将维也纳与柏林、布拉格、布达佩斯、贝尔格莱德、布加勒斯特和索菲亚相提并论的说法。

菲亚——所有这些名城及其居民无一不处在苏联的势力范围之内，不仅以这种或那种形式屈服于苏联的势力影响，而且还受到莫斯科日益增强的高压控制。"丘吉尔所圈定的铁幕的"另一边"完全被排除在马歇尔的援助计划之外，这种惊人的一致说明马歇尔计划是在"铁幕"思想指导下形成的。其次，在马歇尔计划正式实施之前，美国在1947年1月就对希腊和土耳其提供了实质性援助。美国政府为什么急于对希腊和土耳其提供紧急救援呢？最根本的在于，土耳其和希腊与苏联和东欧社会主义国家接壤，美国试图通过经济援助将这两个国家建设成遏制共产主义的前线。在美国和英国看来，对希腊的援助尤其刻不容缓。希腊共产党领导的民族解放阵线不仅曾于1944年9月参加民族团结政府，获得多个部长职位，还于1946年12月发动了反对英国和美国扶植的保皇势力的武装斗争。最后，美国之所以急于援助西欧各国，一个重要目标在于遏制西欧各国的共产党势力。西欧各国共产党由于在第二次世界大战中的杰出表现，在广大群众中产生了比较大的影响，在战后选举中取得了普遍成功，有些国家的共产党不仅加入了政府，而且还赢得了一些比较重要的职位。例如，意大利共产党不仅于1944年4月参加了联合政府，而且党的领导人陶里亚蒂还曾任副总理一职。再如，法国共产党不仅从1944年9月起连续参加五届联合政府，而且还在1946年大选后成为法国议会第一大党。所有这些都使得美国决策者担心法国和意大利等国滑入共产主义阵营。而在马歇尔计划开始实施的1947年，西欧各国共产党相继被排挤出议会和政府，这充分显示了马歇尔计划的意识形态性质和政治意图。所有这些都表明，与其说马歇尔计划是一项经济援助计划，毋宁说是一项意识形态计划和政治计划，一项遏制苏联和共产主义的计划。

然而，苏联似乎并没有因为马歇尔计划的实施而崩溃，相反，在各个方面都取得了惊人的成就。例如，在从1945年到1957年的12年间，苏联的工业总产值增长4倍，稳居世界第二位。在尖端科学技术方面发展神速。1949年，苏联第一颗原子弹爆炸成功；1953年，苏联第一颗氢弹爆炸成功；1957年，苏联发射世界第一颗人造地球卫星；1961年，苏联发射世界第一艘载人宇宙飞船。苏联领导的社会主义阵营非但没有受到美国遏制政策的影响，反而越发壮大。越南（1945年9月）、朝鲜（1948年9月）、中国（1949年10月）和古巴（1959年1月）相继加入了社会主义阵营。在这种情势下，美国逐步萌生了"超越遏制"、实施"和平演变战略"的想法。早在1952年，时任美国国务卿顾问的约翰·F.杜勒斯（1888~1959）便"企图说明一种新的'解放'政策，这种政策是将用来代替那已被认为无效的'遏制'政策的"。1953年1月15日，在美国国会任命杜勒斯为国务卿的听证会上，杜勒斯在证词中又明确地提出了用"和平的方法""解放"受"苏维埃共产主义统治"的"被奴役的人们"的问题。① 正是在这种思想指导下，在 20 世纪 50 年代中期，美国逐步形成了以"和平手段"促进社会主义国家内部变化的新战略，即和平取胜战略或和平演变战略。这种战略，肯尼迪称之为"从出现在铁幕上的任何裂缝中培养自由种子的和平战略"，② 里根政府称之为"民主工程"，布什称之为"超越遏制"，尼克松称之为"不战而胜"，克林顿称之为"参与和扩展战略"，所有这些都指向一点：通过意识形态的输出和渗透，打一场没有硝烟的战争，在社会主义国家实施资本主义的社会颠覆或社会复制，让美国这个山城之巅的"光焰"照耀全世界。

三、美国公民宗教的"世界维度"

在讨论美国公民宗教概念的生成过程时，我们曾经强调指出：美国公民宗教这个概念是在 20 世纪 50 年代中期至 60 年代下半期逐步酝酿形成的。而在讨论美国公民宗教的政治轨迹时，我们又指出：美国的外交政策大体经历了一个从"孤立主义"到"世界霸权主义"、从"遏制战略"到"和平演变战略"的转变，而作为"世界霸权主义"重要表现形式的"和平演变战略"，也是在 20 世纪 50 年代中期至 60 年代初期初步形成并大体定型的。就是说，美国公民宗教概念的酝酿形成与美国作为世界霸权主义重要表现形式的和平演变战略的酝酿形成大体是同步的，都大体发生在艾森豪威尔—肯尼迪时代。这两个历史事件在时间维度方面的大体重叠难道是偶然的吗？它们之间就没有任何更进一步的内在关联吗？

从 20 世纪 50 年代中期开始，一些美国学者如赫伯格、米德和贝拉等，先后讨论和阐述了美国公民宗教概念。③ 现在的问题是，究竟是什么力量推动他们不约而同地反思美国公民宗教概念呢？要充分地回答这一问题，固然需要做多方面的探讨，但有一点是不能忽略的，就是：美国的世界霸权主义的战略，如上所述，这一时期正经历着从"遏制战略"向"和平演变战略"的转型。而且，正是这种转型将突出和强调宗教意识形态维系社会和复制社会的功能提上了日程。如前所述，美国用以推行遏制战略的主要手段是经济和军事，而马歇尔计划关涉的主要就是经济援助。于 1948 年成立的"欧洲经济联合体"（OEEC）以及于 1961 年成立的作为欧洲经济联合体的变体的"经济合作与发展组织"（OECD），

---

① 参阅林克：《美国和平演变战略的提出及毛泽东的评论》，载于《湘潮》1991 年第 10 期。

② ［美］阿兰·内文斯编，北京编译社译：《和平战略——肯尼迪言论集》，世界知识出版社 1961 年版，第 364 页。

③ 参阅前面本章第一节第三小节"贝拉：'美国公民宗教'的'先知'"。

本质上也都是旨在遏制和对抗苏联和东欧社会主义的经济组织，这两个经济组织主要是为了遏制和对抗由苏联领导和组织，于1949年成立的，主要由苏联和东欧社会主义国家为成员国的"经济互助委员会"的。美国领导和组织于1949年4月成立的，由美国、加拿大、比利时、法国、卢森堡、荷兰、英国、丹麦、挪威、冰岛、葡萄牙和意大利为原始成员国的"北大西洋公约组织"，本质上则是旨在遏制和对抗苏联和东欧社会主义发展的军事组织，这个军事组织主要是为了遏制和对抗由苏联领导和组织，于1955年5月成立的，由苏联、捷克斯洛伐克、保加利亚、匈牙利、民主德国、波兰、罗马尼亚和阿尔巴尼亚为原始成员国的"华沙条约组织"的。美国推行其和平演变战略要以这些经济手段和军事手段为前提和后盾，但是，从根本上讲，和平演变战略是一种立足于打意识形态仗的战略，是一种立足于意识形态输出的战略。这就提出和凸显了宗教意识形态在实现美国世界霸权主义战略目标中的地位，也就提出和凸显了美国公民宗教及其世界维度问题。

美国公民宗教之所以能成为美国和平演变战略中极其重要的棋子，首先就在于宗教意识形态固有的国际性。宗教意识形态是一种与终极实存和人生终极关怀直接相关的意识形态，势必具有这样那样的世界性或国际性，也就有望成为一种跨国型意识形态。更何况美国公民宗教是与基督宗教这个第一大世界宗教直接相关的"宗教"，毋庸置疑具有国际性或世界性了。而且随着基督宗教的东扩和南下，不仅在西方世界而且在东方世界都有广大的信众，所以凭借美国公民宗教输出美国意识形态就比较自然也比较便捷了。其次还在于宗教意识形态所固有的纲要性。作为世俗社会的"总理论"和"包罗万象的纲要"，宗教意识形态不仅关涉整个观念上层建筑即整个社会意识形态，也关涉整个政治上层建筑，所以宗教意识形态的输出不仅意味着与之相关的整个观念上层建筑或整个社会意识形态的输出或复制，也意味着与之相关的整个政治上层建筑的输出或复制。进而，作为美国宗教意识形态的集中表现，公民宗教就不仅有望成为美国整个观念上层建筑即整个社会意识形态输出和复制的重要载体，还有望成为美国整个上层建筑的输出和复制的重要载体。这样，从美国公民宗教入手实施和平演变战略就有可能收到纲举目张的效果。最后还在于自身所固有的总体性、政治性和内在超越性。公民宗教与教会宗教的一项重大区别是：在一个多宗教的国度里，由于教会或教派的纷争，教会宗教在社会意识方面势必形成多元的态势，而公民宗教虽然也可能在某些方面出现某些歧见，但在重大问题或根本问题上则往往一致或趋同，呈现出某种整体的气象。就美国公民宗教而言，不论人们有何歧见，"美国例外"、"国家伟大"和"国家使命"都是不可或缺的内容。而这些内容恰恰构成了美国的核心价值观或美国意识形态的基本内容，从而也就成为美国实施和平演变战略的基本武器。公民宗教与教会宗教的区别还在于其现世性和政治性。本然的教会宗教（非受到操纵的教会宗教）的着眼点在于来世和纯然精神性的东西，公民宗教则着眼于现世和政治，着眼于一个国家的政治上层建筑，着眼于积极发挥维系和创建社会的社会功能，着眼于服务一个国家的外交路线和外交政策。公民宗教的另一项特点在于它的内在超越性。教会宗教也讲超越性，但由于强调来世和纯然精神性，教会宗教的超越性往往是一种外在超越性。公民宗教则不同，它特别关注现世和政治，所以所具有的超越性便是一种基于现世和政治现实的超越性，是指向现世和政治现实终极关怀的超越性。就美国公民宗教而言，其具有的超越性是关涉美国内政外交的超越性，是既关涉国内自由主义秩序又关涉国际自由主义秩序的超越性，是关涉美国和平演变"战略"的超越性。因此，在美国推行和平演变战略的外交活动中，美国公民宗教便常常扮演着美国教会宗教和其他社会意识形态难以取代的角色，发挥无可替代的作用。

另外，美国公民宗教的世界维度或世界公民宗教也是美国公民宗教的应有之义。贝拉的《美国的公民宗教》①自始至终都在强调美国公民宗教的世界维度。贝拉反复强调的是，美国公民宗教既不是"对美国的偶像崇拜"，也不是"民族自我崇拜"的一种形式。②美国公民宗教的原始含义和终极含义就在于昭示"美国是人类所能做到的与上帝的意愿最为吻合的社会，是所有其他民族的指路明灯"。③因此，"美国公民宗教的末世论希望"在于构建"一种真正的跨民族的主权"，构建"一种世界公民宗教"。④贝拉始终强调的第二个主要思想是美国公民宗教的超越性。贝拉强调说："我不把美国公民宗教的中心传统看作是一种民族自我崇拜的形式，而是看作民族要服从的超越其上的伦理原则，民族应该根据这个原则来进行评判。"⑤贝拉还援引梭罗的话解释："我将提醒我的同胞，他们首先是人，然后才是美国人。"⑥因此，贝拉不止一次地将公民宗教的原则称作"更高的标准"或"更高的原则"。与此相联系，贝拉用上帝来界定公民宗教的"标准"和"原则"。肯尼迪在1961年1月20日的就职演说中曾经说："人的权利不是来自国家的慷慨，而是来自上帝之手，……上帝在尘世的事业必须真正成

① 根据作者所引用的版本，贝拉的《超越信仰：关于后传统世界宗教的论文集》（*Beyond Belief：Essays on Religion in a Post – Traditional World*）中共含有15篇论文和1个附录，《美国的公民宗教》（*Civil Religion in America*）为其中第9篇论文，位于该英文版论文集的第168～189页。

②⑤ Robert N. Bellah. *Beyond Belief：Essays on Religion in a Post – Traditional World*. Berkeley：University of California Press，1991，p. 168.

③④ Robert N. Bellah. *Beyond Belief：Essays on Religion in a Post – Traditional World*. Berkeley：University of California Press，1991，p. 186.

⑥ Yehoshua Arieli. *Individualism and Nationalism in American Ideology*. Cambridge：Harvard University Press，1964，p. 274.

为我们自己的事业"。① 贝拉分析说："誓词是职责誓词，包括接受遵守宪法的义务。他在人民（你们）和上帝面前起誓。除宪法外，总统的义务不仅延伸到人民，而且延伸到上帝。在美国的政治理论中，主权当然来自人民，但是毫无疑问，而且经常十分明显，根本的主权来自上帝。这就是'我们相信上帝'这句格言的意义。面对国旗时的誓词'在上帝之下'这个短语包含的也是同样的意思。"② 贝拉想要强调指出的是：肯尼迪借这样的誓词将总统的义务延伸到了"更高的标准"或"更高的原则"，不仅给自己的政治活动设定了终极基础，而且给自己的政治活动提供了"先验的目标"。

然而，与所有剥削阶级的社会意识形态一样，作为美国宗教意识形态，美国公民宗教具有显而易见的虚饰性或欺骗性。而且，当其作为世界公民宗教、充当美国实施和平演变战略的主要工具、谋求建立美国主导的"跨民族的主权"时，其欺骗性或虚饰性就愈发明显了。美国公民宗教颂扬的作为"以色列"的美国或作为"山城之巅"美国，只不过是美国官方编年史家编造的美国神话。在美国历史上虽然也有光明，但却从来不乏黑暗。美国的不择手段的西扩运动，美国与墨西哥的战争，美国与西班牙的战争，美国的种族歧视政策，美国的排华法案，美国的侵略朝鲜的战争、美国的侵略越南的战争，美国主导的海湾战争、美国主导的伊拉克战争，以及《1998 年国际宗教自由法案》等，所有这一切都表明美国公民宗教有一个"危险的传统"。③ 可以想见，如果美国统治者将美国公民宗教转换成世界公民宗教的企图得逞，如果美国的世界霸权主义与和平演变战略的企图得逞，给美国人民和世界人民带来的将不是光明和幸福，而是黑暗和灾难。当年，林肯总统就曾把美国的奴隶制看作"上帝要降给美国的灾祸"，把南北战争看作是上帝"惩罚"美国的战争。④ 而第 36 任美国总统林顿·约翰逊在 1965 年 3 月 15 日的国会讲演中也不得不承认，"美国黑人的平等权利问题"是美国作为一个民族和国家的"失败"。⑤ 在谈到"美国在世界上的角色"这个话题时，贝拉甚至从长时段的角度对美国的"帝国主义的扩张"进行了刻画。他写道："几乎从一开始，美国的以色列主题就被用来为我们对印第安人令人害羞的态度辩

---

① Robert N. Bellah. *Beyond Belief*：*Essays on Religion in a Post - Traditional World*. Berkeley：University of California Press，1991，p. 169.

② Robert N. Bellah. *Beyond Belief*：*Essays on Religion in a Post - Traditional World*. Berkeley：University of California Press，1991，p. 171.

③ Robert N. Bellah. *Beyond Belief*：*Essays on Religion in a Post - Traditional World*. Berkeley：University of California Press，1991，p. 187.

④ Robert N. Bellah. *Beyond Belief*：*Essays on Religion in a Post - Traditional World*. Berkeley：University of California Press，1991，p. 177.

⑤ Robert N. Bellah. *Beyond Belief*：*Essays on Religion in a Post - Traditional World*. Berkeley：University of California Press，1991，p. 181.

护，而这种态度在我们的历史中是非常典型的。它能够被或明或暗地与自19世纪早期以来就已经被用来使帝国主义的几次冒险合法化的明显的命运的理念联系起来。"① 贝拉还特别讽刺和谴责了美国在越南战争中的帝国主义政策。他写道：在越南战争这个问题上，"问题与其说是遭到谴责的帝国主义扩张，毋宁说是吸收世界上一切支持我们眼前政策或者通过诉诸自由制度和民主价值的观念而求助于我们的政府或党派的倾向。那些现在'在我们一边'的民族变成了'自由的世界'。南部越南的一个受压迫的和不稳固的军事政权成为'南部越南和他们的政府的自由人'。美国作为新的耶路撒冷和'地球的最后最好的希望'，其相当的部分角色就是用珍宝、最终用鲜血捍卫了这样的政府。"② 他甚至援引美国抒情诗人罗宾逊·杰弗斯的诗句，辛辣地描述20世纪60年代的美国：

不幸的国家啊，你有着怎样的翅膀！

哭泣（这在人类事务中是司空见惯的），哭泣吧！

为了那手段的令人恐怖的堂皇，

为了那理由的荒诞苍白，还为了

那结局的血腥而卑鄙的悲怆。③

除贝拉外，其他一些学者也对美国公民宗教进行批评。美国学者查尔斯·H.朗就批评了美国公民宗教的一维性和排他性。他认为，与清教传统一样，美国公民宗教只是一种对欧洲移民有神圣意义的话语系统。而这种话语系统由于差不多完全是欧化的，往往具有排他性的痼疾，印第安人、黑人的经历及其在美国的象征完全被忽略，成为"看不见的人"，从而造成了"双重压抑"：一方面抹杀和压抑了非欧移民的存在及其与美国社会的冲突，另一方面抹杀和压抑了欧洲移民的自我意识及其征服、镇压非欧洲移民和印第安人的自身经历。④ 哈佛大学宗教学家威廉·R.哈奇森曾斥责美国海外宣教事业为"道德帝国主义"或"帝国主义的道德对应物"。⑤ 美国著名神学家莱茵霍尔德·尼布尔也对美国的外交政策的帝国色彩提出批评，认为美国顽固地将自己的自由观"作为自由社会的唯一基础"，实在是对其"并非狂热文化"的一种"狂热鼓吹"。⑥ 由此看来，当美

①② Robert N. Bellah. *Beyond Belief*：*Essays on Religion in a Post - Traditional World*. Berkeley：University of California Press，1991，p. 182.

③ Robert N. Bellah. *Beyond Belief*：*Essays on Religion in a Post - Traditional World*. Berkeley：University of California Press，1991，p. 185.

④ Russell E. Richey & Donald G. Jones，eds. . *American Civil Religion*. New York：Harper & Row，1974，pp. 211 - 221.

⑤ William R. Hutchinson. *Errand to the World*. Cambridge：Harvard University Press，1987，pp. 91 - 92，209.

⑥ Reinhold Niebuhr. *The Structure of Nations and Empires*. New York：Scribner，1959，p. 295.

境外宗教渗透论

国统治者和美国官方学者宣布美国公民宗教的人类性和普世性时，就将美国统治者的身份两次普遍化和抽象化了：如果说用美国统治者冒充美国人是第一次普遍化和抽象化的话，用美国人来冒充人显然是第二次普遍化和抽象化。在这个意义上，可以说，美国公民宗教把普遍化谋略运用到了极致。

中国有句古话，叫作"当局者迷，旁观者清"。现在，对于美国公民宗教的帝国主义性质或殖民主义本质，即使一些美国的学者和思想家也都有所觉察并有所批判，我们就更应该对其有更为清醒的认识。

第五章

境外宗教渗透与苏联解体

具体深入地考察苏联解体的境外宗教渗透因素，对于考察境外宗教渗透与社会主义意识形态安全和国家安全这个问题具有特别重大的意义。

首先，苏联不仅是人类历史上第一个社会主义国家，也是唯一一个由列宁亲自缔造的社会主义国家，它对 20 世纪国际社会主义运动广泛而深刻的影响远远超出其他任何社会主义国家。1949 年 6 月，在中国新民主主义革命取得决定性胜利、中华人民共和国成立前夕，在回顾中国共产党的战斗历程时，毛泽东曾经明确指出："中国人找到马克思主义，是经过俄国人介绍的。在十月革命以前，中国人不但不知道列宁、斯大林，也不知道马克思、恩格斯。十月革命一声炮响，给我们送来了马克思列宁主义。十月革命帮助了全世界的也帮助了中国的先进分子，用无产阶级的宇宙观作为观察国家命运的工具，重新考虑自己的问题。走俄国人的道路——这就是结论。"① 新中国成立之后的一段时间里，毛泽东也依然坚持这种立场。例如，1954 年 9 月，毛泽东在一届全国人大一次会议上就曾号召说：要"努力学习苏联和各兄弟国家的先进经验，老老实实，勤勤恳恳，互勉互助，力戒任何的虚夸和骄傲，准备在几个五年计划之内，将我们现在这样一个经济上文化上落后的国家，建设成为一个工业化的具有高度现代文化程度的伟大的国家"。② 由此足见苏联对中国及其他社会主义国家的深刻影响。

其次，苏联不仅在第二次世界大战反法西斯主义的斗争中发挥了无可替代的

---

① 《毛泽东著作选读》下册，人民出版社 1986 年版，第 677 页。
② 《毛泽东著作选读》下册，人民出版社 1986 年版，第 715 页。

作用，建立了卓越的历史功绩，而且在战后很长一段时间里经济和科学技术高速发展，由"大国"迅速成为"超级大国"，比较充分地展现了社会主义制度的优越性。

再次，在第二次世界大战后的很长一段时间里，苏联作为社会主义阵营的"头"，不仅一直是社会主义国家抗衡西方资本主义势力的主要力量，也是西方势力实施遏制战略和和平演变战略的主要对象国。

最后，在苏联解体过程中，境外宗教渗透曾经发挥过重要作用。2001 年 12 月，时任中共中央总书记的江泽民在全国宗教工作会议发表讲话时，在谈到宗教问题的"特殊复杂性"、谈到"宗教常常与现实的国际斗争和冲突相交织，是国际关系和世界政治中的一个重要因素"时，曾经强调："长期以来，国际敌对势力一直把民族问题、宗教问题作为遏制或颠覆社会主义国家和他们所不喜欢的国家的重要手段。在苏联解体、东欧剧变的过程中，国际敌对势力就利用了宗教。"①

由此看来，苏联解体不仅是阐释社会主义国家抵制宗教渗透、维护意识形态安全历史必要性无可替代的典型案例，也可以从中获取社会主义国家抵制宗教渗透、维护意识形态安全可资借鉴的正反两个方面的经验，即列宁时期的正面经验和赫鲁晓夫—戈尔巴乔夫时期的反面经验。因此，我们拟从解读苏联解体入手，阐释境外宗教渗透与社会主义意识形态安全和国家安全这个本书将着力阐释的中心问题。

第一节　大国悲剧及其历史之谜

2006 年年底，在苏联解体十五周年之际，曾于 1985～1990 年担任苏联部长会议主席的尼·伊·雷日科夫，在经过十多年潜心"深入探讨"苏联解体"前因后果"的基础上，写出了他的名著《大国悲剧：苏联解体的前因后果》。把苏联解体说成是悲剧倒没什么值得奇怪，俄罗斯总统普京在他的演说中就不止一次将其称作"世纪悲剧和灾难"。② 2000 年 2 月 9 日，普京在共青团真理报社现场回答读者的热线电话时，曾用"谁不为苏联解体而惋惜，谁就没有良心；谁想恢复过去的苏联，谁就没有头脑"来表达他对苏联解体的态度。2005 年 4 月 25

---

① 《江泽民文选》第 3 卷，人民出版社 2006 年版，第 378 页。
② ［俄］尼古拉·伊万诺维奇·雷日科夫著，徐昌翰等译：《大国悲剧：苏联解体的前因后果》，新华出版社 2010 年版，第 395 页。

日，普京在国情咨文中又明确地将苏联解体说成是"20世纪地缘政治上最大的灾难，对俄罗斯人民来说这是一个悲剧"。①雷日科夫超出普京的地方在于，他不仅将苏联解体理解为"大悲剧"，还比较具体而深刻地阐述了苏联解体的"前因"和"后果"。耐人寻味的是，雷日科夫在阐释苏联解体前因后果时大玩时空穿越，分别将美国"先知"杜勒斯和苏联"先知"伊·亚·伊林的两段预言置放到《大国悲剧》的起首处和结尾处。

在该书的起首，在"乱自何来"的标题下，雷日科夫首先大段援引了1945年美国战略服务局重要成员艾伦·杜勒斯，②当着美国总统杜鲁门的面，在国际关系委员会上发表的一篇关于和平演变战略的演说："战争将要结束，一切都会有办法弄妥，都会安排好。我们将倾其所有，拿出所有的黄金，全部物质力量，把人们塑造成我们需要的样子，让他们听我们的。人的脑子，人的意识，是会变的。只要把脑子弄乱，我们就能不知不觉改变人们的价值观念，并迫使他们相信一种经过偷换的价值观念。用什么办法来做？我们一定要在俄罗斯内部找到同意我们思想意识的人，找到我们的同盟军。一场就其规模而言无与伦比的悲剧——一个最不屈的民族遭到毁灭的悲剧——将会一幕接一幕地上演，他们的自我意识将无可挽回地走向灭亡。……我们要把布尔什维克主义的根挖出来，把精神道德的基础庸俗化并加以清除。我们将以这种方法一代接一代地动摇和破坏列宁主义的狂热，我们要从青少年抓起，要把主要的赌注压在青年身上，要让它变质、发霉、腐烂。我们要把他们变成无耻之徒、庸人和世界主义者。我们一定要做到。"③尽管雷日科夫随后并未把美国和平演变战略视为苏联解体的唯一动因，强调"如果内部没有一个实际上完全奉行苏联的敌人所树立的目标的'第五纵队'，而只靠外部力量，谁也不能把我们国家怎么样"，④但他毕竟把苏联解体这一事件置放到20世纪国际关系的大背景中予以审视，从而为全面而深刻地解读苏联解体提供了一个可资借鉴的理论视角。

① 参阅王正泉：《普京对苏联历史及苏联解体的评价》，载于《百年潮》2006年第11期。
② 艾伦·威尔逊·杜勒斯（Allen Welsh Dulles，1893～1969）被称为美国第一号间谍。1916年起在美国驻维也纳和伯尔尼使馆工作，1922年成为美国国务院近东局负责人，1926年后成为美国驻华顾问。1941年12月成为美国驻瑞士情报站负责人。他曾在导致北意大利德军投降事件中起到特别显著的作用。在1945年初的"日出行动"中，在第二次世界大战战局明朗的形势下，他与法西斯德国党卫军参谋长卡尔·沃尔夫秘密谈判，企图单独与法西斯媾和而共同对抗苏联和东欧各国的社会主义民主党派和社会主义运动。1945年底，当选美国外交关系委员会主任。1950年，出任负责中央情报局秘密行动事务的副局长。1953年，出任美国中央情报局局长。1961年因猪湾入侵古巴（吉隆滩战役）失败而被迫辞去局长职务。
③ ［俄］尼古拉·伊万诺维奇·雷日科夫著，徐昌翰等译：《大国悲剧：苏联解体的前因后果》，新华出版社2010年版，第1～3页。
④ ［俄］尼古拉·伊万诺维奇·雷日科夫著，徐昌翰等译：《大国悲剧：苏联解体的前因后果》，新华出版社2010年版，第3页。

境外宗教渗透论

《大国悲剧》的结尾也同样耐人寻味。与该书起首援引美国外交活动家的预言不同，在结尾处，雷日科夫大段援引的是俄国杰出的哲学家伊万·亚历山德罗维奇·伊林（1883～1954）的预言。作为苏联"最为清醒"、"最为深刻"的政治哲学家之一，在《我们的任务》一书中，伊林曾以先知般的敏锐写道："俄罗斯绝不是一块块领土、一个个民族偶然的集合和堆砌，也不是把一个个'州'人为地组合在一起形成的机制，它是一个活生生的、历史形成的、文化上有内在逻辑的机体。……这个机体在国家战略上也是一个整体，它向全世界证明了它自我防卫的意志和能力；它还是一座屹立于欧亚两洲的堡垒，因此也是世界均势的堡垒。对它的肢解将是一次史无前例的政治冒险，它的毁灭性的后果将给人类带来长久的影响。"① 就是说，苏联解体不仅对苏联本身和 20 世纪国际共产主义运动是大悲剧，而且对当代人类也是大悲剧。

一、苏联的崛起：从一个"大国"到"两个超级大国之一"

1846 年，在《德意志意识形态》中，马克思和恩格斯提出了社会主义革命"同时胜利论"，宣称："共产主义只有作为占统治地位的各民族'一下子'同时发生的行动，在经验上才是可能的，而这是以生产力的普遍发展和与此相联系的世界交往为前提的。"② 但 69 年后，根据资本主义发展的新形势，在《论欧洲联邦口号》一文中，列宁却提出了"一国首先胜利论"，宣称："经济和政治发展的不平衡是资本主义的绝对规律。由此就应得出结论：社会主义可能首先在少数甚至在单独一个资本主义国家内获得胜利。"③ 历史似乎证明了列宁主义的正确性。苏联的社会主义革命不仅建立了人类历史上第一个社会主义国家，将马克思和恩格斯在《共产党宣言》里所宣布的"在欧洲游荡"的"共产主义的幽灵"，化成了一个实实在在、持久存在的政治实体，而且这个苏维埃共和国在短短几十年时间内迅速崛起，成了世界上唯一一个堪与美国抗衡的世界强国，这可以说是人类 20 世纪历史上最大的奇迹。

关于苏联的崛起，特别是苏联自第二次世界大战之后的崛起，尼克松在《1999：不战而胜》中曾有一个相当准确的概括：苏联"从许多大国中的一个擢

---

① ［俄］尼古拉·伊万诺维奇·雷日科夫著，徐昌翰等译：《大国悲剧：苏联解体的前因后果》，新华出版社 2010 年版，第 394 页。

② 《马克思恩格斯选集》第 1 卷，人民出版社 1995 年版，第 86 页。

③ 《列宁全集》第 26 卷，人民出版社 1988 年版，第 367 页。

升到两个超级大国之一"。①

第一次世界大战之前，沙俄虽然地域辽阔、人口众多，但经济并不发达，仅相当于当时中等资本主义发展水平。就工业发展的绝对指标论，远低于美国、德国和英国，与法国大体相当。若就人均工业产品产量论，在国际社会中的地位就更低下了，大约与落后的西班牙相当。第一次世界大战和十月革命后反对外国武装干涉的斗争使得苏俄的经济雪上加霜，至 1920 年，苏俄农业总产量相当于战前（1913年）的 65%，而工业总产值仅相当于战前（1913 年）的 1/7。然而，至 1937 年，当第二个五年计划完成之后，苏联的工业总产值已经跃居欧洲第一位，世界第二位。② 在第二次世界大战期间，与英美不同，由于本土作战，苏联经济损失惨重。1945 年底苏联工农业总产值约相当于战前（1940 年）的 60%。但 13 年后，即1957 年，苏联的工业总产量又重新跃居世界第二位。③ 至 1960 年，苏联的工业总产值已相当于美国的 55%。至 1985 年，苏联的工业总产值已达到美国的 80%。④

苏联的崛起不仅明显地表现在经济大国地位的蹿升方面，也体现在科学技术的飞速发展方面。在沙俄时代，在尖端科学技术方面，沙俄明显落后于西方主要国家，但十月革命后，特别是第二次世界大战后，苏联的尖端科学技术获得了突飞猛进的发展。1945 年 7 月，美国在新墨西哥州成功爆炸了人类历史上第一颗原子弹，但 4 年后（即 1949 年 8 月 29 日），苏联即在哈萨克斯坦成功爆炸了原子弹，打破了美国对原子弹武器的垄断。这让美国感到沮丧，以致约翰·杜勒斯在1950 年初开始承认，在世界力量的对比方面，"发生了显然有利于苏联的变化"。⑤ 在氢弹制造方面，苏联甚至在极短时间内走到了美国的前面。美国虽然在 1951 年 5 月和 1952 年 11 月在太平洋的恩尼威托克岛和埃内韦塔克环礁两次进行氢弹试验，但由于其装置极其笨重，无论飞机还是导弹都根本无法运载，从而没有任何实战价值。直至 1954 年 3 月才在比基尼岛试验成功了美国的第一颗实用性氢弹。而苏联在此前 7 个月，即 1953 年 8 月成功进行了世界上第一颗实用性氢弹的试验，从而成为世界上第一个将氢弹实用化的国家。这让苏联更为自信。在苏联氢弹试验成功一个星期前，时任苏联总理的马林科夫在苏联最高苏维

① ［美］尼克松著，谭朝洁、孔岩、邓勇、马学印译：《1999：不战而胜》，中国人民公安大学出版社 1988 年版，第 30 页。

② ［苏］萨姆索诺夫主编，北京大学俄语系 70、71 级工农兵学员译：《苏联简史》第 2 卷，三联书店 1976 年版，第 377 页。

③ ［苏］萨姆索诺夫主编，北京大学俄语系 70、71 级工农兵学员译：《苏联简史》第 2 卷，三联书店 1976 年版，第 593 页。

④ 参阅［苏］苏联国家统计委员会编：《苏联与外国 1987》，财政与统计出版社 1988 年俄文版，第188 页。

⑤ J. F. Dulles. *War or Peace*. New York：MacMillan，1957，p.154.

埃会议上宣布，"苏联拥有保卫自己的一切手段，我们已有自己的氢弹"。在苏联氢弹试验成功之后，马林科夫又自豪地宣布："美国已不再垄断氢弹的生产了。"① 1957 年 10 月 4 日，苏联成功发射世界第一颗人造地球卫星。这让包括美国在内的西方世界更为震惊。美国官员和专家不仅因苏联首先成功发射人造地球卫星感到震惊，还对这颗卫星的体积之大感到震惊。这颗卫星重 83 公斤，比美国准备在第二年年初发射的卫星重 8 倍。在谈到这一事件对美国公众生活的影响时，宾夕法尼亚大学历史学家沃尔达·麦克杜格尔指出："自从珍珠港事件以来，从来没有任何事能这样影响公众生活。"而《纽约时报》21 世纪初刊发的文章也断言，年轻一代可能会将这一事件与"9·11"恐怖袭击事件相提并论。② 无论如何，在航天技术方面和导弹技术领域苏联已经开始赶上和超越美国，并已取得"极大的领先地位"。

军事力量的快速发展也是苏联崛起一个最好不过的见证。当 1917 年 10 月 26 日（即十月革命胜利后的第二天），全俄苏维埃第二次代表大会宣布全部政权归苏维埃，成立工农苏维埃政府的时候，苏俄根本没有自己的正规军。只是到了 1918 年 1 月 15 日，为了粉碎外国武装干涉和国内反革命破坏活动，人民委员会才通过了建立工农红军的法令，苏俄才开始有了自己的正规军队。但是，到了 80 年代，苏联不仅成为军事大国，还成为军事强国，成为让包括美国在内的所有西方国家在军事上对之无可奈何的军事强国。在《1999：不战而胜》中，当尼克松谈到 70～80 年代的苏联军事力量时，非常无奈地说道："这 15 年来苏联取得了重大进展。莫斯科在常规军事力量方面增加了它的巨大优势。它已经把它的近海海军扩大为一支远洋海军——就吨位而言乃世界之最。最令人不安的是，它在最强大而精确的核武器和陆基洲际弹道导弹方面已经取得了决定性的优势。苏联已经将它的力量投入西南亚；它的代理人在东南亚、南部非洲和中美洲一再得手；在西欧持续的政治和宣传攻势已经导致主要政党采纳实质上中立的纲领，其一旦实施，将致使北大西洋公约组织联盟的解体。"③

无论如何，苏联的崛起是一个不争的事实。

二、苏联的解体及其悲剧性质："不战而降"

如果说苏联崛起的速度令人震惊的话，它的解体的速度则更加令人震惊。

---

① 《1953 年 8 月 14 日苏联宣布拥有氢弹》，人民网，"历史上的今天"，2003 年 8 月 14 日。

② 王丹红：《揭秘人类第一颗人造地球卫星背后的故事》，载于《科学时报》2007 年 9 月 27 日。

③ ［美］尼克松著，谭朝洁、孔岩、邓勇、马学印译：《1999：不战而胜》，中国人民公安大学出版社 1988 年版，第 30 页。

实际上，苏联，特别是作为由 15 个加盟共和国组合而成的苏联，并不是十月革命的直接产物，而是苏俄各民族在 20 多年的社会主义革命和建设的实践中逐渐走到一起的。1918 年 1 月，全俄苏维埃第三次代表大会宣布成立的工农兵代表苏维埃共和国，也就是俄罗斯联邦苏维埃社会主义共和国，尽管这个共和国由 16 个自治共和国组成。我们通称的苏联，即苏维埃社会主义共和国联盟，则是在 1922 年 12 月召开的苏维埃社会主义共和国联盟首次苏维埃代表大会上正式成立的，① 当时仅由 4 个加盟共和国组成：俄罗斯（俄罗斯联邦苏维埃社会主义共和国）、乌克兰、白俄罗斯、南高加索（南高加索联邦含阿塞拜疆、亚美尼亚和格鲁吉亚共和国）。② 直至 1940 年 8 月，在最高苏维埃第七次会议上接纳立陶宛、拉脱维亚和爱沙尼亚等共和国加入联盟时，苏联才有了 16 个加盟共和国的规模。这 16 个加盟共和国分别是俄罗斯、乌克兰、白俄罗斯、乌兹别克斯坦、哈萨克斯坦、格鲁吉亚、阿塞拜疆、吉尔吉斯斯坦、塔吉克斯坦、土库曼斯坦、亚美尼亚、卡累利阿—芬兰、摩尔达维亚、立陶宛、拉脱维亚、爱沙尼亚（波罗的海三国）。③

然而，如果说苏联形成 16 个加盟共和国的规模用了 22 年零 8 个月时间的话，④ 那么，苏联解体的时间则要短得多，具体地说，是在两年多的时间内完成的。

苏联是一个多民族国家。在沙皇俄国时期，由于不断向外扩张，俄国吞并了

---

① 苏联苏维埃首次代表大会的全称为苏维埃社会主义共和国联盟苏维埃首次代表大会。该次大会于 1922 年 12 月 30 日在莫斯科召开。列宁因病未能出席大会，他被选为大会名誉主席。代表大会通过了苏维埃社会主义共和国联盟成立宣言和联盟条约，选出了最高立法机关——苏维埃社会主义共和国联盟中央执行委员会。米·伊·加里宁、格·伊·彼得罗夫斯基、А. Г. 切尔维亚科夫和纳·纳·纳里马诺夫当选为中央执行委员会主席。在中央执行委员会第二次会议上成立了苏维埃社会主义共和国联盟人民委员会。中央执行委员会批准列宁为苏维埃社会主义共和国联盟人民委员会主席。参阅 ［苏］波诺马廖夫主编，上海师大、市五·七干校六连国际组和上海人民出版社编译室译：《苏联共产党历史》，上海人民出版社 1974 年版，第 379 ~ 380 页。也请参阅 ［苏］萨姆索诺夫主编，北京大学俄语系 70、71 级工农兵学员译：《苏联简史》，第 2 卷，三联书店 1976 年版，第 220 ~ 222 页。

② 参阅 ［苏］萨姆索诺夫主编，北京大学俄语系 70、71 级工农兵学员译：《苏联简史》第 2 卷，三联书店 1976 年版，第 210 ~ 222 页。

③ 参阅 ［苏］萨姆索诺夫主编，北京大学俄语系 70、71 级工农兵学员译：《苏联简史》第 2 卷，三联书店 1976 年版，第 377 ~ 382 页。

④ 1923 年，卡累利阿地区即为隶属俄罗斯联邦苏维埃社会主义共和国的一个自治共和国，居民主要为卡累利阿族和芬兰族。1939 年，苏芬战争爆发后，苏联在芬兰领土上成立了芬兰民主共和国政府。1940 年 3 月 31 日，苏联将卡累利阿苏维埃社会主义自治共和国与根据 1940 年苏芬条约划归苏联的部分地区合并，成立了卡累利阿—芬兰苏维埃社会主义共和国。1956 年 7 月，卡累利阿—芬兰苏维埃社会主义共和国又重新改回 1923 年的卡累利阿苏维埃自治共和国，并重新隶属俄罗斯联邦苏维埃社会主义共和国。至此，苏联由 15 个加盟共和国组成。苏联 15 个加盟共和国的体制一直维持到苏联解体。从这个意义上，我们不妨说苏联加盟共和国体制的最终确立花费了 38 年 1 个月的时间。参阅 ［苏］萨姆索诺夫主编，北京大学俄语系 70、71 级工农兵学员译：《苏联简史》第 2 卷，三联书店 1976 年版，第 380 ~ 381 页。

周边许多民族，形成了多民族国家。在苏联时期，虽然通过推行平等、友爱的民族政策，使民族问题得到了较好的处理，但民族矛盾却始终存在。至戈尔巴乔夫时期，随着苏共实施公开性和民主化政策，长期受到压抑的民族问题开始浮出水面。首先是 1986 年 3～4 月间雅库茨克大学俄罗斯青年与雅库特族大学生之间发生的冲突。接踵而至的是发生在 1986 年 12 月 16 日发生的阿拉木图事件。这起事件是因苏共中央任命非哈萨克族出身的人取代哈萨克族人为当地领导人，以此为导火索，引发了民族骚乱。1987 年 10 月开始，阿塞拜疆共和国纳戈尔诺—卡拉巴赫自治州又爆发民族冲突乃至民族仇杀。1989 年 4 月，格鲁吉亚共和国也发生了由分裂主义分子策动的第比利斯流血事件。更为严重的是，1989 年 9 月 23 日，阿塞拜疆最高苏维埃通过了共和国主权宣言，25 日，立陶宛宣布 1940 年并入苏联不合法，此后于 1990 年 3 月 11 日，立陶宛议会又通过了《关于恢复立陶宛独立地位的宣言》，据此，立陶宛苏维埃社会主义共和国更名为立陶宛共和国，苏联宪法在该共和国内失效。紧接着，拉脱维亚最高苏维埃仿效立陶宛，于 1990 年 5 月 4 日通过独立宣言，宣布改国名为拉脱维亚共和国，恢复 1922 年共和国宪法。爱沙尼亚苏维埃也仿效立陶宛，于 1990 年 5 月 8 日改国名为爱沙尼亚共和国，并且宣布只有经爱沙尼亚苏维埃批准通过的法律才可以在爱沙尼亚施行。

然而，从 1989 年 9 月开始的阿塞拜疆共和国和波罗的海三个共和国的独立运动只不过是苏联解体的前奏，真正构成苏联解体中心事件的则是 1990 年 6 月 12 日俄罗斯联邦第一次人民代表大会以压倒多数通过《关于俄罗斯联邦苏维埃社会主义共和国国家主权的声明》。该声明宣布俄罗斯联邦是一个主权国家，俄罗斯宪法和法律在俄罗斯全境内至高无上，俄罗斯联邦保留退出苏联的权利。苏联虽然由 15 个加盟共和国组成，但作为苏联支柱的则是俄罗斯。这不仅因为俄罗斯有 1 707 万平方公里的面积，约占整个苏联面积的 76%，也不仅因为俄罗斯有 1.39 亿人口，约占苏联人口的 52%，还因为在自然资源和经济实力等各方面，俄罗斯相对于其他共和国具有绝对的优势。正如有学者指出的："苏联可以没有波罗的海三国，可以没有外高加索三国，但绝不能没有俄罗斯。"[①] "6·12"事件在苏联解体过程中的巨大效应还不限于俄罗斯自身，也成为苏联解体多米诺骨牌效应中一个强大加速器。在这一事件的推动和示范下，至 1990 年 12 月，又有 9 个加盟共和国相继发表了独立宣言：乌兹别克、摩尔多瓦、乌克兰、白俄罗斯、亚美尼亚、土库曼斯坦、塔吉克斯坦、哈萨克斯坦和吉尔吉斯斯坦。戈尔巴乔夫在谈到 "6·12" 事件的历史效应时，形象地说：在这一事件之后，在苏联

---

① 沈志华主编：《一个大国的崛起与崩溃：苏联历史专题研究（1917～1991）》下册，社会科学文献出版社 2010 年版，第 1198 页。

境内，"开始了'主权国家大检阅'"。① 在俄罗斯长期工作的意大利记者朱利叶托·基耶萨也认为"1990年6月12日是一个转折的日期"，断言："它对后来许多事件有影响，它注定了苏联的濒死期及其速度、方式，并迅速使挑选不同抉择的可能性丧失殆尽。正是在这一天，俄联邦最高苏维埃以绝大多数的选票赞同了其主席鲍里斯·叶利钦宣布俄罗斯为主权国家的提议。这就是所有接踵而至的分立主义倾向的起点和开端，这些分立主义分子先是断送了苏联，而后是俄罗斯。"② 也正因为如此，我们把"6·12"事件界定为苏联解体一系列事件中事关全局的中心事件。

"6·12"事件之后，促成苏联解体的另一个重要事件是俄罗斯、白俄罗斯和乌克兰于1991年12月8日达成的"别洛维日协议"。1991年12月7日，俄罗斯总统叶利钦、乌克兰总统列昂尼德·马卡罗维奇·克拉夫丘克、白俄罗斯领导人斯坦尼斯拉夫·斯坦尼斯拉维奇·舒什克维奇在明斯克的别洛维日森林会晤。第二天，他们三人代表这三个国家签署了由斯拉夫三国组成的"独立国家联合体"的协定，正式向全世界宣布："我们白俄罗斯共和国、俄罗斯联邦、乌克兰曾作为苏维埃社会主义联邦的发起国签署过1922年联盟条约，现在我们三国明确指出：苏联作为国际法主体和地缘政治现实已不存在。""6·12"事件虽然是肢解苏联的一个决定性步骤，但它在形式上还是肯定了苏联的存在，而别洛维日协议则根本否认了苏联"作为国际法主体和地缘政治"的存在。然而，别洛维日协议毕竟是"6·12"事件的继续。关于这两个事件的关联性，时任俄罗斯国务秘书和俄罗斯第一副总理的根纳季·埃杜阿尔诺维奇·布尔布利斯曾经给出了一个非常形象的说法："医生赶到病人那里，可病人已经死亡。于是在别洛维日森林开具了死亡证明。"这就是说，在布尔布利斯看来，苏联在"6·12"事件中已经死亡，而"别洛维日协议"只不过是叶利钦等人为苏联开具的一份"死亡证明书"而已。

尽管苏联早在"6·12"事件中就已经"死亡"，尽管别洛维日协议为苏联的解体开具了"死亡证明书"，但苏联的"丧葬仪式"毕竟尚未正式举行。苏联的"丧葬仪式"则主要由两项"议程"构成，第一项，"阿拉木图宣言"，第二项，戈尔巴乔夫辞职。1991年12月21日，苏联15个加盟共和国中，除波罗的海三国和格鲁吉亚外的11个国家的领导人，在阿拉木图经过紧急磋商，③ 就成立独联体达成一致意见，并发表了《关于成立独立国家联合体和终止苏维埃社会主

---

① ［俄］戈尔巴乔夫，徐葵等译：《对过去与未来的思考》，新华出版社2002年版，第126页。
② ［意］朱利亚托·基耶萨，徐葵等译：《别了，俄罗斯》，新华出版社2000年版，第118页。
③ 格鲁吉亚领导人兹维亚德·加姆萨胡尔季阿因国内爆发内战而无法参加此次磋商。该国后来于1993年12月正式加入独联体，并于2009年8月正式退出独联体。

义共和国联盟宣言》，即《阿拉木图宣言》。戈尔巴乔夫的辞职则是在 12 月 25 日（圣诞节）晚上 7 时举行的。当时，戈尔巴乔夫在总统办公室签署了辞职声明，并面对摄像机，发表了为时 12 分钟的电视讲话。其实，无论是辞职声明的签署还是电视讲话都不过是一种程序或手续而已。因为在当时，戈尔巴乔夫实际上已经没有任何实质性的职务了。他手里拥有的唯一的实质性职务就是，还掌握着"核密码箱"，所谓辞职也就是把"核密码箱"转交给俄罗斯总统叶利钦。对于自己的辞职，戈尔巴乔夫也有充分心理准备。据说，他在 12 月 21 日获悉阿拉木图宣言内容的当天下午就已经草拟好了辞职声明。尽管如此，过场也还是必要的。正是随着戈尔巴乔夫辞职声明的签署和电视讲话的完成，克里姆林宫屋顶上的苏联国旗才"合法"地换成了俄罗斯联邦的三色旗，苏联这个在人类历史上存在了 69 年，甚至可以说是存在了 74 年的世界强国或超级大国的"尸体"才"合法"地被送进了火葬场。

苏联解体是悲剧，不仅是苏联的悲剧，也不仅是 20 世纪国际共产主义运动史上的悲剧，还是 20 世纪国际政治史上的悲剧。悲剧之后，尽管从俄罗斯到世界各地的政治家和学者们几乎一刻不停地谈论这一悲剧，但谈来谈去，至今似乎没有一个人比艾伦·杜勒斯 50 年代初的议论更为中肯。当时，杜勒斯预测这场悲剧是"一个最不屈的民族遭到毁灭的悲剧"。[①] 把俄罗斯民族界定为"一个最不屈的民族"虽然有几分"文学"情调，但说俄罗斯具有惊人的英勇不屈的民族气概则是无可否认的。众所周知，拿破仑于 1804 年称帝后，连年发动对外战争，先后攻占过奥地利（1805 年）、普鲁士（1806 年）、葡萄牙（1807 年）和西班牙（1808 年），并且长期对英国实施大陆封锁（自 1806 年开始），但当他 1812 年亲率 60 万大军侵略俄国时，却遭到俄国军队和俄国人民的顽强抵抗，最后大败而归，回到法国时已不足 3 万人。俄国军队和俄国人民对拿破仑侵略军的胜利，不仅成功捍卫了俄国的主权和尊严，也使长期让欧洲战栗的法国军队不复存在，致使称霸欧洲的法兰西第一帝国也于 1814 年走上末路。如果说俄罗斯在 19 世纪欧洲战场上表现出的不屈的民族精神和英雄气概不能不让欧洲各国刮目相看的话，在第二次世界大战中它的表现就不仅让欧洲各国刮目相看，还进一步让世界各国刮目相看。自 1939 年 9 月德国闪击波兰后，在 10 个月的时间内，德军先后攻占丹麦、挪威、荷兰、比利时、卢森堡和法国。然而，当其于 1941 年 6 月入侵苏联时，却接连遭遇失败。苏联卫国战争不仅捍卫了国家主权和民族尊严，也为同盟国在第二次世界大战中的胜利做出了无可替代的贡献。然而，这个

---

① ［俄］尼古拉·伊万诺维奇·雷日科夫著，徐昌翰等译：《大国悲剧：苏联解体的前因后果》，新华出版社 2010 年版，第 1 页。

无论是拿破仑的军队还是希特勒的军队都不可征服的民族，却最终在 20 世纪 90 年代初被西方国家的意识形态和和平演变战略征服了。这不仅是苏联的悲剧，而且也是俄罗斯民族的悲剧。

英国哲学家和政治思想史家以赛亚·伯林（1909~1997）在解读苏联解体这一历史悲剧时，将其理解成一种"投降"，并强调："此前，从来没有一个帝国在没有经历战争、革命或者入侵的情况下投降的例子。"[1] 这就是说，在伯林看来，苏联解体的悲剧性质在于，提供了苏联和俄罗斯帝国在"没有经历战争、革命或者入侵的情况下投降"的例证，是苏联当权者对西方帝国主义的"不战而降"（也正是他们的"不战而降"才致使西方国家"不战而胜"），是他们对社会主义祖国和俄罗斯民族精神的一种背叛。苏联解体过程中充斥着投降、背叛和变节，而感受不到任何壮烈的情节和气氛。在严格的意义上，苏联解体虽然结果无比悲惨但却没有资格被称作悲剧，而只能算是一场闹剧。但也正因为如此，苏联解体这一历史事件才更加耐人寻味。

三、苏联解体的历史之谜："被解体"与"自解体"

苏联解体之后，各国政治界、学术界对苏联解体的原因进行了多视角的探讨，对苏联解体这一历史之谜的谜底给出了不同的答案。有学者将其归结为下述十五种观点：（1）"三大垄断说"，此说断言，苏联解体的真正原因在于苏联共产党长期推行"三垄断"制度，即"垄断真理的意识形态制度，垄断权力的政治法律制度，垄断资源与经济利益的经济制度"；（2）"体制弊端说"，此说断言，"苏联剧变的根本原因是斯大林模式的社会主义制度及体现这一模式的体制问题"；（3）"改革失败说"，此说断言，苏联解体的"决定性因素"在于"政治改革"路线的错误和失败，即所谓的"人道的、民主的社会主义"把苏联引上了资本主义的道路；（4）"蜕化变质说"，此说断言，"苏联解体的根本原因在于苏共的蜕化变质。抛弃了共产主义理想，背叛了马克思列宁主义，放弃了马克思主义的指导地位和共产党的领导地位，违背了社会主义基本原则"；（5）"精英叛变说"，此说断言，苏联解体是"一次来自上层的革命"，是"苏共的上层精英"变节的结果；（6）"党群疏离说"，此说断言，苏联解体的根本原因在于苏共背离了党的性质和宗旨，把党与群众的关系由鱼水关系变成了水火关系；（7）"腐败亡党说"，此说断言，搞垮苏联的不是反共分子，不是外国敌对势力，

---

[1] ［美］沃尔特·拉费伯尔著，牛可、翟韬、张静译：《美国、俄国和冷战：1945~2006》，世界图书出版公司 2011 年版，第 286 页。

而是苏共的党内腐败；（8）"斯大林"说，此说断言，苏联解体或主要源于对"斯大林模式"的坚守，或主要源于"去斯大林化"；（9）"和平演变"说，此说断言，苏联解体的主要原因是以美国为首的西方国家推行"和平演变"战略的结果；（10）"戈氏葬送"说，此说把苏联解体的原因直接指向甚至全部归咎于戈尔巴乔夫；（11）"民族矛盾"说，此说认为苏联解体是苏联长期以来实行大俄罗斯主义民族路线，对内搞霸权主义，引起非俄罗斯民族普遍不满的结果；（12）"军备竞赛"说，此说认为苏联解体主要是因为勃列日涅夫集中巨大财富、科技、人力等资源，用于与美国的军备竞赛，拖垮了苏联经济，导致苏联解体；（13）"可以避免"说，此说认为苏联的解体并不具有必然性，是完全可以避免的；（14）"合理因素"说，此说认为苏联解体不是单一因素的结果，是多种因素相互影响、共同作用的结果；（15）"舆论失控"说，此说认为，苏联改革过程中，新闻媒体脱离党的领导，导致舆论失控，反共反社会主义的舆论一步步瓦解、摧毁了苏联意识形态大厦的根基，掏空了苏联制度的核心价值体系，加速了苏联演变和解体的步伐。[①]

全面系统地阐释苏联解体的原因并非本节的目标。本节只打算从西方国家的政治渗透和意识形态渗透，与社会主义意识形态安全和国家安全的角度，审视苏联解体这一历史事件，对这一事件的因果关系进行扼要的梳理。这样，就会看到，苏联解体既是一个"被解体"的过程，也是一个"自解体"的过程。

在讨论苏联解体这一"被解体"和"自解体"的问题时，人们往往持两种截然相反的立场：一种立场坚持认为苏联解体归根结底是由于西方国家的和平演变战略，来自苏联外部；另一种立场则认为苏联解体归根结底是由于苏联领导人的蜕化变质，来自苏联内部。我们不妨将前者的立场称作"外因论"，将后者的立场称作"内因论"。其实，从社会实践的观点看问题，外因和内因的界限并非泾渭分明，而常常相互依存、相互推动，紧密地糅合在一起。换言之，苏联的"被解体"与"自解体"并不是毫不相干的，而是一而二二而一的，是一块硬币的两面。

与戈尔巴乔夫不情愿承担苏联解体的责任不同，[②] 西方政治家对自己在苏联解体中扮演的角色不仅毫不隐讳，还津津乐道。在 1991 年 11 月召开的一次美国石油学会的会议上，英国前首相撒切尔夫人就开诚布公地宣示了西方国家对苏联实施的和平演变战略。在约 45 分钟的演讲中，她直言不讳地讲述了几乎所有关

---

① 参阅李永忠、董瑛：《关于苏联解体的 15 种学说》，《人民论坛》2012 年 2 月（下）。

② 戈尔巴乔夫在 1991 年 12 月 25 日晚上的电视讲话中还声言："我坚决主张各族人民的独立自主，主张共和国拥有主权；同时主张保留联盟国家，保持国家的完整性。但是，事态却是沿着另一条道路发展的，肢解和分裂国家的方针占了上风，对此我是不能同意的。"

键问题：（1）"苏联是一个对西方世界构成严重威胁的国家"，直到 80 年代中期，西方国家在遏制苏联方面一直"陷入困境"，但这种情况至 1985 年初有了根本转变。（2）1985 年初，撒切尔夫人得到情报，说契尔年科逝世后，"经我们帮助的人"戈尔巴乔夫"可能继任"，[①] 这样就可以"借助"戈尔巴乔夫"实现我们的想法"。撒切尔夫人坦言："这是我的专家智囊的评估意见（我周围始终有一支很专业的苏联问题智囊队伍，我也根据需要促进和吸引苏联境内对我们有用的人才出国移民）。……我的智囊们对此人评价是：不够谨慎，容易被诱导，极其爱好虚荣。他与苏联政界大多数精英关系良好。因此，通过我们的帮助，他能够掌握大权。"（3）尽管"我的苏联问题专家智囊团"开始对推举叶利钦为苏联境内"人民阵线"这个以"求主权、谋独立"为旗号的民族政治势力组织的领袖分歧很大，但"后来经过多次接触和约定，最后还是决定'推出'叶利钦"。"叶利钦费了很大的力气，勉强当选俄罗斯最高苏维埃主席，随即便通过了俄罗斯主权独立宣言。""苏联的解体真正开始了。"（4）"叶利钦的支持者坚持住了，并且掌握了控制强力部门的绝大部分（虽然不是全部）实权。其余所有的苏联加盟共和国，借机宣布自己的主权（当然，多数共和国在形式上并未排除联盟地位）。这样一来，事实上现在苏联已经解体了，不过在法律上苏联还存在。我负责任地告诉诸位，不出一个月的时间你们就会听到法律上苏联解体的消息。"[②] 果然，大约两周后，1991 年 12 月 8 日由斯·舒什克维奇、鲍·叶利钦、列·克拉夫丘克代表白俄罗斯、俄罗斯和乌克兰签署了宣布苏联停止存在和建立独立国家联合体的协定，即大家熟知的别洛维日协议，苏联解体了。由此可见，苏联解体的整个过程差不多完全处于西方敌对势力的掌控之中。

如果说英国为瓦解苏联不惜力气的话，当时作为两个超级大国之一的美国为瓦解苏联更投入了巨大力量，其在苏联解体中所发挥的无可替代的作用也就更加可想而知了。正因为如此，在《苏联灭亡之谜》中，俄国历史学家舍维亚金就曾以相当大的篇幅比较详尽地介绍了美国"智囊团"以及美国苏联问题研究机构。舍维亚金指出，美国实际上是在用"巨大而又复杂的一个体系毁掉了苏联"，

[①] 1984 年秋天，时任苏共政治局委员的戈尔巴乔夫在伦敦郊区切克斯别墅会见了时任英国首相撒切尔夫人，双方进行了"推心置腹"的会谈。在这次对苏共总书记的摸底会见后撒切尔夫人断定"这是个可以与之打交道的人……他值得信赖。"后来她还不无自豪地说："是我们把戈尔巴乔夫提拔起来当了总书记。"戈尔巴乔夫当上总书记后，又主动要求与美国总统里根会见。1986 年 10 月，里根与他在雷克雅未克举行了长时间的一对一秘密谈判。正如后来戈尔巴乔夫承认的，他在雷克雅未克会见时"实际上已把苏联交付美国听人处置"。此后他又与美国总统进行过 10 次会见。参阅［俄］尼古拉·伊万诺维奇·雷日科夫著，徐昌翰等译：《大国悲剧：苏联解体的前因后果》，新华出版社 2010 年版，第 10～12 页。

[②] 辛程：《研究苏联演变问题的一份宝贵材料——读〈撒切尔夫人谈苏联解体〉有感》，载于《中华魂》2011 年第 11 期。

"这一敌对体系中包含了西方领导集团及其特工机关、西方及东方共济会组织、苏联及东欧国家的'第五纵队'以及所有那些执行华盛顿发出的命令转而反对我们的部分"。① 舍维亚金断言：美国研究苏联问题的第一个"实验室"是20世纪20年代驻拉脱维亚领事馆一伙外交官创立的所谓"里加学校"。后来这些外交官构成了美国驻莫斯科首个大使馆的中坚力量。40年代末他们在国务院拥有非常大的影响力，其中乔治·凯南和查尔斯·波伦的号召力尤为突出。当时美国感到不仅极其缺少有能力阐述苏联局势及其美国对策的苏联问题专家，甚至感到极其缺少精通俄语、能够将苏联报纸上有关美国的材料翻译过来的人才。因此，美国不仅培养了大批这样的苏联问题专家，还建立了"几百个"像"里加学校"一样的研究机构或研究中心。在这些研究机构和研究中心中，兰德公司是最值得关注的一个。在谈到兰德公司的特殊地位时，舍维亚金强调："兰德公司是美国上层集团中最为著名的，也是最具影响力的机构之一。完全配得上类似'智囊团'称呼的机构先前就有，但只是到战后当兰德公司建立之时该领域的发展才获得了现实特征。"② 依照舍维亚金的分析，美国对苏联实施影响的初级阶段（50年代）的计划是"抑制共产主义"，而其在80年代的计划则在于，实施所谓"托管领导"的计划，即"促使苏联国家内部自由化"的计划。③ 而这两个计划其实也就是我们所说的遏制计划和和平演变计划。

值得注意的是，在解读"苏联死亡之谜"时，舍维亚金强调了美国和平演变战略与苏联解体的对应性和内在相关性或一致性。他援引俄罗斯当代哲学家亚历山大·亚历山德罗维奇·季诺维也夫的话强调："苏联的反革命是在外部和内部、客观和主观因素的综合作用下产生的。"④ 他与季诺维也夫不同的地方仅仅在于，在季诺维也夫将苏联解体称作"反革命"的地方，舍维亚金却宁愿将其称作"革命"。他写道："假如对苏联的进攻仅仅来自外部的，那么这就会是一场地地道道的战争。就算战争采取了非传统的手段方法，也仅仅是一场战争而已。假设一部分精英人物复辟资本主义的理想得以实现，那么这也仅仅是一次革命。但问题恰恰是这两大事件同时发生了。苏联与苏联人民的内敌和外敌达成了协议，于

---

① ［俄］亚·舍维亚金著，李锦霞、孙斌、宋祖敏译：《苏联灭亡之谜》，东方出版社2011年版，第112页。

② ［俄］亚·舍维亚金著，李锦霞、孙斌、宋祖敏译：《苏联灭亡之谜》，东方出版社2011年版，第114页。兰德公司于1948年正式成立。

③ ［俄］亚·舍维亚金著，李锦霞、孙斌、宋祖敏译：《苏联灭亡之谜》，东方出版社2011年版，第130~132页。

④ ［俄］亚·舍维亚金著，李锦霞、孙斌、宋祖敏译：《苏联灭亡之谜》，东方出版社2011年版，代序第3页。

是国内革命完成了。"①

季诺维也夫关于苏联解体起因于"外部和内部、客观和主观因素的综合作用"的说法，事实上提出了苏联解体的"历史合力论"。如果按照历史合力论的说法，任何一种社会现象都是由"无数互相交错的力量"、"无数个力的平行四边形"产生的"合力"的结果，② 那么像苏联解体这种极其复杂的社会现象就更是"无数互相交错的力量"、"无数个力的平行四边形"所产生的"合力"的结果了。而宗教作为一种极其重要的社会组织和社会意识形态，是人类文化的纵深维度，所以苏联的宗教工作和宗教政策，以及以美国为首的西方社会的境外宗教渗透，就势必是构成导致苏联解体"无数互相交错的力量"中不可忽视的力量，势必是导致苏联解体诸多因素中一个重要因素。因此，在考察苏联解体这个沉重的历史话题时，具体深入地考察苏联的宗教工作和宗教政策，以及以美国为首的西方国家对苏联的宗教渗透，就是非常必要的了。

第二节　苏联的宗教工作与宗教政策

苏联解体既有近因，也有远因，既有右的原因，也有"左"的原因。就宗教这个维度来说，苏联宗教在 20 世纪 80 年代末 90 年代初之所以积极投身于苏联解体的大合唱，并在其中扮演重要的角色，固然与戈尔巴乔夫时期的宗教工作和宗教政策密切相关，但也与赫鲁晓夫—勃列日涅夫时期的"消灭宗教"运动有关，在一定程度上也与斯大林时期一定程度的"左"的宗教政策和宗教工作有关。在 20 世纪 80 年代末 90 年代初的倒戈活动，无疑是苏联宗教长期处于备受打压下，对苏联宗教政策愤懑情绪的总爆发。因此，全方位、长时段地考察苏联宗教工作和宗教政策，不仅对深入理解 20 世纪 80 年代末开始的苏联宗教复兴运动非常必要，对于正确理解和制定社会主义宗教法规和宗教政策也是十分必要的。

一、列宁与斯大林时期：从政教对抗到基本适应

所谓列宁与斯大林时期，是指从 1917 年至 1953 年这一历史时期。尽管历史

---

① ［俄］亚·舍维亚金著，李锦霞、孙斌、宋祖敏译：《苏联灭亡之谜》，东方出版社 2011 年版，代序第 4 页。

② 《马克思恩格斯选集》第 4 卷，人民出版社 1995 年版，第 697 页。

是不可重复的，纵向比较往往把问题简单化，但是，相对而言，在执行社会主义宗教政策、积极引导宗教与社会主义社会相适应方面，列宁与斯大林时期比较正确、比较稳妥。这一时期宗教工作的基本成就在于，苏联政府在基本贯彻宗教信仰自由原则的基础上，积极引导宗教与苏维埃社会主义社会相适应，使政教关系根本改善，宗教与苏维埃政权的关系由建国初期的对抗逐步演进到基本适应。

在列宁与斯大林时期，苏联在宗教工作方面主要做了下述几件大事。

第一，废除了沙俄时代的政教合一的社会制度，从法律层面确立了政教分离的基本国策。众所周知，俄国自公元 988 年"罗斯受洗"之后，就将东正教确定为国教，开始推行政教合一的社会制度。因此，十月革命胜利后，苏俄即刻废除了这一社会制度，颁布了一系列关于政教分离的法令。例如，1917 年 11 月，人民委员会通过了《关于把教会主管学校转交教育人民委员部管理》的法令，宣布学校与教会分离，禁止在一切教授普通教育学科的学校里教授宗教教义，将全部教会学校改为普通学校，并转归教育人民委员部管理。1918 年 1 月 23 日，人民委员会颁布了《关于教会与国家分离和学校与教会分离的法令》，规定"教会同国家分离"（第一条）。"在共和国境内，禁止发布任何排斥和限制信仰自由、或以公民的宗教信仰为理由而规定任何优先权和特权的地方性法规和决议"（第二条）。"国家机关和其他公开的社会权力机关在进行活动时，不得举行任何宗教仪式"（第四条）。"学校同教会分离。在一切讲授普通科目的国立、公立和私立学校中，禁止讲授宗教教义。公民可以私人教授或学习宗教教义"（第九条）。"任何教会和宗教团体都无权占有财产。任何教会和宗教团体都不享有法人的权利"（第十二条）。[1] 尽管这些法令未必完善，但它们传达的关于政教分离的基本信息无疑是正确的，并且一直是后来苏联政府处理宗教问题的基本国策。

第二，从法律层面确立了宗教信仰自由和宗教平等这一苏联宗教工作的基本原则和基本工作方针。众所周知，俄国是多宗教的国家，除东正教外还有伊斯兰教、天主教和犹太教等其他宗教，但由于历史上长期奉东正教为国教，对其他宗教采取歧视和压制的政策，宗教信仰自由得不到充分的贯彻。因此，苏俄政府从一开始就反复强调宗教平等和宗教信仰自由这一宗教工作的基本原则和基本工作方针。苏维埃政府 1917 年 11 月 15 日发表《俄罗斯各族人民权利宣言》，明确指出："废除任何民族的和民族宗教的一切特权和限制"。苏俄人民委员会在同年 12 月 3 日发表《告俄罗斯和东方全体穆斯林劳动人民书》，宣布俄罗斯境内的穆斯林的信仰和习惯是"自由的和不可侵犯的"，他们从此可以"自由地、无阻碍

---

[1] 中国社会科学院世界宗教研究所编译：《苏联宗教政策》，中国社会科学出版社 1980 年版，第 18～20 页。

地"安排自己的民族生活。在人民委员会于 1918 年 1 月 20 日通过的《关于信仰自由、教会和宗教团体的法令》中，明确规定："每个公民都有权信奉或不信奉任何宗教。凡因信奉或不信奉某一宗教而剥夺权力的规定，一律废除"（第三条），"保障举行宗教仪式的自由"（第五条）。[①] 1918 年 7 月 10 日通过的俄罗斯共和国第一部宪法，即《俄罗斯联邦苏维埃社会主义共和国宪法》中明确规定："为保障劳动者享有真正的宗教信仰自由，实行教会同国家分离和学校同教会分离，并承认所有公民都有进行宗教宣传与反宗教宣传的自由"，"凡属于俄罗斯联邦苏维埃社会主义共和国的……男女公民，不分信仰和民族……都享有各级苏维埃的选举权和被选举权"。[②]

第三，努力将政府对宗教的管理纳入法律轨道：一方面强调宗教组织和宗教团体要遵守国家法律，另一方面强调国家要依法保护"合法"、打击"非法"。例如，苏维埃政权以人民委员会的名义于 1918 年 1 月 23 日颁布的《关于教会同国家分离和学校同教会分离》的法令中，明确规定"保障举行宗教仪式的自由，但以不破坏社会秩序和不侵犯苏维埃共和国公民的权利为限。如果发生上述情况，地方政权有权采取一切必要措施来保障社会秩序和安全"（第五条）；"任何人不得以自己的宗教观点为借口，逃避履行自己的公民义务"（第六条）；"一切教会和宗教团体均须遵守关于私人社团的一般条例；国家和地方自治机关不给予任何特权和津贴"（第十条）。[③] 再如，1919 年 3 月俄共（布）八大决议一方面强调："任何借口传教而进行反革命宣传的企图都应加以制止"，另一方面又强调："苏维埃俄国的宪法承认一切公民都有信教的充分自由……绝不容许对这种权利加以任何限制甚至在宗教问题上有丝毫强制行为，侵犯信仰自由和一切公民做礼拜，应当受到严厉处分"。[④] 为了进一步将宗教的管理纳入法治轨道，1929 年 4 月 8 日，全俄中央执行委员会和俄国苏维埃联邦社会主义共和国人民委员会共同颁布《关于宗教组织的决议》。该决议作为苏联制定的第一部系统的宗教法规，对宗教组织的申请、批准、活动和使用的建筑物、财产等权利做出了非常具体、非常详尽的规定。按照规定，经过相应政府部门的批准，信教的苏联公民可以依据一定的规程组成宗教团体或者宗教小组，并在其中过宗教生活；宗教团体

---

① 中国社会科学院世界宗教研究所编译：《苏联宗教政策》，中国社会科学出版社 1980 年版，第 18～19 页。

② 中国社会科学院世界宗教研究所编译：《苏联宗教政策》，中国社会科学出版社 1980 年版，第 23、24 页。

③ 中国社会科学院世界宗教研究所编译：《苏联宗教政策》，中国社会科学出版社 1980 年版，第 19～20 页。

④ 中国社会科学院世界宗教研究所编译：《苏联宗教政策》，中国社会科学出版社 1980 年版，第 34 页。

和小组可以选举产生自己的执行机构和财务检查机构，这些执行和检查机构可以自行决定会议，而不必得到政权机关的通知或许可；关于宗教教育，这个决议重申在公私立学校不得教授宗教教义的规定，同时规定在经过相应的政权部门特别许可的情况下，可以由苏联公民开办专门的神学讲习班。对于国家不允许宗教组织开展的活动，该决议也有明确的规定，这些活动包括：成立互助储蓄会、合作社和生产组织，动用其所支配的财产去达到满足宗教要求以外的任何目的以及向其成员提供物质帮助，组织专门的儿童的、妇女的祈祷会和其他会议，成立各种小团体、小组和部门，以及组织游览和设立儿童场所，举行圣经的、文学的、手工业的和劳动的讲授宗教教义的会议，开设教堂附属的图书馆和阅览室，以及卫生院和诊疗所。决议还将神职人员的活动范围限制在一定的宗教团体和小组织中。① 尽管在这些法规、法令和决议中，有些方面对宗教组织的活动限制过多，但总的来说，对于将宗教管理纳入法治的轨道还是发挥了积极的作用。

第四，积极引导宗教与苏维埃社会主义社会相适应，使政教关系由初期的对抗关系转变成基本适应的关系。东正教作为沙俄时期的国教，长期以来一直是沙俄帝国对内统治人民、对外扩张侵略的工具，享有种种政治经济特权，而十月革命后苏维埃政权坚持实行政教分离和宗教平等的基本国策，剥夺了东正教享有的种种政治经济特权，所以在十月革命后的一段时间，特别是在 1918～1920 年苏联人民反对外国武装干涉时期，东正教及其首领吉洪等策划了一系列反对苏维埃新生政权的活动，其中一些人"采取直接暴力、甚至流血的形式"来对抗"无神论政权"。② 为了维护苏维埃新生政权，为了卓有成效地贯彻执行政教分离的基本国策和宗教信仰自由的基本工作方针，1922 年 5 月，苏俄司法人民委员会依法逮捕了莫斯科暨全俄东正教会牧首吉洪。1923 年 6 月 16 日，吉洪在监禁中向俄罗斯联邦苏维埃社会主义共和国最高法院呈递了自己的悔过书，比较诚恳地检讨了犯下的罪行，希望最高法院能够宽恕他并解除对他的监禁。吉洪在悔过书的最后部分表示："从今往后，我不再做苏维埃政权的敌人。我坚决彻底地与不管是国内的，还是国外的保皇党——白匪反革命划清界线。"③ 吉洪还呼吁苏俄神职界："我们必须对苏维埃政权采取忠诚老实的态度，必须为共同的幸福而工作，必须谴责一切反对新国家制度的公开的或秘密的宣传活动。"④ 吉洪政治态度的根本转变积极地影响和推动了东正教的政治态度的转变，初步完成了对苏维埃政

① 参阅乐峰主编：《俄国宗教史》，上卷，社会科学文献出版社 2008 年版，第 140～141 页。

② 参阅白虹：《试析苏维埃俄国在社会主义初创时期处理宗教问题的历史经验》，载于《马克思主义哲学研究》，湖北人民出版社 2011 年版，第 366～367 页。

③ Составитель Герд Штриккер. *Русская Православная Церковь в советское время*（1917～1991），*книга* 1，1995，СС. 223 - 224.

④ 转引自乐峰主编：《俄国宗教史》，上卷，社会科学文献出版社 2008 年版，第 138～139 页。

权由对抗到服从的转变，极大地改善了东正教与苏维埃政权的关系，使苏联的政教关系终于逐渐趋于正常化。

如果说吉洪对苏维埃政权态度的转变是苏联政教关系发展史上第一个拐点的话，卫国战争则是苏联政教关系发展史上第二个拐点。东正教在第一个拐点实现了从对抗（苏维埃政权）到服从（苏维埃政权）的转变，在第二个拐点实现的则是从服从（苏维埃政权）到服务（苏维埃政权）的转变。1941 年，从德国军队对苏联不宣而战之日起，从苏联宣布进入战争状态并发出"一切为了前线！一切为了胜利！"的口号之日起，苏联就在全国范围内中止了反宗教宣传，无神论教育也基本停止。第二年，苏联政府批准多种文字出版《俄罗斯教会真相》，对东正教给予了正面的肯定，而时任总主教的谢尔盖在该书的序言中也愤怒谴责了德国法西斯的"十字军东征""分裂了我们的国家，让我们的国家流血牺牲，玷污了我们的圣地"，声言："我们，作为俄罗斯教会的代表，此刻以及永远都应该将自己的命运与广大信徒的命运结合在一起，与他们同生共死"。[1] 1943 年 9 月 4 日，斯大林在人民委员会副主席莫洛托夫的陪同下，在克里姆林宫接见了俄罗斯东正教会的三位领袖，他们是：代理牧首谢尔盖，列宁格勒总主教[2]阿列克谢，以及乌克兰牧首、基辅和加利奇的总主教尼古拉。在会见中，斯大林不仅充分肯定了教会在卫国战争中的表现，而且还应这些教会领袖的要求，对宗教政策进行了微调。会见后，这些宗教领袖表示要做"真诚的爱国者"，要"毫不动摇地消灭法西斯占领者"。[3] 苏联宗教在卫国战争中不仅明显改善了与苏维埃政权的关系，而且也为卫国战争作出了重大贡献。

第五，组织无神论教育和反宗教宣传。十月革命后，苏联共产党和苏联政府非常重视无神论教育和反宗教宣传。1922 年，无神论者创办了《无神论者》周刊（1922～1941 年）。1924 年 8 月，《无神论者》周刊在莫斯科成立了"无神论者之友俱乐部"。1925 年 4 月，无神论之友俱乐部召开第一次大会，成立了名为"无神论者同盟"的全苏反宗教协会。1929 年，该同盟更名为"战斗的无神论者同盟"。至 1941 年初，该同盟在全国已有成员 550 多万人，涵盖了苏联的 100 个

---

① Составитель Герд Штриккер. *Русская Православная Церкоь в советское время*（1917～1991），книга 1，Москва：Издательство "ПРОПИЛЕИ"，1995，CC. 223 – 224.

② 在俄罗斯东正教系统中，总主教是主管一个教省的主教长，又称大主教，而主管一个特别重要的教省的主教长则被称作主教。凡经过主教公会议正式选举产生的神职人员为牧首（又称宗主教），凡未经过主教公会议正式选举产生的牧首则被称作代理牧首。目前，世界上有 15 个自主的东正教会和两个自治的东正教会。俄罗斯东正教会和乌克兰东正教会都属于自主的东正教会，故乌克兰东正教会也有自己的牧首。芬兰东正教会和日本东正教会为自治东正教会，分别受君士坦丁堡东正教会和俄罗斯东正教会管辖和领导。

③ Составитель Герд Штриккер. *Русская Православная Церкоь в советское время*（1917～1991），книга 1，Москва：Издательство "ПРОПИЛЕИ"，1995，C. 331.

民族，并在全国设有约 9.6 万个办事处。战斗的无神论者同盟利用各种方式和宗教展开斗争，以便让劳动者树立科学的观念。他们在群众中努力普及科学文化知识、安排会员和宗教徒一起工作、组织无神论宣传队和无神论演讲，出版科学期刊杂志、筹建博物馆和展览、开展无神论和宗教批判领域的科学研究等，为苏联社会主义精神文明建设作出了一定的贡献。但是，毋庸讳言，由于他们中许多人对社会主义时期宗教存在的长期性和群众性缺乏了解，以致将无神论宣传引上"打倒宗教"和"消灭宗教"的歧路。一些人甚至提出了消灭宗教的五年计划（1932～1937 年）。按照这一计划，1932～1933 年期间，要"消除所有宗教的外在标志"；1933～1934 年期间，要"消除私人收藏的宗教图片和书籍"；1934～1935 年期间，要"强化对所有人的无神论宣传"；1935～1936 年期间，要"关闭所有的崇拜场所"；1936～1937 年期间，要"连根拔除所有宗教残余"。[①] 尽管这一计划最终未能实现（也根本不可能实现），但却给苏联的宗教工作带来巨大而长久的伤害，在许多宗教信众的内心深处留下了阴影。此外，在 1934 年开始的肃反运动中，苏联政府不仅取缔了东正教革新派，强行关闭了一些教堂和寺庙，而且还对数以万计的神职人员进行迫害，使大量的宗教信徒或是迁移到境外（形成境外教会）或是转入地下（形成地下教会）开展宗教活动，极大地损害了苏联的宗教和宗教工作，为 80 年代末戈尔巴乔夫时期的"宗教反弹"或"宗教复兴"埋下了隐患。

第六，第二次世界大战后，针对西方世界对苏联采取的遏制战略，积极引导宗教开展和平外交。第二次世界大战后，苏联继续推行比较宽松的宗教政策，苏联宗教不仅获得了较大的发展，而且同海外东正教和其他宗教也建立了比较广泛的联系。至 1948 年末，莫斯科和全俄牧首区在组织规模上达到了战后最高水平，全国有东正教堂 14 477 座，其中 1 270 座是在 1945～1947 年建立的。[②] 而且，在这一年，在苏联政府支持下，俄罗斯东正教还举行了盛大的纪念俄罗斯东正教独立教会成立 500 周年庆祝活动。与此同时，俄罗斯东正教会也积极开展和平外交，先后与耶路撒冷、安提阿、亚历山大里亚、保加利亚、南斯拉夫、罗马尼亚、捷克斯洛伐克、阿尔巴尼亚和波兰的东正教会建立了联系，同德国、奥地利、匈牙利、英国、美国和亚非拉国家的天主教会和新教教会加强了联系。第二年，俄罗斯东正教会不仅出席了在巴黎和布拉格同时召开的全世界保卫和平代表大会第一次会议，而且还出席了在莫斯科召开的全苏保卫和平代表大会第一次会

---

① Philip Walters. *A survey of Soviet religious policy*，*Religious policy in the Soviet Union*，Edited by Sabrina Petra Rament. Cambridge：Cambridge university Press，1993，pp. 3 - 30.

② 沈志华主编：《一个大国的崛起与崩溃：苏联历史专题研究（1917～1991）》下册，社会科学文献出版社 2010 年版，第 1058 页。

议。1952年5月，在俄罗斯东正教会的倡导下，全苏教会与宗教团体代表大会在莫斯科召开，就"全世界范围内捍卫和平问题"展开讨论，并发表了告全世界教会、宗教组织、僧侣以及各宗教信仰者的呼吁书。所有这些都对抵制西方世界的遏制战略发挥了积极作用。

综上所述，在列宁与斯大林时期，苏联的宗教政策是基本上符合马克思列宁主义的，是健康的和积极的，苏联政府在引导宗教与社会主义社会相适应方面是卓有成效的，其成功的经验值得总结。但是，在这一历史时期，特别是在30年代，苏联的宗教工作受到"阶级斗争尖锐化"或"阶级斗争扩大化"的"左"的思潮的严重影响，其教训也需要认真汲取。

二、赫鲁晓夫与勃列日涅夫时期："消灭宗教"运动与修订《决议》

1953年，斯大林逝世，赫鲁晓夫上台。赫鲁晓夫时期（1953~1964），苏联在执行宗教政策方面虽然表现出"左"右摇摆的倾向，[①] 但总的来说，推行的是一条"左"的甚至是极左的路线。

首先，引导无神论教育向"左"的方向继续发展。1954年7月7日，苏联共产党中央委员会专门发出了《关于科学无神论宣传中的重大缺点及其改进措施》的决议，指责"很多党组织对居民中的科学无神论宣传工作的领导是不能令人满意的，结果使思想工作这个最重要的方面正处于一种无人管理的状态"，"宗教偏见和迷信正毒害着一部分苏联人的意识，妨碍他们自觉地和积极地参加共产主义建设"。针对这样的情况，苏共中央决定："责成各加盟共和国共产党中央委员会，苏共各边疆区委员会及各州委员会消除反宗教工作中的无人管理状态，展开科学无神论宣传，特别要注意某些囿于宗教信仰和偏见的最落后的居民中的宣传工作"，"必须坚决消除对宗教的消极态度，揭露宗教的反动本质，及其由于使我国部分公民不能自觉地和积极地参加共产主义建设所造成的危害"。[②] 决议还就培养无神论教育干部以及各级文化部门在宣传运动中的任务进行了具体的规划。如前所述，苏联此前阶段的无神论教育存在的并非右的问题而是"左"的问题，而赫鲁晓夫在这项工作中不仅不反"左"，反而大力反右，这就不能不使苏联的无神论教育在"左"的道路上走得更远，以致许多人在无神论教育和宣传中

---

① 参阅乐峰主编：《俄国宗教史》，上卷，社会科学文献出版社2008年版，第152页。该著认为赫鲁晓夫在宗教政策方面先"左"后右再"左"。

② 中国社会科学院世界宗教研究所编译：《苏联宗教政策》，中国社会科学出版社1980年版，第85、90页。

采取了极其简单粗暴的方法，"对神职人员和举行宗教仪式的教徒进行伤害性的攻击"，使苏共中央于同年的 11 月 10 日不得不发布《关于在居民中进行科学无神论宣传中的错误的决议》予以纠正。

其次，在思想上对宗教采取打压的同时，从经济上对宗教加以限制和控制。1958 年，苏联部长会议通过了两个与宗教有关的决议。第一个决议的内容主要是针对宗教团体的土地占有问题。决议规定，要对宗教寺院所拥有的土地划定范围，多余的土地必须予以缩减，决议还指示部长会议所属的俄罗斯东正教事务委员会联同宗教文化事务委员会，对寺院和隐修院的数量进行统计，并探讨减少这一数量的可能性。第二个决议的内容主要是针对宗教组织和宗教教职人员的经济收入问题。决议规定，要提高教会所属企业的税率，并开始向神职人员征收个人收入所得税。有学者指出：苏联政府这一做法，"其实质已非常清楚，官方在纵容使用包括暴力手段在内的一切手段来打击教会，削弱教会的影响，割断教会的经济来源，用饥饿和高压尽快瓦解教会"。[1]

最后，紧接着，从 1959 年开始，在全国范围内掀起了一场"消灭宗教"运动。在 1959 年第二十一次党代表大会后，苏共中央又通过秘密决议，在实施大会通过的经济、社会发展七年计划过程中，计划到 1966 年，"大体上"消灭宗教组织，在全部宗教组织中，仅保存几个"实用"教堂以安慰外国参观者和旅游者。[2] 为此，1960 年 1 月 10 日，苏共中央发出"进一步开展反宗教宣传"的号召，赫鲁晓夫本人也强调要对反宗教措施予以较多的"注意"。[3] 当时主管意识形态工作的列昂尼德·伊利切夫对"宗教残余的规模"甚感忧虑，他认为："我们没有权力坐等宗教消亡。"他要求在一切领域进行一个强化运动，"在同宗教斗争中要利用对人进行思想影响的一切杠杆，利用一切社会组织"。[4] 为了把消灭宗教的运动切实推向全国，苏联中央政府不仅下达了一系列法律条文与政令，还将许多处理宗教问题的权力下放给地方。[5] 在整个赫鲁晓夫执政时期，苏联领土内的东正教堂有 2 万余间被关闭（约占全部教堂的 2/3），有 9 座修道院被关闭，有 3 万名神职人员被驱逐，神学院也由原来的 8 所减至 3 所。[6]

---

① 傅树政、姜桂石：《赫鲁晓夫反宗教运动剖析》，载于《内蒙古民族师院学报》1996 年第 1 期。

② Dimitry Pospielovsky. *The Russian Church Under The Soviet Regime*（1917～1982）. New York：St. Vladimir's Seminary Press, 1984, p. 343.

③ Michael Bourdeaux. *Religious Ferment in Russia：Protestant Opposition to Soviet Religious Policy*. New York：ST. Martin's Press, 1968, p. 10.

④ 中国社会科学院世界宗教研究所编译：《苏联宗教政策》，中国社会科学出版社 1980 年版，第 166 页。

⑤ Dimitry Pospielovsky. *The Russian Church Under The Soviet Regime*（1917～1982）, New York：St. Vladimir's Seminary Press, 1984, p. 344.

⑥ 参阅白虹、刘再起：《试论赫鲁晓夫解冻政策与宗教整肃的内在张力》，载于《武汉科技大学学报》2009 年第 2 期。

1964 年勃列日涅夫上台后，采取了所谓"回归斯大林主义"的政治路线，不仅结束了赫鲁晓夫时期历时 6 年的消灭宗教运动，而且在宗教管理和宗教政策方面也进行了一些调整：（1）针对赫鲁晓夫时期宗教管理政出多门和地方各自为政的局面，1965 年 12 月，苏联部长会议改组了国家最高文化机关，将原来隶属部长会议的东正教事务委员会和宗教祭祀事务委员会合并成宗教事务委员会，对全国所有宗教事务实施统一管理和领导。（2）1966 年 3 月，俄罗斯最高苏维埃主席团先后颁布了《关于违反有关宗教法律的行政处分的命令》、《关于贯彻苏俄刑法典第 142 条的规定的决议》以及《关于补充修订苏俄刑法典第 142 条的命令》等一系列法律文件，[①] 从行政处罚和刑事处罚两个层次具体规范了对违反宗教法律行为人的处罚。（3）1975 年 6 月，修订 1929 年通过的《关于宗教组织的决议》。新修订的《关于宗教组织的决议》强调宗教组织具有法人地位，将宗教管理权限收归中央，并确认宗教组织中央机构对相关宗教活动具有领导地位。（4）在 1977 年 10 月通过的新宪法中一方面将宗教信仰自由政策的中心，由强调"不信"的自由转变到强调"信"的自由，另一方面用"无神论宣传"取代"反宗教宣传"，并强调无神论宣传的目标不在于反对和消灭现有的宗教组织，而在于对群众进行世界观教育。随着这些政策的贯彻落实，苏联的宗教和宗教工作有了明显的改观。至 70 年代中期，苏联境内"进行活动的东正教堂、天主教堂、犹太教堂、路德新教教堂、旧教教堂、清真寺、佛教寺庙、福音浸礼会教徒和基督福音安息日会教徒使用的祈祷室共计二万余处，还有男女修道院约二十所。各宗教团体有权在专门的中等和高等宗教学校培养神职人员。苏联现有十八所宗教学校，其中有六所东正教神学院和中学，两所天主教中学，一所伊斯兰经学院和一所伊斯兰教中学，一所犹太教学校，等等"。[②]

然而，尽管勃列日涅夫时期苏联在宗教政策方面进行了上述调整，并取得一定成效，但从整体来说勃列日涅夫与赫鲁晓夫一样，对社会主义社会历史阶段的长期性和宗教在社会主义社会存在的长期性缺乏清醒的认识，从而也不可能完全摆脱"左"的思潮的束缚，制定出真正合乎苏联国情的宗教政策和宗教工作基本方针。就赫鲁晓夫而论，他之所以在执政后不久就提出了"消灭宗教"的口号，与他"一国建成共产主义"的理论和在苏共二十大提出的"共产主义远景规划"不无关系。在他看来，由于苏联已经建成了"发达的社会主义"，应当为社会主

---

① 《苏俄刑法典》是第十二届全俄中央执行委员会第二次会议于 1926 年 11 月通过的。这部法典不仅在"国事罪"、"其他的妨碍管理秩序罪"以及"氏族习俗残余上的犯罪"等章节涉及宗教相关领域的犯罪，而且还专设了"违反政教分离法规的犯罪"一章，界定宗教活动中的犯罪行为。这次修订增加了"保护合法"宗教活动的内容。

② 中国社会科学院世界宗教研究所编译：《苏联宗教政策》，中国社会科学出版社 1980 年版，第 184~193 页。

义的最后胜利和"向共产主义逐步过渡"而斗争，所以苏联就不能不为"彻底铲除苏联人民心中的宗教残余"、取得"社会主义意识形态的胜利"而斗争。[①]而勃列日涅夫与赫鲁晓夫一样，认为苏联已经进入"发达的社会主义社会"，正在"建设共产主义社会的基本方向上"前进，所以他也不可能对"苏联人民心中的宗教残余"采取"容忍"立场，也不可能采取稳妥的宗教政策，尽管相对于赫鲁晓夫，勃列日涅夫在一些具体做法上确实进行了一些比较合理的调整。

三、戈尔巴乔夫时期："新思维"框架下的"宗教松绑"与"宗教倒戈"

1982 年 11 月，勃列日涅夫逝世。苏联政权在经过短暂的安德罗波夫和契尔年科的过渡期之后，于 1985 年 3 月，进入了戈尔巴乔夫时期（1985～1991 年）。戈尔巴乔夫执政伊始，以"全面完善社会主义"和"进入发达社会主义"的口号，取代勃列日涅夫时期的"建成发达社会主义"的口号，并向全党提出了"抵制帝国主义利用宗教进行反社会主义运动"的任务。按照这样的思路，本来有望从根本上纠正和清算赫鲁晓夫以来的苏联宗教工作中的"左"的倾向，使苏联的宗教工作重新回到马克思列宁主义的路线上来。但令人意想不到的是，戈尔巴乔夫于执政后的第三年，提出了自己的"新思维"，提出了"公开性"、"开放性"、"取消意识形态垄断"和"走向人道的、民主的社会主义"的口号，不仅没有改善苏联的宗教工作，反而将苏联的宗教工作引向了死路，以致苏联的宗教最终倒戈，成为苏联解体的重要推手。

1988 年 4 月，戈尔巴乔夫在克里姆林宫接见了俄罗斯东正教牧首皮缅和正教院其他几位大主教。在会见中，戈尔巴乔夫从历史与文化的角度高度评价了基督宗教传入俄国的重大历史意义，指出：这一历史事件"不仅具有重要的宗教意义，而且还具有重要的社会—政治意义"，"是祖国历史、文化以及俄罗斯国家数个世纪发展道路上的至关重要的里程碑"。戈尔巴乔夫承认苏联共产党和政府过去在宗教问题上犯了错误，但目前政府正在纠正错误；强调"改革、公开性、民主化对一切人都适用，包括教徒在内"。[②] 此外，他还向教会领导人承诺要修改有关的宗教管理法规，实施更加自由的宗教管理政策。

---

① 苏联共产党第二十二次代表大会鉴于社会主义在苏联已经"完全地和彻底地胜利了"，提出了建设共产主义的新党纲，提出苏联建成共产主义的三项历史任务："建立共产主义的物质技术基础、发展共产主义的社会关系和培育新人"。参阅 ［俄］波诺马廖夫主编，上海人民出版社编译室译：《苏联共产党历史》下册，上海人民出版社 1974 年版，第 710～711 页。

② 参阅乐峰主编：《俄国宗教史》上卷，社会科学文献出版社 2008 年版，第 173 页。

1988 年 6 月，在莫斯科大剧院举行了有 2 000 多人参加的盛大的纪念罗斯受洗一千年的庆祝活动，参加者中有来自 89 个国家的 400 多外宾，其中包括来自梵蒂冈教廷的代表卡萨罗利枢机主教，俄罗斯东正教会 144 个国外教区的代表，世界 15 个东正教会的牧首。苏联政府部长会议主席雷日科夫接见了参加庆祝活动的贵宾。戈尔巴乔夫和外长谢瓦尔德纳泽接见了卡萨罗利枢机主教，卡萨罗利向戈尔巴乔夫"转交了教皇一封通篇口气友好的信件，还有一份涉及苏联天主教会状况的备忘录"，此外，卡萨罗利还表示了对于苏联改革事业的热切关注："梵蒂冈人民怀着极大的关切、兴趣和希望注视着苏联的变化，希望改革能够继续进行，在所难免的困难不致使其受到威胁"。戈尔巴乔夫对此积极回应，不仅强调"新思维在国际事务中与梵蒂冈的新态度相互呼应，而且无论说法和看法都有不谋而合之处"，还强调了在国际事务中苏联与梵蒂冈在维护和平事业方面的共同性，表达了进一步加强对话、改善两国关系的愿望。在戈尔巴乔夫看来，这位枢机主教"对人道的民主的社会主义与号称'真正社会主义'的集权主义的做法是从原则上加以区别的"，而这一点正是戈尔巴乔夫作为一个"社会主义改革家"最希望显示给世人的。① 由此看来，"人道的、民主的社会主义"不仅是戈尔巴乔夫修订宗教政策的根本指导思想，也是他宗教外交的根本指导思想。

戈尔巴乔夫既然找到了与梵蒂冈的契合点和一致性，那么进一步拉近两者之间的距离也只是时间问题了。1989 年 12 月初，正在意大利进行国事访问的戈尔巴乔夫造访了梵蒂冈，与教宗约翰·保罗二世进行了单独会谈。双方就建立正式外交关系的原则达成一致。② 然而，令人不解的是，双方会谈的重点与其说是外交或双边关系，毋宁说是苏联的内政，是苏联的宗教政策和苏联的政治改革。戈尔巴乔夫对苏联的宗教政策进行了说明，强调要"尊重"包括天主教徒在内的"信教公民"的"内心世界"，并证实了苏联即将通过新的保障宗教自由的法案。戈尔巴乔夫特别感谢教宗"对于苏联、苏联政治以及苏联对世界的看法所表现出来的兴趣"；他赞同教宗对于苏联变革的评价，并且强调，"的确，发生了具有非同寻常意义的重大事件。它使许多国家和民族发生深刻变化成为可能。因此，我们必须思考，如何才能促进这一事件朝着积极的方向发展"。令戈尔巴乔夫满意的是：他的"很多思考和忧虑"都得到了对方的"认同"、"理解"和"支持"。③

---

① ［俄］米·谢·戈尔巴乔夫著，述弢等译：《戈尔巴乔夫回忆录》下册，社会科学文献出版社 2003 年版，第 982～983 页。

② 1990 年初，双方正式建立外交关系，互派大使。

③ Составитель Герд Штриккер. *Русская Православная Церковь в советское время*（1917～1991），*книга* 2. Москва：Издательство "ПРОПИЛЕИ"，1995，CC. 256－257.

在宗教政策调整方面，戈尔巴乔夫的最大动作是 1990 年 10 月制定和颁布新的《关于信仰自由和宗教组织》的法律。无论相对于 1929 年颁布的《关于宗教组织的决议》，还是相对于 1975 年颁布的《关于宗教组织的决议》的修订本，这项法律都有"重大变化"。其中，特别显著的几点如下：（1）在与宗教信仰自由相关的条文中，明确取消了"反宗教宣传的自由"和"进行无神论宣传的自由"的说法，并明确规定"国家不资助宗教组织的活动和无神论宣传的活动"。（2）赋予宗教组织或宗教社团比较完全、比较独立的法人地位。例如，该法律规定："宗教社团之建立，不一定通知国家机关"（第八条），"宗教组织自其章程（或条例）登记在册之时起即被确认为法人"（第十三条），"宗教组织可拥有：建筑物，崇拜用品，用于生产、社会和慈善事业之设施、货币资金及保证其活动所必需之其他财产"（第十八条），"宗教组织也可拥有国外产业"（第十八条）。（3）明显放宽了宗教的活动范围和活动权限。例如，该法律规定："宗教组织有权建立与维护自由开放之礼拜或宗教集会场所以及在某一宗教中受崇拜之地（朝圣地）"。"礼拜、宗教仪式与典礼可在祈祷所及其所属场地、朝圣地、宗教组织机构内、墓地、火葬场、公民住宅与家庭中无阻碍地举行"。"军队首长不得阻碍军人在其业余时间参加礼拜与履行宗教仪式"。"按住在医院、军医院、养老院、残疾人福利院、判决前拘留所与服刑地公民之请求，可举行礼拜与宗教仪式。这些机构之行政当局应协助邀请神职人员，参与安排举行礼拜、仪式或典礼之实践与其他事宜"。举行宗教仪式不但可以出自信教者的要求，而且"宗教组织有权建议为住在医院、军医院、养老院、残废人福利院以及失去自由地方之公民举行礼拜"（第二十一条）。该法律不仅废除了此前"禁止教会从事慈善活动"的规定，而且还删除了此前"禁止在学校中讲授任何宗教教义"的规定。（4）强调国家宗教事务机关的职能不在于"管理"，而在于"协调"，强调苏联国家宗教事务机关本质上是"信息、协商与评审之中心"（第二十九条）。①

应该说，在 20 世纪 80 年代苏联对宗教管理和宗教政策进行改革和调整势在必行。问题并不在于要不要改革、调整，而是在于如何改革、调整。是按照积极引导宗教与社会主义社会相适应的方向改革和调整呢？还是按照"新思维"或"人道的、民主的社会主义"的方向、按照西方政治家和思想家所希望的方向改革和调整呢？戈尔巴乔夫时期在宗教管理和宗教政策方面的改革和调整，恰恰背离了马克思列宁主义的思想政治路线，按照他的"人道的、民主的社会主义"的方向、按照西方政治家和思想家的要求对苏联的宗教管理和宗教政策改革和调

----

① 本节所引用的各条关于苏维埃社会主义共和国联盟《关于信仰自由和宗教组织》的法律条文，请参阅乐峰主编：《俄国宗教史》上卷，社会科学文献出版社 2008 年版，第 174～182 页。

第五章 境外宗教渗透与苏联解体

整，就使苏联的宗教非但不能更好地与社会主义相适应，反而成为国内外敌对势力颠覆社会主义制度一股重要的力量。这一点，仅从俄罗斯东正教牧首阿列克谢二世在 1990 年 11 月苏联庆祝十月革命活动中，将十月革命称作"十月事变"和"过去的错误"，以及 1991 年 7 月他对叶利钦宣誓就任俄罗斯总统的热烈祝贺中，就可以充分地看出来。[①]

第三节　苏联宗教的历史沿革与苏联解体

　　苏联是个多宗教的国家，除东正教外，还有伊斯兰教、天主教等宗教。这些宗教在苏联的处境和命运如何？它们在 20 世纪 80 年代末 90 年代初的"宗教复兴"和苏联解体中各自扮演了什么样的角色？它们的活动与苏联境外敌对势力有何关联？扼要地考察一下这些问题，对于具体、深入地解读境外宗教渗透与苏联意识形态安全的内在关联是必要的和有重大意义的。

一、苏联东正教官方教会的历史沿革与苏联解体

　　如前所述，在俄国历史上，俄罗斯东正教会和神职界一直享有政治、经济和教育特权。十月革命后的一段时间，随着《土地法令》（1917 年 11 月 8 日）和《关于教会与国家分离和学校与教会分离法令》（1918 年 1 月 23 日）的颁布，剥夺了东正教沙俄时代享有的种种特权，于是它对苏维埃政权持激烈的反对立场。1917 年 12 月 2 日，俄国东正教宗教会议通过《俄罗斯东正教会宗教会议关于俄罗斯东正教法律地位的决议》，极力维护东正教在沙俄时代享有的国教地位和权益，强调东正教"享有自由并独立于国家的权力"。[②] 俄罗斯东正教会牧首吉洪[③]发布谕令，公开攻击苏维埃政权是"基督真理的敌人"、"丧心病狂的疯子"、

---

　　① 参阅白虹：《戈尔巴乔夫"新思维"背景下苏联对宗教问题认识的转向》，《俄罗斯中亚东欧研究》2012 年第 2 期。

　　② ［俄］赫克，高骅、杨缤译：《俄国革命前后的宗教》，学林出版社 1999 年版，第 57 页。

　　③ 吉洪（Tikhon，1865～1925），俄罗斯东正教第 11 任牧首。1869～1907 年，任俄罗斯东正教北美大主教。1907～1917 年间，任雅罗斯拉夫和罗斯托夫大主教。1917 年 8 月 15 日，任莫斯科都主教，同年 11 月 5 日在俄罗斯东正教主教公会上当选为牧首。十月革命胜利后，曾参加反对苏维埃政权的活动，1922 年 5 月被捕。1923 年 5 月，俄罗斯东正教主教公会决定撤销其牧首职务，但其本人不接受。1923 年 6 月 16 日，致信俄罗斯联邦最高法院，表示悔过自新，请求赦免，并号召教徒同政府合作，忠于苏维埃政权，从而获释。1925 年 4 月 7 日，在莫斯科病逝。

"人类的败类"和"当今世上最无知的无神论统治者",号召"立即行动起来","将这些坏人从你们中间铲除"。① 在反对国内白卫分子和协约国侵略者联合武装干涉的国内战争(1918～1921年)中,许多神职人员都直接加入到高尔察克、邓尼金、尤登尼奇和弗兰格尔的军队反对苏维埃政权。

随着苏联人民反对外国武装干涉战争与国内战争的胜利和苏维埃政权的巩固,东正教会内部发生分化,一些有影响的白神品②人士表示愿意与政府合作,形成东正教内部的革新派,并成立了自己的组织——"活的教会"。1922年8月,革新派教会不仅得到官方承认,还组建了自己的权力机构——最高宗教事务局。随后,俄罗斯东正教上层也表示"忏悔",愿意放弃敌视苏维埃政权的立场。1927年5月20日,苏维埃内务人民委员会承认了以谢尔盖③为首的俄罗斯东正教会(当时俄罗斯东正教会牧首职位空缺)的合法地位。7月29日,谢尔盖发表"致教民咨文",对苏维埃政府承认俄罗斯东正教会的合法地位表示衷心感谢,并宣布"服从苏维埃政权",做"苏联忠实的公民"。④

但是,之后不久,在苏联实行社会主义工业化与农业集体化过程中,特别是在全国范围的反宗教宣传和肃反运动中,教会上层的消极态度使得苏维埃政权把他们当作"阶级敌人",进行了残酷的迫害。至二战前夕,苏联东正教地方机关几乎全部被取消,相当一部分神职人员被关入集中营,拥有人身自由的主教寥寥无几,大批教徒脱离教会。⑤ 在希特勒军队1941年6月入侵苏联,苏联进入战争状态之后,这种状况才发生了根本的改变。在卫国战争开始的当天,东正教领袖谢尔盖即发表《告东正教教民书》,号召教徒积极抗战,并在战争当中发挥积极

---

① Составитель Герд Штриккер. *Русская Православная Церковь в советское время* (1917～1991), книга 1. Москва:Издательство "ПРОПИЛЕИ", 1995, CC. 110－112.

② 白神品为东正教已婚修士能够获得的神职品级,包括诵经士、副附祭、大附祭、司祭、大司祭和司祭长等职,但不得担任主教及主教以上的神职。东正教的未婚修士则允许担任主教及主教以上的神职。主教及主教以上的神职品级被称作黑神品。

③ 谢尔盖(Sergius, 1867～1944),长期担任东正教领袖。1901年,任芬兰和维堡大主教(Archbishop of Finland and Vyborg)。1924年,任下诺夫哥罗德都主教(Metropolitan of Nizhny Novgorod)。1926年12月30日～1927年3月27日,受到囚禁。获释后,于1927年7月20日发表声明,表示绝对忠诚于布尔什维克政权。1934年,任莫斯科和科洛姆纳都主教(Metropolitan of Moscow and Kolomna)。1937年,经人推举,任代理牧首(Patriarchal Locum Tenens)。1941年6月,在苏联卫国战争开始的当天,即发表《告东正教教民书》,号召教徒积极抗战。1943年9月8日,在东正教主教正式会议上当选牧首,并于1943年9月12日,正式登位。8个月后,他于1944年5月15日在莫斯科病逝。

④ Составитель Герд Штриккер. *Русская Православная Церковь в советское время* (1917～1991), книга 1. Москва:Издательство "ПРОПИЛЕИ", 1995, C. 270.

⑤ 参阅乐峰主编:《俄国宗教史》上卷,社会科学文献出版社2008年版,第139～143页。也请参阅沈志华主编:《一个大国的崛起与崩溃:苏联历史专题研究(1917～1991)》下册,社会科学文献出版社2010年版,第1056～1057页。

了的作用。① 苏联政府对教会的态度因此而发生根本变化。1942 年之后，国家不仅允许东正教会用多种文字出版教会读物，而且还允许东正教会开设银行账户，募捐资助国防。1943 年 9 月，斯大林会见东正教领袖后，东正教教会机关刊物《莫斯科牧首区杂志》创刊，东正教牧首制再度恢复，谢尔盖圣三一神学院、莫斯科神学院和 10 多所神职中学也相继恢复，俄罗斯东正教呈复兴态势。② 至 1948 年末，莫斯科与全俄牧首区在组织规模上达到了战后最高水平，全国有教堂 1.4 万多座，在俄罗斯东正教事务委员会注册的神甫和执事达 1.3 万多人，高级黑神品 70 人，神学院和神职中学在校学生 560 多人，修道院 85 座，修士和修女 4 600 多人。③

赫鲁晓夫时期，在实施了短暂的政策解冻之后，在全国范围内开展了消灭宗教运动。至 1965 年，全国东正教修道院仅剩下 35 所，教堂 8 000 座。④ 当今俄罗斯学者和教会人士把赫鲁晓夫时期称作东正教会受排挤和迫害的"黑暗时代"。勃列日涅夫在宗教政策方面有一些微调，使东正教的教徒人数有所增加。70 年代，苏联城市居民教徒人数的比例由 60 年代初的 10% ~15% 增至 20%，农村教徒则在 10% ~25% 之间徘徊。⑤ 神学院校的办学规模也有了明显的扩大。在勃列日涅夫时代后期，国家更多地强调对神职人员和教徒进行思想感化，用共产主义思想教育国民，并提出了培养具有共产主义思想的神甫的方针。国家允许世俗高校的毕业生进入神学院校，在神学院校中出现了一批知识分子神学家和神职人员。这些人有的曾经是物理学家、数学家、地质学家和医生，有的则毕业于人文学科。按照决策者的初衷，知识分子进入教会院校是一种向教会输入共产主义思想的举措，但结果却适得其反，这些新型宗教干部中竟出现了一批持不同政见者。他们建立各种宗教哲学组织，出版宗教刊物，包括许多地下刊物，极力宣扬与官方意识形态相抵触的思潮。⑥

1985 年，随着戈尔巴乔夫时代的到来，特别是随着戈氏政治民主化改革程

---

① 参阅乐峰主编：《俄国宗教史》上卷，社会科学文献出版社 2008 年版，第 146 页。也请参阅沈志华主编：《一个大国的崛起与崩溃：苏联历史专题研究（1917 ~1991）》，下册，社会科学文献出版社 2010 年版，第 1057 页。

② 参阅乐峰主编：《俄国宗教史》上卷，社会科学文献出版社 2008 年版，第 146 ~ 148、475 ~ 477 页。也请参阅沈志华主编：《一个大国的崛起与崩溃：苏联历史专题研究（1917 ~1991）》下册，社会科学文献出版社 2010 年版，第 1057 ~ 1058 页。

③ 参阅沈志华主编：《一个大国的崛起与崩溃：苏联历史专题研究（1917 ~1991）》下册，社会科学文献出版社 2010 年版，第 1058 页。

④ 参阅沈志华主编：《一个大国的崛起与崩溃：苏联历史专题研究（1917 ~1991）》下册，社会科学文献出版社 2010 年版，第 1059 页。

⑤⑥ 参阅沈志华主编：《一个大国的崛起与崩溃：苏联历史专题研究（1917 ~1991）》下册，社会科学文献出版社 2010 年版，第 1060 页。

境外宗教渗透论

序的启动，苏联各地东正教堂纷纷修复或重建。1986～1989 年间，苏联每年开放的教堂数量分别为 10 个、16 个、809 个和 2 039 个。80 年代初，苏联境内共有东正教教区 6 700 个，至 1989 年末，教区数量已经接近 1 万个。而俄罗斯联邦境内的东正教修道院也由 80 年代中期的 3 个增至 100 个。[①] 俄罗斯宗教活动家不仅举办神学国际研讨会，与国外宗教活动家和国内外有关学者展开积极的对话，还就社会道德、文化遗产和民族纠纷等社会热点问题，通过大众传媒手段同社会广泛对话。戈尔巴乔夫的多元化政治还造就了一些宗教政治派别，如 1989 年成立的"教会与改革运动"、"俄罗斯基督教民主运动"；1990 年成立的"人民东正教运动"和"俄罗斯东正教君主立宪党"等。1990 年 12 月，东正教教会宣布成立教会青年组织，并成立了一个国际性组织——世界东正教青年运动，以期吸引更多的青少年投入教会怀抱，加强东正教会间的国际合作。至 1991 年 1 月，东正教徒已占苏联国民总数的 22%。[②] 苏联东正教官方宗教内部已经积蓄和孕育了导致苏联解体的强大的政治力量。

二、苏联东正教境外教会的历史沿革与苏联解体

1918～1920 年间，在苏俄国内战争时期，俄国东正教会保皇派人士站在白军立场上，反对苏维埃政权。白卫军失败后，一批东正教会保皇派人士跟随白卫军残余流亡到国外。1920 年 12 月，一些流亡到欧洲的俄罗斯东正教会高级主教在世界东正教会的中心之一——君士坦丁堡开会，成立了俄罗斯境外教会最高管理局。[③] 此后不久，苏俄境外各国和地区（芬兰、拉脱维亚、中国、日本和北美等地）的俄罗斯东正教高级主教都加入了该管理局。1921 年，俄罗斯境外教会最高管理局迁至南斯拉夫。同年 12 月，该管理局在塞尔维亚召开了卡尔洛瓦茨会议，成立了俄罗斯东正教境外教会。1928 年，俄罗斯东正教境外教会拒绝了都主教谢尔盖提出的"忠于苏维埃政府"的建议，与俄罗斯东正教会断绝往来。[④]

---

① 参阅沈志华主编：《一个大国的崛起与崩溃：苏联历史专题研究（1917～1991）》下册，社会科学文献出版社 2010 年版，第 1062 页。

② 参阅沈志华主编：《一个大国的崛起与崩溃：苏联历史专题研究（1917～1991）》下册，社会科学文献出版社 2010 年版，第 1063 页。

③ 参阅沈志华主编：《一个大国的崛起与崩溃：苏联历史专题研究（1917～1991）》下册，社会科学文献出版社 2010 年版，第 1067 页。也请参阅乐峰主编：《俄国宗教史》上卷，社会科学文献出版社 2008 年版，第 259 页。

④ 参阅沈志华主编：《一个大国的崛起与崩溃：苏联历史专题研究（1917～1991）》下册，社会科学文献出版社 2010 年版，第 1067～1068 页。也请参阅乐峰主编：《俄国宗教史》上卷，社会科学文献出版社 2008 年版，第 260～261 页。

苏维埃政权建立初期，一些不愿意与新政权合作的旧俄思想家和艺术家选择了流亡，成为"俄国20世纪第一代侨民"。在法国，一些俄侨知识分子精英创办了圣谢尔吉东正教神学院。俄国侨民宗教哲学家和神学家别尔嘉耶夫、布尔加科夫、弗兰克和卡尔塔绍夫等，都曾在该学院任教或担任领导职务。[①]

俄罗斯东正教境外教会崇尚"君主制"，谴责俄罗斯东正教官方教会与苏维埃政权合作。1938年8月，俄罗斯东正教境外教会举行第二次全体会议，倡议生活在苏联的俄罗斯东正教徒和俄罗斯侨民共同为恢复俄国的君主制而奋斗，提议追认为苏维埃政权处决的俄国末代沙皇尼古拉二世及其全家为殉道者和圣人。[②] 1930年代，俄罗斯东正教境外教会在俄侨中影响很大。

在后来的发展中，俄罗斯东正教境外教会逐渐形成了北美派（北美东正教主教区）、西欧派（西欧俄罗斯东正教高级主教区）和卡尔洛瓦茨派。

北美东正教主教区起源于1794年阿拉斯加地区，很快扩展到整个北美地区。1905年，该主教区总部迁往纽约。十月革命后，一大批乌克兰等地的白俄教徒来到北美避难，促成北美东正教与俄罗斯东正教境外教会建立联系，并在后来的发展中，与俄罗斯东正教境外教会保持一种时断时续的联系；与此同时，该派与俄罗斯东正教官方教会也保持一种时断时续的联系。1947年，随着冷战的爆发，该派教会与俄罗斯东正教会断绝关系，并且于1970年彻底脱离了俄罗斯东正教会，成为世界上15个独立的东正教会之一——美国东正教会。[③] 该教会用英语作祈祷和主持圣事。

西欧俄罗斯东正教高级主教区由俄国东正教侨民于1917年末在西欧创立。1920年10月，俄罗斯境外教会最高管理局任命邓尼金手下的东正教主教叶夫洛基·格奥尔基耶夫斯基担任该主教区高级主教。但由于叶夫洛基持自由派思想，不赞成俄罗斯境外教会恢复君主制，终究为俄罗斯东正教境外教会所不容。但也正因为叶夫洛基持自由派立场，反对在俄罗斯境内恢复君主制，博得了苏维埃政权的好感，一度为俄罗斯东正教官方教会所承认，并被任命为西欧主教区都主教。但由于其敌视十月革命的立场，终究为苏维埃政权和俄罗斯东正教官方教会所不容。1946年，西欧俄罗斯东正教高级主教区完全脱离俄罗斯东正教境外教会和俄罗斯东正教官方教会，加入君士坦丁牧首区。该高级主教区涉及法国、比利时、芬兰、德国、挪威、瑞典、意大利和西班牙等西欧国家，教堂祈祷用斯拉

① 参阅沈志华主编：《一个大国的崛起与崩溃：苏联历史专题研究（1917~1991）》下册，社会科学文献出版社2010年版，第1068~1069页。

② 参阅沈志华主编：《一个大国的崛起与崩溃：苏联历史专题研究（1917~1991）》下册，社会科学文献出版社2010年版，第1068页。

③ 参阅沈志华主编：《一个大国的崛起与崩溃：苏联历史专题研究（1917~1991）》下册，社会科学文献出版社2010年版，第1070页。

夫语进行，教徒多为俄裔西欧人。[1]

卡尔洛瓦茨派是苏维埃体制和俄罗斯东正教官方教会的强硬反对派。在俄罗斯东正教境外教会的所有分支中，无论是北美派还是西欧派，在一段时间里，都有过与俄罗斯东正教官方教会合作或服从其领导的经历，唯独卡尔洛瓦茨派自始至终与苏维埃政权和俄罗斯东正教官方教会对抗。二战期间，卡尔洛瓦茨派甚至与希特勒勾结，妄图借重德国军队"解放"苏联。苏联卫国战争胜利后，苏联红军解放了东欧各国。为了避开社会主义政权，卡尔洛瓦茨派于 1946 年将俄罗斯东正教境外教会总部，由塞尔维亚（时为南斯拉夫联邦人民共和国一部分）的卡尔洛瓦茨迁至德国的慕尼黑。1950 年，鉴于第二次世界大战后，欧洲一大批俄罗斯东正教侨民移民美国，俄罗斯东正教境外教会在美国的教区随之增多，于是俄罗斯东正教境外教会总部迁至美国纽约州乔丹维列的圣三一修道院。[2]

20 世纪 80 年代后期，随着戈尔巴乔夫民主化改革的启动，苏联出现了宗教复兴的局面，俄罗斯东正教境外教会乘机在俄罗斯境内发展自己的势力。1990年，俄罗斯东正教境外教会在苏联境内开设了第一批教区。[3] 一些对俄罗斯东正教官方教会不满的苏联境内神职人员带着自己教区的教徒离开官方教会，加入境外教会所开设的教区。尽管在组织层面，这个时期的苏联东正教官方教会与俄罗斯东正教境外教会存在摩擦，但在批评苏联社会主义制度方面却趋于一致，并在瓦解苏联方面终于成为盟军，最终于 2007 年 5 月在苏联解体后走向统一。[4]

三、苏联伊斯兰教的历史沿革与苏联解体

伊斯兰教是苏联时代的第二大宗教。信徒有 5 500 万。[5] 于 7 世纪末，伊斯兰教先于东正教传入俄罗斯，在少数民族地区有悠久的历史和很大的影响。苏联伊斯兰教主要集中在中亚五个加盟共和国——哈萨克、乌兹别克、塔吉克、吉尔吉斯和土库曼以及巴什基尔共和国和北高加索地区。苏联有三十多个民族信仰伊

---

① 参阅沈志华主编：《一个大国的崛起与崩溃：苏联历史专题研究（1917~1991）》下册，社会科学文献出版社 2010 年版，第 1070~1071 页。

② 参阅乐峰主编：《俄国宗教史》上卷，社会科学文献出版社 2008 年版，第 261~262 页。也请参阅沈志华主编：《一个大国的崛起与崩溃：苏联历史专题研究（1917~1991）》下册，社会科学文献出版社 2010 年版，第 1071~1072 页。

③ 参阅沈志华主编：《一个大国的崛起与崩溃：苏联历史专题研究（1917~1991）》下册，社会科学文献出版社 2010 年版，第 1072 页。

④ 参阅沈志华主编：《一个大国的崛起与崩溃：苏联历史专题研究（1917~1991）》下册，社会科学文献出版社 2010 年版，第 1073 页。

⑤ 参阅乐峰主编：《俄国宗教史》下卷，社会科学文献出版社 2008 年版，第 865 页。

斯兰教。①

十月革命后，在"反宗教宣传"大背景下，伊斯兰教的发展受到一定影响。自 1918 年至 1931 年，苏联共关闭了伊斯兰教礼拜建筑物 3 552 座。② 此后一段时间，伊斯兰教受到的挤压更甚，宗教团体数量急剧下降。卫国战争期间，反宗教浪潮一时平息，一些清真寺恢复活动。1943 年，苏联设立中亚和哈萨克斯坦穆斯林宗教管理局，管理中亚加盟共和国的穆斯林；1944 年，又增设了苏联欧洲地区和西伯利亚穆斯林宗教管理局、北高加索穆斯林宗教管理局和外高加索穆斯林宗教管理局。这些宗教管理局的职能主要有：（1）发布处理有关信仰和仪式的宗教教理问题的教法决断书；（2）支持清真寺、礼拜堂、宗教团体以及伊斯兰宗教职业者；（3）经过预先资格审查向清真寺推荐毛拉（阿訇）和穆安津（宣礼员）；（4）罢免违反伊斯兰教教规和有与宗教典礼领导高尚称号不相容行为的毛拉和穆安津；（5）注意研究宗教人士和教徒涉及本管理局职权范围内问题的申诉书；（6）出版必要的宗教图书，任命本宗教管理局的合法代表——穆哈台斯布（教律检察官），支配本宗教管理局获得的基金。③

戈尔巴乔夫时期，在宗教自由化思潮推动下，苏联出现了伊斯兰教复兴的现象。根据苏联宗教事务委员会当时公布的数字，1985 年全苏只有 2 个伊斯兰宗教团体登记，1988 年则有 16 个，1989 年有 171 个。至 1991 年 3 月，伊斯兰宗教团体注册总数已多达 1 590 个。④ 在这期间，清真寺的数量也急剧增长。从 1987 年起，在短短的三四年间，中亚地区的清真寺就由 160 座增至 5 000 多座。中亚穆斯林去沙特阿拉伯朝觐的人数也明显增多，从 1989 年只有 25 名，到苏联解体前的 1991 年则增至 1 400 多名。随着伊斯兰教的复兴，一些苏联伊斯兰教组织和团体的政治化倾向也趋于明显。1989 年 3 月，戈尔巴乔夫把沙皇时代俄军掠夺的一本公元 7 世纪的《古兰经》归还给塔什干寺院。但戈氏的这一做法却为宗教势力所利用，当地穆斯林借机向政府提出了挑衅性的要求："把圣典和历史还给我们！"自戈尔巴乔夫对传播伊斯兰教的活动解禁后，中亚一些清真寺逐渐演变成中亚政治争论的中心，开始形成地下伊斯兰教运动，与官方教会分庭抗礼。"由于官方的伊斯兰机构无法满足信教群众的精神需求，非法的'民间毛拉'大量存在。据估计，到苏联解体前，在民间活动的伊斯兰教职人员已 10 倍于官方注册

---

① 苏联信仰伊斯兰教的民族主要有鞑靼人、巴什基尔人、乌兹别克人、哈萨克人、塔吉克人、土库曼人、吉尔吉斯人、维吾尔人、达吉斯坦人、车臣人、阿迪格人、阿塞拜疆人、库尔德人等。参阅乐峰主编：《俄国宗教史》下卷，社会科学文献出版社 2008 年版，第 867 页。

② 参阅乐峰主编：《俄国宗教史》下卷，社会科学文献出版社 2008 年版，第 865 页。

③ 参阅乐峰主编：《俄国宗教史》下卷，社会科学文献出版社 2008 年版，第 867 ~ 868 页。

④ 参阅乐峰主编：《俄国宗教史》下卷，社会科学文献出版社 2008 年版，第 866 页。

的教职人员。"① 1988 年，在塔尔干的一次集会上，激进的穆斯林打出了象征伊斯兰教的绿色旗帜。② 同年，乌兹别克斯坦一些极端民族主义者和伊斯兰极端主义者发生动乱，提出在苏联建立独立于莫斯科的操突厥语的民族联盟和中亚穆斯林联邦。1989 年，在一个名为"伊斯兰教与民主"的组织操纵下，在乌兹别克斯坦发动了一场推翻中亚穆斯林宗教管理局首席穆夫提的运动。③ 1990 年 6 月，俄罗斯阿斯特拉罕州成立了一个名叫"全苏伊斯兰复兴党"的组织，旨在使伊斯兰教在被驱逐的地方复兴，在不完全了解或被歪曲的地区得到传播，其任务在于"保卫我们的信仰不受迫害、诬蔑和歪曲，使人们能按《古兰经》和圣训来生活"。其后，在中亚地区出现了以"恢复伊斯兰理想"为目标的伊斯兰复兴党的基层组织。其中，塔吉克斯坦伊斯兰教复兴党成员众多，成为左右当地社会生活的重要政治力量。此外，塔吉克斯坦民主党、"拉里—巴达赫松"协会、乌兹别克斯坦"比尔里克"人民运动以及哈萨克斯坦的"阿拉什"等党派组织也都带有鲜明的民族宗教色彩。苏共中央机关刊物《党的生活》1990 年第 17 期刊登了一篇题为《苏联有没有教权主义?》的文章，指出："近来，民族主义和沙文主义流派、分裂主义分子越来越坚决地渗入这个党，他们一起企图加剧反共情绪，要求取消苏联共产党，改变苏联的宪法和社会主义制度本身。"政治化了的伊斯兰教复兴运动无疑也是苏联解体的一个重要推手。

四、苏联天主教会的历史沿革与苏联解体

罗斯同天主教的联系与同东正教的联系一样久远。罗斯甚至在公元 988 年从拜占庭接受希腊东正教之前，就已经开始同罗马天主教交往，④ 即使在接受希腊东正教后，与罗马天主教也未完全断绝往来。至 1914 年，在俄国共有 500 万名天主教徒，1 158 个教区，1 491 座教堂，1 358 座小教堂，2 194 位神职人员。⑤ 但第一次世界大战后，随着国家版图的变异，俄国天主教徒的数量急剧减少。

---

① 常玢：《苏联解体前后的中亚国家的伊斯兰教状况》，载于《东欧中亚研究》2001 年第 5 期。

② 塔尔干为乌兹别克斯坦共和国的首都。

③ 穆夫提是阿拉伯文 Mufti 的音译，其意思是伊斯兰教教法说明官。其职责为对各类诉讼提出正式的法律意见，作为判决的依据。其条件为精通《古兰经》、"圣训"以及其他伊斯兰教教法著作。现在一些伊斯兰教国家和地区仍有此职。当代，埃及、也门、阿曼等伊斯兰国家设有国家级总穆夫提或大穆夫提，也有被称作首席穆夫提的，负责有关教法问题的解答，参与国家重大决策活动，在有的国家甚至起国事政策顾问的作用。

④ 例如，公元 961 年，天主教修士阿达尔伯特·特里尔斯基主教就曾来到基辅，向罗斯人传播天主教。参阅乐峰主编：《俄国宗教史》下卷，北京：社会科学文献出版社 2008 年版，第 681 页。

⑤ 参阅乐峰主编：《俄国宗教史》下卷，社会科学文献出版社 2008 年版，第 698 页。

由于沙皇俄国是个东正教国家，天主教会在俄国的存在和发展一直受到严格限制。所以，与东正教敌视二月革命和十月革命不同，俄国天主教无论对二月革命还是对十月革命都寄予厚望，希望能够在新的社会里，其社会地位有所提升。随着《土地法令》的颁布，俄国天主教"翻身"的梦想破灭。在国内战争期间，大量天主教徒乘机逃到国外。至 1922 年，在苏联有 150 万~200 万天主教徒，主要分布在苏联西部地区（这些人主要是波兰人两次起义失败后遭到流放的波兰天主教徒），以及德国人集中居住的地区（伏尔加河流域、黑海边区和西伯利亚）。① 在 20 年代，苏联与梵蒂冈的关系比较密切，苏联政府还允许罗马教皇任免苏联领土内天主教会的主教。而梵蒂冈不仅积极帮助流亡国外的苏联东正教徒先后在巴黎、立陶宛、柏林、布拉格、维也纳等城市建立了中心，还秘密对苏联国内的天主教机构进行改革，将原来的 4 个主教区改为 4 个圣统区，即莫斯科圣统区、列宁格勒圣统区、莫吉廖夫圣统区和克里木圣统区。至 30 年代，苏联与梵蒂冈之间的联系几乎中断，梵蒂冈在苏联的天主教管理机构被全部摧毁。与此同时，苏联天主教的生存处境更趋恶化，宗教信徒的数量急剧减少，大多数神职人员不是被处死，就是被流放。在苏联，除了波罗的海的立陶宛和拉脱维亚外，天主教徒几乎终止了一切弥撒活动。

卫国战争也没有给苏联的天主教带来好运。斯大林大力支持苏联东正教会将莫斯科变成与罗马对抗的"普世东正教"的中心，对苏联的天主教却继续采取挤压政策。1946 年 3 月，苏联召开"利沃夫宗教会议"，通过决议，取消合并派即东仪天主教的存在。② 合并派，也称合并教会，指的是东正教会的个别教区或部分团体与天主教会的联合。其基础在于：参加合并的东正教徒承认罗马教皇的最高地位和罗马天主教的教义，同时保留东正教礼拜仪式。因此，合并教会又被称作东仪天主教会。自 1054 年基督宗教分裂为天主教会和东正教会以来，梵蒂冈策划的教会合并活动主要有两次。一次发生在 1274 年（里昂会议），一次发生在 1439 年（费拉拉—佛罗伦萨会议）。第二次教会合并活动在俄国产生了重大影响。1596 年 10 月，在梵蒂冈和波兰国王支持下，天主教徒和合并派教徒在布列斯特尼古拉教堂召开宗教会议，表决通过教会合并的决议。此后，合并派与俄罗斯东正教之间的冲突不断。这种冲突既表现在宗教层面，也表现在国家层面，即表现为梵蒂冈、波兰与俄罗斯之间的冲突。第一次世界大战期间，俄军进入西部，乌克兰等地的合并派遭受重创。1946 年的"利沃夫宗教会议"一致通过取消 1596 年"布列斯特合并会议"的全部决议，断绝与梵蒂冈的联系，取缔合并

---

① 参阅乐峰主编：《俄国宗教史》下卷，社会科学文献出版社 2008 年版，第 699 页。
② 参阅乐峰主编：《俄国宗教史》下卷，社会科学文献出版社 2008 年版，第 702 页。

派教会，要求合并派回到东正教信仰上来。此后，合并派的主教们遭到逮捕和流放。在囚禁和流放期满后，他们大部分都"流亡到了国外"，拒绝转向东正教会的合并派信徒们则转入地下活动。①

在赫鲁晓夫发动的、自50年代末期开始的消灭宗教运动中，苏联东正教官方教会受到了沉重打击，苏联天主教组织由于在当时几乎完全瘫痪，信徒已经不再公开活动，故而基本上没有受到进一步的伤害。整个苏联当时只剩下两座天主教教堂开放。这两个教堂，一座位于列宁格勒，一座位于莫斯科，只是由于外国机构的保护，它们才免于关闭。② 20 世纪 60 年代初，苏联和梵蒂冈的关系一度有所缓和。罗马教廷派代表访问苏联，而苏联也决定以俄罗斯东正教的名义派代表出席梵蒂冈第二次会议（1962～1965 年召开）。其后，苏联政府决定释放已关押了18 年的乌克兰东仪天主教大主教约瑟夫·斯里佩。1967 年，苏联最高苏维埃主席团主席尼古拉·波德戈尔内访问了梵蒂冈，莫斯科与梵蒂冈的关系得到进一步的改善。梵蒂冈获得在立陶宛和拉脱维亚任命主教的权力，乌克兰东仪天主教会的合法地位也一度获得苏联当局的认可。天主教在苏联遭到的最近一次迫害发生在 20 世纪 80 年代初。当时有两名天主教神职人员被逮捕，其中一名被驱逐到国外，而另一名则被判处 3 年监禁。③

到戈尔巴乔夫时代，随着宗教政策的"松绑"和苏联与梵蒂冈关系的改进，合并派教会的处境出现了转机。1988 年 6 月，梵蒂冈教廷不仅应邀派员出席了在莫斯科举行的纪念罗斯受洗一千年的庆祝活动，戈尔巴乔夫和外长谢瓦尔德纳泽还接见了应邀参加庆祝活动的卡萨罗利枢机主教。1989 年 12 月初，戈尔巴乔夫造访了梵蒂冈，与教宗约翰·保罗二世会谈。双方不仅就建立正式的国家关系的原则达成一致，而且还就乌克兰合并教会问题达成协议。④ 当时，苏联西部合并教会实际上已经从地下转到地上，活动相当积极，规模迅速扩大。在 1990～1991年间，在乌克兰西部民族主义者的支持下，合并派教会一跃成为乌克兰最大的教会，不仅主导了乌克兰的宗教生活，而且对乌克兰的政治生活也产生重大影响。1990 年 1 月，在 1946 年"利沃夫宗教会议"召开 44 年之后，在利沃夫召开了合并宗教会议，宣布 1946 年"利沃夫宗教会议"非法，恢复"乌克兰东仪天主教会"合法地位。1990 年 2 月，乌克兰宗教事务局发表声明，合并派信徒可以创建自己的宗教团体，按照合法手续登记注册。从此，乌克兰合并教会（乌克兰东仪天主教会）完全公开恢复活动。1990 年 3 月 15 日，罗马教廷与苏联正式建立外交关系。1990 年 5 月，罗马教皇使节大主教科拉索诺到莫斯科上任。1990

---

① 参阅乐峰主编：《俄国宗教史》下卷，北京：社会科学文献出版社 2008 年版，第 723～24 页。
②③ 参阅乐峰主编：《俄国宗教史》下卷，社会科学文献出版社 2008 年版，第 703 页。
④ 参阅乐峰主编：《俄国宗教史》下卷，社会科学文献出版社 2008 年版，第 743 页。

年 11 月，戈尔巴乔夫再次到梵蒂冈与教皇会晤。1991 年 4 月，罗马教皇命令在俄国组建两个圣统区，一个是"俄国欧洲部分拉丁礼仪天主教徒圣统区"，以莫斯科为中心；另一个是"俄国亚洲部分拉丁礼仪天主教徒圣统区"，以新西伯利亚为中心；罗马教皇同时还任命主教到乌克兰、白俄罗斯和哈萨克斯坦工作。1991 年 9 月 5 日，罗马教廷承认了俄罗斯联邦的独立和主权。1991 年 12 月 20 日，俄罗斯联邦总统叶利钦拜访了罗马教皇。[①]

雷日科夫在《大国悲剧》中曾强调了 80 年代末 90 年代初乌克兰合并派的复兴运动和大规模强占庙堂活动的"政治性质"："上个世纪 80~90 年代乌克兰的政治局势，部分是由宗教关系决定的。虽然表面看来教会同国家是分离的，但教会对政治生活的影响却十分巨大。因为世俗的人在一定程度上总是要听从精神引领者的教导的。"[②] 他还将这一活动归结为民族分裂主义、宗教极端主义、约翰·保罗二世和戈尔巴乔夫合力的结果。他写道："80 年代末，乌克兰西部各州民族主义情绪掀起浪涛。从一开始，这一过程便带有公开的政治性质，是加里西亚知识界素有的分离主义倾向在教会土壤上的反映。在西乌克兰首先表露出这种情绪的是希腊天主教徒。早在 1988~1989 年间，他们便走出地下状态。从 1989 年下半年起，乌克兰希腊天主教会代表转向直接的积极行动。转至 1989 年秋季，他们开始大规模侵占正教庙堂。……当时提出了一个极端主义的口号：按 1939 年时的状况把所有庙堂和财产归还乌克兰希腊天主教会。及至 1989 年年末，乌克兰希腊天主教会获得合法地位。梵蒂冈的外交介入和约翰·保罗二世与戈尔巴乔夫 1989 年 12 月 1 日就此达成的协议，对促成此事起了不小的推动作用。"[③] 雷日科夫强调说："合并派教会在西乌克兰'复活'的最终结果便是如此。民族主义分子同该教会齐心协力，在乌克兰社会制造紧张局势已将近 20 年。乌克兰东西两部分的对抗一天也没有平息过。所有这一切，对国家的完整孕育着极其严重的后果。"[④] 在雷日科夫看来，与乌克兰民族分裂主义绑在一起的还有乌克兰自主正教会的分裂活动。乌克兰正教会历史上一些人建立独立于莫斯科牧首辖区的图谋虽然由来已久，[⑤] 但在 20 世纪 80 年代末 90 年代初达到了一个新的高潮。1990 年 6 月，分裂分子在基辅举行"全乌克兰自主正教大会"，不仅决定成立自主教会，还选举了"基辅牧首"。雷日科夫指出，在乌克兰"人民鲁赫运动"

---

① 参阅乐峰主编：《俄国宗教史》下卷，北京：社会科学文献出版社 2008 年版，第 743 页。

②③ ［俄］尼古拉·伊万诺维奇·雷日科夫著，徐昌翰等译：《大国悲剧：苏联解体的前因后果》，新华出版社 2010 年版，第 277 页。

④ ［俄］尼古拉·伊万诺维奇·雷日科夫著，徐昌翰等译：《大国悲剧：苏联解体的前因后果》，新华出版社 2010 年版，第 279 页。

⑤ 这些东正教教徒的口号是："罗马不是我们的父亲，莫斯科也不是我们的母亲"，"独立的国家须有独立的教会"。

（分裂主义）的宗教纲领中强调，必须为"斯大林势力所破坏的乌克兰天主教会（即 1989～1990 年间被称为乌克兰希腊天主教会）和乌克兰自主正教会的法律地位正常化而斗争"。据此，雷日科夫断言："合并派也好，自主教会派也好，都是同一现象，即乌克兰分离主义的产物。"[1] 雷日科夫的分析表明：（1）境外敌对势力（梵蒂冈）是乌克兰宗教动乱的一个重要根源；（2）宗教极端主义与民族分裂主义在苏联解体过程中是狼狈为奸的；（3）"左"虽然在形式上与右相对立，但在现实的社会运动中却往往是相互支撑、相互推动的。以右纠"左"的结果非但纠正不了"左"，反而会将社会引向更危险的道路。

五、境外宗教渗透与境内宗教复兴的互存互动

导致苏联解体的因素是多方面的，将它简单地归结为任何一个方面都是片面的。但是，无论如何，说宗教问题是苏联解体的一个因素则是没有问题的。

首先，宗教问题民族化是导致苏联解体的一个重要因素。民族问题无疑是苏联解体的一个直接原因。法国学者埃莱娜·唐科斯在 1978 年出版的《分崩离析的帝国》一书中，曾详细分析了苏联的民族问题："六十年中，苏联政府完成了一些巨大的社会改革工作。无疑它遇到过许多问题。但在它面临的所有问题中，最急需解决而又最难解决的显然是民族问题。像它所继承的沙俄帝国一样，苏维埃国家似乎也无法走出民族问题的死胡同。"[2] 其实，这差不多也是《一个大国的崛起与崩溃》的作者的观点。因为该书将苏联解体解读为"民族问题的总爆发"。[3] 需要指出的是，凡是在民族问题发挥作用的地方，其他问题也都掺和其中。在苏联解体过程中，宗教问题民族化是相当普遍的现象。其一，如前所述，无论乌克兰的希腊天主教会（东仪天主教）还是乌克兰的自主正教会，都与乌克兰民族分裂主义（"人民鲁林运动"）搅和在一起。其二，如上所述，中亚五国上个世纪 80 年代末 90 年代初的伊斯兰教复兴运动具有明显的分离主义倾向。在 1988 年乌兹别克斯坦的动乱中，一些极端民族主义者和伊斯兰原教旨主义者提出的，在苏联建立独立于莫斯科的操突厥语的民族联盟和中亚穆斯林联邦，便是其中一个典型的例证。其三，在波罗的海三国，宗教问题也鲜明地民族化了。波

---

① ［俄］尼古拉·伊万诺维奇·雷日科夫著，徐昌翰等译：《大国悲剧：苏联解体的前因后果》，新华出版社 2010 年版，第 281 页。

② 转引自沈志华主编：《一个大国的崛起与崩溃：苏联历史专题研究（1917～1991）》下册，社会科学文献出版社 2010 年版，第 1158 页。

③ 沈志华主编：《一个大国的崛起与崩溃：苏联历史专题研究（1917～1991）》下册，社会科学文献出版社 2010 年版，第 1158～1206 页。

罗的海三国本来都是多宗教、多民族的国家。在爱沙尼亚，路德派新教信徒占居民的 70%，东正教徒占 20%；在拉脱维亚，路德派新教教徒占 40%，东正教教徒占 35%，天主教徒占 25%；在立陶宛，天主教教徒占 90%，东正教教徒占 4%。但是，在苏联解体过程中，俄罗斯东正教基本上被看成"一个使该地区俄罗斯化，向本土居民传播他们所不熟悉的'野蛮东方'文化和信仰的工具"，而天主教和新教则被描绘成"促进波罗的海沿岸地区各族人民接近西方文化的一股力量"。[1] 正如《大国悲剧》作者在谈到爱沙尼亚时所说："在爱沙尼亚，教会和国家在人们生活中紧密地交织在一起，尤其明显的是一些政治活动家希望利用宗教信仰来挑唆对俄罗斯人和俄罗斯的仇恨。"[2] 在某种意义上，苏联的解体始自 1989 年 9 月的南高加索地区阿塞拜疆加盟共和国和波罗的海三个加盟共和国的独立运动，终于 1990 年 12 月中亚五国独立宣言的发表。苏联在 15 个月内分崩离析，宗教的民族化是不可或缺的因素。

其次，宗教的政治化是苏联解体的另一个重要因素。宗教的政治化不仅表现在上述宗教民族化的过程中，还典型地表现在对宗教迫害的反思过程中。毋庸讳言，在苏联历史上，宗教迫害通常都具有政治动因，更确切地说，通常是与受迫害者敌视苏维埃政权和苏联社会主义制度的立场直接相关的。这不仅从苏联东正教境外教会的起因可以看出来，从苏联东正教地下教会和苏联东正教民间教会的起因也可以看出来。既然如此，无论是苏联东正教境外教会的复兴，还是苏联东正教地下教会和苏联东正教民间教会的复兴，便在所难免地带有否定和颠覆苏维埃政权和苏联社会主义制度的政治倾向，成为瓦解和颠覆苏联的一股蓄势已久的破坏力量。在境外敌对势力的怂恿和戈尔巴乔夫"新思维"的助推下，宗教政治化以及宗教成为境内外敌对势力用来颠覆和瓦解苏联的力量，就不能看作只是一种可能和偶然的现象，而势必成为现实的和必然的运动。

再次，宗教的异在化和工具化也是苏联解体的重要因素。十月革命前，俄罗斯的各种宗教，尤其是作为俄罗斯国教的东正教，一直是沙俄帝国统治的基础和工具，布尔什维克党将各种宗教、尤其是各种宗教的上层视为异在于革命的力量是可以理解的，也是正确的，但随着十月社会主义革命的胜利，苏联的各种宗教的性质也发生了一定的变化，具备了与社会主义社会相适应的可能性。在这种情况下，苏共本来应当积极引导宗教与社会主义社会相适应，最大限度地调动和发挥其建设社会主义社会的积极性。但长期以来，相当一部分苏联领导人对宗教的

---

① ［俄］尼古拉·伊万诺维奇·雷日科夫著，徐昌翰等译：《大国悲剧：苏联解体的前因后果》，新华出版社 2010 年版，第 179 页。

② ［俄］尼古拉·伊万诺维奇·雷日科夫著，徐昌翰等译：《大国悲剧：苏联解体的前因后果》，新华出版社 2010 年版，第 180 页。

历史性转变缺乏理解，对社会主义时期宗教的长期性和群众性缺乏认识，继续把宗教视为外在于社会主义社会的力量，将其视为社会主义革命的对象予以限制，甚至消灭。在 20 世纪 30 年代"阶级斗争尖锐化"时期和 50 年代末 60 年代初"一国建成共产主义"理论背景下，曾经有过的"消灭宗教残余"的企图和努力，就是出于这种将宗教异在化的立场。在宗教问题上苏联之所以长期推行"左"的政策和路线，究其根源正在于此。这种"左"的政策和路线，不仅极大地妨碍了苏联宗教与苏联社会主义社会相适应，还极大地伤害了广大宗教信徒的感情，非但没有培养他们对社会主义制度的认同感，反而使相当一部分宗教信徒将宗教政策方面的缺失与社会制度的缺失联想起来，从而产生对苏联社会主义制度的离心力。在 80 年代末 90 年代初苏联解体过程中，相当一部分宗教信徒对苏联解体乐观其成不是偶然的。这也说明虽说苏联解体是在两三年内实现的，但成因却是源远流长的。

宗教的工具化也是导致苏联解体的重要原因。如果单从宗教政策的宽松角度看问题，在苏联历史上有两个时期宗教政策显得最为宽松。一是卫国战争时期，一是戈尔巴乔夫自由化时期。斯大林为什么要在卫国战争时期放宽宗教政策呢？为的是调动宗教的力量，特别是东正教官方宗教的力量来保证卫国战争的胜利，也就是说，是为了更好地利用苏联东正教官方宗教的力量。而戈尔巴乔夫为什么要放宽宗教政策呢？直接的目的就是一方面想借此扩大俄罗斯东正教的国际影响，彰显自己治下的苏联在国际社会上的声威，另一方面是要做给西方人看，让世人知道他是在实实在在地践行"人道的民主的社会主义"的。也就是说，他是把东正教官方宗教当作工具使用的。宗教具有工具性的一面，但也具有超工具性的一面。因此，当人们在利用宗教的时候，如果完全忽视了其超工具性的一面的话，就有可能走向反面，就有可能搬起石头砸自己的脚。因为宗教一旦成为工具，戈尔巴乔夫可以利用，民族分裂主义分子和境外敌对势力也同样可以利用。这也是苏联解体留下的一个需要牢牢汲取的历史教训。

最后，境外宗教渗透也是苏联解体的重要因素。谈到境外宗教渗透，马上会想到苏联东正教境外教会 20 世纪 80 年代末 90 年代初在苏联境内开设教区的事情。俄罗斯东正教境外教会是 1921 年由流亡国外的敌视苏维埃政权的俄国保皇派东正教会人士组建的，它回到苏联国内组建教区，便明显地具有"还乡团"的政治意味，明显地具有境外宗教渗透的性质。在苏联解体过程中，最为典型的境外宗教渗透当属境外敌对势力利用梵蒂冈实施的宗教渗透。众所周知，早在 1982 年 6 月 7 日，美国总统里根和罗马教皇约翰·保罗二世就在梵蒂冈皇家图书馆秘密订立了以波兰团结工会为突破口、"加速苏联帝国瓦解"

的"神圣同盟"。① 至于英国首相撒切尔夫人1984年秋天在伦敦郊区切克斯别墅与戈尔巴乔夫的会见，1986年美国总统里根与戈尔巴乔夫在雷克雅未克的一对一秘密谈判，1989年12月戈尔巴乔夫和罗马教皇约翰·保罗二世在梵蒂冈皇家图书馆的单独会谈，1989年末戈尔巴乔夫在马耳他与美国总统老布什的会见，1990年11月，戈尔巴乔夫再次到梵蒂冈与罗马教皇约翰·保罗二世的会谈，1991年6月，叶利钦在美国与美国总统老布什的会见，1991年7月，叶利钦与美国总统老布什在莫斯科的单独会晤，1991年12月20日，叶利钦对罗马教皇约翰·保罗二世的拜访，所有这些活动都指向一个目标，即1982年6月7日美国总统与罗马教皇在梵蒂冈缔结的"神圣同盟"所制定的"加速苏联帝国瓦解"的目标。如果这样的说明还嫌笼统的话，不妨用梵蒂冈支持乌克兰合并教会这一比较具体的历史事件给予更为详实的说明。如前所述，罗马教廷支持合并派教会由来已久，甚至可以将这种支持上溯到1054年基督宗教第一次大分裂之日，而1274年的里昂会议、1439年的费拉拉—佛罗伦萨会议、1596年的布列斯特会议和1989年12月乌克兰合并教会的合法化，都可以看作是罗马教廷在这方面的努力。其差别仅仅在于：梵蒂冈支持的1989年12月乌克兰合并教会的合法化过程明显地具有瓦解苏联政权的政治意图。从法律程序上讲，是在1989年12月1日戈尔巴乔夫和罗马教皇约翰·保罗二世在会谈中达成一致意见时，乌克兰合并教会或乌克兰希腊天主教会才具有了合法的地位。但是，在罗马教廷暗中策划下，早在1988年乌克兰合并教会或乌克兰希腊天主教会事实上的合法地位就实现了。正如《大国悲剧》一书指出的："早在1988～1989年间，他们（指乌克兰的希腊天主教徒——引者注）便走出地下状态。从1989年下半年起，乌克兰希腊天主教会代表转向直接的积极行动。转至1989年秋季，他们开始大规模侵占正教庙堂。"② 这就是说，戈尔巴乔夫跑到梵蒂冈与罗马教皇密谈的结果，只是给罗马教廷在乌克兰策划的民族分裂和宗教分裂活动提供一张"路条"或"合法证明书"而已。而正如《大国悲剧》一书所反复强调指出的，罗马教廷在乌克兰的活动以及罗马教廷所支持的乌克兰的合并教会的活动，具有明显的"政治性质"和"民族分裂主义"性质，更确切地说，具有明显的瓦解苏联的性质。《大国悲剧》曾经用罗马教皇2001年6月23～27日对乌克兰的访问，为罗马教廷在20世纪80～90年代在乌克兰的活动做了一个贴切的注释。该书的作者说："教皇到了巴比雅尔——世界上任何一个政治家也不会放过霍洛克斯特（大屠杀）这

---

① 参阅［波］亚当·沙夫著，郭增麟译：《美国—梵蒂冈"神圣同盟"内幕》，载于《当代世界社会主义问题》1997年第2期。

② ［俄］尼古拉·伊万诺维奇·雷日科夫著，徐昌翰等译：《大国悲剧：苏联解体的前因后果》，新华出版社2010年版，第277页。

个话题。后来又访问了贝科夫连斯基森林，因为那里埋葬着成千上万苏联时期被镇压的牺牲者。他在长篇布道宣讲中错落有致地安排了一些重点：对纳粹一带而过，对苏联的极权主义则大张挞伐。这次的访问行程当然不会让他访问特地为苏联战俘设立的可怕的达尔尼茨基集中营。"[①] 作者继续报道说："总结是在 2001 年 6 月 27 日在利沃夫做的。这场弥撒有 29 名希腊天主教徒被列为圣者，其中只有一人是死于马伊达涅克之手。其余的人，据报道，均'牺牲于布尔什维克之手'。"[②] 罗马教廷和罗马教皇的反苏立场体现得可谓淋漓尽致。

在十月社会主义革命胜利之后不久，列宁就告诫苏联共产党："同宗教偏见作斗争，必须特别慎重；在这场斗争中伤害宗教感情，会带来许多害处。应该通过宣传、通过教育来进行斗争。斗争过激会引起群众的愤恨；这样进行斗争会加深群众因宗教信仰而造成的分裂，而我们的力量在于团结。"[③] 近百年过去了，在苏联解体之后的今天，在目睹苏联在宗教工作中的种种错误导致的惨痛悲剧之后，重温列宁这番教导，不仅感到非常亲切，也感到非常深刻。在宗教工作问题上，右固然误国，"左"也同样误国。社会主义国家在宗教工作中，只有同时坚持两条战线作战，既反对右的错误，也反对"左"的错误，才能有效地引导宗教与社会主义社会相适应，才能有效地防范和抵制境外宗教渗透，维护社会主义意识形态安全和国家安全。这是苏联 70 多年的宗教工作提示给我们的一条基本经验。

---

①② ［俄］尼古拉·伊万诺维奇·雷日科夫著，徐昌翰等译：《大国悲剧：苏联解体的前因后果》，新华出版社 2010 年版，第 278 页。

③ 《列宁全集》第 35 卷，人民出版社 1985 年版，第 181 页。

第六章

境外宗教渗透与东欧剧变

东欧或东欧国家既是一个地理概念，也是一个政治概念和一个历史概念。说是一个地理概念，因为所谓东欧或东欧国家，顾名思义，指的是地处欧洲东部的波兰、匈牙利、民主德国、捷克斯洛伐克、保加利亚、罗马尼亚、南斯拉夫和阿尔巴尼亚等八个国家。东欧实际上是一个相对于西欧或西欧国家而言的地理概念。当然，无论是东欧还是西欧都是一个相对的概念。正如西欧包括欧洲中部和欧洲南部的国家一样，东欧也包括欧洲中部和欧洲南部（巴尔干半岛）的国家，而且它不包括苏联欧洲东部的那一部分。

但东欧首先是一个政治概念。因为东欧八国都是第二次世界大战后在苏联直接帮助下建立的人民民主国家，随后发展为社会主义国家。而西欧各国则是清一色的资本主义国家。东欧和西欧，作为欧洲一洲两制的地理表达式，可以说是20世纪"一球两制"的典型表达。

东欧国家都属于中小国家。东欧国家的领土总面积为127万平方公里，约相当于美国的13.6%，苏联的5.6%，英国、法国、德意志联邦和意大利四国的95%。其人口总数为1.38亿，约相当于英国、法国、德意志联邦和意大利四国的61%。更为重要的是，第二次世界大战前，除民主德国和捷克斯洛伐克经济比较发达外，其他六个国家都相当落后。尤其是像保加利亚和阿尔巴尼亚，不仅经济落后，国土面积小，人口也很少。保加利亚只有11万平方公里，800多万人；阿尔巴尼亚则只有2万多平方公里，300多万人。单就人口论，保加利亚并不比英国伦敦多多少，而阿尔巴尼亚甚至不及伦敦人口的 1/2。[1] 正因为如此，在历史上，这些国家长期以来一直遭受外来帝国的蹂躏和奴役，它们先是遭受奥斯曼帝国或奥匈帝国的统治或占领，尔后是程度不同地遭受德、意、法、英、俄等欧洲列强的支配或宰割。第二次世界大战前，它们基本上都属于美、英、法等帝国主义国家的势力范围。而在第二次世界大战后，它们又程度不同地受到苏联的控制和影响。

然而，至 20 世纪 80 年代末 90 年代初，这种情况发生了逆转。随着这些国家的剧变、华约组织的解体以及这些国家相继转入北约和欧盟，东欧完全被"西化"，欧洲的格局似乎又完全回到了第二次世界大战前的状况。在这个意义上可以说，作为社会主义国家集体称号的"东欧"至少到目前为止已经成为历史，只是一个"历史"概念了。

东欧何以会在这么短的时间内被"西化"？东欧何以会发生这样的剧变？从宗教维度考察和回答这些问题，乃本章的主体内容。

第一节　美梵"神圣同盟"与人民波兰的倾覆

如同苏联解体一样，东欧剧变的原因是多方面的，人们的说法也各有不同。一些学者立足于"外因论"，或是将东欧剧变归咎于苏联推行的"一体化"方针和"有限主权论"，或是归咎于戈尔巴乔夫的"辛纳屈"主义，[2] 或是归咎于社会主义的"苏联模式"或"斯大林模式"。一些学者则立足于"内因论"，或是归咎于东欧国家的"经济崩溃"，或是归咎于东欧国家"政治体制的僵化"，或是归咎于东欧国家的民族问题或民族矛盾，或是归咎于东欧国家的历史文化和民族性格。[3] 应该说，所有这些分析都不无道理，也都不尽全面。全面地解读东欧剧变并不是本书的目标，本书的基本目标在于从宗教维度反思东欧剧变，指出境外敌对势力的和平演变战略和境外宗教渗透战略是东欧剧变至关紧要的原因。

---

[1]　张文武、赵乃斌、孙祖荫主编：《东欧概览》，中国社会科学出版社 1991 年版，第 1～3 页。

[2]　法兰西斯·阿尔伯特·辛纳屈（Francis Albert Sinatra，1915～1998）是美国的一个著名歌星，曾三次获得奥斯卡奖，20 世纪最重要的流行音乐人物之一，其地位和影响堪与猫王媲美。其名曲有《我走我自己的路》（1969 年）。人们用辛纳屈主义来刻划戈尔巴乔夫对东欧剧变的态度，戏称戈尔巴乔夫允许华沙条约组织成员国自己决定自己的内政外交。

[3]　参阅江燕：《十几年来理论界关于东欧剧变的研究综述》，《当代世界与社会主义》2005 年第 1 期。

一、"成也苏联，败也苏联"与"成也东欧，败也东欧"

20 世纪 80 年代末 90 年代初的苏联解体和东欧剧变是两个既有所区别又相互关联的历史事件。人们在探讨和阐释它们之间的关联性时，出现了两种对立的观点和立场，一部分学者强调苏联解体对东欧剧变的决定性影响，提出了"成也苏联，败也苏联"的说法；另一部分学者则强调东欧剧变对苏联解体的决定性影响，提出了"成也东欧，败也东欧"的说法。

2000 年，在东欧剧变发生十周年之际，有学者发表了一篇题为《成也苏联，败也苏联——东欧剧变的历史思考》的论文。如标题所示，该文的核心观点在于："在二战后特定的历史环境和条件下，苏联对东欧各国的发展进程至关重要，有时甚至有着决定性的作用"。作者提供的理据主要有五个：（1）"没有苏联红军的解放和苏联的援助与支撑，二战后东欧各国共产党难于很快取得执政地位，建立起社会主义国家政权"；（2）"没有苏联把斯大林模式强加于东欧，东欧各国也许会探索出一条适合本国国情的发展道路"；（3）"没有勃列日涅夫的'有限主权论'，东欧各国完善社会主义制度的改革不致被扼杀，社会主义事业可能得到复兴，不至于引发一次次的危机"；（4）"没有戈尔巴乔夫的新思维和公开性，东欧各国的共产党不至于引起思想混乱，在政治反对派进攻面前失去了战斗力"；（5）"没有戈尔巴乔夫对东欧事态的'西奈特拉主义'（即'辛纳屈主义'——引者注），东欧各国的共产党政权不至于在西方和平演变策略和国内政治反对派的内外夹击下一朝倾塌"。作者由此得出结论："成也苏联，败也苏联，这就是东欧剧变的根本动因。"[1]

不只中国有学者持"成也苏联，败也苏联"的观点和立场，东欧国家的学者也有持这种观点和立场的。例如，东欧新马克思主义的重要代表人物亚当·沙夫就持这种立场。[2] 在亚当·沙夫看来，"现实社会主义在东欧垮台的过程中"，戈尔巴乔夫发挥了至关紧要的作用。沙夫主要提供了三个"鲜明的例证"。第一是柏林墙的倒塌。众所周知，柏林墙是东德政府于 1961 年 8 月 12 日深夜开始修筑的一道长达 156 公里用于防范东西德公民来往的高墙，为二战以后德国分裂和冷战的标志性建筑。1989 年 11 月 9 日深夜，存在了 28 年零 3 个月的柏林墙被推倒和拆除。在谈到柏林墙倒塌的逻辑原点和历史原点时，沙夫强调了戈尔巴乔夫的

---

① 周尊南：《成也苏联，败也苏联——东欧剧变的历史思考》，《外交学院学报》2000 年第 3 期。

② 亚当·沙夫（Adam Schaf, 1913～2006）是东欧新马克思主义的重要代表人物，波兰著名的马克思主义哲学家和政治家。1945 年在莫斯科获得哲学博士学位，从 1948 年起任教于华沙大学，后到波兰科学院工作，并成为波兰科学院院士。曾一度担任波兰统一工人党中央委员。

关键性作用。他指出：1989 年 10 月 7 日，戈尔巴乔夫参加了德意志民主共和国的国庆庆祝活动，"第二天，德莱斯顿的街头就开始出现游行示威，很快它发展成为导致柏林墙倒塌的狂风暴雨"。① 沙夫强调说："我可以断定，假如没有戈尔巴乔夫的同意，柏林墙本来是不会倒的。当时苏联在民主德国的驻军很多，如果没有俄国人的同意，任何人不敢去碰一碰柏林墙。这是明摆着的事实，连戈尔巴乔夫本人也不能否定。"② 沙夫列举的第二个例证是"两个德国合并"。第二次世界大战后，根据雅尔塔协定和波茨坦协定，德国分别由美、英、法、苏四国占领，并由四国组成的盟国管制委员会接管德国最高权力。柏林市因此也划分为四个占领区。1948 年 6 月，美、英、法三国占领区合并，并于翌年 5 月 23 日成立了德意志联邦共和国。同年 10 月 7 日，德国东部的苏战区成立了德意志民主共和国。1990 年 8 月 31 日，东德和西德在 42 年后于柏林签署了两德统一条约；10 月 3 日，东德正式加入联邦德国。沙夫将两德合并归因于西德总理科尔对莫斯科的访问，归因于戈尔巴乔夫的"妥协和让步"。1990 年，作为西德总理，科尔为了解决德国统一的外部环境问题，曾先后两次访问苏联，拜访戈尔巴乔夫。科尔第一次访问苏联是在 1990 年 2 月 9 日。此次访问的目的在于劝说苏联改变对德国统一问题的"顽固立场"，取得苏联在德国统一的方式、时间、速度和条件等问题应由德国人民自己决定的承诺。在此次访问中，科尔如愿以偿，说服戈尔巴乔夫"最终打开了通向德国统一的道路"。1990 年 7 月 15～16 日，科尔第二次访问苏联，双方就德国统一后的军事、政治地位、德国武装力量的最高限额，以及不把北约的军事结构扩展到东德等一系列问题，达成了很大程度的相互谅解，即所谓"八点协议"。至此，两德统一的外部障碍基本上已经解除。沙夫在谈到科尔对苏联的第二次访问时，强调"这次访问具有重大意义，两人达成了许多默契"。沙夫援引参加采访此次访问的西德《镜报》记者的报道说："科尔在拜会戈尔巴乔夫夫妇时，德国客人只是张大嘴巴听戈尔巴乔夫的讲述，接受戈尔巴乔夫馈赠的大批礼品。就是在这次访问中，双方确定要把两个德国合并。"沙夫由此得出结论说："没有莫斯科的同意，要使德国合并无论如何是做不到的。"③ 许多德国人将"两个德国的合并"视为"值得德国人自豪的壮举"，沙夫则强调："这一胜利当然是戈尔巴乔夫妥协和让步的结果"。④ 沙夫列举的第三个例证是波兰的"圆桌会议"。所谓圆桌会议，指的是由波兰政府、"团结工会"和波兰教会代表参加的，于 1989 年 2 月 6 日至 4 月 5 日召开的，事关人民波兰历史命运的

---

① 德莱斯顿（Dresden），萨克森州首府，位于东德南部，是东德最重要的工商业城市之一。也被译作德累斯顿或德勒斯登。

②③④ ［波］亚当·沙夫著，郭增麟译：《美国—梵蒂冈"神圣同盟"内幕》，载于《当代世界社会主义问题》1997 年第 2 期。

重要会议。1989 年 6 月，即在圆桌会议两个月后，波兰共产党失去政权。1989 年 12 月，即在圆桌会议 8 个月后，人民波兰（社会主义的波兰人民共和国）寿终正寝。在谈到圆桌会议召开和人民波兰倾覆这个话题时，沙夫也断言："波兰这场现实社会主义的'死亡之舞'"的"方式"是波兰的，但"旨意"却是莫斯科的。他分析说："我了解波兰领导人的工作方式，我可以大胆地断言：有关制度方面和外交方面的所有行动，如果不同'老大哥'商量，波兰领导人是绝对不可能采取的。这不是出于习惯，而是出于必须。因为这是要掉脑袋的大事。……现在连昔日的反对派也公开承认，如果没有戈尔巴乔夫，'圆桌会议'是不可能召开的。"①

但也有学者强调东欧剧变对苏联解体的影响至关紧要。英国学者雷切尔·沃克就曾强调过东欧剧变对苏联解体影响的极端重要性，尽管他也承认戈尔巴乔夫对东欧剧变具有不可推卸的责任。他写道："在关键的 1989 年，戈尔巴乔夫同意东欧国家走自己的路，随后又同意德国统一，但却完全没有认识到这些如此重大的解放行动将会鼓励苏联各加盟共和国去争夺自己的自治与独立的程度。"② 而我国学者也有从作用与反作用的角度来解释和强调东欧剧变对苏联解体的重大影响的。例如，《俄罗斯研究》的编辑胡健在其《对外战略：解读苏联剧变的一个视角》中，就在肯定苏联的内政外交对东欧剧变具有重大影响的前提下，特别强调了东欧剧变对苏联解体的重大影响。他写道："苏联对东欧的'松绑'是苏联内部'民主化'改革必然的政策结果，然而，对东欧的'松绑'和东欧的剧变反过来又极大影响了苏联国内政策，并促使苏联国内政策更加激进，更促使苏联各主权共和国独立情绪高涨，最终促使了苏联帝国彻底崩溃。"③

应该说，他们的说法都有一定道理。首先，苏联之为超级大国不仅在于其科技发达和国内生产总值，还在于其有受自己支配和控制的国家和地区，正如美国之为超级大国不仅在于其科技发达和国内生产总值，而且还在于其对于欧洲和世界各资本主义国家的支配和控制一样。之所以将第二次世界大战前的苏联称作"世界大国"，将第二次世界大战后的苏联称作"超级大国"，一个重要原因即在于，苏联在第二次世界大战后拥有了一批自己的卫星国。而东欧国家无疑是苏联最重要的卫星国。如果此论成立，便可以由此引申出一条重要结论，这就是：失去了东欧国家，苏联也就因此而不复是超级大国。所谓"成也东欧，败也东欧"，

---

① ［波］亚当·沙夫著，郭增麟译：《美国—梵蒂冈"神圣同盟"内幕》，载于《当代世界社会主义问题》1997 年第 2 期。

② ［英］雷切尔·沃克著，张金鉴译：《震撼世界的六年》，改革出版社 1999 年版，第 181 页。

③ 胡健：《对外战略：解读苏联剧变的一个视角》，载于《东欧中亚研究》2002 年第 2 期。

即是谓此。

其次，即使在苏联解体过程中，东欧与苏联唇齿相依关系也有鲜明的表现。雷日科夫在《大国悲剧：苏联解体的前因后果》中曾经强调了民族问题，特别是强调了波罗的海三国和乌克兰问题。《大国悲剧》共十二章，其中九章都直接涉及民族问题。而在这九章中，又有五章直接涉及波罗的海三国和乌克兰问题。尤其值得注意的是，作者在谈到波罗的海三国的民族分裂主义运动时使用了"雪崩前奏"这个字眼。这就是说，作者在这里是将苏联的解体理解成一种"雪崩"现象，而把波罗的海三国的分离运动理解成苏联解体的"前奏"。雷日科夫强调："20 世纪 80 年代后半期在民族土壤上发生的种种事件，带有地区性。但它们却成了几年后造成雪崩式毁灭性发展过程的推动力。在这些事件中，波罗的海沿岸地区几个加盟共和国起到了特殊的催化剂和起爆器的作用。"[①] 应该说他的这种说法是切合实际的。苏联是于 1991 年 12 月 20 日，经由各加盟共和国签署《关于成立独立国家联合体和终止苏维埃社会主义共和国联盟宣言》而最终解体的，然而，在此前 19 个月，即在 1989 年 9 月 25 日～1990 年 5 月 8 日期间，立陶宛、拉脱维亚和爱沙尼亚等波罗的海三国便已经宣布主权独立。从这个意义上看，称波罗的海三国的独立为苏联解体的"前奏"也不为过。现在的问题是，如果波罗的海三国独立是苏联解体的"前奏"，那么催生波罗的海三国独立的原因又是什么呢？换言之，构成苏联解体或苏联"雪崩""前奏"的前奏又是什么呢？从地缘的角度看，不难发现，波罗的海三国是直接与东欧国家（波兰）接壤的国家，也就是苏联诸加盟共和国中最容易受东欧剧变影响的国家。我们知道，波兰的团结工会是在 1989 年 6 月的议会选举中颠覆了人民波兰的，又是在 1989 年 12 月通过立法将"波兰人民共和国"改为"波兰共和国"的。与此相应，作为波兰近邻的立陶宛则是在 1989 年 9 月宣布 1940 年并入苏联不合法，并且于 1990 年 3 月通过《关于恢复立陶宛独立地位的宣言》的。立陶宛剧变对波兰剧变的这种滞后性和大体同步性，清楚地诠释了东欧剧变对苏联解体的直接影响。说明东欧剧变对苏联解体影响的另一个重要事件是 1991 年 12 月"别洛维日协议"的签订。"别洛维日协议"的签订是苏联解体的决定性步骤，正是这个协议明白无误地宣布了"苏联作为国际法主体和地缘政治现实已不存在"。协议三个签署国中有两个是与东欧（波兰）直接接壤的乌克兰和白俄罗斯。由此可见，东欧剧变与苏联解体之间的因果关系和逻辑关系是不言自明的。既然东欧诸国的西斯拉夫人和南斯拉夫人能够摆脱苏联的控制而走向"独立"，作为东斯拉夫人的乌克兰人和白

---

① ［俄］尼古拉·伊万诺维奇·雷日科夫著，徐昌翰等译：《大国悲剧：苏联解体的前因后果》，新华出版社 2010 年版，第 112 页。

俄罗斯人，乃至俄罗斯人也就同样有"理由"摆脱苏联的控制走向"独立"。从这个意义上说，完全有理由将东欧剧变视为苏联解体历史和逻辑的原点。

"成也东欧，败也东欧"彰显了东欧在美苏争霸中的战略地位，并成为西方敌对势力特别注重对东欧实施宗教渗透和和平演变战略的逻辑和历史的原点。

二、美梵"神圣同盟"的订立及其对东欧和波兰的"和平演变"战略

东欧剧变在某种意义上是"自杀"，而在另一种意义上则可以说是"他杀"。倘若从"他杀"的角度看，西方敌对势力，尤其是美国与梵蒂冈的"神圣同盟"可以说是东欧国家的第一杀手。

无论是美国还是梵蒂冈都早有图谋东欧国家的野心。就美国而言，是在其对苏联的遏制政策并未取得预期效果，转而着重对社会主义国家实施和平演变战略的历史背景下，开始思考并实施其分化东欧的外交路线的。应该说，在很长一段时间里，美国并没有将贫穷和弱小的东欧诸国放在眼里，这从它与苏联和英国签订的雅尔塔协议即可以看出来。正如 1814～1815 年的维也纳会议和 1919 年的巴黎和会确定了新的国际格局一样，美国、英国和苏联于 1945 年 2 月在苏联克里木半岛召开的雅尔塔会议也是一个确定新的国际格局的重要会议。按照雅尔塔协议，欧洲一分为二：东欧属于苏联的势力范围，西欧则属于美国的势力范围。尽管一些西方人士对于这一协议的内容持有异议，例如有人曾批评罗斯福将东欧拱手让给了苏联，但当时确定的国际格局和欧洲二分的局面得到了西方世界的接受和认同。到 50 年代中期，随着美国决意对苏联着力实施和平演变战略，这种情况开始发生变化。1958 年，美国国家安全委员会炮制了一个题为"美国对东欧国家政策声明"的文件（NSC5811/1）。该文件将美国东欧政策的长期目标规定为"推行全面的国家独立，成为自由世界共同体的和平的一员"，而将美国东欧政策的近期目标规定为"促使它们朝着民族独立与自由的方向和平演变"，"减少被统治国家为增强苏联的力量做贡献，削弱苏联集团内的单一化和内部凝聚力"。① 由此看来，美国东欧政策的根本宗旨在孤立和打击苏联，其根本措施在于"分化"和"西化"，即一方面在东欧"推行全面的国家独立"，以"削弱苏联集团内的单一化和内部凝聚力"，使东欧各国脱离苏联的"统治"或"支配"，

---

① Department of State. *Foreign Relations of the United States*（*FRUS*）1958～1960，Vol. 10，part 1. Eastern Europe Region，Soviet Union，Cyprus［EB/OL］，p. 6. httpl//www. state. gov/r/pa/ho/frus/cl716. htm，1996－10－25.

另一方面使东欧各国"成为自由世界共同体的和平的一员"。

与此同时，梵蒂冈反对社会主义的势力也逐步将东欧国家的和平演变纳入工作日程。尽管20世纪有过"现代派"和"自由派"之争，但20世纪上半叶的天主教却始终缺乏"现代"气息。只是到了60年代，这种状况才有了改变。这种改变是同约翰二十三世这个人和第二届梵蒂冈公会议这次会议联系在一起的。约翰二十三世是在美国国家安全委员会推出"美国对东欧国家政策声明"的当年，即1958年成为教皇的。而在他当上教皇的第二年，即1959年，做出了一个无论对于天主教还是对于当代世界都至关紧要的决定，筹备召开第二届梵蒂冈公会议。这次会议于1962年10月开幕，于1965年9月闭幕。与此前召开的20次大公会议①不同，不再拘泥于教义之争，而是着眼于教会与时代、教会与社会、教会与现实世界（世俗世界）的关系，提出了"赶上时代"的口号，"把罗马天主教会引进了20世纪的现实世界"。② 它号召整个教会"要认识到人类事务的合法的自主性，要投身于自己'在尘世的使命'，去建设地上之国"。③ 它甚至高调地宣称不仅要与基督新教和东正教对话，不仅要与犹太教和伊斯兰教和所有其他宗教对话，还要与共产主义对话。而它与共产主义对话的目标显然意在改变和消灭共产主义，而首先是改变和消灭东欧的共产主义。正是出于这种战略考虑，罗马教廷于1978年10月16日选举卡罗尔·约泽夫·沃伊蒂瓦（1920～2005）为罗马天主教第264任教皇，取名约翰·保罗二世。意味深长的是，约翰·保罗二世不仅是天主教历史上第一个成为教皇的斯拉夫人和东欧人，也是自1522年哈德良六世后第一个非意大利教皇。④ 因此，梵蒂冈此举不仅与第二届梵蒂冈公会

① 大公会议（也被称作公会议、普世公会议等）是传统基督教中有普遍代表意义的世界性主教会议，咨审表决重要教务和教理争端。此前召开的20次大公会议分别是：325年召开的第一次尼西亚大公会议（第1次）；381年召开的第一次君士坦丁堡大公会议（第2次）；公元431年召开的以弗所大公会议（第3次）；451年召开的卡尔西顿会议（第4次）；553年召开的第二次君士坦丁堡大公会议（第5次）；680～681年召开的第三次君士坦丁堡大公会议（第6次）；787年召开的第二次尼西亚大公会议（第7次）；869～870年召开的第四次君士坦丁堡大公会议（第8次）；1123年召开的第一次拉特兰大公会议（第9次）；1139年召开的第二次拉特兰大公会议（第10次）；1179年召开第三次拉特兰大公会议（第11次）；1215年召开第四次拉特兰大公会议（第12次）；1245年召开第一次里昂大公会议（第13次）；1274年召开第二次里昂大公会议（第14次）；1311～1313年召开维埃纳大公会议（第15次）；1414～1418年召开康斯坦茨大公会议（第16次）；1438～1445年前后召开费拉拉—佛罗伦斯大公会议（第17次）；1512～1517年召开第五次拉特兰大公会议（第18次）；1545～1563年召开特伦多大公会议（第19次）；1869～1870年召开第一次梵蒂冈大公会议（第20次）。

② ［美］詹姆斯·C.利文斯顿著，何光沪译：《现代基督教思想》下卷，四川人民出版社1999年版，第981页。

③ ［美］詹姆斯·C.利文斯顿著，何光沪译：《现代基督教思想》下卷，四川人民出版社1999年版，第991页。

④ 哈德良六世（Alexander VI，1459～1523），荷兰人，1522年当选为罗马教宗，在位12年（1522～1523年）。

议建立"地上之国"的目标相一致，其瓦解苏东联盟的政治意图也昭然若揭，从而与美国的东欧政策完全合拍，并因此而与美国政府最终走到了一起，缔结了对东欧国家实施和平演变的"神圣同盟"。

由于美国是一个靠新教精神立国的国家，[①] 尽管在政治立场上与梵蒂冈比较接近，但长期以来与梵蒂冈一直保持不即不离的关系。在立国初期美国与梵蒂冈建立的只是一种领事关系，虽然在第 11 任总统詹姆斯·波尔克（1795 ~ 1849）在位期间（1845 ~ 1849 年），美梵关系一度由领事关系升格为公使关系，但到第 17 任总统安德鲁·约翰逊任职期间，美国不仅撤回驻教廷公使，还完全关闭美国驻梵使馆。这种状况直到第二次世界大战前不久，鉴于梵蒂冈持谴责德国纳粹主义的立场，[②] 才有所改观。60 年代初，随着第二届梵蒂冈公会议的召开和罗马教廷介入国际政治、反对共产主义立场的明朗化，美梵关系开始升温。1979 年 10 月，约翰·保罗二世访问美国，并在联合国大会上做了关于和平和人权问题的演讲，美梵关系全面复苏。1982 年 6 月 7 日，美国总统里根访问梵蒂冈，会见约翰·保罗二世，双方订立以西化东欧、瓦解苏联帝国为政治目标的"神圣同盟"。1984 年 1 月 10 日，美梵正式建交，美国总统里根和教皇约翰·保罗二世分别将各自派驻对方的"私人代表"任命为大使。可以说，自 20 世纪 80 年代初至 90 年代初，基于西化东欧、瓦解苏联这一政治目标的美梵关系，进入和度过了鼎盛时期或蜜月期。但至 90 年代初，随着东欧剧变和苏联解体，随着美梵同盟政治目标如愿以偿，美梵关系逐步降温。其深层原因在于："1984 年建交以后，在里根任期内和布什任期之初，美梵在反苏反共有堪称'神圣同盟'的一致利益，但东欧剧变和苏联解体后，美梵亲近的这一基础已不复存在。"[③]

美梵同盟并非宗教同盟，而是政治同盟，是美梵反共势力利用宗教对波兰和东欧各国实施政治渗透和宗教渗透的同盟。其最高纲领在于借西化东欧各国来瓦解苏联，以期实现美国独霸世界的外交目标；其根本举措在于在东欧地区"去苏联化"，用里根总统与约翰·保罗二世在 1982 年 6 月 7 日密谈中的话来说，即是解决"苏联在东欧地区占主导地位的问题"。[④] 然而，美国和梵蒂冈在对东欧八国实施和平演变战略时却不是平均使用力量的，而是将重心放在波兰，以期以波兰为突破口，然后在东欧各国全面"开花"。这一点从美梵结盟第一天起就非常

---

① 美国历史上除第 35 任总统肯尼迪（1961 年 1 月 20 日 ~ 1963 年 11 月 22 日在位）信仰天主教外，其他所有的总统都信仰基督新教。

② 1937 年 3 月 14 日，教皇庇护十一世发表谴责德国纳粹主义的通谕，随后，芝加哥大教区红衣主教芒德莱恩也谴责希特勒为"愚蠢的开空头支票的骗子"。

③ 包军：《美梵关系史述评》，载于《宗教与美国社会》第 2 辑，第 512 页。

④ ［波］亚当·沙夫著，郭增麟译：《美国—梵蒂冈"神圣同盟"内幕》，载于《当代世界社会主义问题》1997 年第 2 期。

明确。①

美梵神圣同盟西化东欧以波兰为突破口不是偶然的，而是由多方面的原因决定的。

第一，在东欧八国中，波兰不仅面积最大、人口最多，其影响也举足轻重。波兰的面积为 31 万平方公里，约占东欧八国总面积的 24%；其人口为 3 700 多万，约占东欧八国人口总数的 27%。此外，波兰不仅是苏东集团最重要的政治—军事同盟华沙条约组织条约的签署地，而且还是华沙条约组织的主要成员国：不仅是其联合武装部队的主要成员国，而且还是其一体化部队的主要成员国。② 因此，如果能够使波兰发生剧变，就有望对东欧其他国家产生重大影响。反之，如果是策划阿尔巴尼亚剧变，即便成功了，也不可能产生特别重大的影响。阿尔巴尼亚国家太小，与大多数东欧国家的情况很不相同。例如，阿尔巴尼亚早在 1968 年就退出了华沙组织，但这一退出行动并没有影响其他国家。这就说明，即使阿尔巴尼亚首先发生了剧变，也未必能够产生波兰剧变的效果。所以美梵同盟以波兰为突破口不是没有根据的，而是经过深思熟虑的。

第二，美梵同盟以波兰为突破口，还有一个合理化根据，即波兰是东欧诸国人口中天主教信众比例最高的国家。东欧各国基本上是以基督宗教为主要宗教的。除阿尔巴尼亚以伊斯兰教为主外，其他七国均以基督宗教为主要宗教。其中，东德以新教为主，保加利亚、罗马尼亚和南斯拉夫以东正教为主，只有波兰、匈牙利和捷克斯洛伐克以天主教为主。而在波兰、匈牙利和捷克斯洛伐克三个国家中，波兰总人口中天主教人口的比例最高。匈牙利的天主教徒有 600 多万人，占全国总人口的 60% 左右；捷克斯洛伐克的天主教徒有 1 000 多万人，占全国总人口的 70% 左右；而波兰的天主教徒有 3 300 多万人，占全国总人口的 90% 左右。波兰不仅是东欧国家中信仰天主教人口比例最高的国家，还是宗教（天主教）信仰程度最高（最深）的国家。③ 据有人对世界上 42 个国家和地区的抽样调查，波兰的宗教信仰程度排名第二，不仅远高于匈牙利和捷克斯洛伐克，而且还远高于意大利。④ 波兰宗教信仰方面这种状况不仅特别方便美梵同盟利用宗教对波兰实施宗教渗透和政治渗透，实现其和平演变波兰社会制度的政治图谋，还

---

① 事实上，美国总统里根和罗马教皇约翰·保罗二世密谈的中心内容便是波兰问题。

② 苏联通过华沙条约组织先后组建了两支部队：其中一支为联合武装部队，另一支为一体化部队。一体化部队于 20 世纪 70 年代组建，其成员国为苏联、波兰、匈牙利、捷克斯洛伐克和东德等五国，其兵种不仅有陆军，而且有海军和空军。

③ "宗教在波兰的重要性是举世皆知的。有人说，在今天的世界上，宗教在三个国家中具有决定性的影响，它们是：伊朗、西班牙和波兰。" 见王逸舟、苏绍智：《波兰危机》，四川人民出版社 1988 年版，第 15 页。

④ Samuel P. Huntington. *Who Are We?* New York：Simon & Schuster，2004，pp. 90 – 91.

特别方便梵蒂冈利用天主教对波兰实施宗教渗透和政治渗透、实现其和平演变波兰社会制度的政治图谋。在对波兰实施其和平演变战略的过程中，美国之所以特别倚重于梵蒂冈，最根本的原因正在于此。①

第三，美梵同盟以波兰为突破口实施其对东欧国家的和平演变战略，还有一个可资利用的条件，这就是波兰不仅对民族问题特别敏感，而且在民族问题上与俄国和苏联积怨极深。作为一个国家，相对于法国、意大利等欧洲国家而言，波兰的历史不算悠久，在公元 965 年才正式建国。然而，它所遭受的苦难却甚于他国。在其历史上，虽然也曾扮演过征服者的角色，例如，它曾于 16 世纪攻陷莫斯科，并在那里扶植过傀儡政权，但在更多的时间里，处于被骚扰、征服、肢解和瓜分的境地。事实上，波兰在建国之初，就不时地受到欧洲诸强的骚扰、肢解和宰割。至近代，这种苦难和屈辱非但没有结束，反而愈演愈烈。单单在 18 世纪下半叶，波兰即被三度瓜分。第一次发生在 1772 年。当时波兰被沙皇俄国、普鲁士和奥地利瓜分，失去约 35% 的领土和 33% 的人口，并沦为它们的保护国。第二次发生在 1793 年。当时波兰被沙皇俄国和普鲁士瓜分，仅剩下 20 万平方公里和 400 万人口，并沦为沙皇俄国的傀儡国。第三次发生在 1795 年。当时的波兰被沙皇俄国、奥地利和普鲁士全部瓜分，致使一个存在了 800 多年的国家从欧洲地图上消失达 123 年之久，直到 1918 年巴黎和会召开之后，波兰才得以复国。正因为如此，波兰人具有超乎寻常的民族情结，波兰作家诺尔维德曾说：“我们根本不是社会。我们是一面巨大的民族旗帜。……波兰是地球上最后一个社会，但却是这个星球上的第一个民族。”② 波兰哲学家沙夫在谈到波兰人的爱国主义和民族主义时，也强调指出：“每个波兰人都是准备为祖国而战斗，为祖国而献身的潜在的造反者”。③ 曾长期担任波兰统一工人党第一书记的哥穆尔卡在谈到波兰民族的性格时也指出：“在世界上很难找到一个像波兰民族这样敏感地对待自己的独立和主权的民族。”④ 无怪乎南斯拉夫政论家将波兰的爱国主义视为他对波兰人的“第一个、基本的、经久不变的印象”。⑤ 尤其值得注意的是，波兰人与俄国和苏联积怨甚深，且不说在欧洲列强 18 世纪下半叶对波兰的三次瓜分

---

① 西欧各国主要信仰天主教和新教，而苏联则以东正教为主要宗教。因此，在东欧各国发展天主教，一方面有助于东欧的西化，另一方面也可以对苏联国内存在的紧张的天主教与东正教的关系起到推波助澜的作用。后来梵蒂冈在苏联乌克兰和波罗的海三国等地区的分化工作，对苏联解体也发挥了至关紧要的作用。

② 转引自王逸舟、苏绍智：《波兰危机》，四川人民出版社 1988 年版，第 3 页。

③ ［波］亚当·沙夫著，奚戚、齐伍译：《论共产主义运动的若干问题》，人民出版社 1983 年版，第 173 页。

④ 转引自王逸舟、苏绍智：《波兰危机》，四川人民出版社 1988 年版，第 11～12 页。

⑤ 王逸舟、苏绍智：《波兰危机》，四川人民出版社 1988 年版，第 10 页。

中，俄国都扮演了主要角色，即使在十月革命后，苏联也曾给波兰带来过巨大的民族伤痛。在第二次世界大战前夕，苏联和德国于 1939 年 8 月签订了以牺牲和瓜分波兰为基础的《苏德互不侵犯条约》。按照该条约，苏联同意德国占领波兰，而德国也认可苏联收复西白俄罗斯和西乌克兰。在二战爆发初期，苏联以援助西乌克兰和西白俄罗斯反抗德国法西斯为名，攻入东波兰，不仅致使波兰全境沦陷，而且还对波兰战俘实施大屠杀，制造了著名的"卡廷森林惨案"。[①] 还有就是在第二次世界大战后期（1944 年 7 月），当苏军已经打到离华沙 6 公里的地方时，波兰抵抗力量乘机举行华沙武装起义。苏军虽然事先答应给予支援，但起义爆发后，却由于担心华沙起义成功有可能使波兰流亡政府东山再起而食言，致使华沙起义失败，并遭到德国军队血腥镇压。而在第二次世界大战后，苏联以战胜国的名义如愿从东波兰获取多达近 18 万平方公里的土地（即西乌克兰和西白俄罗斯）。[②] 所有这些都使得"波兰人对俄国和俄国人有一种特殊的'过敏症'"，[③] 不仅使相当一部分波兰人对苏联的"社会主义大家庭"论和"有限主权"论极为反感，而且还使相当一部分波兰人对苏联社会主义的斯大林模式也极为反感。波兰与苏联这些民族恩怨不仅为美梵同盟瓦解波兰与苏联的联盟提供了极大的方便，也为其煽动波兰偏离社会主义方向走上西化道路准备了极其广泛的社会基础。

第四，美梵同盟对波兰实施政治渗透和宗教渗透还有一个便利之处，这就是波兰天主教与波兰民族精神和民族命运的历史关联性。如前所述，波兰是 965 年正式建国的，而波兰受洗并且以天主教为国教则发生在第二年，即 966 年。这就意味着天主教是在波兰寻求立国精神基础的情况下作为立国之本进入波兰的。而且，在此后不久，天主教即在波兰设立了直接隶属于罗马教廷的主教区（968 年）和大主教区（1000 年）。这种独立的天主教管理模式此后一直构成波兰民族独立和民族独立运动的重要精神支柱和精神力量。这不仅在波兰的民族历史上有鲜活的表现，[④] 而且在第二次世界大战期间也有生动的体现。在整个第二次世界大战期间，绝大多数波兰天主教神职人员都英勇地投入了地下抵抗运动，其中有些人成为著名的民族英雄，有 1/3 的神职人员甚至为此献出了生命。例如，圣方济各住院会的柯尔贝神父（1894～1941）在奥斯维辛集中营中代狱友去死的事迹就曾感染和鼓舞了许多波兰人。再如，在新波兰长期担任天主教领袖的斯特凡·

---

① 1939 年 9 月 17 日，苏军攻入东波兰，不仅大败波军，而且还俘获了 20 多万战俘。1940 年 4 月，苏联将其中 2 万多人（其中主要是波兰军官）用火车拉到处于白俄罗斯与俄罗斯边界的卡廷森林，秘密屠杀。

② 尽管苏联也使德国将其占领的 10 万平方公里的土地归还波兰。

③ ［波］亚当·沙夫著，奚戚、齐伍译：《论共产主义运动的若干问题》，人民出版社 1983 年版，第 173 页。

④ 例如，在 1795～1918 年期间，波兰虽然由于沙皇俄国、普鲁士和奥地利的瓜分而亡国，但却并没有因此而亡族，而是持续不懈地开展民族独立解放运动，这其中波兰天主教的精神支撑无疑是一项重要原因。

维辛斯基和卡罗尔·沃伊蒂瓦也都曾为当年地下抵抗运动做出过重要贡献。斯特凡·维辛斯基（1901～1981）曾任亚格隆尼大学教授。在第二次世界大战期间积极投身地下抵抗运动，曾组织过名为"复光"的旨在弘扬波兰民族文化和民族精神的知识分子团体。1948年开始担任波兰大主教，1953年开始担任红衣大主教。1980年维辛斯基去世后，波通社发表讣告，不仅称他是一个"伟大的波兰人"和"爱国者"，还称他是一个"一向主张采取明智的、负责任的和公正的解决办法的人"，"他的态度和活动使他不仅在国内，而且在国外也赢得了崇高的声誉和威望"。还有，卡罗尔·沃伊蒂瓦（1920～2005）出生在波兰一个军人家庭，早年曾在位于克拉科夫的亚格隆尼大学学习波兰语言文学，第二次世界大战期间曾积极参加地下抵抗运动，并因此被列入纳粹的黑名单。1946年，沃伊蒂瓦成为一位神父，1956年开始在卢布林大学担任伦理学教授。1958年他升任克拉科夫教区助理主教，1964年升任克拉科夫大教区总主教，1967年成为红衣主教。1978年，成为罗马教皇。由于波兰天主教与波兰民族精神和民族命运有上述的历史关联性，它在波兰民众中便具有极大的号召力。而波兰天主教的领袖人物，如维辛斯基和沃伊蒂瓦等，由于其具有民族英雄的光环，在波兰民众中便具有一般政治领袖难以享有的巨大号召力和影响力。美梵同盟在20世纪80年代的波兰剧变中之所以屡屡得手，波兰天主教与波兰民族精神和民族命运的历史关联性无疑提供了极大的方便。

第五，美梵同盟以波兰为突破口对东欧实施宗教渗透和政治渗透还有一个重要原因，这就是历史机缘。1980年的格但斯克大罢工和团结工会的崛起，给美梵同盟对波兰实施宗教渗透和政治渗透提供了上好的机会。在波兰人民共和国的历史上，大规模游行示威活动似乎是隔几年就会出现一次的司空见惯的事件。例如，早在1956年，波兰就爆发过著名的"波兹南事件"。波兹南事件是一次由波兹南切卡尔斯基工厂（即斯大林机床车辆厂）工人牵头的规模巨大的罢工事件。1968年，波兰爆发了由华沙知识分子和大学生牵头的波及许多重要城市的游行示威事件。1970年，波兰又爆发了由格但斯克列宁造船厂工人牵头的波及波罗的海沿岸城市的抗议示威活动。1976年，拉多姆和乌尔苏斯地区也相继爆发大规模抗议活动。但1980年的格但斯克大罢工却非同寻常。首先，这次罢工具有明显的政治性质和政治意图。例如，前此的罢工和游行示威活动中，罢工者关注的主要是工资和物价问题，但在这次大罢工开始不久，罢工委员会即向波兰政府提出了保障"人权"和"自由"、承认地下工会等政治诉求（即"21项要求"）。其次，罢工委员会不仅提出了自己的政治诉求，还建立了自己的政治性组织，即"团结工会"，并通过游行示威和罢工等手段迫使政府为该组织进行正式的注册登记，从而使这一地下组织摇身一变而成为合法组织。最后，这次罢工运动不但有自己的政治诉求和政治组织，而且规模空前。团结工会 1980 年 10 月在华沙地方法院正式注册后几个月内，其会员人数即爆炸性地增长到 1 000 万。这就意味着在波兰有 1/4 以上的人口和 80% 以上的工人为团结工会的会员。无怪乎有政治评论家将波兰成立团结工会当作社会主义历史上一个特别重大的事件，一个历史影响唯有十月革命和南斯拉夫决裂才能比较的历史事件。① 里根政府的第一任国务卿黑格曾在他的回忆录中写道："波兰人显然已经决定写下历史。在团结工会的旗帜下，出现了生气勃勃的民众运动，燃起了波兰人民的政治想象。"② 所以，美国政府感到他们出手的时候到了。

然而，美国决意联合梵蒂冈在波兰大干一场则是 1981 年 12 月的事情。1981年 12 月 13 日，团结工会在其第一次全国代表大会上提出"重建国家"的政治口号并准备将之付诸行动，为此波兰政府宣布在全国范围实施军管。当天，波兰国务委员会颁布《关于战时状态的法令》，宣布由 15 名将军和 5 名上校组成的"救国军事委员会"接管全国，逮捕了包括瓦文萨在内的一大批团结工会的领导人，团结工会又重新转入地下。这使美国政府感到问题既严重又紧迫。于是，美国政府与梵蒂冈紧急磋商。由于当时苏联已经在波兰边境陈兵 18 个师，美国政府和梵蒂冈需要处理的问题主要有两个：一是借机促进波兰的"演变"，一是要保证这样一种演变是一种"和平"演变，尽一切可能不为"苏联提供军事干涉"提供任何"借口"，以致"造成类似 1956 年匈牙利事件和 1968 年布拉格事件的局面"。③ 为了实现这一目标，美梵双方一致认为应当从"经济"和"道义"两个方面努力：一是从经济方面对波兰政府施加压力，对团结工会给予支持；二是从道义方面对波兰政府施加压力，对团结工会给予支持。经济方面的工作主要是由美国政府承担的，而道义方面的工作则主要是由梵蒂冈承担的。

爱德华·盖莱克于 1970 年接替哥穆尔卡担任波兰统一工人党第一书记以来，虽然在经济改革方面取得了一些重大成就，但与此同时也将波兰引向了依赖西方世界的轨道上，致使波兰对西方的债务越来越重。1970 年，波兰的外债只有 11亿美元；而到 1980 年，波兰已经成为苏东地区欠西方债务最多的国家，累计达到 230 亿美元，这就为以美国为首的西方世界对波兰施压提供了方便。在波兰政府宣布全国实行军事管制的当月，美国总统里根即宣布对波兰实行经济制裁：中止向波兰贷款，要求偿还债务并不予考虑延期还债，中止波兰在美国水域的捕鱼

---

① 匈牙利社会学研究所所长赫洛杜什·安德拉什教授 1980 年 11 月在接受意大利《共和国报》记者采访时曾做上述表示。

② ［美］亚历山大·黑格著，现代国际关系研究所编译：《黑格回忆录》，时事出版社 1985 年版，第109 页。

③ ［波］亚当·沙夫著，郭增麟译：《美国—梵蒂冈"神圣同盟"内幕》，《当代世界社会主义问题》1997 年第 2 期。

特许权，停止向波兰出口高技术等。美国在以经济手段对波兰政府施压的同时，又加大了对团结工会经济和"道义"两个方面的支持力度。里根对团结工会的命运可谓关心备至。就在波兰宣布军事管制的当天，里根即与教皇通电话商量对策，紧接着又派出天主教徒沃斯特作为私人代表到罗马觐见教皇。里根政府不仅通过美国情报机构和梵蒂冈密切关注波兰政府和团结工会的状况，还很快制定了一项赞助和支持转入地下的团结工会的计划：（1）向团结工会提供"具有决定意义的"资金，以维持其活动；（2）提供先进的通信设备，为团结工会组建一个有效的集指挥、控制、通信和情报于一身的地下网络，以便团结工会即使在军事管制条件下也能够开展通信联络；（3）对经过挑选的人员进行培训，使其能够使用所获得的先进通信设备；（4）动用情报局的情报资源充当团结工会的耳目，甚至可以与之分享中央情报局的重要情报。① 与此同时，美国国家安全委员会又制定了一个旨在"简要说明美国在东欧的目标"的文件，即 NSDD－32 文件。该文件将美国在波兰和东欧的目标归结为：（1）秘密支持东欧地区"为了摆脱共产主义统治"而发动的地下运动；（2）加强针对该地区的心理战，尤其是要加强诸如"美国之音"和"自由欧洲电台"的无线电广播；（3）寻求贸易与外交途径，使该地区的各国政府抛弃对莫斯科的信任。② 以美国为首的西方世界对团结工会在"道义"方面给予的另一项重要支持是，经过精心策划，使团结工会的领导人瓦文萨于 1983 年以"领导了波兰工人运动的和平方向"名义获得诺贝尔和平奖。

美国虽然也给团结工会以道义支持，但毕竟是以经济上的支持为主，而梵蒂冈则不同，虽然也给团结工会以经济上的支持，但却以"道义"上和"谋略"上的支持与行动方面的掩护为主。波兰实施军事管制后，梵蒂冈和波兰天主教会不仅成了团结工会分子的庇护所，成了团结工会专家小组与瓦文萨之间的联络人，而且还向团结工会提供了食物、金钱、药物以及印刷机器。更为重要的是，梵蒂冈和波兰天主教会还不失时机地向团结工会提供谋略上的支持。例如，在波兰实施军事管制不久，约翰·保罗二世就通过教廷的管道向瓦文萨发出指示：一方面要求团结工会继续开展地下活动，另一方面又要团结工会的会员们注意活动方式，不要贸然走上街道，以免引起华约条约国的武装入侵或波兰军队的大规模武力镇压。与此同时，约翰·保罗二世还不忘给波兰政府施压。在波兰实施军事管制 5 天之后，即在 12 月 18 日，约翰·保罗二世致信波兰统一工人党第一书记

---

① 参阅［美］皮德·施魏策尔著，殷雄译：《里根政府是怎样搞垮苏联的》，新华出版社 2001 年版，第 88 页。

② ［美］皮德·施魏策尔著，殷雄译：《里根政府是怎样搞垮苏联的》，新华出版社 2001 年版，第 91 页。

和"救国军事委员会"主席雅鲁泽尔斯基，要求他"尊重人权"，"结束波兰的流血"，"重新回到非暴力的道路上来"。① 与此同时，波兰天主教会开始直接出面干预波兰政治。1982 年 4 月 5 日，格莱姆普大主教所任命的"主教团社会委员会"抛出了一个名为"关于社会妥协问题的提纲"，不仅谴责波兰政府实施军事管制，还要求波兰政府取消军事管制，释放瓦文萨等反对派，恢复团结工会及其他反对派的活动，与团结工会等反对派签署妥协协议，并且向波兰政府提出了波兰天主教会参与签署妥协协议的要求。令人不解的是，波兰天主教会的这一"提纲"竟然成了规范和指导 20 世纪 80 年代波兰社会运动的一项基本政治纲领。其结果是 1989 年 2～4 月波兰三方，即团结工会与"建设性反对派"、波兰政府和波兰天主教教会代表召开了"圆桌会议"，并通过了关于团结工会地位合法以及波兰实行议会民主制和三权分立的决议。正是由于这次圆桌会议及其通过的各项决议最终导致了波兰人民共和国的倾覆。

值得注意的是，在波兰剧变中，罗马教皇约翰·保罗二世不仅通过支配罗马教廷和波兰天主教会而成为这场剧变的导演，还不止一次地成为这场剧变中的主演。他自担当教皇后曾先后三次访问波兰，对波兰剧变无疑起到了推波助澜的作用。1979 年，约翰·保罗二世在其担任教皇的第二年即访问了波兰。在这次访问中，不仅以在华沙机场上跪下来亲吻故乡土地的举动点燃了波兰人的民族热情，而且还以"领导波兰明天的是耶稣"的暗语点燃了波兰人的政治热情。在短短几天的访问中，竟有三分之一的波兰人参加了由他在波兰各地主持的弥撒活动。他的这次访问无疑为 80 年代波兰持续不断的罢工和抗议活动埋下了火种。教皇保罗二世第二次访问波兰是在 1983 年。如果说教皇第一次访问波兰的政治意图还有所遮蔽的话，这一次则公开多了。他在演讲中不仅再三向受到波兰政府监禁和迫害的人致意，会见了受到监禁的瓦文萨，而且还公然强调"组织工会的权利……是上帝给的，不是国家给的"，以致有人将教皇对波兰的这次访问被称作"波兰的第二次洗礼"。教皇保罗二世第三次访问波兰是在 1987 年。1987 年是波兰剧变的前夕。他的这次访问比前两次更加不遗余力。在不到一周的时间里，保罗二世行程 3 000 多公里，访问了 9 个城市，做了 36 次布道和演说。可以说，他的这次访问为 1989 年的圆桌会议做了重要的铺垫。② 不难看出，教皇保罗二世三次访问波兰无论在时间上还是在内容上都是十分讲究和经过精心策划的。从一定意义上，完全有理由断定：是教皇保罗二世具体导演了波兰剧变。1980

---

① 参阅 ［波］莱赫·瓦文萨著，彭志毅译：《瓦文萨自传》，东方出版社 1990 年版，第 247 页。

② 参阅龚学增：《社会主义与宗教》，宗教文化出版社 2003 年版，第 143～147 页。也请参阅［波］亚当·沙夫著，郭增麟译：《美国—梵蒂冈"神圣同盟"内幕》，载于《当代世界社会主义问题》1997 年第 2 期。

年，美国前总统尼克松在谈到保罗二世对波兰的第一次访问对波兰政局造成的深广影响时，曾发出"宗教是一块不可破的岩石"的感慨。斯大林在 30 年代曾以轻蔑的口吻问道："教皇有多少军队？"尼克松现在回应说："教皇没有装甲师，但是他拥有的力量不是苏联的坦克所能粉碎得了的。……不理解宗教信仰的人往往低估这种力量。"[①] 对于保罗二世及其所支配的罗马教廷和波兰天主教会在波兰剧变中的作用，对于境外宗教渗透在波兰剧变中发挥的巨大作用是不应当低估的。

三、人民波兰与"教会反共势力"的"结盟"：与虎谋皮

我们既可以将波兰剧变看作是美梵同盟对波兰实施和平演变战略的结果，也可以看作是波兰政府对受美梵同盟操纵的波兰天主教会不断让步、妥协并最终与之结盟的结果。由于波兰天主教会教徒在波兰总人口中占有特别高的比例，而波兰天主教会在波兰民族历史的发展中也曾做出过重要贡献，波兰政府采取特别慎重的宗教政策应该说是完全必要的。但是，"该撒的物当归给该撒，上帝的物当归给上帝"。[②] 在宗教政策方面持慎重态度，并不意味着超越政教分离的原则和界限，一味听任宗教势力干预政治、操纵政治，将社会主义波兰一步步引向灭亡。然而，波兰剧变的教训却正在于此。

在某种意义上可以说，1980 年的罢工运动及其引起的社会震荡将人民波兰一步步引向深渊。而这场声势浩大的罢工运动，如上所述，不仅是教皇保罗二世及其所支配的罗马教廷和波兰天主教会所希望的，在一定意义上也是他们煽动起来的。正因为如此，在罢工活动中，不仅波兰天主教会的神职人员不断公开出面为罢工者举行弥撒，教皇本人也下达手谕，向波兰政府施压，要求波兰政府以民族独立为重，满足罢工者的要求。在这种情况下，波兰政府非但不采取积极妥善的措施，妥当处理社会矛盾和社会问题，反而屈服于教会内外敌对势力的压力，乞求波兰大主教维辛斯基出面挽救局面，[③] 从而使波兰天主教会不仅由波兰政治舞台的幕后走向台前，还逐步进入波兰政治舞台的中心，开始成为左右波兰政治走向的主角。当年 11 月，天主教活动家奥兹多夫斯基被任命为政府副总理，直接参与政府的最高决策。第二年，波兰又恢复了波兰主教团与政府联合委员会，将波兰天主教主导波兰政局的地位机制化、日常化。可以说，从 1980 年波兰大

---

① ［美］尼克松著，常铮译：《真正的战争》，新华出版社 1980 年版，第 383 页。

② 《马太福音》22：21。

③ 为了早日平息罢工，波兰当局请求维辛斯基发表支持政府的讲话，并将其讲话反复在电视上播放。

罢工后不久，波兰政府即将波兰政治局面的支配权和控制权逐步移交给受保罗二世和梵蒂冈支配的波兰天主教会。

尽管波兰统一工人党中相当一部分人已经看出"罗马天主教文化"在波兰文化中已经"逾越"了"其应有的位置"，并坚决反对波兰天主教会"滥用神父外衣和举行宗教仪式来进行不可容忍的扰乱社会秩序和破坏社会安定的宗教活动"，尽管躺在病床上的苏联领导人安德罗波夫警告波兰政府领导人"教会正在与党进行新的对抗"，[①] 波兰统一工人党和波兰政府领导人不仅执迷不悟，反而在妥协和退让的道路上越走越远。例如，至 1988 年，鉴于团结工会当时已经做大，波兰统一工人党决定召开"圆桌会议"，同团结工会和谈。但当具体实施这样一个重大决策时，波兰统一工人党领导人首先想到的还是波兰天主教会和梵蒂冈。波兰统一工人党和波兰政府不仅向波兰天主教会发出请求，要其出面充当政府与团结工会的中间人和调停人，而且作为波兰统一工人党第一书记和波兰人民共和国国务委员会主席的耶鲁泽尔斯基还亲自跑了一趟梵蒂冈，谋求获得教皇保罗二世的支持。显然，对美梵同盟操纵的波兰天主教会这种倚重正中美梵同盟的下怀。殊不知由波兰天主教会出面操纵和控制"圆桌会议"，正是美梵同盟实现其"重建波兰"战略目标的最佳方案。波兰统一工人党和波兰政府不仅让波兰天主教会如愿参加并在事实上操纵了"圆桌会议"，而且还在圆桌会议后为了获得波兰天主教会进一步的支持，专门通过《关于波兰政府与天主教关系的法案》。该法案不仅以法律的形式首次正式承认罗马天主教教会在波兰的合法地位，还赋予波兰天主教会极其广泛的社会权益，为波兰天主教会干预波兰政治提供了更大的便利和发展空间。尽管早在 80 年代中期，苏联领导人安德罗波夫、契尔年科和葛罗米柯等就警告过雅鲁泽尔斯基，称"教会正在与党进行新的对抗"，教会正在波兰领导一场"反革命攻势"，应"对教会阴谋进行坚决斗争"，但执意推行"政治多元化"和"工会多元化"的雅鲁泽尔斯基始终将波兰天主教会视为"同盟者"，视为舍其波兰改革就不能前进一步的"同盟者"，把宝完全押在受美梵同盟操纵的波兰天主教会身上。[②] 正是雅鲁泽尔斯基与受美梵同盟操纵的波兰天主教会这种"结盟"最终葬送了波兰的社会主义事业，使美梵同盟的和平演变战略顺利付诸实施，致使苏联领导人安德罗波夫、契尔年科等人的预言一语成谶！

由此看来，社会主义国家的政教关系问题，或者说如何积极引导宗教与社会主义社会相适应的问题，不仅特别棘手，还事关国家命运。在所有的社会主义国

---

① ［英］克里斯托弗·安德鲁、瓦西里·米特罗欣著，王振西等译：《克格勃绝密档案》，当代世界出版社 2002 年版，第 847 页。

② ［英］克里斯托弗·安德鲁、瓦西里·米特罗欣著，王振西等译：《克格勃绝密档案》，当代世界出版社 2002 年版，第 847 ~ 848 页。

家都是如此，在像波兰这样的社会主义国家更是如此。通过波兰剧变，我们可以说，极左的宗教政策固然能够葬送社会主义，右的宗教政策也同样能够葬送社会主义。

第二节　波兰剧变的"多米诺骨牌效应"　与独联体国家的"颜色革命"

在苏东剧变过程中，波兰剧变并非是孤立的事件，不仅与东欧七国密切相关，也与苏联解体和独联体诸国密切相关。本节的根本目标在于从宗教维度解读波兰剧变与苏东剧变这种历史关联。

一、波兰剧变的"多米诺骨牌效应"：美梵同盟"如愿以偿"

宋徽宗宣和年间，我国民间出现一种名叫"骨牌"的游戏。这种游戏在宋高宗（1127～1152 年在位）时传入宫中，随后在全国盛行。至清宣宗道光二十九年（1849 年），一位名叫多米诺的意大利传教士将这种骨牌带回自己的家乡米兰，很快在意大利及整个欧洲传播开来，西方人将这种骨牌称作"多米诺"。多米诺骨牌的游戏规则在于：将许多多米诺骨牌排列成一个系列，使之能够在推倒第一个骨牌后后面的骨牌随之倒下，比赛时后面的骨牌被推倒最多者为赢家。多米诺骨牌效应的物理原理在于：骨牌竖立时，重心较高，倒下时重心下降，倒下过程中，将其重力势能转化成动能，它倒在第二张牌上，这个动能就转移到第二张牌上，第二张牌将第一张牌转移来的动能和自己倒下过程中由本身具有的重力势能转化来的动能之和，再传到第三张牌上。结果，每张牌倒下的时候，具有的动能都比前一张牌大，从而它们依次推倒的能量就越来越大，其速度也越来越快。

社会现象虽然很难像物理现象或自然现象那样具有齐一性、绝对必然性和规律性，但其间的某些类似性还是有的。就东欧剧变而言，从波兰剧变到东欧其他七国的剧变，其间也确实存在着一定程度上的"多米诺骨牌效应"。如果将 1989 年 6 月波兰议会选举视为波兰剧变标志性事件的话，此后不久，匈牙利、捷克斯洛伐克、东德、罗马尼亚、保加利亚、阿尔巴尼亚和南斯拉夫便相继发生了剧变。美梵同盟为了实施波兰剧变差不多用了十年时间（从 1980 年到 1989 年），而从波兰剧变到南斯拉夫解体则仅仅用了两年半的时间。就此而言，把东欧剧变说成是波兰剧变的"多米诺骨牌效应"并不为过。为了鲜明起见，不妨将东欧其他七国剧变的时间表开列出来。如果将 1989 年 6 月的波兰选举视为波兰剧变的标志性事件的话，就应该将 1989 年 10 月匈牙利国会通过《宪法修正案》视为匈牙利剧变的标志性事件。之所以这样说，不仅是因为该宪法修正案取消了马克思列宁主义政党在国家中领导作用的条款，而且还在于该宪法修正案将匈牙利人民共和国改为匈牙利共和国。而这种修正意味着匈牙利在社会制度上要回到 1949 年以前的道路上来。同理，可以将 1989 年 11 月捷克斯洛伐克发动"天鹅绒革命"、联邦议会批准宪法修正案，取消捷共在社会中起领导作用等条款视为捷克斯洛伐克剧变的标志性事件。[①] 可以将 1989 年 12 月东德人民议会废除宪法赋予德国统一社会党领导地位的条款视为东德剧变的一个标志性事件。可以将 1989 年 12 月救国阵线委员会组建临时政府视为罗马尼亚剧变的标志性事件。[②] 在这一事件中，救国阵线委员会不仅推翻了齐奥塞斯库政权，而且还颁布了十条施政纲领，主张建立多党制，制定新宪法，实行立法、行政和司法三权分立，将国名由罗马尼亚社会主义共和国改为罗马尼亚共和国。可以将 1990 年 4 月保加利亚议会通过《宪法修改法》、《政党法》和《选举法》视为保加利亚剧变的标志性事件。因为这三个法案不仅宣布了保加利亚要实行政治多元化，而且还取消了保加利亚共产党（后更名为社会党）在保加利亚社会中的领导地位，宣布保加利亚各政党地位一律平等。可以将 1991 年 4 月阿尔巴尼亚议会通过《宪法修正案》视为阿尔巴尼亚剧变的标志性事件。因为在该修正案中，不仅明确取消阿尔巴尼亚劳动党"唯一政治领导力量"条款，而且还明确取消"社会主义"和"无产阶级专政"等字眼。我们可以将 1992 年初视为南斯拉夫解体的日子。因为至此，斯洛文尼亚、克罗地亚、波斯尼亚、黑塞哥维纳和马其顿均已宣布独立，南斯拉夫联盟共和国已经名存实亡（仅剩下塞尔维亚、黑山和科索沃）。

由此看来，不妨将东欧剧变区分为三个阶段：（1）波兰剧变；（2）匈牙利、捷克斯洛伐克、东德、罗马尼亚和保加利亚剧变；（3）阿尔巴尼亚和南斯拉夫剧变。据此，便可以得出以下几点结论：（1）波兰剧变乃整个东欧剧变的历史起点和逻辑起点。在一定意义上，可以将东欧其他七国的剧变视为波兰剧变的结果，

---

① 1989 年 11 月 17 日，捷克斯洛伐克首都布拉格发生大规模游行示威，随后捷克斯洛伐克政府根据游行示威者的要求举行多党选举，政权得以和平转移。鉴于在捷克斯洛伐克的政权转移过程中未发生过大规模的暴力冲突，显得像天鹅绒般地平和柔滑，人们称之为"天鹅绒革命"。也有人将 21 世纪初期一系列发生在东欧和独联体国家亲美化的颜色革命归入"天鹅绒革命"类型。

② 救国阵线委员会系罗马尼亚剧变中的反对派组织。该组织成立于 1989 年 12 月 22 日。其领袖为杨·伊利埃斯库。成立伊始，便接管了政权，公布了十条施政纲领。罗马尼亚剧变后该组织曾长期为执政党。

视为受波兰剧变"多米诺骨牌效应"的影响。（2）在东欧剧变中，华沙条约组织成员国首当其冲。[①]波兰剧变后，华沙条约组织成员国，如上所述，可以说是在 10 个月内完成其剧变的。如果将保加利亚不考虑在内，华沙条约组织成员国可以说是在一个季度的时间内（从 1989 年 10 月至 1989 年 12 月）完成其剧变的。（3）相对于华沙条约组织国，东欧七国中的非华沙条约组织成员国受波兰剧变的影响较弱。[②]这从阿尔巴尼亚剧变和南斯拉夫解体相对滞后这一点可以看出来。[③]（4）由此看来，美梵同盟的东欧政策只是美苏争霸的一个环节，而东欧剧变的本质和首要目标则在于"去苏联化"。（5）如上所述，以波兰剧变为突破口对所有东欧国家实施和平演变，彻底孤立和打击苏联是美梵同盟的初衷。东欧剧变的历史进程与其最初设计大体相符。从这个意义上可以说，至 20 世纪 90 年代初，美梵同盟基本如愿以偿。

由波兰剧变所引发的东欧剧变极大地改变了欧洲格局。如前所述，东欧剧变前的欧洲格局基本上是以雅尔塔协议为基础的。东欧剧变从根本上改变了这样一种格局，使欧洲差不多又重新回到了第二次世界大战前基于 1919 年巴黎和约（凡尔赛体系）的欧洲格局，重新成为一个资本主义的欧洲。不仅如此，随着华约组织的解散以及东欧诸国陆续成为北约成员国和欧盟成员国，[④]欧洲反而比第二次世界大战前具有更加浓厚的意识形态色彩和更多的整体性。而且，东欧剧变不仅在极短的时间内使东欧诸国西化，还在一定意义上促进了苏联的解体，从而不仅改变了欧洲的格局，还在一定程度上改变了整个世界的格局，使当代世界步入了一超独霸的新局面。尽管在这一国际格局中多极力量也在开始发挥作用，但一超独霸局面仍将持续一个相当长的时期。这种局面不仅极大地妨碍了国际共产主义的广泛开展，而且也极不利于地区稳定和世界和平。

二、东欧七国宗教工作的失误与境外宗教渗透：殊途同归

虽然从宏观和总体上看，可以把东欧七国的剧变简化为是一种波兰剧变的多

---

① 华沙条约是苏联和东欧国家为抗衡北大西洋公约组织于 1955 年签订的。至 20 世纪 80 年代，其成员国为保加利亚、匈牙利、东德、波兰、罗马尼亚、苏联和捷克斯洛伐克七国。

② 阿尔巴尼亚本来是华沙条约组织国，但后来于 1968 年宣布退出该组织。

③ 南斯拉夫的解体活动不仅延续到 2006 年，而且还可以说延续到 2008 年。因为只是到了 2008 年，不仅作为南斯拉夫联盟共和国载体的塞尔维亚和黑山宣布独立，而且作为塞尔维亚一个自治省的科索沃也宣布独立。

④ 1991 年 2 月 25 日，华约政治协商委员会在布达佩斯召开特别会议，宣布从 3 月 31 日起终止在华约范围内签订的军事协定的法律效力、解散华约所有军事机构。同年 7 月 1 日，华约组织签署本条约停止生效的议定书，宣告整个组织最终解体。

米诺骨牌效应，但这种说法并不排除这些国家各自的内因。也就是说，正如一个骨牌要进入多米诺骨牌的游戏，就必须被置放进诸多骨牌形成的系列中，一个被锁进抽屉中的骨牌是不可能受到桌面上骨牌运动的任何影响的，东欧七国之所以接受波兰剧变的影响，就在于这些国家由于自身的原因而被放进了东欧诸国政治剧变的系列之中，被投进了东欧剧变这场政治游戏之中。东欧七国剧变各自的内因不仅是多方面的（如制度上的缺陷和工作上的失误等），而且各不相同，但有一点是相同的，这就是在宗教工作和宗教政策方面都存在有某种偏差或失误。

首先，东欧七国长期以来对社会主义时期宗教存在的长期性和宗教的群众性缺乏认识，在宗教工作中普遍执行一条比较"左"的工作路线。东欧七国和波兰一样，也都是在全国总人口中宗教信众的比例相当高的国家。例如，在匈牙利、捷克斯洛伐克、罗马尼亚和南斯拉夫等国，在全国总人口中宗教信众的比例都在80%以上。社会主义国家的宗教问题，由于其执政党的无神论世界观，本来就是一个相当艰巨、相当棘手的问题，正因为如此，列宁曾反复强调"同宗教偏见作斗争，必须特别慎重"。[①] 列宁这一教导不仅适合于所有社会主义国家的宗教工作，尤其应当为东欧这样的社会主义国家重视和践行。遗憾的是，这些国家的领导人在很长一段时间里对社会主义时期宗教存在的长期性和宗教的群众性缺乏深刻的认识，在宗教工作中普遍推行一条比较"左"的工作路线，工作方法简单粗暴，极大地伤害了相当一部分宗教信众的宗教感情，给社会主义事业造成了致命的危害。例如，在匈牙利，1948 年 12 月，匈牙利总主教、红衣主教约瑟夫·明曾蒂即因反对教育世俗化和关停所有宗教学校遭到逮捕，并于次年 2 月以"反国家阴谋罪"被判处无期徒刑；1951 年 6 月，教会领导人格雷斯·约瑟夫也因"捏造的罪名"而被捕；1948～1950 年，有 225 名天主教神父、僧侣遭到拘捕，2 500 名（约占总人数的 25%）神职人员被放逐。[②] 这种高压政策不仅极大地伤害了广大宗教信众的宗教感情，而且还使一部分宗教信众迁怒于社会主义社会和社会主义制度，成了日后社会动乱乃至社会剧变一个重要根源。例如，明曾蒂总主教的被捕和判刑非但没有削弱宗教势力在社会上的影响，相当一部分民众反而因此将明曾蒂总主教视为"抵抗共产主义和苏联占领"的民族英雄，以至于在1956 年的匈牙利事件中，民众游行示威的要求之一就是释放被囚禁的明曾蒂总主教。[③] 事实上，宗教工作方面的失误不仅是 1956 年匈牙利事件的一个酵素，而

①　《列宁全集》第 35 卷，人民出版社 1985 年版，第 181 页。
②　参阅郭洁：《试论战后匈牙利的"苏联模式化"》，载于《俄罗斯研究》2010 年第 2 期。
③　波兰总主教维辛斯基之所以能够在波兰剧变中具有巨大的号召力，屡屡扮演关键先生的角色，除了曾在第二次世界大战期间曾参加过反法西斯斗争这种经历外，另一个重要原因即在于他在贝鲁特执政期间曾受到过囚禁。

且也是 1989 年匈牙利剧变的一个酵素。匈牙利剧变后，布达佩斯的列宁广场即更名为明曾蒂广场，广场上的列宁铜像即更换成明曾蒂铜像，由此可见一斑。

宗教工作方面的不慎和失误不仅可能成为社会动乱和剧变的一个酵素，而且还有可能成为社会动乱和社会剧变的直接起因。例如，罗马尼亚对拉兹洛·托克斯神父的不慎处置竟成为 1989 年 12 月罗马尼亚剧变的导火索。宗教工作中的高压政策非但没有将宗教引向与社会主义社会相适应的道路，反而使相当一部分神职人员和宗教信众转入地下活动，形成地下宗教势力，其中一部分人在 20 世纪 80 年代的大气候下重新转向地上，成为持不同政见者和颠覆社会主义制度的潜在力量。拉兹洛·托克斯神父即是这样一位持不同政见者。应该说，在当时的情况下，罗马尼亚政府对他采取一定的防范措施还是必要的，但必须谨慎行事，不能采取任何过分的做法。然而，当时的罗马尼亚政府一怒之下，不仅对他实施严格的监控，还开除其公职，[①] 将其驱逐出所在的教区。这种过分的制裁措施激起了成千上万宗教信众的愤慨，他们从 1989 年 11 月 20 日起举行了一系列示威游行，并最终演化成全国范围的示威游行和暴动，导致了齐奥塞斯库政府的垮台和罗马尼亚的剧变。从这个意义上看，说"宗教无小事"是一点也不为过的。

在东欧七国中，推行"左"的宗教政策上最为突出的要算阿尔巴尼亚了。阿尔巴尼亚其实是一个多宗教并存的国家。该国不仅有伊斯兰教，而且还有东正教和天主教。应该说在 20 世纪 60 年代之前，阿尔巴尼亚虽然也极力削弱宗教的影响，但对宗教并未明确采取禁止的立场。然而，进入 60 年代后，阿尔巴尼亚逐步推行了一条越来越"左"的政治路线和宗教工作路线，开始施行取缔宗教和消灭宗教的政策。从 1967 年起，在"为消灭思想和文化领域里的旧社会的残余而斗争"的口号下，阿尔巴尼亚在全国范围内开展了一场反宗教运动。在这场反宗教运动中，"强行关闭了 2 100 多座教堂、清真寺、寺院和所有的宗教'圣地'；在群众集会上批判和谴责宗教、僧侣和宗教习俗的反人民反民族的作用；宗教活动场所改为文化中心，废弃宗教仪式，清除居民家中的圣像、宗教书籍和一切象征宗教的物品"。[②] 1976 年 12 月 28 日，阿尔巴尼亚颁布新宪法，明文宣布："阿尔巴尼亚政府不承认任何宗教"，"禁止设立宗教性机构，并禁止一切宗教活动及宣传"。阿尔巴尼亚劳动党第一书记恩维尔·霍查（1908～1985）也据此宣布：在阿尔巴尼亚已经建成了世界上第一个，也是唯一一个"没有教堂和清真寺、没

---

① 齐奥塞斯库当政时，"教会神职人员薪金及教堂修缮费用，由政府支付。神职人员每月可以领到 2 000～4 000 列伊的固定工资"。参阅方桂关：《剧变中的东欧》，中共中央党校出版社 1992 年版，第 158 页。

② 龚学增：《社会主义与宗教》，宗教文化出版社 2003 年版，第 142 页。

有神甫和阿訇的"、真正的"无神论国家"。① 其实，宗教是取缔不了的。取缔宗教的政策所改变的只是宗教活动的方式——由地上活动转入地下活动，并且由此使相当一部分宗教信徒不仅产生了对社会主义制度的误解，还产生了对社会主义制度的怨恨，从而为社会主义制度在阿尔巴尼亚的倾覆埋下隐患。

其次，东欧七国在宗教工作方面另一项重大失误在于对宗教问题的极端复杂性，尤其是对宗教问题的民族性缺乏深刻的认识，未能统筹处置宗教问题和民族问题。宗教问题的民族性不仅在单一宗教单一民族的国家存在，而且在多宗教多民族的国家也存在。这在南斯拉夫表现得尤为明显。南斯拉夫境内有 20 多个民族，其中比较大的有塞尔维亚族、斯洛文尼亚族、克罗地亚族、马其顿族和波斯尼亚族等。在这些民族中，斯洛文尼亚族和克罗地亚族主要信仰天主教，塞尔维亚族和马其顿族主要信仰东正教，波斯尼亚族则主要信仰伊斯兰教。由于历史上的积怨和宗教信仰上的差异，信仰天主教的克罗地亚人、信仰东正教的塞尔维亚人和信仰伊斯兰教的波斯尼亚人之间的矛盾尤为尖锐。铁托时代，南斯拉夫极力强调南斯拉夫民族的统一性和整体性，极力压制各种类型的民族分裂势力，尤其是极力削弱"大塞尔维亚主义"。为了压制民族分裂主义和大塞尔维亚主义，铁托政府还不惜拉近与梵蒂冈的关系，并于 1970 年和梵蒂冈建立外交关系。铁托政府这样做，既有民族方面的考虑，也有宗教方面的考虑，有借助梵蒂冈抗衡信仰东正教的塞尔维亚和苏联的政治意图。然而，铁托政府这些举措似乎并未从根本上消弭南斯拉夫的宗教矛盾和民族矛盾。1980 年，铁托逝世后，这些矛盾便一一暴露出来。1989 年 12 月之后，先后出任塞尔维亚共和国主席团主席和共和国总统的米洛舍维奇大力推行沙文主义或大塞尔维亚主义，受到斯洛文尼亚和克罗地亚等共和国的谴责，南斯拉夫一度受到压抑的民族矛盾和宗教矛盾全面爆发。与此同时，在西方不断冲击下，南斯拉夫接受多党制度。从 1991 年开始，斯洛文尼亚、克罗地亚、波黑（波斯尼亚和黑塞哥维那）、马其顿相继宣布独立。至 1992 年，南斯拉夫社会主义联邦共和国宣告解体。除南斯拉夫外，罗马尼亚和保加利亚等国的宗教矛盾与民族矛盾也错综复杂，对它们的剧变也产生了深刻的影响。由此看来，充分注意宗教问题的复杂性，尤其是充分注意宗教问题的民族性，妥善处理好宗教问题和民族问题对于维护社会主义意识形态安全和国家安全、防止国家改变颜色是至关紧要的。

再次，对宗教反共势力的过度迁就和退让，甚至谋求与之开展政治合作也是东欧七国在宗教工作方面一个重要失误。长期以来，东欧七国在处理天主教问题

---

① 黄陵渝：《阿尔巴尼亚的宗教》，载于《苏联东欧问题研究》1991 年第 5 期。也请参阅张文武、赵乃斌、孙祖荫主编：《东欧概览》，中国社会科学出版社 1991 年版，第 89～90 页。

时一直比较倚重梵蒂冈。20 世纪 60 年代以后，东欧七国就将妥善处理天主教问题和其他宗教问题的希望寄托于梵蒂冈，不仅与梵蒂冈接触，还谋求与之建立外交关系。匈牙利是最早与梵蒂冈接触并订立相关协议的东欧国家。早在 1964 年，匈牙利便同梵蒂冈签订了协议书。该协议承认了罗马教廷在匈牙利的主教任命权，只是附加了匈牙利政府保留对主教人选的政治否决权，要求主教就职前要向国家宣誓效忠等条件。南斯拉夫政府在与梵蒂冈多次谈判后，也于 1966 年与梵蒂冈正式签订了双边协议，承认在不违反南斯拉夫内部制度的前提下，梵蒂冈享有对南斯拉夫国内天主教会的灵性、教务及宗教问题的管辖权。1970 年，南斯拉夫又与梵蒂冈正式恢复了外交关系。值得一提的是，为了借助梵蒂冈的力量抑制国内民族分裂主义运动，年过八旬的铁托还于 1970 年亲自到梵蒂冈会见教皇保罗六世。捷克斯洛伐克在经过断断续续的谈判后，也于 1973 年与梵蒂冈达成协议，承认梵蒂冈在捷克斯洛伐克的主教任命权。实践证明，企图借梵蒂冈来解决社会主义国家的宗教问题只是这些国家的一厢情愿，其结果不过为梵蒂冈干涉国内宗教事务和政治事务大开方便之门，为这些国家的剧变埋下了隐患。[①]

东欧七国不仅对梵蒂冈过分倚重，对国内反共宗教势力也常常作无原则的妥协和退让，甚至不惜与后者进行政治交易和政治合作。在东欧七国，由于一些宗教在民族发展的历史上曾经发挥过重要作用，甚至扮演过国教的角色，故而往往有一种浓重的政治情结。这种政治情结在东欧七国的剧变中有相当强势的表现。[②] 例如，东德的教会不仅提出"参与社会政治活动"的要求，其本身还成为政治反对派策划政治动乱的直接支持者。在东德剧变过程中，教会的教堂不仅成为政治反对派的庇护所，也成为政治反对派的集散地。当时东德的重大游行示威活动差不多都是从教堂出发的。[③] 再如，在 1989 年捷克斯洛伐克的剧变中，一些反共神父不仅亲自出面组织大规模的示威游行，还公然提出推翻捷克斯洛伐克共产党的口号。保加利亚的宗教势力不仅组织反共群众集会，公然要求保加利亚政府成员和议会议员集体辞职，还以为迫害致死者祈祷的名义肆意攻击社会主义制度是"暴政"，并且公然要求恢复君主制。[④] 东欧七国的教会在东欧剧变中不仅积极参

---

① 当然，这样说并不意味着我们从根本上反对社会主义国家的天主教组织与梵蒂冈在信仰层面建立正常的关系，也不意味着从根本上反对社会主义国家与梵蒂冈建立正常的外交关系。我们只是强调社会主义国家的宗教问题归根到底要依靠自己正确的宗教政策和正确的宗教工作方针解决，归根到底要通过走"宗教与社会主义社会相适应"的道路才能得到解决。

② "从东欧各国的教会来看，在 1989 年的政局动荡中基本上站到政府的对立面。"见龚学增：《社会主义与宗教》，第 148 页。

③ 参阅方桂关：《剧变中的东欧》，中共中央党校出版社 1992 年版，第 167 页。

④ 方桂关：《剧变中的东欧》，中共中央党校出版社 1992 年版，第 168 页。

与和组织反政府活动，还成立了自己的宗教政党。例如，匈牙利成立了基督教民主人民党，东德成立了基督教民主联盟，而捷克斯洛伐克则成立了基督教人民党、基督教民主党和基督教民主运动。对于宗教反共势力这些猖獗的政治活动，东欧七国均未做出及时有效的回应，或是采取不作为的态度或立场，或是采取妥协和退让的态度和立场，或是采取寻求合作的态度或立场。其结果不仅贻误了时机，而且还助长了宗教反共势力的气焰，最终导致东欧七国先后剧变。政教分离原则乃社会主义宗教工作的底线，对于超越这一底线的任何言行都应给予及时有效的回击。在这个问题上，无论是不作为，还是妥协、退让、谋求和解和合作，都只能给社会主义事业造成无可挽回的损失。这一惨痛的教训是应当牢牢汲取的。

最后，除宗教工作方面的失误外，境外宗教渗透也是东欧七国剧变一个重要原因。美梵同盟对东欧七国实施境外宗教渗透的最为直接的手段是利用主教任命权，任命持不同政见者为东欧各国的主教，借以实施对东欧七国宗教势力的控制和对东欧七国的政治渗透。80年代以来，罗马教廷为了更好地控制东欧七国的天主教组织，开始拒绝从东欧七国的官方教会的成员中任命主教，而努力从地下教会中任命主教。结果，在东欧剧变中罗马教廷新任命的主教差不多都起到了推波助澜的作用。例如，1983年被任命为红衣主教的南斯拉夫库哈里奇就曾公开谴责南斯拉夫政府的宗教政策和无神论教育。他所领导的神职人员不仅个个都成为"好斗人员"，还把自己看成是"同国家平行的一种社会力量和精神领袖"。[①]而在1989年的剧变中，东德、捷克斯洛伐克、匈牙利等国的主教们都以不同的方式扮演了挑唆者、鼓动者、策划者和支持者的角色。另外，梵蒂冈还通过自己支配和控制的大众传媒，如梵蒂冈通讯社、《罗马观察家报》、梵蒂冈广播电台等，向东欧七国传播反对社会主义的自由化思想，挑拨东欧七国的政教关系，煽动宗教信众和广大民众抗议政府的活动。此外，梵蒂冈还配合西方国家向东欧七国的反共宗教势力提供情报和资金方面的支援。东欧剧变后，东欧七国相继出现了宗教热潮。匈牙利、捷克斯洛伐克、罗马尼亚和保加利亚等国先后与梵蒂冈恢复和建立了外交关系；1990年，匈牙利司法部宣布取消1949年对红衣主教明曾蒂终身监禁的判决，为其平反；罗马尼亚正式承认梵蒂冈任命的12位主教。这也从一个侧面说明了梵蒂冈与东欧七国剧变之间的因果关系。这说明，防范和抵制境外宗教渗透始终是事关社会主义意识形态安全和国家安全的要务。

---

① 方桂关：《剧变中的东欧》，中共中央党校出版社1992年版，第161页。

三、独联体国家的"颜色革命"与境外宗教渗透：基督宗教的强势东进

苏东剧变后，以美国为首的西方国家并没有因此停止其西化这些国家的步伐。它们不仅在前东欧诸国乘势而上，掀起一阵阵宗教狂热，而且在独联体诸国策动和支持一系列政变，制造了一系列颜色革命。

颜色革命，又称花朵革命，指的是苏联解体后，西方势力在独联体国家中策划和支持的非暴力的、以花朵或花朵的颜色为标志的、以亲西方的政治势力上台为目标的政变。其中比较典型的是格鲁吉亚的"玫瑰革命"、乌克兰的"橙色革命"以及吉尔吉斯斯坦的"郁金香革命"。

格鲁吉亚的"玫瑰革命"发生在 2003 年 11 月。这其实是一系列旨在反对时任总统谢瓦尔德纳泽并且最终由反对党领袖萨卡什维利上台的示威活动。爱德华·谢瓦尔德纳泽曾先后担任格鲁吉亚内政部长、警察将军和格鲁吉亚共产党第一书记，1985 年，接替葛罗米柯任苏联外长，1991 年 12 月，苏联解体，谢瓦尔德纳泽辞职。1992 年，格鲁吉亚发生政变，谢瓦尔德纳泽被指命为格鲁吉亚国家委员会执行主席。1995 年，格鲁吉亚重建总统制，谢瓦尔德纳泽高票当选总统。2000 年谢瓦尔德纳泽再次当选总统。2003 年 11 月 2 日，格鲁吉亚议会大选。美国政府指责这次大选"不公正"，并且因此而导致格鲁吉亚多个城市爆发示威游行。美国国务卿克林·鲍威尔劝谢瓦尔德纳泽和平退位。11 月 23 日晚间，谢瓦尔德纳泽宣布辞职，上万格鲁吉亚人当晚在第比利斯街头庆祝他的辞职。他的继任者为萨卡什维利。萨卡什维利早年毕业于基辅大学国际法专业，1994 年在哥伦比亚大学法学院取得法学硕士学位，2000 年曾一度担任谢瓦尔德纳泽政府的司法部长，2001 年，辞去部长职务，组建反对党——民族运动党，2003 年11 月发动"革命"迫使谢瓦尔德纳泽辞去总统职务，2004 年 1 月，当选格鲁吉亚总统。由于萨卡什维利在公开露面时手里总是拿着一枝玫瑰花，他所领导的这场"革命"便被称为"玫瑰革命"。①

乌克兰的"橙色革命"发生在 2004 年底。至少从表面上看，这场"革命"是围绕乌克兰总统选举，在两个总统候选人尤先科与亚努科维奇之间展开的。维克托·亚努科维奇早年曾当过钳工和电工，此后获得机械工程学士学位、国际法硕士学位、理学博士学位和教授资格，1996 年开始从政，2002 年出任乌克兰政府总理。2004 年底，乌克兰举行总统选举，时任总理的亚努科维奇作为总统候选

---

① 参阅孙壮志主编：《独联体国家"颜色革命"研究》，中国社会科学出版社 2011 年版，第 139 ~146 页。

人与反对党领导人尤先科展开角逐，但最终失利。维克多·安德烈耶维奇·尤先科早年毕业于捷尔诺波尔财经学院，1997 年任国家银行行长，1999 年 12 月出任乌克兰政府总理。2001 年 4 月，乌克兰议会通过对尤先科政府的不信任案，尤先科被迫辞职。2004 年 12 月，尤先科作为候选人参选乌克兰独立后第四届总统选举，经过反复较量，击败亚努科维奇，最终当选。乌克兰的这次总统选举可谓一波三折。2004 年 10 月 31 日，乌克兰举行总统大选。在这次选举中，没有任何候选人达到法律规定的多数，同年 11 月 21 日，在得票最多的尤先科和亚努科维奇之间进行重选。官方公布的结果为亚努科维奇领先尤先科 3%，但尤先科的支持者却揭发该选举有舞弊行为，在全国举行大规模抗议活动，并宣布不接受官方结果，而尤先科本人则在只有其支持者在场的情况下，在议会内举行了总统宣誓仪式。迫于这些抗议运动，乌克兰最高法院宣布这次重选的结果无效，并规定在同年 12 月 26 日重选。尤先科在这次重选中胜出。[①] 这场"革命"，从乌克兰国内看，既可以看作是以亚努科维奇为主席的地区党与以尤先科为主席的"我们的乌克兰"联盟之间的较量，也可以看作是支持亚努科维奇的东乌克兰与支持尤先科的西乌克兰的较量；倘若从国际环境看，则可以视为支持亚努科维奇的俄罗斯与支持尤先科的美国之间的较量。在这次总统选举过程中，俄罗斯总统普京曾多次会晤亚努科维奇，俄罗斯媒体也对亚努科维奇做了非常正面的报道。而美国国务院、国际开发署、全国国际事务民主学会、国际共和学会以及非政府组织——自由之家等都给了尤先科多方面的支持。[②] 由于尤先科在其选举活动中使用橙色作为代表色，并作为进行抗议时的颜色，故而这场"革命"被称作"橙色革命"。[③]

吉尔吉斯斯坦的"郁金香革命"发生在 2005 年春季。此次"革命"的直接结果是吉尔吉斯共和国总统阿卡耶夫及其政府的倒台。阿斯卡尔·阿卡耶夫早年就读于列宁格勒精密力学和光学学院，1984 年当选吉尔吉斯斯坦科学院通讯院

---

① 但在 2010 年的总统选举中，亚努科维奇又东山再起，击败尤先科，当选乌克兰总统。

② 尤先科的第二任妻子是一位乌克兰籍美国女子。该女子曾为美国国务院助理国务卿的助手，参与人权及人道事务工作，这更加重了尤先科的亲美派色彩。

③ 参阅孙壮志主编：《独联体国家"颜色革命"研究》，中国社会科学出版社 2011 年版，第 147～155 页。2004 年"橙色革命"后，乌克兰的动荡并未因此结束。2013 年 11 月，乌克兰政府因突然宣布暂停与欧盟签署联系国协定的准备工作，遭到国内亲欧派别的强烈反对，爆发了大规模的示威活动，并最终导致亲俄的亚努科维奇于 2014 年 2 月 22 日被议会罢免。2014 年 3 月，乌克兰克里米亚进行"入俄公投"，通过了克里米亚独立宣言。4 月，乌克兰东部顿涅茨克州和卢甘斯克州宣布成立独立的"主权国家"。5 月，亲欧盟和亲美的波罗申科在总统选举中胜出。政府军与东部反对派武装在东部地区交火。欧盟和美国宣布对俄罗斯采取经济制裁，而俄罗斯则决定对美国和欧盟实施反制裁。这次乌克兰危机固然有其内部原因（民族矛盾等），但大国博弈显然也是其中的一个重要因素。就此而言，乌克兰危机与 2004 年的"橙色革命"和 1991 年的"独立"一脉相承。

士，1989 年担任吉尔吉斯斯坦科学院院长，1990 年 11 月出任苏联吉尔吉斯共和国总统，1991 年 10 月在全民选举中当选独立后的吉尔吉斯斯坦首任总统，并于 1995 年、2000 年两次蝉联总统一职。2005 年 3 月 24 日，在吉尔吉斯斯坦议会选举之后，在反对派示威冲击下国内局势失去控制，阿卡耶夫携家秘密出走；4 月 3 日，阿卡耶夫于莫斯科在与吉尔吉斯斯坦议会代表谈判后，宣布签署辞去总统职务的文件，并于第二天在莫斯科宣布辞去总统职务，4 月 11 日，议会接受他的辞职。其后，反对派领导人巴基耶夫当选总统。库尔曼别克·巴基耶夫早年就学于古比雪夫工程院，1994 年担任吉尔吉斯斯坦国有资产基金会副主席，2000 年出任政府总理，2005 年 3 月 25 日，在阿卡耶夫总统秘密出走后，出任吉尔吉斯斯坦代总统，同年 7 月在总统选举中胜出。[①] 西方敌对势力是这场"革命"的重要导演者。例如，在吉尔吉斯斯坦议会选举前，吉尔吉斯斯坦一家受西方敌对势力控制的杂志登出阿卡耶夫"豪华别墅"的照片，使得局势一发不可收拾。[②]

　　无论是在格鲁吉亚，还是在乌克兰和吉尔吉斯斯坦的"颜色革命"中，都不难发现美国的身影。这种现象绝不是偶然的，而是由美国的和平演变战略决定的。实际上，苏联一解体，美国便启动了"支持新生独立国家"计划，动用各种资源在独联体各国"培植民主土壤"、"营造民主气氛"、"物色民主骨干"、"树立民主榜样"，企图把独联体各国打造成"新型民主国家"。1992 年，美国参议院通过《自由援助法》，随后又通过其他名目繁多的"单项计划"，向苏联的原加盟共和国提供各种援助。1993 年至 2003 年，美国用于帮助独联体国家进行"民主改革"的专项援助就有 90 亿美元，其中 3/4 以上提供给这些国家的私有企业、非政府组织和独立媒体等民间机构。1999 年，美国又制定了"俄罗斯领导人计划"，把崭露头角的俄政治精英送到美国，让他们亲身体验美国的"民主"和自由市场经济制度。2000 年，美国政府又启动"未来一代的首创精神"计划，动员大批乌克兰青年赴美学习。自 1993 年起，在美国援助下，数十万原苏联加盟共和国的商人、大学生和政府官员先后到美国留学、进修和考察。这些人回国后纷纷成为政界、商界的亲美派精英。美国还积极资助一些非政府组织，把它们打造成美国在这些国家推行民主的"排头兵"。美国在绝大多数独联体国家都设

---

　　① 巴基耶夫在 2009 年举行的总统选举中再次高票当选，连任总统。但 2010 年 4 月，吉尔吉斯斯坦首都因警方拘留反对派领导人而发生大规模骚乱，反对派要求巴基耶夫辞职，巴基耶夫流亡白俄罗斯。2013 年 2 月 12 日，吉尔吉斯斯坦军事法庭以大规模屠杀等罪名缺席判决前总统巴基耶夫 24 年有期徒刑（一说无期徒刑）。

　　② 但事后调查发现，所谓"豪华别墅"，其实是吉尔吉斯斯坦的一个国家招待宾馆，而非阿卡耶夫的私人住所。这一历史教训也给中亚各国敲响了警钟。此后，中亚各国纷纷出台了防范"颜色革命"的措施。

有索罗斯基金会①的分支机构，以资助各国反对派势力进行各种反政府活动。在1993年至2003年期间，美国曾向格鲁吉亚反对派提供过总额达15亿美元的援助。对乌克兰的"橙色革命"，美国更是不惜工本，为了确保乌克兰2004年的选举在美国设计的轨道上运行，在选举前美国曾多次派高级代表团访问乌克兰，其中包括前总统老布什和前总统国家安全事务助理布热津斯基率领的代表团。代表团抵达基辅后，一方面向乌克兰总统库奇马施压，要求现政权保证此次总统选举"公正、民主"，另一方面又频频与反对派领导人接触，要求他们组成"反对派联盟"，共同支持反对派总统候选人尤先科，以便他能获得更多的选票。美国国务院还为此制定了总金额1 400万美元的特别计划，包括定期进行"公正"的民意调查，资助独立媒体报道选情，向总统候选人和独立媒体提供法律援助，派竞选问题专家赴乌克兰帮助尤先科竞选总部竞选等。

以美国为首的西方国家在对独联体国家实施进一步政治渗透的同时，也加大了宗教渗透的力度。在乌克兰，由于梵蒂冈的干预，天主教势力得到了较快速度的发展。尽管东正教依然是乌克兰第一宗教，但天主教（东仪天主教）势力发展神速，教会组织的数量在几年内已经与东正教会不相上下。乌克兰独立后，不仅多年旅居西方的天主教神职人员纷纷回国，而且一些西方教会，特别是北美大陆的新教教派和新兴宗教，如福音派教会等，也纷纷来乌克兰传教，建立自己的宗教组织。格鲁吉亚虽然是个东正教国家，80%以上的居民信奉东正教，但东仪天主教也有一定的势力。近二十年来，随着格鲁吉亚与梵蒂冈关系的拉近，东仪天主教也获得了较快速度的发展。此外，一些西方新教教派也乘机传入。在西方国家对独联体国家的宗教渗透中，最值得注意的当是基督新教在中亚地区的传播和渗透。众所周知，中亚地区是以伊斯兰教和东正教为传统宗教的地区，苏联解体前，无论是新教势力还是天主教势力都非常薄弱；苏联解体后，随着大量西

---

① 索罗斯基金会是由匈牙利出生的美籍犹太裔商人和金融家乔治·索罗斯（George Soros）于20世纪70年代创办的、以在世界范围内将"封闭社会"发展成"开放社会"为宗旨的、受美国政府支持的国际非政府组织。现在已经形成涉及欧、亚、非和南美洲的庞大的网络。该网络由两大部分组成：全国性基金会和众多的网络计划。全国性基金会又被称作开放社会研究所，为索罗斯基金会在特定国家开展工作的自治机构，主要设在中东欧原苏联加盟共和国。该基金会推行思想库基金，一方面旨在在中东欧和原苏联加盟共和国内部打造独立的政策中心，推进这些国家的"民主化"进程；另一方面对中东欧和原苏联加盟共和国的"青年才俊"进行培训，以期造就有意愿、有能力影响社会公共生活的年青一代。此外索罗斯基金会还大力推行大众传媒发展计划，特别致力于向有关国家反对派的媒体、出版物和记者提供资金和培训并建立相应的组织机构。例如2003年，索罗斯基金会便拉入50多家非政府组织在乌克兰组建了一个新的公众委员会。索罗斯基金会1990年在乌克兰创建了国际复兴基金会，乌克兰橙色革命的领军人物尤先科曾是索罗斯基金会在乌克兰的董事会成员。索罗斯基金会1994年进军格鲁吉亚，格鲁吉亚"颜色革命"后成立的内阁成员中有20%曾在索罗斯基金会工作过。可以说，索罗斯基金会是美国政府在独联体国家策划"颜色革命"、实施"民主输出"的一个主要借助对象。参阅王梦：《浅析索罗斯基金会活动特点及其作用》，载于《俄罗斯中亚东欧研究》2011年第3期。

方传教士的到来，新教势力和天主教势力都得到了较快的发展。例如在吉尔吉斯斯坦，自 1996 年以来，在国家宗教事务局登记的基督教传教士就有 850 多人。这些传教士大多数来自美国。他们不仅在吉尔吉斯斯坦创办福利机构、教会学校，而且还在多个城市设有教会和圣经学习小组。现在，吉尔吉斯斯坦已经有了 260 多个基督教聚会场所和 1 万多新教教徒。这些传教士特别注意在伊斯兰教教徒中发展基督教徒，引起了当地穆斯林极大的不满和政府的担忧。在吉尔吉斯斯坦，甚至有人组织"袋鼠法庭"，审判皈依基督教的前穆斯林，也出现过村民杀害皈依基督教的前穆斯林的现象。① 在哈萨克斯坦，在梵蒂冈的推动下，天主教发展的速度也比较快。1994 年，罗马教廷与哈萨克斯坦建立外交关系。现在，哈萨克斯坦有 93 个注册的罗马天主教会和附属组织，有大约 36 万罗马天主教徒。新教在哈萨克斯坦的发展速度也很快。1990 年，哈萨克斯坦只有 3 名公开的基督教信徒，到 2000 年则有 5 万人之众，仅在 2005 年一年，就增加了大约 6 000 名五旬节派和浸信会的信徒。2011 年，哈萨克斯坦已经有了 1 018 个注册的新教组织和 543 所聚会所。② 据统计，至 2005 年，新教在中亚五国已经有了 136 万信徒。尽管这一数字在中亚五国总人口中的比例非常小，还不到 0.3%，但考虑新教过去在这一地区基本上是空白，这就值得高度关注，至少它反映了基督宗教东进的意图。③

对基督宗教来说，尤其是对天主教和新教来说，20 世纪是其发展史上一个重要的转折期。在这个世纪里，随着基督宗教的东进和南下，至少就信众人数来说，它不再是一个西方宗教，而成为真正意义上的世界宗教。因为它在世界其他地区的信众人数已经开始超出了基督宗教在西欧和北美的信众人数。在苏东剧变前，基督宗教在苏东国家的成就乏善可陈。在乌克兰，东仪天主教几乎一直处于非法状态；在俄罗斯，除东正教外，长期以来，基督宗教几乎一直被迫停止所有活动；在中亚地区，除在哈萨克斯坦，它几乎没有任何影响。正因为如此，苏联解体后，天主教和新教在独联体国家的传播和发展便另有一番宗教和政治意味。从宗教层面看，天主教和新教向独联体国家的东进，一方面意味着天主教向东正教世界的进军，另一方面又意味着作为基督宗教的天主教和新教向伊斯兰教世界的进军。而这种进军显然意在打破现有世界宗教版图，对于后者具有明显的挑衅意味。从政治层面看，天主教和新教向独联体国家的东进，是西方国家、尤其是美梵同盟和平演变苏联的一种继续和深入。在美国看来，苏联解体是值得欢迎的，但却是远远不够的。苏联解体之所以值得欢迎，是因为苏联解体使得其各加盟共和国从"非民主国家"走向了"半民主国家"，故而可以视为和平演变战略

---

① ② ③ 　参阅杨恕、王静：《基督教在中亚的现状研究》，载于《俄罗斯中亚东欧研究》2011 年第 3 期。

的一大胜利；苏联解体之所以远远不够，是因为"半民主国家"虽然优于"非民主国家"，但毕竟不是"全民主国家"，因此，美国仍需进一步努力，通过包括宗教渗透在内的种种手段，使这些"半民主国家"最终转变成"全民主国家"。2005 年初，小布什在其第二任总统就职演说中就提出了以在全球范围内"推进自由"和"铲除暴政"为宗旨的所谓"新布什主义"，美国议会也据此制定了《推进民主法案》，以促使那些"表面上允许反对党、公民团体和新闻自由的存在，但事实上却对其进行种种限制的""部分民主国家"向"完全民主国家"转变。① 独联体国家显然正是"新布什主义"或《推进民主法案》实施的一个重点地区。正因为如此，美国政府认为，在这些国家不仅需要进一步加强美国的经济存在和军事存在，而且还有必要进一步加强基督宗教的存在，而天主教和新教向独联体国家的东进正是出于这种战略考虑。② 美国之所以如此热心于对独联体国家进行宗教渗透，还有一层原因，这就是"反恐"。自 2001 年"9·11事件"以来，"反恐"就一直是美国外交政策和国家安全策划中一个关键词，而在美国看来，宗教渗透显然是消解伊斯兰宗教极端主义和恐怖主义的制胜法宝。在美国看来，只要在独联体国家特别是在伊斯兰教为主要宗教的中亚各国进行宗教渗透，使基督宗教的天主教和新教成为该地区的重要宗教，就有望遏制伊斯兰宗教极端主义，美国的国家安全就有望得到保证。但事实上，美国政府对独联体国家、特别是中亚各国的宗教渗透，非但没有遏制伊斯兰宗教极端主义，反而引起广大伊斯兰教徒的反感和恐惧，从而在一定程度上激发了伊斯兰宗教极端势力的发展，给独联体国家、特别是中亚各国的社会稳定制造了不少麻烦，极大地影响了这些国家的社会秩序和国家安全，从而引起这些国家的高度警惕。这些国家不仅及时地调整了宗教政策，对外来宗教在本国的传播纷纷做出了种种限制，③ 其中一些国家还及时地修正了亲美的立场。例如，即使在 2005 年"郁金香革命"中得到美国支持上台执政的吉尔吉斯斯坦总统巴基耶夫也没有遵照美国政府的意愿推行亲美去俄路线，而是更加积极地向俄罗斯政府和上海合作组织靠拢；而乌兹别克斯坦政府也由于 2005 年的安集延事件与美国反目，中断了"9·11事件"以来与美国在军事安全领域的合作。由此看来，基督宗教虽然在独联体国家特别是在中亚各国一度强势推进，但其道路却未必平坦，前程也未必辉煌。

---

① 参阅李晓春、陈诚：《颜色革命金钱功劳大？美用重金渗透中亚五国》，载于《环球时报》2006 年 3 月 6 日。

② 参阅郑羽：《苏联解体以来美国对中亚政策的演变（1991～2006）》，载于《俄罗斯中亚东欧研究》2007 年第 4 期。

③ 参阅杨恕、王静：《基督教在中亚的现状研究》，载于《俄罗斯中亚东欧研究》2011 年第 3 期。

中国防范和抵制境外宗教渗透的基本历程

苏联解体和东欧剧变的历史教训告诉我们，防范和抵制境外敌对势力的宗教渗透，避免苏联和波兰式的"宗教倒戈"是事关维护和保证社会主义国家安全的大事。江泽民在谈到苏联解体和东欧剧变的惨痛教训时曾经指出："宗教常常与现实的国际斗争和冲突相交织，是国际关系和世界政治中的一个重要因素。……长期以来，国际敌对势力一直把民族问题、宗教问题作为遏制或颠覆社会主义国家和他们所不喜欢的国家的重要手段。在苏联解体、东欧剧变的过程中，国际敌对势力就利用了宗教。"① 这就鲜明地指出了防范和抵制境外宗教渗透的必要性。因此，回顾和反思新中国 60 多年抵制境外宗教渗透的基本历程，认真总结其经验教训，进一步做好新中国的防范和抵制境外宗教渗透工作，进一步使我国的宗教与社会主义社会相适应，把我国的社会主义事业不断推向前进，意义十分重大。

第一节　前改革开放时期中国防范和
抵制境外宗教渗透的斗争

防范和抵制境外宗教渗透历来是新中国宗教工作和安全工作的一项重要内

---

① 《江泽民文选》第 3 卷，人民出版社 2006 年版，第 378 页。

容。在一定意义上可以说，新中国宗教工作史和国家安全工作史就是一部防范和抵制境外宗教渗透的历史。下面就以"前改革开放时期"、"改革开放初期"和"后冷战时代"三个时间段来描述和刻画新中国防范和抵制境外宗教渗透的基本历程。

所谓前改革开放时期，指的是从新中国成立之日起到1978年党的十一届三中全会召开之日这个历史时段（1949年10月~1978年12月）。这是我国由半殖民地、半封建的旧中国向新民主主义和社会主义的新中国转变的历史时期，也是我国宗教由附着于半殖民地、半封建旧中国的"旧的社会团体"，向附着于新民主主义和社会主义新中国的"新的社会团体"转变的历史时期。[①]而在这一历史进程中，如果说我国民族宗教改造和自我改造的重心或着眼点在于"反对封建主义，努力割除其与封建制度和封建观念的联系，逐步消除其自身的'封建宗法性'"的话，那么非民族宗教改造和自我改造的重心或着眼点就在于"反对帝国主义，割断与帝国主义和国外反动势力的联系，洗刷自身的'殖民性'或'奴性'"。[②]虽然这两项工作都与新中国防范和抵制境外宗教渗透相关，但在这一历史时期的防范和抵制境外宗教渗透的工作中，中国天主教和中国基督教这些非民族宗教的改造和自我改造及其抵制境外宗教渗透的斗争，无疑占有非常特殊的地位。

一、中国天主教的三自革新运动与肃清宗教敌对势力的斗争

在前改革开放时期，中国天主教的防范和抵制境外宗教渗透的斗争是我国防范和抵制境外宗教渗透斗争中一项极其重要的内容。在新中国成立初期，中国天主教的这一斗争一方面表现为中国天主教的三自革新运动，另一方面又表现为肃清宗教敌对势力的斗争。

新中国成立初期，中国天主教三自革新运动是新中国成立以来我国防范和抵制境外宗教渗透的一项带有基础工程性质的工作。众所周知，在旧中国，天主教一直被视为"洋教"或"客教"。这是因为作为西方列强和西方教会对华殖民侵略的工具，作为受西方列强和西方教会控制和操纵的教会，中国天主教自身具有浓重的殖民色彩，即使在旧中国，天主教这种殖民性质和帝国主义背景不仅遭到

---

① 中共中央统战部研究室编：《历次全国统战工作会议概况和文献》，档案出版社1988年版，第14页。

② 参阅叶小文：《中国宗教的百年回顾与前瞻》，载于《中国宗教》2001年第2期。也请参阅段德智：《新中国宗教工作史》，人民出版社2013年版，第10页。

全国人民的抗议，还逐渐引起越来越多的天主教爱国人士的不满，要求中国天主教本色化的呼声越来越高。但几经挣扎，收效甚微。至新中国成立初期，中国天主教共有主教 128 位，其中外国籍主教就有 110 位；此外，中国还有 100 多个外国传教修会和传教修女会；中国天主教不仅在经济上仰仗西方列强和西方教会，教会学校的管理权也大多落在外国传教士手中。① 这种状况是由旧中国的半殖民地性质决定且与之相适应的。但随着新中国的成立，中国天主教就有一个与新生的政权和新生的社会制度相适应的问题，有一个由"旧的社会团体"向"新的社会团体"的社会转型问题。中国天主教的三自革新运动强调的是脱离和割断与西方列强的关系，实现中国天主教的独立自主办教，这不仅成为中国天主教实现这种社会转型的基本途径，也成为中国天主教与社会主义社会全面适应的基本步骤，成为我国有效防范和抵制境外宗教渗透的基本前提和基础工程。只有走三自革新的道路，彻底割断与帝国主义的联系，中国天主教才能彻底阻断帝国主义控制和干涉我国宗教事务的通道，才能有效地防范和抵制境外宗教渗透。正因为如此，中共中央和中央人民政府非常重视中国天主教的三自革新运动。早在 1950 年 4 月，周恩来总理就在第一次全国统战工作会议上强调指出："我们主张宗教要同帝国主义割断联系。如中国天主教还受梵蒂冈的指挥就不行。中国的宗教应该由中国人来办。"② 时任中共中央统战部部长的李维汉也明确指出：中国天主教要实现由"旧的社会团体"向"新的社会团体"的转变，最根本的就是"通过其中的进步分子和爱国民主人士，积极争取团结其中的中间分子和落后群众，孤立少数为帝国主义及其走狗服务的分子，从其内部展开民主觉醒运动，使在政治上和经济上真正与帝国主义侵略势力和国内反动势力割断联系，成为'自治'、'自给'、'自传'的宗教团体。"③ 这就将三自革新运动的政治意涵和政治意义极其鲜明地表达出来了。

从 1950 年下半年开始，天主教的三自革新运动在各个领域展开。首先，在天主教教育领域，1950 年 10 月，中央人民政府教育部接办私立辅仁大学，并任命为教会代表芮歌尼意欲解除校长职务的陈桓为校长，在辅仁大学办学问题上抵制了外国势力的干涉，实现了教育主权。紧接着，1950 年 11 月 30 日，四川广元县中国神父王良佐领导 500 多天主教徒召开大会，联名发表了《天主教自立革新运动宣言》，宣布"基于爱祖国爱人民的立场，坚决与帝国主义者割断各方面的

---

① 参阅段德智：《新中国宗教工作史》，人民出版社 2013 年版，第 18～25 页。

② 中共中央统战部研究室编：《历次全国统战工作会议概况和文献》，档案出版社 1988 年版，第 31 页。

③ 中共中央统战部研究室编：《历次全国统战工作会议概况和文献》，档案出版社 1988 年版，第 14 页。

关系，并肃清亲美、恐美、媚美的思想，自力更生，建立自治、自养、自传的新教会，不让教会的圣洁再受帝国主义的玷污"。1950 年 12 月 25 日，《新华日报》全文刊载了这一宣言。1951 年 1 月 8 日，《人民日报》发表题为《欢迎天主教人士的爱国运动》的社论。全国各地天主教人士积极响应这一"自立革新"主张，并相继成立了天主教三自爱国团体。1953 年 2 月 6 日，中共中央不失时机地发出了《关于天主教工作的指示》，指出："在大多数高级神职人员已经争取过来表示爱国后，召开全国神长会议，成立中国天主教的教务领导机构。"根据这一指示，1956 年 7 月，由全国 37 位天主教主教、代主教、副主教、神父和教友发起的"中国天主教教友爱国会筹备委员会预备会议"在北京召开。1957 年 7 月 15 日至 8 月 2 日，中国天主教代表会议在北京召开。会议通过了《中国天主教友代表会议决议》和《中国天主教友爱国会章程》，正式成立了"全国天主教友爱国会"。① 全国天主教友爱国会的成立是我国天主教三自革新运动一项重大的阶段性成果，也是我国防范和抵制境外宗教渗透的一项重大胜利。

在中国天主教的三自革新运动有序开展的同时，肃清宗教敌对势力的斗争也在全国范围逐步展开。如前所述，罗马教廷驻中国"特命全权公使"黎培里及其操纵的"天主教中华全国教务协进委员会"和"圣母军"不仅在新中国成立前夕疯狂反对革命，在新中国成立之后又疯狂反对人民政权，反对中国天主教的三自革新运动。因此，从 1951 年春开始，中国天主教在深入开展三自革新运动的同时，又开展了一场以驱逐黎培里出境为主要内容的肃清宗教敌对势力的斗争。1951 年 5 月 14 日，南京教区部分教友和司铎要求驱逐黎培里；1951 年 6 月 6 日，上海市军事管制委员会宣布取缔"天主教教务协进会"，并将华理柱（天主教中华全国教务协进委员会秘书长）逮捕；6 月 14 日，上海震旦大学等 50 个大中学校单位代表和医院人员发表宣言，要求驱逐黎培里。6 月 24 日，天津破获荷兰籍传教士满济世反革命秘密结盟案，揭穿帝国主义分子以恐怖暗杀手段危害爱国教徒，破坏天主教革新运动的阴谋。1951 年 7 月 13 日，天津市军事管制委员会主任黄敬签署 21 号布告，宣布取缔"圣母军"，天津市公安局依法逮捕圣母军华北分会会长邓华光，并驱逐巴黎遣使会会士、天津教区主教文贵宾。1951 年 9 月初，上海市公安局抓捕"天主教教务协进会"和"圣母军"头目沈世贤、陈哲敏（黎培里的秘书）、莫克勒和苏冠明。9 月 4 日，南京军事管制委员会以"间谍罪"、"组织反革命团体罪"、"煽动反对政府罪"，宣布将黎培里驱逐出境。9 月 5 日的《人民日报》发表题为《驱逐帝国主义分子黎培里出中国》的社论。

---

① 罗广武编著：《新中国宗教工作大事概览（1949～1999）》，华文出版社 2001 年版，第 12～13 页、第 19～20 页、第 160～161 页。也请参阅晏可佳：《中国天主教简史》，宗教文化出版社 2001 年版，第 249～250 页。

社论说，驱逐帝国主义分子黎培里出中国，对于帝国主义特别是美帝国主义利用宗教在我国进行破坏活动的阴谋，是一个有力的打击；对于我国天主教徒自立革新的爱国运动是一个很大的鼓励。

此后，肃清潜藏在天主教内部的帝国主义分子和反革命分子的斗争在全国范围深入展开。1953 年 3 月 25 日和 6 月 15 日，上海市人民政府公安局先后破获了两起帝国主义利用天主教进行破坏活动的间谍特务案，逮捕了田望霖（比利时籍天主教神甫）、林仁（比利时籍）、翟光华（美国籍，耶稣会神学院院长）、斐有文（美国籍，帝王堂神父）、葛怀仁（美国籍，玛利诺会办事处负责人）、格寿平（法国籍，耶稣会会长）、梅占元（法国籍，遣使会远东总视察）等帝国主义间谍分子。与此同时，北京、天津、沈阳、南京等地也陆续破获了帝国主义利用天主教进行反革命活动的案件。7 月 16 日，《人民日报》发表题为《肃清潜藏在天主教内部的帝国主义分子》的社论。社论指出：上海、北京、天津、沈阳、南京等地陆续破获多起帝国主义利用天主教进行反革命活动和间谍破坏案件，这对于帝国主义特别是美帝国主义利用天主教在我国进行破坏活动的阴谋计划是有力的打击，是我国人民和爱国的天主教徒反对帝国主义斗争的重大胜利。1955 年 9 月 8 日，在全国 "肃清暗藏的反革命分子" 运动中，上海市人民政府公安局逮捕龚品梅，[①] 一举摧毁 "龚品梅反革命集团"。

和三自革新运动一样，驱逐帝国主义分子、肃清暗藏在中国天主教内部的帝国主义分子和反革命分子，是我国天主教在新中国成立初期防范和抵制境外宗教渗透的重大的胜利。离开这场肃清活动，中国天主教的健康发展是不可设想的。

二、中国天主教的自选自圣主教与主教任命权的斗争

如果说在新中国成立初期，在防范和抵制境外宗教渗透方面主要是进行三自革新运动和肃清宗教敌对势力，那么自 1958 年我国自选自圣主教以来，自选自圣主教和主教任命权的斗争就成为中国天主教防范和抵制境外宗教渗透一项持久的内容。

20 世纪 50 年代中期，随着中国天主教友爱国会的筹备和建立，主教的自选

---

① 龚品梅（1901～2000），生于一个天主教家庭，1920 年入神学院学习，1930 年晋升为司铎。1949 年 8 月 9 日，在全国解放前夕，被罗马教廷任命为苏州教区主教，并接受罗马教廷驻华公使黎培里的祝圣。1950 年 7 月 15 日，龚品梅兼任上海、苏州及南京三教区主教。新中国成立后，龚品梅抵制中国政府对天主教会的 "改造"，拒绝在教会内部开展 "反帝爱国运动"，他组织并亲自督导了 "不投降、不退让、不出卖" 的 "中华圣母军" 支团，阻止 "圣母军" 成员向政府登记和退团，拒不参加 "中国天主教爱国会"。1955 年 9 月 8 日，龚品梅与范忠良、金鲁贤等 30 多名神父及 300 多名教徒在上海被逮捕入狱。至此，龚品梅反革命集团覆灭。

自圣问题逐渐成为梵蒂冈和境外其他敌对势力进行宗教干涉和渗透，与中国天主教的反干涉反渗透斗争的焦点问题。据《中华全国教务统计》，1949 年在华的外国传教士有 5 507 人。新中国成立前夕，一些传教士主动撤离大陆，有的则因从事各种反对新中国的非法活动而被中国政府驱逐出境，一批中国籍主教也先后离开大陆。1940 年至 1955 年，罗马教廷陆续任命了 18 位中国籍主教。从数量上看，中国籍主教达到了 30 多名，但其中只有 20 名左右还留在大陆，在全国 137 个教区中，大部分教区都没有主教。① 因此，中国天主教爱国会成立之后面临的一个亟待解决的实际问题，就是要依据"三自原则"尽快扭转这种全国大多数教区没有主教的局面，让全国的教友都能够过上正常的宗教生活。为此，中国天主教在一些教区开展了自选自圣主教的活动。

1956 年 3 月 16 日，天主教上海教区选出代理主教张士琅。1957 年 12 月 18 日，四川成都教区采取选举办法，选出李熙亭神父为教区主教候选人。② 很快各地就仿效了这一做法。1958 年 1 月起，先后有江苏苏州教区、四川宜宾教区、云南昆明教区、山东济南教区、广东广州教区、山西太原教区、江苏南京教区、山东菏泽教区、浙江杭州教区、河北永年教区、河北西湾子教区、河北宣化教区、山东益都教区、河北永平教区和山东周村教区通过选举，选出了本教区的主教。1958 年 3 月 18 日和 19 日，湖北汉口教区和武昌教区分别选举董光清、袁文华神父为主教候选人。罗马教廷对这两个教区自选的主教不仅不予承认，反而声言要对祝圣者和被祝圣者施以"超级绝罚"。在这种情况下，1958 年 4 月 13 日，湖北省的天主教神职人员和教友依据《宗徒大事录》"主教应是一位有圣德的人，他要在各方面无可指责，而且是由全体民众选出的"传统，在汉口上海路的天主教堂隆重举行了祝圣董光清和袁文华两位主教的典礼。祝圣典礼由湖北蒲圻教区李道南主教主礼，内蒙古绥远教区王学明主教、陕西周至教区李伯渔主教、湖北襄阳教区易宣化主教襄礼。来自吉林、甘肃、云南、辽宁、陕西、山西、河南、河北、山东、安徽、江苏、浙江、四川、江西、湖南、福建、广东、广西、贵州、内蒙古、北京和上海等 23 个省自治区直辖市的天主教代表 82 人出席了典礼。③ 这次自圣主教活动为我国天主教自选自圣活动树立了一个典范。

此后，河北献县教区赵振声主教主礼祝圣了河北永年教区的王守谦主教、河北西湾子教区的潘少卿主教、河北宣化教区的常守彝主教和河北永平教区的蓝柏露主教；皮漱石总主教主礼祝圣了山东济南教区的董文隆主教、

---

① 参阅晏可佳：《中国天主教简史》，宗教文化出版社 2001 年版，第 250 页。
② 参阅何光沪主编：《宗教与当代中国社会》，中国人民大学出版社 2006 年版，第 348 页。
③ 参阅晏可佳：《中国天主教简史》，宗教文化出版社 2001 年版，第 250 ~ 251 页。也请参阅何光沪主编：《宗教与当代中国社会》，中国人民大学出版社 2006 年版，第 348 ~ 349 页。

山东菏泽教区的李明月主教、山东益都教区的贾善福主教、山东周村教区的宗怀德主教以及长沙教区的熊德达主教、澧县教区的李震林主教、常德教区的杨高坚主教和岳阳教区的李树仁主教；王其威主教祝圣了南昌教区的胡钦明主教、赣州教区的陈独清主教以及余江教区的黄曙主教。1958 年，全国自选自圣主教 24 人。

1958 年 6 月 29 日，教宗庇护十二世颁布《宗徒之长》通谕，再次谴责中国政府的宗教政策和中国天主教爱国会，重申任命主教的权力归教皇所有，自选自圣主教虽有效但不合法。[1] 1958 年 12 月 15 日，教宗约翰二十三世在御前会议发表演讲，谈到中国教会时强调"中国教会每况愈下"，攻击自选自圣主教的活动："这样祝圣的主教，根本就没有真正职权，因为没有'宗座的授权书'。为了这种完全不合法的行为，他们就篡夺了看管基督羊群的牧职，况且还在羊群中间带来了恐惧、混乱和恶表。"[2] 中国爱国神职人员和广大教友一方面对罗马教廷这种不顾中国教会的实际需要，继续敌视新中国的政治立场，表示了自己更大的不满和抗议，另一方面为了中国天主教的健康发展而努力继续推进自己的三自革新运动和自选自圣主教活动。自 1958 年至 1963 年间，中国天主教各教区共自选自圣了 52 位主教，从而保证了我国各教区教务活动正常运行和健康发展。在 1963 年自选自圣重庆教区主教石明良（3 月 31 日）和南充教区主教范导江（4 月 7 日）后，中国天主教的主教自选自圣活动暂时告一段落。直到 1979 年 12 月 21 日湖南常德教区主教杨高坚祝圣北京教区主教傅铁山，这一活动才得以恢复。[3] 中国天主教的主教自选自圣活动之所以中断，倒不是因为罗马教廷的阻挠，而是由于我国四清运动中"左"的思想以及接踵而至的"十年浩劫"所致。这一方面说明我国天主教的三自革新运动和主教自选自圣活动是任何境外敌对势力都阻挠不了的，另一方面又说明"左"的思潮和极左路线对我国宗教和宗教工作的危害是极其严重的，对我国宗教和宗教工作的危害远远超出境外敌对势力。

三、中国基督教的三自革新运动与控诉运动

在中国天主教开展三自革新运动的同时，中国基督教也开展了三自革新运动。

---

[1] 参阅任延黎主编：《中国天主教基础知识》，宗教文化出版社 1999 年版，第 260 页。
[2] 罗渔、吴雁编著：《大陆中国天主教四十年大事记》，辅仁大学出版社 1986 年版，第 56 页。
[3] 参阅晏可佳：《中国天主教简史》，宗教文化出版社 2001 年版，第 251 ~ 252 页。

如果说旧中国的天主教具有殖民性质的话，旧中国基督教的殖民性质更为鲜明。作为外来宗教的基督教完全是在帝国主义列强发动的侵华战争之中和之后大规模传入中国的。用我国著名教育家蒋梦麟的话说："耶稣基督是骑在炮弹上飞过来的。"① 因此，我国基督教中一些具有自觉民族意识的有识之士早在 20 世纪初就发起了"自立教会运动"，提出了"有志信徒，图谋自立、自养，自传，……绝对不受西教会之管辖"的主张。② 1903 年，成立自主长老会堂。1906年，成立中国耶稣教自主会。1922 年，成立"中国基督教协进会"。中国基督教协进会虽然在割断与帝国主义和殖民主义的联系、实现本土化方面做了许多工作，但与新中国所要求的完全彻底的"三自革新"很不相同。一方面是因为在旧中国，相当一部分自立教会虽然号称自立，但对西方的差会组织或差会系统还存在这样那样的依赖关系；另一方面，即使那些与西方差会组织割断联系的自立教会或本色教会，在新中国成立之后还需要进一步与帝国主义、殖民主义和封建主义彻底断绝关系，与新中国的社会制度和社会观念建立联系。因此，新中国成立之后，三自革新依然是中国基督教的一项基本任务。

中国共产党和中央人民政府高度重视中国基督教的三自革新运动。1950 年5 月，周恩来总理曾先后三次和中共中央、政务院有关部门负责人一起出席基督教问题座谈会，并发表谈话。在这些谈话中，周恩来强调中国基督教的根本问题是革新问题，而革新的根本问题则在于彻底实现"三自"。他指出："基督教最大的问题，是它同帝国主义的关系问题。中国基督教会要成为中国自己的基督教会，必须肃清其内部的帝国主义的影响与力量，依照三自（自治、自养、自传）的精神，提高民族自觉，恢复宗教团体的本来面目，使自己健全起来。"③ 1950 年 7 月，中国基督教领袖吴耀宗和其他基督教人士一起起草了《中国基督教在新中国建设中努力的途径》（以下简称《三自宣言》），强调"中国基督教会及团体应以最大的努力及有效的方法"，一方面"使教会群众清楚地认识到帝国主义在中国所造成的罪恶，认识到过去帝国主义利用基督教的事实，肃清基督教内部的帝国主义影响，警惕帝国主义、尤其是美帝国主义利用宗教以培养反动力量的阴谋"；另一方面"培养一般信徒爱国民主的精神和自尊自信的心理"，"在最短期内""完成""自治、自养、自传"的"任务"。④ 7 月底，他们向全国各地基督教徒发出该宣言，征求全国基督教教徒的签名。该宣言的发表以及随之在全国范围内掀起的签名运动，拉开了新时期中国基

---

① 蒋梦麟：《西潮·新潮》，岳麓书社 2000 年版，第 13 页。
② 转引自叶小文：《中国宗教的百年回顾与前瞻》，《中国宗教》2001 年第 2 期。
③ 《周恩来统一战线文选》，人民出版社 1984 年版，第 182 页。
④ 罗广武编著：《新中国宗教工作大事概览（1949～1999）》，华文出版社 2001 年版，第 9 页。

督教"三自革新运动"的序幕。

《三自宣言》发表一个月之内，就有1 527人在宣言上签名。1950年9月23日，《人民日报》全文刊载了这一宣言，并且发表了题为《基督教人士的爱国运动》的社论。社论对该宣言的发表以及随后的签名运动给予了高度评价，特别强调了它在我国新时期整个基督宗教革新运动中的示范意义。此后，从1950年8月至1951年4月8个月内，签名人数就增至18万人。① 在此基础上，1951年4月，出席"处理接受美国津贴的基督教团体会议"的来自全国的150多位教会代表一致通过了《中国基督教各教会各团体代表联合宣言》，一致同意组织"中国基督教抗美援朝三自革新运动委员会"，并授权该委员会筹备此项工作。1954年，中国基督教全国会议于7月22日到8月6日在北京公理会教堂召开，来自全国62个教会和基督教团体的232个代表参加了会议。会议宣布：外国差会已经结束，帝国主义分子已经出境，国内基督教教会和团体过去所接受的外国津贴已基本断绝；帝国主义所办的教会学校、医院及救济机关已经接办。"中国基督教教会及团体已基本摆脱了帝国主义的控制，逐步成为中国教徒自己主持的宗教团体。"代表们经过充分的酝酿讨论，一致同意将"三自革新运动"更名为"三自爱国运动"，一致同意成立并选举产生了"中国基督教三自爱国运动委员会"的领导机构。② 中国基督教三自爱国运动委员会的成立是中国基督教三自革新运动一项重大胜利。

新中国成立初期的中国基督教的三自革新运动和三自爱国运动并不是孤立的，而是在反帝爱国的运动中，在割断同帝国主义的联系、反对帝国主义的控制和渗透中逐步实现的。具体地说，中国基督教的三自革新运动主要是通过积极参加抗美援朝运动、开展"控诉运动"和"拒绝接受美国津贴"这三件事情实现的。

首先，1950年10月抗美援朝一开始，中国基督教人士就非常积极地投入了这项运动。10月23日，《人民日报》发表中国基督教领袖人物之一刘良模的题为《美帝侵略台湾朝鲜，宗教界坚决反对》的文章，特别强调了"要努力肃清基督教内部的帝国主义思想尤其是美帝国主义思想的影响"以及"要警惕帝国主义，尤其是美帝国主义利用宗教培养反动力量的这一个阴谋"等问题。12月20日，《人民日报》又发表了燕京大学宗教学院院长赵紫宸题为《基督教徒要抗美援朝》的文章，以及中华圣公会华北教区主教凌贤扬题为《帝国主义者的恶行》的文章。与此同时，上海、北京等地的基督教人士还举行了基督教抗美援朝爱国

---

① 参阅何光沪主编：《宗教与当代中国社会》，中国人民大学出版社2006年版，第254～255页。

② 参阅罗广武编著：《新中国宗教工作大事概览（1949～1999）》，华文出版社2001年版，第90～91页。

行动大会，呼吁中国基督教徒"在认清了美帝狠毒伪善的真面目后，就应该起来全心全力参加抗美援朝保家卫国的伟大运动"。①

其次，中国基督教在其内部严肃、认真地开展了对美帝国主义及其走狗的"控诉运动"。这一运动是从 1951 年 4 月中央人民政府政务院文化教育委员会宗教事务处召集的，处理接受美国津贴的基督教团体会议开始的。在这一会议上，与会代表不仅集中控诉了帝国主义分子及其帮凶，而且还控诉了美国所操纵的世界基督教协进会的罪恶活动。② 4 月 24 日，《人民日报》发表了一篇题为《开展基督教徒对美帝国主义的控诉运动》的社论，呼吁在全国基督教团体中开展这一运动。值得注意的是，不仅在自己的教会内部控诉帝国主义、特别是美帝国主义及其走狗的侵略阴谋，努力肃清帝国主义的影响，中国基督教还致力于揭露和反对美帝国主义利用国际基督教组织侵略全世界和侵略新中国的阴谋。1950 年 7 月，即朝鲜战争的第二个月，美帝国主义直接支持的"世界基督教协进会"在加拿大召开会议，通过"对于朝鲜战争的决议"。一方面污蔑朝鲜民主主义人民共和国，拥护美帝国主义对朝鲜的侵略战争，另一方面，又反对斯德哥尔摩禁止原子武器的宣言，赞成美帝国主义侵略朝鲜。这一决议遭到了中国基督教各团体的普遍反对。中国基督教领袖人物之一赵紫宸不仅在《人民日报》上发表《基督教徒要抗美援朝》的文章，旗帜鲜明地反对世界基督教协进会的有关决议，而且还因此而愤然辞去世界基督教协进会六主席之一的职务。③

最后，中国基督教各团体在这一历史时期所做出的反对帝国主义宗教控制和宗教渗透又一个重大行动是，积极贯彻中央人民政府《关于处理接受美国津贴的文化教育救济机关及宗教团体的方针的决定》，使中国基督教成为完全自办的社会团体。1950 年 12 月 10 日，美国政府悍然宣布管制中华人民共和国在美国辖区内的公共财产，并禁止一切在美注册的船只开到中国港口。针对美国政府这一经济掠夺行径，中央人民政府当即下达了关于管制清查美国财产、冻结美国公私存款的命令。12 月 29 日，中央人民政府又通过了《关于处理接受美国津贴的文化教育救济机关及宗教团体的方针的决定》。1951 年 4 月，中国基督教团体发表《中国基督教各教会各团体代表联合宣言》，强调中国教会"最后地彻底地永远地全部地割断所有与美国差会及其他差会的一切关系"，宣布：从 1951 年起，不再接受美国的津贴，也不接受任何外国的任何方式的津贴。中国基督教在实现完

---

① 参阅罗广武编著：《新中国宗教工作大事概览（1949~1999）》，华文出版社 2001 年版，第 15、20~21 页。

② 参阅罗广武编著：《新中国宗教工作大事概览（1949~1999）》，华文出版社 2001 年版，第 46 页。

③ 参阅罗广武编著：《新中国宗教工作大事概览（1949~1999）》，华文出版社 2001 年版，第 20、58~59 页。

全自立的道路上又迈出了重要的一步。[①]

应该说，在新中国成立初期中国基督教所进行的反对帝国主义宗教控制和宗教渗透的斗争，不仅为中国基督教而且也为我国各宗教组织和宗教团体的反对境外势力的宗教控制和宗教渗透的斗争，提供了宝贵的可资借鉴的经验。

四、中国基督教的反渗透斗争：反对美英帝国主义利用宗教搞殖民主义

1957年以后，在中国基督教三自爱国运动委员会领导下，中国基督教会积极投入了反对境外宗教渗透和宗教干涉主义的斗争。

1958年，中国基督教坚决拥护中国人民政府取缔"王国聚会所"。1958年10月14日，上海市人民政府在"王国聚会所"所在地张贴布告，宣布基督教"王国聚会所"并非宗教团体，而是帝国主义分子勾结反革命分子进行反革命活动的反动组织，为保障人民利益，维护社会秩序，决定自当日起，明令取缔，责令停止一切活动。同日，上海市公安局依法逮捕"王国聚会所"主犯、帝国主义分子龚斯坦、金海露以及骨干分子20多人，经审理后移送检察机关。上海市中级人民法院依法判处龚斯坦有期徒刑7年，判处金海露有期徒刑5年，刑满后驱逐出境。在我人民政府依法逮捕龚斯坦、金海露的第二天，即10月15日，英国外交部无理抗议我逮捕龚斯坦等罪犯，声称我人民政府对龚斯坦、金海露这两位英国基督教牧师的指责是"非常荒谬的"。伦敦王国聚会所总部的英国总牧师助理里斯宣称，他们历来是持"中立态度"和"不干预政治和军事"立场的。中国基督教三自爱国运动委员会和上海基督教三自爱国运动委员会举行联席会议，旗帜鲜明地拥护政府取缔"王国聚会所"、逮捕龚斯坦、金海露。[②]

1959年5月，中国基督教三自爱国运动委员会主席、全国人大代表吴耀宗在全国人大二届一次会议上的发言中，揭露美英等帝国主义利用宗教搞殖民主义的阴谋。他指出：不仅"在我国解放前150年中"，"美英等国基督教传教士在中国的活动都是为帝国主义的政治、经济、军事、文化侵略服务的"，而且在新中国成立后，"美帝国主义者对中国的解放和中国基督教的反帝爱国运动"也"不甘心"，千方百计"利用基督教来进行新的阴谋活动"。[③]

1960年11月12日至1961年1月14日，中国基督教第二届全国会议在上海

① 吴耀宗：《中国基督教的新生——出席"处理接受美国津贴的基督教团体会议"的感想》，转引自罗广武编著：《新中国宗教工作大事概览（1949～1999）》，华文出版社2001年版，第52页。
② 罗广武编著：《新中国宗教工作大事概览（1949～1999）》，华文出版社2001年版，第177页。
③ 罗广武编著：《新中国宗教工作大事概览（1949～1999）》，华文出版社2001年版，第196页。

境外宗教渗透论

举行。会议一方面充分肯定了十年来中国基督教界的反帝爱国运动所取得的伟大成就，"使中国基督教基本上实现了变帝国主义的侵略工具为中国教徒自办的宗教事业"的转变；另一方面，又强调："但是，帝国主义、特别是美帝国主义，并不甘心失败，仍然千方百计地企图利用宗教进行破坏新中国的活动，因此基督教界必须提高警惕，继续深入开展反帝爱国运动。"①

1962 年 2 月 2 日，《人民日报》发表了中国三自爱国运动委员会主席吴耀宗题为《美帝国主义"传教事业"的"新策略"》的署名文章。他强调："传教事业"并非出于"宗教热诚"，而是帝国主义向外发展、对外侵略的"利器"。② 吴耀宗还对帝国主义"传教事业"的谋士们提出的"使全世界福音化"、"基督教占领中国"和"普世的传教事业"等口号进行了分析，指出："所谓'使全世界福音化'实质上就是让帝国主义控制全世界"，"所谓'基督教占领中国'实质上就是让帝国主义占领中国。"在谈到"普世的传教事业"这一口号时，吴耀宗特别揭露了其殖民主义意识形态本质，强调："'普世的传教事业'摆出了一副'超政治'的面孔，来掩盖它政治上的反动本质。不管它怎样装饰自己，'普世的传教事业'并没有同西方扩张主义分开。在经济、武力和意识形态这三种侵略手段中，'传教事业'是在意识形态的领域里替帝国主义和新老殖民主义者服务。'传教事业'特别要把反对共产主义作为反对人民革命事业的核心。"③ 在这篇文章中，吴耀宗还特别强调了美帝国主义在帝国主义"传教事业"中的领头羊地位。他写道："美帝国主义是帝国主义的头子，它在帝国主义的'传教事业'中也占了首位。北美（以美国为主）在全世界的'传教士'共 27 219 人，占'传教士'总人数（32 250）的 64.4%。作为'传教事业'的实际负责者和策划者的世界基督教协进会，它的经费的 75% 来自美国。其他与'传教事业'有关的活动的经费，大部分也来自美国。在少数帝国主义分子控制下的世界基督教协进会的政治路线，甚至不需要剥去它的薄薄的宗教外衣，就可以看出它实质上是美国国务院的政治路线。"④ 吴耀宗的分析即使现在看来也是深中肯綮，值得认真反思。

遗憾的是，随着"四清运动"和"文化大革命"的开展，中国基督教在很长一段时间陷入瘫痪或冬眠状态，即使基督教三自爱国运动委员会主席吴耀宗在"文化大革命"期间也遭到批斗，被迫接受劳动改造，使防范和抵制境外宗教渗透的斗争遭受到了严重干扰。直至 1978 年中国共产党十一届三中全会之后，随

---

① 罗广武编著：《新中国宗教工作大事概览（1949～1999）》，华文出版社 2001 年版，第 222 页。

② 罗广武编著：《新中国宗教工作大事概览（1949～1999）》，华文出版社 2001 年版，第 234～235 页。

③ 罗广武编著：《新中国宗教工作大事概览（1949～1999）》，华文出版社 2001 年版，第 235～246 页。

④ 罗广武编著：《新中国宗教工作大事概览（1949～1999）》，华文出版社 2001 年版，第 237 页。

着我国宗教工作的拨乱反正，中国基督教才重新健康有序地发展，中国基督教防范和抵制境外宗教渗透的斗争才重新开展。

第二节　改革开放初期中国防范和抵制境外宗教渗透的斗争

我们接下来考察改革开放初期中国防范和抵制境外宗教渗透的工作和斗争。所谓改革开放初期，指的是从 1978 年 12 月中国共产党十一届三中全会开始到 1991 年 12 月苏联解体止这一时间段。

如果说在 20 世纪 60 年代和 70 年代，中国防范和抵制境外宗教渗透的工作和斗争由于"左"的思潮和路线的横行受到严重干扰，在改革开放初期，随着中国改革开放政治线的确立和宗教工作的拨乱反正，这一斗争重新获得生机。1978 年 12 月召开的中国共产党十一届三中全会果断决定停止"以阶级斗争为纲"，开始全面认真纠正"文化大革命"及其以前"左"的错误，这不仅开启了我国改革开放的历史新时期，也使新中国的宗教工作步入了拨乱反正的新阶段，中国防范和抵制境外宗教渗透的工作和斗争在极短的时间内便出现了转机。

一、抵制境外宗教渗透，依法取缔"呼喊派"

在新时期，随着我国国际交往的日益扩大和我国宗教界对外联系的日益发展，境外宗教渗透也逐步成为越来越突出的问题。国际宗教反动势力、特别是帝国主义宗教势力，力图利用各种机会进行渗透活动，"重返中国大陆"。他们或是对我国实施宗教干涉主义，千方百计地诋毁我国的宗教政策，或是支持个别流亡国外的反动分子，潜入国内，利用宗教形式，建立反动组织，从事颠覆活动。这使得防范和抵制境外宗教渗透成为我国政府及宗教组织和宗教团体必须严肃对待的问题。

1982 年 3 月，中共中央发布《关于我国社会主义时期宗教问题的基本观点和基本政策》，明确地提出了"坚决抵制外国宗教中的一切敌对势力的渗透"的方针。该文件指出："当前，随着我国国际交往的日益扩大，宗教界的对外联系也日益发展，对于扩大我国的政治影响具有重要的意义。但是与此同时，国际宗教反动势力，特别是帝国主义宗教势力，包括罗马教廷和基督教的'差会'，也力图利用各种机会，进行渗透活动，'重返中国大陆'。我们的方针，就是既要积极开展宗教方面的国际友好往来，又要坚决抵制外国宗教中的一切敌对势力的渗透。"① 抵制境外宗教渗透的问题首先要坚持独立自主办教的原则。所以，该文件强调，我国宗教界在开展国际交往活动当中，"一定要坚持独立自主、自办教会的原则，坚决抵制国际宗教反动势力重新控制我国宗教的企图，坚决拒绝任何外国教会和宗教界人士插手干预我国宗教事务，绝不允许任何外国宗教组织（包括它们所控制的机构）用任何方式来我国传教，或者大量偷运和散发宗教宣传材料。"② 该文件指出："要教育各宗教团体和个人，不得以任何方式向外国宗教团体和宗教人士索要财物。外国宗教组织提供的津贴和办教经费，我国一切宗教团体和宗教界人士个人以及其他团体和个人都不应当接受。"③ 该文件特别强调："应当提起高度的警惕，严密注视外国宗教敌对势力在我国建立地下教会和其他非法组织，在宗教外衣掩盖下进行间谍破坏活动的情况，并给以坚决的打击。"④ 1982 年 12 月，中华人民共和国全国人大五届五次会议明确地将"宗教团体和宗教事务不受外国势力的支配"写进宪法。独立自主办教原则写进宪法，这在新中国的历史上还是第一次。

80 年代初期，我国防范和抵制境外宗教渗透最为瞩目的事件便是依法取缔"呼喊派"。1983 年 5 月，中共中央批转中央统战部、公安部和国务院宗教事务局三部门《关于处理所谓"呼喊派"问题的报告》。中共中央在批转该报告的《通知》中指出：所谓"呼喊派"是我国基督教中极少数流亡国外的反动分子，在国外反动势力的支持和资助下，利用宗教形式渗透到国内进行反革命活动的反动组织，冲击和抢占教堂，冲击党政机关和公安部门，叫嚷要与共产党和人民政府对抗到底，根本不是一个什么宗教派别。该通知强调指出：近两三年来，"呼喊派"的出现、蔓延和疯狂活动，已成为"危害社会治安、危害四化建设、危害国家和人民利益的一个严重问题"。⑤ 该通知责成各有关地方党委"务必加以重视，决不可掉以轻心，麻痹大意"。该通知一方面要求"依法坚决取缔"呼喊派这一反动组织，另一方面又强调"在取缔中要注意严格划清一些政策界限"；"要特别注意两条：一是要把极少数反动分子同广大受蒙骗的群众严格区别开来；二是要把利用宗教进行反革命活动和其他违法犯罪活动同正常的宗教活动区别开来"。⑥ 该通知还从宗教工作方法论原则的高度，强调要"进一步克服'左'的错误思想，同时注意防止和克服右的思想倾向，全面落实党的宗教政策"。⑦ 在

①②③ 中共中央文献研究室综合研究组、国务院宗教事务局政策法规司编：《新时期宗教工作文献选编》，宗教文化出版社 1995 年版，第 70 页。

④ 中共中央文献研究室综合研究组、国务院宗教事务局政策法规司编：《新时期宗教工作文献选编》，宗教文化出版社 1995 年版，第 71 页。

⑤ 罗广武编著：《新中国宗教工作大事概览（1949～1999）》，华文出版社 2001 年版，第 321 页。

⑥⑦ 罗广武编著：《新中国宗教工作大事概览（1949～1999）》，华文出版社 2001 年版，第 322 页。

中共中央这一通知精神指导下，我国各地反对"呼喊派"的斗争取得了重大成果。

境外敌对势力不仅直接派遣传教士来我国传教，建立宗教组织进行宗教渗透，还通过书刊传媒等手段对我国实施宗教渗透，甚至支持和资助国内反动分子利用宗教形式建立非法组织进行宗教渗透。针对这种情况，我国政府和各宗教组织和宗教团体在反对和取缔"呼喊派"的同时，对于这种类型的境外宗教渗透活动也开展了积极的斗争。1988 年 10 月，国务院宗教事务局、公安部发出《关于制止和处理利用基督教进行非法违法活动的通知》。该通知从维护社会安定、保护正常宗教活动、抵制海外宗教中敌对势力的渗透的高度，明文规定：（1）"任何组织和个人不得组织收听、录制转播海外'福音'广播，不得转运、散发非法入境的宗教书刊、宗教宣传品。"（2）"任何人不得接受外国宗教势力的指令、津贴和活动经费，在国内进行秘密串联、建立非法组织和发展成员的活动。"①上述这些举措有力地遏制了境外敌对势力对我实施的境外宗教渗透活动。

二、抵制宗教干涉主义，坚持主教的自选自圣原则

1971 年 10 月 25 日，联合国大会通过 2758 号决议，决定"恢复中华人民共和国的一切权利，承认它的政府代表为中国在联合国组织的唯一合法代表，并立即把蒋介石的代表从它在联合国组织及其所属一切机构中所非法占据的席位上驱逐出去"。1978 年 12 月 15 日，《中美建交公报》发表。这两个巨大的历史事件使梵蒂冈对待中华人民共和国的态度发生了重大改变。就在联合国大会决定恢复中华人民共和国在联合国一切权利的当天，罗马教廷所谓驻台湾的"大使"、澳大利亚籍的葛锡迪总主教即奉命悄悄离开台北。而在《中美建交公报》发表后不久，新上任的约翰·保罗二世（John Paul II）就在他的一次讲话中谈起中国天主教与罗马教廷的"共融"问题，表达了他对"人"、对"人性尊严"、对"宗教自由"的看法和关心。② 但是，这并不意味着梵蒂冈从此放弃了其宗教干涉主义。而主教任命权之争依然是我们与罗马教廷之间宗教干涉与反宗教干涉的中心内容。

邓以明事件是这一时期主教任命权之争一个特别重大的事件。邓以明（1908～1995）生于香港，早年曾先后在澳门教区圣若瑟修院、葡萄牙耶稣会初学修院、上海徐家汇修院学习，1941 年晋铎，1946 年任澳门教区中山县石岐圣

---

① 罗广武编著：《新中国宗教工作大事概览（1949～1999）》，华文出版社 2001 年版，第 392 页。
② 陈方中、江国雄：《中梵外教关系史》，台湾商务印书馆 2003 年版，第 355～358 页。

母无染原罪堂主铎。1948 年，受澳门教区主教罗若望推荐，赴广州总主教区工作。1950 年 10 月，罗马教廷委任邓以明为天主教广州总主教区宗座署理，领衔 Elatea 城主教。① 邓以明因接管广州教区后，执行教廷驻华公使黎培里的训令，顽固抵制和反对自办教会，于 1958 年，被以"反革命罪"宣布逮捕。1980 年 10 月，邓以明被宣布恢复其广州总主教区宗座署理的职务，同时当选为广州市天主教爱国会副主席。1981 年 4 月 28 日，邓以明不顾中国政府的强烈反对，赴梵蒂冈，觐见教皇约翰·保罗二世。教皇约翰·保罗二世不仅接见不顾中国政府反对私自前来罗马的广州教区主教和广州市爱国会副主席邓以明，而且还单方面委任其为广州总主教区"正权主教"，② 罗马教廷这种出人预料的举措具有明显的挑衅性质，自然遭到中国政府和中国天主教的强烈反对。1981 年 6 月 11 日，中国主教团副团长兼秘书长杨高坚主教代表中国主教团、天主教教务委员会与爱国会发表声明，就罗马教廷对邓以明的任命表示坚决反对，称：这次罗马教廷任命邓以明为广州总主教区主教是"非法"的，"我们表示坚决反对。罗马教廷这种行为，是对我国教会主权的粗暴干涉，这是不能容忍的。"③ 6 月 12 日，广东省天主教爱国会副主席叶荫云主教抗议教皇任命邓以明为广州总主教区主教，广州市爱国会也提出同样的抗议。6 月 15 日，国务院宗教事务局负责人在接受新华社记者的访问时，谴责梵蒂冈任命邓以明为广州总主教区主教是对我国事务的"干涉"，是"非法"的。④ 6 月 22 日，广东省及广州市天主教爱国会召开会议，一致决定撤销邓以明广州总主教区主教和广州市爱国会副主席职务。⑤ 1981 年 7 月 15 日至 18 日，中国天主教爱国会常务委员会、天主教教务委员会及主教团在北京举行联席会议。会议发表《告全国神长教友书》和《联席会议决议》，严厉谴

---

① 宗座署理是天主教地区教会的一个职务名称，负责以教宗（教皇）名义照管因特殊原因或当地教会规格不足而未经由教宗批准成为正式教区的宗座署理区；或是在教区主教缺位时在选出新主教前的代管者；或是在个别情况下该教区主教无法行使其职责时暂时代替照理者。负责宗座署理区的宗座署理在其辖区内与教区主教之于其所管辖的教区拥有同等权力，他们通常会被任命为领衔主教，或是由邻近教区的主教兼任此职。至于那些因主教缺位或主教一时不能履行其职责情况下，作为宗座署理的管理者通常从当地的辅理主教或副主教选出，其权限也往往会受到一定限制。天主教广州总主教区是罗马天主教 1946 年 4 月 11 日在我国广东省设立的一个教区，其前身为广州代牧区。

② "正权主教"乃天主教的一种称谓，指合法的获得宗座认可的教区的首要主教。教皇约翰·保罗二世任命邓以明为广州总主教区"正权主教"显然意在宣示罗马教廷单方面任命邓以明为主教的"合法性"和"权威性"，意在挑衅我国自选自圣主教的独立自主办教的基本原则。

③ 罗渔、吴雁：《大陆中国天主教四十年大事记》，辅仁大学出版社 1986 年版，第 181 页。

④ 罗广武编著：《新中国宗教工作大事概览（1949～1999）》，华文出版社 2001 年版，第 291 页。

⑤ 在天主教圣职人员体制中，主教是一个涵盖面很广的范畴，包括主教（含领衔辅理主教和正权主教）、都主教、总主教（大主教）、枢机主教和教宗（教皇）等。邓以明既然早在 1950 年即任宗座署理且领衔 Elatea 主教，故而也在主教之列。但由于所在教区为"总主教区"的级别，故而邓以明相应地也有"大主教"或"总主教"的名号。

第七章　中国防范和抵制境外宗教渗透的基本历程

责罗马教廷任命邓以明为广州总主教区主教，并揭露了教皇的种种伪善行为。[①]

针对罗马教廷的种种宗教干涉主义行径，中国政府和中国天主教不仅表达了自己的严正立场，而且还制定了一些新的宗教法规，采取了一系列应对措施。1986年11月30日，中国天主教主教团和中国天主教教务委员会审议通过了《关于选圣主教和晋升神父的规定》。其内容如下：（1）"凡教区由于牧灵工作和教务管理的需要而选圣主教者，须先向当地（省、市、自治区）教务委员会申报并取得同意后，由本教区神父和教友代表、在热切祈求天主圣神光照后，通过协商，推选出主教候选人，然后进行选举，祟数过半数即为当选。"（2）"主教候选人必须是热心于荣主救灵事业，爱国守法，拥护独立自主自办教会方针，德才兼优，关心神父神形需要，善于联系教友群众，深孚众望，年满三十岁，晋铎五年以上，仪表端庄，身体健康的司铎。"（3）"新主教一经当选，应立即呈报中国天主教主教团和中国天主教教务委员会备案，并应于半年内择日祝圣。"（4）凡主教"因违犯国法，受到制裁或被剥夺政治权利者"，"即丧失主教职权"。"主教职权的恢复，须经中国天主教主教团和中国天主教教务委员会的批准。"（5）"修生晋铎须在神哲学院（修院）毕业后，由院方将该修生的神修、品德和学业成绩向保送的省（市、自治区）教务委员会及该修生所属教区汇报。而后由省（市、自治区）教务委员会和所属教区的正权主教或教区长作出决定，准予祝圣为神父。"[②]

1989年2月17日，中共中央办公厅、国务院办公厅转发中央统战部、国务院宗教事务局《关于在新形势下加强天主教工作的报告》的通知。该报告指出："罗马教廷企图重新控制中国天主教之心一直未死，近几年来，它一方面诋毁、攻击我国天主教中的爱国神职人员，另一方面利用天主教的普世性和教徒、神职人员对教皇的宗教信仰，不断派遣人员来华或用其他隐蔽手段秘密委任主教，策动和扶植地下势力，妄图分裂我国天主教。"因此，需要采取下述措施，以加强和改善对天主教的工作：（1）坚定不移地贯彻独立自主、自办教会的方针，加强对神职人员和广大教徒的思想教育。重申我国政府处理中梵关系的基本原则绝不改变，[③] 不论中梵关系如何发展，中国天主教的一切事务（包括财务、教务及神

---

① 参阅中国天主教爱国会常务委员会、中国天主教教务委员会常务委员会、中国天主教主教团：《告全国神长教友书》，《中国天主教爱国会常务委员会、中国天主教教务委员会常务委员会、中国天主教主教团联席会议决议》，《中国天主教》1981年第3期。

② 国家宗教事务局政策法规司编：《宗教法规规章制度汇编》，宗教文化出版社2010年版，第479～480页。

③ 我国政府处理中梵关系的基本原则主要有两项：（1）梵蒂冈必须断绝同台湾的所谓"外交关系"，承认中华人民共和国是中国唯一合法的政府。（2）梵蒂冈不得干涉我国内政，包括不干涉我国的宗教事务。

职人员的管理等）均由中国天主教自主决定。（2）继续抓紧落实政策，帮助天主教会解决自养问题。（3）妥善解决天主教地下势力问题。天主教地下势力是罗马教廷秘密委任的主教和由这些主教晋升的神甫及受其操纵的骨干分子。对地下主教、神甫要采取区别对待的方针，对其中愿接受党和政府领导，表示爱国守法，接受独立自主、自办教会方针，又有一定宗教造诣的，可由当地天主教爱国团体考核后，报经中国天主教主教团审查批准，承认其宗教身份。对于那些经过耐心工作后，仍然顽固坚持敌对立场，进行对抗活动，煽动教徒闹事，破坏社会秩序的个别神职人员，要充分掌握其罪证，在教徒中予以彻底揭露，依法严肃处理。这些措施无疑是对梵蒂冈非法干涉我国宗教事务的粗暴行为的有力回击。[1]

针对罗马教廷不断派遣人员来华或用其他隐蔽手段秘密委任主教、策动和扶植地下势力的渗透活动，中国天主教主教团 1989 年 4 月 29 日审议通过了《关于非法秘密祝圣的主教神父处理规定》，一方面强调："凡非法秘密祝圣的主教、神父，未经主教团审查并批准，不得行使各项圣事和神权。"另一方面又要求秘密祝圣者向所在教区主教或教区长提出"书面申请"，凡经审查合格者，如经过培训、神学知识考试合格者，可作出适当安排；如经过培训、神学知识不合格者，根据本人要求可任终身执事；不宜任神父者，根据本人表现，省教务委员会可安排其他工作。这些既讲原则又给出路的规定无疑是妥善解决天主教地下势力的比较妥当的举措。事实表明，这些规定对于抵制和粉碎梵蒂冈蓄意分裂我国天主教的阴谋、维护我国天主教的统一和团结发挥了非常积极的作用。[2]

三、抵制民族分裂主义，平息拉萨骚乱事件

西藏自古就是中国领土的一部分，但自鸦片战争后，英帝国主义开始觊觎我国西藏，不断策划和支持"西藏独立"活动。新中国成立后，美国在幕后支持西藏分裂势力抵制中国政府对西藏的接管的阴谋失败后，不仅无收敛之意，反而跳到幕前，积极支持西藏上层集团于 1959 年发动了武装叛乱活动，并从"人权角度"将"西藏独立问题"进一步"国际化"。[3] 进入 20 世纪 80 年代后，随着东欧国家和苏联的剧变，以美国为首的西方国家及其国内的敌对势力在对我国实施宗教渗透，进行宗教干涉的同时，与达赖集团狼狈为奸，继续在"藏独"问题上

---

[1]　参阅龚学增：《在扩大对外开放中抵御境外势力利用宗教的渗透》，《科学社会主义》2004 年第 6 期。

[2]　陈方中、江国雄：《中梵外教关系史》，台湾商务印书馆 2003 年版，第 437～438 页。

[3]　在美国的操纵和鼓动下，联合国大会曾在 1959 年、1961 年和 1965 年三次通过关于"西藏问题"的决议。

大做文章，大搞民族分裂主义。

从 1987 年开始，在对苏联和东欧各国实施境外宗教渗透和政治干涉的同时，美国也加紧了对我国的宗教渗透和政治干涉。1987 年 6 月 18 日，美国众议院通过所谓《关于中华人民共和国侵犯西藏人权的修正案》，公然攻击中国对西藏实行"军事占领"、"暴力统治"和"侵犯宗教信仰自由"，首开西方议会干涉西藏问题的先例。1987 年 12 月 15 日和 16 日，《关于中华人民共和国侵犯西藏人权的修正案》经增修后，再次交参众两院正式讨论并分别通过，附在《1988～1989 财政年度美国外交授权法》后面，12 月 22 日由里根总统签署。1988 年 5 月 11 日，美国众议院通过《关于中华人民共和国侵犯西藏人权的决议》，混淆是非，把"藏独"暴力骚乱叫作"和平示威"，谴责中国政府镇压暴力示威为"侵犯人权"和"侵犯宗教信仰自由"。正是在美国国会和政府的煽动和支持下，达赖集团于 1987 年 9 月 27 日、1987 年 10 月 1 日、1988 年 3 月 5 日以及 1989 年 3 月 5 日至 7 日接连在拉萨策划和制造了多起打砸抢烧暴力事件。1989 年拉萨事件发生后，其他西方国家议会也纷纷效仿，通过干涉中国西藏事务，指责中国政府"侵犯西藏人权"，支持达赖喇嘛的议案。1989 年 3 月 5 日至 7 日，拉萨发生了空前规模的打砸抢烧暴力骚乱事件。骚乱参加者不仅攻击派出所而且还攻击居委会、公安局、税务局、工商管理局，甚至打算围攻拉萨市市政府。在这种情况下，中央决定于 3 月 8 日在西藏拉萨市实行戒严，逮捕骚乱者，使拉萨的社会秩序得以恢复。拉萨戒严后，达赖喇嘛、欧洲议会与美国国会立即谴责中国政府侵犯人权，镇压"和平的示威者"。1989 年 3 月 16 日，欧洲议会不顾中国方面的多次劝阻和严正交涉，通过一项所谓《关于西藏人权》的决议，无理指责中国为保障拉萨正常社会秩序和维护祖国统一而采取的正当措施，歪曲中国政府在西藏实行的民族和宗教政策，并公然就所谓西藏问题向中国政府施加压力，要求欧洲共同体成员国进行所谓"斡旋"。1989 年 3 月 18 日，我国全国人民代表大会外事委员会就欧洲议会通过所谓《关于西藏人权》决议发表声明。《声明》谴责欧洲议会这一举动是"对中国内政的粗暴干涉"，[①] 指出："三月上旬在拉萨发生的事件，既不是民族、宗教问题，也不是什么人权问题，而是少数分裂主义分子蓄意制造的分裂祖国的暴力行动"。[②]《声明》还进一步指出："这次事件是由国外妄图分裂中国的势力一手挑起的。他们派人偷运武器，策动暴乱。"[③] 关于同达赖谈判的问题，《声明》认为："谈判必须在维护祖国统一的大前提下进行，西藏

---

①② 中共中央文献研究室综合研究组、国务院宗教事务局政策法规司编：《新时期宗教工作文献选编》，宗教文化出版社 1995 年版，第 171 页。

③ 中共中央文献研究室综合研究组、国务院宗教事务局政策法规司编：《新时期宗教工作文献选编》，宗教文化出版社 1995 年版，第 172 页。

独立不行，半独立不行，变相独立也不行。我国中央人民政府同达赖的谈判决不允许任何外国政府、组织或个人插手。欧洲议会决议要求欧洲共同体成员国进行所谓'斡旋'，这是我们坚决反对，不能接受的。"①

1989 年 10 月 19 日，中共中央总书记江泽民召开政治局常委会议，讨论西藏问题，强调"不能把骚乱简单地说成是长期'左'的结果"。会议认为西藏骚乱是"境内外分裂势力在国际反动势力支持下掀起的旨在分裂祖国、反对共产党、颠覆社会主义制度的严重政治斗争"。会议认为："落实政策"的任务已经"基本"完成。落实宗教政策是为了照顾和尊重群众的宗教感情和需要，而不是去适应分裂主义分子或他们头子们搞分裂活动的需要。因此，要加强寺庙的管理，一切宗教活动都必须在宪法、法律、法规和政策规定的范围之内，不允许寺庙干涉政治、经济、文化事业和恢复封建特权。② 从此，中央政府改变了在西藏问题上一味怀柔的政策，一方面继续保护西藏宗教信众正当的宗教活动，另一方面，严格制止"藏独"活动，加强对西藏寺院的管理。

如前所述，20 世纪 80 年代末正是苏联解体的关键时期。苏联解体固然主要是由戈尔巴乔夫的"新思维"及其政治路线造成的，但宗教问题和民族问题也无疑是其中一个重要因素。以美国为首的西方敌对势力和达赖集团在西藏问题上梦寐以求的正是苏联这种结局。然而，由于我国政府和我国宗教界对境内外宗教极端势力和民族分裂势力的坚决抵制，美国政府和达赖集团将西藏从我国分裂出去的企图再次失败，不仅使我国成功避免了苏联和东欧国家的厄运，有效地捍卫了我国的主权和统一，也为我们有效防范和抵制境外宗教渗透积累了宝贵的经验。

第三节　后冷战时代中国防范和抵制境外宗教渗透的斗争

时代的主题问题指的是人类社会在某一发展阶段带有全球性、战略性和关乎全局的核心问题，从而是在这一历史发展阶段中国际社会需要正视和解决的主要任务和主要课题。因此，考察在当前历史阶段中国防范和抵制境外宗教渗透斗争这个问题时，扼要地考察一下我们所处的时代及其主题是十分必要的。第二次世

---

① 中共中央文献研究室综合研究组、国务院宗教事务局政策法规司编：《新时期宗教工作文献选编》，宗教文化出版社 1995 年版，第 173 页。

② 参阅先锋编：《社会主义与西藏问题》，进步青年网"时事评论"，2014 年 8 月 17 日。也请参阅廉湘民：《从新时期的民族工作看西藏民族区域自治的发展和完善》，载于《中国藏学》2005 年第 3 期。

界大战以后，国际社会中无论是东西的矛盾（社会主义制度与资本主义制度的矛盾），还是南北的矛盾（发展中国家与发达国家的矛盾），往往采取对抗的形式。如果从社会主义者和发展中国家的立场看问题，便理所当然地将这种情势理解为"世界革命"的时代。当年毛泽东"四海翻腾云水怒，五洲震荡风雷激"刻画的也就是这样一个时代；但倘若从世界全局和世界整体的立场看问题，却可以将其理解成一个"冷战"时代。自 20 世纪 70 年代起，世界的格局悄然发生了一些变化。邓小平不失时机地跳出了"两个阵营"的藩篱，不仅论证和发展了毛泽东"三个世界"的理论，还在对"东西南北"矛盾深刻分析的基础上提出和论证了"和平与发展时代主题论"。在邓小平看来，东西问题是个政治问题，"其实质是要不要和平"；南北问题是个经济问题，"其实质是要不要发展和持续发展"；"由于和平离不开发展，因此，'南北'问题既是发展问题又是和平问题"。① 自 1987 年以来，我们党便采纳了邓小平的"和平与发展两大主题"这个说法。②

但邓小平的"和平与发展时代主题论"是在苏东剧变之前做出来的，他对东西南北矛盾及其处置方式的看法毕竟带有当时历史背景的烙印。在那个时候，苏美争霸世界的国际大格局依然存在，美苏双方都把其争霸世界视为一场"真正的全球的战争"，③ 所以邓小平在强调"和平与发展时代主题论"的同时，依然持守"两个冷战"（即"东西方面的冷战"和"南北方面的冷战"）的观点和立场，也就非常自然了。④ 当邓小平讲这段话时，正值以美国为首的西方世界加紧对苏东国家实施政治渗透和和平演变战略的关键期，他的"两个冷战"的论断真可谓一语破的。然而至 20 世纪 80 年代末 90 年代初苏东剧变，不仅对"当代国际共产主义运动"产生了"极其深刻和严重的影响"，也对"国际政治格局"产生了极其深刻和重大的影响。⑤ 此后，国际局势发生了重大变化，随着作为社会主义力量代表和冷战主角之一的苏联的解体，随着作为苏联"卫星国"东欧的剧变，从世界范围看，"东西"矛盾不再构成时代的主要矛盾，开始降低为时代的一项次要矛盾，从而宣告了以东西对抗为中心内容的"冷战时代"的结束和

① 参阅罗浩波：《邓小平时代观的逻辑构架和深远意义》，载于《毛泽东思想研究》2008 年第 1 期。也请参阅《邓小平文选》第 3 卷，人民出版社 1993 年版，第 96、105 页。

② 参阅王明初：《邓小平时代理论的新发展》，载于《社会主义研究》2003 年第 6 期。

③ 参阅［美］尼克松著，常铮译：《真正的战争》，新华出版社 1980 年版，第 23 页。

④ 邓小平 1989 年 11 月 23 日在会见坦桑尼亚革命党主席尼雷尔时指出："我希望冷战结束，但现在我感到失望。可能是一个冷战结束了，另外两个冷战又已经开始。一个是针对整个南方、第三世界的，另一个是针对社会主义的。西方国家正在打一场没有硝烟的第三次世界大战。所谓没有硝烟，就是要社会主义国家和平演变。"参阅邓小平：《邓小平文选》第 3 卷，人民出版社 1993 年版，第 344 页。

⑤ 参阅杜康传、李景治主编：《国际共产主义运动概论》，中国人民大学出版社 2002 年版，第 258～260 页。

"后冷战时代"的到来。这样，邓小平关于"两个冷战"的论断在一定程度上就不合时宜了。然而，正如前面已经指出的：这里关涉的是东西矛盾的"历史地位"的"变化"，而非东西矛盾历史地位的"有无"，更非东西矛盾本身的"有无"。有矛盾，就会有斗争、有冲突和对抗，就有可能存在冷战思维和出现冷战现象，只不过在当前历史阶段，这种冷战现象往往只局限于某个领域和某个地区，而不再可能形成一种全球性的关乎整个国际政治全局的政治气候。这也就是我们所说的"后冷战时代"。设想在后冷战时代，东西矛盾完全消失，西方国家完全放弃其资本主义意识形态输出、放弃对社会主义国家实施和平演变的既定政策，是不现实的，也是非常有害的。事实表明，进入后冷战时代后，以美国为首的西方国家一天都没有放弃对我国的宗教渗透和资本主义意识形态输出，只是形式变得更为隐蔽一些罢了。而我国政府和宗教界正是在坚持改革开放、坚持"以和平共处五项原则为准则建立国际新秩序"[①]的同时，始终不渝地保持对境外敌对势力对我实施宗教渗透和资本主义意识形态输入的高度警觉，不失时机地防范和抵制境外敌对势力的种种罪恶行径，才取得了我国防范和抵制境外宗教渗透的一个又一个胜利。

一、宗教立法，构建境外宗教渗透的防范体系

宗教工作的法制化是后冷战时代中国宗教工作一大亮点。如果说在改革开放初期中国宗教工作的根本点在于拨乱反正，那么宗教工作的法治化可以说是后冷战时代中国宗教工作一项基本内容和根本特征。

事实上，自中共十一届三中全会开始，在宗教政策层面拨乱反正的基础上逐步进行宗教立法就被提上了日程。早在 1982 年，中共中央在《关于我国社会主义时期宗教问题的基本观点和基本政策》中，就明确提出："为了保证宗教活动的进一步正常化，国家今后还将按照法律程序，经过同宗教界代表人士充分协商，制定切实可行的宗教法规"，[②] 从而为我国宗教立法拉开了序幕。1987 年 10 月，中国共产党第十三次全国代表大会提出"加强社会主义法制建设"，不仅对宗教立法工作提出了要求，也为我国的宗教立法工作提供了政治上的保证，宗教立法工作正式提上议事日程。同年，国务院宗教事务局组成"宗教法起草小组"，经国务院批准，将宗教立法列入工作计划。1988 年国务院宗教事务局专门成立

---

① 参阅《邓小平文选》第 3 卷，人民出版社 1993 年版，第 281～283 页。

② 中共中央文献研究室综合研究组、国务院宗教事务局政策法规司编：《新时期宗教工作文献选编》，宗教文化出版社 1995 年版，第 64 页。

了法规处，具体负责我国宗教法规的起草和贯彻执行工作。在改革开放初期宗教立法工作虽然取得了一些成绩，譬如一些省、自治区、直辖市开始制定了一些地方性宗教法规，但总的来说，只是到了后冷战时代宗教立法才取得了长足的进展。1991 年 2 月，中共中央和国务院下发《关于进一步做好宗教工作若干问题的通知》，不仅将"依法对宗教事务进行管理"放到非常突出的地位，明确地提出了宗教立法一项根本目标即在于"打击非法"，"防止和制止不法分子利用宗教和宗教活动制造混乱、违法犯罪，抵制境外敌对势力利用宗教进行渗透"，① 还明确提出了"要加快宗教立法工作"的要求，责成国务院宗教事务局"抓紧起草有关宗教事务的行政法规"，要求"各省、自治区、直辖市""根据国家的有关法律和法规，结合当地实际情况，制定地方性的有关宗教事务的行政法规"。② 1993 年 11 月，在中共中央第十八次全国统战工作会议上，中共中央总书记江泽民首次以"全面、正确地贯彻执行党的宗教政策"、"依法加强对宗教事务的管理"和"积极引导宗教与社会主义社会相适应"这样"三句话"，概括我国宗教工作的基本方针，把"依法加强对宗教事务的管理"提升到了党的基本工作方针的高度。③ 至此，我国宗教立法工作驶入快车道。

从 1991 年开始，我国的宗教立法工作在多个层次全面展开。1991 年，国务院宗教事务局与民政部联合颁布了《宗教社会团体登记管理实施办法》。1994 年，国务院颁布了《宗教活动场所管理条例》和《中华人民共和国境内外国人宗教活动管理规定》；国务院宗教事务局颁布了《宗教活动场所登记办法》。1996 年，国务院宗教事务局颁布了《宗教活动场所年度检查办法》。2001 年 12 月，中共中央、国务院召开全国宗教工作会议，确定了新世纪初宗教工作的基本任务，还特别强调"依法管理宗教事务"，强调"宗教方面涉及国家利益和社会公共利益的事项和活动，必须纳入依法管理的范围"。④ 这就提出了进一步加强宗教立法的问题，特别是提出了进一步抓紧研究制定"全国综合性行政法规"的问题。2002 年 1 月 20 日，中共中央、国务院作出《关于加强宗教工作的决定》，重申"加强宗教立法工作，加强宗教法治建设"，明确提出了加快《宗教事务条例》草案的制定和修订工作。2004 年 7 月 7 日，国务院第 57 次常务会议通过

① 中共中央文献研究室综合研究组、国务院宗教事务局政策法规司编：《新时期宗教工作文献选编》，宗教文化出版社 1995 年版，第 215 页。
② 中共中央文献研究室综合研究组、国务院宗教事务局政策法规司编：《新时期宗教工作文献选编》，宗教文化出版社 1995 年版，第 219 页。
③ 中共中央文献研究室综合研究组、国务院宗教事务局政策法规司编：《新时期宗教工作文献选编》，宗教文化出版社 1995 年版，第 253 页。
④ 《江泽民文选》第 3 卷，人民出版社 2006 年版，第 386 页。

《宗教事务条例》。2004 年 11 月 30 日，国务院总理温家宝签署国务院第 426 号令，予以公布。这是我国第一部宗教方面的综合性行政法规，标志着我国宗教方面的法制建设取得了重大进展。

这些宗教法规和条例不仅为有效保护宗教的合法活动提供了法律保证，也为打击以宗教名义开展的非法活动、防范和抵制境外宗教渗透提供了法律武器。在某种意义上，甚至可以说，所有这些法规和条例都是为了更好地防范和抵制境外宗教渗透制定的。例如，国务院宗教事务局与民政部 1991 年联合颁布的《宗教社会团体登记管理实施办法》中明确规定："由中华人民共和国公民在本国境内组织的各宗教县级范围（含县级）以上区域性和全国性的宗教社会团体，均应依照本办法的规定，向政府民政部门申请登记。"[①] 这对境外敌对势力在我国境内建立非法宗教组织、进行非法传教活动，无疑是一种积极的防范、限制和抵制。再如，1994 年 1 月，国务院颁布的《中华人民共和国境内外国人宗教活动管理规定》一方面强调："中华人民共和国尊重在中国境内的外国人的宗教信仰自由，保护外国人在宗教方面同中国宗教界进行的友好往来和文化学术交流活动"，另一方面又强调："外国人在中国境内进行宗教活动，应当遵守中国的法律、法规，不得在中国境内成立宗教组织、设立宗教办事机构、设立宗教活动场所或者开办宗教院校，不得在中国公民中发展教徒、委任宗教教职人员和进行其他传教活动。"[②] 国务院同时颁布的《宗教活动场所管理条例》一方面强调"宗教活动场所由该场所的管理组织自主管理，其合法权益和该场所内正常的宗教活动受法律保护，任何组织和个人不得侵犯和干预"，另一方面又强调："设立宗教活动场所，必须进行登记"，"宗教活动场所应当建立管理制度。在宗教活动场所进行宗教活动，应当遵守法律、法规。任何人不得利用宗教活动场所进行破坏国家统一、民族团结、社会安定、损害公民身体健康和妨碍国家教育制度的活动"。[③] 这些规定，无疑是依法反对境内外敌对势力在我国境内开展各种非法活动、进行宗教渗透的重要法律武器。又如，国务院 2004 年通过和颁布的《宗教事务条例》，在"总则"中明确规定"宗教团体、宗教活动场所和信教公民应当遵守宪法、法律、法规和规章，维护国家统一、民族团结和社会稳定。任何组织或者个人不得利用宗教进行破坏社会秩序、损害公民身体健康、妨碍国家教育制度，以

---

① 中共中央文献研究室综合研究组、国务院宗教事务局政策法规司编：《新时期宗教工作文献选编》，宗教文化出版社 1995 年版，第 222～223 页。

② 中共中央文献研究室综合研究组、国务院宗教事务局政策法规司编：《新时期宗教工作文献选编》，宗教文化出版社 1995 年版，第 480、481 页。

③ 中共中央文献研究室综合研究组、国务院宗教事务局政策法规司编：《新时期宗教工作文献选编》，宗教文化出版社 1995 年版，第 478 页。

及其他损害国家利益、社会公共利益和公民合法权益的活动。"① 规定 "各宗教坚持独立自主自办的原则，宗教团体、宗教活动场所和宗教事务不受外国势力的支配。宗教团体、宗教活动场所、宗教教职人员在友好、平等的基础上开展对外交往；其他组织或者个人在对外经济、文化等合作、交流活动中不得接受附加的宗教条件。"② 尤其值得注意的是，在 "法律责任" 一章中，《条例》一方面强调 "国家工作人员在宗教事务管理工作中滥用职权、玩忽职守、徇私舞弊，构成犯罪的，依法追究刑事责任；尚不构成犯罪的，依法给予行政处分"；"侵犯宗教团体、宗教活动场所和信教公民合法权益的，依法承担民事责任；构成犯罪的，依法追究刑事责任"。③ 另一方面又强调，宗教团体、宗教活动场所、宗教教职人员 "违反法律、法规或者规章的"，要 "依法追究有关的法律责任"；"利用宗教进行危害国家安全、公共安全，侵犯公民人身权利、民主权利、妨害社会管理秩序，侵犯公私财产等违法活动，构成犯罪的依法追究刑事责任；尚不构成犯罪的，由有关主管部门依法给予行政处分；对公民、法人或者其他组织造成损失的，依法承担民事责任"。④ 由此可见，所有这些法规和条例的制定，不仅关涉宗教团体的设立与管理和宗教活动场所的设立与管理等层面，而且还具体关涉宗教活动的开展与管理以及 "法律责任" 等层面。这就意味着从法律层面构建了防范和抵制境外敌对势力利用宗教对我实施渗透的一道道防线和屏障，从而成为防范和抵制境外宗教渗透的有力的法律武器和制胜法宝。

二、宗教立法，依法反对和惩治邪教

宗教立法的根本目标在于保护合法，打击非法。而所谓打击非法，既包括打击非法的宗教活动，也包括打击邪教组织。不破不立，不塞不流，不止不行，乃宇宙万物发展的普遍规律，自然也是宗教发展的普遍规律。张三丰曾经说过："古今有两教，无三教。悉有两教？曰正曰邪。……圣人之教，以正为教。若非正教，是名邪教。"⑤ 因此，中国的宗教和宗教工作必定是在反对邪教的斗争中向前发展的。早在新中国成立初期，我国取缔一贯道的斗争就具有反对邪教斗争的性质和意义。⑥ 1983 年，我国政府依法取缔 "呼喊派" 的斗争也明显具有反对

①② 国家宗教事务局政策法规司编：《宗教法规规章制度汇编》，宗教文化出版社 2010 年版，第 3 页。

③ 国家宗教事务局政策法规司编：《宗教法规规章制度汇编》，宗教文化出版社 2010 年版，第 11 页。

④ 国家宗教事务局政策法规司编：《宗教法规规章制度汇编》，宗教文化出版社 2010 年版，第 11 ~ 13 页。

⑤ 张三丰著，方春阳点校：《张三丰全集》，浙江古籍出版社 1990 年版，第 123 页。

⑥ 参阅罗广武编著：《新中国宗教工作大事概览（1949 ~ 1999）》，华文出版社 2001 年版，第 22 页。

邪教斗争的性质和意义。① 此外，在社会主义国家，邪教的滋生和蔓延固然有其深刻的社会根源和历史根源，但也有其深刻的国际背景或国际根源。邪教是一种国际现象。据不完全统计，现在世界上大约有 3 000 多个邪教组织，其信徒约有600 万 ~ 1 000 万人之多。其中，影响特别恶劣的，在美国有"人民圣殿教"，在法国有"太阳圣殿教"，在日本有"奥姆真理教"，在白俄罗斯有"大白兄弟会"，在韩国有"统一教会"等。这些邪教组织的存在和泛滥，无疑对社会主义国家邪教的滋生和蔓延有着重大影响。此外，国际敌对势力利用宗教对我国实施宗教渗透活动的一个重要手段即是在我国培植邪教势力。20 世纪 80 年代初在我国安徽、河南、浙江、福建等 20 多个省市猖獗活动的"呼喊派"，就是首先在美国孕育出来然后输入我国的。② 随着冷战时代的结束，国际反社会主义势力越来越多地将我国视为宗教渗透的主要对象国。在这种情况下，我国宗教反邪的形势将更为严峻。

90 年代以来，在全国范围内主要开展了两次重大的反对邪教的专项斗争：一是 1995 年发动的查禁取缔"呼喊派"等邪教组织的斗争，另一次是 1999 年开始的批判和取缔"法轮功"邪教组织的斗争。

如前所述，"呼喊派"是 1979 年开始从美国进入我国的邪教组织，1983 年其活动已涉及 20 多个省和自治区。1983 年 5 月，中共中央批转中央统战部、公安部和国务院宗教事务局三部门《关于处理所谓"呼喊派"问题的报告》，依法取缔"呼喊派"。进入 90 年代后，"呼喊派"死灰复燃，先后演变为"常受教"、"中华大陆行政执事站"、"被立王"、"主神教"、"能力主"、"实际神"（"东方闪电"）等组织或派系，在我国部分农村地区活动十分猖獗。此外，"门徒会"、"全范围教会"、"灵灵教"、"新约教会"、"圆顿法门"等邪教组织也在一些农村地区猖狂活动，极大地干扰了社会秩序。因此，1995 年 11 月 13 日，中央办公厅、国务院办公室转发了《公安部关于查禁取缔"呼喊派"等邪教组织的情况及工作意见》。中共中央办公厅、国务院办公厅在转发的《通知》中指出："呼喊派"等邪教组织的活动已经严重地影响了我国部分农村地区的群众生产生活秩序、社会稳定和经济发展，应当引起各级党委、政府的高度重视。《通知》要求"在'呼喊派'等邪教组织活动的重点地区，今冬明春要开展查禁取缔邪教组织的专项斗争，坚决制止其蔓延。"③《公安部关于查禁取缔"呼喊派"等邪教组织

---

① 参阅本著本章第二节第一小节"抵制境外宗教渗透，依法取缔'呼喊派'"。

② 参阅段德智主编：《邪教不是宗教》，湖北人民出版社 2001 年版，第 101 ~ 115 页。也请参阅本著本章第二节第一小节"抵制境外宗教渗透，依法取缔'呼喊派'"。

③ 罗广武编著：《新中国宗教工作大事概览（1949 ~ 1999）》，华文出版社 2001 年版，第 511 ~ 512 页。

的情况及工作意见》主要有下述五点：（1）"坚决摧毁'呼喊派'等邪教的组织体系"；（2）"充分运用法律武器，增强打击力度。……从重从快惩处邪教组织的为首骨干分子"；（3）"扎扎实实做好群众工作，尤其是做好受蒙骗群众的工作"；（4）"切实加强基层组织建设，把同邪教组织斗争的任务落实到基层"；（5）"加强公安机关的专门工作，提高发现、控制和处置能力"。① "呼喊派"的死灰复燃充分说明了我国反对邪教斗争的复杂性和长期性。

在 90 年代，除"呼喊派"外，另一个影响较大的邪教组织是"法轮功"。"法轮功"的首领李洪志，是吉林省公主岭市人，从 1992 年起，开始假借"传功"、"练功"之名，极力宣扬他编造的"法轮大法"，并通过"明慧网"不断发布"经文"，散布歪理邪说，编造谎言，蛊惑人心，对"法轮功"练习者实施精神控制。在这种精神控制下，李洪志制造了"法轮功"练习者对他的疯狂崇拜。他以祛病、健身为诱饵，以"真、善、忍"为幌子，使许多带着良好愿望的群众沦为其精神奴隶，造成了十分严重的恶果：不仅生了病不吃药，而且为了"圆满"、"升天"可以自杀、杀人。为了压制批评"法轮功"的声音，自 20 世纪 90 年代中叶开始，李洪志煽动一些不明真相的"法轮功"练习者，围攻、冲击国家机关、新闻单位，扰乱社会秩序，破坏法律、法规的实施，仅非法聚集 300 人以上的事件就达 78 起。②

1999 年 4 月 25 日，在"法轮功"邪教组织头目李洪志的直接策划、指挥下，1 万多名"法轮功"练习者聚集北京中南海周围，制造了北京"4·25""法轮功"练习者围攻中南海事件。③ 这一非法聚集事件，在国内外造成了极其恶劣的政治影响。李洪志不仅散布什么"地球爆炸"、"末日来临"，只有练"法轮功""才能消灾避难"、"度人去天国"等歪理邪说，还有目的、有预谋、有组织、有策略地向党和政府示威施压。

1999 年 7 月，中共中央做出坚决处理和解决"法轮功"问题的决定。7 月 22 日，民政部做出《关于取缔法轮大法研究会的决定》，宣布"依照《社会团体登记管理条例》有关规定，认定法轮大法研究会及其操纵的法轮功组织为非法组织，决定予以取缔"。④ 同日，中共中央发出关于共产党员不准修炼"法轮大法"的通知。

1999 年 7 月 29 日，公安部向全国公安机关发布通缉令，公开通缉自任邪教组织"法轮大法研究会"会长的李洪志，并通过国际刑警组织中国国家中心局向

---

① 罗广武编著：《新中国宗教工作大事概览（1949～1999）》，华文出版社 2001 年版，第 512 页。

②③ 参阅《铲除邪恶乾坤朗——深入揭批"法轮功"述评》，新华社 2000 年 7 月 22 日。

④ 参阅罗广武编著：《新中国宗教工作大事概览（1949～1999）》，华文出版社 2001 年版，第 590～593 页。

国际刑警组织各成员国发出国际协查通报，缉拿李洪志。1999 年 10 月 19 日，"法轮大法研究会"的主要骨干李昌、王治文、纪烈武、姚洁，被北京市公安局依法逮捕。1999 年 12 月 26 日，北京市第一中级人民法院对"法轮功"邪教组织骨干李昌等人组织、利用邪教组织破坏法律实施，组织、利用邪教组织致人死亡和非法获取国家秘密一案做出一审判决，依法分别判处李昌有期徒刑 18 年，剥夺政治权利 5 年；判处王治文有期徒刑 16 年，剥夺政治权利 4 年；判处纪烈武有期徒刑 12 年，剥夺政治权利 2 年；判处姚洁有期徒刑 7 年，剥夺政治权利 1 年。截至 2000 年 3 月 25 日，全国各级法院一、二审已审结"法轮功"案件 91 件，判决发生法律效力的共 99 人，其中给予刑事处罚的 84 人，免于刑事处分的 15 人。① 《人民日报》在 1999 年 7 月 23 日发表的题为《提高认识，看清危害，把握政策，维护稳定》的社论中指出，揭批"法轮功"的斗争是一场严肃的思想政治斗争，关系到共产党人的根本信仰，关系到全国人民团结奋斗的根本思想基础，关系到党和国家的前途命运。一定要提高认识，看清危害，把握政策，维护稳定，夺取这场斗争的胜利。②

随着揭批"法轮功"斗争的深入，大量揭露出来的事实证明，"法轮功"组织不是一般的非法组织。该组织盗用某些宗教、气功的词语概念，但又不敢称就是宗教或气功，这种非党、非教、非气功的性质及其对社会的严重危害，恰恰证明"法轮功"组织就是邪教，应与宗教、气功的正常组织区别开来。1999 年 10 月 28 日，《人民日报》发表了题为《"法轮功"就是邪教》的特约评论员文章指出："邪教的'教'不是指宗教的'教'，而是特指一类邪恶的说教，邪恶的势力。邪教组织是指冒用宗教、气功或其他名义建立、神化首要分子，利用制造、散布迷信邪说等手段蛊惑、蒙骗他人，发展、控制成员，危害社会的非法组织。"③ "法轮功"组织大搞教主崇拜、精神控制、编造邪说、敛取钱财、秘密结社、危害社会，具有邪教的所有重要特征，"'法轮功'就是邪教。"④

为了使社会各界更多地了解"法轮功"组织的真相和我国政府对待"法轮功"的严正立场，1999 年 11 月 11 日，国务院新闻办公室举行记者招待会。会上国家宗教事务局局长叶小文介绍了邪教"法轮功"的有关情况，并回答了记者的提问。叶小文强调指出：对"法轮功"这样一个对社会造成了严重危害的邪教组织，我国政府不能坐视不管。⑤

---

① 参阅新华网"新华资料"《邪教"法轮功"》第一部分"中共中央对'法轮功'邪教组织的处理"。

② 《提高认识 看清危害 把握政策 维护稳定》，《人民日报》1999 年 7 月 23 日。

③ 罗广武编著：《新中国宗教工作大事概览（1949～1999）》，华文出版社 2001 年版，第 592 页。

④ 罗广武编著：《新中国宗教工作大事概览（1949～1999）》，华文出版社 2001 年版，第 590 页。

⑤ 罗广武编著：《新中国宗教工作大事概览（1949～1999）》，华文出版社 2001 年版，第 596 页。

我国揭批"法轮功"的斗争，遭到了境外敌对势力的无端指责。1999 年 10 月 27 日，美国国务院发言人鲁宾在美国国务院记者招待会上歪曲事实，对中国政府处理"法轮功"问题进行无端指责。11 月 18 日，美国国会众议院休会前在只有七八个议员在场的情况下通过了反华众议员史密斯提出的两院共同决议案，对中国政府取缔"法轮功"无端指责，并要求美国政府向中国政府施压。12 月 6 日，美国总统克林顿就纪念《世界人权宣言》发表 51 周年在白宫发表讲话时称，中国政府取缔"法轮功"令人担忧。2000 年 9 月 5 日，美国国务院发表《2000 年度国际宗教自由报告》，其中涉华部分对中国政府依法处理"法轮功"问题无端指责，对中国的宗教政策和宗教信仰自由进行无端攻击。对于美国国务院和美国国会的上述种种行径，我国外交部发言人均表示强烈不满和坚决反对，要求美方立即停止和纠正这些极其错误的行为。对于美国总统克林顿的讲话，我外交部副部长杨洁篪专门就此向美驻华使馆临时代办麦克海提出了严正交涉。这就再次说明，我国邪教的存在和发展并不是一种孤立的社会现象，而是与国外敌对势力的支持和宗教渗透活动密切相关的。

为了更好地开展反对邪教的斗争，维护我国的国家安全和社会稳定，防范和抵制境外宗教渗透，在总结我国半个世纪反对邪教斗争经验、特别是在总结反对"呼喊派"和"法轮功"成功经验的基础上，全国人民代表大会和相关机构开展了反对和惩治邪教的立法工作。1999 年 10 月 30 日，九届人大常务委员会第十二次会议通过《全国人民代表大会常务委员会关于取缔邪教组织、防范和惩治邪教活动的决定》。其主要内容有：（1）"坚决依法取缔邪教组织，严厉惩治邪教组织的各种犯罪活动"；（2）"坚持教育与惩罚相结合，团结、教育绝大多数被蒙骗的群众，依法严惩极少数犯罪分子"；（3）"在全体公民中深入持久地开展宪法和法律的宣传教育，普及科学文化知识"；（4）"防范和惩治邪教活动，要动员和组织全社会的力量，进行综合治理"。[①] 同年 10 月，最高人民法院、最高人民检察院根据《中华人民共和国刑法》的有关规定，发布《关于办理组织和利用邪教组织犯罪案件具体应用法律若干问题的解释》。该解释分别由最高人民法院审判委员会第 1079 次会议、最高人民检察院监察委员会第九届第 47 次会议通过并公布，自 1999 年 10 月 30 日起施行。10 月 31 日，《人民日报》全文刊发了《决定》和《解释》，并且发表了评论员文章：《依法治国，严惩邪教》。该文在谈到《决定》和《解释》时指出："《决定》对邪教组织的性质和危害，对防范和惩治邪教组织的犯罪活动作出明确规定。《解释》根据《刑法》规定，对办理

---

① 罗广武编著：《新中国宗教工作大事概览（1949～1999）》，华文出版社 2001 年版，第 593～594 页。

邪教组织犯罪案件提供了准确的司法依据。这两个文件极其重要，对于维护社会稳定，保护人民利益，保障改革开放和社会主义现代化建设顺利进行，严厉打击邪教组织特别是'法轮功'这个邪教组织，是强有力的法律武器。"① 该文还从"依法治国"的高度评价了这两个文件的历史意义，指出："在揭批'法轮功'斗争开始的时候中央就明确提出要高举法治的旗帜，刚刚通过的这两个文件充分体现了依法治国，严惩邪教的法治精神。这标志着我们依法解决包括邪教在内的比较复杂的违法犯罪行为进入一个新阶段。"② 事实上，早在 1979 年 7 月 1 日第五届全国人民代表大会第二次会议通过的《中华人民共和国刑法》第九十九条中就对"以反革命罪"处罚组织、利用封建迷信、会道门进行反革命活动作出具体规定："组织、利用封建迷信、会道门进行反革命活动的，处五年以上有期徒刑；情节较轻的，处五年以下有期徒刑、拘役、管制或者剥夺政治权利。"在 1997 年3 月 14 日第八届全国人民代表大会第五次会议修订的《中华人民共和国刑法》第三百条中，进一步使用了"邪教组织"这一术语，并以"妨害社会管理秩序罪"对相关罪行的惩罚尺度作了更明细的规定。该条第一款规定："组织和利用会道门、邪教组织或者利用迷信破坏国家法律、行政法规实施的，处三年以上七年以下有期徒刑；情节特别严重的，处七年以上有期徒刑。"第二款规定："组织和利用会道门、邪教组织或者利用迷信蒙骗他人，致人死亡的，依照前款的规定处罚。"第三款规定："组织和利用会道门、邪教组织或者利用迷信奸淫妇女、诈骗财物的，分别依照本法第二百三十六条、第二百六十六条的规定定罪处罚。"不难看出，《决定》和《解释》不仅为"严厉惩治邪教组织的各种犯罪活动"、"办理邪教组织犯罪案件"提供了"更为准确的司法依据"，还对邪教组织的"性质"和"危害"作出了比较明确的规定和说明，对邪教组织的滋生、蔓延、防范和取缔的有关法律尺度和政策尺度作出了既有理论深度又有法律依据的指示。

需要进一步指出的是，自 1999 年以来，无论是美国一年一度的《国际宗教自由报告》还是美国一年一度的《国别人权报告》，都不厌其烦地拿中国反对邪教的斗争说事，攻击中国政府反对邪教是"侵犯人权"和"侵犯宗教信仰自由"。这一方面说明我们反对邪教的斗争本身具有明显的防范和抵制境外宗教渗透，反对以美国为首的西方国家的宗教干涉主义的性质和意义，另一方面也说明将我国反对邪教的斗争比较全面地纳入法律轨道，无论对我国的法制建设，还是对我国依法反对邪教、防范和抵制境外宗教渗透的斗争，都具有长远的极其重大的价值和意义。

---

①② 罗广武编著：《新中国宗教工作大事概览（1949～1999）》，华文出版社 2001 年版，第 595 页。

三、坚持独立自主办教，防范和抵制西方国家的宗教外交

坚持独立自主自办教会是中国政府的一贯立场。在后冷战时代，由于境外敌对势力将我国视为境外宗教渗透的主要对象国，加剧了对我国宗教事务的干涉和控制，我国政府进一步突出强调了中国宗教工作这一重大原则。

早在 80 年代末 90 年代初，邓小平就批判了美国人权外交的"霸权主义和强权政治"实质，针对美国的人权至上论，针锋相对地提出了"国权比人权重要得多"和"国家的主权和安全要始终放在第一位"的重要思想，并且表达了"中国永远不会接受别人干涉内政"的坚定决心，[①] 在新的国际形势下，为我国政府和我国人民应对美国和西方世界的人权外交和反对宗教干涉主义提供了精神武器。

在新的国际形势下，针对以美国为首的西方国家的宗教外交和宗教干涉行径，我国政府进一步明确提出和强调了"坚持独立自主自办教会的原则"。中共中央和国务院 1991 年 2 月 5 日发出的《进一步做好宗教工作若干问题的通知》明确指出："我国宗教团体和宗教事务要坚持独立自主自办教会的原则，不受境外势力的支配。应在平等友好的基础上积极地开展宗教方面的对外交往，坚决抵制境外宗教势力控制我国宗教的企图。"[②] 为了确保"独立自主自办教会的原则"得到落实，《通知》还做出了如下规定：（1）"不允许任何境外宗教团体和个人干预我国宗教事务，在我国设立办事机构，建立寺观教堂，进行传教活动。"（2）"对来自境外的宗教书刊、音像制品和其他宣传品，由政府有关部门制定管理办法，加强管理；凡有煽动反对四项基本原则、反对政府等反动内容的，要依法收缴。"（3）"任何人不得接受来自境外的、以渗透为目的的宗教津贴和传教经费。我宗教团体和寺观教堂接受境外宗教组织和宗教徒的大宗捐赠，要经省一级人民政府或国务院宗教事务局批准。"（4）"宗教团体邀请境外宗教组织和宗教人士来访或应邀出访，需经省一级人民政府或国务院宗教事务局批准，重大涉外活动，需报国务院审批。"（5）"非宗教团体邀请或接待有宗教背景的各种团体和有重要影响的宗教人士来访、旅游，要向宗教事务部门通报。经贸、科技、文化、教育、卫生、体育、旅游等部门对外开展交流与合作，涉及境外宗教组织及其附属机构或个人，签订有关合作项目，不得带有传教、设立宗教机构、建立

---

① 《邓小平文选》第 3 卷，人民出版社 1993 年版，第 345、347、359 页。
② 中共中央文献研究室综合研究组、国务院宗教事务局政策法规司编：《新时期宗教工作文献选编》，宗教文化出版社 1995 年版，第 216～217 页。

寺观教堂等宗教内容的条件。"① 根据该文件的精神和规定，国务院在 1994 年 1 月 31 日颁发的《关于中华人民共和国境内外国人宗教活动管理规定》（以下简称《管理规定》）中，重申和明确规定："外国人在中国境内进行宗教活动，应当遵守中国的法律、法规，不得在中国境内成立宗教组织、设立宗教办事机构、设立宗教活动场所或者开办宗教院校，不得在中国公民中发展教徒、委任宗教教职人员和进行其他传教活动。"② 《管理规定》还强调指出："外国人违反本规定进行宗教活动的，县级以上人民政府宗教事务部门和其他有关部门应当予以劝阻、制止；构成违反外国人入境出境管理行为或者治安管理行为的，由公安机关依法进行处罚；构成犯罪的，由司法机关依法追究刑事责任。"③

在中共中央、国务院于 2001 年 12 月召开的全国宗教工作会议上更加强调了独立自主自办教会的原则。根据冷战时代结束后"国际格局的深刻变化"、"民族、宗教问题日益突出"、"国际敌对势力"进一步"加紧利用""民族问题、宗教问题""对我国实施西化、分化的政治战略"的"新形势"，在新中国历史上，会议第一次特别突出地强调了坚持独立自主自办原则、抵制境外宗教渗透的必要性和极端重要性，把坚持独立自主自办原则、抵制境外宗教渗透提到党和政府宗教工作基本方针的层面和高度，将概括党的宗教工作基本方针的表达式由原来的"三句话"变成现在的"四句话"。这就是：（1）"全面正确地贯彻宗教信仰自由政策"；（2）"依法管理宗教事务"；（3）"积极引导宗教与社会主义社会相适应"；（4）"坚持独立自主自办的原则，坚决抵制境外利用宗教进行渗透"。④ 会议强调指出："随着对外开放的扩大，我国宗教界与世界各国宗教界的友好交往日益增多，但境外利用宗教对我国进行渗透的问题也日益突出。"⑤ 会议列举了境外敌对势力利用宗教对我国进行渗透的种种表现：（1）一些外国宗教组织企图重返中国，恢复旧有的隶属关系和在宗教上的特权，"重新控制我国的宗教"。（2）在这些年的国际斗争中，"敌对势力往往利用宗教问题"，用所谓宗教信仰自由、人权和所谓宗教罪犯问题，"向我发难"。（3）他们"加紧利用宗教进行渗透、破坏活动"，企图搞垮中国共产党的领导和我国社会主义的国家政权。（4）他们支持达赖集团和"东突"恐怖主义势力进行分裂活动，支持境外一些基督教团体加大对我国"福音化"的力度。会议呼吁："各级领导干部特别是高级干部思想上必须明确，越是在扩大开放的形势下，越要坚持独立自主自办的原

① 中共中央文献研究室综合研究组、国务院宗教事务局政策法规司编：《新时期宗教工作文献选编》，宗教文化出版社 1995 年版，第 217 页。

②③ 中共中央文献研究室综合研究组、国务院宗教事务局政策法规司编：《新时期宗教工作文献选编》，宗教文化出版社 1995 年版，第 274 页。

④ 《江泽民文选》第 3 卷，人民出版社 2006 年版，第 383～391 页。

⑤ 《江泽民文选》第 3 卷，人民出版社 2006 年版，第 390 页。

则不动摇，越要做好抵御渗透的工作，绝不允许任何境外宗教势力重新控制我国的宗教，绝不允许任何境外宗教团体和个人干预我国宗教事务，绝不允许任何境外宗教组织用任何方式在我国传教。"① 会议特别强调了在新的形势下反对三股势力的必要性，指出："考虑到九一一事件的发生以及当前的国际局势，我们必须保持高度警觉，加强防范，及时打击暴力恐怖势力、民族分裂势力、宗教极端势力和邪教组织的分裂、破坏活动，特别要防范和打击'东突'恐怖主义势力。"② 需要特别指出的是，这次全国宗教工作会议虽然是一次例行会议，但由于召开时间的特殊性（在 21 世纪之初召开）而被赋予特殊的意义，被视为中国共产党和中国政府对 21 世纪初宗教工作做出战略部署的一次会议，"四句话"也正是在"关于新世纪初宗教工作的基本任务和重要工作"的标题下提出并予以阐述的，③ 这就赋予"四句话"，特别是赋予"坚持独立自主自办的原则，坚决抵制境外利用宗教进行渗透"一种战略意义。将独立自主自办原则提升为我国宗教工作的基本方针和根本原则，无论对于更好地依法管理宗教事务，还是对于更好地抵制境外宗教渗透、反对民族分裂主义和宗教干涉主义、维护我国意识形态安全和国家安全都具有深远广泛的意义。

由于美国国会和美国政府不顾事实、混淆视听，不断利用宗教开展"人权外交"、干涉我国内政，我国国务院新闻办公室为了澄清事实、回应挑衅，在 1991 年和 1997 年先后发表了《中国的人权状况》白皮书和《中国的宗教信仰自由状况》白皮书。

国务院新闻办公室于 1991 年 11 月 1 日发表《中国的人权状况》白皮书，第一次比较全面地阐明了中国政府在人权问题上的立场。这部白皮书除前言外，共十个部分：（1）"生存权是中国人民长期争取的首要人权"；（2）"中国人民获得了广泛的政治权利"；（3）"公民享有经济、文化和社会权利"；（4）"中国司法中的人权保障"；（5）"劳动权利的保障"；（6）"公民享有宗教信仰自由"；（7）"少数民族的权利保障"；（8）"计划生育与人权保护"；（9）"残疾人的人权保障"；（10）"积极参与国际人权活动"。在谈到"公民享有宗教信仰自由"问题时，白皮书明确承认："在'文化大革命'（1966～1976 年）期间，政府的宗教政策受到破坏。"④ 在此前提下，着重论述了下述几点：（1）"中国宪法规定，公民有宗教信仰自由。国家保护正常的宗教活动和宗教界的合法权益。刑法、民法、选举法、兵役法、义务教育法等法律，都对保护宗教信仰自由和信教

---

① 《江泽民文选》第 3 卷，人民出版社 2006 年版，第 390 页。
② 《江泽民文选》第 3 卷，人民出版社 2006 年版，第 391 页。
③ 《江泽民文选》第 3 卷，人民出版社 2006 年版，第 382 页。
④ 国家宗教事务局政策法规司编：《宗教法规规章制度汇编》，宗教文化出版社 2010 年版，第 41 页。

公民的平等权利作了明确、具体的规定。任何国家机关、社会团体和个人都不得强制公民信仰宗教或不信仰宗教，不得歧视信仰宗教的公民或不信仰宗教的公民。对于非法剥夺公民宗教信仰自由的国家工作人员，将根据我国刑法第一百四十七条追究其法律责任。"① （2）"'文化大革命'后，尤其是实行改革开放以来，中国政府在恢复、完善和落实宗教信仰自由政策，保障公民的宗教信仰自由权利方面，做了大量工作，取得了显著的成绩。"② （3）"中国公民既享受宪法和法律赋予的宗教信仰自由权利，也承担宪法和法律规定的义务。中国宪法明确规定，任何人不得利用宗教进行破坏社会秩序、损害公民身体健康、妨碍国家教育制度和活动。对于利用宗教搞违法犯罪活动的，中国政府都依法予以处理，不论他是宗教徒，或者不信宗教者。对违法犯罪的宗教徒，同其他违法犯罪的公民一样，都依法进行处理。被依法处理的信教的人中，有进行颠覆国家政权、破坏、危害国家安全活动的，有煽动群众抗拒执行国家法律、法规的，也有挑动群众互相殴斗、严重扰乱社会秩序的，还有假借宗教名义诈骗钱财、危害他人身心健康、诱奸妇女的，等等，没有一个是因信教而被捕的。"③ （4）"中国宗教实行独立自主的方针，反对任何外来势力支配和干涉中国宗教的内部事务，以维护中国公民真正享有宗教信仰自由权利。"④ （5）"中国政府积极支持国内宗教团体和宗教界人士在坚持独立自主自办原则和完全平等、相互尊重的基础上，开展同外国宗教团体及宗教界人士之间的友好往来，并把宗教界的国际联系看成是中国人民与世界各国人民民间交往的一部分。"⑤

1997 年 10 月 16 日，国务院新闻办公室发表了《中国的宗教信仰自由状况》白皮书。这是我国政府第一次向国际社会比较全面地阐明自己在宗教信仰自由问题上的立场。这部白皮书共五个部分：（1）"中国的宗教现状"；（2）"宗教信仰自由的法律保护"；（3）"宗教信仰自由的司法行政保障"；（4）"对独立自主自办宗教事业的支持"；（5）"对少数民族宗教信仰自由权利的保护"。"中国的宗教现状"部分一方面实事求是地承认："发生于 1966 年至 1976 年的'文化大革命'，对包括宗教在内的中国社会各个方面都造成了灾难性破坏。"⑥ 另一方面，又对"文化大革命"之后的拨乱反正工作做了比较实事求是的介绍，指出："中国各级政府在纠正'文化大革命'错误的过程中，也为恢复、落实宗教信仰自由政策，作出了巨大努力，平反了宗教界人士蒙受的冤假错案，恢复开放宗教活

---

① 国家宗教事务局政策法规司编：《宗教法规规章制度汇编》，宗教文化出版社 2010 年版，第 41 页。

② 国家宗教事务局政策法规司编：《宗教法规规章制度汇编》，宗教文化出版社 2010 年版，第 41 ~ 42 页。

③④ 国家宗教事务局政策法规司编：《宗教法规规章制度汇编》，宗教文化出版社 2010 年版，第 43 页。

⑤ 国家宗教事务局政策法规司编：《宗教法规规章制度汇编》，宗教文化出版社 2010 年版，第 44 页。

⑥ 国家宗教事务局政策法规司编：《宗教法规规章制度汇编》，宗教文化出版社 2010 年版，第 601 页。

动场所。80 年代以来，中国基督教每年恢复、新建教堂约 600 所；到 1996 年底，累计印刷发行《圣经》达 1 800 多万册，并受到多种免税优惠；中国基督教协会自 1983 年起编辑出版的《赞美诗》累计发行达 800 多万册。从 1958 年至 1995 年，中国天主教已先后自选自圣主教 126 位。近十余年中国天主教培养、祝圣的年轻神甫有 900 多人。"① "宗教信仰自由的法律保护"部分着重强调了下述几点：（1）"中国公民的宗教信仰自由权利受到宪法和法律的保护。"（2）"中国对公民宗教信仰自由权利的法律保障，与有关国际文书和公约在这方面的主要内容是基本一致的。"（3）"中国法律规定，公民在享有宗教信仰自由权利的同时，必须承担法律所规定的义务。在中国，任何人、任何团体，包括任何宗教，都应当维护人民利益，维护法律尊严，维护民族团结，维护国家统一。"（4）"中国在强调保护信教自由时，也强调保护不信教的自由，把两者置于同等重要的位置，从而在完整意义上体现了宗教信仰自由。这是对公民基本权利更充分、更全面的保护。"② （5）"80 年代以来，中国部分地区出现了一些邪教组织，打着宗教旗号进行违法犯罪活动。……广大人民群众和宗教界人士对此深恶痛绝。中国司法机关对这类严重危害社会和公众利益的违法犯罪分子依法惩处，正是为了维护公众利益和法律尊严，为了更好保护公民宗教信仰自由权利和正常的宗教活动。中国司法机关依法惩治犯罪，与宗教信仰无关，中国没有人因为信仰宗教被惩处。"③ "宗教信仰自由的司法行政保障"部分一方面指出："在司法保障方面，中国对侵犯公民宗教信仰自由权利的行为有明确的惩处规定。"另一方面又指出："在行政保障方面，中国各级政府设立了宗教事务部门，对有关宗教的法律、法规的贯彻实施进行行政管理和监督，具体落实和执行宗教信仰自由政策。政府宗教事务部门不干涉宗教团体和宗教活动场所的内部事务。"④ 在 "对独立自主自办宗教事业的支持"中不仅重申："中国的宗教事业由中国各宗教团体、教职人员和信教群众来办，中国的宗教事务和宗教团体不受外国势力支配。中国政府依照宪法和法律支持中国各宗教独立自主自办的事业。"⑤ 而且还强调指出："中国宗教实行独立自主自办的方针，是中国人民在反抗殖民主义、帝国主义侵略和奴

---

① 国家宗教事务局政策法规司编：《宗教法规规章制度汇编》，宗教文化出版社 2010 年版，第 601 ~ 602 页。

② 国家宗教事务局政策法规司编：《宗教法规规章制度汇编》，宗教文化出版社 2010 年版，第 602、603、604 页。

③ 国家宗教事务局政策法规司编：《宗教法规规章制度汇编》，宗教文化出版社 2010 年版，第 605 页。

④ 国家宗教事务局政策法规司编：《宗教法规规章制度汇编》，宗教文化出版社 2010 年版，第 605、606 页。

⑤ 国家宗教事务局政策法规司编：《宗教法规规章制度汇编》，宗教文化出版社 2010 年版，第 607 页。

役的斗争中，由中国宗教信徒自主做出的历史性选择。"① "对少数民族宗教信仰自由权利的保护"部分着重阐述了下述几点：（1）"中国是一个统一的多民族国家。中国政府执行各民族平等、团结、互助的民族政策，尊重和保护少数民族宗教信仰自由的权利和风俗习惯。"② （2）"中国政府在致力于促进少数民族地区经济、文化、教育等各项事业的进步，提高包括信教群众在内的广大少数民族群众物质文化生活水平的同时，特别注意尊重少数民族的宗教信仰，保护少数民族文化遗产。"③ （3）"中国政府坚决反对利用宗教狂热来分裂人民、分裂国家、破坏各民族之间团结的民族分裂主义，坚决反对利用宗教进行的非法活动和恐怖主义活动，坚决维护国家统一和少数民族地区的社会稳定，保护少数民族信教群众正常的宗教活动。"④ （4）"中国政府尊重国际社会在宗教信仰领域公认的原则，认为这些原则必须与各国具体情况相结合，并通过各国的国内法律来实施。中国政府反对在宗教领域搞对抗，反对利用宗教干涉别国内政。"⑤ 这部白皮书的结论是："事实充分证明，新中国成立以来，特别是改革开放近二十年来，中国人民的人权状况得到了极大的改善，宗教信仰自由的权利也得到充分的尊重和保护。"⑥ 在一定意义上可以说，这既是对我国现行宗教政策和宗教法规及其实施情况全面、系统的介绍和阐述，也是对美国国会和美国政府关于我国宗教信仰自由状况一切不实之词的比较全面的回击。

四、坚持独立自主办教，反对梵蒂冈的宗教干涉主义

就我国的天主教而言，坚持独立自主自办教会原则，防范和抵制宗教干涉主义，最根本的就是要摆脱梵蒂冈的控制，坚持走自选自圣主教的道路。在后冷战时代，我国政府和我国天主教会为此进行了不懈的斗争。

1991年6月，罗马教廷在御前枢密会议上任命龚品梅为枢机主教。而且，按照罗马教廷的说法，早在1979年6月，教宗约翰·保罗二世就已经秘密册封龚品梅为枢机主教了。但当时，龚品梅仍以"反革命罪"和"叛国罪"的罪名被关押。罗马教廷的这些做法不仅意味着罗马教廷在公然无视中华人民共和国法律和中国政府的依法判决、干涉中国内政，而且也意味着罗马教廷在对中国天主教

---

① 国家宗教事务局政策法规司编：《宗教法规规章制度汇编》，宗教文化出版社2010年版，第607页。

②③ 国家宗教事务局政策法规司编：《宗教法规规章制度汇编》，宗教文化出版社2010年版，第611页。

④⑤⑥ 国家宗教事务局政策法规司编：《宗教法规规章制度汇编》，宗教文化出版社2010年版，第613页。

教务进行粗暴干涉，从而遭到中国政府和中国人民的理所当然的反对。1991 年 6 月 18 日，中国天主教主教团、爱国会和教务委员会就罗马教廷委任龚品梅为枢机主教一事联合发表声明，谴责罗马教廷"违背中国天主教独立自主自办教会原则"，"是对中国天主教事务的干涉"。①

为了更好地贯彻自选自圣和独立自主自办教会的原则，1993 年 5 月 17 日，中国天主教主教团审议通过《中国天主教主教团关于选圣主教的规定》。在新的国际形势下，该规定主要强调了下述两点。首先是进一步强调了"爱国爱教"原则。这首先表现在对主教候选人资格的规定上："主教候选人应是信德坚固，恪守神职圣愿，品行良好，德才兼备，虔诚敬主、热心于荣主救灵事业，爱国守法、拥护独立自主自办教会原则，关心神职人员神形需要，善于联系群众，深孚众望，有较高神学造诣，年满三十五周岁，晋铎五年以上，仪表端庄，身体健康的司铎。"② 这就统筹兼顾了"信德坚固，恪守神职圣愿"和"爱国守法、拥护独立自主自办教会原则"两个方面。另外，在新任主教的誓词方面也比较充分地体现了"爱国爱教"原则。因为按照这一规定，"新主教在就职以前，要当众宣誓坚持基督的信德道理，忠于至一、至圣、至公从宗徒传下来的圣教会，忠于祖国、遵守宪法、服务人群"。③ 把两个"忠于"作为誓词的基本内容所突出的显然正是"爱国爱教"的基本原则。其次，强调了中国主教团的权威。按照 1986 年 1 月 30 日审议通过的《中国天主教主教团中国天主教教务委员会有关教务的几项规定》，新主教当选后，中国主教团只具有要求有关教区报告以进行"备案"的权力，而新的规定则使得中国主教团获得了"审批权"和"否决权"。新规定明确指出："选举结束后，应立即将得票超过半数者的个人简历和选举情况，报省（市、自治区）教务委员会。经省（市、自治区）教务委员会审查后，呈报中国天主教主教团审批，并报当地政府备案，经主教团批准后应于三个月内举行祝圣。经审查不符合候选人条件和选举规定者，得按本规定重新进行选举，之后，再呈报主教团审批。"④

在后冷战时代，在改善中梵关系和教会"共融"的幌子下，梵蒂冈频繁干涉我国宗教事务，干涉我国自选自圣主教活动。我国政府和我国天主教会均一一给予坚决的回应和抵制。例如，2000 年 6 月，针对罗马教廷一而再再而三地反对中国天主教杭州教区祝圣未经罗马教廷批准的曹湘德神父为主教的举动，杭州教区

---

① 罗广武编著：《新中国宗教工作大事概览（1949～1999）》，华文出版社 2001 年版，第 440～441 页。

② 国家宗教事务局政策法规司编：《宗教法规规章制度汇编》，宗教文化出版社 2010 年版，第 469 页。

③④ 国家宗教事务局政策法规司编：《宗教法规规章制度汇编》，宗教文化出版社 2010 年版，第 470 页。

不仅如期于 6 月 25 日进行了主教祝圣活动，而且，两天后，我国外交部还以书面形式谴责了罗马教廷的干涉行径。[①] 再如，针对梵蒂冈新闻室对 2006 年 4 至 5 月我国自圣云南昆明教区主教马英林、安徽芜湖教区主教刘新红横加指责并将他们判为"自科绝罚"的干涉行径，5 月 6 日，国家宗教事务局发言人发表谈话，希望梵蒂冈停止干涉中国内部事务。该谈话指出：梵蒂冈发表声明攻击我国自选自圣主教，并以"惩罚"相威胁，"毫无道理"。发言人强调："在主教任命问题上，中梵双方存在很大分歧。中国政府为了推进中梵关系的改善，本着积极务实的态度，向梵方建议搁置争议，共同探讨。近期又特别将中国天主教一些教区祝圣主教一事多次告知梵方，梵方一直不作正面响应，却在祝圣成功之后横加指责，这与梵方希望改善中梵关系的言论严重不符。"[②] 2010 年 11 月 25 日，针对梵蒂冈新闻室先后两次发表声明攻击河北承德教区主教郭金才的祝圣典礼的干涉行径，我国外交部发言人表示，"中国天主教会根据多年传统，以独立自主的原则推荐主教，选举和祝圣工作，是宗教信仰自由的表现。""任何指责和干涉的行为，都是限制自由和不宽容的表现。"12 月 9 日，我国外交部发言人再次表示，希望梵方能够正视中国实行宗教信仰自由政策、中国天主教得到发展的事实，以实际行动为中梵关系的发展创造有利条件。

在后冷战时代，中国政府和中国天主教不仅在坚持自选自圣主教方面坚决抵制梵蒂冈的干涉活动，而且在其他方面也坚决反对和抵制了梵蒂冈的宗教干涉活动。

对 2000 年罗马教廷策划的"封圣"事件，我国政府和宗教界人士予以强烈抗议和坚决反对。2000 年 9 月 26 日，中国天主教爱国会、中国天主教主教团就梵蒂冈拟于 10 月 1 日册封 120 名"在中国致命"的所谓"圣人"一事发表严正声明，"对这一严重伤害中国人民感情，企图借'封圣'歪曲和篡改历史的行径表示愤慨。"声明指出，"此次册封'圣人'，教廷既未履行规定的程序，向册封者所在地的主教和中国主教团征询意见，也没有到当地进行调查核实，而是由所谓的'台湾地区主教团'越俎代庖。这种无视中国教会主权，草率行事的做法令人震惊。此次封圣的程序混乱，封圣的对象中不少人劣迹斑斑，封圣的时间又选在中国国庆日这一象征中国人民彻底摆脱帝国主义、殖民主义侵略和掠夺，翻身解放的日子，这是对中国人民、中国教会的公开羞辱和蔑视，是我们绝对不能容忍和接受的"。声明"希望罗马教廷改变敌视中国的政策，并强烈要求教廷对历史上所犯的错误向中华民族真正忏悔，强烈要求教廷在'封圣'问题上充分尊重

---

① 陈方中、江国雄：《中梵外教关系史》，台湾商务印书馆 2003 年版，第 572 页。
② 《梵蒂冈攻击中国天主教自选自圣主教，国家宗教事务局发言人就此发表谈话》，新华社 2006 年 5 月 6 日电。

中国教会的主权，尊重中国教徒的感情，不要再为中梵关系的改善设置新的障碍。"① 次日，中国基督教三自爱国运动委员会、中国基督教协会就梵蒂冈歪曲、篡改历史，拟宣布册封所谓"圣人"事发表声明。声明指出："这是严重无视中国教会主权，损害中国人民感情的挑衅行为，是中国人民包括所有爱国的基督徒绝对不能接受的。"声明表示："我们坚决支持中国天主教的神职人员及教友们，维护国家利益、维护民族尊严的严正声明，坚决和他们站在一起，反对梵蒂冈的倒行逆施和歪曲历史的'封圣'行径。"② 10 月 1 日，我国外交部发表声明，强烈抗议梵蒂冈"封圣"。《声明》说："梵蒂冈不顾中方的强烈反对，于 10 月 1 日举行'封圣'仪式，把曾经在中国犯下丑恶罪行的一些外国传教士及其追随者册封为'圣人'。中国政府和人民及中国天主教会对此表示极大愤慨和强烈抗议。"③ 当天，国家宗教局发言人就梵蒂冈"封圣"问题发表谈话，指出："今天，梵蒂冈不顾中国政府、中国天主教会的强烈反对，举行所谓'封圣'仪式，把曾经在中国犯下丑恶罪行的一些外国传教士及其追随者册封为'圣人'，这是一起与 12 亿中国人民对抗的严重事件。"④ 10 月 2 日，中国天主教爱国会、中国天主教主教团举行座谈会，坚决拥护我外交部声明和国家宗教局发言人谈话，对梵蒂冈借"封圣"搞反华的行径表示愤慨，一致表示要同全国人民站在一起，坚决维护国家主权和民族尊严。⑤ 与此同时，中国基督教三自爱国运动委员会、中国基督教协会在南京举行"支持我国政府严正声明，声援我天主教爱国行动"座谈会。⑥ 10 月 3 日，中国佛教协会、中国伊斯兰教协会和中国道教协会也分别举行座谈会，一致表示坚决拥护我外交部声明和国家宗教事务局发言人谈话，严厉谴责梵蒂冈利用宗教问题干涉中国内政的图谋，并对我国天主教会的爱国行动表示声援。⑦ 中国政府和中国宗教界对于"封圣事件"的强烈抗议和坚决抵制，迫使罗马教皇保罗二世在 2001 年 10 月 24 日，即"封圣事件"过去一年之后，发表声明，促请中国"宽恕"罗马天主教在中国所犯的"错误"。⑧ 正如有人指出的："约翰·保罗二世教宗被中华人民共和国政府逼得不得不……公开为新圣人们在传教工作上可能有的缺陷或错误请求宽恕。这也是历史上绝无仅有的事，从未听过罗马教宗为宣福宣圣而向谁请求原谅，更未听过有某个国家的政府因为

① 《中国天主教会就梵蒂冈"封圣"事件发表声明》，新华社 2000 年 9 月 26 日电。
② 《中国基督教界发表声明反对梵蒂冈"封圣"》，新华社 2000 年 9 月 27 日电。
③ 《中国外交部发表声明强烈抗议梵蒂冈"封圣"》，新华社 2000 年 10 月 1 日电。
④ 《国家宗教局发言人发表关于梵蒂冈"封圣"问题的谈话》，新华网 2000 年 10 月 1 日电。
⑤⑥ 《我国天主教基督教举行座谈会，坚决拥护外交部声明》，新华网 2000 年 10 月 2 日电。
⑦ 《我国三大教强烈反对梵蒂冈借"封圣"搞反华活动》，中新社 2000 年 10 月 3 日电。
⑧ 陈方中、江国雄：《中梵外交关系史》，台湾商务印书馆 2003 年版，第 593~594 页。

境外宗教渗透论

教会宣圣而对教廷大肆攻伐。"① 尽管罗马教皇的声明在多大程度上出于诚意是一个值得考证的问题,但无论如何,使向来主张教皇无谬的罗马教廷对自己的宗教干涉主义言行公开向中国政府和中国人民认错并请求宽恕,可以看作是我国政府和我国天主教在新的形势下维护国家主权、坚持独立自主自办教会原则一项重要成绩。

2010 年 12 月 7~9 日,中国天主教第八次代表会议在北京举行。但在会议结束不久,在 12 月 17 日,梵蒂冈新闻发布室即发表了一篇题为《有关 2010 年 12 月 7~9 日召开的中国天主教第八次代表会议》的声明。该声明公然"谴责"中国天主教第八次代表会议"抑制宗教自由"。12 月 22 日,国家宗教事务局就梵蒂冈指责中国天主教代表会议发表谈话,严厉回击和驳斥梵蒂冈的指责:"梵蒂冈的这一行为不仅非常冒失,而且十分无理"。② 国家宗教事务局发言人指出:"中国天主教爱国会、中国天主教主教团是依法登记的合法社会团体,依据《社会团体登记管理条例》规定,每 5 年召开代表会议,修改章程,选举产生领导机构,确定工作任务和行动目标。中国天主教代表会议制度不涉及天主教教义问题,不违背天主教基本信仰,不存在其他国家或外国组织承认与否的问题。"③ 发言人最后表示:"希望梵蒂冈谨言慎行,自我约束,不要再恶化双方关系,回到对话的正确轨道上来。"④

五、抵制境外宗教渗透,反对民族分裂主义

在后冷战时代,我国政府和我国宗教界不仅在防范和抵制宗教干涉主义方面取得了一系列重大成绩,而且在防范和抵制民族分裂主义方面也取得了一系列成绩。

首先,中国政府和中国宗教界在防范和抵制达赖集团民族分裂活动中取得了重大胜利。在后冷战时代,美国国会加大了对达赖集团的支持力度,不仅通过了《1994 年"西藏特使"法案》和《华盛顿西藏问题宣言》,而且还通过了《2002年西藏政策法》。在以美国为首的西方国家支持下,达赖集团策划了一系列破坏祖国统一和民族团结的骚乱事件,尤其是震惊中外的 2008 年拉萨"3·14"打砸抢烧暴力事件。我国政府和我国宗教界对此都给予了坚决的回应和抵制。

1994 年 7 月,在中共中央、国务院召开的第三次西藏工作座谈会上,江泽民在谈到后冷战时代的"藏独"问题时,强调:"苏美对峙的两极格局结束后,国

---

① 陈方中、江国雄:《中梵外交关系史》,台湾商务印书馆 2003 年版,第 589 页。
②③④ 《国家宗教事务局就梵蒂冈指责中国天主教代表会议发表谈话》,《中国宗教》2011 年第 1 期。

际敌对势力继续把所谓的'西藏问题'作为西化、分化中国的一张牌。"① 他们之所以不惜工本支持达赖集团搞民族分裂活动，明目张胆地干涉我国内政，其"根本目的"就是"企图从战略上遏制中国，把西藏从中国分裂出去，搞乱中国。"② 因此，国际敌对势力西化、分化中国的政治图谋，以及他们支持达赖集团变本加厉进行的分裂活动"是我们全党全国各族人民面临的忧患，或者说隐患"。"挫败他们的图谋，这是我们维护祖国主权、加强民族团结、保障国家安全、保持社会稳定的重要政治任务。"也正是在这个意义上，江泽民强调"西藏工作在党和国家的全部工作中居于重要战略地位"。③ 在谈到我们同达赖集团斗争的性质和我们的立场时，江泽民明确指出："由于达赖集团得到国际敌对势力支持，目前这场斗争是一百多年来中国人民同外国侵略势力分裂中国的图谋进行斗争的继续。"④ 我们的态度是："达赖必须放弃'西藏独立'的主张、停止分裂祖国的活动，搞独立不行，搞半独立、变相独立也不行，搞'大藏国'不行，搞'大藏区'也不行，其他一切问题都可以谈。"我们与达赖集团斗争的实质，"不是信教与不信教、自治与不自治的问题，而是维护祖国统一和反对分裂的问题"。⑤

20 世纪 90 年代，我国政府和我国人民反对国外敌对势力利用宗教与人权问题纵容、支持达赖集团进行民族分裂活动的重大举措是，先后发表了有关西藏人权问题的两个白皮书，即 1992 年发表的《西藏的主权归属与人权状况》和 1998 年发表的《西藏自治区人权事业的新进展》。为了回应境外敌对势力和达赖集团关于西藏主权归属与西藏人权的不实之词以及民族分裂活动，捍卫我国的主权和统一，国务院新闻办公室于 1992 年 9 月 21 日发布了《西藏的主权归属与人权状况》白皮书。该白皮书在"宗教信仰自由"部分承认："在'文化大革命'期间，西藏同全国其他地区一样，宗教信仰自由政策遭到了严重破坏，宗教活动场所及设施受到了严重损失。"但同时也强调指出："'文化大革命'结束以后，西藏重新全面地落实宗教信仰自由政策。"⑥ 针对境外敌对势力关于"宗教犯"的说法，该白皮书声明："近年来西藏有一些僧尼被依法治罪，都是因为触犯了刑律，如参加骚乱，危害社会治安，扰乱社会秩序，搞打、砸、抢、烧、杀等犯罪活动，没有一个是因宗教信仰而被拘捕判罪的。"⑦ 6 年以后，国务院新闻办公室于 1998 年 2 月 24 日又发表了《西藏自治区人权事业的新进展》白皮书。在谈到

---

①②③ 《江泽民文选》第 1 卷，人民出版社 2006 年版，第 390 页。

④⑤ 《江泽民文选》第 1 卷，人民出版社 2006 年版，第 394 页。

⑥ 国家宗教事务局政策法规司编：《宗教法规规章制度汇编》，宗教文化出版社 2010 年版，第 546 页。

⑦ 国家宗教事务局政策法规司编：《宗教法规规章制度汇编》，宗教文化出版社 2010 年版，第 548 页。

境外宗教渗透论

"中国政府一贯尊重和保护藏族群众的宗教信仰自由权利"时，该白皮书用确凿的历史事实证明："西藏和平解放以来，中国政府一贯尊重和保护藏族群众的宗教信仰自由权利。"① 在谈到"国家尊重藏传佛教的宗教仪轨和历史定制"时，该白皮书也以确凿的历史事实证明："国家尊重活佛转世这一藏传佛教的信仰特点和传承方式，尊重藏传佛教的宗教仪轨和历史定制。"②

21世纪初，为了有效地粉碎达赖和达赖集团在国际上散布的关于西藏的一系列谣言，我国政府又发表了一系列关于西藏问题的白皮书：《西藏的现代化发展》（2001年）、《西藏的生态建设与环境保护》（2003年）、《西藏的民族区域自治》（2004年）、《西藏文化的保护与发展》（2008年）和《西藏民主改革50年》（2009年）。2008年"3·14"打砸抢烧暴力事件发生后，我国政府不仅迅速平息了这场骚乱事件，还及时地向国内外通报了事件的真相。2008年3月22日，新华社刊文《拉萨"3·14"打砸抢烧事件真相》，称"这是一起骇人听闻的严重暴力犯罪事件"，"这是一场反对分裂，维护祖国统一和民族团结的斗争"。"为了尽快恢复正常的社会秩序，西藏自治区党委、政府组织公安、武警，对在拉萨街头十分猖狂地进行打砸抢烧的不法分子依法打击，迅速平息了事态，维护了社会稳定，维护了国家法制，维护了西藏各族群众的根本利益。"③ 2008年3月23日，新华社刊发了《鲜血和生命的控诉：西藏各族群众痛斥拉萨"3·14"打砸抢烧事件》。2008年3月25日，新华社又刊发了一篇题为《震惊与愤慨：在藏外国人见证拉萨打砸抢烧事件》的长篇报道。2008年4月1日，公安部举行新闻发布会，通报了拉萨"3·14"打砸抢烧严重暴力犯罪事件最新侦破案件及有关受害人情况。

后冷战时代以来，为了更好地落实中共中央和中央人民政府"富民兴藏"的战略决策，1994年之后，中共中央和国务院于2001年和2010年两次召开西藏工作会议，部署不断推进西藏跨越式发展，实现西藏长治久安的工作。在中共中央、中央人民政府和全国人民的支持下，西藏地区各方面的建设一直处于高速发展的状态，在经济、政治、文化、社会和生态文明等领域均取得了重大成就。"据统计，1959年至2008年，西藏生产总值由1.74亿元增长到395.91亿元，按可比价格计算，增长65倍，年均增长8.9%。1994年以来，西藏生产总值年均增长达到12.8%，高于全国同期年均增长水平。"④ 所有这些都为更好地防范和抵制"藏独"分裂活动提供了有力的支撑。

---

① 王小彬：《经略西藏》，人民出版社2009年版，第643页。
② 王小彬：《经略西藏》，人民出版社2009年版，第644页。
③ 辛华文主编：《拉萨"3·14"事件真相》，新华出版社2008年版，第3页。
④ 王小彬：《经略西藏》，人民出版社2009年版，第747页。

其次，在后冷战时代，我国政府和人民在反对"疆独"分裂活动方面也取得了重要进展。中共中央和中央人民政府高度重视反对疆独分裂分子的斗争。1992年1月，江泽民在谈到民族分裂活动时，曾突出地强调了反对"疆独"的问题。他说："我们要……警惕和反对国际上某些政治势力支持逃亡国外的分裂主义分子，利用'泛伊斯兰主义'、'泛突厥主义'或打着其他旗号，在我国某些地区煽动分裂的图谋。"① 1998年7月，江泽民到新疆考察工作时，特别强调了反对民族分裂主义的极端重要性。他指出："要维护和加强新疆各民族的大团结，就必须旗帜鲜明地反对民族分裂主义。反对民族分裂，维护祖国统一，是国家最高利益之所在，也是新疆各族群众的根本利益之所在。"② 他明确要求："全区各族干部，……都必须把反对民族分裂主义作为自己义不容辞的神圣职责。只要是破坏民族团结和祖国统一的活动，不管是什么人搞的，不管策划和参与这种活动的人是来自哪个民族的，大家都要团结起来，坚决加以反对，依法严厉打击，绝不能手软。在这样的重大问题上，不能有半点含糊，不能有任何退让。"③ 在新的历史时期，新疆维吾尔自治区党委和新疆维吾尔自治区政府领导新疆各族人民和新疆各宗教团体，不仅破获了一起起分裂骚乱事件和暴力恐怖事件，迅速平息了2009年乌鲁木齐"7·5"打砸抢烧事件，而且还开展了以批判《维吾尔人》、《匈奴简史》和《维吾尔古代文学史》这三本书为突破口的批判"泛伊斯兰主义"和"泛突厥主义"的活动，既有效地维护了国家主权和社会安定，又在全疆范围进行了一场社会主义国家观、民族观、宗教观和历史观的教育，收到了显著的效果。

从20世纪90年代开始，为了更好地动员国际力量打击"东突"恐怖活动和分裂活动，我国与俄罗斯、哈萨克斯坦、吉尔吉斯斯坦、塔吉克斯坦不仅正式成立了"上海合作组织"，签署了《打击恐怖主义、分裂主义和极端主义上海公约》，把"上海合作组织"完全纳入联合打击恐怖主义、分裂主义和极端主义三股势力的轨道。"上海合作组织"的建立不仅为国际区域反恐怖主义合作提供了良好的范例，也为我国卓有成效地反对"疆独"民族分裂势力的斗争提供了有力的保障。

为了粉碎我国境内外"东突"恐怖势力肆意捏造的种种谣言，澄清我国反对和打击"东突"恐怖活动的立场和真相，争取国际社会对我国反对"疆独"民族分裂活动更为广泛的同情和支持，2002年1月21日，国务院新闻办公室发表了《"东突"恐怖势力难脱罪责》一文，以大量证据表明："在新疆境内发生的大多数恐怖暴力事件是由境外'东突'组织直接策划、指挥，境内一小撮人呼

---

① 《江泽民文选》第1卷，人民出版社2006年版，第190页。
② 《江泽民文选》第2卷，人民出版社2006年版，第157页。
③ 《江泽民文选》第2卷，人民出版社2006年版，第157～158页。

应，共同制造的。"① 当年，联合国安理会反恐怖主义委员会决定将"东突厥斯坦伊斯兰运动"列入制裁名单。② 联合国组织和多数国家对"东突"恐怖主义的认定，使得我国赢得了打击"东突"恐怖主义和"疆独"民族分裂主义的较为有利的国际环境，使我国在反对和打击"东突"恐怖主义和"疆独"民族分裂主义的斗争中不断取得新的胜利。此后，我国国务院新闻办公室又分别于2003年5月和2009年9月发布《新疆的历史与发展》和《新疆的发展与进步》两个白皮书。这两个白皮书不仅对假借"人权"、"民主"、"宗教自由"和"民族自决"旗号策划和制造民族分裂恐怖袭击事件的"东突"分裂分子无耻谰言进行了充分揭露，也对新疆的历史和现状、发展和进步向国际社会进行了比较充分的展示，为我国政府和我国人民在今后的反对"东突"势力的斗争中赢得更为广泛的国际同情和支持提供了可能。

最后，20世纪90年代以来，既是"台独"活动最为猖獗的历史时期，也是我们反对和抵制"台独"最富成绩的历史时期。在新的历史时期里，中国政府和中国人民一如既往地反对"台独"民族分裂势力，为促进祖国统一大业不懈奋斗。1992年1月，江泽民在中央民族工作会议上发表讲话时，强调指出："我们要依靠各族人民群众，坚决反对和揭露'台独'分裂分子妄图把台湾从我国分割出去的罪恶活动；警惕和反对国际上某些政治势力支持逃亡国外的分裂主义分子，利用'泛伊斯兰主义'、'泛突厥主义'或打着其他旗号，在我国某些地区煽动分裂的图谋。"③ 将"台独"放在民族分裂势力之首，足见对反对"台独"的重视。1995年1月30日，在中共中央台湾工作办公室、国务院台湾事务办公室等单位举办的新春茶话会上，江泽民提出《为促进祖国统一大业的完成而继续奋斗》的八项主张（后来被简称为"江八点"），呼吁在坚持一个中国原则的基础上"进行海峡两岸和平统一谈判"。④ 1998年5月，在中央对台工作会议上，

① 国务院新闻办公室：《"东突"恐怖势力难脱罪责》，人民网2002年1月21日。

② 此前，2002年1月16日，联合国安理会正式通过1390号决议，决定对塔利班和基地组织等多个被国际社会公认的恐怖主义组织实施更加严厉的制裁，包括对相关的个人、团体和企业实行冻结资产、旅行限制、武器禁运等制裁措施。2002年9月11日，联合国安理会正式将"东突厥斯坦伊斯兰运动（东伊运）"列入安理会根据第1267、1390号决议颁布的恐怖主义组织和个人名单，对其实行冻结资产、旅行限制、武器禁运等制裁。（中华人民共和国外交部：《关于联合国安理会制裁阿富汗委员会将"东突厥斯坦伊斯兰运动"列入受制裁实体名单的通知》，2002年9月17日。）

③ 《江泽民文选》第1卷，人民出版社2006年版，第190页。

④ 江泽民提出的八项主张是：（1）"坚持一个中国的原则"；（2）"对于台湾同外国发展民间性经济文化关系，我们不持异议"；（3）"进行海峡两岸和平统一谈判"；（4）"努力实现和平统一，中国人不打中国人"；（5）"要大力发展两岸经济交流与合作"；（6）"两岸同胞要共同继承和发扬中华文化的优良传统"；（7）"两千一百万台湾同胞，不论是台湾省籍还是其他省籍，都是中国人"；（8）"欢迎台湾当局的领导人以适当身份前来访问；我们也愿意接受台湾方面的邀请，前往台湾"。《江泽民文选》第1卷，人民出版社2006年版，第421～423页。

中央把"继续遏制'台独'分裂势力和台湾当局在国际上制造'两个中国'、'一中一台'的活动,确保台湾是中国一部分的地位不被改变",确定为今后一个时期对台工作的"主要目标"或"主要目标"之一。1998年6月,江泽民在与来访的克林顿总统会谈时,曾突出地谈到了"台湾问题"和"台独"问题,强调:台湾问题一直是"中美关系中最重要、最敏感的核心问题"。① 江泽民在1998年11月访问日本期间在与日本首相小渊惠三会谈时严正指出:台湾之所以至今未能与大陆统一,日本是一个重要因素。②

2005年3月4日,在陈水扁大力推进"法理台独"的背景下,中共中央总书记、国家主席、中央军委主席胡锦涛提出了新形势下发展两岸关系的"四点意见":(1)"坚持一个中国原则决不动摇";(2)"争取和平统一的努力决不放弃";(3)"贯彻寄希望于台湾人民的方针决不改变";(4)"反对'台独'分裂活动决不妥协"。③ 10天之后,即2005年3月14日,第十届全国人民代表大会第三次会议通过了《反分裂国家法》。这次立法首次将实现两岸统一的大政方针转化为国家立法,集中体现了全国各族人民不可动摇的反对分裂国家的坚强意志,具有最高的权威性,可以说是以立法形式确定了中国人民决心维护国家领土主权完整的重大战略部署。

在中国共产党和中央人民政府积极推动下,防范和抵制"台独"活动的斗争取得了一系列瞩目的成绩,不仅有效地反对和抵制了"台独"势力策划的"入联公投"活动,④ 而且也使两岸关系获得了显著的进展。1992年10月28~30日,台湾海峡交流基金会与大陆海峡两岸关系协会在香港商谈中,就海峡两岸事务性(公证书使用)商谈中如何表述坚持一个中国原则的问题进行了讨论,并逐步达成"九二共识"。2001年,两岸实现了"小三通"。⑤ 2008年12月15日,隔绝了60年的海峡两岸开始直接"通邮、通商、通航",终于实现了"大三通",不仅给海峡两岸人民带来了诸多的便利,而且也给海峡两岸的发展带来新的机遇和新的希望。2010年6月,海协会与海基会签署了《海峡两岸经济合作框架协议》(ECFA)。这项协议的签订不仅有力地保证了两岸经济关系的正常化、制度化和自由化,而且也是对包括台湾基督教长老会和万佛会在内的"台独"势力的致命一击。

需要指出的是,我们反对民族分裂主义的斗争是与反对宗教干涉主义的斗争

---

① 《江泽民文选》第2卷,人民出版社2006年版,第151页。
② 《江泽民文选》第2卷,人民出版社2006年版,第245页。
③ 《胡锦涛提新形势下发展两岸关系四点意见》,新华网2005年3月4日。
④ 2008年3月22日,举行台湾"入联公投"(即台湾加入联合国公投)。尽管陈水扁对这次公投进行了长期的精心策划,但还是由于投票率仅为35.82%未能达到投票率门槛(50.00%)而遭到否决。
⑤ "小三通"指分阶段开放金门、马祖与福建沿海的货物与人员往来。

紧密结合在一起的。1992 年 1 月,江泽民在中央民族工作会议上发表讲话时,突出地强调了民族问题与宗教问题的关联性。他指出:"民族问题在一些地方往往与宗教问题交织在一起,……尤其值得我们警惕的是,国际敌对势力明目张胆地支持我国内部的极少数分裂主义分子,正在加紧对我们进行渗透、破坏、颠覆活动。利用民族问题打开缺口,是国内外敌对势力进行和平演变的重要手段。"①从我们对"藏独"、"疆独"和"台独"的考察中,不难发现一个共同现象,即西方反华势力和"东突"势力一方面千方百计地利用宗教极端势力来策划、推动和制造民族分裂活动,另一方面又打着宗教信仰自由和人权的旗号来实施宗教干涉主义,助推民族分裂活动。就"藏独"而言,西方反华势力打出的旗帜是维护藏传佛教文化和"西藏人权"。就"疆独"而言,"东突"势力利用的是与民族沙文主义合为一体的宗教极端主义,西方反华势力怂恿和支持"疆独"势力的借口则是"宗教信仰自由"和与此关联的"维吾尔人权"。就"台独"而言,西方和日本的反华势力怂恿和支持"台独"的主要手段之一,便是通过他们所支持的基督教长老会和万佛会干预台湾社会进程,谋求台湾独立,以达到其遏制中国的企图。在一定程度上,西方反华势力和东突势力的民族分裂主义与宗教干涉主义是一而二二而一的东西,西方反华势力的"分化"策略与他们的"西化"策略也是一而二二而一的东西。因此,反对"藏独"、"疆独"和"台独"等民族分裂主义的斗争明显地具有反对和抵制境外宗教渗透和宗教干涉主义的性质和意义,至少应当视为反对和抵制境外宗教渗透和宗教干涉主义的一项内容。

---

① 《江泽民文选》第 1 卷,人民出版社 2006 年版,第 182 页。

下　篇

境外宗教渗透策论

《尚书·洪范篇》中有句"明作哲，聪作谋"的著名格言，一方面强调"明"和"聪"乃"谋"的前提，另一方面又强调"谋"乃"明"和"聪"的目的。我们完全可以用此来解说本书的框架结构。本书上篇"概论"旨在对境外宗教渗透做出逻辑解析，以期对境外宗教渗透的殖民主义本质有明晰的了解。中篇"别论"，旨在从境外宗教渗透主客模式的角度，分别对美国公民宗教的世界霸权主义本质，及苏联、东欧和中国防范和抵制境外宗教渗透的经验教训进行史学考察，以期对社会主义国家防范和抵制境外宗教渗透的必要性有更加充分的了解。然而，对境外宗教渗透殖民主义本质及社会主义国家防范和抵制境外宗教渗透必要性的"明"和"聪"并非本书的终极目的。本书的终极目的在于对社会主义国家防范和抵制境外宗教渗透的"谋"。谋者，策也；策者，谋也。之所以在境外宗教渗透"概论"和"别论"之后阐释境外宗教渗透"策论"，即是谓此。

"谋"是一种高级智慧。《孙子兵法》中有"上兵伐谋"的说法，[1]足见"谋"在古代军事理论中的地位。然而，"谋"有两种含义：一曰"图谋"；一曰"计谋"。前者意指的是"要不要为"，后者

---

① 孙武，赵国华注说：《孙子兵法》，河南大学出版社2008年版，第105页。

意指的是"何以为"。相形之下，"图谋"之义更为基本。因为对一个根本不想有所为的人来说，谈"何以为"就是无的放矢。所以，我们的策论即从"图谋"谈起。然而，当谈论"图谋"时，遇到的第一个问题便是"意识形态终结论"。在意识形态终结论者看来，苏东剧变意味着社会主义意识形态及其相应的社会主义制度的终结。倘若事情果真如此，社会主义国家防范和抵制境外宗教渗透就会显得荒唐、滑稽，势必有演绎堂吉诃德挑战风车之虞，会从根本上瓦解防范和抵制境外宗教渗透的斗志。因此，破除意识形态终结论便成为图谋防范和抵制境外宗教渗透的第一要务。因此，在本篇中，首先讨论的便是意识形态终结论。

然而，破除意识形态终结论是为了立，是为了帮助人们进一步认识防范和抵制境外宗教渗透、维护社会主义意识形态安全和国家安全的绝对必要性，树立防范和抵制境外宗教渗透的自觉意识和战略意识。因此，在批判意识形态终结论之后，紧接着便讨论和阐释"防范和抵制境外宗教渗透的战略意识"。如果说批判意识形式终结论是"图谋"的否定表达式的话，呼吁树立防范和抵制境外宗教渗透的自觉意识和战略意识便是"图谋"的肯定表达式。

如上所说，"谋"不仅有"图谋"义，而且还有"计谋"义，在批判意识形态终结论、阐释防范和抵制境外宗教渗透的自觉意识和战略意识之后，接着就会讨论和阐释防范和抵制境外宗教渗透的战略举措和战略管理。

第八章

历史并未终结："意识形态终结论"批判

在后冷战时代，意识形态领域一个热门话题便是"意识形态终结论"。作为资本主义意识形态的当代形态，一方面可以将意识形态终结论视为以美国为首的西方世界一部"新福音书"，另一方面又可以将其视为以美国为首的西方世界进行意识形态战一个新的"诡计"和"花招"（德里达语）。① 深入批判意识形态终结论，深刻揭露其资本主义意识形态的政治实质和驱除"共产主义幽灵"的险恶用心，是社会主义国家防范和抵制境外敌对势力宗教渗透和政治渗透、维护社会主义国家意识形态安全和国家安全一项既重大又紧迫的任务。

第一节 "意识形态终结论"的历史流变与历史走势

意识形态终结论虽然是当代意识形态领域的一个热门话题，但这个话题却可以上溯到 20 世纪 20 年代，甚至可以上溯到 19 世纪 80 年代。不过，在一个多世纪的演变过程中，无论是该话题的内涵还是其表述方式都发生了重大变化。具体深入地考察意识形态终结论的这一历史流变过程，对于鉴别当代意识形态终结论的理论特征和政治取向是很有助益的。

---

① ［法］雅克·德里达著，何一译：《马克思的幽灵》，中国人民大学出版社 2008 年版，第 67 页。

一、“意识形态终结论”的话题溯源

说起意识形态终结论，人们便会立即想到尼克松的“不战而胜论”、布热津斯基的“失败论”和福山的“历史终结论”。但是，谈论意识形态终结论并非尼克松、布热津斯基和福山的专利，事实上在他们之前很久就有人谈论意识形态终结乃至意识形态终结论了。有学者甚至断言：“最早提出‘意识形态终结’的人是恩格斯。”① 这就把意识形态终结论的源头上溯到了19世纪80年代。

早在1886年，恩格斯写了题目为《路德维希·费尔巴哈与德国古典哲学的终结》的长文。② 按照恩格斯的说法，这篇长文的主旨在于阐明“主要由马克思制定的唯物主义历史观”与“德国哲学的意识形态的见解”的“对立”。③ 这就是说，在这篇长文中，恩格斯认为德国古典哲学是当时德国社会的一种“意识形态”，从而他所谓“德国古典哲学的终结”指的也就是一种“意识形态的终结”。从这个意义上讲，可以说恩格斯是提出意识形态终结观点的第一人。

然而，需要注意的是，恩格斯关于意识形态终结的观点虽然是在讨论作为意识形态的德国古典哲学的终结的场合下提出来并予以强调的，但纵观《路德维希·费尔巴哈与德国古典哲学的终结》全文，可以看出，实际上他指的是作为国家机器一部分的意识形态的终结，而并非作为一般社会结构要素之一的社会意识形态的终结。在该文中，恩格斯不仅将政治、法律、哲学和宗教称作“意识形态”，而且还将国家本身称作“意识形态”。他写道：“国家作为第一个支配人的意识形态力量出现在我们面前。”④ 这就明显地表达了意识形态的国家机器的性质及其对于国家机器的从属性质。另外，恩格斯是从人类历史的发展阶段论的高度阐述作为国家机器一部分的意识形态的消亡或终结的。换言之，在恩格斯看来，作为国家机器一部分的意识形态的消亡或终结是以无阶级、无国家的人类社会的出现为前提和基础的，是随着阶级社会和国家的消亡或终结而消亡或终结的。再有，恩格斯关于意识形态终结的论断完全基于对人类社会发展阶段的纯粹学理的探讨，而不具有“意识形态”的性质。在该文中，他虽然直接指的是作为意识形态的德国古典哲学的终结，但所阐释的原理却不限于作为意识形态的德国古典哲学的终结，还关涉所有类型的作为国家机器一部分的意识形态的终结。也就是说，恩格斯所谓作为国家机器一部分的意识形态的终结不仅涉及作为资本主

---

① 吴玉荣：《“意识形态终结论”的百年历程及其对立》，《中国特色社会主义研究》2003年第2期。
② 该文最初载于1886年《新时代》杂志第4期和第5期上，1888年以单行本形式在斯图加特出版。
③ 《马克思恩格斯选集》第4卷，人民出版社1995年版，第211页。
④ 《马克思恩格斯选集》第4卷，人民出版社1995年版，第253页。

义国家机器一部分的意识形态的终结，而且原则上也涉及作为社会主义国家机器一部分的意识形态的终结。就此而言，可以将恩格斯关于意识形态终结的思想视为马克思主义意识形态学说一项基本内容。

二、曼海姆的"作为乌托邦的意识形态的终结"

虽然从对《路德维希·费尔巴哈与德国古典哲学的终结》上述分析中，完全有理由说恩格斯提出了"作为国家机器一部分的意识形态"的终结问题，但很难据此说他已然明确地提出了"意识形态"终结"论"。在意识形态学说史上，德国社会学家卡尔·曼海姆不仅是意识形态概念中性化的一个重要环节，而且也可以视为沿着非马克思主义传统倡导"意识形态终结论"的思想先驱。[①]

曼海姆（Karl Mannheim，1893～1947）于1929年出版了他的成名作《意识形态与乌托邦》。按照曼海姆的观点，意识形态比乌托邦还乌托邦。他认为，无论是意识形态还是乌托邦，都是一种与现实"不协调"或"不一致"的概念，都旨在"超越现实"，在于设想一套在现有社会秩序范围内无法实现或无法完全实现的行为模式，但乌托邦与意识形态却有区别。这是因为乌托邦虽然与现实不尽一致，但却总是包含一些与现实一致的内容，所以它的内容在一定程度上可以实现，它所设计的行为模式在一定程度上也有望收到一定的改变现实的效果。而意识形态只是一种完全脱离现实的"纯粹的设想"，所以它所设计的行为模式根本不可能取得任何事实上的成功。他的这些说法很容易使人想到拿破仑。不过，曼海姆撰写该书的根本目标却在于终结意识形态传统的社会学研究方法，代之以一种崭新的社会学研究方法，一种"不带党派偏见的对处于实际存在的社会环境中所有可能影响到思想的因素进行分析"的方法，也就是他所谓的知识社会学的方法。[②] 可以说，实现"从意识形态理论到知识社会学的转变"，是《意识形态与乌托邦》一书的根本宗旨。[③]

由此看来，曼海姆所谓意识形态的终结，与恩格斯所谓意识形态的终结一样，指的都不只是某种特殊意识形态的终结，既非社会主义意识形态的终结，也非资本主义意识形态的终结，而是所有类型的意识形态的终结或一般意识形态的终结。尽管曼海姆所谓意识形态的终结指的主要不是恩格斯所说的作为国家机器一部分的意识形态的终结，而首先是作为政治学和社会学等社会科学研究方法论的社会意识形

---

① 参阅姚大志：《西方关于"意识形态终结"的辩论》，《哲学动态》1988年第10期。

② ［德］卡尔·曼海姆著，姚仁权译：《意识形态与乌托邦》，中国社会科学出版社2009年版，第74页。

③ ［德］卡尔·曼海姆著，姚仁权译：《意识形态与乌托邦》，中国社会科学出版社2009年版，第72页。

态的终结，但这一理论取向对 20 世纪的西方意识形态终结论思潮、特别是对 50 年代的意识形态终结论思潮，却产生了相当深广的影响。① 应该说，20 世纪 50 年代一大批活跃在意识形态终结论论坛上的著名的政治学家和社会学家都程度不同地受到了曼海姆的知识社会学方法论的影响。

三、走向反社会主义的传统意识形态终结论

传统的意识形态终结论是在 20 世纪 50 年代中期酝酿形成的。由于其脱胎于以美国为首的西方国家开始对社会主义国家实施和平演变战略的大环境，所以它虽然秉承曼海姆知识社会学方法论的传统，却或多或少地包含反社会主义的理论倾向。其代表人物主要有希尔斯、阿隆、李普塞特和贝尔。

美国社会学家爱德华·希尔斯（Edward Shils，1911～1995 年）是传统意识形态终结论的重要代表人物。从 1954 年起，他先后发表了《权威主义："右"与"左"》（1954 年）、《意识形态的终结?》（1955 年）、《意识形态与礼仪：论知识分子政治学》（1958 年）和《意识形态概念》（1968 年）等有关意识形态终结的论文、评论和报道，其中影响最为广泛的当属《意识形态的终结?》一文。1955 年 9 月，150 多位作家、政治学家、新闻记者和大学教师在意大利米兰召开了以"自由的未来"为题目的世界知识分子代表会议，参加会议的既有社会主义者也有右翼保守主义者。从形式上看，《意识形态的终结?》只不过是希尔斯对这次代表会议的综述。但希尔斯这个综述却别出心裁地突出了"意识形态的终结"这个主题。希尔斯宣称："近几个年代，自由主义势力无论在立法机构方面还是在研究领域都开展了同国家社会主义、法西斯主义和激进主义（布尔什维克主义）的斗争。现在，在美国、大不列颠、德国和斯堪的纳维亚诸国，在较低的程度上在意大利和法国，以及在国际舞台，我们似乎都取得了一定的成功。但无论在欧洲还是美国，这项颠覆性工作却都还是受到了限制或遭到了毁灭。……我们感到现在已经无需全面详尽的信仰体系。我们不仅已经看到了总体主义和极端热情的实质性错误，而且也看到了曾经具有吸引力的意识形态指向类型的非法性。"② 正是基于对第二次世界大战之后国际

---

① 第二次世界大战后，意识形态终结论即开始流行。存在主义哲学家和作家阿尔伯特·加缪（Albert Camus，1913～1960）1946 年 11 月曾在《战斗》报上撰文，提出了"意识形态"即"绝对的乌托邦""走向终结"这样一个命题，被认为是二战后"第一个使用'意识形态的终结'一语的人"。参阅 ［美］丹尼尔·贝尔著，张国清译：《意识形态的终结：五十年代政治观念衰微之考察》，江苏人民出版社 2001 年版，第 472 页。

② Edward Shils. The End of Ideology? *Encounter*, November, 1955, p. 57.

形势的上述评估，希尔斯提出了"意识形态的毁灭"以及"重构我们的信仰"的问题。① 在一定意义上可以说，50 年代和 60 年代开展的关于意识形态是否终结的讨论都可以看作是对希尔斯这一号召的响应。

法国哲学家和社会学家雷蒙·阿隆（Raymond Aron，1905 ~ 1983 年）是米兰会议的与会者之一。他在这次会议上将"意识形态的终结"作为 20 世纪的一个"事实"提了出来。他所提交的会议论文断言：本世纪初期"重大意识形态冲突的基础"在第二次世界大战以后在很大程度上被"抽离"了。由于人们认识到所有极端学说的结合是根本不可能的，摧毁了"左派"和"右派"之间"曾经显而易见的区分"。无论是"彻底的社会主义意识形态"还是"彻底的新自由主义意识形态"，都从根本上受到了削弱。② 同年，阿隆出版了他的名著《知识分子的鸦片》。他的上述观点在该书中以"意识形态时代的终结？"为标题的"结论"中得到了系统的表达。1957 年，C. I. 韦克斯曼在编撰《意识形态终结辩论》时，将该书的这一部分收入其中，从而使阿隆的这些观点得到了更为广泛的流传。③

美国政治社会学家西摩·马丁·李普塞特（Seymour Martin Lipset，1922 ~ 2006 年）也是米兰会议与会者之一。他提交的论文《民主政治的状态》触及了下层社会的基要主义与权威主义对于政治民主的危险，并且提出了如果不使用陈词滥调就根本无法对"麦卡锡主义"做出任何评论的问题。④ 他的这些观点在其 1960 年出版的《政治人：政治的社会基础》一书中得到了系统的发挥。该书初版时含 13 章，其中第十三章以"意识形态终结了吗？"为标题，且作为该书的"结束语"。李普塞特在该章指出：最近几年，西方世界及其民主政治已经发生了一些重大变化，"代表不同价值的群体之间"，"严重的思想冲突""日趋衰落"，"划分左、右的传统争论问题已退居比较不重要的地位"，"划分左、右的意识形态问题已转变为主张多一些或少一些国家所有制和计划经济的问题"，以至于"似乎没有一个人认为，在各个国家由哪一个政党控制国内政策，真的有很大差别"。⑤ 左派的代表是社会主义者，但"大多数欧洲社会主义领导人现在已自觉地把社会主义视为'乌托邦神话'"，"几乎没有哪个社会主义政党还想把更多的企业国有化。这个目标基本上已为斯堪的纳维亚诸国、英国、联邦德国等工业化

---

① Edward Shils. The End of Ideology？ *Encounter*，November，1955，p. 57.

② Edward Shils. The End of Ideology？ *Encounter*，November，1955，p. 53.

③ Raymond Aron. *The end of the ideological age？* In C. I. Waxman（Ed.），*The end of ideology debate*. New York：Simon & Schuster，1968，pp. 27 - 48.（Original work published 1957）

④ Edward Shils. The End of Ideology？ *Encounter*，November，1955，p. 56.

⑤ 参阅［美］西摩·马丁·李普塞特著，张绍宗译：《政治人：政治的社会基础》，上海人民出版社 2011 年版，第 331 ~ 332 页。

程度较高国家的社会主义政党所放弃"。① 另一方面，右派的保守主义者则开始接受原来属于左派的东西——国家所有制和计划经济，从而右派与左派的立场逐步趋于一致："工业革命带来的基本政治问题已经解决：工人已在产业和政治上实现公民身份；保守主义者已经接受福利国家的思想；民主左翼已经认识到，整个国家权力的增加给自由带来威胁，而不是解决经济问题。"② 李普塞特断言：意识形态在西方社会国内政治中这种"衰落"和"终结"，极大地影响了以"扮演社会批判角色"为己任的知识分子的生活轨迹。由于"国内政治，甚至自由主义政治和社会主义政治，已不能作为来自左的方面的严肃批评舞台"，所以"许多知识分子"便开始从"对政治经济制度的基本关注"转向批评"社会基本文化的另一些方面，特别是从政治上不能研究的因素"。③ 值得注意的是，李普塞特虽然强调意识形态的衰落或终结，但他却并没有因此而否认阶级冲突或阶级斗争的存在。他强调说：我们不能"把意识形态在西方社会国内政治中的衰落误认为支撑国内争论的阶级冲突的终结"。例如，资本主义国家的投票模式方面的大量证据显示，"选民从整体上看并不反映"一些知识分子所想象的"国内阶级斗争的终结"。因此，李普塞特断言："民主式的阶级斗争将继续下去，但这只是一种没有意识形态色彩、没有红旗、没有五一国际劳动节游行的斗争"。④

20 世纪中叶最富盛名的意识形态终结论者当属美国批判社会学家丹尼尔·贝尔（Daniel Bell, 1919~2011），他在这一领域最重要的代表作是出版于 1960 年的《意识形态的终结》。在这部著作中虽然与希尔斯、阿隆和李普塞特一样，贝尔谈论的都是"意识形态的终结"这个话题，但却赋予这个话题以新的内容。首先，无论是希尔斯还是阿隆和李普塞特，所采用的表述式均为"意识形态终结了吗？"唯独贝尔采用了"意识形态的终结"这样一种表述式。就是说，希尔斯、阿隆和李普塞特是以探究的姿态来讨论意识形态终结这个话题，而贝尔则是以直陈的语气来讨论和表述意识形态终结这个话题的。换言之，希尔斯、阿隆和李普塞特是以或然的口气谈论意识形态终结这个话题，而贝尔则是以确然的或已然的口气谈论这一话题的。在谈到当今时代时，贝尔明确无误地写道："在从 1930 年到 1950 年之间的 20 年中，历史著作中记载了一些特别严重的事件……所

---

① ［美］西摩·马丁·李普塞特著，张绍宗译：《政治人：政治的社会基础》，上海人民出版社 2011 年版，第 331~332 页。

② ［美］西摩·马丁·李普塞特著，张绍宗译：《政治人：政治的社会基础》，上海人民出版社 2011 年版，第 333 页。

③ ［美］西摩·马丁·李普塞特著，张绍宗译：《政治人：政治的社会基础》，上海人民出版社 2011 年版，第 335 页。

④ ［美］西摩·马丁·李普塞特著，张绍宗译：《政治人：政治的社会基础》，上海人民出版社 2011 年版，第 334 页。

有这一切都意味着千禧年的希望、太平盛世的幻想、天启录的思想以及意识形态的终结。因为曾经是行动指南的意识形态现在已经逐渐走到了死亡的终点"。① 贝尔不仅宣布了意识形态的终结，而且还进而明确地宣布了"意识形态的时代"的终结。他写道："在西方世界里，在今天的知识分子中间，对如下政治问题形成了一个笼统的共识：接受福利国家，希望分权、混合经济体系和多元政治体系。从这个意义上讲，意识形态的时代也已经走向了终结。"② 在谈到对意识形态的终结的"意义"时，贝尔从"人道主义"的立场上断言："如果说意识形态的终结有什么意义的话"，那就是它将要求"修辞学和修辞学家的终结"，要求传统"革命日子"的终结，要求传统"壮举"的终结，要求非左即右的革命"法则"的终结，要求我们重申美国第三任总统托马斯·杰斐逊的格言："今天属于活着的人"。③

从表面上看，尽管 50 年代的意识形态终结论倡导的是作为一般意识形态的终结，但他们反社会主义的政治立场却是显而易见的。如果说在希尔斯那里，传统意识形态终结论的反社会主义立场还同时披着反对"国家社会主义、法西斯主义和激进主义（布尔什维克主义）"的外套的话，在贝尔那里，传统的意识形态终结论的反社会主义的政治立场就是赤裸裸的了。在贝尔看来，传统意识形态终结论应当终结的不仅有"已经走向穷途末路"的意识形态或"旧的意识形态"，④还应该包括那种正在"形成"着的以"俄国和中国"为榜样的"新的意识形态"。而这些新的意识形态的症结又恰恰在于意识形态的选择问题："新社会"究竟是通过"民主制度"还是利用"极权主义的工具"来"改造他们的国家"。⑤ 这就相当鲜明地表达了传统意识形态终结论的反社会主义的意识形态趋向。

四、当代意识形态终结论的"高调挺进"

虽然在 50 年代中期热闹了一阵子，但此后不久，由于国际共产主义运动的

① ［美］丹尼尔·贝尔著，张国清译：《意识形态的终结：五十年代政治观念衰微之考察》，江苏人民出版社 2001 年版，第 451 页。

② ［美］丹尼尔·贝尔著，张国清译：《意识形态的终结：五十年代政治观念衰微之考察》，江苏人民出版社 2001 年版，第 462 页。

③ ［美］丹尼尔·贝尔著，张国清译：《意识形态的终结：五十年代政治观念衰微之考察》，江苏人民出版社 2001 年版，第 466～467 页。

④ ［美］丹尼尔·贝尔著，张国清译：《意识形态的终结：五十年代政治观念衰微之考察》，江苏人民出版社 2001 年版，第 462～463 页。

⑤ ［美］丹尼尔·贝尔著，张国清译：《意识形态的终结：五十年代政治观念衰微之考察》，江苏人民出版社 2001 年版，第 463 页。

强势发展，传统的意识形态终结论很快就销声匿迹了。然而，到 80 年代末，随着苏联解体和东欧剧变，意识形态终结论突然再次爆发，一时竟成为西方意识形态的主旋律。1988 年，尼克松出版了其意识形态终结论的代表作《1999：不战而胜》。1989 年，布热津斯基出版了其意识形态终结论的代表作《大失败》。1992 年，福山出版了其意识形态终结论的代表作《历史的终结及最后之人》。

如果将 20 世纪 50 年代意识形态终结论的提出和讨论视为意识形态终结论的第一波的话，便不妨将 20 世纪 80 年代与 90 年代之交的意识形态终结论的制造和传播看作意识形态终结论的第二波。相对于第一波，第二波意识形态终结论的根本特征在于旗帜鲜明地反对社会主义意识形态和社会制度。

如前所述，50 年代意识形态终结论虽然内蕴这样那样的反社会主义内容，但却总是力图打出"中间道路"的旗帜，标榜一种既超越资本主义意识形态又超越社会主义意识形态的"超然立场"，极力宣扬所谓"一般意识形态的终结论"。而第二波意识形态终结论却不同，其代表人物差不多完全抛弃了"中间道路"这面旗帜，公开地在资本主义意识形态和社会主义意识形态之间"选边站队"，赤裸裸地站在资本主义意识形态和社会制度的立场上反对社会主义的意识形态和社会制度，始终宣扬的是资本主义意识形态和社会制度的优越性和永恒性，始终着眼的是"社会主义意识形态的终结"。尼克松讲"不战而胜"，阐述和强调的显然是资本主义意识形态和社会制度对社会主义意识形态和社会制度的"胜利"；布热津斯基的《大失败》一书的副标题即为"二十世纪共产主义的兴亡"，其意识形态色彩和政治立场跃然纸上；福山在《历史的终结及最后之人》的"代序"中明白无误地宣示，资本主义意识形态和社会制度在"全世界"的"合法性"，是"人类意识形态发展的终点"和"人类最后一种统治形式"，[①] 其意识形态终结论的政治意涵昭然若揭。

如前所述，贝尔在《意识形态的终结》中在大谈 19 世纪"旧的意识形态""终结"的同时，又提醒人们注意"新的意识形态"和"新左派"的"形成"和"存在"。从某种意义上可以说，贝尔这个说法是很有"预见性"的，不过却明显地具有片面性。因为无论如何他看到的只是以"俄国和中国"为榜样的"民族主义"这种"新的意识形态"和那些"对过去不甚了了的'新左派'"，丝毫没有预见到以尼克松、布热津斯基、福山和亨廷顿为代表的这种"新的意识形态"和"新右派"。事实上，如果民族主义是一种"新的意识形态"，由尼克松、布热津斯基和福山所代表的当代意识形态终结论就更是一种"新的意识形

---

① ［美］福山著，黄胜强、许铭原译：《历史的终结及最后之人》，中国社会科学出版社 2003 年版，第 1 页。

境外宗教渗透论

态"。如果人们觉得"新的意识形态"这种表述不甚贴切，不妨将其换成"资本主义意识形态的一种新形式"，或"资本主义意识形态的当代形式"。当代意识形态终结论实质上是一种典型的、寄生于意识形态终结论的当代资本主义意识形态，是一种借意识形态终结论之名，贩卖或推销资本主义意识形态的意识形态。

人类发展的历史告诉我们，只要阶级社会和国家存在一日，国家意识形态或作为国家机器一部分的意识形态就存在一日，只要人类社会存在一日，社会意识形态或作为社会机构一个要素的意识形态也就存在一日。在阶级社会存在的情况下，奢谈意识形态的终结本身就是在传播一种意识形态，或是在为某种意识形态的存在和发展制造舆论，在一定意义上其本身就可以被说成是一种意识形态。早在 20 世纪 60 年代，西方学者 C. 赖特·米尔斯就曾经断言："意识形态的终结……需要它自己的意识形态——一种政治上满足为现存事物辩护的意识形态。"① 结构主义马克思主义奠基人路易斯·阿尔都塞也说道："只有意识形态的世界观能够想象没有意识形态的社会，并接受这个乌托邦理想：在一个世界里意识形态将无形地消失，而被科学所替代。"② 也正因为如此，即使较早提出意识形态终结论的希尔斯后来也断言："意识形态的潜能乃人类性格中的一个永恒部分。"③ 由此看来，作为社会意识形态的意识形态终结论无论如何都是一种伪命题，都是意识形态的表现形式。无论何时、以任何形式，作为一般意识形态的意识形态终结论都既是一种虚假意识，也是一种作为社会意识形态的意识形态，其倡导者都只不过是在玩弄此地无银三百两的花招儿而已。如果说宣扬作为一般意识形态终结论的意识形态终结论是如此，宣扬作为社会主义意识形态终结的意识形态终结论就更其如此。

五、20 世纪"意识形态终结论"的历史走势

前面，考察了意识形态终结论话题的源头，扼要地追溯了意识形态终结论的流变进程，指出恩格斯的意识形态终结论讲的是作为国家机器一部分的意识形态的终结；同时说明了，20 世纪 50 年代的意识形态终结论标榜的是一般意识形态的毁灭或终结，而当代意识形态终结论宣扬的则是"社会主义意识形态的终结"。

① Stephen W. Rousseau and James Farganis. "American Politics and the End of Ideology". in *British Journal of Sociology*, XIV, 4 (1963), p. 274.

② 转引自尹保云：《现代化意识形态发展的模型》，《战略与管理》2000 年第 4 期，第 64 页。

③ Edward Shils. "The concept of ideology". In D. Sills (Ed.). *International encyclopedia of the social sciences*. New York：Macmillan & Free Press, 1968, pp. 66 – 75.

其中，恩格斯的意识形态终结论是马克思主义的意识形态终结论，20 世纪 50 年代的和当代的意识形态终结论则属于非马克思主义的意识形态终结论。本书着重考察的是非马克思主义的意识形态终结论，即 20 世纪 50 年代的传统意识形态终结论和当代意识形态终结论，我们所谓意识形态终结论的历史走势，指的也主要是 50 年代意识形态终结论到当代意识形态终结论的历史走势。

倘若从基本内容和政治意涵看，关于 20 世纪意识形态终结论的历史走势，我们不妨说：20 世纪意识形态终结论从 50 年代到当代的发展，差不多就是从标榜"一般意识形态"终结到宣扬"社会主义意识形态"终结的过程。而伴随着这一转变的则是意识形态终结论者从所谓"中间立场"走向极右立场的过程。关于问题的这一方面，前面已经做了比较详尽的论述，这里就不再赘述了。

倘若从意识形态终结论的表达形式和表达语气看，关于 20 世纪意识形态终结论的历史走势，我们不妨说：20 世纪意识形态终结论从 50 年代到当代的发展差不多是由探究性到独断性的演进过程。按照 50 年代意识形态终结论者的观点，意识形态之所以走向终结以及意识形态之所以应当走向终结，一个根本理据是：在他们看来，意识形态一个根本弊端在于它的独断论，在于它在对社会和社会未来的解释中不仅将"或然性"偷换成"可能性"，而且还将"或然性"和"可能性"偷换成"确定性"和"必然性"。[①] 也正是因为如此，如前所述，早期的意识形态终结论者往往以"意识形态终结了吗？"和"意识形态时代终结了吗？"的形式来表达自己的见解、态度和立场。随着意识形态终结论的逐步演进，特别是随着当代意识形态终结论的出现和发展，作为意识形态终结论方法论原则的怀疑主义逐步为独断主义所取代，经验假设（经验分析）逐步为政治信条所取代。李普塞特在谈到早期意识形态终结论者所持的经验主义立场时，曾经强调："关于意识形态终结论的大部分争论显然涉及意识形态分歧。不过，许多社会学家对这个观点提出的现代表述，是把它作为一个经验假设，即设想社会发展将对与阶级相关的党派争论的性质有影响。"[②] 然而，既然意识形态终结论的原始意义在于对"一般意识形态"的否定，在于对任何特殊意识形态的超越，在于对任何意识形态的怀疑主义立场和经验假设，在于对"极左"和"极右"立场的"双向排除"，既然当代意识形态终结论的主旨只在于否定和终结社会主义意识形态，赤裸裸地持守资本主义的意识形态，在意识形态问题

---

① ［美］丹尼尔·贝尔著，张国清译：《意识形态的终结：五十年代政治观念衰微之考察》，江苏人民出版社 2001 年版，第 462 页。

② ［美］丹尼尔·贝尔著，张国清译：《意识形态的终结：五十年代政治观念衰微之考察》，江苏人民出版社 2001 年版，第 316 页。

上采取了一种独断的和极右的立场，那么当代意识形态终结论就从根本上抛弃和终结了原初意义上的意识形态终结论，当代意识形态终结论本质上便是一种对原初意义上的意识形态终结论的终结。一旦人们窥见当代意识形态终结论这一内在悖论，它的资本主义意识形态的庐山真面目也就昭然若揭了。也正是在这个意义上，德里达在批判福山的历史终结论时，不仅揭露了它的"独断主义"，还揭露了它的"密谋"性质和"驱魔"意图，宣称：历史终结论无非是"针对马克思主义的重大'密谋'，针对马克思主义的'咒语'。……一种独断主义正在企图将其世界性的霸权置于充满悖论的和可疑的根据之上"。① 此言不诬也。

倘若从意识形态终结论者的社会身份来看，关于 20 世纪意识形态终结论的历史走势，我们不妨说：20 世纪意识形态终结论从 50 年代到当代的发展差不多是由"学者型"向"政客型"的演进过程。50 年代意识形态终结论倡导者和阐述者是清一色的学者和大学教授。美国社会学家希尔斯先后在曼彻斯特大学和芝加哥大学任教。法国哲学家和社会学家阿隆曾长期任教于巴黎大学和国立行政学院等校。美国政治社会学家李普塞特曾长期在斯坦福大学和哈佛大学任教。美国批判社会学家贝尔虽然在早期曾从事过新闻工作，一度担任过《新领袖》和《幸福》等杂志的主编和编委，但他的主要职业依然是大学教授，曾先后在芝加哥大学、哥伦比亚大学和哈佛大学担任社会学教授。然而，当代意识形态终结论者的社会身份就很不一样了，他们中虽然有人也担任过大学教授，但差不多都有在美国政府部门中任职的经历。尼克松先后于 1952 年和 1968 年、1972 年当选美国副总统和总统。布热津斯基虽然曾在哥伦比亚大学担任过副教授和教授，但从 1961 年起先后担任肯尼迪外交政策顾问、国务院和兰德公司顾问、国务院政策计划委员会委员、卡特政府国家安全事务助理和华盛顿战略和国际问题研究中心（CSIS）理事等职务。福山虽然身为约翰霍普金斯大学教授，但担任过美国国务院思想库"政策企划局"副局长一职。尽管他们的政治地位不尽相同，介入政治的程度也不尽相同，但他们都涉足政治，都是资本主义国家机器的"螺丝钉"。既然他们本身即为资本主义国家机器之一部分，则不仅他们持守作为国家机器之一部分的意识形态是非常自然的，他们所宣讲的意识形态终结论有别于 50 年代的意识形态终结论同样也是非常自然的。从学者型意识形态终结论到政客型意识形态终结论实在是 20 世纪意识形态终结论演进过程中一个根本性转向，由此出发，这两个不同发展阶段的意识形态终结论的种种差别便容易理解了。

---

① ［法］雅克·德里达著，何一译：《马克思的幽灵》，中国人民大学出版社 2008 年版，第 50、52 页。

第二节　当代"意识形态终结论"的主要样态

在对西方意识形态终结论的考察中，当代意识形态终结论无疑占有特别重要的地位。对西方意识形态终结论的历史流变和历史走势考察的根本目标并不在于获得相关历史知识，而在于对西方当代意识形态终结论的特殊本质有一个历史的和透彻的了解。因此，在对西方意识形态的历史和当代意识形态的特殊本质初步了解的基础上，对西方当代意识形态终结论的主要样态进行较为具体的考察就很有必要了。

如果说 50 年代第一波意识形态终结论是以当时"莫斯科的审判"和"匈牙利的镇压"为历史背景的话，① 第二波意识形态终结论，即当代意识形态终结论，便是以 20 世纪 80 年代末，以美国为首的西方国家和梵蒂冈结盟进一步加紧对社会主义国家实施意识形态输出和宗教渗透、苏联和东欧国家逐步解体和剧变为历史背景的。贝尔于 1988 年重新评估他的意识形态终结论的历史影响时，曾经说过一句意味深长的话："就政治后果而言，《意识形态的终结》在今天再一次引起了某些反响，因为我们正处于新一轮打消对共产主义世界抱有幻想的时期。"② 可以说，无论是尼克松的《不战而胜》（1988 年）和布热津斯基的《大失败》（1989 年），还是福山的《历史的终结及最后之人》（1992 年），都是在这样的历史背景下推出的，从而联合演奏出一曲"终结社会主义意识形态"、"打消共产主义幻想"的大合唱。③

一、尼克松："不战而胜论"与"反共乃一种信仰"

1988 年，尼克松出版了他的著作《1999：不战而胜》。这部著作由于提出了"不战而胜论"开启了第二波意识形态终结论思潮。

众所周知，尼克松（Richard Milhous Nixon, 1913～1994 年）是美国第 37 任总统。1946 年他当选美国众议院共和党议员，开始步入政界，1952 年作为

---

① ［法］雅克·德里达著，何一译：《马克思的幽灵》，中国人民大学出版社 2008 年版，第 16 页。

② ［美］丹尼尔·贝尔著，张国清译："重读《意识形态的终结》，1988 年"，引自《意识形态的终结：五十年代政治观念衰微之考察》，江苏人民出版社 2001 年版，第 506 页。

③ "在不同的条件下，意识形态终结论虽然以'不战而胜论'、'社会主义失败论'、'历史终结论'、'文明冲突论'等话语出现，但却一以贯之地体现了反马克思主义、反社会主义的逻辑路线和冷战思维。"梁建新：《穿越意识形态终结的幻象——西方意识形态终结论思潮评析》，中国社会科学出版社 2008 年版，第 62～63 页。

艾森豪威尔的竞选伙伴，当选为美国副总统，1968 年，当选美国第 46 届总统。1972 年，连任美国第 47 届总统，1974 年 8 月，因"水门事件"被迫辞去总统职务。退出政坛后，尼克松写了多本有影响的著作，如《尼克松回忆录》、《真正的战争》、《领袖们》、《别再有越南》、《1999：不战而胜》和《超越和平》等。就与我们当前讨论话题的相关性而言，最值得关注的当为《真正的战争》和《1999：不战而胜》。

《1999：不战而胜》是 1988 年出版的，而《真正的战争》是 1980 年出版的，但这两本书的主题却完全一致：从"一球两制"的高度，来讨论资本主义社会制度和意识形态与社会主义社会制度和意识形态之间的"战争"。在《真正的战争》一书中，尼克松明确地将资本主义社会制度和意识形态与社会主义社会制度和意识形态之间的斗争称作"第三次世界大战"。[①]尼克松强调说："第三次世界大战在第二次世界大战结束以前就开始了。"从此以后，"第三次世界大战一直进行着，从苏联夺取东欧，到共产党征服中国，朝鲜战争和印度支那战争，在古巴建立苏联力量在西半球的前哨站，到苏联及其盟国目前对非洲、伊斯兰新月地区和中美洲的推进"。[②]对于这次世界大战，尼克松特别强调了两点：一是它为"第一次真正的全球战争"，二是它为"第一次真正的全面战争"。尼克松所谓的第三次世界大战之所以是"第一次真正的全球战争"，是因为"这场战争已到达了地球的任何一个角落"；美国和苏联都成了"全球性强国"，在任何地方影响他们之间力量对比的任何东西，也都影响到他们之间在每个地方的力量对比。尼克松由此得出结论：在这种情况下，"必须学会从全球角度考虑问题"。[③]第三次世界大战之所以是"第一次真正的全面战争"，是因为这场战争是在"生活和社会的每一个方面"进行的。也就是说，这场战争不仅涉及军事、经济和政治领域，而且还涉及意识形态领域。所有这些领域"对于这场战争的结局都是十分重要的"。[④]第三次世界大战之所以是"第一次全面的战争"还由于"敌人的性质"："因为他们的制度是全面的极权主义制度，它打着一种意识形态的旗号前进，在这种意识形态中，甚至它的人民的头脑也是国家的财产。"[⑤]他认为，从这个意义上，第三次世界大战也可以称作"和平的战争"。正是基于第三次世界大战是"第一次真正的全面战争"和"和平的战争"的设想，[⑥]尼克松突出和强调了打意识形态战的绝对必要性。尼克松援引拿破仑关于"世界上只有两种力量——利剑和精神"，以及"从长远说，精神总是能征服利剑"的格言，[⑦]强调

---

① ［美］尼克松著，常铮译：《真正的战争》，新华出版社 1980 年版，第 21 页。

② ［美］尼克松著，常铮译：《真正的战争》，新华出版社 1980 年版，第 23 页。

③④⑤⑥ ［美］尼克松著，常铮译：《真正的战争》，新华出版社 1980 年版，第 24 页。

⑦ ［美］尼克松著，常铮译：《真正的战争》，新华出版社 1980 年版，第 377 页。

了用资本主义意识形态战胜社会主义意识形态的第一重要性。

面对这场战争尼克松似乎胜券在握。在他看来，从长远看，优势在美国和西方一边。因为美国"既有利剑又有精神"，而苏联则只有利剑而没有精神。① 尼克松在阐述美国在意识形态竞争中的"有利条件"时，特别强调了宗教的力量和作用，强调宗教与美国的结盟及其力量。130 多年前，马克思和恩格斯在《共产党宣言》中曾经谈到"教皇和沙皇"的结盟。② 现在，美国成为教皇向苏联和东欧实施宗教渗透和意识形态输出的同盟者了。尼克松写道："马克思曾经把宗教斥为毒害群众的鸦片。今天的克里姆林宫领导人发现宗教是一块不可破的岩石。由于教皇约翰·保罗二世凯旋而回波兰，苏联人不得不认真思索斯大林在三十年代说过的一番话。当时他曾经带着轻蔑的口吻问道：教皇有多少师军队？教皇没有装甲师，但是他拥有的力量不是苏联的坦克所能粉碎得了的。他触发的情绪深入人的精神的核心。不理解宗教信仰的人往往低估这种力量。"③ 也正是基于这种"自信"，尼克松提出了期望"不战而胜"、至少期望"免于不战而败"的问题。他写道："我们要不战而胜，就必须决心以不进行战争的方式使用我们的力量。"④ 他强调说："如果我们期望不战而胜，或者哪怕只是期望免于不战而败"，就必须在意识形态领域、在精神领域、在宗教领域"同对手交锋"。⑤

如果说尼克松的《真正的战争》是立足于对第二次世界大战以来国际局势的回顾，他的《1999：不战而胜》则明显地立足于对于新世纪的展望。他对新世纪的展望可以用一个词概括，这就是"不战而胜"。战与不战是手段，胜则是目的。所谓不战而胜也就是通过不战的手段，亦即和平的手段，打意识形态战的手段取得胜利。如前所述，不战而胜原本是《真正的战争》一书的话题，然而，《1999：不战而胜》却赋予这个话题以新的含义。首先，在《真正的战争》中，尼克松虽然渴望胜利，但头脑尚比较清醒，表述比较"低调"；"不战而胜"还只是他的一个"期望"，而且还是一个需要"几代"甚至需要"几个世纪"方能实现的"期望"。面对一些美国政客的盲目乐观主义，尼克松说："中国人想问题一向着眼于几千年，俄国人着眼于几个世纪，欧洲人着眼于几代，我们美国人则着眼于几十年。我们必须学会用长远的眼光看问题。"⑥ 他强调说："我们面临

---

① ［美］尼克松著，常铮译：《真正的战争》，新华出版社 1980 年版，第 381 页。

② 马克思和恩格斯写道："一个幽灵，共产主义的幽灵，在欧洲游荡。为了对这个幽灵进行神圣的围剿，旧欧洲的一切势力，教皇和沙皇、梅特涅和基佐、法国的激进派和德国的警察，都联合起来了。"《马克思恩格斯选集》第 1 卷，人民出版社 1995 年版，第 271 页。

③ ［美］尼克松著，常铮译：《真正的战争》，新华出版社 1980 年版，第 383 页。

④⑤ ［美］尼克松著，常铮译：《真正的战争》，新华出版社 1980 年版，第 385 页。

⑥ ［美］尼克松著，常铮译：《真正的战争》，新华出版社 1980 年版，第 384 页。

的挑战不会在一年内结束，也不会在十年内结束。要应付这种挑战，我们必须长久保持决心和毅力。要在这场斗争中得到胜利，必须有不屈不挠的精神，必须有坚持不渝的勇气，必须在局势变得棘手的时候一再进行还击。"① 更值得注意的是，尼克松不仅将不战而胜推迟到遥遥无期的未来，而且还提出了"免于不战而败"的"期望"，② 甚至还提出了资本主义社会制度和意识形态失败这种可能的预设。尼克松不仅明确地提出"我们可能在第三次世界大战失败"的警告，③ 而且还具体设想了遭致失败的种种原因。他写道："我们在这场战争中失败可能是由于失败主义：由于想象这场竞争是无法取胜的或者是不值得进行的。我们失败可能是由于对这场竞争的重要性认识得太迟，从而对苏联方面取得的一个又一个的微小进展默许得太久，而这些进展积累起来可能构成苏联的一个巨大的、甚至决定性的胜利。……我们的失败可能是由于对自己的要求不严格，由于自认为可以等到明天再作出牺牲，由于迟迟不作出难以作出的决定，而等到可以明显地看出需要作出这样的决定的时候，作出这种决定已经太迟了。"④ 然而，当写作《1999：不战而胜》的时候，他曾经批判的盲目乐观主义却支配了他的头脑，他对资本主义社会制度和意识形态在短期内的胜利，充满了"信心"。他似乎胸有成竹："36 年前，道格拉斯·麦克阿瑟将军在国会参众两院联席会议上以这样一句名言赢得了与会者起立并经久不息地欢呼喝彩，'胜利是没有任何替代品的。'他指的是在一场常规战争中的胜利，但是仍然没有任何东西能够取代胜利。"⑤ 毫无疑问，尼克松在这里所说的"胜利"不是别的，正是资本主义社会制度和意识形态对于社会主义社会制度和意识形态的胜利，用尼克松接下来的注释说，就是"自由的观念对抵制自由的极权独裁观念的胜利"。⑥ 在《真正的战争》里，尼克松曾经非常谨慎地宣布美国的胜利需要几代人甚至几个世纪的努力，根本不可能在"十年内"实现，然而在《1999：不战而胜》里，正如其标题所显示出来的，尼克松宣布在 10 年左右的时间里，这一目标将会实现。他极其乐观地写道："在 20 世纪结束之前的这 12 年里，我们将塑造 21 世纪的雏形。我们的当务之急是抓紧这一时刻，以便当我们在 1999 年的历史制高点进行回顾的时候，我们将看到我们不失时机地致力于使下一个世纪成为文明史上最辉煌而不是最血腥的世纪。"⑦

---

① ［美］尼克松著，常铮译：《真正的战争》，新华出版社 1980 年版，第 387 页。

② ［美］尼克松著，常铮译：《真正的战争》，新华出版社 1980 年版，第 385 页。

③④ ［美］尼克松著，常铮译：《真正的战争》，新华出版社 1980 年版，第 362 页。

⑤⑥ ［美］尼克松著，谭朝洁、孔岩、邓勇、马学印译：《1999：不战而胜》，中国人民公安大学出版社 1988 年版，第 15 页。

⑦ ［美］尼克松著，谭朝洁、孔岩、邓勇、马学印译：《1999：不战而胜》，中国人民公安大学出版社 1988 年版，第 14 页。

为什么一向谨慎的尼克松会突然变得如此激动了呢？这是因为他目睹了东欧国家和苏联在 20 世纪 80 年代的重大变化，目睹了以美国为首的西方世界与罗马教廷的"神圣同盟"推行的和平演变战略在 20 世纪 80 年代取得了出乎预料的"成功"。针对有人"把东欧国家看成是失败的事业"的说法，尼克松批评说："今日东欧进行和平演变的时机已经成熟。"到 20 世纪 80 年代，无论是东欧国家的普通人还是他们的领导人，都"传出了一个明朗的信号：共产主义教条作为激发人们的力量已经死亡"。① 尼克松特别肯定了波兰在 80 年代所"出现的一系列和平演变的浪潮"，肯定了私有制在波兰的复辟和团结工会对"自由界限"的"史无前例的扩大"。尼克松据此断言："不进行真正的改革，东欧在 1999 年到来之前的岁月里将不可避免地遭遇一场政治大动荡。"② 更使尼克松受到鼓舞的是苏联本身发生的变化。其中比较突出的是苏联国内到处出现的"分权"现象，特别是乌克兰民族和苏联中亚地区的分离主义运动；尤其重要的是，在苏联执政的戈尔巴乔夫这样一个"新型领导人"，是戈尔巴乔夫推行的"公开性"、"民主化"和"改革"的政治纲领，戈尔巴乔夫"承认""在许多重要方面，苏联体制已经失败"。③

尽管《1999：不战而胜》与《真正的战争》有上述差异，但在强调打意识形态战上是非常一致的。事实上，甚至可以说，《1999：不战而胜》比《真正的战争》更加注重和强调打意识形态战。《真正的战争》虽然讲的是两种社会制度之间的战争，但它强调的是"一场真正全面的战争"，从而显然是一种包含意识形态战在内的战争。在《真正的战争》里，尼克松援引别人关于"和平的战争"的说法，显然在于强调他所谓"战争"这层含义。在《真正的战争》里，尼克松对意识形态战的短期效果持存疑态度。在解释拿破仑关于"从长远说，精神总是能征服利剑"时，尼克松强调说："从长远说，精神也许能得胜，如果我们用一千年作为衡量长度的尺度。但是在像几十年、几代、甚至几世纪这样的较短的时期，精神曾经一度被利剑消灭。……在我们大家都在世的这个短时期，利剑是精神的必不可少的盾牌。"④ 然而，在《1999：不战而胜》里，尼克松的疑虑似乎消失不见了。首先，与《真正的战争》突出"战争"不同，《1999：不战而

---

① ［美］尼克松著，谭朝洁、孔岩、邓勇、马学印译：《1999：不战而胜》，中国人民公安大学出版社 1988 年版，第 168 页。

② ［美］尼克松著，谭朝洁、孔岩、邓勇、马学印译：《1999：不战而胜》，中国人民公安大学出版社 1988 年版，第 170 页。

③ ［美］尼克松著，谭朝洁、孔岩、邓勇、马学印译：《1999：不战而胜》，中国人民公安大学出版社 1988 年版，第 28、35～37、175～177、374 页。

④ ［美］尼克松著，谭朝洁、孔岩、邓勇、马学印译：《1999：不战而胜》，中国人民公安大学出版社 1988 年版，第 381 页。

胜》突出的是"不战"与"和平"。尼克松在该书第一章开门见山地写道:"20世纪将被作为一个战争和奇迹的世纪载入史册。我们必须使21世纪成为和平的世纪。"① 更何况"不战而胜"这个说法中的"不战"指的并非不进行任何战争,而是不进行"军事战争",更确切地说,是不进行"核战争"。正如尼克松强调的,"在核战争中将没有任何胜利者可言,只有失败者"。② 所以尼克松所谓"不战而胜"的战争也只会是意识形态战争,而不战而胜的"胜利"也只会是意识形态的胜利,即他所谓"自由的观念对抵制自由的极权独裁观念的胜利"。③ 其次,尼克松强调了意识形态武器对于其他类型武器的优先性和优越性。与在《真正的战争》中仅仅把"精神"或"意识形态"当作一种武器不同,在《1999:不战而胜》里,尼克松突出和强调了"精神"或"意识形态力量"的优先性和绝对必要性。尼克松在谈到"意识形态的力量"这个问题时强调:"我们与苏联的竞争是军事、经济和政治的竞争,但是美苏对抗的根本原因是意识形态的。苏联要扩大共产主义的范围,破坏自由,而美国要阻止共产主义的扩张,扩大自由的范围。如果我们在意识形态领域的斗争中失利,我们所有的武器、条约、贸易、外援和文化交流将毫无意义。"④ 尼克松此时之所以特别注重意识形态的力量,除了出于对苏美对抗深层考虑外,还有一个实用主义的考虑,这就是军事侵略的代价非常"昂贵"(越南战争使美国人尝到了苦头),利用"经济力量"和"意识形态的号召力"相对要廉价得多。因此,在尼克松看来,在美国的全球扩张战略中,"意识形态的号召力"应当和"经济力量"一起成为美国的"决定性力量"或"决定性因素"。⑤

作为典型的资产阶级政治活动家,尼克松的著作,尤其是他的《1999:不战而胜》,具有极其鲜明的资本主义意识形态色彩。《1999:不战而胜》通篇讲的都是资本主义意识形态的优越性,都是美国的"自由"观念、"自由"精神和"自由"信仰,都是社会主义国家的"独裁"、"暴政"和"阴谋";而贯穿其中的中心思想也只有一个:"自由"观念对抵制自由的"极权"观念和"独裁"观念的胜利,尼克松的"新美国"对戈尔巴乔夫"新思维"的胜利,⑥ 一句话,资

---

① [美]尼克松著,谭朝洁、孔岩、邓勇、马学印译:《1999:不战而胜》,中国人民公安大学出版社1988年版,第2页。

②③ [美]尼克松著,谭朝洁、孔岩、邓勇、马学印译:《1999:不战而胜》,中国人民公安大学出版社1988年版,第15页。

④ [美]尼克松著,谭朝洁、孔岩、邓勇、马学印译:《1999:不战而胜》,中国人民公安大学出版社1988年版,第114页。

⑤ [美]尼克松著,谭朝洁、孔岩、邓勇、马学印译:《1999:不战而胜》,中国人民公安大学出版社1988年版,第53页。

⑥ [美]尼克松著,谭朝洁、孔岩、邓勇、马学印译:《1999:不战而胜》,中国人民公安大学出版社1988年版,第383页。

本主义意识形态和社会制度对社会主义意识形态和社会制度的胜利。尼克松的"不战而胜"的真义全在于此。可以说，20世纪80年代末90年代初以"社会主义意识形态终结"为本质规定性的意识形态终结论的整个基调，正是在《1999：不战而胜》中建立起来的。

《1999：不战而胜》不仅将当代意识形态终结论放到"社会主义意识形态的终结"的基础之上，从原则上终结了以"一般意识形态终结"为主旨的50年代的意识形态终结论，推出了一种新型的意识形态终结论，使尼克松本人赢得了当代意识形态终结论奠基人的声誉和地位，还赋予当代意识形态终结论一种鲜明的宗教信仰色彩。在《1999：不战而胜》中，持守资本主义意识形态和社会制度，反对社会主义意识形态和社会制度（尼克松常常将其概括为"共产主义"）不仅仅是一个政治立场和政治态度问题，而且也成为一个"宗教信仰"问题。尼克松在谈到美苏两个超级大国的关系时，强调意识形态之争并非是一个"政策"问题，而是一个"战略"问题和宗教信仰和信仰自由问题。他写道："反共并不是一项政策。它是一种信仰——信仰自由。大多数美国人支持这一信仰"，尽管"他们对于那种将最有效地保卫或扩大这一信仰的政策却有异议"。① 在谈到运用精神和思想武器反对共产主义意识形态这一话题时，尼克松特别提到了罗马教廷和教皇保罗二世在对社会主义国家进行宗教渗透和资本主义意识形态输出方面所发挥的重大作用。他将保罗二世视为"一个完美的例子"，称赞保罗二世是"20世纪最有影响的宗教领袖"，并且强调保罗二世之所以"能对所有不同信仰、不同民族、不同种族的男男女女产生巨大的吸引力"，其"秘诀"并不在于他"身居高位"，而是在于他所宣讲的东西不仅涉及"宗教方面"的内容，而且还涉及"人生的奥秘以及管理国家事务的复杂性等问题"。② 为了激发美国民众的反共情绪，尼克松还不时诉诸美国民众的宗教意识。他写道："美国是被那些寻求宗教自由的人们创建的。他们想获得以自己的方式尊崇上帝的权利，想获得根据自己的主张来寻求生活的意义的权利。"③ 尼克松告诫美国民众："我们应牢记圣经中的劝诫：'人不能仅靠面包为生。'"为了使美国人免于成为"最后之人"，免于成为"动物"，美国人就应当不断地用宗教的精神食粮来哺育自己。也正是在这个意义上，尼克松强调说：尽管美国最高法院规定"不要在我们的学校里教授宗教内容"，"然而，把宗教搬出校门并非意味着

---

① ［美］尼克松著，谭朝洁、孔岩、邓勇、马学印译：《1999：不战而胜》，中国人民公安大学出版社1988年版，第65页。

② ［美］尼克松著，谭朝洁、孔岩、邓勇、马学印译：《1999：不战而胜》，中国人民公安大学出版社1988年版，第379页。

③ ［美］尼克松著，谭朝洁、孔岩、邓勇、马学印译：《1999：不战而胜》，中国人民公安大学出版社1988年版，第380页。

境外宗教渗透论

在生活中抛弃了宗教"。① 由此看来，宗教不仅是美国对外实施宗教渗透和资本主义意识形态的重要工具，也是美国动员民众参与资本主义意识形态输出和对外宗教渗透的重要手段。

二、布热津斯基："失败论"与"后共产主义"

无独有偶，在尼克松出版《1999：不战而胜》的第二年即 1989 年，布热津斯基推出了《大失败——二十世纪共产主义的兴亡》（以下简称《大失败》）。尽管《1999：不战而胜》侧重的是资本主义及其意识形态的"胜利"，《大失败》侧重的是社会主义及其意识形态的"失败"，但就基本观点而言，《大失败》与《1999：不战而胜》没有什么两样，强调的都是社会主义及其意识形态的"失败"，资本主义及其意识形态的"胜利"，都对 21 世纪寄予"厚望"：在尼克松看来，21 世纪将成为"文明史上最辉煌而不是最血腥的世纪"；对于布热津斯基来说，21 世纪共产主义的思想和实践"将不可逆转地在历史上衰亡"。② 只是从用语方面来说，布热津斯基比尼克松显得更加放肆和铺张。

布热津斯基（Zhigniew Kazimierz Brzezinski, 1928～　）出生在波兰，年轻时移居加拿大和美国，并于 1953 年在哈佛大学获得博士学位。其后长期从事国际关系学和地缘政治学研究，并先后在哈佛大学和哥伦比亚大学任教。他虽然没有当过总统，但却长期涉足政界。例如，他曾经于 1961 年担任肯尼迪的外交政策顾问，1962 年后又相继担任美国国务院顾问、兰德公司顾问、国务院政策计划委员会委员和卡特政府国家安全事务助理等政府或半政府要职。③ 其著作主要有：《永恒的清算——苏联极权主义下的政治》（1956 年）、《苏联集团——统一和斗争》（1961 年）、《两个时代之间》（1970 年）、《实力与原则——布热津斯基回忆录》（1983 年）、《竞赛方案——进行苏美竞争的地缘政治纲领》（1986 年）、《大失败——二十世纪共产主义的兴亡》（1989 年）、《失控——解读新世纪乱象》（1993 年）、《大棋局——美国的首要地位及其地缘战略》（1997 年）、《大抉择——全球统治或全球领导》（2004 年）、《第二次选择》（2007 年）、《大博弈——全球政治觉醒对美国的挑战》（2008 年）和《战略眼光——美国与全球权

---

① ［美］尼克松著，谭朝洁、孔岩、邓勇、马学印译：《1999：不战而胜》，中国人民公安大学出版社 1988 年版，第 382 页。

② ［美］兹比格纽·布热津斯基著，军事科学院外国军事研究部译：《大失败：二十世纪共产主义的兴亡》，军事科学出版社 1989 年版，第 1 页。

③ 布热津斯基出于联合中国对抗苏联的战略需要，为推进中美关系的发展做出过一定的贡献。1978 年，邓小平曾经在北京会见过布热津斯基，此后又曾在布热津斯基的家里做过客。

力危机》（2012 年）等。与我们当前的话题相关的，最为重要的是《大失败》。

与《1999：不战而胜》相比，《大失败》在攻击社会主义社会制度和意识形态方面有着特殊视角和特殊内容。

第一，与尼克松着重强调第三次世界大战是"第一次真正的全球战争"不同，作为地缘政治学家，布热津斯基突出强调了"欧亚大陆"对于美国全球战略的核心地位，将重点差不多完全放到了对欧亚大陆相关地区和相关国家的分析上。布热津斯基断言："对美国来说，欧亚大陆是最重要的地缘政治目标。欧亚大国和欧亚民族主导世界事务达五百年之久，其间它们为了争夺地区主导权而相互争斗并力争成为全球性大国。现在，美国这个非欧亚大国在这里取得了举足轻重的地位。美国能够持久、有效地保持这种地位直接影响美国对全球事务的支配。"[1] 正是基于这样一种视角，《大失败》不仅着重讨论了苏联问题，还着重讨论了中国问题；不仅讨论了东欧问题，还在对东欧国家做出重新界定的基础上，用了很大的篇幅讨论了东欧与西欧的关系问题。[2]

第二，布热津斯基以"中国通"自居，[3] 在《大失败》中大谈中国，不仅歪曲中国的历史，还歪曲中国的改革和现代化建设。西方学者在 20 世纪 80 年代谈论"共产主义"的"失败"时，通常只以东欧和苏联的剧变为"根据"，布热津斯基却别出心裁地在中国身上大做文章。[4] 布热津斯基用"商业共产主义"来歪曲中国的改革开放事业。在布热津斯基看来，中国搞改革开放的实质是"重新解释社会主义"，是逐步用资本主义的私有制取代社会主义公有制，回到西方的道路上来。他断言："中国将重新解释共产主义的主旨，而共产主义理想的象征，将不再是一个在国营钢铁铸造厂里辛勤劳作的产业工人，而是一位掌握了高技术、在环太平洋地区国际市场上积极竞争的工商企业家。"[5] 他还断言："现代中国在进入 21 世纪后可能仍然由共产党统治，但它将不再是

① ［美］兹比格纽·布热津斯基著，中国国际问题研究所译：《大棋局：美国的首要地位及其地缘战略》，上海人民出版社 2011 年版，第 26 页。

② 《大失败》全书共六个部分。其中第一部分"大失败"（讨论苏联的意识形态）；第二部分"苏维埃联盟的解体"（讨论苏联的解体和共产主义的"衰亡"）；第三部分"机体排斥"（从意识形态角度讨论苏联与东欧国家的关系）；第四部分"商业共产主义"（讨论中国的改革）；第五部分"声名狼藉的共产主义实践"（讨论社会主义阵营及其与发达国家和发展中国家的关系）；第六部分"共产主义的痛苦挣扎"（讨论所谓"共产主义的总危机"和所谓"后共产主义"）。

③ 布热津斯基长期关注中国和中国问题。早在 1961 年，他就担任美国社会科学研究学会当代中国问题联合委员会成员，自 1987 年起，又担任美国—中国协会副主席一职。

④ 尽管在布热津斯基看来，在所有的社会主义国家中，只有中国、东德、保加利亚和朝鲜这四个国家在当时属于"没有危机"的国家。参阅［美］兹比格纽·布热津斯基著，军事科学院外国军事研究部译：《大失败：二十世纪共产主义的兴亡》，军事科学出版社 1989 年版，第 276 页。

⑤ ［美］兹比格纽·布热津斯基著，军事科学院外国军事研究部译：《大失败：二十世纪共产主义的兴亡》，军事科学出版社 1989 年版，第 220～221 页。

公有制的国家。"① 这就是他所谓的"商业共产主义"。据此，布热津斯基还污蔑中国共产党，说中国共产党"从来就不是一个真正的无产阶级政党"，"而更像一个代表正在中国兴起的、商业阶级专政而致力于现代化的政党"。② 并且断言："中国共产党领导人强烈的民族意识要求他们必须对中国的共产主义本身重新进行解释"；"如果中国领导人目前的改革获得成功，则可能会给中国带来一场真正的文化大革命：把人们的传统价值观与现代文化观融为一体"。③ 尽管尼克松在《1999：不战而胜》中也很重视中国和中国问题，并且以一整章的篇幅在"觉醒的巨人——中国"的标题下阐述了他的中国观，但布热津斯基的视角显然与尼克松有所区别。将中国的改革开放贴上"商业共产主义"的标签，是布热津斯基的一个"发明"。

第三，尽管在苏联推行和平演变大战略方面，布热津斯基与尼克松完全一致，但他们的角度却不尽相同。尼克松的口头禅是"独裁"、"极权"和"抵制自由"，侧重的主要是"体制"本身，而布热津斯基则进一步深入到苏联社会制度和意识形态的理论基础层面，深入到列宁主义这一层面，从反对列宁主义寻找突破口。其一，布热津斯基将列宁主义与马克思主义对立起来。他杜撰出所谓"移植论"，污蔑列宁主义是"把一个犹太血统的德国移民知识分子在大英博物馆公共阅览室中苦思冥想出来的、一种基本属于西欧的思想，移植到一个相当遥远的欧亚帝国的准东方的专制传统之中，再由一个专会写小册子的俄国革命者来充当历史的外科手术师，其结果必然是荒诞不经的"。④ 他的目的不仅在于否定马克思主义的普遍性，还在于攻击和污蔑苏联社会主义意识形态的理论基础——列宁主义。其二，从维护资本主义社会制度和意识形态的立场出发，攻击列宁关于社会主义暴力革命和无产阶级专政思想，攻击列宁不仅"制造了一个阴谋权力集团"，而且还"制造"了一个"反民主"的社会制度。并且从此出发，将苏联历史上出现的所有问题，包括"斯大林主义"，统统归咎列宁和列宁主义。毋庸讳言，斯大林在领导苏联坚持社会主义道路的同时也确实犯过一些严重错误，但布热津斯基却不分青红皂白地斥之为"斯大林主义的灾难"，并且将这些"灾难"简单地归咎于列宁和列宁主义。布热津斯基非常武断地写道："斯大林造成

① ［美］兹比格纽·布热津斯基著，军事科学院外国军事研究部译：《大失败：二十世纪共产主义的兴亡》，军事科学出版社 1989 年版，第 221 页。

② ［美］兹比格纽·布热津斯基著，军事科学院外国军事研究部译：《大失败：二十世纪共产主义的兴亡》，军事科学出版社 1989 年版，第 175 页。

③ ［美］兹比格纽·布热津斯基著，军事科学院外国军事研究部译：《大失败：二十世纪共产主义的兴亡》，军事科学出版社 1989 年版，第 220 页。

④ ［美］兹比格纽·布热津斯基著，军事科学院外国军事研究部译：《大失败：二十世纪共产主义的兴亡》，军事科学出版社 1989 年版，第 17 页。

灾难的根源要追溯到列宁，即归咎于他遗留下来的武断专权的党和恐怖的秘密警察。"① 他振振有词地说道：不是斯大林创建了制度，而是"制度造就了斯大林"，"那么，这又是谁的制度呢？正是列宁创建了造就斯大林的这一制度"。② 尼克松在《1999：不战而胜》中也曾攻击列宁是"一小撮阴谋分子的领袖"，③ 但无论如何，布热津斯基对列宁和列宁主义的攻击更加系统，更具有意识形态的性质。

第四，布热津斯基不仅攻击列宁主义的社会主义意识形态性质，而且也否定列宁主义的普遍性，提出"机体排斥论"，为东欧国家的"和平演变"制造舆论、推波助澜。按照布热津斯基的说法，列宁主义完全是依照"俄国革命的自身条件"产生出来的，根本不适合东欧各国。东欧各国之所以在 20 世纪 80 年代相继剧变，根本原因正在于此。布热津斯基将这种现象称作"机体排斥"。他写道："马列主义是通过帝国主义势力强加于这一地区的一种外来学说，它的统治在文化上与被统治的民族格格不入。结果，东欧社会对共产主义进行了机体排斥——一种类似人的机体排斥移植器官的现象。"④ 为了给自己的机体排斥论制造借口，布热津斯基对"东欧"进行了他的地缘政治学的解读，宣称通常所谓的"东欧"国家其实并非真正意义上的东欧国家，实际上是"西欧"国家。他强调说："真正的东欧指的是波罗的海沿岸国家、乌克兰以及俄国的欧洲部分。"⑤ 而现在通称的"东欧"国家其实是"中欧"国家而非"东欧"国家。在布热津斯基看来，这种说法也符合欧洲的文化传统和历史传统。因为在欧洲历史上不仅存在过一个奥匈帝国，还流行过"中欧罗巴"的概念。而且，"真正的中欧（国家）"与"真正的东欧（国家）"固然有某种"联系"，但从历史上看，与"西欧"的联系更为"有机"。⑥ 这无疑是在为东欧社会主义国家的"西化"或"和平演变"制造舆论。

第五，布热津斯基别出心裁地提出了一个所谓"后共产主义"理论。尼克松

① ［美］兹比格纽·布热津斯基著，军事科学院外国军事研究部译：《大失败：二十世纪共产主义的兴亡》，军事科学出版社 1989 年版，第 38 页。

② ［美］兹比格纽·布热津斯基著，军事科学院外国军事研究部译：《大失败：二十世纪共产主义的兴亡》，军事科学出版社 1989 年版，第 24 页。

③ ［美］尼克松著，谭朝洁、孔岩、邓勇、马学印译：《1999：不战而胜》，中国人民公安大学出版社 1988 年版，第 29 页。

④ ［美］兹比格纽·布热津斯基著，军事科学院外国军事研究部译：《大失败：二十世纪共产主义的兴亡》，军事科学出版社 1989 年版，第 125 页。

⑤ ［美］兹比格纽·布热津斯基著，军事科学院外国军事研究部译：《大失败：二十世纪共产主义的兴亡》，军事科学出版社 1989 年版，第 168 页。

⑥ ［美］兹比格纽·布热津斯基著，军事科学院外国军事研究部译：《大失败：二十世纪共产主义的兴亡》，军事科学出版社 1989 年版，第 167～168 页。

虽然恶毒攻击社会主义社会制度和意识形态，但他眼中的 21 世纪却只是一个
"自由的观念"战胜和取代"抵制自由的极权独裁观念"的世纪，而布热津斯基
却更具体地"设计"或"构想"出了"后共产主义"的"幻境"。在布热津斯
基看来，"共产主义现象是一场历史悲剧"，"今天的共产主义在意识形态和体制
两个方面陷入了一场总危机"。① 诚然，布热津斯基也谈到过"共产主义的复兴"
的问题，甚至还说过"中国目前的发展""似乎""预示着共产主义的复兴"，但
他所谓"共产主义的复兴"本质上是社会主义国家的"西化"或"和平演变"，
以至"最终与国际社会完全融为一体"。② 而这也正是他所谓的"后共产主义"。
布热津斯基将"后共产主义"称作"正在出现的一种新现象"。他写道："后共
产主义将是这样一种制度，在这种制度下，共产主义的消亡已进展到如此程度，
无论是马克思主义理论，还是过去共产党人的实践，都不再对那时的国家政策具
有重大影响。……这些就是后共产主义体系中的现象。"③ 布热津斯基满怀信心
地展望："苏联、中国和东欧各国都在或快或慢地向后共产主义阶段前进。"④ 应
该说，无论是苏联还是东欧，都不幸为布热津斯基言中了，只是随后两年多的发
展甚至也出乎布热津斯基的预料：在"苏联"和"东欧国家"执政的人并非布
热津斯基所预言的是"那些口头上说实践共产主义理论而实际上却在背离其实质
的共产党人"，而是那些即使在口头上也"毫无顾忌地公开地否定共产主义理
论"的非共产党人。但是，在中国，并没有像布热津斯基所预言的那样，步入了
"后共产主义"阶段，而是沿着"具有中国特色的社会主义道路"继续前进。由
此看来，布热津斯基的"后共产主义"理论只不过是一种主观臆测罢了。

三、福山："历史终结论"与基督宗教的"末世学"

福山（Francis Fukuyama，1952 ~   ）是位日裔美籍学者，早年就读于康奈
尔大学，后来在哈佛大学获得政治学博士学位。由于受他的老师亨廷顿的影响，
非常热衷于政治，曾就职于美国国务院政策研究室，担任专事中东和苏联地区政
治的副主任，并兼任华盛顿兰德公司的常年顾问。此后，又先后在梅森大学和约
翰霍普金斯大学担任教职，教授公共政策和国际政治经济学。其著作主要有《历

---

① ［美］兹比格纽·布热津斯基著，军事科学院外国军事研究部译：《大失败：二十世纪共产主义的
兴亡》，军事科学出版社 1989 年版，第 271、273 页。
② ［美］兹比格纽·布热津斯基著，军事科学院外国军事研究部译：《大失败：二十世纪共产主义的
兴亡》，军事科学出版社 1989 年版，第 304 页。
③④ ［美］兹比格纽·布热津斯基著，军事科学院外国军事研究部译：《大失败：二十世纪共产主义
的兴亡》，军事科学出版社 1989 年版，第 298 页。

史的终结及最后之人》、《后人类未来——基因工程的人性浩劫》、《跨越断层——人性与社会秩序重建》、《信任：社会美德与繁荣创造》和《十字路口的美国：民主、势力和新保守主义遗产》等。其中与我们话题相关的，最为重要的是《历史的终结及最后之人》。《历史的终结及最后之人》是福山的成名作，他的历史终结论主要就是借这部著作系统阐述的。

如上所述，尼克松的《1999：不战而胜》出版于 1988 年，布热津斯基的《大失败》出版于 1989 年，也就是说，他们的著作都出版于苏联解体和东欧剧变初露端倪但尚未完成之际。与《1999：不战而胜》和《大失败》不同，福山的《历史的终结及最后之人》出版于 1992 年，即出版于苏联解体和东欧剧变业已完成之后。这使得福山的这部著作充满了极端盲目的乐观主义。按照福山的说法，所谓"历史的终结"既不是把 1992 年说成世界末日，也不是像黑格尔那样宣布历史"终结"于"某种自由的国家形态"，而只是说：资本主义的社会制度（即他所谓"自由民主制度"）及其意识形态（即他所谓"自由和平等的原理"）已经不可逆转地成为"历史的最基本的原则和制度"了。"历史的终结"的英语写法是"the end of history"。而"end"不仅有"终结"和"结束"的含义，而且也有"尽头"、"末端"和"终点"的含义，这样，"the end of history"既可以译作"历史的终结"，也可以译作"历史的终点"。因此，福山写作《历史的终结及最后之人》的根本用意在于告诉人们，时至今日，人类社会的社会制度和意识形态已经发展到了最后阶段，不可能再有任何种类新的社会制度和意识形态出现了，资本主义是人类社会最后的社会制度和意识形态。[1] 他解释道："历史终结并不是说生老病死这一自然循环会终结，也不是说重大事件不会再发生了或者报道重大事件的报纸从此销声匿迹了，确切地讲，它是指构成历史的最基本的原则和制度可能不再进步了，原因在于所有真正的大问题都已经得到了解决。"[2] 福山这些观点其实也就是尼克松的"不战而胜论"和布热津斯基的"大失败论"的观点。所不同的只是，这些观点在尼克松和布热津斯基那里还只具有"或然性"或是他们"期待"或"展望"的东西，而在福山这里却都变成了"确然的"和"实然的"东西了。值得注意的是，所有这些观点，福山早在 1989 年就在发表在《国家利益》杂志上的一篇题为《历史的终结?》的文章中原则地表达了。他在《历史的终结及最后之人》的"序"中，开门见山地写道："本书的前身是我在 1989 年夏为《国家利益》杂志撰写的一篇文章，题为'历史的终结?'在

---

① ［美］福山著，黄胜强、许铭原译：《历史的终结与最后之人》，中国社会科学出版社 2003 年版，第 2～3 页。

② ［美］福山著，黄胜强、许铭原译：《历史的终结与最后之人》，中国社会科学出版社 2003 年版，第 3 页。

境外宗教渗透论

这篇文章中，我阐述了一个热门话题，内容涉及过去几年中自由民主制度作为一个政体在全世界涌现的合法性，它为什么会战胜其他与之相竞争的各种意识形态，如世袭的君主制、法西斯主义以及近代的共产主义。但是，不仅如此，我还认为自由民主制度也许是'人类意识形态发展的终点'和'人类最后一种统治形式'，并因此构成'历史的终结'。换句话说，在此之前的种种政体具有严重的缺陷及不合理的特征从而导致其衰落，而自由民主制度却正如人们所证明的那样不存在这种根本性的内在矛盾。"① 如果它们之间有什么区别的话，那就是，在1989年那篇文章里，福山用的是"历史的终结？"（The End of History？）这样一种"或然判断"或"非确然判断"，而在1992年，福山则使用了"历史的终结"（The End of History）这样一种"实然判断"或"直陈判断"，也就是说，其差别只在于一个字符（即"？"）。但由于《历史的终结及最后之人》发表在苏联解体之后，因此成为典型的应景之作，其巨大的"社会效应"不仅尼克松的《1999：不战而胜》和布热津斯基的《大失败》不能比肩，即使福山自己1989年的那篇颇有影响的文章也远远不能望其项背。德里达在谈到这部著作在西方世界引起的轰动效应时，断言这本书一时"成了媒体的时髦玩意儿"，"在忧虑不安的西方世界之意识形态的超级市场上风靡一时，它在那里被抢购的情形，就像战争爆发的谣传刚开始流行时，人们抢购当时货架上所有的食糖与黄油一样"。② 与西方世界将福山当作20世纪的耶稣一样，美国政治学界也将福山宣布为"新保守主义"的学术代表和"宝贵的人才"。③

福山"历史终结论"的另一个特征在于，他对欧洲文化传统的重视和强调。如前所述，尼克松和布热津斯基突出和强调的都是美国社会制度和意识形态的优越性及其世界领袖地位。在《1999：不战而胜》中，尼克松始终突出和强调的是美国的全球战略和全球利益。布热津斯基虽然强调欧亚大陆的重要性，但在他看来，欧亚大陆之所以重要只是因为它在确保美国对全球事务支配地位方面具有"举足轻重"的地位。换言之，欧亚大陆之所以重要，只不过是因为它是美国谋求全球霸权"大棋局"中一个重要棋子而已。④ 他们两个思考问题的出发点、着眼点和归宿点完全在于美国的利益和荣誉，完全在于美国开国元勋在建国时所制定的《独立宣言》和《美利坚合众国宪法》。与尼克松和布热津斯基小有差别，虽然福山同尼克松和布热津斯基一样，归根结底，都是在美化和颂扬美国所代表

---

① ［美］福山著，黄胜强、许铭原译：《历史的终结与最后之人》，中国社会科学出版社2003年版，第1页。

② ［法］雅克·德里达著，何一译：《马克思的幽灵》，中国人民大学出版社2008年版，第67～68页。

③ Peny Anderson. "Inside Man". in *The Nation*，2006/4/24.

④ ［美］兹比格纽·布热津斯基著，中国国际问题研究所译：《大棋局：美国的首要地位及其地缘战略》，上海人民出版社2011年版，第26页。

的资本主义社会制度和意识形态，但福山却不像尼克松和布热津斯基那样，将西方社会制度和意识形态的源头仅仅上溯到美国立国时期，而是进一步上溯到近代欧洲思想家霍布斯和洛克那里，还将"自由民主制度"的样板由美国转让给"欧洲共同体"。福山并不否认美国的自由民主传统，也不否认美国开国元勋的历史贡献，但在他看来，所有这些都只是"流"而不是"源"，美国文明的源头不在自身，而是在欧洲。他强调说："写在《美国独立宣言》和《美国宪法》之中的美国民主制度所遵循的原则，就是根据杰斐逊、麦迪逊、汉密尔顿和其他美国建国之父的著作而确立的，而他们的思想则许多是借鉴了霍布斯和洛克等英国式自由主义体系。如果我们想破译世界最古老的自由民主的内涵（这种内涵已经被北美以外的许多民主社会所接受），我们需要重温霍布斯和洛克的政治著作。"①然而，福山认为，要充分认识和把握自由民主原理，仅仅了解盎格鲁—撒克逊人的政治理念还不够，还需要进一步了解欧洲大陆的政治理念，特别是需要进一步了解黑格尔和科耶夫的政治理念。福山认为，对霍布斯、洛克及其追随者来说，自由社会无非是拥有某些自然权利的个人之间的一种社会契约，在人的自然权利中，"最首要"的是"生存（即自我保存）和追求幸福的权利"，归根到底强调的是"私人财产权"。因此，在霍布斯和洛克看来，"自由的社会就是指公民之间相互并且相等地同意不干涉他人生活和财产"。②而黑格尔根据自己的承认哲学，却强调自由社会的根本意涵不仅在于"私人财产权"，更重要的还在于"公民之间相互并且相等地同意互相认可"。③福山认为，这就充分兼顾了"我们灵魂中欲望和精神这两个部分"，使它们在"自由社会"同时得到"满足"。④也正是在这个意义上，福山完全赞同法国哲学家科耶夫的观点，"世界历史"其实在1806 年10 月黑格尔写出《精神现象学》之日起便"结束"了。⑤因为按照科耶夫和福山的观点，黑格尔在《精神现象学》里已经明白无误地理性地表达了"法国革命带来的自由和平等的原则"，即"人人相同、人人平等的国家"。而这一原则和社会（国家）所"代表"的正是"人类意识形态的改变已经达到一个不可能再进步的终点"。⑥也正是在这个意义上，福山完全赞同科耶夫的下述观点："战后的西欧这些资本主义民主国家""最充分体现"了黑格尔所阐释的

---

① ［美］福山著，黄胜强、许铭原译：《历史的终结与最后之人》，中国社会科学出版社2003 年版，第174 页。

②③④ ［美］福山著，黄胜强、许铭原译：《历史的终结与最后之人》，中国社会科学出版社2003 年版，第228 页。

⑤ ［美］福山著，黄胜强、许铭原译：《历史的终结与最后之人》，中国社会科学出版社2003 年版，第74 页。

⑥ ［美］福山著，黄胜强、许铭原译：《历史的终结与最后之人》，中国社会科学出版社2003 年版，第74 ~ 75 页。

"法国革命的原则"。而在当今世界，"欧共体是历史终结的最适当的政体实现形式"。① 福山的这些思想，在一定意义上，似乎游离了尼克松和布热津斯基的"世界格局"和确保美国世界领袖地位的战略构想和"大棋局"。

福山的《历史的终结及最后之人》还有一个特殊的努力，就是力图赋予历史终结论以宗教性质和"末世学"色彩。福山断言："西方思想体系中第一部真正的世界普遍史是基督宗教。"他强调说："虽然希腊和罗马曾经试图编写已知世界的历史，但第一个引进'上帝面前人人平等'这一理念的还是基督宗教，而且因此为世界上所有的人构建了一个相同的命运。"② 福山认为，基督宗教对构建世界普遍史之所以特别重要，还在于它带来了"一种有时间限制的历史概念"："历史从上帝创造人开始，直到他最后超度时结束。对基督徒来说，天国之门打开的判决之日就是世俗历史的结束之时，届时地球和世俗世界严格地将会停止存在。"③ 按照基督宗教的"末世学"或历史观，"历史的终结"乃"所有世界普遍史编写中的题中之义"。④ 正是从这样一个视角出发，福山高度评价了黑格尔的世界历史观，并因此而赋予其意识形态终结论一种基督宗教式的"末世论"色彩。我们知道，在黑格尔身上，确实是存在一种基督宗教式的"末世论"情结的。黑格尔说过："世界历史无非是'自由'意识的进展"，⑤ 国家是"神自身在地上的行进"，⑥ 但他却认为世界历史的各个发展阶段及各种不同类型的国家的"自由"意识的程度很不相同：有的国家只知道"一个人"的自由，有的国家只知道"一部分人"的自由，但世界历史的终极目标是实现"一切人们（人类之为人类）的自由"。⑦ 而福山认为，这样一种自由不是别的，正是"基督宗教的自由"。黑格尔曾经将"法国革命是基督教式自由平等社会在地球上的一次实践"，并且认为"自由平等的原则因此被拿破仑的常胜军队传播到欧洲其他地方"。⑧ 福山分析到，在《历史哲学》中，黑格尔更为明确地宣布："日耳曼'精神'就是新世界的'精神'。它的目的是要使绝对的'真理'实现为'自由'无限制的

---

① ［美］福山著，黄胜强、许铭原译：《历史的终结与最后之人》，中国社会科学出版社 2003 年版，第 76 页。

② ［美］福山著，黄胜强、许铭原译：《历史的终结与最后之人》，中国社会科学出版社 2003 年版，第 62 页。

③ ［美］福山著，黄胜强、许铭原译：《历史的终结与最后之人》，中国社会科学出版社 2003 年版，第 62～63 页。

④ ［美］福山著，黄胜强、许铭原译：《历史的终结与最后之人》，中国社会科学出版社 2003 年版，第 63 页。

⑤⑦ ［德］黑格尔著，王造时译：《历史哲学》，上海书店出版社 2008 年版，第 17 页。

⑥ ［德］黑格尔著，范扬、张企泰译：《法哲学原理》，商务印书馆 1979 年版，第 259 页。

⑧ ［美］福山著，黄胜强、许铭原译：《历史的终结与最后之人》，中国社会科学出版社 2003 年版，第 227 页。

自决——那个'自由'以它自己的绝对的形式做自己的内容。"而日耳曼民族之所以能够成为人类普遍自由精神的载体，其根本原因即在于它的基督宗教意识。黑格尔强调说："日耳曼各民族的使命不是别的，乃是要做基督宗教原则的使者。"① 因此，在一定意义上，福山的世界普遍史，就其本质内容而言，无非是黑格尔基于基督宗教"末世学"的"世界历史观"，他的历史终结论承继的是黑格尔的"历史哲学"。福山历史终结论这种"末世学"性质不仅赋予苏东剧变和意识形态终结论以宗教神学的意义，还赋予苏东剧变和意识形态终结论一种世界意义和世界史意义。

第三节 作为"新福音书"的"历史终结论"批判

前面，我们对尼克松、布热津斯基和福山所代表的当代意识形态终结论的主要形态及其政治本质进行了较为扼要的说明。为了更具体也更深入地昭示当代意识形态终结论的政治实质和理论弊端，这一节将集中剖析福山历史终结论的理论基础和政治本质。

一、当代"意识形态终结论"的学术版：从"历史的终结"到"哲学的终结"

我们之所以要着重具体深入地考察福山的"历史终结论"，主要出于三个方面的考虑：一是社会效应和理论效应；二是理论的直接相关性；三是理论的学术性。

在当代意识形态终结论诸形态中，福山的历史终结论最具轰动性社会效应和理论效应。福山的历史终结论是在 1989 年夏提出来的。当时，他在《国家利益》杂志发表的《历史的终结？》中断言："西方国家实行的自由民主制度""也许"是"人类意识形态的终点"和"人类最后一种统治形式"，从而构成了"历史的终结"。"此论一出，在东西方学界掀起轩然大波，批评、拥护之声此起彼伏，很快形成了一股弥漫全球的'终结热'。"② 即使福山本人也说："原作曾引起广泛

---

① ［美］福山著，黄胜强、许铭原译：《历史的终结与最后之人》，中国社会科学出版社 2003 年版，第 321 页。

② ［美］福山著，黄胜强、许铭原译：《历史的终结与最后之人》，中国社会科学出版社 2003 年版，"编者的话"第 1 页。

的论争，先由美国而起，然后是一系列不同的国家，如英国、法国、意大利、苏联、巴西、南非、日本及韩国。批评的形式应有尽有，有的基于对我原作的简单理解，有的则深触到我的观点的核心内涵。"①《历史的终结及最后之人》引起的反响更甚于这篇文章，不仅一时成了"媒体"的"时髦玩意儿"，而且还引起了人们的"哄抢"。

我们之所以选择福山的历史终结论作为批判的靶子，还在于福山的历史终结论与当代意识终结论直接相关。诚然，在一定意义上，也可以将亨廷顿的文明冲突论视为当代意识形态终结论的一种形态，但将其视为意识形态终结论的一种形态，并不是因为它系统论证了意识形态的终结，而在于它是以当代意识形态终结论为理论前提的。换言之，文明冲突论是作为"意识形态的终结"的结果和推论纳入当代意识形态终结论的范畴。但以当代意识形态终结论为理论前提是一回事，而对当代意识形态终结论进行论证又是一回事。更何况亨廷顿的文明冲突论自身还包含反对普遍主义和西方文化中心论等直接瓦解当代意识形态终结论的内容。

我们之所以集中批判福山的历史终结论，还有一个重要理由，即福山的历史终结论的"学术性"。毋庸讳言，尼克松的不战而胜论和布热津斯基的大失败论，与福山的历史终结论一样，都是当代意识形态终结论的主要形态，都力图对意识形态的终结本身进行某种论证。然而，尼克松的不战而胜论和布热津斯基的大失败论基本上都停留于社会制度层面或政治层面，对于构成社会制度基础的东西，对于他们努力终结的社会意识形态本身却没有进行足够深入的考察。对于福山来说，对于社会制度和社会事件的考察是必要的，但远远是不够的。因为历史的构建不仅是"制度"，而且还有"原则"或"原理"。②在福山看来，相较于社会制度和社会事件，原则或原理是更为根本的东西。也正是在这个意义上，他将"自由和平等的原理"称作"构建现代民主制度的两大基石"。③尼克松和布热津斯基在他们的著作中都极力鼓吹美国的"现代民主制度"，但美国的"现代民主制度"的"基石"，即"自由和平等的原理"，却必须到欧洲的历史中去寻找，到黑格尔的哲学中去寻找，到黑格尔的《精神现象学》中去寻找。

按照福山的理解，尽管霍布斯、洛克的哲学思想也是美国"现代民主制度"的重要基础，但他们的政治思想却有很大的局限，即片面地强调物质欲望而缺乏

---

① ［美］福山著，黄胜强、许铭原译：《历史的终结与最后之人》，中国社会科学出版社2003年版，第2页。

② ［美］福山著，黄胜强、许铭原译：《历史的终结与最后之人》，中国社会科学出版社2003年版，第3页。

③ ［美］福山著，黄胜强、许铭原译：《历史的终结与最后之人》，中国社会科学出版社2003年版，第1页。

精神维度。这种思想只适合于引导人们走向工业社会，而不适合后工业社会，即要求使人成为人的社会。因此，必须超出盎格鲁—撒克逊的理论视野，走向欧洲大陆，走向黑格尔哲学。因为黑格尔深刻阐述的"自由和平等的原则"，"代表着人类意识形态的改变已经达到一个不可能再进步的终点"。①

福山追随科耶夫，断言黑格尔在 1806 年撰写的《精神现象学》中不仅阐述了这些原则，还认为"世界历史的进程经过无数的曲折，实际上已经在 1806 年结束了"。② 事实上，在西方哲学史上"现象学"这个词最早是由德国启蒙思想家朗贝尔特提出来的，但他的现象学与其说是显现本质、显现真理的现象学，毋宁说是一种不显现本质、不显现真理的"假象学"。此后，德国文学批评家赫尔德提出了"美的现象学"，康德提出了"现象学一般"，另一个德国哲学家费希特提出了"自我的现象学"。黑格尔的精神现象学概念正是在这些现象学概念基础上提出来的。它虽然对这些现象学概念有所承继，但却赋予了新的内涵。黑格尔的精神现象学不是朗贝尔特和康德的"否定的现象学"，而是一种肯定的现象学，是一种强调通过现象能够达到本质的现象学。黑格尔的现象学概念也不是赫尔德和费希特的现象学，赫尔德的现象学是"美"的现象学，黑格尔的现象学则是"哲学"现象学或"精神"现象学；费希特作为"自我现象学"的现象学是一种主观唯心主义的现象学，而黑格尔的现象学则是一种客观唯心主义的现象学。在黑格尔这里，所谓"精神"其实就是"意识"，而所谓"现象"就是意识的显现或意识的形态。因此，逻辑地看黑格尔的精神现象学就是"意识形态学"，历史地看就是"意识形态发展史"。鉴此，黑格尔将精神现象学称作"关于意识的经验的科学"，强调"意识对其自身的经验，按其概念来说，是能够完全包括整个意识系统，即，整个的精神真理的王国与其自身的；因而真理的各个环节在这个独特的规定性之下并不是被陈述为抽象的、纯粹的环节，而是被陈述为意识的环节，或者换句话说，意识本身就是出现于它自己与这些环节的关系中的；因为这个缘故，全体的各个环节就是意识的各个形态。"③ 也正是在这个意义上，黑格尔在《精神现象学》里将"精神发展过程的全体"或"作为精神生命依次排列的整体"称作"意识形态系统"。④ 也正因为如此，我们完全有理由将黑格尔的精神现象学称作"意识形态学"。

---

① ［美］福山著，黄胜强、许铭原译：《历史的终结与最后之人》，中国社会科学出版社 2003 年版，第 74～75 页。

② ［美］福山著，黄胜强、许铭原译：《历史的终结与最后之人》，中国社会科学出版社 2003 年版，第 74 页。

③ ［美］福山著，黄胜强、许铭原译：《历史的终结与最后之人》，中国社会科学出版社 2003 年版，第 62 页。

④ ［德］黑格尔著，贺麟、王玖兴译：《精神现象学》，上卷，商务印书馆 1987 年版，第 62 页。

　　黑格尔精神现象学的最根本贡献在于将"辩证法"引进了意识形态的研究。马克思曾高度称赞黑格尔的《精神现象学》，称"精神现象学是黑格尔哲学的真正起源和秘密"，是"黑格尔的圣经"，其"最后成果"即为"作为推动原则的否定性的辩证法"。① 马克思写道："精神现象学和它的最后成果……的伟大的地方……在于黑格尔把人的自我创造认作一种过程，把人的对象化认作对立化，认作外在化和对这种外在化的扬弃，在于他认识到劳动的本质，把对象化的人——现实的所以是真实的人——了解为他自己的劳动的结果"。② 在《精神现象学》里，黑格尔将精神或意识形态的发展过程划分为五个大的阶段：（1）"意识"；（2）"自我意识"；（3）"理性"；（4）"精神"；（5）"绝对精神"。③

　　然而，黑格尔虽然辩证地将意识和精神的发展描述成一个"过程"，一个"自己认识自己"的过程，但却同时认为这是一个有"终点"的过程，而绝对精神既是意识或精神发展的最高阶段，也是其发展的最后阶段；不过，绝对精神蕴含宗教和作为哲学的绝对知识这两个环节。他认为，宗教和哲学都是"自己认识自己的精神"，区别仅仅在于宗教是通过"表象"（包括想象、神话、象征、形象思维等）把握绝对精神，而哲学则通过纯粹概念把握绝对精神。正因为如此，黑格尔宣布作为哲学的"绝对知识"是"最后的精神形态"，④"精神在［绝对］知识中结束了它形成形态的运动"。如果精神还有什么运动的话，那就是它"自身"的"外在化"：由精神过渡到"意识"，再外在化为"自然界"和"历史"。而"历史"则是"认识着的、自身中介着的变化过程——在时间里外在化了的精神"。此后整个现实的历史，所有的社会制度都只不过是"绝对观念"的"无限性""给它翻涌起来"的"泡沫"而已。⑤

　　也正是在这个意义上，福山援引科耶夫的观点说："历史的终结不仅意味着大规模政治斗争和冲突的结束，还意味着哲学的完结。"⑥ 然而，当福山和科耶夫这样表述历史终结与哲学终结的关系时，他们是从认识论的角度审视问题的。倘若从本体论的高度来审视历史终结与哲学终结的关系时，就应当进一步说："历史的终结"乃"哲学的终结"的必然产物，一旦历史仅仅成为"绝对观念"

　　① ［德］马克思著，贺麟译：《黑格尔辩证法和哲学一般的批判》，人民出版社1955年版，第10、14页。
　　② ［德］马克思著，贺麟译：《黑格尔辩证法和哲学一般的批判》，人民出版社1955年版，第14页。
　　③ 在这五个阶段中，"意识"、"自我意识"和"理性"三者属于主观精神的三个环节。"精神"即为客观精神。"绝对精神"蕴含宗教和绝对知识两个环节。
　　④ ［德］黑格尔著，贺麟、王玖兴译：《精神现象学》下卷，商务印书馆1987年版，第265页。
　　⑤ ［德］黑格尔著，贺麟、王玖兴译：《精神现象学》下卷，商务印书馆1987年版，第272、274、275页。
　　⑥ ［美］福山著，黄胜强、许铭原译：《历史的终结与最后之人》，中国社会科学出版社2003年版，第76页。

的"外在化",成为它的"无限性"给它自己"翻涌"起来的"泡沫",也就在所难免地成了"哲学的终结"的陪葬品。将历史的终结和意识形态的终结归结为或还原到哲学的终结是福山的一大发明,而福山也正是借此而赋予意识形态终结论以其他形态的当代意识形态终结论缺乏的学术品格,从而使自己的历史终结论成为当代意识形态终结论的"学术版"。

二、"历史终结论"的历史前提及其批判:"事实福音"与"黑板图画"

尽管福山刻意将历史的终结归结或还原为"哲学的终结"或"绝对精神的终结",将"制度"归结为或还原为"原理"或"观念",但他在阐述历史终结论时并没有忘掉其历史终结论的历史前提或时代背景。

在《历史的终结及最后之人》中,几乎可以到处看到福山对其历史终结论的历史前提或时代背景的交待。在该书的"代序"中,福山一开始就对历史终结论的历史前提作出了说明:"在过去几年中自由民主制度作为一个政体在全世界涌现的合法性,它……战胜其他与之相竞争的各种意识形态,如世袭的君主制、法西斯主义以及近代的共产主义。……在此之前的种种政体具有严重的缺陷及不合理的特征从而导致其衰落,而自由民主制度却正如人们所证明的那样不存在这种根本性的内在矛盾。……我们找不出比自由民主理念更好的意识形态。"[①] 福山似乎并不讳言社会主义制度及其意识形态在 20 世纪的胜利,以及长期弥漫于资产阶级政治家心头的"悲观主义"。福山承认:"我们完全可以说,20 世纪使我们所有人都深深地陷入历史的悲观之中。……20 世纪最清醒、最有思想的人也不敢断言,世界正在朝着我们西方认为是正确并人道的政治制度,即自由民主制度方向发展。"[②] 他解释说:"在我们这个时代,悲观主义最明显的显露就是几乎完全相信有一种永恒的、严厉的共产主义制度能取代西方的自由民主制度。"[③] 亨利·基辛格曾经警告他的国人说:"今天,在我们的历史上,我们第一次面临着一种(共产主义)没有止境的挑战这一严酷的现实。"[④] 福山在援引了基辛格这段话后强调:"按照基辛格的观点,试图改革像苏联那种敌对国家的基本政治

---

① [美]福山著,黄胜强、许铭原译:《历史的终结与最后之人》,中国社会科学出版社 2003 年版,第 1 页。

② [美]福山著,黄胜强、许铭原译:《历史的终结与最后之人》,中国社会科学出版社 2003 年版,第 3~4 页。

③④ [美]福山著,黄胜强、许铭原译:《历史的终结与最后之人》,中国社会科学出版社 2003 年版,第 8 页。

和社会结构是乌托邦式的幻想。"① 然而，在福山看来，至 20 世纪下半叶，特别是至 20 世纪 80 年代后期，情况却发生了根本性的变化。他非常乐观地写道："然而，我们在本世纪上半叶所经历过的，有充分的理由让我们满腹悲观；但尽管如此，下半叶发生的那些重大事件却具有一种非常不同而且出乎意料的方向性。……在世界范围内最近发生的重大事件中，最使人惊愕的当属 80 年代后期共产主义世界出人意料的大面积塌方。"② 福山像《新约全书》中的使徒一样宣布："然而，福音还是来了。……从拉丁美洲到东欧，从苏联到中东和亚洲，强权政府在 20 年间大面积塌方。尽管他们没有都千篇一律地实行稳定的自由民主制度，但自由民主制度却始终作为唯一一个被不懈追求的政治理想，在全球各个地区和各种文化中得到广泛传播。"③ 在福山看来，这些"重大历史事件"不仅意味着人类历史开始出现一种新的转机，而且也意味着人类历史发展到了一个关键点，一个走向其终点的关键点。他的历史终结论显然正是在这样的背景下或气氛中提出来并且予以阐述的。

"共产主义世界出乎意料的大面积塌方"对于资本主义社会制度及其意识形态的鼓吹者和捍卫者来说固然是个"福音"，似乎有助于他们克服"悲观主义"，但似乎不足以使他们从中得出资本主义社会制度及其意识形态业已获得终极胜利的结论。因为就如德里达所指出的，"共产主义世界出乎意料的大面积塌方"并不意味着资本主义世界本身一片光明。相反，德里达在谈到我们的时代时却强调："这是一个乱了套的时代。所有的一切，开始于时间的一切，似乎都错乱了，不公正了，失调了。这个世界病得很厉害，一天不如一天了，……这衰败正在扩展，正在自行生长，也就是说正在遍及全世界，……这种衰败并不是发展的一个阶段，不是一场危机，一场成长的危机。……这个世界出毛病了，其画面暗淡无光，几乎可以说是漆黑一团。"④ 莎士比亚的悲剧《雅典的泰门》里有一个画家，为了表述他所在世界的漆黑一团，在黑板上画了"一幅黑色的画面"。德里达则模仿这位画家，用"黑板图画"来刻画我们的世界和时代。德里达指出，在我们这个时代，无论是从"国内战争"看还是从"国际战争"看，都会使人感到漆黑一团。"在国内战争的标题下，还有必要指出议会形式的自由民主制在世界上从来没有处于如此少数和孤立的状态吗？还有必要指出我们称之为西方民主制的

① ［美］福山著，黄胜强、许铭原译：《历史的终结与最后之人》，中国社会科学出版社 2003 年版，第 9 页。

② ［美］福山著，黄胜强、许铭原译：《历史的终结与最后之人》，中国社会科学出版社 2003 年版，第 14 页。

③ ［美］福山著，黄胜强、许铭原译：《历史的终结与最后之人》，中国社会科学出版社 2003 年版，第 4 页。

④ ［法］雅克·德里达著，何一译：《马克思的幽灵》，中国人民大学出版社 2008 年版，第 26 页。

东西从来没有处于如此功能不良的状态吗？"① 而在"国际战争"的标题下，有必要指出，"经济战争、民族战争、少数民族间的战争、种族主义和排外现象的泛滥、种族冲突、文化和宗教冲突，不是正在撕裂号称民主的欧洲和今天的世界吗？"② 针对福山"新福音"的"经验性证据"，德里达从十个方面对"新世界秩序"及其"祸害"进行了概括：（1）"失业"；（2）"对无家可归的公民参与国家的民主生活的权利的大量剥夺"；（3）世界范围内的"无情的经济战争"；（4）"贸易保护主义的壁垒和进行的干预主义的拍卖战"；（5）"外债和其他相关机制的恶化使人类的大多数处于饥饿或绝望的境地"；（6）"军火工业和贸易被列入西方民主国家科学研究、经济和劳动社会化的常规调整范围"；（7）"核武器的扩散"不仅超出了"国家控制的范围"，而且也超出了"一切公开市场的范围"；（8）"民族间的战争在加剧"；（9）"日益增长的、没有边界的或者说那些超效力的和纯粹资本主义的幽灵般的国家亦即遍布于各大洲，包括东欧从前的所谓社会主义国家的黑手党和贩毒集团的世界范围的势力的存在"；（10）国际机构和国际法"在具体的实施中仍主要受特定的民族－国家的操纵。几乎总是它们的经济—技术的和军事的力量准备和应用，或者换句话说，实施其决定"。③ 无论如何，从这种"黑板图画"是看不出福山鼓吹的"人类意识形态发展的终点"，以及"人类最后一种统治形式"的太平盛世的任何迹象的。正因为如此，德里达将福山的历史终结论及其内含的盲目的乐观主义斥之为"染有犬儒主义的味道"，称福山在这样一种"黑板图画"面前宣扬旨在"歌颂资本主义或经济与政治自由主义的胜利"、旨在"歌颂作为人类政体之终点的西方自由民主制度的普及"、旨在"歌颂社会阶级问题之终结"的历史终结论，简直与古希腊的犬儒派无异。④

退一步说，姑且不论德里达所说的我们时代的"黑板图画"，即使仅仅从福山强调的所谓"共产主义世界出乎意料的大面积塌方"出发，也推演不出福山的历史终结论的结论来。首先，所有的社会运动都不是一帆风顺的，都要经过曲折的道路向前演进。资本主义社会制度诞生以来曾经爆发过一次次席卷全球的经济危机，这种制度尽管有这样那样的缺陷却并没有因为这些经济危机而退出历史舞台。为什么独独苏联解体和东欧剧变就会导致社会主义社会制度和意识形态的完全终结呢？更何况像中国这样的社会主义国家不仅没有垮台，反而在中国特色的社会主义道路上越走越好呢？在随后的 20 多年时间里，在全球资本主义经济一片萧条的情况下，中国的社会主义经济迅猛发展，超越一个

---

①④ ［法］雅克·德里达著，何一译：《马克思的幽灵》，中国人民大学出版社 2008 年版，第 27 页。
② ［法］雅克·德里达著，何一译：《马克思的幽灵》，中国人民大学出版社 2008 年版，第 28 页。
③ ［法］雅克·德里达著，何一译：《马克思的幽灵》，中国人民大学出版社 2008 年版，第 29～31 页。

个资本主义国家而成为世界第二大经济体。对此，福山的历史终结论究竟作何解释呢？

在回顾或追溯 19 世纪以来的民主化浪潮时，亨廷顿曾经使用了"进两步退一步"的表达式。按照亨廷顿的说法，世界自 1828 年以来相继出现过三波民主化的浪潮，但在这三波民主化浪潮之间也都出现过民主化的"退潮"。例如，在 1922 年至 1942 年期间就出现过民主化的第一次退潮，在这期间，有五分之三的民主国家又重新回到了专制国家。此后，在 1958～1975 年期间出现了第二次民主化的退潮，约有三分之一的民主国家变成了专制国家。亨廷顿由此得出结论："在某种意义上，自由化的波涛及其退潮呈现出一种进两步退一步的型态。到目前为止，每一次退潮都淹没了一些（但不是全部）在前一次浪潮中转型到民主政治的国家。"[1] 既然资本主义社会制度及其意识形态的发展呈现"进两步退一步"的"格局"，那么为何不能用这样的眼光来审视社会主义社会制度及其意识形态在 20 世纪的发展呢？从 1917 年十月社会主义革命起社会主义社会制度已经有了 90 多年的历史。如果用"进两步退一步"来解释社会主义 90 多年的发展，把 20 世纪 80 年代末 90 年代初苏联解体和苏东剧变解说成国际共产主义运动的一个"退潮"，不是更为贴切吗？究竟有什么理由将国际共产主义运动这个"退潮"宣布为共产主义运动的"终结"呢？在世界社会主义 90 多年的发展历史面前，福山的历史终结论不是显得太过荒唐了吗？

法国年鉴学派的著名代表人物费尔南·布罗代尔在《长时段：历史和社会科学》等论著中曾经系统地阐述他的长时段理论。在布罗代尔看来，历史时间具有不同的"节奏"和"多元性"。政治、军事、外交事件犹如炸弹爆炸一样，产生的火光转瞬即逝。它们是一种"短时段"，是一种"喧嚣一时的新闻"时间，对历史影响甚微。这种短时段的事件虽然也发出了光亮，但这种光亮却不能穿透深沉的黑夜。因此，历史学家的职责就在于超越这种历史的第一时段——短时段。在史学史上，经济史和社会史的崛起改变了传统史学的历史时间观，打破了匆促紧张的情节取胜的记叙体，而采取了中时段的历史时间观。按照这种时间观，供选择的时间不是一天或一年，而是 10 年、25 年或 50 年乃至 100 年的较长的周期。不过，尽管这些一定周期的历史波动塑造了历史的面貌，但还不是决定历史发展的根本因素。倘若要发现历史发展的根本因素，把握和解释一切历史现象，就必须采取长时段的历史时间观。布罗代尔将历史比作海洋：历史的波浪挟着隆隆涛声和泛着阳光的浪花，在无边无际的、仅仅按照波涛起伏的表面推想，可能

---

① ［美］亨廷顿著，刘军宁译：《第三波：二十世纪末的民主化浪潮》，五南图书出版有限公司 1994 年版，第 23 页。其中的"退潮"二字在原来的译著中均为"回潮"，鉴于依据上下文，"回潮"二字不甚确切，且容易引起读者误解，故我们在援引这段译文时作了上述微调。专此说明。

以为，在无限的深海里也在奔腾，而历史是阳光永远照射不到其底部的沉默之海。在巨大而沉默的大海之上，高踞着在历史上造成喧哗的人们。但恰恰像大海深处那样沉默而无边无际的历史内部的背后，才是进步的本质，真正传统的本质。而短时段的历史，报纸就"当前历史时期"所写的一切，不过是海面，是只要一载入书籍簿册就冻结和凝固的东西。① 不难看出，福山的历史终结论依据的是苏联解体和东欧剧变这些历史事件。换言之，福山的历史终结论依据的是一种短时段的历史时间观。依据这种历史时间观，福山观察到的无非是历史波浪的"隆隆涛声"和"泛着阳光的浪花"，而根本达不到"阳光永远照不到其底部"的历史的"沉默之海"，永远达不到历史的本质。依据这种历史时间观却偏偏妄想得出历史终结论这种关乎历史"沉默之海"的"史学大结论"，无疑是南辕北辙。

毋庸讳言，尽管由于依据一种短时段的历史时间观，福山的历史终结论作为一种"事实福音"（资本主义社会制度和意识形态业已"战胜"社会主义社会制度和意识形态的"福音"）势必失之无据，但它毕竟奠基于 20 世纪 80 年代末 90 年代初苏联解体和东欧剧变这些确凿无疑的历史事实，它也就必定能够告诉我们一些东西。这就是德里达所强调的"某种""共产主义的马克思主义的终结"。② 马克思主义不是抽象的，而是具体的。当年，马克思曾经说过："我只知道我自己不是马克思主义者。"③ 马克思的这句话看上去是一种悖论，其实是在告诉人们一个深刻的哲理：马克思主义从来都是具体的，而不是抽象的。在现实的历史上，存在着各种各样的马克思主义，而远不止一种马克思主义。同样，共产主义也都是具体的，而不是抽象的。在人类历史上，存在各种各样的共产主义，远不是只有一种共产主义。确实如福山所说，苏联解体和东欧剧变宣告了"某种"形态的马克思主义和共产主义的终结，然而在任何意义上这都不意味着所有形态的马克思主义和共产主义的终结。而且，苏联解体和东欧剧变这些历史事件宣告某种形态的马克思主义和共产主义的终结，不仅彰显了其他形态马克思主义和共产主义的真理性，而且还促成了其他形态的马克思主义和共产主义向更高阶段的发展。中国特色社会主义理论体系也正是在积极借鉴这些事件的历史教训的基础上逐步形成并且不断完善的。

总之，福山借以构成历史终结论"经验证据"的"事实福音"，不仅是歪曲真相的"伪命题"，也明显地存在"不能推出"的逻辑错误。德里达将福山的历史终结论称作"一种独断主义"，并且断言这种独断主义旨在"将其世界性的霸

---

① 参阅张广智、张广勇：《史学：文化中的文化》，浙江人民出版社 1990 年版，第 408 页。
② ［法］雅克·德里达著，何一译：《马克思的幽灵》，中国人民大学出版社 2008 年版，第 15 页。
③ 《马克思恩格斯选集》第 4 卷，人民出版社 1995 年版，第 695 页。

权置于充满悖论的和可疑的根据之上",① 看来是有道理的。

三、"历史终结论"的理论前提及其批判: "理想福音"与基督宗教的"末世学"

既然福山历史终结论的"经验证据"或"事实福音"捉襟见肘,他就将论证的重点逐步转移到了逻辑论证,转而求助于他的"理想福音"了。于是,福山在将自由民主制度定义为"实际的现实"的同时,突然将其定义为"单纯的理想"。他宣称,"历史终结"并不是说"重大事件""不会再发生了",而是指"构成历史的最基本的原则和制度可能不再进步了",或者说历史将"定位"于"一种自由的国家形态",定位于"现代自由民主制度"。②

福山解释说,他所谓的历史终结并不是说在当今时代,所有的国家都已实现了现代自由民主制度,只是说在当今时代,所有的国家和所有的人民都认可了自由民主这一"政治理想",都"始终"将"自由民主制度"视为他们"唯一一个被不懈追求的政治理想",都将其视为"圣经中的乐土"。③ 福山宣称:"人类不会是会盛开千姿百态美丽花朵的无数蓓蕾,而是奔驰在同一条道路上的一辆辆马车。"④ 在这些马车中,有的飞驰向"城镇",有的将退回到"沙漠荒野",有的循规蹈矩"翻山越岭",有的甚至遭人袭击"被烧毁后浓烟滚滚地丢弃在路旁",有的"迷失了方向""暂时朝着错误的方向前进",有的厌倦了旅途决定沿路回到某一点,"支起永久的帐篷"。尽管如此,福山还是满怀信心地宣布:大多数马车都会发现"到达主路"的各种途径,"即使他们也将发现如果要穿过最后山脉,大家都应该走同样的道路,大部分马车也会缓缓驶入城镇,而且绝大部分马车最后都会到达那里。"⑤ 福山据此强调说:"历史本身最终将证明自己的合理性,也就是说有相当多的马车驶入城镇这一情景会使任何有理性的人看到后都不得不承认只有一条路,且只有一个终点。"⑥

---

① 〔法〕雅克·德里达著,何一译:《马克思的幽灵》,中国人民大学出版社 2008 年版,第 52 页。

② 〔美〕福山著,黄胜强、许铭原译:《历史的终结与最后之人》,中国社会科学出版社 2003 年版,第 3 页。

③ 〔美〕福山著,黄胜强、许铭原译:《历史的终结与最后之人》,中国社会科学出版社 2003 年版,第 4、6 页。

④ 〔美〕福山著,黄胜强、许铭原译:《历史的终结与最后之人》,中国社会科学出版社 2003 年版,第 381 页。

⑤ 〔美〕福山著,黄胜强、许铭原译:《历史的终结与最后之人》,中国社会科学出版社 2003 年版,第 381～382 页。

⑥ 〔美〕福山著,黄胜强、许铭原译:《历史的终结与最后之人》,中国社会科学出版社 2003 年版,第 382 页。

　　这就是福山所谓的"人类世界普遍史观"，也就是黑格尔在《精神现象学》中阐述的"人类世界普遍史观"。福山指出，黑格尔"不相信历史进步会无休止地延续下去，而是随着现实世界中自由社会的建立走到一个终点。……黑格尔把历史定义为人走向更高的理性和自由的进步过程，而且这种过程在绝对自我意识实现方面有一个逻辑的终点，他认为这种自我意识物化在他自己的哲学体系中，就像人的自由物化在法国大革命后的欧洲以及美国革命后的北美洲所出现的现代自由国家中一样"。① 的确，黑格尔在《精神现象学》将"世界进程"描述成"普遍在个体里的现实性"，② 是"达到概念式理解的精神向着特定存在的直接性的返回"，是"认识着的自身中介着的变化过程——在时间里外在化了的精神"。③ 在《历史哲学》里，黑格尔更明确地将世界历史宣布为面向自由民主制度这个历史终点前进的历史。他写道："世界历史无非是'自由'意识的进展，这一种进展是我们必须在它的必然性中加以认识的。"④ 黑格尔断言，存在有三种程度不同的"自由"意识。这就是：（1）"东方各国"所知道的"自由"，这些国家"只知道一个人是自由的"；（2）"希腊和罗马世界"所知道的"自由"，这个世界"只知道一部分人是自由的"；（3）"日耳曼民族"所知道的"自由"，日耳曼民族"首先知道""一切人们（人类之为人类）绝对是自由的"。而人类的历史就是从知道和实现"一个人的自由"到知道和实现"一部分人的自由"，再到知道和实现"一切人们绝对自由"的进展过程。由此福山提出："黑格尔认为，人类自由的载体是现代立宪制国家或我们称之为自由民主的国家，人类的世界普遍史只不过是自我意识的觉醒，即人逐渐走向完全理性并达到一种在自己管理自己的自由国家中知道如何表达理性本身。"⑤

　　福山的人类普遍世界史观虽然照搬的是黑格尔的世界普遍史思想，但他将源头上溯到基督宗教及其末世学。他强调："西方思想体系中第一部真正的世界普遍史是基督宗教。"⑥ 福山之所以将基督宗教视为西方思想体系中"第一部真正的世界普遍史"，主要出于两个方面的考虑。首先，是基督宗教给西方世界第一次带来了"普遍意识"或人的"类意识"。早在基督宗教问世之前，古希腊和古

　　① ［美］福山著，黄胜强、许铭原译：《历史的终结与最后之人》，中国社会科学出版社2003年版，第72页。
　　② ［德］黑格尔著，贺麟、王玖兴译：《精神现象学》上卷，商务印书馆1987年版，第252～253页。
　　③ ［德］黑格尔著，贺麟、王玖兴译：《精神现象学》下卷，商务印书馆1987年版，第274页。
　　④ ［德］黑格尔著，王造时译：《历史哲学》，上海书店出版社2008年版，第17页。
　　⑤ ［美］福山著，黄胜强、许铭原译：《历史的终结与最后之人》，中国社会科学出版社2003年版，第67页。
　　⑥ ［美］福山著，黄胜强、许铭原译：《历史的终结与最后之人》，中国社会科学出版社2003年版，第62页。

罗马的史学家都曾试图"编写已知世界的历史",他们中的卓越者虽然已然具有"世界主义"的意识,但他们所编撰的最优秀的史学著作也无非是"一部当时的国际关系史",无非是一个族类战胜另一个族类的历史。唯有基督宗教引进了"上帝面前人人平等"的理念,从而为"世界上所有人构建了一个相同的命运"。因为按照基督宗教,"所有民族都是广大人类的一个分支,而人类的命运可以理解为上帝的安排"。① 其次,是基督宗教给西方世界第一次带来了"一种有时间限制的历史概念"。此前,古希腊和古罗马的史学家有着各种不同的时间观,其中影响最为广泛的是历史循环论,但并未提出一种"有时间限制"的历史概念。在基督宗教里,时间既不是一条直线,也不是一条射线,而是一条线段。根据《圣经》的《创世记》和《启示录》,世界和人类历史是在创世之后才有的,而在世界末日审判之时将结束。因此,按照基督宗教对历史的描述,"'历史的终结'是所有世界普遍史编写中的题中之义。历史的某个重大事件只有产生更大终极或目标才会具有意义,实现这一目标必然会推动历史走向终结。人的最后的终结使一切个别的重大事件具有潜在意义"。② 虽然在利用黑格尔的人类普遍世界史观时,福山为了更好地论证其历史终结论,对其难免有所裁减,但在强调人类普遍世界史观的基督宗教的末世学性质时,却完全遵循了黑格尔的理论。黑格尔在《历史哲学》里非常明确地强调:日耳曼人就是在基督宗教的影响下才获得构成"历史终点"的"人人自由"的思想的。他写道:"各日耳曼民族在基督宗教的影响下,首先取得了这个意识,知道人类之为人类是自由的:知道'精神'的自由造成它最特殊的本性。这种意识首先出现于宗教,出现于'精神'最内在的区域里。"③ 正因为如此,黑格尔在《精神现象学》里不仅系统阐述了"自然宗教"和"艺术宗教",而且尤其详尽地阐述了作为"天启宗教"的基督宗教,并且强调:作为天启宗教的基督宗教的"宗教意识""由于是主体,所以也是实体,并且正因为或者只是由于它是这种辩证运动,所以它本身就是精神"。④

由此看来,构成福山历史终结论理论基础的不仅有"哲学的终结"和"人类世界普遍史观",而且还有"宗教神学的终结"和"基督宗教的末世学"。

① [美] 福山著,黄胜强、许铭原译:《历史的终结与最后之人》,中国社会科学出版社 2003 年版,第 62 页。

② [美] 福山著,黄胜强、许铭原译:《历史的终结与最后之人》,中国社会科学出版社 2003 年版,第 62~63 页。

③ [德] 黑格尔著,王造时译:《历史哲学》,上海书店出版社 2008 年版,第 17 页。

④ [德] 黑格尔著,贺麟、王玖兴译:《精神现象学》下卷,商务印书馆 1987 年版,第 256 页。

四、"历史终结论"的历史机制说及其批判："非经济动力"与"自由主义"

构成福山历史终结论理论基础的，除了人类世界普遍史观和基督宗教的末世学外，还有历史机制说。

历史机制问题是一个既关涉历史的方向性，又关涉历史的原动力的问题。所谓历史的方向性，指的是"任何一种社会组织形式一旦被取代就绝不会再复辟（尽管在不同的发展阶段、不同社会会自然地重复某个相似的发展模式）"。而所谓历史的原动力问题，归根到底是一个使历史具有方向性的问题。福山解释说："如果历史永远不会重蹈覆辙，肯定会有一种不变的、统一的机制或一系列历史的第一原因来引导历史朝着一个唯一的方向发展，并把早期的记忆一直保存到现在。"①

然而，依照福山的看法，在讨论"历史机制"或历史发展的原动力或"第一原因"时，人们立即会想到自然科学知识，并把它看作使历史具有方向性的"关键"。"因为倘若我们仔细观察所有人类社会行为，唯一被明确公认为累积的并且具有方向性的历史就是现代自然科学的发展史"。② 福山认为，这是因为，第一，文学艺术的发展很难说有什么显而易见的累积和方向性。不能说一个20世纪的画家就一定比米开朗基罗更杰出，而且虽然可以说莎士比亚的作品很完美，但他的作品未必都代表进步。相形之下，自然科学知识则明显地具有方向性。第二，自然科学知识有明显的累积性。一些连牛顿都没有认识到的自然界的"奥秘"，现在一个普通的物理系大学生就只是因为他比牛顿出生较晚而可能完全知晓。第三，"自然科学使历史发展既有方向性也具普遍性"。军备竞赛、经济发展、"不断合理的劳动组织"、"社会结构的大规模变革"等等，无一不与现代自然科学的发展密切相关。然而，自然科学却算不上推动历史发展的"第一原因"或"最终原因"。"科学的内部逻辑也许能解释为什么它是历史发展的最终原因，但科学本身却无法告诉我们为什么追求科学。"③ 福山认为，更根本的还在于自然科学既不能在经济领域保证现代化，也不能在政治领域保证自由民主制度。自然科学虽然在现代工业社会的构建中发挥过积极的作用，但在后工业社会和自由

---

① ［美］福山著，黄胜强、许铭原译：《历史的终结与最后之人》，中国社会科学出版社2003年版，第80页。

② ［美］福山著，黄胜强、许铭原译：《历史的终结与最后之人》，中国社会科学出版社2003年版，第81页。

③ ［美］福山著，黄胜强、许铭原译：《历史的终结与最后之人》，中国社会科学出版社2003年版，第91页。

民主制度的构建中却往往扮演负面的角色。

另外，福山认为，经济发展并不必然导致自由民主制度，也不可能构成历史发展的"第一原因"。福山不否认经济发展与自由民主之间存在着某种"紧密"的"不容置疑"的"关系"，但他想要强调的是经济发展与自由民主的关系的非必然性和多元性。他写道："经济发展和自由民主之间存在着不容置疑的关系……但是……现代自然科学和工业化进程的逻辑性在政治范畴中并没有一个唯一的方向……工业化和自由民主之间似乎没有必然的联系，我们的有方向性的历史所需要的'历史发展机制'同样也会既能带来一个自由主义的未来，也会引出一个官僚专制的未来。"[①]

既然无论是自然科学知识还是经济发展都不足以成为历史具有方向性的"关键"，都不足以构成历史发展的"第一原因"，那么究竟什么东西才能成为致使历史具有方向性的"关键"和历史发展的"第一原因"呢？在这里，福山再次祭出了黑格尔的旗帜。他写道："黑格尔对历史进程中存在的'历史发展机制'的理解深度是马克思或所有当代社会科学家所无法比拟的。对于黑格尔来说，人类历史的基本动力不是现代自然科学，也不是促进现代自然科学发展的欲望的不断膨胀，而是一种完全非经济的动力，即为获得认可而进行的斗争。"[②] 那么，黑格尔强调"为获得认可而进行的斗争"的意图究竟何在呢？在福山看来，"为获得认可而斗争"也就是要建立自由民主的社会制度。因为自由民主社会也就是实现了人人自由、人人平等的社会，也就是所有人的尊严都得到认可、所有人的"自由道德选择能力"都达到施展的社会，也就是"完全满足了人的最基本需要"的社会。如果一个社会及其"政治组织形式""完全满足了人的最基本需要"，"历史就走到尽头了"。[③] 在这里，福山的历史终结论再次将"制度"回溯到"原理"。因为构成"为获得认可而斗争"的真实内涵不是别的，正是"自由"原理和"民主"原理或"自由"意识和"平等"意识。"自由主义"的意识形态正是福山历史机制论和历史终结论的最后底牌。

"为获得认可而进行的斗争"固然是人的一种高尚的精神欲望和精神要求，但它毕竟是人的一种精神欲望和精神要求，毕竟只是一种"完全非经济"的东西。将这种完全非经济的东西规定为确保历史具有方向性的"关键"和历史发展

---

① ［美］福山著，黄胜强、许铭原译：《历史的终结与最后之人》，中国社会科学出版社 2003 年版，第 141 页。

② ［美］福山著，黄胜强、许铭原译：《历史的终结与最后之人》，中国社会科学出版社 2003 年版，第 152 页。

③ ［美］福山著，黄胜强、许铭原译：《历史的终结与最后之人》，中国社会科学出版社 2003 年版，第 153 页。

的"基本动力"或"基本机制",不仅充分暴露了福山的历史机制论的唯心主义本质,也充分暴露了福山的历史终结论的唯心主义本质。

五、"历史终结论"的人性论基础及其批判:"最初之人"与"基督宗教的超国家"

当福山将"为获得认可而进行的斗争"规定为历史发展的基本机制和基本动力时,事实上就将历史终结论放在人性论的基础之上了。正因为如此,当福山宣布了黑格尔这一哲学信条时,紧接着就提出了"人之为人"的问题。福山写道:"黑格尔的世界普遍史不仅补充完善了我们只勾画出其轮廓的那种'历史发展机制',而且还带给我们一种对人的更广义的认识——作为人的人——使我们得以理解历史发展的断层、战争以及平静的经济发展中出现的非理性,这些都是实际的人类历史的特征。"① 而且,在福山看来,人之为人的问题不只是一个历史发展的机制或第一原因的问题,还是一个用以进行社会评估的"永久的、跨历史的标准"问题。福山强调:"没有一个永久的、跨历史的标准,即如果不讨论人性,'历史'显然也无法讨论,更不用说讨论'世界普遍史'。'历史'不是给定的,不仅仅是一个过去所发生的事件的流水账,而是一项辨别事件重要性抽象化的意识工作。"② 福山承认"这种抽象所依据的标准"是"可变"的,但这种改变只不过是为了更好地"适应一种更新的并且更平等主义的意识"。而且,要对"重大事件或非重大事件"进行历史的"选择",就必须"参照一种存在于历史'之外'(有时在专业历史学家本身能力范围之外)某个地方的标准"。③ 而这种"存在于历史'之外'某个地方的标准"不是别的,正是"人之为人"的"人性"。福山强调说:"如果我们必须触及历史的终结这个问题,我们似乎必须把对历史的讨论放下来,转而讨论人性的问题。"因为只有凭借"跨历史标准的人性",我们才能"判定每个社会制度或社会体系的好与坏",才能发现自由民主制度"对生活在其社会制度中的人所具有的吸引力,以及它对长期生活在自由民主制度中的人的持久影响力",才能深刻地理解自由民主制度何以能够构成人类历史的终点。在福山看来,人类历史的"真谛"全在于此。④

那么,用作"超历史标准"的作为"人之为人"的"人性"究竟是什么呢?

---

① [美]福山著,黄胜强、许铭原译:《历史的终结与最后之人》,中国社会科学出版社 2003 年版,第 153 页。

②③④ [美]福山著,黄胜强、许铭原译:《历史的终结与最后之人》,中国社会科学出版社 2003 年版,第 157 页。

在福山看来，这就是人之"欲望"或人之欲望"什么"的问题。他之所以将历史发展机制称作"欲望的机制"，① 即是谓此。但是，在西方思想史上，人的欲望学有两种基本类型，其中一种强调物质欲望，强调利己主义，而另一种则强调精神欲望，强调自由精神。霍布斯倡导的就是第一种类型的欲望学说。霍布斯也讲"自由"，但他却认为"所有身体上不受任何束缚的人都可以被视为是'自由'的"，从而他着眼的只是"自由的表象"，而不是"自由的本体"。② 在霍布斯的政治哲学中，第一重要的是"自我保存"和"恐惧死亡"。"对霍布斯来说，人最强烈的情感是对暴力死亡的惧怕，最强烈的道德要求（所谓自然法）是保存自己肉体的存在。"③ 在福山看来，这种欲望本质上就是一种"奴隶意识"或"动物意识"。在福山看来，不仅霍布斯所倡导的是这种类型的欲望学说，洛克的欲望学也与霍布斯"相接近"。洛克虽然将财产权规定为"基本人权"，但财产权所关涉的仍然是一种"世俗之物"。福山特别批判了洛克的欲望学说。在福山看来，"美国缔造者"（如杰斐逊等）"关于人对生命、自由和追求幸福的权利的'自我理解'理论与洛克的生存和财产的自然权利大同小异"。④ 黑格尔所倡导的则属于第二种类型的欲望学说。在黑格尔看来，人最根本的欲望就是"获得认可的欲望"。人固然要谋求生存，但人更应该谋求自己的尊严，谋求别人对自己的"认可"，谋求别人对自己作为人、作为"人之为人"的认可。为了获得这种"认可"，这种人根本不惧怕死亡，甚至不惜展开"殊死的战争"。"只有通过冒生命的危险才可以获得自由。……一个不曾把生命拿去拼了一场的个人，诚然也可以被承认为一个人，但是他没有达到他之所以被承认的真理性作为一个独立的自我意识。"⑤ 在福山看来，这种欲望本质上就是一种"主人意识"和"优越意识"，而具有这种欲望的人显然就是"主人意识"的实现，就是独立"自我意识"。

在《历史的终结及最后之人》中，福山对黑格尔所倡导的"为获得认可而斗争"的欲望从哲学史的角度进行了追溯和探源。福山认为，"认可"概念在西方政治哲学中有"悠久的历史"，"涉及人格中最具有共性的层面"。柏拉图用的

---

① ［美］福山著，黄胜强、许铭原译：《历史的终结与最后之人》，中国社会科学出版社 2003 年版，第 81、149 页。

② ［美］福山著，黄胜强、许铭原译：《历史的终结与最后之人》，中国社会科学出版社 2003 年版，第 169 页。

③ ［美］福山著，黄胜强、许铭原译：《历史的终结与最后之人》，中国社会科学出版社 2003 年版，第 177 页。

④ ［美］福山著，黄胜强、许铭原译：《历史的终结与最后之人》，中国社会科学出版社 2003 年版，第 180～181 页。

⑤ ［德］黑格尔著，贺麟、王玖兴译：《精神现象学》上卷，商务印书馆 1987 年版，第 126 页。

331

是"精神"这个词，意大利资产阶级思想家、历史学家马基雅弗利用的是"对荣誉的渴望"，霍布斯用的是"骄傲或虚荣"，卢梭用的是"自尊心"，亚历山大·汉密尔顿用的是"对名声的酷爱"，詹姆斯·麦迪逊用的是"野心"，而尼采用的则是"红面野兽"。黑格尔的重要功绩就在于他用"为获得认可而斗争"这个"统一的用语"，相当"准确"地表达了自古以来人们认为有必要"把事物的重要性进行排序"的"心理"："自己是第一个，然后才是周围的人、行为或万物"。① 尼采曾经将人区分为"超人"、"高人"和"末人"。"为获得认可而斗争"的人其实就是尼采的超人。而那些一味追求物质利益和精神妥协的人，即福山所说的"最后之人"，其实也就是尼采的"末人"。

在福山这里"认可"问题之所以具有如此重大的理论价值，主要是由两个东西决定的。首先，在福山看来，"认可"问题既蕴含非理性（欲望），也蕴含理性（精神）。说它蕴含非理性或欲望，这是显而易见的。历来政治哲学家所提到的"对荣誉的渴望"、"骄傲或虚荣"、"自尊心"、"对名声的酷爱"、"野心"和"红面野兽"，无一不蕴含非理性或欲望的因素。在福山看来，所有这些无一不与作为"人之为人"的人性相关，而"为获得认可而斗争"之所以被称作历史发展的"原动力"，归根到底是由其蕴含的欲望或非理性因素决定的。就此而言，我们不妨将福山称作一个弗洛伊德主义者。然而，"认可"本身也要求理性。"认可"肯定蕴含一种优越意识，但却不能滞留于狭隘的自我中心主义。因为"认可"要求的是他人对自己人格的尊重和承认，倘若要他人尊重和承认自己，也就必须同时尊重和承认他人。因此，"认可"必须是一种"普遍认可"和"理性认可"。而且，在福山看来，黑格尔既然强调应当追求"一切人的自由"，本身就要求我们采取"普遍认可"和"理性认可"的态度和立场。② 其次，在福山看来，"认可"问题之所以特别重要还在于它具有特别浓重的"政治色彩"，构成人类政治问题和社会制度的一个"中心问题"。这是因为如果一个人优越意识过强，势必认为自己高人一等，这不仅难以实现"一切人的自由"，构建人人平等的民主社会，甚至要形成一个政治社会也不可能。这就不仅提出了关于控制过分的获得认可的欲望的观点，而且也使这个问题成为"政治的中心问题"。福山写道："获得认可的欲望是人格中最具政治色彩的部分，因为正是这一部分人格驱使人认为自己高其他人一等，甚至因此进入康德的'以自我为中心的社会性'的境界。如此众多的政治哲学家已经洞察到，政治的中心问题是以一种服从于政治社会大

---

① ［美］福山著，黄胜强、许铭原译：《历史的终结与最后之人》，中国社会科学出版社 2003 年版，第 185～186 页。

② ［美］福山著，黄胜强、许铭原译：《历史的终结与最后之人》，中国社会科学出版社 2003 年版，第 228～229 页。

局的方式来控制获得认可的欲望，对此我们并不感到惊讶。"① 因此，福山断言：自由民主社会就是黑格尔所说的"公民之间相互并且相等地同意互相认可"的社会，也就是新黑格尔主义者科耶夫所说的"人人相同、人人平等的国家"，这样的国家不仅"使我们具有自己的自我价值意识"，而且"我们灵魂中欲望和精神这两个部分因此都感到满足"。②

值得注意的是，福山在追随黑格尔搬出"人性论"的同时，也不忘从人性论的立场上阐述黑格尔的宗教观。福山指出，黑格尔之所以将基督宗教称作"绝对宗教"，是为了强调基督宗教与西方民主社会之间存在的"客观的历史关系"。这种客观的历史关系最根本的就表现在：基督宗教"在人类历史上第一次认为每个人都有道德选择或信仰的能力，并且因此认为确立了普世的上帝面前人人平等原则。也就是说，基督宗教一直认为人是自由的，这种自由不是霍布斯的形式的自由，而是辨别是非的道德自由。"③ 这样，基督宗教就不仅提出了"一切人的自由"的原则，而且也提出了"普遍的人的平等"的观念，从而孕育了自由民主社会的基本原理。尽管基督宗教阐扬的自由只是一种"辨别是非的道德自由"，尚不是这里所讨论的在自由民主社会实现的那种政治自由，尚不是人类"实现自由理想"的最佳形态，但却从原则上为自由民主政治制度的实现铺平了道路。正因为如此，福山在讨论国家权力合法性问题和"没有权力的权力"问题时，把"宗教"，把"担当宗教主人的欲望，即获得别人对自己的上帝和偶像认可的欲望"视为"主人追求获得认可的精神"的一个极其重要的形式。④ 在讨论社会共同体这个话题时，福山更是明确地将宗教和宗教信仰视为自由民主国家和社会共同体的基础和支柱。他强调说："可以这样讲，自由民主国家不可以自力更生：它们所依赖的共同体生活最终必须来自与自由主义本身不同的地方。"⑤ 福山以美国为例加以说明："在美国，最坚固的共同体生活形式也源于共同的宗教价值而不是理性的自我利益。……像杰斐逊或富兰克林等领导美国革命的洛克派自由主义者，或者像林肯这样的自由和平等的痴迷者，都坚定不移地认为，自由需要上帝。换句话说，理性的自私自利的个人之间的契约不会孤立地存在；它需要用

---

① ［美］福山著，黄胜强、许铭原译：《历史的终结与最后之人》，中国社会科学出版社 2003 年版，第 186 页。

② ［美］福山著，黄胜强、许铭原译：《历史的终结与最后之人》，中国社会科学出版社 2003 年版，第 228～229 页。

③ ［美］福山著，黄胜强、许铭原译：《历史的终结与最后之人》，中国社会科学出版社 2003 年版，第 223 页。

④ ［美］福山著，黄胜强、许铭原译：《历史的终结与最后之人》，中国社会科学出版社 2003 年版，第 294 页。

⑤ ［美］福山著，黄胜强、许铭原译：《历史的终结与最后之人》，中国社会科学出版社 2003 年版，第 369 页。

神的回报和惩罚来补充完善。"① 正因为如此，福山非常欣赏黑格尔关于国家是"上帝在人间的作为"的观点，断言法国革命无非是"基督宗教式的自由平等"社会观念在人间的"一次实践"，法国革命的根本价值在于它"构成了一种认可"："认可是人先创造了基督宗教的上帝，因此人能够让上帝下凡住在现代国家的议会大楼、总统官邸和政府机构里。"②

由此看来，德里达把福山的历史终结论的"预期目标"说成是构建"基督宗教的国家或基督宗教的超国家"是言之有据的。德里达深刻地指出："福山所明确主张的自由国家的模式，不只是黑格尔提出的那个为得到承认而斗争的理论的黑格尔的模式，而是主张'基督徒眼界'有优先地位的黑格尔的模式。如果说国家的存在，'乃是上帝在尘世间的降临'，正如我们在福山所提到的黑格尔的《法哲学原理》中读到的那样，那么这种降临就具有了某种基督宗教事件的意义。法国的革命就是'采取了关于自由平等的社会这一基督徒眼界，而且在此将之移植在世界之上的事件'。这一历史的终结本质上属于一种基督宗教的末世论，与日前罗马教皇关于欧洲共同体的话语是一致的：由于它的预期目标是成为一个基督宗教的国家或基督宗教的超国家，因而这个共同体仍旧属于神圣同盟一类。"③

由此看来，福山历史终结论的终极基础不仅是"人之为人"的"人"，不仅是"为获得认可而斗争"的人，同时还是"信仰上帝"的人。构成历史终点的自由民主国家同时也应当是一个"基督宗教的国家"或"基督宗教的超国家"。"自由需要上帝"，这就是福山历史终结论的最后结论。

六、历史并未终结："历史终结论"之"终结"与"维护马克思的幽灵"

如果从他 1992 年出版《历史的终结与最后之人》时算起，福山提出历史终结论至今已经过去 20 多个年头了，如果从他 1989 年发表《历史的终结?》时算起，则至今已经过去 26 个年头了。然而，历史似乎并不买福山的账。福山的历史终结论非但没有终结历史，无数历史事实反而在证明，人类历史正在终结福山的历史终结论。

---

① ［美］福山著，黄胜强、许铭原译：《历史的终结与最后之人》，中国社会科学出版社 2003 年版，第 368 页。

② ［美］福山著，黄胜强、许铭原译：《历史的终结与最后之人》，中国社会科学出版社 2003 年版，第 227 页。

③ ［法］雅克·德里达著，何一译：《马克思的幽灵》，中国人民大学出版社 2008 年版，第 60 页。

首先，与当代意识形态终结论的其他形态一样，福山的历史终结论政治目标在于"终结"社会主义的社会制度及其意识形态。然而，历史却表明，社会主义社会制度并没有因为苏联解体和东欧剧变而在世界上消失，相反，像中国这样的社会主义国家变得比任何时候都更加充满生机，国际地位比任何时候都高，国际影响比任何时候都大。即使在东欧和前苏联地区，事情也在发生一些微妙的变化。在东欧一些国家中，共产党重新在人民群众中获得信任，开始成为一支对国家政治生活能够产生比较重大影响的力量。在前苏联地区，不少人开始怀恋前苏联的社会主义社会及其制度。这一点在人们对斯大林的态度方面表现得尤为明显。在苏联解体过程中，斯大林差不多成了前苏联地区各国国家公共电视台和各种出版物口诛笔伐的对象或妖魔化对象。但随着苏联解体带来的社会政治和经济危机，引起了广大民众对社会主义制度的再认识，人们对斯大林的评价也发生了重大变化。"根据《俄罗斯报》、《苏维埃俄罗斯报》、《真理报》、《消息报》、《独立报》等俄罗斯报纸援引俄罗斯公共舆论研究中心等处的数据，1996 年 28% 的俄罗斯人认为斯大林的功绩和贡献大于错误和罪行，1999 年这个数字变成了 30% 左右。2003 年这个数字变成了 36% 左右，2008 年这个数字变成了 39% 左右（38% 左右认为斯大林的错误和罪行大于功绩和贡献，16% 左右认为斯大林这个人物太过于复杂难以作出评价，剩下的则认为斯大林的错误和罪行与功绩和贡献基本相当），2009 年 12 月底，认为斯大林贡献和功绩占主要方面的达到了 42%。而在 2008 年 12 月揭晓的有 500 多万俄罗斯网民参与投票的'以俄罗斯之名——俄罗斯历史名人投票'中，斯大林最终排名第三，仅处在亚历山大·涅夫斯基（作为俄罗斯统帅，他于 13 世纪击败德意志人的条顿骑士团和瑞典王国、立陶宛大公国，并且与蒙古金帐汗国周旋）和斯托雷平（1905～1911 年间担任沙皇俄国罗曼诺夫王朝首相）之后，甚至排在了列宁（他处于第 7 位）之前。"① 不只一般民众，即使像普京这样的政要，对苏联的态度也有明显的变化。1999 年 12 月 30 日，普京发表《千年之交的俄罗斯》一文，在谈到 20 世纪的俄罗斯时，普京说道："在即将过去的这个世纪里，俄罗斯有四分之三的事件是在为共产主义原理而奋斗的标志下生活的。看不到这一点，甚至否定这一时期不容置疑的成就是错误的。"2000 年 2 月，普京在共青团真理报社现场回答读者的热线电话，在回答"您怎样看待苏联解体"问题时，普京回答说："谁不为苏联解体而惋惜，谁就没有良心。"在回答"什么时候退出苏共"问题时，普京回答说："我没有退出。苏共不存在了，我就把党证放在抽屉里。"2002 年 1 月，普京接受波兰记者的采访，在谈到斯大林时，普京强调："斯大林是一个独裁者，这毋庸置疑。

---

① 谈雪：《浅析苏联解体后俄罗斯社会对斯大林态度转变》，载于《大观周刊》2011 年第 26 期。

但问题在于，正是在他的领导下苏联才取得了伟大卫国战争的胜利，这一胜利在很大程度上与他的名字相关联。忽视这一点是愚蠢的。"2005 年 4 月，普京在"国情咨文"中进一步谈了自己对苏联解体的看法。他说："首先应当承认苏联解体是 20 世纪地缘政治上最大的灾难，对俄罗斯人民来说这是一个悲剧，我们数以千万计的同胞流落在俄罗斯土地之外，苏联解体就像流行病一样也波及俄罗斯自身。"同年 5 月，普京接受德国电视记者采访，在谈到苏联解体时，非常形象地说，这确实是千千万万人的悲剧，"我们在泼水的时候，连同孩子一起倒掉了"。①

其次，福山的历史终结论与尼克松的不战而胜论和布热津斯基的大失败论一样，在宣布社会主义社会制度及其意识形态终结的同时，宣扬资本主义社会制度及其意识形态的"福音"，用福山的话来说："福音还是来了!"② 然而，苏联解体和东欧剧变虽然给以美国为首的资本主义世界带来一时的好处，但却并未从根本上改变它的厄运：以美国为首的西方国家不仅在经济领域遭到重创，而且在其自身的国家安全方面也遭到了挑战。2001 年的"9·11"事件当然是严重的恐怖主义袭击，但也从一个侧面说明了美国推行的世界霸权主义战略在一定程度上遇到了挑战。2008 年肇始于西方世界的环球金融危机不仅使许多大型国际金融机构接连倒闭，也使西方世界经济长期陷于萧条。这就使得德里达所描绘的"黑板图画"黑上加黑了。

美国社会学家汤普森在讨论"意识形态的行为模式"时，曾经将"虚饰化"或"美化"视为意识形态一项基本"操作法"。③ 既然福山的历史终结论将一幅"黑板图画"改写成"福音书"，其虚饰性不言自明，而他作为意识形态终结论的历史终结论的意识形态性质也昭然若揭了。澳大利亚学者安德鲁·文森特在谈到当代意识形态终结论的意识形态性质时，曾经相当中肯地指出："意识形态终结论"的理论家们"未能接受一个至关重要的可选择性的可能性，即意识形态的终结绝非标志着意识形态的终结，它本身的提出就是它得以产生的那个时代和地域的意识形态的重要表达。"④ 应该说，文森特的这一论断同样适用于福山的历史终结论。而福山的历史终结论之为一种意识形态不仅暴露了自身存在的内在悖论，也内蕴了被历史终结的历史必然性。

然而，尽管福山的历史终结论具有虚饰性，是个伪命题，但却并非完全没有

---

① 王正泉：《普京对苏联历史及苏联解体的评价》，《百年潮》2006 年第 11 期。

② ［美］福山著，黄胜强、许铭原译：《历史的终结与最后之人》，中国社会科学出版社 2003 年版，第 4 页。

③ ［英］约翰·B. 汤普森著，高铦等译：《意识形态与现代文化》，译林出版社 2005 年版，第 69 ~ 70 页。

④ ［澳］安德鲁·文森特著，袁久红等译：《现代政治意识形态》，江苏人民出版社 2005 年版，第 18 ~ 19 页。

来由。无论如何，它毕竟是以苏联解体和东欧剧变为历史背景的。无论对于国际地缘政治的格局还是对于国际共产主义运动，苏联解体和东欧剧变都是一个相当重大的事件，人们从中推演出一定的历史结论不仅合乎逻辑，而且一般来说会是有益的。但是，无论是苏联解体还是东欧剧变都只不过是发生在上个世纪 80 年代末 90 年代初这一短时段的一个历史事件，都不足以从中推演出决定整个人类历史的走向乃至整个人类历史是否终结的历史结论。而福山的历史终结论所犯的正是这样一种"不能推出"的逻辑错误。从布罗代尔的长时段历史理论看，福山从苏联解体和东欧剧变这个短时段的历史事件推导出历史终结论，就好像是一个人站在海边看到几朵泛起的浪花，就对海底的宝藏大发议论一样。如果 20 世纪 80 年代末 90 年代初确实对"历史"有所终结的话，那它终结的也只是"某种"形态的"社会主义"社会制度和意识形态，特别是戈尔巴乔夫所倡导的"人道"的和"民主"的社会主义，而非所有形态的"社会主义"和所有形态的"马克思主义"，更非社会主义社会制度及其意识形态本身。然而，正如德里达强调的："对于我们中的许多人而言，某种共产主义的马克思主义的终结并不需要等到苏联以及全世界完全依赖于苏联的所有一切的最近解体。"① 因为无论是社会主义还是作为社会主义意识形态的马克思主义，都是在不断地"终结"各种形式的过时的或错误的"社会主义"和"马克思主义"向前发展的。尽管这种"终结"有时也难免出错，尽管这种"终结"往往会导致社会主义和马克思主义的发展"进两步退一步"，但它作为社会主义和马克思主义自否定的一个环节、作为对其历史进步的一种补偿，有时似乎是难以避免的。

早在 1847 年，马克思和恩格斯在《共产党宣言》里就反驳了"关于共产主义幽灵的神话"。他们开门见山地写道："一个幽灵，共产主义的幽灵，在欧洲游荡。为了对这个幽灵进行神圣的围剿，旧欧洲的一切势力，教皇和沙皇，梅特涅和基佐，法国的激进派和德国的警察，都联合起来了。"② 现在，一个多世纪过去了，我们又重新看到人们对"共产主义幽灵"所开展的新一轮的"神圣的围剿"。参加这一轮围剿的不仅有美国的总统里根、布什和英国的首相撒切尔夫人、约翰·梅杰以及罗马教皇约翰·保罗二世等，而且还有尼克松、布热津斯基和福山。面对这样的围剿，当代社会主义者和马克思主义者的首要任务自然是反围剿。德里达在《马克思的幽灵》一书中呼吁："现在该维护马克思的幽灵们了。"③ 在当前形势下，反围剿就是"维护马克思主义的幽灵"。然而，"维护马克思主义的幽灵"并不限于反围剿，也不限于对当代意识形态终结论开展理论

---

① ［法］雅克·德里达著，何一译：《马克思的幽灵》，中国人民大学出版社 2008 年版，第 15 页。
② 《马克思恩格斯选集》第 1 卷，人民出版社 1995 年版，第 271 页。
③ ［法］雅克·德里达著，何一译：《马克思的幽灵》，中国人民大学出版社 2008 年版，第 5 页。

批判，维护马克思主义的幽灵更根本的是一种社会责任或历史使命。哈姆雷特在面对纷纭复杂的政治变局时发誓："这是一个颠倒混乱的时代，唉，倒霉的我却要负起重整乾坤的责任！"① 当代社会主义者和当代马克思主义者应当担负的正是这样一种"重整乾坤"的责任。担负起这样的责任不仅意味着要进一步科学地总结和汲取苏联解体和东欧剧变的历史教训，努力避免走戈尔巴乔夫的老路，还意味着要不断地向前推进社会主义事业，不断地向着最高的社会目标挺进，不仅彻底"终结"历史终结论以及所有形态的意识形态终结论，还要从根本上实现恩格斯在《路德维希·费尔巴哈与德国古典哲学的终结》一书中所说的作为国家机器一部分的那种意识形态的终结。

---

① 莎士比亚：《哈姆雷特》第 1 幕第 5 场。

第九章

防范和抵制境外宗教渗透的战略思考

破是为了立，前一章已经对当代意识形态终结论特别是对福山的历史终结论进行了较为系统、较为深入的批判，接下来就应当对如何树立防范和抵制境外宗教渗透的自觉意识，以及如何计谋防范和抵制境外宗教渗透进行较为系统和较为深入的阐释。首先遇到的问题就是从何处"立"的问题。上述这些话题不仅千头万绪，而且千变万化，没有一个确定的方位和范围，是无从下手的。

为了保证阐释具有一定的高度和深度，我们选择了防范和抵制境外宗教渗透的战略这个理论角度和高度。

"战略"是一门高级学问。在我国古代虽然至晋代—南北朝时期才出现"战略"这个词，[①] 但在此前很久我们的先人就使用"谋"、"韬略"、"方略"和"庙算"这些字眼了。例如，"上兵伐谋"中的"谋"，其实就蕴含有战略的意义。在古代人眼里，"谋"就是一种高级智慧，一种常人难及的智慧。"韬"的原意是"弓套"。"韬略"是一种藏而不露、常人难以觉察和识破的计谋或智慧。"方略"则具有"最高战略"的含义，往往为最高统治者或最高决策者所筹划或设计，进一步彰显了战略这门学问的尊贵性。战略这种尊贵性在"庙算"这个字眼中体现得更为充分。"庙"指的是王宫的前殿、朝堂。因此庙算当是皇帝和要臣在朝廷上制定的国家战略。正因为如此，孙子不仅强调"上兵伐谋"，还强调

---

① 学界已有的考证认为，西晋史学家司马彪撰写的《战略》一书，是我国历史上第一部以战略为名的著作，也很可能是我国提出战略概念的第一人。此后，南北朝时，沈约又提出了"兵经战略"的说法。

"庙算"克敌制胜的决定性作用。《孙子兵法》中说"夫未战而庙算胜者，得算多也；未战而庙算不胜者，得算少也。多算胜，少算不胜，而况于无算乎"，①即是谓此。

在西方主要语言中，战略分别为"strategy（英语）"，"stratégie（法语）"，"strategie（德语）"和"strategia（意语）"。其词根则同出于古希腊语。古代希腊语中有"stratos"这个词，其基本语义为军队，从这个词衍生出来"strategos"，其意义为将军或领袖。在古希腊，将军的设置最早出现于雅典。公元前508年，执政官克里斯提尼实行改革，把全国划分为十个选区，每个选区选一人为将军，组成"十将军委员会"，负责统率全国军队。其后，这些将军不仅负责统率军队，而且也逐渐拥有广泛行政职权，这就要求将军不仅具有全局观念，还要善于处理事关全局的大政。著名政治家伯利克里就曾不仅身为"十将军委员会"首席将军，而且还是雅典的最高行政长官（执政官），因其善于处理事关全局的大政，致使雅典奴隶制的经济、民主政治、海上霸权和古典文化臻于极盛，被誉为古希腊奴隶民主政治的杰出代表。公元6世纪，拜占庭帝国（东罗马帝国）将军和皇帝摩里斯曾撰写过一部军事学著作，名为《将军之学》（Strategikon）。这说明，在古代西方，战略也同样具有我国古人所谓"方略"和"庙算"或国家大政方针的意义。

现代，战略一词不仅具有大政方针（"方略"）和军事谋略的意义，还具有政治意义、经济意义和文化意义，甚至许多企业筹划也都使用战略这个术语。至今大政方针（"方略"）依然是战略一词的一项基本意义。例如，尼克松在《1999：不战而胜》一书中在谈到对苏联和东欧的意识形态渗透时，就曾经使用了"和平演变战略"这个字眼。② 他还援引托洛茨基的话强调说："我们必须积极从事同苏联的竞争，不仅在铁幕的这边，而且也在他们那边。无论我们是否喜欢，我们同苏联是对手。如果我们不去积极地同莫斯科竞争，克里姆林宫便会靠自己获得成果。正如托洛茨基说的那样，'你可以对战略不感兴趣，可战略对你感兴趣。'"③ 尼克松还从战略与战术的关系的角度强调战略的必要性和重要性。他说道："没有好的策略，就不可能实施好的战略。但是，除非纳入好的战略，否则好的策略也无用处。"④ 因此，尼克松对"和平演变战略"的强调，不仅与当前话

---

① 孙武著，赵国华注说：《孙子兵法》，河南大学出版社 2008 年版，第 101 页。
② ［美］尼克松著，谭朝洁、孔岩、邓勇、马学印译：《1999：不战而胜》，中国人民公安大学出版社 1988 年版，第 171 页。
③ ［美］尼克松著，谭朝洁、孔岩、邓勇、马学印译：《1999：不战而胜》，中国人民公安大学出版社 1988 年版，第 52 页。
④ ［美］尼克松著，谭朝洁、孔岩、邓勇、马学印译：《1999：不战而胜》，中国人民公安大学出版社 1988 年版，第 196 页。

题密切相关，而且正好反证了设计防范和抵制境外宗教渗透战略的绝对必要性。

第一节 防范和抵制境外宗教渗透的战略意识

战略是靠人设计的，也是靠人实施和管理的。然而，人是"有意识的存在物"，"有意识的生命活动把人同动物的生命活动直接区别开来"。[①] 因此，战略意识乃战略思考中第一重要的问题。也正是基于这样的理由，在讨论防范和抵制境外宗教渗透的战略问题时，将首先阐述防范和抵制境外宗教渗透的战略意识问题。

一、树立"世界"意识和"一球两制"意识

为树立防范和抵制境外宗教渗透的战略意识，首先要树立世界意识，具有国际大视野。何谓战略？战略之为战略总是某种关乎事情全局的东西，而战略的全局性又首先是借空间性展示的。在谈到战略的全局属性和空间属性时，19 世纪著名的军事理论家安托万·亨利·若米尼强调："战略是在地图上进行战争的艺术，是研究整个战争区的艺术。"[②] 战略的制定者、指挥者和实施者只有通观全局、把握全局，同时集中力量解决好事关全局的局部问题，才能有效地实现战略目标。战略与战役或战术的根本区别正在于前者关乎战争或工作的全局，后者关乎战争或工作的局部。[③] 对于防范和抵制境外宗教渗透、维护社会主义意识形态安全和国家安全来说，其全局性的空间维度首先就体现在它的世界或国际大背景上。离开了世界意识或世界眼光，就根本不可能具有战略意识或战略眼光，就根本不可能制定战略、实施战略、评估战略和修订战略，从而根本不可能对境外宗教渗透开展任何有效的防范和抵制，不可能有效地维护社会主义意识形态安全和国家安全。因此，树立世界意识实在是树立防范和抵制抵制境外宗教渗透战略意识的第一要务。

树立世界意识之所以如此重要，就在于境外宗教渗透的全球性质。马克思曾经深刻地指出："资本来到世间，从头到脚，每个毛孔都滴着血和肮脏的东西。"[④] 既然如此，谋求国际资本和国家的利益的最大化势必成为以美国为首的

---

① 马克思：《1844 年经济学哲学手稿》，人民出版社 2000 年版，第 57 页。
② ［瑞］亨利·若米尼著，刘聪译：《战争艺术概论》，解放军出版社 2006 年版，第 105 ~ 106 页。
③ 《毛泽东著作选读》上册，人民出版社 1986 年版，第 93 页。
④ 马克思：《资本论》第 1 卷，人民出版社 1975 年版，第 829 页。

西方国家外交政策的基本出发点和支撑点，以美国为首的西方国家的对外宗教渗透和资本主义意识形态输出，无论是在冷战时代还是在后冷战时代都势必具有全球性质，不仅将普通的不发达国家作为自己的对象国，也必然将社会主义国家作为自己的对象国。随着后冷战时代的到来，南北矛盾超过东西矛盾已经成为我们时代更为突出的矛盾，西方国家更加注重对发展中国家进行资本主义意识形态输出和宗教渗透。① 正如有学者所指出的："向发展中国家灌输西方价值观念，鼓吹'西化'是目前在意识形态方面推行新殖民主义的一种典型表现。"② 然而，在当代的社会主义国家中，有哪一个不是发展中国家呢？中国无疑是一个社会主义国家，同时又是一个发展中国家。从这个意义上看，时代主题的变迁，丝毫不影响以美国为首的西方国家对外实施资本主义意识形态输出和宗教渗透的全球性质，丝毫不影响境外敌对势力对我实施包括宗教渗透在内的资本主义意识形态输出。既然如此，要洞察西方资本的罪恶本质，要及时掌握以美国为首的西方国家对我实施资本主义意识形态输出和宗教渗透的最新动向，要卓有成效地防范和抵制境外宗教渗透和资本主义意识形态输出、维护社会主义意识形态安全和国家安全，就必须具有世界意识，眼观六路、耳听八方。闭目塞听，两耳不闻境外事，无论如何不可能有效地防范和抵制以美国为首的西方国家对我实施宗教渗透和资本主义意识形态输出。

事实上，在后冷战时代，以美国为首的西方国家也确实是从谋求全球霸权和最大利益的角度和高度，对我实施境外宗教渗透和资本主义意识形态输出的。例如，美国国会之所以通过《1998年国际宗教自由法案》，其根本目的就在于推行美国的全球霸权外交，推行美国政府的"扩展民主战略"或"全球民主战略"。这从克林顿1998年访华的安排和内容也可以看出来。1998年2月，克林顿在访华前曾亲自挑选人员组成美国宗教领袖代表团，对我国先进行为期三周的访问。这些宗教领袖回国后共同撰写了关于中国宗教自由问题的访华报告，将他们对中国宗教自由状况的观察、了解和看法全面地报告给克林顿总统，并对他们认为需要由总统和政府出面"解决"的问题发出呼吁。6月，当克林顿访华时，宗教问题或宗教自由问题就成为克林顿与中国领导人会谈一项极其重要的内容。克林顿访华后给美国一位宗教领袖写信："我就宗教自由问题与江主席进行了广泛的交流。"③ 由此可以看出，克林顿政府完全是从它全球外交战略的角度来实施对外宗教渗透的。事实上，全球外交战略或全球霸权战略是第二次世界大战以来美

---

① 参阅本著第七章第三节"后冷战时代中国防范和抵制境外宗教渗透的斗争"之"引言"部分。

② 张顺洪、孟庆龙、毕健康：《新殖民主义论：对当代世界的一种解释》，载于《马克思主义研究》1999年第4期。

③ 王作安：《面向新世纪的中国宗教和宗教工作》，学习出版社2000年版，第293页。

国历届政府的基本国策。尼克松在 1980 年出版的《真正的战争》一书中把这一点讲得非常明白。他写道："第三次世界大战是第一次真正的全球战争。这场战争已到达了地球的任何一个角落。美国和苏联都成为全球性强国，在任何地方影响我们之间的力量对比的任何东西，也影响我们之间在每一个地方的力量对比。苏联人认识这一点。我们也必须认识这一点，并且必须学会从全球角度考虑问题。"① 既然苏联人已经"从全球角度考虑问题"，美国人已经从"从全球角度考虑问题"，我们中国人也应当"从全球角度考虑问题"。布热津斯基出版过《大棋局》，基辛格出版过《大外交》，我们也应该有"大棋局"和"大外交"的意识，至少应当学会从"大棋局"和"大外交"的角度来审视防范和抵制境外宗教渗透、维护社会主义意识形态安全和国家安全问题。

同时，树立世界意识和国际大视野也是时代的要求。马克思曾经指出，"随着生产力的普遍发展"，"人们的普遍交往"逐步建立起来，最后，"地域性的个人为世界历史性的、经验上普遍的个人所代替"。② 人类的历史从根本上说也就是从地域性的人向世界历史性的人演进的历史。时至今日，随着生产力的高度发展，人类已经进入了"普遍交往"的时代，不仅进入了经济领域的全球化时代，随着冷战时代两极格局的终结，世界各国在政治领域和文化领域的普遍交往也建立起来了。只有顺应历史的发展，从全球角度来审视问题，才能正确地认识事情的本来面目，才能有效地处理各种问题。自清代中叶以来闭关自守就完全行不通，时至今日就更行不通了。认识和处理别的问题如此，认识和处理防范和抵制境外宗教渗透、维护社会主义意识形态安全和国家安全也同样如此。

在防范和抵制境外宗教渗透、维护社会主义意识形态安全和国家安全问题上，顺应时代的要求，"从全球角度考虑问题"，最重要的就是要学会从"一球两制"的角度和高度看待问题和处理问题。我们的时代虽然存在着多种社会制度，但主要的两种社会制度是资本主义社会制度和社会主义社会制度。1957 年11 月，毛泽东在莫斯科召开的各国共产党和工人党代表会议上的发言中曾说道："世界上现在有两股风：东风，西风。"③ 他说的东风、西风其实也就是"一球两制"。1989 年 11 月，邓小平在谈到国际大格局时曾经谈到了两个问题，一个是东西问题，一个是南北问题。所谓东西问题就是资本主义与社会主义两种社会制度问题，所谓南北问题就是发达国家与第三世界问题；东西问题主要是政治制度

---

① ［美］尼克松著，常铮译：《真正的战争》，新华出版社 1980 年版，第 23～24 页。
② 《马克思恩格斯选集》第 1 卷，人民出版社 1995 年版，第 86 页。
③ 《毛泽东文集》第 7 卷，人民出版社 2009 年版，第 321 页。

问题，而南北问题则主要是经济发展问题。邓小平强调的是东西问题，是"西方国家正在打一场没有硝烟的第三次世界大战"。①"一球两制"可以说是人们的一种共识，不仅共产党国家的领袖这么看，资本主义国家的政治领袖也是这么看的。例如，尼克松在《1999：不战而胜》中反复强调的就是要在全球范围内开展"两种制度之间的竞争"。他强调说："我们与莫斯科的竞争决不能只限于非共产主义世界。……我们必须采取各种政策，使苏联人参与我们的两种制度之间的竞争，以便将来促进他们制度内的和平演变。"② 尼克松承认，美国在第三世界或非共产主义世界也有许多工作要做，然而他想要强调的是，美国在非共产主义世界或第三世界的作为总体上是服从于美国与共产主义世界和社会主义国家竞争这个主要外交目标的。他在《真正的战争》中所说的"第三次世界大战"其实也正是"西方"与"东方"之间的"战争"。随着冷战时代的结束和后冷战时代的到来，东西矛盾虽然不再构成时代的主要矛盾，南北矛盾或许取代东西矛盾构成当今时代的主要矛盾，东西矛盾下降为时代的一种次要矛盾，但它毕竟依然与南北矛盾和西西矛盾等矛盾一样，也是当今时代一种比较重大的矛盾，也是审视时代一个重要的维度或主要视角。而且，在当今时代，东西矛盾也不是孤立存在的，而是与其他矛盾，譬如，与南北矛盾紧密交织在一起的（因为社会主义国家基本上都属于发展中国家）。因此，在当今时代，我们要树立战略观念，树立世界意识，就需要有一球两制意识。

有无世界意识或国际大视野，并不仅仅是一个认识水平的问题，而是关乎要不要防范和抵制境外宗教渗透、维护社会主义意识形态安全和国家安全的政治立场问题。苏联解体和东欧剧变提供了非常惨痛的教训。苏联和东欧社会主义国家之所以不能有效防范和抵制境外宗教渗透、维护社会主义意识形态安全和国家安全，原因虽然是多方面的，但相关国家的共产党人缺乏世界意识和一球两制观念，无疑是他们"不战而败"或"不战而降"一个重要原因。关于这一点，在对苏东剧变事件的分析中已经论及，这里就不再赘述了。下面，我们仅以亚当·沙夫这个更为具体的例子，进行佐证性的说明。亚当·沙夫（Adam Schaff, 1913~　）是波兰著名马克思主义者，波兰科学院院士，曾长期担任前波兰统一工人党中央委员。正如沙夫自己所说，在上个世纪 70 年代末开始的波兰剧变中，他并不是以"一个'逍遥派'知识分子"的身份出现的，而是以一个"马克思主义者"和"共产党人"的身份出现的。③

① 《邓小平文选》第 3 卷，人民出版社 1993 年版，第 344 页。

② ［美］尼克松著，谭朝洁、孔岩、邓勇、马学印译：《1999：不战而胜》，中国人民公安大学出版社 1988 年版，第 164 页。

③ ［波］亚当·沙夫著，奚戚、齐伍译：《论共产主义运动的若干问题》，人民出版社 1983 年版，第 2 页。

境外宗教渗透论

1978 年，沙夫完成了他的专著《论共产主义运动的若干问题》，试图对当时刚刚发生的"共产主义运动的危机"进行马克思主义的说明。① 1981 年 8 月，他写了《波兰的教训》，试图对 1980 年 8 月以来波兰发生的一系列事件"作一分析"。1981 年 12 月，波兰军队接管政权并宣布波兰处于战时状态后，沙夫又及时地写了《波兰的教训（续）》。90 年代初，波兰剧变后，沙夫发表了《美国—梵蒂冈"神圣同盟"内幕》。在沙夫的这些论著中，我们不仅看到了沙夫的迷失，也看到了沙夫的觉醒。

应该说，在 1978 年，沙夫对境外敌对势力对波兰的政治渗透和宗教渗透是毫无警觉的。他力求扮演的是"共产主义的持不同政见者"的角色，一方面极力鼓吹改革社会主义的"官僚机构"，特别是"党的官僚机构"，推进"社会主义民主"；另一方面，又极力鼓吹建立"共产主义的'宗教大联合'"。② 他的这种立场在他《波兰的教训》中似乎并没有发生什么明显的变化。在这篇长文中，他不仅对境外敌对势力插手波兰事件的行为视而不见，而且还极力为这一最终导致颠覆社会主义政权的运动辩护，强调："波兰事件的主角是工人阶级"，"这是波兰人民群众不愿意在现今条件下继续生活下去而爆发的一场自发的、真正波兰的运动"，"在波兰这样一个社会主义国家中，这场反对政权和制度的群众性的人民造反行动，具有和平革命的一切特点（至少现在是这样）"。③ 正是基于这种立场，沙夫批评将波兰事件说成是"由敌人代理机构唆使和组织的、由帝国主义领导和资助的反革命事件"的"宣传""显然是官僚机构的防御性反应"，是"他们对本国公民实行鸵鸟政策"。④ 然而，随着波兰事件的进一步升级，境外敌对势力对波兰实施政治干涉和宗教渗透日趋公开化，沙夫的立场开始发生了微妙的

---

① 请读者注意，笔者在这里的说法是："1978 年，沙夫完成了他的专著《论共产主义运动的若干问题》"，而不是说他于 1978 年"出版"了《论共产主义运动的若干问题》。事实上，沙夫是"在三年之后"才决定出版这部著作的，并且这个书名也是在其决定出版此书时才定下来的（该著原来的书名是《处在十字路口的共产主义运动》）。而且，沙夫在出版该著时还将其于 1981 年所写的有关波兰演变的评论，即《波兰的教训》作为附录附在后面。对此，他本人在该著的"作者自序"中是这样交待的："本书于 1978 年写成。书的第一稿曾专有'现实社会主义'的民族问题，其中引证了波兰的具体事例。首先正是由于这个缘故，我为此书的发表踌躇了三年之久，因为波兰形势的急速发展使我感到有必要采取谨慎态度，留待以后再作评价。现在我决定删去原有的关于波兰的一章，而撰写一篇关于波兰最新事态发展的'专论'，以通过实例说明我的思想，这篇论文成了本书的附录。"参阅 ［波］亚当·沙夫著，奚戚、齐伍译：《论共产主义运动的若干问题》，人民出版社 1983 年版，第 1 页。

② ［波］亚当·沙夫著，奚戚、齐伍译：《论共产主义运动的若干问题》，人民出版社 1983 年版，第 149 页。

③ ［波］亚当·沙夫著，奚戚、齐伍译：《论共产主义运动的若干问题》，人民出版社 1983 年版，第 152、158、157 页。

④ ［波］亚当·沙夫著，奚戚、齐伍译：《论共产主义运动的若干问题》，人民出版社 1983 年版，第 157 页。

第九章 防范和抵制境外宗教渗透的战略思考

变化。一方面，沙夫不再像以前那样一味为团结工会唱颂歌，不再把团结工会的成立看作是波兰工人阶级成为成熟的"自为"阶级的标志，而开始为团结工会唱"挽歌"，谴责"他们越来越被胜利冲昏头脑"；另一方面，沙夫开始谴责波兰事件的"幕后操纵者"、"各种特务网"，"不知羞耻地利用"团结工会"政治上的愚蠢和幼稚"的外国政客和外国观察家，①"开始""从'外部'问题""去揭示哪些肮脏的手在玩弄这场关系到我们国家生死存亡的严重赌注"。② 尤其值得注意的是，即使在《波兰的教训（续）》中，沙夫依然寄厚望于"波兰的教皇"，把他说成是"一个当然的最高仲裁人"和"伟大的深明大义者和爱国者"，但他却开始对受到"波兰的教皇"支配的波兰天主教会提出了质疑。他谴责道："我们的教会最近一段时期是否继承了维辛斯基红衣主教的这种传统了呢？没有。……如果维辛斯基红衣主教仍然在世，……教会就不会同国家权力玩猫捉老鼠的游戏，也不会在涉及民族团结和教会参加民族团结这类重大事务上采取儿戏的态度，不会一味地支持团结工会。"③ 然而，如果说沙夫在写《波兰的教训（续）》时，他对罗马教廷和罗马教廷支持的波兰天主教会"仲裁"和"缓冲"波兰事件还寄予希望的话，到 90 年代初，当波兰剧变完成，一切真相大白后，沙夫终于明白波兰事件的真正的"幕后操纵者"原来是美国与梵蒂冈，是它们结成的"神圣同盟"。沙夫在谈到"美国—梵蒂冈'神圣同盟'"合谋导演波兰剧变时，援引"一位美国分析家"的话说："就波兰而言，教皇和总统……所干的就是利用国内对立势力的矛盾，制造内部冲突，自己却不留任何可能被人抓住的把柄。"④ 沙夫在谈到里根政府的和平演变谋略时，也非常明确地指出："利用教会这张牌来征服人心，达到自己的目的，而自己又不留一点可以被人利用的痕迹。由此，我们看清了现实社会主义在东欧和苏联垮台的过程中，美国领导人及其特务部门是如何积极开展工作的。"⑤ 应该说，在美国—梵蒂冈"神圣同盟"的"长期教育"下，沙夫终于醒悟到，境外敌对势力通过宗教渗透进行资本主义意识形态输出和"社会复制"是波兰剧变一个极其重要的原因。不过，沙夫这种觉悟毕竟是以波兰社会主义制度被颠覆为惨重代价的。

---

① ［波］亚当·沙夫著，奚戚、齐伍译：《论共产主义运动的若干问题》，人民出版社 1983 年版，第 216、221 页。

② ［波］亚当·沙夫著，奚戚、齐伍译：《论共产主义运动的若干问题》，人民出版社 1983 年版，第 237 页。

③ ［波］亚当·沙夫著，奚戚、齐伍译：《论共产主义运动的若干问题》，人民出版社 1983 年版，第 250、249 页。

④⑤ ［波］亚当·沙夫著，郭增麟译：《美国—梵蒂冈"神圣同盟"内幕》，载于《当代世界社会主义问题》1997 年第 2 期。

当年孙中山在解释民权主义时，曾将人分成三种：第一种人叫"先知先觉"，第二种人叫"后知后觉"，第三种人叫"不知不觉"。[①] 根据孙中山这个说法，沙夫应当属于"后知后觉"。在抵制境外宗教渗透、维护社会主义意识形态安全的问题上，沙夫以及波兰人民付出的代价虽然太过惨重，但苏联解体和东欧剧变的历史却告诉我们：为有效地防范和抵制境外宗教渗透、维护社会主义意识形态安全和国家安全，必须具有世界意识和国际大视野，必须像波兰剧变后的沙夫那样，既要学会从社会主义国家的"内部"看问题，也要学会从社会主义国家的"外部"看问题，及时识破和抵制境外敌对势力对我实施宗教渗透的种种阴谋，有效维护社会主义意识形态安全和国家安全，否则就会重蹈波兰剧变前和波兰剧变中沙夫的覆辙，成为一个不讲马克思主义原则的"马克思主义者"和"共产党人"，坐看社会主义政权的被颠覆，成为沙夫那样"不愿做逍遥派"的"逍遥派"。[②] 在积极借鉴沙夫"后知后觉"经验教训的基础上，从"外部"、用"一球两制"的世界眼光来看待境外宗教渗透、维护社会主义意识形态安全，变"不知不觉"为"先知先觉"，防范境外敌对势力利用宗教和宗教意识形态颠覆社会主义政治制度于未然，是当代马克思主义者和共产党人的历史正命。

二、树立"长时段"意识，充分认识宗教存在的长期性

具有长时段意识之所以为树立防范和抵制境外宗教渗透、维护社会主义意识形态安全和国家安全的战略意识所必须，从根本上讲，就在于战略的全局属性不仅表现在空间层面，而且还表现在时间层面，涉及事物发展的各个阶段，关乎达到战略目标的"一系列行动"。军事理论家克劳塞维茨强调"战略必须为整个军事行动规定一个适应战争目的的目标；并且必须把达到这一目标的一系列行动同这个目标联系起来，也就是拟制各个战局的方案和部署其中的战斗"，[③] 即是谓此。战略与战术的根本差别之一就在于，战术关涉的是当下的或一时的战斗，而战略关涉的则是战争准备和战争实施的各阶段和全过程，所以树立战略意识就非

---

① 《孙中山选集》，人民出版社 1981 年版，第 162 页。

② 从认识论和方法论的角度看，沙夫在波兰剧变前之所以对境外宗教渗透熟视无睹，一个重要原因在于他的片面性：一方面，他专注于揭示波兰社会主义的"内部"问题（即他所谓波兰社会主义的"原罪"问题，即经济基础薄弱），完全忽视境外敌对势力对波兰的政治渗透、经济渗透、文化渗透和宗教渗透；另一方面，他专注于苏联的"革命输出"和大国沙文主义，完全忽视了美国—梵蒂冈"神圣同盟"对波兰的宗教渗透和政治颠覆。后来，当其从波兰的"外部"审视波兰事件时，才逐渐醒悟，认识到波兰事件在很大程度上是美国—梵蒂冈"神圣同盟"蓄谋对波兰进行政治渗透和宗教渗透的结果。

③ ［德］克劳塞维茨著，中国人民解放军军事科学院译：《战争论》第 1 卷，解放军出版社 2005 年版，第 166 页。

有长时段意识不可。尼克松在谈到美国的对外战略时，非常突出地强调了长时段意识的必要性。在《1999：不战而胜》中，尼克松写道："我们必须认识到，对外政策并不仅仅针对短期利益。它关系到塑造我们生活的这个世界的未来。我们反对苏联扩张主义并非出于一种对权力的欲望，而是因为如果莫斯科占了上风的话，它将摧毁我们的价值观。因而我们必须采取一项长期战略同莫斯科竞争。"①在《真正的战争》一书中，尼克松甚至提出要向中国人学习长时段意识。他写道："中国人想问题一向着眼于几千年，俄国人着眼于几个世纪，欧洲人着眼于几代，我们美国人则着眼于几十年。我们必须学会用长远的眼光看问题。那样一来，我们就会比较有可能在短期内采取必要的行动，以便得到我们希望在长期内取得的结果。"②用"着眼于几千年"的长时段眼光来审视和处理防范和抵制境外宗教渗透、维护社会主义意识形态安全和国家安全问题，应该是我们克敌制胜的重要法宝。

在防范和抵制境外宗教渗透方面树立战略意识需要长时段意识，这是因为，在其他问题上，例如在军事战略问题上，所谓长时段也就是几年、十几年，充其量是几十年。第一次世界大战从 1914 年 8 月开始，至 1918 年 11 月结束，历时 4 年 3 个月，即使从萨拉热窝事件（1914 年 6 月）算起，也不过历时 4 年 5 个月。如果上溯到 1907 年和 1904 年法国、英国和俄国先后缔结"英俄协约"和"英法协约"，第一次世界大战历时 11 年或 14 年，如果上溯到 1882 年德意志帝国、奥匈帝国和意大利王国缔结"三国同盟"，第一次世界大战则历时 36 年。第二次世界大战从 1939 年 9 月开始，至 1945 年 9 月结束，历时 6 年。如果从 1938 年 9 月英国、法国与德国和意大利召开慕尼黑会议，签订《关于捷克斯洛伐克割让苏台德领土给德国的协定》时算起，历时 7 年。如果上溯到希特勒 1925 年出版《我的奋斗》之日起，则历时 20 年。中国人民的抗日战争从 1931 年"九·一八"事变时算起，历时 14 年。然而，防范和抵制境外宗教渗透、维护社会主义意识形态安全和国家安全是绝对不可能在几年、十几年或几十年内完成。一方面这是由社会主义社会存在的长期性决定的，另一方面则是由宗教存在的长期性决定的。

首先，社会主义国家防范和抵制境外宗教渗透、维护社会主义意识形态安全和国家安全的长期性是由社会主义社会存在的长期性决定的。按照经济社会形态论，人类历史上存在五种不同性质的生产关系，从而人类历史也就存在依次更替的五种不同的经济社会形态，这就是原始社会→奴隶社会→封建社会→资本主义

---

① ［美］尼克松著，谭朝洁、孔岩、邓勇、马学印译：《1999：不战而胜》，中国人民公安大学出版社 1988 年版，第 52 ~ 53 页。

② ［美］尼克松著，常铮译：《真正的战争》，新华出版社 1980 年版，第 384 页。

社会→共产主义社会（社会主义社会乃共产主义社会的第一阶段）。① 共产主义社会是指在生产资料公有制的条件下，在高度发达的社会生产力的基础上，实行各尽所能、按需分配原则的劳动者自由联合的社会经济形态。既可以将社会主义社会看作共产主义的第一阶段或初级阶段，又可以看作人类社会从资本主义社会发展到作为共产主义高级阶段的共产主义的过渡时期。根据史前考古学和文化人类学，人类社会从原始社会发展到奴隶社会是经历了一个非常漫长的历史时期的，用了约 250 万年的时间。人类从奴隶社会发展到封建社会也经历了一个漫长的历史时期。一般认为，欧洲奴隶社会大约于公元前 8 世纪随着荷马时代的结束而产生，至公元 476 年西罗马帝国灭亡而结束，历时约 13 个世纪。在我国，夏、商和西周属于典型的奴隶制时代。夏朝大约从公元前 21 世纪开始，西周至公元前 771 年结束。这就意味着我国的奴隶社会同样历时 13 个世纪。也有学者认为东周的春秋时代（公元前 722～公元前 481 年）依然属于奴隶制时代，照此，我国的奴隶制则绵延了 16 个世纪。人类从封建社会发展到资本主义社会也花费了十多个世纪的时间。欧洲的封建社会从公元 476 年西罗马帝国灭亡之时开始，至1688 年英国光荣革命结束，历时 12 个世纪。中国的封建社会绵延时间更长。如果从公元前 771 年西周结束时算起，到 1949 年中华人民共和国成立，中国的半殖民地半封建社会结束为止，则经历了 27 个世纪。即使从公元前 481 年春秋时代结束算起，至 1911 年辛亥革命结束，也历时近 24 个世纪。资本主义社会从1688 年开始，至今才 3 个世纪多一点。至于社会主义社会从 1917 年俄国十月社会主义革命之日算起，至今还不到 1 个世纪，离共产主义的最后实现显然还远得很。

列宁曾将资本主义区分为两个不同的发展阶段：自由资本主义和垄断资本主义，并把垄断资本主义称作帝国主义，宣布帝国主义是"垂死的资本主义"。② 就强调资本主义社会制度必将为社会主义和共产主义社会制度所取代而言，列宁这个论断无疑是完全正确的；但就其内含资本主义社会制度完全丧失了生命力，行将死亡，而且覆灭或死亡已经为期不远的意蕴而言，则是值得商榷的。事实表明，尽管资本主义发展到帝国主义阶段，固有矛盾虽然更加尖锐和突出，但这并不意味着它完全丧失了暂时缓和和克服其自身矛盾的手段或机制，也不意味着它完全丧失了通过采取一些较为合宜的措施继续向前发展的可能。现在看来，列宁关于帝国主义是垂死的资本主义的论断太过乐观。其实，不只列宁，马克思也曾

---

① "社会形态是一个反映社会整体性特征，研究社会发展阶段、社会类型及社会结构的社会历史观范畴。"划分社会形态的"最基本"的"方法"有两种："一种是以生产关系的性质为标准划分的社会形态，称之为经济社会形态；一种是以生产力和技术发展水平以及与此相适应的产业结构为标准划分的社会形态，称之为技术社会形态。"参阅赵家祥、李清昆、李士坤主编：《历史唯物主义教程》，北京大学出版社 1999 年版，第 444 页。

② 《列宁选集》第 2 卷，人民出版社 2012 年版，第 704 页。

一度对社会主义革命的形势估计得太过乐观。例如，在领导1848年欧洲革命期间，马克思就曾经向欧洲无产阶级发出"消灭私有制"、"消灭阶级"、"建立新社会"和"不断革命"的呼吁。① 但在1848年革命后，在总结革命经验教训的基础上，马克思及时地修正了自己的观点，强调："在这种普遍繁荣的情况下，即在资产阶级社会的生产力正以在整个资产阶级关系范围内所能达到的速度蓬勃发展的时候，也就谈不到什么真正的革命。只有在现代生产力和资产阶级生产方式这两个要素互相矛盾的时候，这种革命才有可能。"② 应该说，马克思这一观点至今甚至在今后相当长的一个历史时期内也是同样适用的。

与资本主义社会将会长期存在的认识相呼应，社会主义社会也将是一个相当长的历史时期。人们在将资本主义社会的寿命估计得过短的同时，也将共产主义社会的临近估计得过于仓促，从而将社会主义历史时期估计得过短。在苏联，至1937年，当第二个五年计划提前完成时，便仓促宣布社会主义已经"建成"，"国内'谁战胜谁'的问题在有利于社会主义的情况下解决了"。③ 1959年，苏联共产党第21次代表大会进而宣布："社会主义在苏联已取得了完全彻底的胜利，……苏联已进入了全面展开共产主义社会建设的时期。"④ 至于中国共产党，在1958年北戴河会议通过的《中共中央关于在农村建立人民公社问题的决议》中即宣布"共产主义在我国的实现，已经不是什么遥远将来的事情了，我们应该积极地运用人民公社的形式，摸索出一条过渡到共产主义的具体途径"。⑤ 然而，封建社会取代奴隶社会、资本主义社会取代封建社会，只不过是以一种私有制社会取代另一种私有制社会，尚且需要花费十几乃至二十几个世纪，共产主义社会取代资本主义社会，意味着以公有制社会取代任何形式的私有制社会，花费的时间势必要长得多，岂有在三四个世纪，甚至在短短几十年内就能实现的道理呢？20世纪国际共产主义运动的经验教训告诉我们：要确立防范和抵制境外宗教渗透、维护社会主义意识形态安全的战略观念，就必须克服各种急躁冒进的观念，树立社会主义社会长期存在的意识。中国共产党在反思20世纪50年代种种急躁冒进的做法后，开始认识到应当将社会主义区分为"不发达的社会主义"和

---

① 《马克思恩格斯选集》第1卷，人民出版社1995年版，第368、375页。

② 《马克思恩格斯选集》第1卷，人民出版社1995年版，第470~471页。

③ ［苏］波诺马廖夫著，上海人民出版社编译室译：《苏联共产党历史》，上海人民出版社1974年，第520页。

④ ［苏］波诺马廖夫著，上海人民出版社编译室译：《苏联共产党历史》，上海人民出版社1974年，第704页。

⑤ 中共中央党史研究室：《中国共产党历史》第2卷（1949~1978），中共党史出版社2011年版，第496页。

"比较发达的社会主义"两个阶段以及"建成社会主义不要讲得过早",① 至中国
共产党十三次代表大会，更是明确地提出和阐述了社会主义初级阶段的理论,②
为我们用长时段的战略眼光审视和理解社会主义社会存在的长期性、克服各种形
式的"左"的思潮和急躁冒进思想，提供了指导思想。

其次，宗教存在的长期性也是社会主义国家防范和抵制境外宗教渗透、维护
社会主义意识形态安全和国家安全的长期性的一项根本理据。宗教存在的长期性
是社会主义国家普遍遭遇到的问题。可以说，自社会主义社会诞生之日起，人们
总是不断地以这样那样的形式提出宗教存在的长期性问题或消灭宗教的问题。如
前所述，苏联曾经先后出现过两次"消灭宗教"的运动：第一次发生在 20 世纪
30 年代，"战斗的无神论者同盟"不仅提出了"打倒宗教"和"消灭宗教"的
口号，而且这个组织中的一些人还制定了"消灭宗教"五年计划（1932～1937
年），扬言要在五年时间内，"连根拔除所有宗教残余"。③ 第二次发生在 20 世纪
50 年代，1959 年召开的苏共第 21 次党代表会议甚至通过"消灭宗教"的秘密决
议，并制定了至 1966 年"大体上"消灭宗教组织的计划。④ 自 1945 年阿尔巴尼
亚人民共和国成立之日起，阿尔巴尼亚就将进行无神论宣传、逐步削弱宗教影响
当作宗教工作的基本方针，至 20 世纪 60 年代，更对宗教采取了"取缔"政策，
在全国范围内从捍卫意识形态"纯洁性"的高度掀起了一场反宗教运动，并明确
宣布阿尔巴尼亚是世界上第一个真正的"无神论国家"。苏联和东欧社会主义国
家当时这种对宗教的"左"的认识和做法，在我国的宗教工作中也有这样那样的
表现。早在 20 世纪 50 年代初期中华人民共和国成立不久，我国就出现过企图
"用无神论主义的宣传""削弱宗教"、"打倒宗教"的"简单急躁"或"急躁冒
进"的做法。⑤ 60 年代初期，随着"以阶级斗争为纲"成为全国工作的根本指导
思想，相当一部分人不仅滋生了"随着社会主义制度的建立和经济文化的一定程
度的发展，宗教就会很快消亡的想法"，而且还出现了"依靠行政命令或其他强

---

① 中共中央党史研究室：《中国共产党历史》第 2 卷（1949～1978），中共党史出版社 2011 年版，
第 566 页。

② 邓小平在中国共产党十三大召开前夕，指出："我们党的十三大要阐述中国社会主义是处在一个
什么阶段，就是处在初级阶段，是初级阶段的社会主义。社会主义本身是共产主义的初级阶段，而我们中
国又处在社会主义的初级阶段，就是不发达的阶段。一切都要从这个实际出发，根据这个实际来制定规
划。"《邓小平文选》第 3 卷，人民出版社 1993 年版，第 252 页。

③ Philip Walters. *A survey of Soviet religious policy*, *Religious policy in the Soviet Union*. Edited by Sabrina
Petra Rament. Cambridge：Cambridge university Press，1993，pp. 3－30.

④ Dimitry Pospielovsky. *The Russian Church Under The Soviet Regime*（1917－1982）. New York：St.
Vladimir's Seminary Press，1984，p. 343.

⑤ 中共中央统战部研究室编：《历次全国统战工作会议概况和文献》，档案出版社 1988 年版，第 185～
187 页。

制手段，可以一举消灭宗教的想法和做法"。①

长期以来，社会主义国家之所以总有一些人对宗教在社会主义时期存在的长期性缺乏认识，不时出现"消灭宗教"的"左"的思潮和急躁冒进的做法，从认识层面上讲，最根本的就在于人们对宗教产生和存在的根源和社会条件缺乏认识。人类宗教发展史告诉我们：宗教并不是在人类社会发展到私有制社会和阶级社会才产生出来的，早在原始社会发展到一定阶段就产生了宗教。各种形式的自然宗教和氏族—部落宗教即是宗教的早期形态。依据古代考古学和古人类学，宗教早在人类进化到智人阶段就产生了，而智人早在距今 30 万年至几万年前就存在了，那时，就连奴隶制社会都不存在。宗教在阶级存在和阶级压迫存在之前就已经长期存在这个历史事实，对于当前这个话题无疑是极其重要的。因为至少可以从中引申出两个至关紧要的结论。其一，既然宗教在阶级存在和阶级压迫存在之前就已经长期存在，这就明白无误地告诉我们，阶级存在和阶级压迫存在并非是宗教存在的必要条件。由此出发，便可以引申出一个重要结论：阶级和阶级压迫社会现象的消亡并不直接意味着宗教的消亡；即便社会主义社会经过充分发展，经过无产阶级革命、无产阶级专政和社会主义建设，使阶级和阶级社会的消亡成为现实，这也不能保证宗教随之彻底消亡。其二，如果宗教在阶级存在和阶级压迫存在之前就已经长期存在，这就说明，阶级和阶级压迫以及与之相关的社会制度的存在并非宗教存在的唯一根源。也就是说，除阶级根源和社会根源外，还另有别的重要的根源，例如，自然根源和认识根源等。这就意味着：即使进入了共产主义社会，消灭了宗教产生的阶级根源和认识根源，也并不意味就已经完全消灭了宗教产生和存在的自然根源和认识根源，也并不意味进入了无宗教时代。② 正因为如此，毛泽东和周恩来早在 20 世纪 50 年代就提出了宗教在共产主义社会还可能存在的观点。1956 年，毛泽东在同藏族人士的一次谈话中就指出，人们的宗教感情不能伤害，就是到了共产主义社会也还会有信仰宗教的。③ 这就透彻地说明了宗教在社会主义社会存在的长期性。周恩来更为明确地指出："信仰宗教的人，不仅现在社会主义的国家里有，就是将来进入共产主义社会，是不是就完全没有了？现在还不能说得那么死……宗教是会长期存在的，至于将来发展如何，要看将来的情况。但是，只要人们还有一些不能从思想上解释和解决的问题，就难以避免会有宗教信仰现象。有的信仰具有宗教形式，有的信仰没有宗教形式。宗教界的朋友们不必担心宗教能不能存在。"④

---

① 中共中央文献研究室综合研究组、国务院宗教事务局政策法规司编：《新时期宗教工作文献选编》，宗教文化出版社 1995 年版，第 55 页。

② 参阅段德智：《宗教学》，人民出版社 2010 年版，第 418～422 页。

③ 参阅罗广武编著：《新中国宗教工作大事概览（1949～1999）》，华文出版社 2001 年版，第 114 页。

④ 《周恩来选集》下卷，人民出版社 1984 年版，第 267 页。

境外宗教渗透论

江泽民 2000 年在全国统战工作会议上发表讲话时也郑重指出："宗教作为一种社会现象，具有漫长的历史，在社会主义社会也将长期存在。宗教走向最终消亡也必然是一个漫长的历史过程，可能比阶级和国家的消亡还要久远。"① 如果说中国共产党人和中国人民在半个多世纪的宗教工作中有什么宝贵的经验值得其他社会主义国家予以借鉴的话，其中最为重要的就是，对宗教在社会主义社会存在长期性的深刻体认和觉悟。

在促成树立长时段意识方面，社会主义社会存在的长期性和宗教存在的长期性是相辅相成的。既然进入共产主义社会，宗教还有可能继续存在，那么社会主义社会存在的长期性也就有助于证明宗教存在的长期性。而宗教存在的长期性不仅使马克思主义的经济社会形态理论获得了论证防范和抵制境外宗教渗透、维护社会主义意识形态安全和国家安全的战略意义，也使社会主义存在的长期性获得了同样的战略意义。同时，共产主义取代资本主义社会的历史必然性，无疑会极大地增强我们的道路自信、制度自信和理论自信，从而极大地增强了在整个社会主义历史阶段防范和抵制境外宗教渗透、维护社会主义意识形态安全和国家安全的行动自信。宗教存在的长期性也决定了防范和抵制境外宗教渗透、维护社会主义意识形态安全和国家安全是社会主义整个历史时期都必定面临的长期的政治任务。

总之，只有树立长时段意识，充分认识共产主义社会取代资本主义社会的历史必然性，充分认识社会主义社会存在的长期性和宗教存在的长期性，才能够既高瞻远瞩又脚踏实地、既信心满怀又坚忍不拔地开展好防范和抵制境外宗教渗透、维护社会主义意识形态安全和国家安全的各项工作。

三、树立"主权"意识："国家的主权、国家的安全要始终放在第一位"

树立防范和抵制境外宗教渗透、维护社会主义意识形态安全和国家安全的战略意识，还需要具有主权意识。

主权，也就是通常所说的国家主权，是国家在国际法上所固有的独立处理对内对外事务的权力，不仅包含对内的最高权，而且也包含对外的独立权和防止侵略的自卫权。《联合国宪章》将"各会员国主权平等之原则"规定为联合国及其会员国应当遵行的第一原则。"互相尊重主权"也是 20 世纪 50 年代万隆会议提出的和平共处五项原则的首项原则。主权的根本特征在于它的"不可转让性"。卢梭在《社会契约论》中曾突出地强调过主权的这一根本特征。他写道："主权

---

① 《江泽民文选》第 3 卷，人民出版社 2006 年版，第 150 页。

既然不外是公意的运用，所以就永远不能转让；并且主权者既然只不过是一个集体的生命，所以就只能由他自己来代表自己"。① 卢梭在这里虽然着重强调的是一个国家的对内最高权，但也同样适用于对外最高权。

树立主权意识是树立防范和抵制境外宗教渗透、维护社会主义意识形态安全和国家安全战略意识一项必备条件。凡战略不仅具有全局性，还具有对抗性和因应性，也就是说，凡战略都有一定的战略对象（对手或敌人），要根据对手（敌人）及其部署制定克敌制胜的斗争策略。如果没有"我"（主权）的概念，就谈不上任何"敌"的概念，遑论"对敌斗争"。因此，倘若根本缺乏主权意识，根本没有境外敌对势力这个概念，没有境外敌对势力利用宗教和宗教意识形态对我实施宗教渗透和资本主义意识形态输出这个概念，势必对境外敌对势力利用宗教和宗教意识形态对我实施的种种宗教渗透活动熟视无睹，缺乏必要的警觉。在这种情况下，怎么可能对境外敌对势力的宗教渗透活动采取有效的防范和抵制措施，有效地维护社会主义意识形态安全和国家安全呢？因此，树立主权意识是树立防范和抵制境外宗教渗透、维护社会主义意识形态安全和国家安全战略意识所不可或缺的。

除战略的对抗性和因应性外，要树立主权意识还有一个原因，这就是境外宗教渗透问题实际上是事关国家主权。强调境外宗教渗透不是一个"宗教问题"，而是一个"政治问题"，归根到底就在于事关宗教渗透对象国的国家主权问题。说美国《1998年国际宗教自由法案》是美国推行国际霸权主义的法案，也就是谴责它以"国际宗教自由"为借口，粗暴干涉别国的主权和内政，推行宗教殖民主义。这个法案以"宗教自由权利是美国建国之本和生存基础"作为对"外国发生的侵犯宗教自由行为""采取行动"的根据，② 在这种情况下，宗教渗透对象国还有什么"主权"可言？1990年12月，李鹏在全国宗教工作会议上讲话时，一方面将宗教渗透界定为境外敌对势力利用宗教作为其"推行和平演变战略的一个重要手段"，另一方面又将"以颠覆中华人民共和国政权和社会主义制度、破坏祖国统一为目的的反动政治活动和宣传"作为宗教渗透的首要内容。③ 1991年1月，江泽民在会见我国各宗教团体主要领导人时指出："国内外敌对势力一直把利用宗教进行政治渗透作为他们对我国推行和平演变战略的一个重要手段。这实质上是政治问题。"④ 2001年12月，江泽民在全国宗教工作会议上讲话时，进一步指出：

① ［法］卢梭著，何兆武译：《社会契约论》，商务印书馆1982年版，第35页。

② 国家宗教事务局宗教研究中心编：《国外宗教法规汇编》，宗教文化出版社2002年版，第293、391页。

③ 中共中央文献研究室综合研究组、国务院宗教事务局政策法规司编：《新时期宗教工作文献选编》，宗教文化出版社1995年版，第192、194~195页。

④ 中共中央文献研究室综合研究组、国务院宗教事务局政策法规司编：《新时期宗教工作文献选编》，宗教文化出版社1995年版，第211页。

从人类社会进入阶级社会之日起，"各种政治势力就把宗教当作一种重要手段，或者以宗教的名义，来推行自己的政治意图和战略"，"在这些年的国际斗争中，敌对势力往往利用宗教问题向我发难。他们加紧利用宗教进行渗透、破坏活动，企图搞垮中国共产党的领导和我国社会主义的国家政权"。① 所有这些所昭示的都是境外宗教渗透侵犯他国主权的政治本质。

邓小平曾经强调指出："国家的主权、国家的安全要始终放在第一位。"② 只有牢固树立国家主权观念和国家安全观念，对我国宪法中关于"宗教团体和宗教事务不受外国势力的支配"的规定有透彻的体悟，才能切实坚持独立自主自办教会的原则，才能够坚决果敢地防范和抵制一切境外宗教干涉和宗教控制的企图和活动。早在1982年中共中央《关于我国社会主义时期宗教问题的基本观点和基本政策》中，就把"坚决抵制"境外宗教渗透明确地解释为"坚决抵制国际宗教反动势力重新控制我国宗教的企图"和"坚决拒绝任何外国教会和宗教界人士插手干预我国宗教事务"。③ 中共中央强调的正是防范和抵制境外宗教渗透、维护社会主义意识形态安全、社会主义国家主权和国家安全的战略意义。

在防范和抵制境外宗教渗透、维护社会主义意识形态安全和国家安全的活动中，之所以应当将国家主权始终放在第一位，一方面是由于国家主权乃国家的根本利益之所在，另一方面是由于境外宗教渗透的政治本质，其最根本的就在于实施资本主义意识形态输出和社会复制，对社会主义国家进行西化和分化，颠覆社会主义国家政权，威胁和剥夺社会主义国家的国家主权。所谓国家利益，就是那些满足国家生存发展基础的各方面需要并且对国家在整体上有好处的东西，而国家利益是以国家主权为基础和前提的。倘若一个国家连主权都没有，还有什么国家利益可言？

在防范和抵制境外宗教渗透活动中，应当将国家主权放在第一位，应当将国家安全放在第一位。这是不难理解的。国家主权既然具有不可转让性和神圣不可侵犯性，国家安全就容不得任何意义上的挑衅和威胁。国家安全指的无非是国家处于没有危险的客观状态，也就是国家既没有内部的混乱和疾患，也没有外部的威胁和侵害的客观状态。既然如此，国家安全与国家主权一样，都是国家根本利益之所在。境外宗教渗透的政治实质，在于境外敌对势力利用宗教和宗教意识形态，对社会主义国家进行资本主义意识形态输出和社会复制，社会主义国家如不加以有效防范和抵制，就势必会影响到社会主义国家包括"主权安全"在内的内

---

① 《江泽民文选》第3卷，人民出版社2006年版，第377、390页。

② 《邓小平文选》第3卷，人民出版社1993年版，第48页。

③ 中共中央文献研究室综合研究组、国务院宗教事务局政策法规司编：《新时期宗教工作文献选编》，宗教文化出版社1995年版，第70页。

部安全和外部安全，社会主义国家的根本利益势必受到这样那样的危害。更何况防范和抵制境外宗教渗透不仅仅是宗教管理部门的事情，也不仅仅是与社会主义各宗教组织和宗教团体相关的事情，在许多情况下，是需要动员国家多方面力量方能取得预期目标的。而所谓"国家安全战略"指的正是"维护国家安全的宏观筹划"，"综合运用和发展一个国家的各方面力量，为实现国家安全目标而进行的全局性筹划和指导"。[①] 所以，防范和抵制境外宗教渗透便势必是一件需要放在国家安全战略的框架中予以审视和处置的事情。

说国家安全，与国家主权一样，也是国家根本利益之所在，这并不意味着否认国家安全的意识形态性质。因为在通常情况下，一个国家的意识形态不仅由该国家的根本利益所决定，而且还为该国根本利益服务，非但不与该国的根本利益相矛盾，反而互存互动，相辅相成。在谈到美国的外交政策时，人们常常将其归结为理想主义或自由主义，现实主义或实用主义两大传统，断言：理想主义或自由主义强调美国的外交政策旨在"促进普遍的人类理想"，而现实主义或实用主义则强调美国的外交政策旨在追求美国的"国家利益"。[②] 其实，在美国的外交实践中，理想主义或自由主义与现实主义或实用主义是一而二二而一的，终极目标都是美国的根本利益。美国学者詹姆斯·罗斯诺把国家利益界定为"在对外事务中对一个国家来说是最好的"。[③] 唐纳德·布奇特雷恩将国家利益界定为"一个主权国家在处理与其他主权国家的关系时所认知的需求和欲求"。[④] 沃纳·利瓦伊则将国家利益说成是一个国家"在国际社会中"的"利益"或所实现的"需求和欲求"。他强调说："如果不打算通过行动来实现某些需求和欲求就不是外交政策的一部分，也不构成利益"。[⑤] 由此看来，一些西方政治家和学者大肆鼓吹"主权过时论"和"全球善治论"，都只不过是他们用以掩盖其全球霸权主义和宗教殖民主义的伎俩而已。只有牢固地树立主权意识和国家安全意识，才能够切实树立防范和抵制境外宗教渗透的战略意识，敏锐地识破境外敌对势力的种种伎俩，有效地防范和抵制境外宗教渗透、维护社会主义意识形态安全、社会主义国家主权和国家安全。

---

① 高争气：《邓小平国家安全战略观》，载于《西安政治学院报》1999 年第 4 期。

② Bruce Jentleson and Thomas Paterson. *Encyclopedia of US Foreign Relations*. Vol. 2, New York, 1997, p. 343.

③ James N. Rosenau. "National Interest". Sills, ed., *International Encyclopedia of Social Sciences*. Vol. 11, New York：Macmillan & Free Press, 1968, p. 34.

④ Donald E. Buechterlein. "The Concept of National Interest：A Time for New Approaches". *Orbis*, Vol. 23, No. 2, Spring 1979, p. 75.

⑤ Werner Llevi. "Ideology, Interest, and Foreign Policy". *International Studies Quarterly*. Vol. 14, No. 1, March 1970, p. 3.

第二节　防范和抵制境外宗教渗透的战略举措

对防范和抵制宗教渗透的战略思考，不仅应当涵盖防范和抵制境外宗教渗透的战略意识，还应当涵盖防范和抵制境外宗教渗透的战略举措。这些举措不仅具有鲜明的对抗性、因应性和谋略性的品格，更应当具备全局性、目标性、规律性和预见性的品格。这里所说的战略举措尽管其终极目标在于彻底粉碎境外敌对势力利用宗教和宗教意识形态对我实施和平演变的战略图谋，却不可能十分具体和详尽，而只能提出一些较为切实可行的宏观设想和必要的注意事项。

一、防范和抵制境外宗教渗透，反对宗教干涉主义

在我们思考防范和抵制境外宗教渗透的战略举措时，首先便是反对宗教干涉主义，坚持我国独立自主自办教会的原则。因为在当今世界作为西方宗教主要形态的基督宗教是信众最多的宗教，而随着基督宗教的东进和南下，基督宗教在非西方世界的信众已经远远超过西方世界，所以以美国为首的西方世界利用基督宗教等宗教对社会主义国家进行宗教干涉和意识形态输出就是非常自然也非常便捷的了。而且，由于战略都有一定的对抗性和因应性，在宗教干涉主义成为境外敌对势力对我实施境外宗教渗透的主要通道和便利途径的情况下，将反对宗教干涉主义作为社会主义国家防范和抵制境外宗教渗透的一项战略举措是在所难免的。

在苏联解体和东欧剧变中，相当充分地展示了反对宗教干涉主义对于维护社会主义意识形态安全和社会主义国家的国家安全的战略意义。苏联解体和东欧剧变的原因固然很多，但无论如何，对境外敌对势力的宗教干涉或宗教渗透防范和抵制不力是其中一个极其重要的原因。这一点在波兰的剧变中体现得尤为明显。美国和梵蒂冈之所以将波兰作为西化东欧和苏联的"突破口"，不仅在于波兰是苏东集团最重要的政治—军事同盟华沙条约组织条约的签署地，是华沙条约组织的主要成员国，更重要的还在于梵蒂冈与波兰有一种特别密切的关系，1978 年担任罗马教皇的约翰·保罗二世，不仅自 20 世纪 60 年代以来就是波兰天主教会的主要领袖（担任克拉科夫大教区总主教和红衣主教），而且自第二次世界大战以来还一直被视为波兰的民族英雄。美国—梵蒂冈同盟正是利用了这种便利，从 20 世纪 80 年代初便开始对波兰实施了一系列宗教渗透和政治渗透，并逐步左右了波兰的政治局面，使其一步步地西化。事情正如波兰共产党人沙夫后来所认识

到的：美国—梵蒂冈同盟"利用教会这张牌来征服人心，达到自己的目的"。①
正如沙夫后来所强调的，美国—梵蒂冈同盟利用宗教颠覆波兰，其目的并不仅仅
在于西化波兰本身，而是旨在颠覆所有东欧国家和苏联政权。沙夫正确地指出：
"美国的真正用意是削弱苏联。波兰问题只是一种被他们用来实现这个主要目标
的手段。这对波兰这样一个充满民族自尊的国家来说，不能不说是令人沮丧的。
然而，难道在当年雅尔塔会议上波兰不就是扮演了这样的角色吗？美国人为了达
到自己真正的目的，可以随时出卖自己的同盟者。为了削弱苏联和扩大自己帝国
的利益，美国甚至可帮助波兰维持社会主义。波兰不过是祭台上的供品，不过是
大游戏中的一颗小石子。"② 然而，20 世纪 80 年代美国—梵蒂冈躲在幕后对波兰
实施宗教渗透和政治渗透时，包括沙夫在内的波兰共产党（即波兰统一工人党）
人都把罗马教皇、梵蒂冈，甚至美国政府视为解决波兰问题最重要的砝码或最重
要的砝码之一了，而"共产主义的宗教大联合"正是他们中相当一部分人高呼的
一个著名的政治口号。他们正是缺乏起码的敌情观念，根本放弃了防范和抵制境
外宗教渗透和政治渗透的斗争。这正好从反面证明了，坚持独立自主自办教会原
则、防范和抵制境外宗教渗透，对于维护社会主义意识形态安全和社会主义国家
安全是至关重要的。

　　与波兰共产党人对美国—梵蒂冈的宗教干涉和政治干涉一味忍让和迁就的立
场不同，中国共产党人和中国人民对境外敌对势力的宗教干涉活动则采取了积极
防范和抵制的立场。由于长期深受帝国主义宗教干涉和宗教侵略之害，从新中国
成立之日起，中国共产党人和中国人民就将独立自主办教、反对宗教干涉主义写
在了宗教工作的旗帜之上。新中国成立伊始，我国天主教和基督宗教就开展了声
势浩大的三自革新运动，强调中国的天主教和基督教彻底割断与外国传教团体在
宗教事务和经济方面的种种联系，实现中国宗教的"自养"、"自治"和"自
传"，使中国宗教真正走上独立自主自办的道路。"中国基督教三自爱国运动委员
会"和"中国天主教爱国会"就是在这一运动中产生和发展起来的。改革开放
以来，我国政府更是明确提出和反复强调了反对宗教干涉主义和独立自主自办教
会原则。早在 1979 年 1 月中美刚刚建交之时，邓小平就向美国总统卡特表达了
其"极力反对恢复外国传教士传教计划"的立场。后来有人将邓小平与卡特的谈
话缩写为："在中国，宗教信仰自由，OK；印刷发行圣经，OK；外国传教士，
NO。"③ 1982 年 3 月，中共中央《关于我国社会主义时期宗教问题的基本观点和
基本政策》强调：我国宗教界在开展国际交往活动当中，"一定要坚持独立自主、

　　①② ［波］亚当·沙夫著，郭增麟译：《美国—梵蒂冈"神圣同盟"内幕》，载于《当代世界社会主
义问题》1997 年第 2 期。
　　③ 叶小文：《变与不变：宗教发展的中国模式》，载于《中国宗教》2008 年第 2 期。

自办教会的原则，坚决抵制国际宗教反动势力重新控制我国宗教的企图，坚决拒绝任何外国教会和宗教界人士插手干预我国宗教事务，绝不允许任何外国宗教组织（包括它们所控制的机构）用任何方式来我国传教，或者大量偷运和散发宗教宣传材料。"其后，在1982年12月，由第五届全国人大第五次会议通过的《中华人民共和国宪法》的第三十六条，更是宣布："宗教团体和宗教事务不受外国势力的支配。"① 这就把"独立自主自办原则"作为宗教工作的一项重要方针以法律的形式确定了下来。2001年12月，为了更好地反对宗教干涉主义，中共中央、国务院在全国宗教工作会议上将"坚持独立自主自办的原则，坚决抵制境外利用宗教进行渗透"确定为中国共产党和中央人民政府宗教工作的一项基本原则。② 会议呼吁："各级领导干部特别是高级干部思想上必须明确，越是在扩大开放的形势下，越要坚持独立自主自办的原则不动摇，越要做好抵御渗透的工作，绝不允许任何境外宗教势力重新控制我国的宗教，绝不允许任何境外宗教团体和个人干预我国宗教事务，绝不允许任何境外宗教组织用任何方式在我国传教。"③ 坚持独立自主自办教会原则，反对宗教干涉主义，是我国防范和抵制境外宗教渗透的一项重要经验。

反对宗教干涉主义除了坚持独立自主自办教会原则外，还要维护社会主义意识形态的安全。如前所述，宗教意识形态是一种"纲要型"意识形态，因此，境外敌对势力对社会主义国家进行宗教干涉，直接干涉的是社会主义国家的宗教事务，但却关涉社会主义意识形态的方方面面。例如，从1978年开始一年一次的美国《年度国别人权报告》，就是由美国国务院人权与人道事务局负责编写的，其目标就在于在世界范围推销美国所谓的"国际人权"，如人格权、经济和社会权以及包括"宗教自由"在内的公民权利和政治权利等，④ 其目标尤其集中于所谓社会主义国家的"极权国家的人权"，即反对社会主义社会制度方面。⑤ 自美国国会通过《1998年国际宗教自由法案》后，每年除发表《年度国别人权报告》外，还发表一份《年度国际宗教自由报告》，对世界各国的宗教事务，特别是对社会主义国家的宗教事务大加干涉。例如，自1999年以来，每年都一无例外地攻击中国等社会主义国家的宗教工作和宗教政策，将这些国家列为"需要特别关

① 《中华人民共和国宪法》，法律出版社2004年版，第11页。
② 在这次会议上，首次以"全面正确地贯彻宗教信仰自由政策"、"依法管理宗教事务"、"积极引导宗教与社会主义社会相适应"、"坚持独立自主自办的原则，坚决抵制境外利用宗教进行渗透"这"四句话"概括我国宗教工作的基本方针。
③ 《江泽民文选》第3卷，人民出版社2006年版，第390页。
④ Thomas B. Jabie & Richard P. Claude. *Human Rights and Statistics*. Paris：J. Vrin，1970，p. 240.
⑤ U. S. Congress，House Committee on Foreign Affairs and Senate Committee on Foreign Relations，*Country Reports on Human Rights Practices for* 1986，Washington：Goverment Printing Office，1987，p. 1.

注的国家"，显然意在遏制和颠覆这些社会主义国家的国家政权。他们不仅污蔑和攻击社会主义国家的宗教信仰自由政策，还借所谓"宗教罪犯"问题大做文章，恶毒攻击社会主义国家的政治制度和法律制度。这就使得反对宗教干涉主义的斗争具有维护社会主义政治观念、法律观念等意识形态的政治意义。借反对宗教干涉主义维护社会主义意识形态安全，也是我国防范和抵制境外宗教渗透工作一项重要经验。

反对宗教干涉主义是一个相当复杂的社会工程，不仅需要动员多方面的社会力量，还需要制定一系列法律规条，同时要正确地认识和处理反宗教干涉主义与"积极开展宗教方面的国际友好往来"的关系和关联。中共中央早就把"两手抓"作为我们认识和处理"积极开展宗教方面的国际友好往来"与反宗教干涉主义关系的准则，断言："我们的方针，就是既要积极开展宗教方面的国际友好往来，又要坚决抵制外国宗教中的一切敌对势力的渗透"。[①] 无论是为了开展宗教方面的国际友好往来而根本放弃独立自主自办教会的原则，根本放弃对境外宗教干涉主义的防范和抵制，还是为了防范和抵制境外宗教干涉而闭关锁国，完全放弃宗教方面的国际友好往来，都是片面的和有害的。事实上，只有积极开展宗教方面的国际友好往来，才能更好地促进我国的宗教事业，更加卓有成效地防范和抵制境外宗教干涉和宗教渗透，使我们立于不败之地。这也是我国宗教工作为当代国际共产主义运动提供的一条宝贵的经验。

反对宗教干涉主义，坚持独立自主自办教会原则，是社会主义国家维护社会主义意识形态安全和国家安全的重要手段，只要社会主义社会存在一日，反对宗教干涉主义、坚持独立自主自办教会原则的努力就应当坚持一日。

二、抵制境外宗教渗透，反对宗教民族主义

境外宗教渗透的政治战略主要有两项内容，即"西化"和"分化"。如果说宗教干涉主义关涉的主要是"西化"的话，则宗教民族主义关涉的主要是"分化"。分化指的是境外敌对势力"利用宗教"（利用宗教问题或宗教意识形态），煽动宗教民族主义，"破坏祖国统一和民族团结"，以实现破坏和颠覆我国社会主义制度的罪恶目的。[②] 因此，要有效地抵制境外宗教渗透、维护社会主义意识形态安全和国家安全，就必须在反对宗教干涉主义的同时，反对宗教民族主义。

---

① 中共中央文献研究室综合研究组、国务院宗教事务局政策法规司编：《新时期宗教工作文献选编》，宗教文化出版社 1995 年版，第 70 页。

② 中共中央文献研究室综合研究组、国务院宗教事务局政策法规司编：《新时期宗教工作文献选编》，宗教文化出版社 1995 年版，第 214 页。

虽然有人将宗教民族主义界定为"一个国家的民族宗教与民族主义结合在一起并为民族利益服务",① 有人界定为"一种建立在宗教认同基础之上的民族主义",② 也有人将其界定为"建立在族群和宗教基础上的民族主义"或"根植于宗教的民族主义",③ 但我们将其界定为"一种基于宗教极端主义的民族分裂主义"。在这个定义中,有两点值得特别注意。首先,宗教民族主义虽然也是一种民族主义,但它不是那种常态的民族主义,而是一种极端的民族主义,即民族分裂主义。常态的民族主义虽然也有一定程度的排他主义倾向,但却往往具有反对帝国主义和殖民主义的积极内容。例如,在 20 世纪,随着两次世界大战的结束,就先后出现过两次民族主义浪潮,使几十个民族和国家相继摆脱了帝国主义的殖民统治。民族分裂主义,作为民族主义的一种极端形式,指的则是"在一个主权独立、领土完整的国家内部,由于民族问题在内外因的作用下激化,进而造成通常表现为非主体民族或少数民族中某些极端势力要求建立独立国家的政治诉求、暴力活动、甚至军事对抗行动"。④ 例如,斯里兰卡"泰米尔伊拉姆解放猛虎"、菲律宾"摩洛民族解放阵线"、土耳其"库尔德斯坦工人党"以及车臣反对派组织"车臣族全国大会"等所领导的,旨在建立"独立国家"的分裂活动等都是典型的民族分裂主义活动。其理论基础主要是"一个民族一个国家"的"民族主权至上论"。其次,宗教民族主义并非一般地强调宗教的民族性或民族的宗教性,⑤ 而是在宗教旗号下一方面鼓吹极端的"宗教排他性",另一方面鼓吹"政教合一"。其理论基础主要有原教旨主义和神权政治论。例如,泛突厥主义就是一种比较典型的宗教极端主义。作为一种以宗教极端主义为基础的民族分裂主义,宗教民族主义一方面使"民族概念融入宗教的模子",另一方面又使民族成为"宗教的替代品",从而使民族成为"作为宗教的民族",⑥ 这不仅将民族分裂主义的"激情""神圣化",而且也给种种世俗的民族分裂活动加上"神圣的帷幕"或"圣战"的光环,从而成为当代民族团结、国家统一、国家安全乃至地区和平的最主要的威胁之一。

正因为宗教民族主义对民族团结、国家统一、国家安全和地区和平具有如此重大的危害性,就成为境外敌对势力用来破坏社会主义国家民族团结、国家统一

① 董小川:《美国宗教民族主义的历史省察》,载于《史学集刊》2002 年第 1 期。

② 王冬丽:《宗教民族主义刍议》,载于《广州社会主义学院学报》2006 年第 1 期。

③ [英] 安东尼·D. 史密斯著,叶江译:《民族主义:理论,意识形态,历史》,上海人民出版社 2006 年版,第 148 页。

④ 郝时远:《民族分裂主义与恐怖主义》,载于《民族研究》2002 年第 1 期。

⑤ 例如,新中国自上个世纪 50 年代即提出关于我国宗教的"五性"说,其中就包含宗教的"民族性"。

⑥ [法] 吉尔·德拉诺瓦著,郑文彬、洪晖译:《民族与民族主义》,三联书店 2005 年版,第 127 页。

和国家安全的重要手段。这一点在苏联解体过程中表现得极为明显。波罗的海三国和乌克兰率先独立，对苏联解体起到了至关紧要的作用。有人将苏联 15 个加盟共和国自 1990 年起陆续宣布独立形象地比喻为"主权国家大检阅"，波罗的海三国于 1990 年春天相继宣布独立，扮演了这支"阅兵队伍"的领头羊或军旗手的角色。作为苏联第二大加盟共和国的乌克兰的独立也成为"威胁到苏联存在的整个政治基础的一颗地雷"。① 乌克兰不仅于 1990 年 7 月较早地通过了《乌克兰国家主权宣言》，而且还于 1991 年 12 月 8 日与俄罗斯和白俄罗斯在别洛维日签署了苏联的"死亡证明书"——《别洛维日协议》，宣布"苏联作为国际法主体和地缘政治现实已不存在"。然而，所有这一切，都与美国—梵蒂冈幕后操纵和煽动的宗教民族主义关系密切。由于沙皇俄国是个东正教国家，天主教会在俄国的存在和发展一直受到严格限制，天主教会与东正教会的矛盾一直存在，这种状况在苏联时期也没有什么明显的变化。在苏联解体过程中，许多加盟共和国的独立运动与天主教的独立运动差不多是一而二二而一的。例如，在波罗的海三国的独立运动中，俄罗斯东正教基本上被看成"一个使该地区俄罗斯化，向本土居民传播他们所不熟悉的'野蛮东方'文化和信仰的工具"，而天主教和新教则被描绘成"促进波罗的海沿岸地区各族人民接近西方文化的一股力量"。② 乌克兰的独立运动也是如此。乌克兰独立运动也被称作"鲁赫"③ 运动，其实既是一种政治运动，也是一种宗教运动。其纲领明确地提出为"斯大林势力所破坏的乌克兰天主教会（即 1989～1990年间所称谓的乌克兰希腊天主教会）和乌克兰自主正教会的法律地位正常化而斗争"的口号。《大国悲剧》作者雷日科夫在谈到乌克兰独立运动这种现象时，曾使用了"二合一的乌克兰"，强调民族分裂势力的活动与宗教极端势力的活动在乌克兰独立运动中"合二而一"。在乌克兰民族分裂主义者看来，"独立国家须有独立教会"，而在梵蒂冈看来，"独立教会须有独立国家"。④ 而强调"一个国家——一个

① ［俄］尼古拉·伊万诺维奇·雷日科夫著，徐昌翰等译：《大国悲剧：苏联解体的前因后果》，新华出版社 2010 年版，第 221 页。

② ［俄］尼古拉·伊万诺维奇·雷日科夫著，徐昌翰等译：《大国悲剧：苏联解体的前因后果》，新华出版社 2010 年版，第 179 页。

③ "鲁赫"的基本意思是"乌克兰人民运动"。其早期又称"乌克兰人民改革运动"，1989 年 9 月 8日在基辅成立，是乌克兰当时最大的社会政治组织，曾在乌克兰独立方面发挥过极其重要的作用。但其右翼具有明显的民族分裂主义、宗教极端主义、反社会主义和反共产党倾向，不仅要求建立独立国家和独立教会（乌克兰天主教会和乌克兰自主正教会），而且还要求结束共产党领导并禁止共产党活动。苏联解体前后，鲁赫运动达到鼎盛。但在乌克兰独立和苏联解体后，鲁赫运动开始分裂，其影响力也逐步下降。分裂后成立的乌克兰人民鲁赫党和乌克兰人民党在乌克兰政治生活中影响较小，只不过是乌克兰众多政党中的两个小党而已。

④ ［俄］尼古拉·伊万诺维奇·雷日科夫著，徐昌翰等译：《大国悲剧：苏联解体的前因后果》，新华出版社 2010 年版，第 277～292 页。

民族——一个宗教"，正是宗教民族主义的基本格调。

在境外敌对势力对华的宗教渗透中，宗教民族主义也是一个极为重要的手段。江泽民在谈到境外敌对势力对我国实施宗教渗透和分化政治战略时，曾经指出："在这些年的国际斗争中，敌对势力往往利用宗教问题向我发难。……他们支持达赖集团和'东突'恐怖主义势力进行分裂活动"。[①] 其实从本质上讲，这就是一种宗教民族主义。这种宗教民族主义，从理论层面讲，归结到一点，就是"一个宗教——一个民族——一个国家"，一方面宣扬"民族主权至上论"，另一方面又宣扬政教合一的"神权政治论"。我们知道，达赖集团长期以来一直鼓吹的就是建立一个包括西藏、四川、青海、甘肃、云南等省在内的总面积达到240万平方公里的"大藏国"，说到底就是要建立一个包括所有信仰藏传佛教的藏族人聚居地在内的"大藏国"。诚然，达赖集团自20世纪80年代迫于形势开始提出"大藏区"的主张，即在西藏像在香港和澳门那样实行"一国两制"，"建立包括西藏、四川、青海、甘肃、云南等省在内的'大藏族自治区'"，[②] 但达赖的真正意图是：在争取西藏独立无望的情况下，将一步实现"西藏独立"变为"两步走"，即第一步实现所谓"高度自治"，恢复达赖对西藏的统治；第二步实现"西藏独立"。因此，达赖集团所说的"自治"，正如达赖本人所说，是"向独立发展的自治"。[③] 达赖集团的"大藏区"本质上与"大藏国"没有什么两样，只不过是达赖集团玩弄的一种政治伎俩而已，从本质上讲，依然是"一个宗教（藏传佛教）——一个民族（藏族）——一个国家（大藏国）"，依然是一种破坏国家统一和领土完整的宗教极端主义和民族分裂主义，依然是一种民族主权至上论。另外，达赖集团鼓吹"西藏独立"的政治目的在于恢复政教合一的神权政治。1959年4月，西藏分裂主义分子头目在武装叛逃一个月后，即成立了以达赖喇嘛为总头目的所谓"流亡政府"。1963年，达赖喇嘛又主导制定了所谓的"未来西藏宪法"，要建立一个由达赖喇嘛任国家首脑的"民主统一的国家"。1987年，达赖在其提出的所谓的"西藏和平五点计划"中，明确提出推翻西藏和其他藏区的现行政治制度，把"大藏区"的事务交由十四世达赖喇嘛来管的主张。1991年，达赖喇嘛主导制定的所谓的"流亡藏人宪法"第十九条明确规定"流亡政府最高权力属于达赖喇嘛所有"；还规定，"达赖任国家首脑"，"达赖喇嘛可以直接通过下属官员发布命令"，可"指令大臣"，噶厦会议是在达赖喇嘛领导下负责

---

① 《江泽民文选》第3卷，人民出版社2006年版，第390页。

② "大藏族自治区"是达赖在1987年在美国国会人权核心小组会议上发表演讲时首次提出来的，当时被称作"西藏和平五点计划"，后来他私人代表在2002年至2007年期间与中央政府的谈判中，又重申了他的这一主张。该主张要求大藏区内的其他民族迁出西藏，要求"停止向西藏移民，并使移民入藏的汉人回到中国"。

③ 厉声、孙宏年、张永攀：《达赖密使与中央政府接触内幕》（下），《龙门阵》2011年第11期。

政府事务的，首席噶伦和诸噶伦、"人民会议"会长、副会长、大法官就职前均要向达赖喇嘛"宣誓"，"君臣会议由达赖喇嘛主持"，"达赖喇嘛可以更换包括首席噶伦在内的全部噶伦"，人民会议和噶厦的一切行动、决议必须通过达赖喇嘛批准方能实施。[1] 由此可见，把"藏独"的本质说成是复辟过时的政教合一政体一点也不为过。

"东突厥斯坦独立"在本质上与"藏独"没有什么两样，其主张也是"一个宗教——一个民族——一个国家"，只不过，他们所讲的一个宗教是伊斯兰教，他们所讲的一个民族是所谓"突厥人"，他们所讲的一个国家是所谓政教合一的"东突厥斯坦国"。[2] 东突厥斯坦独立活动的基本理论因此也被称作"泛突厥主义"。泛突厥主义鼓吹毫无根据的狂妄的民族沙文主义。一方面，他们不仅将居住在"西域"的维吾尔、哈萨克、乌兹别克、柯尔克孜等少数民族统统归于"突厥族"，把这些民族在历史上建立的政权都称为"突厥国家"，而且还从民族沙文主义的立场出发，任意夸大突厥人的历史地位，说什么突厥人的文字比古代埃及人"还早五千年"，是"人类历史的开端"，其领土"西至北海、红海、黑海以及欧洲，北至北冰洋，东至太平洋，南至印度洋"，是人类历史上"最优秀的民族"，把"东突厥斯坦"说成是人类历史上"最古老、最有名、文化最早发展的一个国家"。另一方面，他们又炮制所谓"中国侵略东突厥斯坦论"，把中国说成是"东突厥斯坦民族三千年的敌国"。值得注意的是，为了更好地落实"一个民族一个国家"的"单一民族至上论"，泛突厥斯坦运动的头目根据美国政要的建议，于 2004 年将"东突厥斯坦民族大会"与另一个疆独组织"世界维吾尔青年代表大会"合并组成了"世界维吾尔代表大会"。[3] 当然，其宗教民族主义的本质非但没有丝毫改变，反而还有所增强。

由此看来，无论是乌克兰的"鲁赫运动"，还是我国的"藏独运动"和"疆独运动"，奉行的都是"一个宗教——一个民族——一个国家"的宗教民族主义。这些宗教民族主义不仅鼓吹"单一民族主权论"，还鼓吹过时的政教合一的神权政治论。因此，有效地防范和抵制宗教民族主义，不仅有助于社会主义国家的民族团结、领土完整和国家统一，也有助于维护社会主义国家的社会稳定和国家安全。同时，这些宗教民族主义所鼓吹的"单一民族主权论"和"政教合一的神权政治论"不仅关涉社会主义的宗教观，还关涉社会主义的历史观、民族观和国

---

[1] 李俊清：《藏独的本质是复辟政教合一政体》，《国际问题研究》2008 年第 4 期。

[2] 1946 年，东突厥斯坦独立运动的主要头目穆罕穆德·伊敏在其创办的期刊《伊里克报》报眼处就打上了"我们的国家是东突厥斯坦，我们的民族是突厥，我们的宗教是伊斯兰"。1996 年，疆独组织"东突厥斯坦青年同盟"仍将这三句话作为其机关报《东突厥斯坦青年报》的刊头。

[3] 李琪：《"东突"分裂主义势力的思想体系和基本特征》，载《西北民族论丛》第三辑，周伟洲主编，中国社会科学出版社 2005 年版，第 70 页。

家观，所以对宗教民族主义的批判便势必对维护社会主义意识形态安全产生积极的影响。因此，反对和批判宗教民族主义，也与批判和反对宗教干涉主义一样，是社会主义国家在整个社会主义历史时期长期的战略任务。

三、依法管理宗教事务，坚持推进宗教工作的法治化

前面，从战略的对抗性和因应性的角度，我们阐述了反对宗教干涉主义和宗教民族主义对维护社会主义意识形态安全和国家安全的战略意义。然而，反对宗教干涉主义和宗教民族主义关涉的只是战略路径或战略方向问题，能否在这两个方向克敌制胜，有效维护社会主义国家的意识形态安全和国家安全，才是我们思考战略对抗性的终极目标，而决定战略对抗胜负的基本因素是战略力量或战略实力。因此，在思考战略对抗性问题时，不仅应当思考战略路径或战略方向，还应当更为深入地思考战略力量或战略实力问题。

我国古代著名军事家孙武在讨论用兵之道时，曾突出地强调了"胜兵先胜"的兵法原理。他说道："昔之善战者，先为不可胜，以待敌之可胜。不可胜在己，可胜在敌。"① 意思是说，古代善于指挥作战的人，总是先创造条件使自己处于不可战胜的地位，然后等待敌人能被我战胜的时机。做到不可战胜，关键在于自己创造充分的条件；可以战胜敌人，关键在于敌人出现可乘之隙。他进而说道："善战者，立于不败之地，而不失敌之败也。是故胜兵先胜而后求战，败兵先战而后求胜。"② 其意思是说，善于作战的人，总是先使自己立于不败之地，而不放过任何一个打败敌人的时机。因此，胜利之师是先具备必胜条件然后再去交战，失败之师总是先同敌人交战，然后期求从苦战中侥幸取胜。这两句话其实是一个意思：用兵之道最根本的就是要在交战之前做好充分准备，"先"使自己成为"不可胜"，"立于不败之地"。那么，如何才能使自己"先胜"或"立于不败之地"呢？"先胜"是有许多诀窍的。在孙武看来，"修道"（修明政治）固然重要，但"保法"（确保治军法度）也不可或缺。他强调说："善用兵者，修道而保法，故能为胜败之政。"③ 在孙武那里，"保法"内涵极其丰富，涉及许多方面的内容，但照章管理部队是其中一项至关紧要的内容。他所谓"法者，曲制、官道、主用也"，即是谓此。把他的这个思想移用到防范和抵制境外宗教渗透问题，反对宗教干涉主义和宗教民族主义问题上，则可以说：所谓法治，最根本的就是要依法管理宗教事务，坚持推进宗教工作的法治化。宗教干涉主义也好，宗教民

① 孙武著，赵国华注说：《孙子兵法》，河南大学出版社 2008 年版，第 108 页。
②③ 孙武著，赵国华注说：《孙子兵法》，河南大学出版社 2008 年版，第 109 页。

族主义也好，都是以境内宗教为首要突破口的，为了有效地抵制宗教干涉主义和宗教民族主义，固然需要做多方面的工作，但无论如何，依法管理宗教，坚持推进宗教工作的法治化是一件不可或缺的要务。

依法管理宗教，坚持推进宗教工作法治化的首要问题是宗教立法，以便做到有法可依。宗教管理问题在我国是一个非常古老的问题。据有关专家考证，早在北魏时期（386～534年），我国就初步形成了佛教和道教的宗教事务管理体制。在佛教管理体制方面，北魏不仅设置了我国最早的僧官道人统，而且从中央到地方都设置了僧官机构。据《魏书·释老志》载，道武帝年间，中央的僧官机构为监福曹，其主管为道人统。文成帝年间，不仅中央设有僧官机构，地方各州郡县也设立监福曹的分支机构——僧曹，管理地方僧务。州郡的僧官设有州统、周都统、都统、都维那，县的都官仅设维那。至此，可以说初步形成了"一个从中央到基层的较为完备的僧官体制"。[①] 北魏在道教管理体制方面也有所建树。《资治通鉴》讲，道武帝年间，北魏"置仙人博士，立仙坊"。[②] 这里所说的"仙坊"已经具有政府管理道教的性质。魏孝文帝年间，"仙坊"更名为"崇虚寺"，其主管为崇虚都尉。[③] 不仅如此，此后的历代王朝虽然对北魏的宗教管理制度有因有循，有革有化，但都毫无例外地设置了宗教管理机构，还给宗教活动定了许多"规矩"，如"度牒制"[④] 就曾为许多王朝所沿用。康熙时代的"印票制"也是当时清朝宫廷管理中国基督宗教的一项重要制度。但是，历代王朝为我国宗教事务立的"规矩"还不能同现代意义上的宗教法规相提并论。[⑤]

新中国成立后，这种状况开始有所改变，例如，早在1949年，中国人民政治协商会议第一届全体会议就将中华人民共和国公民有宗教信仰的"自由权"写进了《中国人民政治协商会议共同纲领》之中。但由于多方面的原因，现代意义上的宗教法规体系在很长一段时间里并没有建立起来，结果致使从20世纪60年代中期至70年代末，我国各宗教组织和宗教团体的各种正常活动全部停止，从中央到地方的宗教领导部门和管理部门基本上处于瘫痪状态，给我国的宗教和宗

---

① 任杰、梁凌：《中国的宗教政策——从古代到当代》，民族出版社2006年版，第96～97页。

② 《资治通鉴》卷一百一十一，隆安四年。

③ 任杰、梁凌：《中国的宗教政策——从古代到当代》，民族出版社2006年版，第104～105页。不过，也有人将道教管理制度的建立，上溯到汉末。张鲁不仅在汉中建立了政教合一的五斗米道政权，而且还建立了从鬼卒、祭酒、治头大祭酒到师君的宝塔式教阶制。汉王朝后来封张鲁为镇民中郎将，领汉宁太守。这种地方割据政权对道教的管理，无疑属于"政府对道教管理的一种特例"，也不妨将其视为我国道教管理制度的滥觞。参阅《三国志·张鲁传》，也请参阅任杰、梁凌：《中国的宗教政策——从古代到当代》，民族出版社2006年版，第103～104页。

④ 度牒是政府为了便于管理佛教为合法出家者颁发的证明书。

⑤ 参阅段德智：《实现宗教管理现代化的基本方略》，《中共济南市委党校、济南市行政学院、济南市社会主义学院学报》2001年第4期。

教工作带来了巨大的影响。这一历史教训告诉我们，不解决宗教立法问题，社会主义国家的宗教管理体系就不可能真正建立起来。基于这样的认识，我国自上个世纪80年代初开始将宗教立法提上了日程。早在1982年，中共中央在《关于我国社会主义时期宗教问题的基本观点和基本政策》中明确提出："为了保证宗教活动的进一步正常化，国家今后还将按照法律程序，经过同宗教界代表人士充分协商，制定切实可行的宗教法规。"① 1991年2月，中共中央和国务院下发《关于进一步做好宗教工作若干问题的通知》，不仅将"依法对宗教事务进行管理"放到非常突出的地位，还明确提出了"要加快宗教立法工作"的要求，② 责成国务院宗教事务局"抓紧起草有关宗教事务的行政法规"。③ 我国宗教立法工作驶入快车道。从1991年起，我国先后制定和颁布了《宗教社会团体登记管理实施办法》（1991年）、《宗教活动场所管理条例》（1994年）、《宗教活动场所登记办法》（1994年）、《中华人民共和国境内外国人宗教活动管理规定》（1994年）、《宗教活动场所年度检查办法》（1996年）、《全国人民代表大会常务委员会关于取缔邪教组织、防范和惩治邪教活动的决定》（1999年）、《宗教事务条例》（2004年）和《宗教院校设立办法》（2007年）等一系列行政法规和行政规章。各省、自治区和直辖市也都制定了"宗教事务条例"和其他单项规章。至此，尽管宗教立法工作还存在"不少问题"，诸如"形成内容全面、结构合理的宗教方面法律的基本框架，任重道远；已经颁布的宗教法规的规定比较原则，可操作性不强，需要细化；依法行政的相关制度尚待建立和健全，等等"，但毕竟取得了一系列可喜的成绩，我国的宗教工作"实现了由政策规范为主向政策指导和依法管理相结合的转变，开始走上法制化、规范化轨道。经过艰辛探索和积极实践，目前我国宗教事务的主要方面已经基本实现了有法可依，初步形成了宗教方面的法律框架，成为以宪法为核心的中国特色社会主义法律体系的组成部分，走出了一条符合我国国情和教情的宗教立法之路"。④

　　社会主义宗教法律体系的构建对于社会主义国家确保和促进宗教和宗教工作健康有序发展意义重大，只有构建起社会主义宗教法律体系，才能将宗教信仰自由政策落到实处，才能使宗教组织和宗教团体的各项宗教活动健康有序发展。绝大多数的社会主义国家都宣称保障宗教信仰自由，但许多国家对这项政策的落实都不尽如人意，其原因是多方面的，缺乏健全的宗教法律体系是其中一项重要原

---

　　① 中共中央文献研究室综合研究组、国务院宗教事务局政策法规司编：《新时期宗教工作文献选编》，宗教文化出版社1995年版，第64页。

　　②③ 中共中央文献研究室综合研究组、国务院宗教事务局政策法规司编：《新时期宗教工作文献选编》，宗教文化出版社1995年版，第216页。

　　④ 参阅王作安：《我国宗教立法的回顾与思考》，载于《世界宗教研究》2008年第3期。

因。就我国来说，尽管在新中国成立伊始，就将公民有宗教信仰的自由权写进了《中国人民政治协商会议共同纲领》之中，但在一段时间里，我国公民的这一权利并没有得到很好的保障，特别是"文化大革命"期间，我国宗教信仰自由政策遭到了极其严重的破坏，不仅许多宗教界著名人士受到迫害，就连一些宗教工作领导部门和管理部门的著名人士也难以幸免。这虽然应当归咎于"以阶级斗争为纲"的"左"的政治路线，但没有健全的宗教法律体系无疑也是一项重大原因。保护宗教信仰自由政策的贯彻落实和合法宗教活动的健康有序的开展，是社会主义宗教法律体系一项基本的社会功能。

社会主义宗教法律体系不仅有"保护合法"的社会功能，还有"打击非法"的社会功能。早在 1982 年，中共中央《关于我国社会主义时期宗教问题的基本观点和基本政策》就明确指出："坚决保障一切正常的宗教活动，同时也就意味着要坚决打击一切在宗教外衣掩盖下的违法犯罪活动和反革命破坏活动，以及各种不属于宗教范围的、危害国家利益和人民生命财产的迷信活动。"[①] 境外敌对势力对我实施的种种宗教渗透活动，作为一种"非法"活动，自然也在打击之列；社会主义宗教法律体系因此也具有防范、抵制和打击境外宗教渗透的社会功能。从上个世纪 90 年代制定和颁布《宗教社会团体登记管理实施办法》、《宗教活动场所管理条例》、《宗教活动场所登记办法》、《中华人民共和国境内外国人宗教活动管理规定》、《宗教活动场所年度检查办法》和《全国人民代表大会常务委员会关于取缔邪教组织、防范和惩治邪教活动的决定》，到本世纪初制定和颁布《宗教事务条例》等，这一系列行政法规和行政规章无疑既具有保护"合法"宗教活动的社会功能，又具有打击包括境外宗教渗透在内的"非法"宗教活动的社会功能。打击非法，既包括打击非法的宗教活动，也包括打击邪教组织。就我国进入改革开放新时期的情况来看，这 30 多年来我国出现的邪教组织多数与境外敌对势力的宗教渗透有关。而我国制定和颁布的这些宗教法规，无论在打击和取缔"呼喊派"的斗争中，还是在打击和取缔"法轮功"的斗争中都发挥了极其重要的作用。离开这些宗教法规，不仅我国宗教和宗教工作无法健康有序发展，在防范和抵制境外宗教渗透工作方面取得如此重大的成就也是难以想象的。不断完善社会主义宗教法律体系，坚持依法管理宗教，推进社会主义宗教工作的法治化，是社会主义国家在整个社会主义历史时期的一项长期的任务。

在依法管理宗教、坚持推进宗教工作法治化方面，当代国际共产主义运动的两条重要经验教训是值得认真汲取的，即"科学立法"和"严格执法"问题。

---

① 中共中央文献研究室综合研究组、国务院宗教事务局政策法规司编：《新时期宗教工作文献选编》，宗教文化出版社 1995 年版，第 68~69 页。

首先，是"科学立法"。所谓科学立法，是指宗教立法不仅应当注意国情和当前的政局，更重要的是要充分注意社会主义社会宗教的基本特征及其发展的客观规律。宗教立法不仅是一项政治行为，还是一项法律行为和法治行为。宗教立法完全不考虑立法与社会进程和社会事态的关系不现实，但仅仅从这些方面出发，也势必偏离社会主义宗教的基本特征及其发展的客观规律，成为"主观立法"和"政绩立法"。所谓主观立法和政绩立法，顾名思义，也就是置宗教的基本特征及其发展的客观规律于不顾，单纯讲求国情和当前政局，追求一时政治效果的立法行为。前面提到的"度牒制"和"印票制"等，在一定意义上也可以说是宗教法规，但它们却都程度不同地缺乏客观性和科学性，因此也只能算是"主观立法"和"政绩立法"。[①] 应该说，苏联还是比较注意宗教立法的。例如，十月革命胜利后不久，苏维埃俄国就颁布了《关于教会与国家，学校与教会分离》法令（1918 年）和《关于学校世俗化》的决定（1918 年）。此后又先后通过并颁布了《关于宗教组织法》决议（1929 年）、关于对 1929 年通过的《宗教组织法》的修正的补充命令（1975 年）和《关于信仰自由和宗教组织》的法律（1990 年）等。这些法律法规，特别是列宁—斯大林时期制定的法律法规，虽然有许多对于维护社会主义意识形态安全和社会主义国家的国家安全是必要的，但几乎所有这些法律规条差不多都带有"政绩立法"的印记。例如，苏维埃俄国在 1918 年以人民委员会名义颁布的《关于教会与国家，学校与教会分离》法令明确规定"任何教会和宗教团体都无权占有财产。任何教会和宗教团体都不享有法人的权利"，[②] 这显然是受到当时革命情势和相关政策的影响。再如，苏联于 1990 年颁布的《关于信仰自由和宗教组织》法令基本放弃国家对宗教事务的管理，宣布"宗教社团之建立，不一定通知国家机关"（第八条），强调："宗教管理机构和中心有权按其已登记之章程（或条例）建立修道院、宗教团体和传教组织，这些修道院、宗教团体和传教组织依法律规定之程序登记其章程（或条例），并在此基础上开展活动"（第十条）。[③] 这显然与戈尔巴乔夫的"新思维"，特别是与戈尔巴乔夫的"公开性"和"民主化"有关。苏联宗教法律条文中所有这些或"左"或右的规定，都程度不同地与社会主义国家宗教的基本特征和发展规律相左，不仅挫伤了广大宗教信众的社会主义积极性，而且也使宗教工作常常出现或"左"或右的错误，最终致使许多宗

---

① 如果说我国唐朝的僧道管理制度中有"宗教法规"可言的话，其反复变迁（从唐高宗到武则天再到唐玄宗）便较为典型地体现了宗教管理制度方面的"主观立法"和"政绩立法"。

② 参阅中国社会科学院世界宗教研究所编译：《苏联宗教政策》，中国社会科学出版社 1980 年版，第 20 页。

③ 参阅乐峰主编：《俄国宗教史》上卷，社会科学文献出版社 2008 年版，第 177 页。

教组织、宗教团体和宗教信众在关键时刻"倒戈",助推了苏联的解体。这个教训是值得汲取的。

严格执法或有法必依也是社会主义国家在宗教管理中必须充分注意的问题。就 20 世纪国际共产主义运动的情况看,大多数社会主义国家虽然都将宗教信仰自由写进宪法,都主张在政治上与宗教组织和宗教团体合作共事(20 世纪 60 年代之后的阿尔巴尼亚除外),但这些比较正确的宗教政策和相关宗教法规并未得到始终如一的彻底的贯彻。例如,苏维埃俄国尽管差不多从建国之日起,就宣称"每个公民都有权信奉或不信奉任何宗教",[①] 但从后来的宗教工作实践看,这项法律规条并未得到很好的贯彻执行。例如,从 20 世纪 20 年代起,"战斗的无神论者协会"在苏联全国范围不仅掀起了狂热的反宗教宣传运动,还制定了"消灭宗教"的五年计划。苏联共产党和苏联政府虽然也曾一度谴责这种"左"的做法,但总的来说是持支持和怂恿的态度的。这也是非常自然的。因为即使苏联的宪法也明确规定"所有公民都有进行宗教宣传与反宗教宣传的自由"。[②] 再如,在 1959 年和 1961 年召开的苏共第 21 次和第 22 次苏共代表大会上,苏共中央为了贯彻其"一国建成共产主义"的"左"的政治设想,甚至一度通过五年内"大体消灭宗教"的秘密决议,并且向全党全国发出"进一步开展反宗教宣传"的号召。[③] 我国 20 世纪 60~70 年代的情况也大体如此。在那段时间,我国虽然没有构建起社会主义的宗教法律体系,但"宗教信仰自由"毕竟还是明白无误地写进了宪法。[④] 然而,在那段时间里,人们置宪法关于宗教信仰自由的法律规定于不顾,在全国范围开展了一场事实上的"消灭宗教"运动,使中国的宗教和宗教工作蒙受了空前的浩劫。这种状况在"文化大革命"后虽然得到了根本的纠正,但在宗教问题上"有法不依"的现象依然存在,不仅伤害了广大宗教信众的宗教感情,也挫伤了他们的社会主义积极性,极大地妨害了我国宗教和宗教工作的健康发展。

持续不断地加强宗教工作的法治化建设,使社会主义国家的宗教管理工作不仅有法可依,而且有法必依,是社会主义国家宗教工作的一个长期任务,也是社会主义国家防范和抵制境外宗教渗透的一项基础工程。

---

① 中国社会科学院世界宗教研究所编译:《苏联宗教政策》,中国社会科学出版社 1980 年版,第 18 页。

② 中国社会科学院世界宗教研究所编译:《苏联宗教政策》,中国社会科学出版社 1980 年版,第 23 页。

③ Michael Bourdeaux. *Religious Ferment in Russia*:*Protestant Opposition to Soviet Religious Policy.* New York:ST. Martin's Press,1968,p.10.

④ 参阅《中华人民共和国宪法》(1954 年 9 月 20 日通过)第三章第八十八条。

四、积极引导宗教与社会主义社会相适应

对于社会主义国家的宗教工作来说，依法管理宗教固然重要，但还有一件更为重要和基本的工作，就是积极引导宗教与社会主义社会相适应。

孙武在谈到战争的根本问题时，曾经强调指出："经之以五事，校之以计，而索其情：一曰道，二曰天，三曰地，四曰将、五曰法。"① 其意思是说：应该以五个方面的情实为纲，通过具体比较双方的基本条件来探讨战争胜负的情形：一是"道"，二是"天"，三是"地"，四是"将"，五是"法"。他将"道"放在首位，足见他对"道"的重视。他解释说："道者，令民与上同意也，故可以与之死，可以与之生，而不畏危。"其意思是说：所谓"道"，就是从政治上使民众与君主的思想一致，这样，民众就能与君主同生死共患难，誓死效命，毫无二心。就是说，在孙武看来，"上下同意"是决定战争胜负的最重大的问题。在社会主义国家里，无所谓君臣之分，所谓"上下同意"就当是举国上下走社会主义道路的意志相统一。如果在这个根本问题上"上下同意"，则社会主义国家就会无往而不胜，反之，则势必出事。因此，将孙武的"上下同意"思想应用到社会主义国家的宗教工作问题上，可以说："社会主义时期宗教建设和宗教工作的基本目标不是别的，正是宗教与社会主义社会相适应。"② 社会主义国家的宗教工作千头万绪，归根结底，就是为了促进和实现宗教与社会主义社会相适应。1993 年，中共中央召开的第十八次全国统战工作会议首次明确地以"全面、正确地贯彻执行党的宗教政策"、"依法加强对宗教事务的管理"和"积极引导宗教与社会主义社会相适应"这"三句话"来概括我国宗教工作的基本方针。③ 正如江泽民指出的："贯彻党的宗教信仰自由政策也好，依法加强对宗教事务的管理也好，目的都是要引导宗教与社会主义社会相适应。"④ 这就明确地强调了引导宗教与社会主义社会相适应的极端重要性。

从防范和抵制境外宗教渗透、反对宗教干涉主义和宗教民族主义的角度看，引导宗教与社会主义社会相适应的极端重要性也是显而易见的。境外敌对势力对社会主义国家实施宗教渗透、实施宗教干涉主义和宗教民族主义的政治本质和政

---

① 孙武，赵国华注说：《孙子兵法》，河南大学出版社 2008 年版，第 99 页。
② 段德智：《宗教学》，人民出版社 2010 年版，第 450 页。
③ 中共中央文献研究室综合研究组、国务院宗教事务局政策法规司编：《新时期宗教工作文献选编》，宗教文化出版社 1995 年版，第 253 页。
④ 中共中央文献研究室综合研究组、国务院宗教事务局政策法规司编：《新时期宗教工作文献选编》，宗教文化出版社 1995 年版，第 254 页。

治企图，就是资本主义意识形态输出和资本主义社会的社会复制，就是将社会主义国家的社会主义制度和平演变成资本主义制度，而一旦社会主义国家的宗教与社会主义社会相适应，一旦社会主义国家的宗教组织和宗教团体成为与社会主义的经济政治制度相适应的新的社会主义团体，一旦广大宗教信众不仅爱教，而且爱国和拥护社会主义，境外敌对势力对社会主义国家实施宗教渗透的任何伎俩就将难以得逞，社会主义国家的宗教也势必形成防范和抵御境外宗教渗透的钢铁长城。

从 20 世纪国际共产主义运动的情况看，社会主义国家宗教工作的最主要的教训是，相当一部分社会主义国家在引导宗教与社会主义社会相适应方面行动不力。这在苏联解体和东欧剧变中表现得极为明显。就苏联而言，尽管它在引导宗教与社会主义社会相适应方面做了不少工作，但并没有从根本上解决这个问题。结果，到 20 世纪 80 年代末和 90 年代初，不仅苏联天主教会和伊斯兰教会成为苏联解体的一个重要酵素，即使苏联当局一向极力扶持的东正教会也成为苏联解体的重要酵素。在苏联解体过程中，不仅东正教地下教会异常活跃，东正教地上教会也成为颠覆苏联政权的重要力量。苏联东正教地上教会不仅成立了多个反对派政党，如"教会与改革运动"、"俄罗斯基督教民主运动"、"人民东正教运动"、"俄罗斯东正教君主立宪党"和"世界东正教青年运动"等，而且公然否认十月社会主义革命，把十月革命说成是给俄罗斯带来"哀伤和苦难"的"十月事变"，公开呼吁苏联人民尽快终结苏联社会主义道路，[①] 甚至扬言要把 11 月 7 日作为"追悼日"。[②] 这无疑是在公开号召颠覆苏联社会主义政权。20 世纪 80 年代的波兰剧变也同样如此。在波兰剧变中，波兰天主教会虽然常常以调停人自居，常常打着"共产主义的宗教大联合"的旗帜，但在实际上它不仅常常充当美国—梵蒂冈操纵和控制波兰反对派活动的中介，而且其教堂还常常成为反对派力量的密谋室及其抗议活动的聚集处和出发地。[③] 之所以如此，固然有境外敌对势力的因素，但波兰共产党执政几十年，未能从根本上解决引导宗教与社会主义社会相适应的问题，无疑是一个根本原因。

自新中国成立之日起，中国共产党和中国政府就一直注意引导宗教与社会主义社会相适应。例如，新中国成立初期，根据半封建半殖民地旧中国宗教具有殖民性和封建宗法性的这样一种国情，中国共产党和中央人民政府积极引导我国各

---

① Составитель Герд Штриккер. *Русская Православная Церковь в советское время*（1917 – 1991）. книга 2，Москва：Издательство "ПРОПИЛЕИ"，1995，С. 301.

② 冯愈强、赵洪山、李勇："最后一个十月革命节"，刘洪潮等主编：《苏联 1985～1991 年的演变》，新华出版社 1992 年版，第 148 页。

③ ［波］亚当·沙夫著，郭增麟译：《美国—梵蒂冈"神圣同盟"内幕》，载于《当代世界社会主义问题》1997 年第 2 期。

宗教开展"去殖民化"和"去封建宗法性"的革新运动，逐步走上独立自主自办教会和民主办教的道路，健康有序地实现了由"旧的社会团体"向"新的社会团体"的转变，[①] 并于 1953 年至 1957 年期间相继建立了全国性的爱国组织和相应的领导机构，[②] 使我国宗教迈出了与社会主义社会相适应的初步的但非常基本的一步。此后，我国各宗教组织和宗教团体普遍开展爱国主义教育和社会主义教育，在与社会主义社会相适应方面取得了新的进展。虽然"文化大革命"期间，宗教与社会主义社会相适应的宗教工作方针受到了严重干扰，[③] 但十一届三中全会之后，随着我国各项工作的拨乱反正，党和人民政府重新采取了积极引导宗教与社会主义社会相适应的态度和立场。如果说 20 世纪 80 年代，我国在宗教工作领域的拨乱反正是为了重新建立我国宗教与社会主义社会的适应关系，那么，90 年代中共中央和国务院正式提出"积极引导宗教与社会主义社会相适应"的宗教工作方针，在 21 世纪，中共中央又先后提出"发挥宗教在促进社会和谐方面的积极作用"和"发挥宗教界人士和信教群众在促进经济社会发展中的积极作用"，[④] 无疑是在以一种空前积极的姿态引导宗教与社会主义社会相适应。认真总结上述教训和经验，全面贯彻中共中央和国务院制定的我国宗教工作的基本方针，继续积极引导宗教与社会主义社会相适应，是整个社会主义历史时期都必须认真对待的一项历史任务。

从当代国际共产主义的实践情况看，特别是从我国 60 多年的实践情况看，在引导宗教与社会主义社会相适应工作中，至少有下面几点值得特别注意。首先，积极引导宗教与社会主义社会相适应是一个系统工程，不仅关涉贯彻落实宗教信仰自由政策和依法管理宗教事务，也关涉独立自主自办教会，防范和抵制境外宗教渗透。防范和抵制境外宗教渗透并非是与引导宗教与社会主义社会相适应相互孤立的，而是引导宗教与社会主义社会相适应的应有之义，两者既相互依存又相互推动：一方面，如果不能坚决贯彻落实独立自主自办教会的原则，有效防范和抵制境外宗教渗透，就不可能引导宗教与社会主义社会相适应。另一方面，如果不能有效地引导宗教与社会主义社会相适应，也就不能有效地防范和抵制境外宗教渗透。只有全面正确地贯彻执行宗教工作的基本方针，才能有效抵制境外

[①] 参阅叶小文：《中国宗教的百年回顾与前瞻》，《中国宗教》2001 年第 2 期。

[②] 1953 年，中国伊斯兰教协会、中国佛教协会和中国基督教三自爱国运动委员会成立；1957 年，中国道教协会和中国天主教爱国会成立。

[③] 中共中央文献研究室综合研究组、国务院宗教事务局政策法规司编：《新时期宗教工作文献选编》，宗教文化出版社 1995 年版，第 2 页。

[④] 《中共中央关于构建社会主义和谐社会若干重大问题的决定》，新华社 2006 年 10 月 18 日；胡锦涛：《高举中国特色社会主义伟大旗帜，为夺取全面建设小康社会新胜利而奋斗》，新华社 2007 年 10 月 24 日。

宗教渗透，成功引导宗教与社会主义社会相适应。

其次，引导宗教与社会主义社会相适应属于政治范畴，与宗教信仰无关。也就是说，"这种适应，并不要求宗教信徒放弃有神论的思想和宗教信仰，而是要求他们在政治上热爱祖国，拥护社会主义制度，拥护共产党的领导；同时，改革不适应社会主义的宗教制度和宗教教条，利用宗教教义、宗教教规和宗教道德中的某些积极因素为社会主义服务"。① 英国哲学家洛克曾经将宗教行为区分为两种："纯粹思辨性的信仰行为"与"实践性的道德行为"，断言：纯粹思辨性的信仰行为是"宗教性"的和"私人性"的，受"内在法庭"（良心）的管辖，而实践性的道德行为则是"政治性"的和"公民性"的，受"外在法庭"（官长）的管辖。② 洛克对宗教行为的这种区分值得借鉴。洛克所说的"实践性的道德行为"，严格说来，已经不再属于宗教行为的范畴而应当归之于政治范畴。不幸的是，大多数社会主义国家在宗教管理的长期实践中，都程度不同地混淆了这两种宗教行为，粗暴地干涉"纯粹思辨性的信仰行为"，极大地妨害了宗教信仰自由政策的贯彻落实。例如，在苏俄和苏联，粗暴干涉宗教信仰的事情就屡见不鲜。即使在列宁时期，人们也曾采用行政命令手段和其他"过激"的手段开展"反宗教宣传"和反宗教斗争，致使列宁也不得不反复告诫苏联全党："同宗教偏见作斗争，必须特别慎重；在这场斗争中伤害宗教感情，会带来许多害处。……斗争过激会引起群众的愤恨；这样进行斗争会加深群众因宗教信仰而造成的分裂，而我们的力量在于团结。"③ 这种情况在斯大林时期和赫鲁晓夫时期一度达到了登峰造极的地步，先后两次出现了全国范围的"消灭宗教"运动。用行政命令或其他"过激"手段对待宗教的事情在我国也长期存在过。一些人甚至认为土地改革运动即是"消灭宗教的好机会"，不仅用行政命令"干涉宗教"，甚至企图在短期内"消灭"宗教。④ "文化大革命"期间，简单粗暴对待宗教几乎成了常态，以致几乎无法进行正常的宗教活动。这些历史教训是必须牢牢汲取的。

再次，积极引导宗教与社会主义社会相适应最根本的是要最大限度地调动宗教及其信众建设社会主义的积极性。"宗教与社会主义社会的适应不应当只是一种消极的被动的适应，而应当是一种积极的能动的适应，不应当是一种单向度的附着，而应当是一种双向度的生成。"⑤ 社会和国家不仅是宗教赖以生存的场所，

---

① 中共中央文献研究室综合研究组、国务院宗教事务局政策法规司编：《新时期宗教工作文献选编》，宗教文化出版社1995年版，第254～255页。

② ［英］洛克著，吴云贵译：《论宗教宽容》，商务印书馆1982年版，第35页。

③ 《列宁全集》第35卷，人民出版社1985年版，第181页。

④ 中共中央统战部研究室编：《历次全国统战工作会议概况和文献》，档案出版社1988年版，第185～186页。

⑤ 段德智：《宗教学》，人民出版社2010年版，第456页。

也是宗教实现其自身价值的主要舞台。维系社会和创建社会，维护民族团结、祖国统一和社会稳定，促进经济社会发展，既是宗教造福于人类、造福于社会的至上功德，也是宗教自身存在的基本理据和宗教自身发展的基本要求。宗教社会与世俗社会在基本利益方面这种契合性或一致性，正是正确理解宗教与社会主义社会相适应的本体论基础。所以，宗教与社会主义社会相适应的根本内容并不是简单地遵守或服从，而应当是宗教及其信众与非信教群众一起积极投身于现实社会建设现代物质文明、政治文明和精神文明的事业。投身于现实社会的现代物质文明、政治文明和精神文明的建设，维护社会安定，推动社会进步，应是社会主义国家各种宗教和宗教团体的历史正命。因此，最大限度地发挥宗教组织和信教群众建设社会主义社会的积极性，是宗教与社会主义最为重大也最为根本的"适应"。

最后，尽管引导宗教与社会主义社会相适应属于政治范畴，但引导宗教加强神学思想建设，构建与社会主义社会相适应的神学思想体系也是引导宗教与社会主义社会相适应的应有之义。"诚然，宗教建设并不限于神学思想建设，但是无论如何，神学思想建设却是宗教自身建设当中最为核心、最为根本的建设。一个宗教倘若不能在神学思想建设方面取得实质性的进展，它的自身建设便决然不可能取得实质性或根本性的进展。"[①] 相应地，宗教与社会主义社会的适应也不可能达到较高的层次。宗教神学思想建设主要涵盖两个方面的内容：一是挖掘、弘扬传统宗教中的积极内容，一是开展"教理革命"。社会主义时期宗教的神学理论并不是凭空产生出来的，而是在批判地借鉴或扬弃传统宗教神学理论的基础上逐步形成的。因此，挖掘、弘扬宗教传统及其神学中的积极内容为社会主义文明建设服务，是社会主义时期宗教神学思想建设一项前提性或基础性的任务。人类宗教在其漫长的历史发展中，在维系社会、创建社会的长期实践中，积累了当代仍然值得借鉴的极其丰富、弥足珍贵的精神资源，是可以用来为社会主义精神文明建设和物质文明建设服务的。例如，各国传统宗教中关于"兼爱"和"贵和"的思想，就有助于构建社会主义和谐社会。挖掘和弘扬传统宗教中的积极内容对于社会主义时期宗教神学思想建设当然非常重要，但毕竟只是为社会主义时期宗教神学思想建设奠定了基础。社会主义时期宗教神学思想建设工程的主体部分应当是，当代中国宗教对传统宗教教义或教理进行顺乎历史潮流和时代潮流的新诠释，进行既体现时代精神又适应社会主义社会制度的新诠释。早在民国初期，我国佛教界的著名高僧太虚（1890~1947）就提出了"教理革命"的口号，呼吁"建设原本释迦佛遗教，且适合现时中国环境的新佛教"。[②] 太虚所倡导的"教理革命"虽然如他自己所说最终

---

① 段德智：《宗教学》，人民出版社 2010 年版，第 469 页。
② 黄夏年主编：《太虚集》，中国社会科学出版社 1995 年版，第 406 页。

还是失败了，但他倡导的"人间佛教"和"劳禅结合"却为后来的佛教与社会主义社会相适应开辟了道路。① 2000 年，在中国基督教三自爱国运动五十周年之际，全国政协副主席、中国基督教三自爱国运动委员会名誉主席、中国基督教协会名誉会长丁光训主教，发表了题目为《我怎样看这五十年？》的重要文章，将50 年的中国基督教三自爱国运动的发展历程区分为三个阶段："实行三自"阶段（1950～1966 年）、"办好教会"阶段（1979～1998 年）和"神学思想建设"阶段（1998 年至今）。丁光训主教在解说"办好"二字时，设问："什么叫'办好'？办好是不是一切恢复解放前或文革前的原状？是不是以别国教会为模式来办我们的教会？"他给出的答案是："办好教会"的"最关键的任务"就是"建设神学思想"，就是要解决"在思想上和社会主义社会相适应"的问题。丁光训主教本人身体力行，不仅阐扬了"处境化神学"，还相继提出"上帝是爱"、"宇宙的基督"，以及人是"上帝创造的半成品"和"参与上帝创造的同工"等著名观点，沿着与社会主义相适应的道路，为当代中国基督教的神学思想建设做出了重大贡献。②

五、普及马克思主义宗教观和宗教法规教育

防范和抵制境外宗教渗透不仅要依法管理宗教，引导宗教与社会主义社会相适应，还应当广泛开展马克思主义宗教观和宗教法规教育，努力动员全国人民积极参与防范和抵制境外宗教渗透的工作，打好抵制境外宗教渗透、维护社会主义意识形态安全的人民战争。

人民群众不仅是社会物质财富和精神财富的创造者，归根到底也是社会变革的决定性力量。因此，历史上的军事理论家都非常注重动员群众参与战争。《黄石公三略》一开始就将人心得失视为国家存亡的第一要务："与众同好，靡不成；与众同恶，靡不倾。治国安家，得人也；亡国破家，失人也。"在谈到战事时，则把"众"视为决定战争胜负的第一要素，称："夫统军持势者，将也；制胜破敌者，众也。"③《淮南子》中也有"兵之所以强者，民也"和"将以民为体，而民以将为心"的说法，④ 突出的也是"民本"思想。毛泽东在《论持久战》中强调"兵民是胜利之本"、"战争的伟力之最深厚的根源，存在于民众之中"以及"政治上动员军民……是胜利的最基本的条件"等，不仅创造性地运用了黄石

---

① 湖北宗教研究会编：《湖北宗教研究》，段德智主编，湖北人民出版社 2004 年版，第 41 页。
② 丁光训：《我怎样看这五十年》，《天风》2000 年第 8 期。
③ 黄石公，魏汝霖注释：《黄石公三略今注今译》，台湾商务印书馆 1976 年版，第 21 页。
④ 《淮南子》，杨有礼注说，河南大学出版社 2010 年版，第 520、512 页。

公和刘安的"兵本"思想，而且还发展成一种基于历史唯物主义原理的人民战争思想。毛泽东的人民战争思想显然适用于社会主义国家防范和抵制境外宗教、维护社会主义意识形态安全和国家安全这一历史活动。因为境外敌对势力实施宗教渗透虽然常常以宗教为突破口，但宗教不仅是一种部门型意识形态，也是一种纲要型意识形态和特殊的社会群体，所以境外宗教渗透势必不仅关涉宗教，还极其广泛地关涉政治、经济、法律、道德、文化和教育等多个领域，势必与社会主义国家各种不同的社会群体相关联，随时随地将这些社群和这些领域中的这个或那个演变成宗教渗透的载体。因此，必须广泛动员各行各业的人们，积极投身到防范和抵制境外宗教渗透、维护社会主义意识形态安全和国家安全的人民战争中去。

打好防范和抵制境外宗教渗透、维护社会主义意识形态安全和国家安全的人民战争，并不是说要全国人民把主要精力都放在这件工作上，而是强调要广泛开展马克思主义宗教观教育和宗教法规教育，使之成为国民教育的一项内容，使社会主义国家的广大民众对境外宗教渗透具有一定的识别能力、防范和抵制能力。

首先，应持续不断地开展马克思主义宗教观的普及教育。通过这样的教育，使广大民众对宗教的普遍本质和一般发展规律有初步的了解。一方面，使群众明白宗教不仅是一种文化形态，也是一种社会意识形态，宗教往往具有民族性和国际性的特征，宗教不仅具有促进社会发展的正功能，也有阻碍社会发展的负功能，明白社会主义社会宗教存在的长期性和群众性，明白宗教与社会主义社会相适应的必要性和可能性。另一方面，使群众明白境外宗教渗透与宗教文化交流的区别，以及境外宗教渗透的政治实质、基本中介、主要战略、主要渠道或途径，从而对身边的境外宗教渗透活动有一定的警觉、辨别能力和防范与抵制能力。

其次，还应该持续不断地开展社会主义的宗教法律和法规教育，使社会主义国家的民众对国家在宗教方面的大政方针和法律规条有一定程度的了解。这也是实现防范和抵制境外宗教渗透、维护社会主义意识形态安全和国家安全人民战争的重要手段。依法管理宗教、实现宗教工作的法治化固然重要，但并不只是宗教管理部门的事情，而需要广大群众参与。广大群众通过这种普及教育，对国家宗教工作的大政方针和相关法律条文有所了解，无疑是广大群众参与宗教工作法治化的必要手段。这项工作涵盖两个层面：一是要努力使广大民众对社会主义国家宗教工作的大政方针有一种宏观的和明确的了解，一是要努力使广大民众对相关的宗教法律规条有初步的和大致的了解。例如，1982 年 12 月，由第五届全国人大第五次会议通过的《中华人民共和国宪法》的第三十六条，一方面宣布："中华人民共和国公民有宗教信仰自由。"另一方面又宣布："任何国家机关、社会团体和个人不得强制公民信仰宗教或者不信仰宗教，不得歧视信仰宗教的公民和不信仰宗教的公民。"一方面宣布："国家保护正常的宗教活动。"另一方面又宣布："任何人不得利用宗教进行破坏社会秩序、损害公民身体健康、妨碍国家教育制度的活动。"同时，该条还特别强调指出："宗教团体和宗教事务不受外国势力的支配。"再如，1995年第八届全国人民代表大会第三次会议通过的《中华人民共和国教育法》第八条明确规定："教育活动必须符合国家和社会公共利益。国家实行教育与宗教相分离。任何组织和个人不得利用宗教进行妨碍国家教育制度的活动。"对我国宗教工作方面这些大政方针，我国公民应该有一个明确的了解。再如，在我国国务院2004年颁布的《宗教事务条例》中，曾经对宗教团体的成立、登记、变更和注销，对宗教活动场所的筹备、设立、合并、分立，对宗教教职人员的认定和相关活动，对宗教财产的法律保护、社会公益事业、财务管理制度，对宗教管理和宗教活动的法律责任等都做出了具体而明确的规定。对于这些规定，每个中国公民都应该有大致的和初步的了解。此外，为了更好地开展国际宗教文化交流与防范和抵制境外宗教渗透，我国还制定和颁布过《中华人民共和国境内外国人宗教活动管理规定》（1994年）和《中华人民共和国境内外国人宗教活动管理规定实施细则》（2000年）。这也是我国公民、特别是那些与这些规定相关的单位和个人，应该有所了解的。相信关于国家宗教工作大政方针和有关法律规条知识的普及，对动员我国各条战线的公民投身防范和抵制境外宗教渗透活动，将会产生非常积极的影响。

此外，在实施马克思主义宗教观和宗教法规教育时，辅以爱国主义教育和社会形态论教育也是十分必要的。马克思主义宗教观和宗教法规教育解决的是防范和抵制境外宗教渗透、维护社会主义意识形态安全和国家安全主体的认知问题，而爱国主义教育和社会形态论教育才能进一步解决认知主体的实践问题。只有在爱国主义教育的基础上才能在最大的限度内增强公民的"主权"意识、提升民众对境外宗教渗透的警觉性，最大限度地调动他们的自觉性和积极性。只有广泛地开展社会形态论教育，才能使广大民众充分认识社会主义制度的优越性，认识共产主义社会制度取代资本主义制度的历史必然性和正义性，增强道路自信和制度自信，满怀信心地投身防范和抵制境外宗教渗透、维护社会主义意识形态安全和国家安全的社会实践中去。

六、贯彻攻守结合的积极防御战略

积极防御战略是中国人民和中国共产党人在长期革命战争中形成的行之有效的军事战略，毛泽东将红军游击战争的原则概括为"敌进我退，敌驻我扰，敌疲我打，敌退我追"这 16 个字；① 在《中国革命战争的战略问题》中，毛泽东集中地阐述了"积极防御战略"思想，一方面将"积极防御"界定为"攻势防御"，另一方面又批评"消极防御"是"假防御"。② 关于战略防御，至少有下述几点需要注意：第一，从战略指导层面看，积极防御战略属于防御性战略而非进攻性战略，属于后发制人的战略而非先发制人的战略；第二，就防御形式看，积极防御强调的是攻势防御，而非一味地守势防御，虽然一般不"先发制人"，但却强调"后发制人"；第三，就敌我攻略而言，积极防御强调"以我为主"，"你打你的，我打我的"，不搞简单的"针锋相对"，不被对方牵着鼻子走；第四，就作战时机选择而言，积极防御战略强调"先机制敌"，避免被动挨打。应该说，这种积极防御战略非常适合于防范和抵制境外宗教渗透、维护社会主义意识形态安全和国家安全工作。

首先，从战略指导方面看，防范和抵制境外宗教渗透、维护社会主义意识形态安全和国家安全应该也只能采取防御战略。从对抗性的角度或者从攻守的角度看，战略无非有两种类型：一是进攻战略，一是防御战略。防范和抵制境外宗教渗透、维护社会主义意识形态安全和国家安全不适宜采取进攻战略，只能采取防御战略。第一，在人类战争史上，之所以采取防御战略，主要是出于敌强我弱或敌大我小的情势。就社会主义世界与资本主义世界的力量对比来看，恐怕在很长一段时间里都会是"西风"强于"东风"，至少就目前的情势看，这种状况一时很难改变。在这种情况下，倘若采取进攻战略显然是一种冒险行为，势必招致失败。第二，马克思主义也不允许在防范和抵制境外宗教渗透、维护社会主义意识形态安全和国家安全方面采取进攻战略。马克思主义虽然高度评价革命的历史价值，称"革命是历史的火车头"，③ 但却反对"革命输出"或"输出革命"。这是因为在马克思主义看来，革命的根本原因在一个国家的内部，既不可能"制造"出来也不可能"贩卖"出去。马克思在谈到革命时机时曾经深刻指出："社会的物质生产力发展到一定阶段，便同它们一直在其中运动的现存生产关系或财产关系（这只是生产关系的法律用语）发生矛盾。于是这些关系便由生产力的发展形式变成生产力的桎梏。那时社会革命的时代就到来了。"④ 列宁则将革命的客观形势概括为下述三项：（1）"下层不愿""照旧生活下去"，"上层不能""照旧生活下去"；（2）"被压迫阶级的贫困和苦难超乎寻常地加剧"；（3）"群众积极性大大提高"，"投身于独立的历史性行动"。⑤ 境外敌对势力

① 《毛泽东军事文集》第 1 卷，军事科学出版社、中央文献出版社 1993 年版，第 61 页。
② 《毛泽东军事文集》第 1 卷，军事科学出版社、中央文献出版社 1993 年版，第 719、720 页。
③ 《马克思恩格斯选集》第 1 卷，人民出版社 1995 年版，第 456 页。
④ 《马克思恩格斯选集》第 2 卷，人民出版社 1995 年版，第 32～33 页。
⑤ 《列宁选集》第 2 卷，人民出版社 2012 年版，第 461 页。

利用宗教和宗教意识形态对社会主义国家搞资本主义意识形态输出和社会复制，在某种意义上，就是"意识形态输出"或"社会制度输出"行为，而社会主义国家的防范和抵制境外宗教渗透、维护社会主义意识形态安全和国家安全，只不过是一种"自卫行动"，如果采取进攻战略，反过来对西方国家实施社会主义意识形态输出和社会复制，就有"输出革命"之嫌了。第三，防范和抵制境外宗教渗透、维护社会主义意识形态安全和国家安全这个说法本身就表明，社会主义国家在应对境外宗教渗透活动时采取的是防御战略而非进攻战略，是"后发制人"而非"先发制人"的战略。

其次，在防御形式方面，应采取以攻势防御为主、攻守结合的积极防御战略。既然是防御，完全不搞守势防御的战略也就不成其为防御战略了。例如，在当前阶段，对美国政府每年借《年度国别人权报告》和《国际宗教自由报告》，对我宗教政策和宗教工作的肆意攻击就应当作出必要的回应，而不能听之任之。但对境外宗教渗透的防御不应当仅仅限于这种形式，而应当采取更为积极的姿态和手段，也就是积极防御战略。对境外宗教渗透的积极防御战略涉及多方面的内容，但下述几点无论如何是应当予以注意的。

其一，不仅要注重守势防御，更应注重攻势防御，努力"以攻为守"和"后发制人"。毛泽东在《中国革命战争的战略问题》中，在谈到积极防御战略时，谈到"以攻为守"和"后发制人"："中国战史中合此原则而取胜的实例是非常之多的。楚汉成皋之战、新汉昆阳之战、袁曹官渡之战、吴魏赤壁之战、吴蜀彝陵之战、秦晋淝水之战等等有名的大战，都是双方强弱不同，弱者先让一步，后发制人，因而战胜的。"[①] 由此看来，以攻为守和后发制人不失为克敌制胜的重要法宝，在防范和抵制境外宗教渗透、维护社会主义意识形态安全和国家安全工作中也会有效的。美国第一份《年度国别人权报告》是于 1978 年由即将离任的福特政府编写的。随着冷战时代的结束，美国国会和美国政府的《年度国别人权报告》越来越"关注"中国宗教问题，频频干涉中国内政，妨害我国坚持独立自主自办教会。例如，在 1999 年 2 月发布的《1998 年度国别人权报告》的"中国报告"部分，就曾指责中国政府"继续严密控制宗教实践"，"继续监视主要寺院的日常活动"；攻击我国政府"对未经认可或登记的宗教组织采取干预和限制的做法"。在 2000 年 2 月发表的《1999 年度国别人权报告》的"中国报告"部分中，无视中国人权不断改善的客观现实，怀着严重的政治偏见，再次用大量篇幅对中国横加攻击：不仅公然攻击我国批判法轮功是对"法轮功"这一"宗教组织"发动的"全国性镇压运动"，还对我国人大常委会 1999 年 10 月通

---

① 《毛泽东选集》第 1 卷，人民出版社 1991 年版，第 204 页。

过《关于取缔邪教组织、防范和惩治邪教活动的决定》一事表示"关注"。鉴于美国的《年度国别人权报告》一方面频频攻击包括中国在内的"世界各国的人权状况"和宗教政策，另一方面"对美国自身的人权问题却闭口不谈"，我国国务院新闻办公室觉得"很有必要"发表《美国的人权记录》，"对美国的人权记录做一番透视"。① 于是，于 2000 年发表了第一个《美国的人权记录》白皮书（即《1999 年美国的人权记录》）。该记录共含五个部分：（1）"公民、政治权利受到威胁"；（2）"经济、社会权利状况严峻"；（3）"种族歧视积重难返"；（4）"妇女、儿童权利遭受侵害"；（5）"粗暴侵犯别国人权"。该记录的结论是："美国的人权记录并不好，却充当'世界人权法官'，年复一年地发表《年度国别人权报告》，对其他国家指手画脚。美国政府应当首先正视自己的人权问题，把自己的事做得稍好一点，不要总是热衷于利用人权干涉别国的内政。"② 这无疑是对美国对华宗教干涉和政治干涉的有力回击，也是对其宗教渗透的有力抵制。自《1998 年国际宗教自由法案》通过后，美国政府不仅每年发布《年度国别人权报告》，而且还发布《年度国际宗教自由报告》，对世界各国的宗教政策和宗教工作妄加指责，并且常常将包括我国在内的许多国家列为"需要特别关注的国家"。在这种情况下，想必有朝一日，这些国家也会以子之矛攻子之盾，以《美国宗教自由报告》的方式来回击美国对世界各国宗教政策和宗教工作的粗暴干涉。③

其二，应采取防范与抵制并重的战略方针。在抵制境外宗教渗透、维护社会主义意识形态安全和国家安全中，抵制的意义不言自明。但抵制有多种形式，直接的对抗是抵制，事先的防范也是抵制，只有做好事先的防范才能有效地抵制。《中庸》讲："凡事豫则立，不豫则废。言前定则不跲，事前定则不困，行前定则不疚，道前定则不穷。"④ 毛泽东在《论持久战》中讲："'凡事豫则立，不豫则废'，没有事先的计划和准备，就不能获得战争的胜利。"⑤ 这些和《孙子兵法》讲的"胜兵先胜"是一个道理。如果在抵制境外宗教渗透的斗争中事先做好一切必要的防范准备，不至于在境外宗教渗透活动面前仓促应对，抵制境外宗教渗透的成功和胜利就完全可以指望了。然而，为了充分防范境外敌对势力的宗教渗透活动，不仅应当充分了解境外宗教渗透的政治实质、活动模式、基本中

---

① ② 国务院新闻办公室：《1999 年美国的人权记录》，2000 年 2 月 28 日《人民日报》，第 6 版。

③ 其实，开展积极的国际宗教文化交流也是一种积极的防范和抵制境外宗教渗透活动的方式。例如，中国基督教三自爱国运动委员会和中国基督教协会应邀于 2006 年和 2007 年先后在美国洛杉矶、亚特兰大、纽约和德国科隆市和巴伐利亚州的诺因代特尔绍市成功举办"脚前的灯、路上的光——中国教会圣经事工展"，就可以看作是对境外敌对势力对我国宗教工作诬蔑不实攻击的一个有力的回击。

④ ［宋］朱熹集注，顾美华标点：《四书集注》，上海古籍出版社 1996 年版，第 42 页。

⑤ 《毛泽东著作选读》上册，人民出版社 1986 年版，第 247 页。

介、政治战略和活动规律，还应当及时掌握境外宗教渗透的最新动态和最新举措。《孙子兵法》讲"知彼知己，百战不殆"时，将"知彼"放在首位，[①] 即是谓此。

其三，应尽可能采取"先机制敌"的战略方针。先机制敌讲的是战略对抗的主动性，是防范和抵制境外宗教渗透的"行动的自由权"。"行动的自由权是军队的命脉，失去了这种自由，军队就接近于被打败或被消灭。一个士兵被缴械，是这个士兵失了行动自由被迫处于被动地位的结果。一个军队的战败，也是一样。为此缘故，战争的双方，都力争主动，力避被动。"[②] 然而，要获得"行动的自由权"，"先机制敌"，就要随时随地地掌握对方的最新动态，随时随地地了解对方在最近的将来可能采取的重大的行动，然后迅速地制定合理有效的对策，及时做出合理有效的应对行动。这就必须及时地和充分地"知彼"。就防范和抵制境外宗教渗透而言，必须及时地和充分地了解境外敌对势力的最新动向，可能采取的种种宗教渗透活动及其手段。要做到这一点，除了加强对境外宗教活动的研究，努力掌握其活动规律外，社会主义国家还应当设立相应的信息机构，组织相应的信息队伍。我们祖先非常重视获取情报和信息工作。《孙子兵法》十三篇的"用间篇"："凡兴师十万，出征千里，百姓之费，公家之奉，日费千金；内外骚动，怠于道路，不得操事者，七十万家。相守数年，以争一日之胜，而爱爵禄百金，不知敌之情者，不仁之至也，非民之将也，非主之佐也，非胜之主也。故明君贤将，所以动而胜人，成功出于众者，先知也。先知者，不可取于鬼神，不可象于事，不可验于度，必取于人——知敌之情者也。"[③] 其意思是说：为了"先机制敌"，必须对"敌之情""先知"，而要对"敌之情""先知"，必须有能够直接"取于人"、获取第一手"敌之情"的人，亦即必须不惜重金"用间"。在孙武看来，"用间"不仅能够收到事半功倍的效果，而且也是君王是否真正施行仁政的一个重要试金石。孙武这一思想是值得认真借鉴的。

先机制敌不仅要"先知"和"先行"，还要持续揭露和批判境外敌对势力利用受歪曲的宗教意识形态对社会主义国家进行宗教渗透的种种伎俩。当前，境外敌对势力为了更便利地对社会主义国家实施宗教渗透，推行宗教干涉主义和宗教民族主义，实现"西化"和"分化"政治图谋，一方面大肆鼓吹"主权过时论"和"全球善治论"，极力为其宗教干涉活动制造舆论，另一方面又四处兜售"民族至上论"和"神权政治论"，极力为其策划的民族分裂活动制造舆论。对所有这些谬论必须进行有效的批判，努力肃清它们在广大民众中的影响，以期当境外敌对势力一旦利用这些谬论为其宗教干涉主义和宗教民族主义行径制造舆论，就

① 参阅孙武著，赵国华注说：《孙子兵法》，河南大学出版社 2008 年版，第 107 页。
② 《毛泽东著作选读》上册，人民出版社 1986 年版，第 240 页。
③ 孙武著，赵国华注说：《孙子兵法》，河南大学出版社 2008 年版，第 140 页。

能为广大民众所识破，达到"妖言难以惑众"的社会效果。持续揭露和批判境外敌对势力利用受歪曲的宗教意识形态对社会主义国家进行宗教渗透的种种伎俩，也是我们获得"先机"的重要手段。

第三节　防范和抵制境外宗教渗透的组织保障与战略管理

要把防范和抵制境外宗教渗透的战略制定、战略实施、战略评估和战略修订落到实处，不仅应当具有战略意识，采取一系列战略举措，还需要有一定的"组织保障"和健全的"战略管理"。

一、防范和抵制境外宗教渗透的组织保障

为了有效防范和抵制境外宗教渗透、维护社会主义意识形态安全和国家安全，必须形成高度组织化的社会群体，才能形成现实的战斗力，实现预期的目的。因此，组织工作是不可或缺的。荀子在谈到社会组织的社会意义时，曾经深刻地论证了"人生不能无群"的道理：人"力不若牛，走不若马，而牛马为用，何也？曰：人能群彼不能群也"。[①] 荀子的这个道理既适用于整个人类社会，也适用于人类的各种社会活动。只有形成高度组织化的社会群体，才能形成克敌制胜的战斗力，达到预期的目的。鉴此，组织保障问题实在是防范和抵制境外宗教渗透、维护社会主义意识形态安全和国家安全战略思考不可或缺的内容。

要形成防范和抵制境外宗教渗透的组织保障，首先要设立和健全国家级战略谋划—战略管理—战略实施机构。防范和抵制境外宗教渗透、维护社会主义意识形态安全和国家安全是一种国家行为或政府行为，其效率很大程度上依赖这种国家级战略谋划—管理—实施机构的存在及其功能的发挥。

这一点可以从美国《1998 年国际宗教自由法案》得到佐证。从 20 世纪 70 年代，美国开始着力推行"人权外交"，而从 20 世纪 90 年代开始，随着宗教的全球化、跨国化和政治化，美国在继续推行"人权外交"的同时，大力推行"宗教外交"或"以信仰为基础的外交"。美国这种努力首先表现在 1998 年通过的《国际宗教自由法案》上。正是这一法案不仅将美国的宗教外交以最高立法的

---

① 高长江：《荀子译注》，黑龙江人民出版社 2003 年版，第 154 页。

形式确定了下来，还决议设立两大常设机构——美国国际宗教自由委员会（US-CIRF）和国务院宗教自由办公室（ORF），将美国的宗教外交纳入了法律化和制度化的轨道。① 这一经验是值得认真借鉴的。

首先，从机构的设立看，美国国际宗教自由委员会和国务院国际宗教自由办公室属于美国宗教外交领域的最高智囊团体和最高战略谋划—管理—实施机构，具有极高的权威性。美国国际宗教自由委员会不是国务院的一部分，是由国会依据《国际宗教自由法案》创立的政府实体，是世界上第一个专职就全球"侵犯"宗教自由的活动进行评论和提出政策建议的政府委员会。该委员会不是一个执行机构，而是美国宗教外交的最高谋划机构或咨询机构。设立该委员会的目的在于确保"总统和国会可以收到独立的建议，并在必要时对没有促进国际宗教自由的美国政策予以批评"。② 而国务院国际宗教自由办公室（由国际宗教自由无任所大使负责）则直接对总统和国务卿负责，是美国宗教外交的谋划机构和实施机构。

其次，从成员组成看，美国国际宗教自由委员会和国务院国际宗教自由办公室都具有极高的权威性。根据《法案》，美国国际宗教自由委员会由十名成员组成，其中国际宗教自由无任所大使虽然是当然成员，但却无投票权。其他九名成员中三名由总统任命，两名由总统所属党派的国会（参议院）领袖指派，四名由非总统所属党派的国会领袖指派。这些成员任期均为两年。委员会主席由出席会议的多数成员选出。委员会成员虽然都是兼职，且均无偿服务，但其资格要求却非常苛刻：一方面他们应属于"在与国际宗教自由相关的领域中，包括外国事务、直接国外生活经历、人权和国际法领域，因其学识和经验而知名的杰出人士"，另一方面他们应有"机密工作许可"。③ 而这样的要求自然也完全适合于国务院国际宗教自由无任所大使，只是无任所大使由总统咨询参议院并获参议院同意后任命。对国际宗教自由委员会成员和国际宗教自由无任所大使资质要求和任命原则相当充分地保证了这两个机构的权威性。

最后，从《法案》赋予这两个机构的"职责"也可以看出它们的权威性。依据《法案》，国际宗教自由委员会的职责主要有两项：（1）"对人权实践国别报告、年度报告和行政总结中所述的侵犯宗教自由的事实和状况及其他相关来源的信息进行年度性和不断的评估"；（2）"向总统、国务卿和国会提供涉及国际宗教自由事务的政策建议"。④ 而无任所大使的职责则主要是："促进海外宗教自由权利，谴责对这种权利的侵犯行为，并在这一权利被侵犯时向美国政府提出适

---

① 参阅涂怡超、赵可金：《宗教外交及其运行机制》，载于《世界经济与政治》2009年第2期。
② 肖虹：《美国对华关系中的宗教问题》，载于《中国宗教》1999年第2期。
③ 国家宗教事务局宗教研究中心：《国外宗教法规汇编》，宗教文化出版社2002年版，第304页。
④ 国家宗教事务局宗教研究中心：《国外宗教法规汇编》，宗教文化出版社2002年版，第305页。

宜的反应建议。"具体说来，主要有下述三个方面的职责：（1）"顾问职责"（担任总统和国务卿的主要顾问）；（2）"外交职责"（在总统和国务卿指导下，在与海外宗教自由有关的事务和活动中代表美国）；（3）"报告职责"（一方面协助国务卿完成《年度人权报告》中涉及宗教自由的部分，另一方面协助国务卿完成《国际宗教自由年度报告》）。

防范和抵制境外宗教渗透关乎社会主义国家意识形态安全和国家安全，在整个社会主义历史阶段都需要持续不断地做下去，由于不是短期行为，所以必须将其法律化和制度化，这就必须借鉴美国的经验，设立相应的国家级战略谋划—战略管理—战略实施机构。如果考虑到我国的国情，在设立国家级战略谋划—战略管理—战略实施机构方面，至少有下列选项可供参考：（1）在国家宗教事务局现有框架内设立"反境外宗教渗透司"；（2）设立升级版的国家宗教事务局：国家宗教事务部；（3）设立国务院"反境外宗教渗透办公室"；（4）设立直属国家安全委员会的"国家宗教事务委员会"。

其一，可以考虑在国家宗教事务局现有框架内设立"反境外宗教渗透司"。这是一个对我国现有宗教事务管理体制最为简易的改革方案。现在，国家宗教事务局虽然也将"防范利用宗教进行的非法、违法活动，抵制境外利用宗教进行的渗透活动"列为国家宗教事务局的"主要职责"之一，但所设的各司中没有一个专门负责防范和抵制境外宗教渗透的，这与其应当担负的防范和抵制境外宗教渗透、维护社会主义意识形态安全和国家安全的历史职责很不相称。鉴此，我们建议，在国家宗教事务局现有框架内增设"反境外宗教渗透司"，专门负责我国抵制境外宗教渗透、维护社会主义意识形态安全有关事宜。

其二，可以考虑设立升级版的国家宗教事务局，即设立国家宗教事务部。这个方案一方面比较符合新中国宗教工作机构设置的历史惯性，另一方面也比较便捷。首先，1950年，政务院在文化教育委员会下设宗教问题研究小组，负责管理我国宗教事务。1951年，政务院在文化教育委员会下设宗教事务处。1954年，国务院成立时设国务院宗教事务局。1998年，国务院将国务院宗教事务局更名为国家宗教事务局。这就是说，新中国成立以来，我国处理国家宗教事务的机构有逐渐升级的趋势。在国际宗教全球化、跨国化、政治化和外交化的大背景下，进一步将国务院直属机构的国家宗教事务局升格为国务院组成部门的国家宗教事务部，顺理成章。另外，"防范利用宗教进行的非法、违法活动，抵制境外利用宗教进行的渗透活动"原本是国家宗教事务局的"主要职责"之一。然而，国家宗教事务局仅为国务院的直属机构，地位较低，不足以动员和使用国家其他必要的资源，推动防范和抵制境外宗教渗透、维护社会主义意识形态安全工作。因此，有必要进一步将国家宗教事务局升格为国家宗教事务部。同时，如果国家宗教事务局升格为国家宗教事务部，将有可能为反宗教渗透工作留出较大的发展空间，不仅可以设立专门的反境外宗教渗透司，还可以为反境外宗教渗透工作配备相应的司局或研究中心之类的机构。

其三，可以考虑设立国务院"反境外宗教渗透办公室"。无论是在国家宗教事务局现有框架内设立反境外宗教渗透司，还是将国家宗教事务局升格为国家宗教事务部，都只是将反宗教渗透司作为国家宗教事务局或国家宗教事务部的一个下属机构，反境外宗教渗透依然只是国家宗教事务局或国家宗教事务部诸多工作中的一项工作，并不能使这项工作真正专门化或专业化。过细的分工固然有其弊端，但必要的分工毕竟是提升工作熟练程度和工作效率的重要手段。为了更有效地开展防范和抵制境外宗教渗透、维护社会主义意识形态安全和国家安全工作，设立专门的反境外宗教渗透工作机构很有必要。美国国务院之所以在国务院设立国际宗教自由办公室，恐怕也是出于同样的考虑。另外，国务院反境外宗教渗透办公室作为国务院的办事机构，有利于动员和利用其他国家机构控制的各种必要的资源，有利于保证工作的力度或强度。至于具体职责，当根据实际需要和国情予以确定。不过，"顾问职责"（充当国家主席和政府总理的主要顾问）、"外交职责"（在国家主席和政府总理指导下，在反境外宗教渗透活动中代表国家开展活动）和"报告职责"（协助政府总理定时编写相关报告提交全国人民代表大会）应该是其中的重要内容。

其四，也可以考虑设立直属国家安全委员会的"国家宗教事务委员会"。在新中国历史上，国务院和全国人民代表大会均没有专门设立过国家宗教事务委员会。但政协第一届政协委员会设立了宗教事务组，第二届至第六届设宗教组，第七届、第八届设宗教委员会。1995 年 3 月政协第八届全国委员会常务委员会第十二次会议将宗教委员会和民族委员会合并成为民族和宗教委员会。政协第九届、第十届全国委员会继续设立民族和宗教委员会。全国政协 1995 年 3 月设立民族和宗教委员会办公室下设综合处、民族处、宗教一处、宗教二处。当今世界随着宗教的全球化、跨国化和政治化，宗教已经开始突破威斯特伐利亚和约国际政治框架的限制，越来越接近国际政治舞台和外交舞台的中心,[1] 与时俱进，在国家机构设置方面我国也应该迈出新的一步。这也可以看作是对美国政府设立"国际宗教自由委员会"一项反制措施。更何况社会主义国家设立国家宗教事务委员会也是有例可循的。苏联在 1965 年曾经将原来隶属于苏联部长会议的东正教事务委员会和宗教祭祀事务委员会合并成为宗教事务委员会。"委员会是联邦机构，

---

[1]　徐以骅：《当前国际关系中的"宗教回归"》，引自《宗教与美国社会：宗教与国际关系》第 4 辑（上），时事出版社 2007 年版，第 1 页。

以在宗教关系中忠实执行苏维埃国家的政策为宗旨"。该委员会的职责主要有四项：（1）"监督"苏联宗教法律执行情况；（2）"研究和总结"关于宗教祭祀法律的执行情况，拟定苏联有关宗教问题的决议草案；（3）"向苏联政府通报宗教组织的活动"；（4）"协助"宗教组织建立国际联系，参与保卫和平以及加强各民族人民团结的斗争。① 设立国家宗教事务委员会的优越性主要在于，提升宗教机构在国家机构中的权重，并且为反境外宗教渗透司局的设置和机构的健全留下更为充分的空间。但国家宗教事务委员会也可以以两种形态出现。它可以作为一种务虚的机构存在，即作为国家或政府在宗教事务、防范和抵制境外宗教渗透方面的咨询和谋划机构；其成员构成和基本职责大体与美国的国际宗教自由委员会相当。它也可以作为虚实结合的机构存在，即作为国家和政府在宗教事务和防范与抵制境外宗教渗透方面的战略谋划—管理—实施机构存在；其成员构成和基本职责大体与苏联勃列日涅夫时期设立的宗教事务委员会相当。在前一种情况下，国家宗教事务委员会与国家宗教事务局或国家宗教事务部并行不悖，而在后一种情况下，国家宗教事务委员会可与国家宗教事务局或国家宗教事务部合并。

不管具体设立什么样的国家级战略谋划—战略管理—战略实施的宗教工作机构，这样的机构都必须具有下述两个基本特征。第一，具有高度的权威性。一方面它必须经过国家最高权力机关（最高国家权力机构）和国家最高领导人授权，并且充当国家最高权力机关（最高国家权力机构）和国家最高领导人在相关领域的顾问；另一方面其成员在这一领域无论是在学识和经验方面，还是在能力方面都应该是出类拔萃的。第二，应以"形小神大"和"虚实结合"为基本的组建原则。这种机构应当既包含"虚体"组织（类似于美国的"国际宗教自由委员会"），也包含"实体"组织。唯其如此，它才能够"形小"，也只有如此，它才能够"神大"，能够最大限度地发挥和使用国家资源，有效地防范和抵制境外宗教渗透、维护社会主义意识形态安全和国家安全。

不仅应当设立精干的国家级反境外宗教渗透的战略谋划—管理—实施机构，还应当培养和建立一支精干的防范和抵制境外宗教渗透的专业队伍：不仅要培养和建立一支相应的外事队伍、宗教管理队伍和国家安全队伍，还要培养和建立一支相应的学术研究队伍。

其一，需要培养和建立一支适应防范和抵制境外宗教渗透工作的外事队伍。"境外"是抵制境外宗教渗透的"前沿阵地"或"第一战场"。这就要求宗教事务机构特别是防范和抵制境外宗教渗透机构的工作人员能够及时、充分了解境外

---

① Составитель Герд Штриккер. *Русская Православная Церковь в советское время*（1917－1991）. *книга* 2，Москва：Издательство "ПРОПИЛЕИ"，1995，CC. 64－66.

第九章　防范和抵制境外宗教渗透的战略思考

敌对势力对社会主义国家实施宗教渗透的种种活动或图谋。美国国际宗教自由委员会之所以要求其成员"在与国际宗教自由相关的领域中，包括外国事务、直接国外生活经历、人权和国际法领域，因其学识和经验而知名的杰出人士"，[①] 即是谓此。而这就意味着抵制境外宗教渗透机构的工作人员不仅要具有相关学识（包括宗教学、国际政治学和国际法学等领域），还应当熟悉国外宗教事务、具有直接国外生活经历等资质。这支外事队伍，是在防范和抵制境外宗教渗透、维护社会主义意识形态安全和国家安全工作中，掌握主动权、"立于不败之地"的先决条件。

其二，需要培养和建立一支适应防范和抵制境外宗教渗透工作的宗教管理队伍。境外虽然是防范和抵制境外宗教渗透的前哨阵地，但其主战场还是在社会主义国家境内，境内宗教和宗教意识形态往往是境外宗教渗透的突破口和主要渠道，因此宗教管理工作在防范和抵制境外宗教渗透工作中至关紧要。只有宗教管理工作真正到位，引导宗教与社会主义社会相适应的工作真正到位，才有可能使境外敌对势力无隙可乘，防范和抵制境外宗教渗透才有可能处于"先胜"或"立于不败之地"的地位。此外，就国际范围看，宗教外交有三种形式：一是"由国家或政府主持或参与的宗教外交"，二是"宗教组织外交"，三是"宗教游说外交"。所谓"由国家或政府主持或参与的宗教外交"，是指以宗教价值观为指导且由外交机构和人员代表国家直接从事的外交行动。所谓"宗教组织外交"，是指一个国家的外交机构通过支持、授权或者委托宗教组织和神职人员履行，实现国家外交政策意图的行为和过程。所谓"宗教游说外交"，是指一个国家的宗教团体在本国或他国国家政府默许的前提下，从事对本国或他国国家政府机构特别是外交机构以及政府间国际组织的游说活动，间接服务于国家外交供其使用，或者推动宗教使命的行为和过程。[②] 宗教事务局或宗教事务部协同外交部推动宗教界人士积极参与外交活动，不仅有助于外交活动和国际宗教文化交流活动的多元化，也是对境外宗教渗透活动以攻为守的反制措施。密切联系、有计划地培养、积极推动宗教界人士特别是年轻一代的宗教界人士，积极投身于这类宗教活动和外交活动之中，是宗教管理部门的一项重要职责。

其三，需要培养和建立一支适应防范和抵制境外宗教渗透工作的国家安全队伍。培养一支具有专业素养的战之能胜的国家安全队伍，无论对于有效地防范和抵制境外宗教渗透，还是对于有效地保障意识形态安全和国家安全，都是非常必要的。美国《1998 年国际宗教自由法案》要求在国家安全委员会中设立国际宗

---

① 国家宗教事务局宗教研究中心：《国外宗教法规汇编》，宗教文化出版社 2002 年版，第 305 页。
② 参阅涂怡超、赵可金：《宗教外交及其运行机制》，载于《世界经济与政治》2009 年第 2 期。

教自由特别顾问一职，并且强调说："其职位应与总统行政办公室主任的职位相当"。在谈到国际宗教自由特别顾问一职的具体职责时，该法案写道："特别顾问应作为行政部门的资源，收集并提供有关侵犯宗教自由事实与状况的信息，并提出政策建议。特别顾问应充当与国际宗教自由无任所大使、美国国际宗教自由委员会、国会及适当的宗教非政府组织的联络员。"[1] 美国这种做法突出了宗教问题在国家安全中的重要地位。由此，我们也可以推证出防范和抵制境外宗教渗透在社会主义国家的国家安全中特殊的重要地位。这要求我国的安全队伍中至少应当有一部分人不仅熟悉境外宗教渗透活动的政治实质、主要战略、基本途径和主要手法，也有一套行之有效的应对境外宗教渗透的手段和技能。没有这支适应防范和抵制境外宗教渗透工作的国家安全队伍，不仅会极大地影响防范和抵制境外宗教渗透的工作，而且也无法充分保障国家安全。

其四，需要培养和建立一支适应防范和抵制境外宗教渗透工作的学术研究队伍。这支学术研究队伍不仅可以提供必要的有远见卓识的政策建议和战略设想，还可以作为批判宗教干涉主义和宗教民族主义理论队伍的中坚力量。构成这支学术研究队伍的不仅要有学养深厚的宗教学学者，还应当有国际关系学、国际政治学、外交学、国际法学等领域的学者。这些学者还应当具有直接的国外生活经历，并且长期从事防范和抵制境外宗教渗透问题的思考和研究。这些学者至少其中的一部分政治上要相当可靠，适合接触有关机密，并且从事有关机密工作。

建设这样的外事队伍、宗教管理队伍、国家安全队伍和学术研究队伍并不是孤立的，而是相互关联、相互兼容，甚至是部分重合的。社会主义国家应该对这四支队伍的建设统筹考虑，对这些队伍中的成员统筹安排，其中的精英分子无疑应该及时地吸收到国家级战略谋划—管理—实施机构中，努力做到"人尽其才"。

二、防范和抵制境外宗教渗透的战略管理

在对防范和抵制境外宗教渗透、维护社会主义意识形态安全和国家安全的战略思考中，还有一个问题值得注意，这就是对防范和抵制境外宗教渗透的战略管理。

战略管理通常包括战略制定、战略实施、战略评估和战略修订这样四个环节。

战略制定是战略管理的基础和前提。战略制定的根本特征在于它的超前性和科学性。战略的超前性来自对事物发展规律的深刻把握，战略的科学性基于对敌

---

[1] 国家宗教事务局宗教研究中心：《国外宗教法规汇编》，宗教文化出版社 2002 年版，第 307 页。

我双方情势及其客观环境实事求是的战略分析。毛泽东在"卢沟桥事变"前12个月，就初步提出并制定了中国抗日持久战的战略方针。① 这一战略方针在中国人民的抗日战争中发挥了巨大作用。如果毛泽东在抗日战争胜利后12个月提出和制定这样一个战略方针，那就只有一定的军事学意义，对于中国人民的抗日战争本身就无关紧要了。毛泽东之所以能够制定中国人民抗日战争持久战的战略方针，最根本的就在于不仅深刻地把握了战争的发展规律，还对中日双方的力量对比和中国人民抗日战争的国际环境做出了实事求是的战略分析。在毛泽东看来，既然敌强我弱，中国人民的抗日战争就不可能速胜，既然中国人民的抗日战争是正义战争，中国就不会亡国，势必取得这场战争的胜利。毛泽东的持久战的战略方针是在批判亡国论和速胜论的基础上提出来的。② 这一点也完全适合于当前防范和抵制境外宗教渗透、维护社会主义意识形态安全和国家安全战略方针的设计或制定。这样的战略方针无疑也应当既具有超前性又具有科学性。前面，在讨论防范和抵制境外宗教渗透、维护社会主义意识形态安全和国家安全的战略思考时，首先论及"战略意识"、"世界意识"、"一球两制"意识、"长时段意识"和"经济社会形态论"，即是谓此。只有具有"长时段意识"和"经济社会形态论"，洞察社会主义社会取代资本主义社会的历史必然性，才有可能具有超前意识，才能明确战略目标和战略愿景，才能使战略设计既具有超前性又具有科学性。只有具有"世界意识"和"一球两制"意识，对社会主义社会和资本主义社会的全球性对抗及其力量对比有清醒的认识，战略设计才可能比较现实，才可能具有较大程度的可操作性或可实施性。

战略实施是战略管理的一个中心环节，从战略管理的角度看，战略实施主要涉及两个层面的问题：一是战略意图与客观情势的结合问题，一是落实战略意图的战术运用问题。战略意图与客观情势的结合是战略实施的关键。如果不能从客观存在的实际出发，再好的战略意图也不可能体现或实施。例如，中国人民抗日战争的第一个阶段之所以为战略防御阶段而不是战略反攻阶段，最根本的就在于在这一阶段敌我力量太过悬殊，这就是中国人民抗日战争第一阶段的客观情势。根据这种客观情势，应该采取战略防御而非战略反攻的战略方针。如果不顾这一客观情势一味地采取进攻的战略方针，势必犯冒险主义的错误，使持久战总的战略设计根本无从实施。从我国防范和抵制境外宗教渗透的情况看也是如此。新中

---

① 参阅《毛泽东著作选读》上册，人民出版社1986年版，第190～193页。毛泽东在论述过《论持久战》的一些观点之后，指出："这些问题的主要论点，还在两年之前我们就一般地指出了。还在一九三六年七月十六日，即在西安事变前五个月，卢沟桥事变前十二个月，我同美国记者斯诺先生的谈话中，就已经一般地估计了中日战争的形势，并提出了争取胜利的各种方针。"这段话见《毛泽东著作选读》上册，人民出版社1986年版，第190页。

② 《毛泽东著作选读》上册，人民出版社1986年版，第206～208页。

国成立时，由于长期受帝国主义的操纵和利用，我国天主教和基督教这些外来宗教与帝国主义有着千丝万缕的关系。在这种情况下，积极引导我国天主教和基督教割断与帝国主义的联系，摘掉"洋教"的帽子，使其由"旧的社会团体"转变成独立自主的、与新的社会制度相适应的"新的社会团体"就非常紧迫也非常必要。因此，新中国成立之初积极引导天主教和基督教开展三自革新运动是非常实在、非常切合时宜的。三自革新运动不仅为我国独立自主自办教会奠定了基础，也为进一步防范和抵制境外宗教渗透奠定了基础。战术运用问题也是战略实施中极其重要的问题。没有好的战术运用和战术发挥，任何好的战略设计也都不可能落到实处。例如，在中国人民抗日战争的第一阶段，即战略防御阶段，为了有效地贯彻战略防御的作战方针，就必须主要使用"运动战"的战术，而不能主要使用"阵地战"的战术。诚然，在这一阶段里，也可以适当地使用"阵地战"的战术，但阵地战的战术无论如何不能构成这一阶段的主要战术，否则，就不能很好地贯彻战略防御的作战方针，而犯冒险主义的错误。防范和抵制境外宗教渗透的情况也是如此。我国天主教和基督教在新中国成立初期的三自革新运动虽然非常正确且非常切合时宜，但也需要采取一系列措施来保证这一运动不断推向前进。在 20 世纪 50 年代，为了更好地反对境外敌对势力的宗教干涉活动，为了不断巩固三自革新运动的胜利成果，我国基督教比较广泛地开展了控诉帝国主义的运动，我国天主教则开启了自选自圣主教的活动。要是没有这样的具体举措和具体步骤，在建国初期，在反对宗教干涉主义方面，要取得如此重大的成就几乎是不可能的。鉴于战术运用并非本书讨论的主要话题，就不再赘述了。

下面，将着重讨论战略评估和战略修订问题。所谓战略评估，指的是在战略实施的一定阶段，结合战略实施状况，对战略实施和战略设计的优劣得失进行评价。所谓战略修订，意指的是人们根据战略评估的结果，对战略设计和战略实施的战术作出调整或修正。战略评估和战略修订应当贯穿战略实施全过程，需要在战略实施过程中不间断地定期进行。

之所以必须不间断地进行战略评估和战略修订，根本原因在于，作为认知主体的战略设计者的认识的有限性和非绝对性，以及认知真理的过程性。战略设计的科学性强调的无非是，战略设计者应当尽可能地依据事物发展的客观规律进行战略设计。然而，事物发展的客观规律性，作为普遍的和必然的东西，往往是通过个体的和偶然的现象展现的。① 因此，对事物发展客观规律的认识需要一个从现象到本质、从个别到普遍、从偶然到必然的认识过程，需要一个由浅入深、由片面到全面的过程。正因如此，必须将战略设计理解成一个过程，一个需要不断

---

① 参阅《马克思恩格斯选集》第 4 卷，人民出版社 1995 年版，第 243 页。

进行战略评估和战略修订的过程。战略往往是在战略行动之前或战略行动之初设计或制定的，是战略设计者在战略行为实施之前或实施之初，依据当时对事物发展规律的比较初步、比较肤浅、比较片面的认识设计的，所以，任何战略设计，哪怕是具有最高科学性的战略设计，都难免会有这样那样的不完善性，都势必有需要进一步充实和修订的内容。在 20 世纪中国人民的抗日战争中，一些杰出人物在抗日战争之前或抗日战争之初，就提出了持久战的战略方针，并对中国人民抗日战争发展的总趋势和大的历史轨迹进行了比较科学的勾勒。① 但这并不意味着他们对未来战争局势所有的预测和战术安排没有任何瑕疵和缺失。例如，毛泽东在中国人民抗日战争之前和抗日战争之初即提出持久战的战略设想，并且断言中国人民抗日战争将区分为战略防御、战略相持和战略反攻三个阶段。这些无疑是非常英明的。然而，毛泽东又断言："直至打到鸭绿江边，才算结束了这个战争。第三阶段是持久的最后阶段，所谓坚持战争到底，就是要走完这个阶段的全程。"② 对毛泽东这段话就不能教条式地看待。中国人民的抗日战争的战事是以 1945 年 8 月 23 日苏军攻占旅顺港口的方式最后结束的，并不是以"打到鸭绿江"的方式最后结束的。而当时的中国军民也不是在鸭绿江边，而是在南京中央陆军军官学校大礼堂和全国各地接受日军投降的。如果当时中国军民墨守毛泽东的这个说法，在 1945 年 8 ~ 9 月不顾实际情况全部挥师北上，集结鸭绿江边，就会成为历史的笑柄。《吕氏春秋》"刻舟求剑"的故事，批评的就是这种墨守成规的教条主义。因此，聪明的做法就是在战略实施的过程中不断进行战略评估和战略修订，使战略决策具有越来越高的科学性，从而成功地实现预期的目标。

社会主义社会是一个相当漫长的历史时期，人类从资本主义社会向共产主义社会的过渡是需要花费几个世纪，甚至十几个世纪或几十个世纪才能成就的伟业。因此在社会主义运动刚刚开始的阶段设计出来的防范和抵制境外宗教渗透、维护社会主义意识形态安全和国家安全的战略方案，无论如何是不可能一字不动地用于几个世纪、十几个世纪，甚至几十个世纪以后的相关工作中的。事实上，不要说几十个世纪、十几个世纪以后的事情或几个世纪以后的事情，即使对几十年以后的事情，谁又能料事如神呢？就我国的情况而言，早在 20 世纪 50 年代中期，毛泽东就说过"东风压倒西风"的话，③ 当时有谁会料到仅仅 30 年后就出

---

① 1935 年 12 月，毛泽东在《论反对日本帝国主义的策略》中就提出了"持久战"的战略构想，是提出持久战战略观念的第一人。1937 年初，钱学森的岳父、曾任国民政府保定陆军学校校长（1912 ~ 1913 年）的蒋百里（1882 ~ 1938 年）在《大公报》上发表的《国防论》也曾提出"国防的部署在乎持久"的观点，可以视为"国民党将领中"倡导持久战的"第一人"。1938 年 5 月，毛泽东在《论持久战》中系统地阐述了持久战的战略思想。

② 《毛泽东著作选读》上册，人民出版社 1986 年版，第 216 页。

③ 《毛泽东文集》第 7 卷，人民出版社 2009 年版，第 321 页。

现了苏联解体和东欧剧变呢？长期以来，我国的外交政策基本上以意识形态划界，在当时似乎也没有什么不对。当时有谁料到，对这样的"马克思主义的外交政策"也需要进行调整呢？再如，为了有效地防范和抵制境外敌对势力的宗教干涉，在新中国成立初期即积极引导我国的天主教和基督教开展三自革新运动，但有谁料到由于我们工作中的某些失误，致使一部分天主教徒和基督教徒进入地下活动，形成地下教会，给后来的宗教工作带来如此大的麻烦呢？其实，从新中国成立之日起，包括防范和抵制境外宗教渗透在内的所有的宗教工作就一直存在着一个不断进行战略评估和战略修订的问题。1978 年之后最经常讲的一句话就是"拨乱反正"，而只有在战略评估的基础上才有可能拨乱反正，拨乱反正本身就是一种战略修订。而且，我国防范和抵制境外宗教渗透、维护社会主义意识形态安全和国家安全方面的战略评估和战略修订，也没有因为 20 世纪 80 年代拨乱反正而中止。例如，国务院于 1994 年颁布《宗教活动场所管理条例》和《中华人民共和国境内外国人宗教活动管理规定》；中共中央、国务院于 2001 年 12 月在全国宗教工作会议上不仅明确地提出"坚持独立自主自办的原则，坚决抵制境外利用宗教进行渗透"，而且将其列为我国宗教工作基本方针的一项基本内容；[1] 2004 年，国务院又进一步颁发了《宗教事务条例》。这一切无疑是对防范和抵制境外宗教渗透、维护社会主义意识形态安全和国家安全战略方针的不断修订和完善。由此看来，只要防范和抵制境外宗教渗透活动存在一日，有关的战略评估和战略修订也就会延续一日。

之所以必须在战略实施过程中不间断地进行战略评估和战略修订，还有一个根本原因，即客观环境和战略对象的不断变化。客观环境变了，对抗对象变了，战略设计也应当随之变化。新中国的对外战略选择就曾经历过一个不断调整或不断修正的过程。在 20 世纪 50 年代，我国采取了与苏联结盟的"一边倒"战略。60 年代，我国采取了"反帝反修"的对抗战略：既反对以美国为首的帝国主义，也反对以苏联为首的修正主义。70 年代，我国则采取了联美抗苏的"一条线"战略。80 年代，我国采取了"独立自主"、"不结盟"与"不以意识形态划线"的战略。冷战时代结束后，针对苏联解体和东欧剧变之后出现的国际新局势，我国又及时地提出并强调了不对抗、不称霸、不当头的对外方针。[2] 我国外交战略上述变化相当典型地反映了战略的因应性特征。新中国成立之初，也有人提出过中国应当在苏联和美国之间走"中间路线"的外交战略，但最后我国还是选择了"一边倒"的外交战略。之所以做出这样的历史抉择，固然是由中国革命的新民

---

① 《江泽民文选》第 3 卷，人民出版社 2006 年版，第 389 页。

② 参阅李少军：《国际战略学》，中国社会科学出版社 2009 年版，第 306～330 页。

主主义性质决定的，但与当时的国际形势也不无关系。新中国成立时，苏联与美国已经从"二战"中的盟友变成了冷战的对手，社会主义阵营与资本主义阵营对抗的格局已经形成。在这种情况下，走中间路线是一种非常不现实的主张。况且，新中国成立后，第一个承认新政权的就是苏联。中华人民共和国1949年10月1日成立，苏联外交部副部长葛罗米柯第二天就致电周恩来外长，决定与新中国建立外交关系，并断绝与广州国民党政府的外交关系。而美国不仅不承认新政权，还千方百计地封锁和反对新政权。因此，新中国采取一边倒的战略方针实在是历史的必然。但到了70年代，事情却发生了根本的变化。一方面，苏联这时已经演变为"社会帝国主义"，不仅频频干涉中国的内政外交，还在我国边境陈兵百万（50多个师），甚至觊觎中国领土。另一方面，美国为了对抗苏联，非常渴望借重中国的力量，表现了比较强烈的与中国和解的愿望。我国联美抗苏的战略正是在这种情势下酝酿形成的。20世纪80年代中期以后，特别是随着冷战时代的结束，国际形势又发生了根本变化，美苏争霸的格局已不复存在，"和平与发展"已然成了国际形势的总体特点。在这种情况下，无论是像50年代那样"联苏"，还是像70年代那样"联美"，都是不合时宜的外交政策。我国的"独立自主"、"不结盟"和"不以意识形态划线"的外交战略也正是顺应这样的国际格局和国际形势提出的。由此看来，新中国成立以来，我国的外交战略始终是随着国际环境和战略对象的变化而变化的。几十年来，尽管我国的外交战略也有过这样那样的偏颇或失误，但从总体上看还是相当成功的，有效地维护了我国的根本利益、国家主权和国家安全。由此看来，我国政府审时度势，适时地对我国的外交战略作出比较科学的评估和战略调整或战略修订是完全必要的。

防范和抵制境外宗教渗透、维护社会主义意识形态安全和国家安全的国际环境，以及境外敌对势力对社会主义国家实施宗教渗透的途径和手段，也不是一成不变的。从新中国成立之日起，境外敌对势力就一直在不断地对我国实施宗教渗透，但渗透的方式和力度是不断变化的。就梵蒂冈对我国的宗教干涉活动来说，尽管从新中国成立前夕开始，它没有一天停止过对我国的宗教干涉活动，但其手段却是不断翻新的。在新中国成立前夕，梵蒂冈极力阻止新中国的建立，大搞什么"戡乱救国"。新中国成立之初，当我国天主教实行三自革新时，梵蒂冈恶毒攻击三自革新运动是什么"裂教"行为，是"脱离教会圣统"。1958年，当我国天主教自选自圣主教时，梵蒂冈扬言要给予有关人员"超级绝罚"。80年代后，我国天主教拨乱反正重新开始健康发展，梵蒂冈又先后制造了"邓以明事件"（1981年）、"龚品梅事件"（1991年）和"封圣"闹剧（2000年），粗暴干涉中国宗教事务和内政。到后冷战时期，梵蒂冈为了更便捷地干涉我国宗教事务，又打出了"合一"和"共融"的旗帜，如此等等。除梵蒂冈外，其他西方敌对势力对我国的宗教干涉活动也是不断变换手法的。他们不仅通过在我国建立"王国聚会所"和"呼喊派"等非法宗教组织的方式对我国实施宗教渗透，还通过污蔑、攻击我国的宗教政策和宗教实践的方式干涉我国的内政。例如，自20世纪90年代以来，美国政府就连篇累牍地通过发布《年度国别人权报告》和《年度国际宗教自由报告》，一而再再而三地将我国列为"需要特别关注的国家"，借以干涉我国的宗教事务和内政。诚然，美国政府的这些做法与当今时代宗教的全球化、跨国化、政治化和外交化的大气候和大环境有关，但面对这种国际大环境和大气候，面对西方敌对势力宗教外交的新攻势，我国防范和抵制境外宗教渗透的工作显然应当与时俱进，及时调整和修订有关战略设计，对于境外敌对势力的新的渗透手段和渗透攻势，作出积极有效的回应。

完全可以想见，抵制境外宗教渗透、维护社会主义意识形态安全和国家安全的国际环境和战略对手存在许多不可预测的因素。在从资本主义社会过渡到共产主义社会漫长的历史时期，什么样的情况都可能发生。现在，人类社会进入了21世纪，然而看看21个世纪之前，人类社会是什么样的情况呢？在欧洲，屋大维（公元前63～公元14年）取代凯撒成为罗马帝国的统治者。罗马帝国不仅以西班牙和高卢作为它的版图，而且将叙利亚和埃及等地也都纳入它的版图。在伊朗高原，称雄中东地区的帕提亚王国一度重创罗马帝国的入侵军队，有效地阻止了罗马帝国的东侵。① 在南亚次大陆，随着南亚孔雀王朝的灭亡，印度出现了诸雄纷争、分崩离析的局面。在西域，匈奴在漠南之战、河西之战和漠北之战三次大战之后，大势已去，开始与汉朝修好，对汉朝安全一时不构成威胁。至于基辅罗斯，那时大体处于原始社会末期。而美国，那时只不过是块土著居民印第安人的聚居地罢了。且不要说当时的汉成帝刘骜（公元前51～公元前7年）和汉哀帝刘欣（公元前25～公元前1年）对所有这些（匈奴和印度的情况可能除外）都不甚了了。上述这些当时的统治者，即使发挥他们最大的想象力，也无论如何想象不出有关当今世界国际形势和国际格局的蛛丝马迹。既然如此，当今的社会主义国家所能设计出来的任何防范和抵制境外宗教渗透、维护社会主义意识形态安全和国家安全的战略方案，不管如何科学、如何具有超前性或前瞻性，也不可能充分顾及十几个世纪和几十个世纪之后的国际形势和国际格局，充其量也只能作出一些想象性的预测，对历史发展的走势作出一些判断。其实，即使对一个世纪之后的事情，我们也很难有比较精确的判断。例如，在一个世纪前，有多少人能够想到俄国的十月社会主义革命成功？又有多少人能够想到美苏会在20世纪争夺全球霸权？到了20世纪70年代，有多少人能够想到20年后会出现苏联解体、东欧剧变这些惊天动地的历史

---

① 《史记》将帕提亚王国称作安息。

　　大事件呢？在《真正的战争》（1980 年）中，尼克松尽管信誓旦旦地要在全球争霸中击败苏联，但他却还是比较务实地写道："我们可能在第三次世界大战中失败，也可能在第三次世界大战中获胜。"① 他给美国设计出了一个"短期"和"长期"的争霸目标："从短期说，如果我们恢复我们的防务的力量，我们可以阻挡、然后扭转苏联扩张的潮流，办法是集中力量在眼前的目标地区工作，并且表明有坚定不移的决心采取必要的行动，使侵略不能得逞。……从长期看，我们可以鼓励苏联本身内部的和平演变。"② 在谈到美国这一长期目标时，尼克松同样非常谨慎："然而，这项任务不是几十年就能完成的，而是要许多代才能完成。如果操之过急，就会带来野蛮的镇压；如果逐步进行，不那么直接威胁某个时候当权的人，就能逐渐看出结果，就像十九世纪在沙皇统治时期那样。"③ 甚至到了 1988 年，尼克松仍未完全排除苏联在全球争霸中取胜的可能性，而将美国的不战而胜的时间推延到了下一个世纪。他写道："苏联人谋求不战而胜。我们的回答不能简单地归结为没有胜利的和平。我们也必须寻求不战而胜。……苏联人相信历史是在他们一方。我们必须确保当下一个世纪的历史写出来的时候，它将是在我们一方。"④ 尼克松的说法明白无误地告诉我们：他把美国胜利的时刻表定格在 22 世纪到来之前。也因此，他将 1988 年至 1999 年这 12 年之间美国的战略行为定位为"为美国 21 世纪的这个胜利的到来"做些准备。他写道："在 20 世纪结束之前的这 12 年里，我们将塑造 21 世纪的雏形。我们的当务之急是抓紧这一时刻，以便当我们在 1999 年的历史制高点进行回顾的时候，我们将看到我们不失时机地致力于使下一个世纪成为文明史上最辉煌而不是最血腥的世纪。"⑤ 尼克松的《1999：不战而胜》是 1988 年 3 月出版的。此时，离戈尔巴乔夫在总统办公室签署辞职声明的日子还有不过 45 个月的时间。由此足见，要比较精确地判断未来国际形势和国际环境，该是一件多么困难的事情！所以，要有效地防范和抵制境外宗教渗透、维护社会主义意识形态安全和国家安全，就必须针对国际环境和国际形势的重大变化，不失时机地评估自己的战略实施情况，并且结合变化了的国际环境和国际形势，及时地进行战略调整或战略修订。

　　不仅防范和抵制境外宗教渗透、维护社会主义国家意识形态安全和国家安全的国际环境和国际形势的变化很难准确预测，我们主要战略对手的变化也是很难

---

① ［美］尼克松著，常铮译：《真正的战争》，新华出版社 1980 年版，第 362 页。
② ［美］尼克松著，常铮译：《真正的战争》，新华出版社 1980 年版，第 374～375 页。
③ ［美］尼克松著，常铮译：《真正的战争》，新华出版社 1980 年版，第 375 页。
④ ［美］尼克松著，谭朝洁、孔岩、邓勇、马学印译：《1999：不战而胜》，中国人民公安大学出版社 1988 年版，第 15 页。
⑤ ［美］尼克松著，谭朝洁、孔岩、邓勇、马学印译：《1999：不战而胜》，中国人民公安大学出版社 1988 年版，第 14 页。

准确预测的。自新中国成立以来，在防范和抵制境外宗教渗透、维护社会主义意识形态安全和国家安全方面，美国差不多一直是我国的主要战略对手。然而，这种情况总有改变的一天。无论从世界经济史的角度，还是从国际政治史的角度，美国都是一个暴发户。在某种意义上可以说，在1492年哥伦布发现"新大陆"前，"美国"对于世界来说几乎什么也不是。自1620年英国清教徒驾驶五月花号到达普利茅斯，在北美建立第一块殖民地起，直到1776年建国前夕，美国只不过是英国或欧洲其他国家的殖民地。但在美国独立之后，美国经济总体上呈高速发展态势，至1894年，美国的工业产值已经跃居世界首位，相当于英国的2倍，法国的3倍，接近全球工业总产值的1/3。1913年，即第一次世界大战前夕，其工业总产值已经超出英、法、德、日的总和。第二次世界大战后，不仅其世界第一经济强国的地位得到巩固，其工业产值一度接近全球1/2，而且迅速成为世界两个军事大国和超级大国之一。1991年苏联解体后，美国进一步成为世界上唯一的超级大国。然而，虽然自第二次世界大战以来美国GDP在世界上的比重长期维持在30%以上，但总体上却呈下降趋势。例如，1960年美国GDP在世界上的比重为38.491%，1970年为35.590%，1980年为25.187%，1990年为26.672%，2000年为31.970%，2010年为23.108%，2011年为21.572%。[1] 相对而言，进入21世纪后，美国GDP在世界经济中的比重下降趋势更为明显。据此有关经济学家断言，美国在经济方面的领先地位不可能长期维持下去，至多也只能保持三四十年。相应地，美国在世界上的霸权地位也不可能长期维持下去。基辛格在谈到美国的当代处境时，中肯地写道："在逐渐显现的世界秩序中不同于以往的是，这是美国有史以来首次面临的既不能退出又不能主宰世界舞台的困境。……美国刚走入国际社会时，正值年轻力壮，也有实力让全世界顺从其对国际关系的理想安排。到1945年二次大战终了时，美国国力之强（全世界的总产值中，美国一度占了35%左右），仿佛注定她要根据自己的偏好来塑造整个世界。约翰·肯尼迪总统在1961年充满信心地宣称，美国强大到足以'付出任何代价，承受任何重担'，以确保自由的胜利成功。30年后，美国已不具备坚持立即实现其所有愿望的实力，而另一些国家已成长为强权大国。……新出现的现实需要之一是：同时存在着几个实力相近国家的世界，其秩序必须建立在某种均衡的观念上，而这是美国向来难以接受的一种观念。"[2] 美国作为第一经济大国，从1894年算起，至今已经超过120年了；作为世界超级大国，从1945年算起，至今也已经超过70年了。物极必反，盛极必衰。美国作为世界超级大国的日子，

---

① 有关数据来源于世界银行 WDI 数据。
② ［美］基辛格著，顾淑馨、林添贵译：《大外交》，海南出版社 2012 年版，第 4 页。

尽管还要维持一段时间，但恐怕也不会太久了。近代以来，人类历史上最著名的帝国有西班牙帝国、俄罗斯帝国和大英帝国。其中，西班牙帝国（1580～1713年）这个人类历史上第一个日不落帝国，从 1580 年兼并葡萄牙帝国开始，至1713 年《乌得勒支和约》签订止，只是延续了 130 多年。俄罗斯帝国（1721～1917 年）自彼得大帝自称皇帝之日开始，至 1917 年二月革命结束，延续了不到两个世纪。大英帝国（1815～1919 年）如果从 1815 年维也纳会议开始至 1919年《凡尔赛条约》签订为止，延续了一个世纪多一点。① 由此看来，近代以来，世界范围的帝国统治通常也就是一个世纪左右的光景。② 而且，随着人类历史的加速发展以及国际关系重组频率的加快，少数国家主宰世界的几率会越来越小，主宰世界的时间将会越来越短。人类历史发展这种趋势是任何人也改变不了的。即使从世界霸权国家支配、操纵国际关系、国际格局和国际形势方面看，情况也大体如此。基辛格将支配、操纵国际关系、国际格局和国际形势的霸权国家称作"左右国际关系"的国家。他在谈到这种霸权国家时，曾经断言："几乎是某种自然定律，每一世纪似乎总会出现一个有实力、有意志且有知识与道德动力，企图根据其本身的价值观来塑造整个国际体系的国家。"③ 请注意，基辛格说的是"每一世纪似乎总出现一个"。这就清楚地说明了近现代人类历史上出现霸权国家的频率。他接着解释说："17 世纪的法国在黎塞留枢机主教领导下，引进了以民

---

① 世界历史上有"第一英帝国"和"第二英帝国"的说法。第一英帝国指的是英国于 17～18 世纪在美洲的扩张。第二英帝国指的是英国于 18～19 世纪在亚洲和非洲的扩张。不过即使英国在美国独立战争后放弃了对美洲殖民地的防务和行政管理，在很长一段时间里，依然主宰着美国与英国的主要贸易。第二英帝国之所以从 1815 年维也纳会议开始，是因为 1815 年欧洲大陆拿破仑最后战败，最终确立了英国的国际强国地位。第二英帝国之所以到 1919 年《凡尔赛条约》签订为止，是因为 1919 年结束一战的《凡尔赛条约》是由英国和其自治领分别签署的。这表明大英帝国体制至此已经开始崩解。

② 诚然，在人类古代史上，也出现过一些影响人类历史发展的大帝国，如波斯帝国（前 550～前 334年）、罗马帝国（前 27 年～395 年）、阿拉伯帝国（632～1258 年）、大汉帝国（前 202 年～220 年）、蒙古帝国（1206～1259 年）。毋庸讳言，这些帝国中，有些统治时间比较长。但人类古代史上的这些帝国从根本上讲还是一种"地域性的存在"，而非"世界历史性的存在"，从而不能与近代以来的帝国相提并论。参阅马克思和恩格斯：《德意志意识形态》，引自《马克思恩格斯选集》第 1 卷，人民出版社 1995 年版，第 86 页。而实现这一历史性转变、使人类社会开始真正进入世界联系和交往时期的时间拐点，是资本主义大工业生产的出现和地理大发现。正如马克思和恩格斯所指出的："资产阶级，由于开拓了世界市场，使一切国家的生产和消费都成为世界性的了"，"过去那种地方的和民族的自给自足和闭关自守状态，被各民族的各方面的相互往来和各方面的相互依赖所代替了。"马克思和恩格斯：《共产党宣言》，引自《马克思恩格斯选集》第 1 卷，人民出版社 1995 年版，第 114 页。恩格斯在谈到地理大发现对人类世界历史联系和世界眼光的形成带来的巨大影响时，也强调指出："世界一下子大了差不多十倍；现在展现在西欧人眼前的，已不是一个半球的四分之一，而是整个地球了。他们赶紧去占据其余的七个四分之一。传统的中世纪思想方式的千年藩篱，同旧日的狭隘的故乡藩篱一起崩溃了。在人的外在的眼睛和内心的眼睛前面，都展开了无限广大的视野。"参阅恩格斯：《家庭、私有制和国家的起源》，引自《马克思恩格斯选集》第 4卷，人民出版社 1995 年版，第 79 页。

③ ［美］基辛格著，顾淑馨、林添贵译：《大外交》，海南出版社 2012 年版，第 2 页。

族国家为基础，以追求国家利益为终极目标的近代国际关系的作风。18 世纪的大英帝国将'均势观念'发扬光大，使这个观念主宰了后两个世纪的欧洲外交。19 世纪梅特涅领导的奥地利重新构建了'欧洲协调'，而俾斯麦主政下的德国又使欧洲协调瓦解，使欧洲外交成为冷酷无情的政治权力斗争。"①紧接着基辛格又谈到美国，将美国称作"20 世纪最能左右国际关系"的国家。但是，他并没有将话挑明：既然美国也属于"左右国际关系"的国家，就势必像历史上的法国、英国、奥地利和德国一样，无法跳脱"一个世纪出现一个"的"自然规律"，而在 21 世纪退出世界政治舞台的中心，不再扮演主宰者的角色。如果将基辛格所揭示的人类历史发展的这一"自然规律"，应用到防范和抵制境外宗教渗透、维护社会主义意识形态安全和国家安全的问题上，则可以说，在防范和抵制境外宗教渗透的几个世纪、十几个世纪、甚至几十个世纪的漫长历史过程中，主要战略对手绝对不会限于美国一个，而是会相继出现几个，十几个，甚至几十个。在这种情况下，现在应对美国实施的境外宗教渗透的战略设计，未必适用于 21 世纪或后几个乃至几十个世纪将遭遇的主要战略对手。因此，在防范和抵制境外宗教渗透、维护社会主义意识形态安全和国家安全漫长的历史过程中，不间断地进行战略评估和战略修订更是一件非做不可的事情了。

综上所述，在漫长的防范和抵制境外宗教渗透、维护社会主义意识形态安全和国家安全的工作中，不仅对社会主义发展诸阶段这一工作规律性的认识，有一个由浅入深、由片面到全面的发展过程，在这一漫长的历史过程中，国际环境和国际格局也将发生许多意想不到的变化，主要的战略对手也将发生许多意想不到的变化，要想坚韧不拔地、有效地防范和抵制境外宗教渗透、维护社会主义意识形态安全和国家安全，顺应共产主义社会取代资本主义的历史大潮，完成历史赋予的光荣使命，就需要不间断地进行相关的战略评估和战略修订。"鼠目寸光"不行，"刻舟求剑"和"按图索骥"也断然不行。动态管理和过程管理不仅应当成为相关的战略管理的基本特征，也应当成为其基本内容。

---

① ［美］基辛格著，顾淑馨、林添贵译：《大外交》，海南出版社 2012 年版，第 2 页。

第九章　防范和抵制境外宗教渗透的战略思考

既不应熟视无睹，也不应草木皆兵

在防范和抵制境外宗教渗透的战略思考中，除批判意识形态终结论、强调战略意识、进行战略设计外，还有两点值得注意：对境外宗教渗透的考量，与防范和抵制境外宗教渗透工作所占的权重。

首先是对境外宗教渗透的考量。这个问题又包括两点：一是有没有这种现象，二是这种现象的轻重。应该说，有没有境外宗教渗透，是一个不是问题的问题。美国与梵蒂冈结盟对苏东国家，尤其是对波兰实施境外政治渗透和宗教渗透是一个不争的事实，自新中国成立之后，境外敌对势力就一直对我不间断地实施宗教干涉，如果否认境外宗教渗透的存在显然是荒唐的，而且也是一厢情愿的。因此，对于我们来说，只有第二点才是值得讨论和说明的。

关于境外宗教渗透现象的轻重不能一概而论，需要具体分析。例如，对于上个世纪 80 年代的波兰来说，境外宗教渗透的现象不仅存在，而且还极端严重；对于 20 世纪 80 年代末和整个 90 年代的中国来说，境外宗教渗透的现象也比较突出。20 世纪的 70 年代和 80 年代初，特别是随着中日建交和中美建交，境外敌对势力对我实施宗教渗透的力度相对较小。但在通常情况下，既不能否认这种现象的存在，更不能完全否认境外宗教渗透的可能，但也不能因此而将境外宗教渗透无限地普遍化或扩大化，以至达到草木皆兵的程度。例如，不能将所有西方国家的外交一律归结为宗教外交，更不能将宗教团体和宗教事务的所有国际交往理解为境外宗教渗透。否认境外宗教渗透现象的存在，对防范和抵制境外宗教渗透、维护社会主义意识形态安全和国家安全是有害的，但将境外宗教渗透现象普遍化和扩大化，对这项工作同样是有害的。不仅因为这种思想不利于宗教团体和宗教事务的国际交往，也不仅因为这种思想不利于社会主义国家改善同世界各国关系，形成多方位的良好对外关系格局，提升自己的国际地位，塑造良好的国际形象，还不利于改革开放，提升综合国力和国际竞争力，更重要的是，在这样一种思想指导下，宗教信仰自由政策根本不可能得到全面的贯彻落实，也就根本不可能有效引导宗教与社会主义社会相适应。这是在进行防范和抵制境外宗教渗透的战略思考时必须充分留意的。①

防范和抵制境外宗教渗透工作在社会主义国家整个社会主义建设事业中的权重，也是进行防范和抵制境外宗教渗透战略思考必须充分注意的一个问题。这个问题同样包含两个层面：一是如何理解防范和抵制境外宗教渗透的必要性，一是如何恰如其分地估量防范和抵制境外宗教渗透工作在整个社会主义建设事业中的权重。

如何理解防范和抵制境外宗教渗透的必要性，说到底是这项工作在整个社会主义事业中究竟是否应当拥有一席之位。如果认识到防范和抵制境外宗教渗透不仅是外交部门的事情，也不仅是宗教管理部门和各宗教组织与宗教团体的事情，而是事关社会主义意识形态安全和国家安全的事情，则防范和抵制境外宗教渗透工作的必要性和重要性就毫无疑问了，它在整个社会主义建设事业中的地位也就不言自明。境外宗教渗透是苏东剧变一个极其重要的外因，所以绝不能否认防范和抵制境外宗教的必要性。我们必须下大气力将这项事关社会主义意识形态安全和国家安全的大事情抓紧抓好。然而，这是否意味着社会主义国家应当将防范和抵制境外宗教工作摆在第一位，把它当作整个社会主义建设事业的中心工作或首要工作呢？这就在事实上提出了如何恰如其分地估量防范和抵制境外宗教渗透工作在整个社会主义建设事业中的权重问题。

我们在这里想要强调的是：尽管防范和抵制境外宗教渗透极其重要，关乎社会主义国家的意识形态安全和国家安全，但它毕竟只是社会主义建设事业中的一个部分或一个环节，而非社会主义建设事业的整体，甚至也不是社会主义事业的中心部分或首要环节。从马克思主义的社会形态论或唯物史观看，推动生产力的发展和经济基础的变革，才是社会主义国家的中心工作或首要任务。从这个意义上讲，包括防范和抵制境外宗教渗透在内的所有其他的工作，只能处于从属的地位。一百多年前，列宁在领导俄国无产阶级革命斗争中，就明确地反对"把宗教问题提到它所不应有的首要地位"。他强调指出："我们永远要宣传科学的世界

---

① 在防范和抵制境外宗教渗透问题上，我们反对草木皆兵，并不是说应当放弃对境外宗教渗透的防范和抵制，就像尽管顾客是上帝，但商场还是需要设立防盗装置，提防那些"不速之客"一样。这些不速之客与顾客相比，虽然人数极少，出现的频率也极低，但倘若因此而不设置防盗装置，这个商城或迟或早会遭劫的。

观，我们必须跟某些'基督教徒'的不彻底性进行斗争。但是这决不是说，应当把宗教问题提到不应有的首要地位，决不是说，为了反对那些很快就会失去任何政治意义、很快就会被经济发展进程本身抛到垃圾箱里去的次要的意见或呓语，而分散真正革命斗争的、经济斗争的和政治斗争的力量。"① 列宁的意思很清楚，无产阶级及其政党应当将自己的注意力主要集中在"真正重要的和根本的经济问题和政治问题"上，集中在"被压迫阶级为创立人间的天堂而进行"的"真正革命斗争"上。值得注意的是，列宁是在"社会主义和宗教"的题目下阐述这层道理的，他的这些话就更加具有指导意义。就我国的情况而言，"文化大革命"结束前，我们工作最大的失误就是"以阶级斗争为纲"；改革开放以来最重要的经验就是坚持"以经济建设为中心"。在谈到发展社会生产力和经济建设的重要性时，邓小平曾经强调："经济工作是当前最大的政治，经济问题是压倒一切的政治问题。不只是当前，恐怕是今后长期的工作重点都要放在经济工作上面。"② 他还主张将"是否有利于发展社会主义社会的生产力，是否有利于增强社会主义国家的综合国力，是否有利于提高人民的生活水平"看作判断我国改革开放得失的三个主要标准。③ 社会主义国家的意识形态安全和国家安全是一个庞大的系统工程，涉及许多构件和环节，但无论如何最重要的支撑点是经济建设的状况和水平。离开了社会主义社会生产力的迅速发展，社会主义国家的综合国力便无法增强，社会主义国家人民的生活水平便难以得到提升，社会主义制度的优越性便无以彰显，社会主义国家的意识形态安全和国家安全也就难以得到保障。这也可以看作是苏东剧变留下的最可宝贵的经验教训之一。

前面已经论及，孙武是倡导"胜兵先胜而后求战"的。而所谓胜者先胜，从根本上讲，就是强调军队在作战之前就应当事先具备必胜的条件。那么，在孙武看来，究竟哪些东西构成军队在作战之前就应当事先具备的必胜条件呢？他在《孙子兵法》中一共开列了五条："一曰度，二曰量，三曰数，四曰称，五曰

---

① 《列宁全集》第 12 卷，人民出版社 1987 年版，第 135 页。列宁在这段引文的前面一段话中集中批判了"资产阶级的激进民主派"的唯心主义的宗教立场，指出："资产阶级的激进民主派""'从理性出发'，离开阶级斗争去抽象地、唯心地来提宗教问题，愚蠢可笑地认为"在一个以无休止的压迫和折磨劳动群众为基础的社会里，可以用纯粹说教的方法消除宗教的偏见"。列宁断言："在我们看来，被压迫阶级为创立人间的天堂而进行的这种真正革命斗争的一致，要比无产者对虚幻的天堂的看法上的一致更为重要。"而在这段引文的接下来的一段话中，列宁也指出："各地的反动资产阶级早就打算，而我国资产阶级现在也开始打算煽起宗教仇视，把群众的注意力吸引到这方面来，使他们不去关心真正重要的和根本的经济问题和政治问题，这些问题是在革命斗争中联合起来的全俄无产阶级目前正在实际解决的问题。"因此，从上下文看，列宁在这里是从粉碎资产阶级"企图分散无产阶级力量的反动政策"的高度来强调无产阶级政党不应盲目地纠缠和一味地反对资产阶级在宗教问题上制造的种种"意见"或"呓语"的。

② 《邓小平文选》第 2 卷，人民出版社 2008 年版，第 194 页。

③ 《邓小平文选》第 3 卷，人民出版社 1993 年版，第 372 页。

胜。"他强调:"地生度,度生量,量生数,数生称,称生胜。故胜兵若以镒称铢,败兵若以铢称镒。胜者之战民也,若决积水于千仞之谿者,形也。"① 孙武所说的"度"指的是一个国家的土地幅员,"量"指的是军赋物资,"数"指的是部队兵员战斗实力,"称"指的是双方力量对比,"胜"指的是胜负优劣。在孙武看来,土地幅员的广狭决定军赋物资的多少,军赋物资的多少决定兵员的质量,兵员质量决定部队的战斗力,部队的战斗力决定战争的胜负。孙武这段话有两点值得特别注意:一是战争归根到底靠军事实力,以强大的军事实力攻打弱小的,就像决开千仞之高的积水,一泻千里。二是军事实力事关一个国家的综合实力,关涉一个国家的土地幅员、能够提供的军赋物资、兵源的质量和数量等。这就给了我们一个重要启示:防范和抵制境外宗教渗透、维护社会主义意识形态安全并不是孤立的,也不仅仅是一个局部性的工作,而与社会主义国家的综合国力密切相关。只有在经济建设、政治建设、精神文明建设、社会建设和生态文明建设等方面均走到世界前列,成为名副其实的社会主义强国,才有可能在防范和抵制境外宗教渗透、维护社会主义意识形态安全方面成为"先胜"之师、"不可胜"之师和"立于不败之地"之师。因此,必须学会从社会主义建设这个大棋盘来看待防范和抵制境外宗教渗透问题。一旦成为世界强国,就不仅有了"硬实力",也有了"软实力",有了道路自信、制度自信和理论自信,在防范和抵制境外宗教渗透、维护社会主义意识形态安全和国家安全领域也就成为"先胜"之师。

现在,我国已经超越日本成为世界第二大经济体,成为世界上第二经济大国。固然,经济大国与经济强国还不是一回事,第二经济大国并不意味着世界第二经济强国,但这毕竟表明中国正在朝着这个目标前进。我国这种经济实力和综合国力势必给防范和抵制境外宗教渗透的工作提供空前有力的支撑。在这种情势下,我们完全有理由期待:我国防范和抵制境外宗教渗透、维护社会主义意识形态和国家安全的工作必将取得越来越大的成绩。

---

① 孙武著,赵国华注说:《孙子兵法》,河南大学出版社 2008 年版,第 109～110 页。

参考文献

一、中文参考文献（含中文译本）

［法］阿尔都塞著，顾良译：《保卫马克思》，商务印书馆 1984 年版。

［英］克里斯托弗·安德鲁、瓦西里·米特罗欣著，王振西等译：《克格勃绝密档案》，当代世界出版社 2002 年版。

［英］佩里·安德森著，刘北成、龚晓庄译：《绝对主义国家的系谱》，上海人民出版社 2001 年版。

［美］威廉·巴雷特著，段德智译：《非理性的人》，译文出版社 2007 年版。

［美］伊安·G. 巴伯著，阮炜等译：《科学与宗教》，四川人民出版社 1993 年版。

白虹、刘再起：《试论赫鲁晓夫解冻政策与宗教整肃的内在张力》，载于《武汉科技大学学报》2009 年第 2 期。

白虹：《试析苏维埃俄国在社会主义初创时期处理宗教问题的历史经验》，引自《马克思主义哲学研究》，湖北人民出版社 2011 年版。

白虹：《戈尔巴乔夫"新思维"北京下苏联对宗教问题认识的转向》，载于《俄罗斯中亚东欧研究》2012 年第 2 期。

白虹：《勃列日涅夫时期苏联引导宗教与社会主义社会相适应的尝试》，载于《马克思主义哲学研究》，湖北人民出版社 2012 年版。

白虹：《宗教在苏联解体过程中起了什么作用》，载于《中国党政干部论坛》2012 年第 10 期。

包军：《美梵关系史述评》，引自《宗教与美国社会》第 2 辑，时事出版社 2004 年版。

［美］丹尼尔·贝尔著，张国清译：《意识形态的终结：五十年代政治观念衰微之考察》，江苏人民出版社 2001 年版。

［美］彼得·贝格尔著，高师宁译：《神圣的帷幕》，上海人民出版社 1991 年版。

［美］罗伯特·贝拉著，王晓山、戴茸译：《德川宗教：现代日本的文化渊源》，三联书店 1998 年版。

［苏］鲍·波·波诺马廖夫著，上海人民出版社编译室译：《苏联共产党历史》，上海人民出版社 1974 年版。

［德］马丁·布伯著，陈维纲译：《我与你》，三联书店 1986 年版。

［法］列维·布留尔著，丁由译：《原始思维》，商务印书馆 1986 年版。

［美］兹比格纽·布热津斯基著，军事科学院外国军事研究部译：《大失败：二十世纪共产主义的兴亡》，军事科学出版社 1989 年版。

［美］兹比格纽·布热津斯基著，中国国际问题研究所译：《大棋局：美国的首要地位及其地缘战略》，上海人民出版社 2011 年版。

［英］巴瑞·布赞、［丹］奥利·维夫、［丹］迪·怀尔德著，朱宁译：《新安全论》，浙江人民出版社 2003 年版。

昌明：《论佛教适应社会主义社会》，引自湖北宗教研究会编：《湖北宗教研究》，段德智主编，湖北人民出版社 2004 年版。

常玢：《苏联解体前后的中亚国家的伊斯兰教状况》，载于《东欧中亚研究》2001 年第 5 期。

陈方中、江国雄：《中梵外教关系史》，（台湾）商务印书馆 2003 年版。

［法］吉尔·德拉诺瓦著，郑文彬、洪晖译：《民族与民族主义》，三联书店 2005 年版。

［法］雅克·德里达著，何一译：《马克思的幽灵》，中国人民大学出版社 2008 年版。

邓小平：《邓小平文选》第 2 卷，人民出版社 2008 年版。

邓小平：《邓小平文选》第 3 卷，人民出版社 1993 年版。

［美］蒂利希著，何光沪选编：《蒂利希选集》上册，上海三联书店 1999 年版。

丁光训：《丁光训文集》，译林出版社 1998 年版。

丁光训：《我怎样看这五十年》，载于《天风》2000 年第 8 期。

董小川：《美国宗教民族主义的历史省察》，载于《史学集刊》2002 年第 1 期。

杜继文主编：《佛教史》，江苏人民出版社 2006 年版。

杜康传、李景治主编：《国际共产主义运动概论》，中国人民大学出版社 2002 年版。

段德智：《主体生成论——对"主体死亡论"之超越》，人民出版社 2009 年版。

段德智：《宗教学》，人民出版社 2010 年版。

段德智：《新中国宗教工作史》，人民出版社 2013 年版。

段德智：《法国大革命的新阐释——读〈法兰西风格：大革命的政治文化〉》，载于《历史研究》1993 年第 6 期。

段德智：《试论当代西方宗教哲学的人学化趋势及其历史定命》，载于《哲学研究》1999 年第 8 期。

段德智：《实现宗教管理现代化的基本方略》，载于《中共济南市委党校、济南市行政学院、济南市社会主义学院学报》2001 年第 4 期。

段德智：《关于"宗教鸦片论"的"南北战争"及其学术贡献》，载于《复旦学报》2008 年第 5 期。

段德智：《我国建国初期宗教渗透与反宗教渗透之争及反宗教渗透工作的主要经验教训》，载于《科学与无神论》2012 年第 3 期。

段德智：《论中国基督宗教"有限自养"说的历史背景及政治实质》，载于《世界宗教研究》2012 年第 3 期。

段德智：《我国建国初期宗教渗透与反宗教渗透之争及反宗教渗透工作的主要经验教训》，载于《科学与无神论》2012 年第 3 期。

段德智：《新中国宗教工作的曲折历程、主要成就和基本经验》，载于《武汉科技大学学报》2013 年第 3 期。

段德智：《作为一种文化形态与一种意识形态的宗教：对我国宗教本质属性争论的一个反思》，载于《马克思主义与现实》2013 年第 4 期。

段德智：《宗教殖民主义及其哲学基础》，载于《世界宗教研究》2014 年第 2 期。

段德智：《美国公民宗教的政治轨迹：从"美国"公民宗教到"世界"公民宗教》，引自《战略与管理》，海南出版社 2014 年版。

［美］威廉·恩道尔著，吕德宏等译：《霸权背后——美国全方位主导战略》，知识产权出版社 2009 年版。

方桂关：《剧变中的东欧》，中共中央党校出版社 1992 年版。

冯愈强、赵洪山、李勇：《最后一个十月革命节》，引自刘洪潮等主编：《苏联 1985—1991 年的演变》，新华出版社 1992 年版。

［美］弗兰西斯·福山著，黄胜强、许铭原译：《历史的终结及最后之人》，中国社会科学出版社 2003 年版。

［法］伏尔泰著，王燕生译：《风俗论》下册，商务印书馆 1991 年版。

［法］伏尔泰著，王燕生译：《哲学辞典》上册，商务印书馆 1991 年版。

傅树政、姜桂石：《赫鲁晓夫反宗教运动剖析》，载于《内蒙古民族师院学报》1996 年第 1 期。

高争气：《邓小平国家安全战略观》，载于《西安政治学院报》1999年第4期。

［俄］米·谢·戈尔巴乔夫著，徐葵等译：《对过去与未来的思考》，新华出版社2002年版。

［俄］米·谢·戈尔巴乔夫著，述弢等译：《戈尔巴乔夫回忆录》下册，社会科学文献出版社2003年版。

［德］葛兰西著，曹雷雨等译：《狱中札记》，中国社会科学出版社2000年版。

［法］A. J. 格雷马斯著，蒋梓骅译：《结构语义学》，百花文艺出版社2001年版。

龚学增：《社会主义与宗教》，宗教文化出版社2003年版。

宫玉涛：《国际反恐斗争必须摒弃"双重标准"》，载于《当代世界》2008年第10期。

顾裕禄：《中国天主教的过去和现在》，上海社会科学院出版社1989年版。

郭洁：《试论战后匈牙利的"苏联模式化"》，载于《俄罗斯研究》2010年第2期。

郭少棠：《民族国家与国际秩序》，首都师范大学出版社1998年版。

郭永虎、李烨：《美国中央情报局在中国西藏的准军事行动初探》，载于《当代中国史研究》2006年第5期。

国家宗教事务局宗教研究中心编：《国外宗教法规汇编》，宗教文化出版社2002年版。

［美］理查德·N. 哈斯著，殷雄、徐静译：《新干涉主义》，新华出版社2000年版。

［英］巴兹尔·亨利·利德尔—哈特著，中国人民解放军军军事科学院译：《战略论》，战士出版社1981年版。

郝时远：《民族分裂主义与恐怖主义》，载于《民族研究》2002年第1期。

何宗强：《基督教福音派与美国外交》，载于《国际论坛》2011年第2期。

［美］艾伦·D. 赫茨克著，徐以骅、黄凯、吴志浩译：《在华盛顿代表上帝：宗教游说在美国政体中的作用》，上海人民出版社2003年版。

［美］艾伦·D. 赫茨克、凯文·R. 邓达克著，涂怡超译：《"第一自由"与美国的政教政策》，引自《宗教与美国社会：宗教与国际关系》第4辑（下），时事出版社2007年版。

［俄］赫克著，高骅、杨缤译：《俄国革命前后的宗教》，学林出版社1999年版。

［美］亚历山大·黑格著，现代国际关系研究所编译：《黑格回忆录》，时事出版社1985年版。

［德］黑格尔著，贺麟、王太庆译：《哲学史讲演录》第 1 卷，商务印书馆 1981 年版。

［德］黑格尔著，范扬、张企泰译：《法哲学原理》，商务印书馆 1979 年版。

［德］黑格尔著，贺麟译：《小逻辑》，商务印书馆 1980 年版。

［德］黑格尔著，王造时译：《历史哲学》，上海书店出版社 2008 年版。

［德］黑格尔著，贺麟、王玖兴译：《精神现象学》，商务印书馆 1987 年版。

［美］塞缪尔·亨廷顿著，王冠华、刘为等译：《变化社会中的政治秩序》，三联书店 1989 年版。

［美］亨廷顿著，刘军宁译：《第三波：二十世纪末的民主化浪潮》，五南图书出版有限公司 1994 年版。

［美］塞缪尔·亨廷顿著，周琪、刘绯、张立平、王圆译：《文明的冲突与世界秩序的重建》，新华出版社 2002 年版。

［美］塞缪尔·亨廷顿著，程克雄译：《谁是美国人？——美国国民特性面临的挑战》，新华出版社 2010 年版。

胡健：《对外战略：解读苏联剧变的一个视角》，载于《东欧中亚研究》2002 年第 2 期。

［美］莱斯利·怀特著，沈原等译：《文化的科学》，山东人民出版社 1988 年版。

黄超：《美国对华宗教渗透新模式及其意识形态演变》，载于《中国党政干部论坛》2012 年第 2 期。

黄超：《美国华人基督教会意识形态的历史演变》，载于《科学与无神论》2012 年第 1 期。

黄超：《"文明冲突论"的三种历史形态——美国〈排华法案〉的意识形态反思》，载于《武汉大学学报》2013 年第 4 期。

黄石公著，魏汝霖注释：《黄石公三略今注今译》，台湾商务印书馆 1976 年版。

［美］基辛格著，顾淑馨、林添贵译：《大外交》，海南出版社 2012 年版。

［意］朱利亚托·基耶萨著，徐葵等译：《别了，俄罗斯》，新华出版社 2000 年版。

［美］加特霍夫著，伍牛、王薇译：《冷战史：遏制与共存备忘录》，新华出版社 2003 年版。

江燕：《十几年来理论界关于东欧剧变的研究综述》，载于《当代世界与社会主义》2005 年第 1 期。

江泽民：《江泽民文选》第 1 卷，人民出版社 2006 年版。

江泽民：《江泽民文选》第 2 卷，人民出版社 2006 年版。

江泽民：《江泽民文选》第 3 卷，人民出版社 2006 年版。

［日］今村仁司著，牛建科译：《阿尔都塞认识论的断裂》，河北教育出版社
2001 年版。

金宜久主编：《伊斯兰教史》，江苏人民出版社 2006 年版。

金宜久主编、吴云贵副主编：《当代宗教与宗教极端主义》，中国社会科学出
版社 2008 年版。

金泽、邱永辉：《中国宗教报告（2008）》，社会科学文献出版社 2008 年版。

金泽、邱永辉：《中国宗教报告（2009）》，社会科学文献出版社 2009 年版。

金泽、邱永辉：《中国宗教报告（2010）》，社会科学文献出版社 2010 年版。

金泽、邱永辉：《中国宗教报告（2011）》，社会科学文献出版社 2011 年版。

蒋梦麟：《西潮·新潮》，岳麓书社 2000 年版。

［古］菲德尔·卡斯特罗著，王玫等译：《全球化与现代资本主义》，社会科
学文献出版社 2000 年版。

［美］吉米·卡特著，卢君甫等译：《忠于信仰———一位美国总统的回忆
录》，新华出版社 1985 年版。

［德］克劳塞维茨著，中国人民解放军军军事科学院译：《战争论》第 1 卷，
解放军出版社 2005 年版。

［德］康德著，何兆武译：《历史理性批判文集》，商务印书馆 1976 年版。

［德］康德著，关文运译：《实践理性批判》，商务印书馆 1960 年版。

［美］比尔·克林顿著，金灿荣等译：《希望与历史之间：迎接 21 世纪对美
国的挑战》，海南出版社 1996 年版。

［美］沃尔特·拉费伯尔著，牛可、翟韬、张静译：《美国、俄国和冷战：
1945—2006》，世界图书出版公司 2011 年版。

［美］布鲁斯·拉希特、哈维·斯塔尔著，王玉珍等译：《世界政治》，华夏
出版社 2001 年版。

乐峰主编：《俄国宗教史》，社会科学文献出版社 2008 年版。

［俄］尼古拉·伊万诺维奇·雷日科夫著，徐昌翰等译：《大国悲剧：苏联
解体的前因后果》，新华出版社 2010 年版。

李俊清：《藏独的本质是复辟政教合一政体》，载于《国际问题研究》2008
年第 4 期。

［美］西摩·马丁·李普塞特，张绍宗译：《政治人：政治的社会基础》，上
海人民出版社 2011 年版。

李琪：《"东突"分裂主义势力的思想体系和基本特征》，引自《西北民族论
丛》第三辑，周伟洲主编，中国社会科学出版社 2005 年版。

李少军：《国际战略学》，中国社会科学出版社 2009 年版。

李世安：《美国人权政策的历史考察》，河北人民出版社 2001 年版。

李晔：《美国策动"藏独问题"国际化的历史考察（1951—1968）》，载于《东北师大学报》2008 年第 5 期。

李湛军：《恐怖主义与国际治理》，中国经济出版社 2006 年版。

厉声：《中国新疆：历史与现状》，新疆人民出版社 2003 年版。

厉声、孙宏年、张永攀：《达赖密使与中央政府接触内幕》（下），载于《龙门阵》2011 年第 11 期。

［美］詹姆斯·C. 利文斯顿著，何光沪译：《现代基督教思想》下卷，四川人民出版社 1999 年版。

梁漱溟：《东西文化及其哲学》，商务印书馆 2006 年版。

列宁：《列宁选集》第 1 卷，人民出版社 2012 年版。

列宁：《列宁选集》第 2 卷，人民出版社 2012 年版。

列宁：《哲学笔记》，人民出版社 1963 年版。

列宁：《社会主义和宗教》（1905 年 12 月 3 日），引自《列宁全集》第 12 卷，人民出版社 1987 年版。

林克：《美国和平演变战略的提出及毛泽东的评论》，载于《湘潮》1991 年第 10 期。

刘安著，杨有礼注说：《淮南子》，河南大学出版社 2010 年版。

刘跃进：《论国家安全的基本含义及其产生和发展》，载于《华北电力大学学报》2001 年第 4 期。

楼均信主编：《法兰西第一至第五共和国论文集》，东方出版社 1994 年版。

［苏］卢金著，吕式伦等译：《罗伯斯庇尔》，商务印书馆 1964 年版。

［匈］卢卡奇著，杜章智译：《历史与阶级意识》，商务印书馆 1992 年版。

［法］卢梭著，何兆武译：《社会契约论》，商务印书馆 1982 年版。

［法］卢梭著，李平沤译：《爱弥尔》下册，商务印书馆 1978 年版。

［法］卢梭著，伊信译：《新爱洛绮丝》，商务印书馆 2002 年版。

吕大吉：《宗教学通论新编》，中国社会科学出版社 1998 年版。

吕大吉：《宗教是一种社会文化体系》，载于《社会科学战线》2007 年第 6 期。

罗广武编著：《新中国宗教工作大事概览（1949—1999）》，华文出版社 2001 年版。

罗浩波：《邓小平时代观的逻辑构架和深远意义》，载于《毛泽东思想研究》2008 年第 1 期。

［英］罗素著，温锡增译：《西方的智慧》，商务印书馆 1999 年版。

境外宗教渗透论

罗渔、吴雁：《大陆中国天主教四十年大事记》，辅仁大学出版社 1986 年版。

［英］洛克著，吴云贵译：《论宗教宽容》，商务印书馆 1982 年版。

［德］汉斯—彼得·马丁、哈拉尔特·舒曼著，张世鹏等译：《全球化陷阱——对民主和福利的进攻》，中央编译出版社 1998 年版。

［美］赫伯特·马尔库塞著，刘继译：《单向度的人》，上海译文出版社 1989 年版。

马克思：《1844 年经济学—哲学手稿》，人民出版社 2006 年版。

［德］马克思著，贺麟译：《黑格尔辩证法和哲学一般的批判》，人民出版社 1955 年版。

马克思、恩格斯：《马克思恩格斯选集》第 1 卷，人民出版社 1995 年版。

马克思、恩格斯：《马克思恩格斯选集》第 2 卷，人民出版社 1995 年版。

马克思、恩格斯：《马克思恩格斯选集》第 3 卷，人民出版社 1995 年版。

马克思、恩格斯：《马克思恩格斯选集》第 4 卷，人民出版社 1995 年版。

马克思、恩格斯：《神圣家族》（1845 年），引自《马克思恩格斯全集》第 2 卷，人民出版社 1965 年版。

马克思、恩格斯：《德意志意识形态》，引自《马克思恩格斯全集》第 3 卷，人民出版社 1960 年版。

马骉：《论美国外交政策中的宗教因素》，载于《山西财经大学学报》2011 年第 1 期。

玛雅：《美国的逻辑：意识形态与内政外交》，中国经济出版社 2011 年版。

［德］卡尔·曼海姆著，姚仁权译：《意识形态与乌托邦》，中国社会科学出版社 2009 年版。

毛泽东：《毛泽东选集》第 1 卷，人民出版社 1991 年版。

毛泽东：《毛泽东著作选读》，人民出版社 1986 年版。

毛泽东：《毛泽东文集》第 7 卷，人民出版社 2009 年版。

毛泽东：《毛泽东军事文集》第 1 卷，军事科学出版社、中央文献出版社 1993 罗年版。

梅孜主编：《美台关系重要资料选编（1948.11—1996.4）》，时事出版社 1997 年版。

［法］孟德斯鸠著，张雁深译：《论法的精神》上册，商务印书馆 1982 年版。

［德］麦克斯·缪勒著，陈观胜、李培荣译：《宗教学导论》，上海人民出版社 2010 年版。

［美］约瑟夫·S. 奈著，门洪华译：《硬权力与软权力》，北京大学出版社 2005 年版。

［美］阿兰·内文斯编，北京编译社译：《和平战略——肯尼迪言论集》，世界知识出版社 1961 年版。

［美］尼克松著，常铮译：《真正的战争》，新华出版社 1980 年版。

［美］尼克松著，谭朝洁、孔岩、邓勇、马学印译：《1999：不战而胜》，中国人民公安大学出版社 1988 年版。

钮先钟：《战略研究》，广西师范大学出版社 2003 年版。

潘志平等：《"东突"的历史与现状》，民族出版社 2006 年版。

庞朴：《文化结构与近代中国》，载于《中国社会科学》1986 年第 5 期。

任杰、梁凌：《中国的宗教政策——从古代到当代》，民族出版社 2006 年版。

任延黎主编：《中国天主教基础知识》，宗教文化出版社 1999 年版。

［瑞］亨利·若米尼著，刘聪译：《战争艺术概论》，解放军出版社 2006 年版。

［波］亚当·沙夫著，奚戚、齐伍译：《论共产主义运动的若干问题》，人民出版社 1983 年版。

［波］亚当·沙夫著，郭增麟译：《美国—梵蒂冈"神圣同盟"内幕》，载于《当代世界社会主义问题》1997 年第 2 期。

［俄］亚·舍维亚金著，李锦霞、孙斌、宋祖敏译：《苏联灭亡之谜》，东方出版社 2011 年版。

沈志华主编：《一个大国的崛起与崩溃：苏联历史专题研究（1917—1991）》（下册），社会科学文献出版社 2010 年版。

盛宁：《"后殖民主义"：一种立足于西方文化传统内部的理论反思》，载于《天津社会科学》1997 年第 1 期。

［美］皮德·施魏策尔著，殷雄译：《里根政府是怎样搞垮苏联的》，新华出版社 2004 年版。

［英］安东尼·D. 史密斯著，叶江译：《民族主义：理论，意识形态，历史》，上海人民出版社 2006 年版。

史式徽：《江南传教史》第 1 卷，上海译文出版社 1983 年版。

世界知识出版社编：《中美关系资料汇编》第 1 辑，世界知识出版社 1957 年版。

司马光：《资治通鉴》第 1 册，中华书局 2007 年版。

苏格：《"台湾地位未定论"溯源》，载于《台湾研究》1997 年第 2 期。

孙武，赵国华注说：《孙子兵法》，河南大学出版社 2008 年版。

孙亦平：《西方宗教学名著提要》，江西人民出版社 2002 年版。

孙中山：《孙中山选集》，人民出版社 1981 年版。

孙壮志主编：《独联体国家"颜色革命"研究》，中国社会科学出版社 2011

年版。

孙壮志：《美国在独联体国家推动"颜色革命"的主要策略和做法》，载于《中国党政干部论坛》2005 年第 8 期。

［法］索布尔著，王养冲编：《法国大革命史论选》，华东师范大学出版社1984 年版。

［以］耶尔·塔米尔著，陶东风译：《自由主义的民族主义》，上海译文出版社 2005 年版。

［英］爱德华·泰勒著，连树声译：《原始文化》，广西师范大学出版社 2005年版。

太虚：《我的佛教改进运动略史》，引自《太虚集》，黄夏年主编，中国社会科学出版社 1995 年版。

谈雪：《浅析苏联解体后俄罗斯社会对斯大林态度转变》，载于《大观周刊》2011 年第 26 期。

［英］约翰·B. 汤普森著，高铦等译：《意识形态与现代文化》，译林出版社 2005 年版。

［法］涂尔干著，李鲁宁、赵立玮、付德根译：《孟德斯鸠与卢梭》，上海人民出版社 2003 年版。

［法］涂尔干著，渠东、汲喆译：《宗教生活的基本形式》，上海人民出版社1999 年版。

涂世华：《罗马教廷何以要为所谓"中华殉教者"封圣》，《中国天主教》2000 年增刊第 1 期。

涂怡超、赵可金：《宗教外交及其运行机制》，《世界经济与政治》2009 年第2 期。

［波］莱赫·瓦文萨著，彭志毅译：《瓦文萨自传》，东方出版社 1990 年版。

王成军：《1947—1980 年间人民波兰政教关系的演变及其历史教训》，引自《马克思主义哲学研究》，湖北人民出版社 2011 年版。

王成军：《社会主义一定要反宗教吗——对人民波兰反宗教运动的理论反思》，引自《马克思主义哲学研究》，湖北人民出版社 2012 年版。

王冬丽：《宗教民族主义刍议》，载于《广州社会主义学院学报》2006 年第1 期。

王建朗：《台湾法律地位的扭曲：英国有关政策的演变及与美国的分歧（1949—1851）》，《近代史研究》2001 年第 1 期。

王立新：《意识形态与美国外交政策》，北京大学出版社 2007 年版。

王美秀、段琦、文庸、乐峰等：《基督教史》，江苏人民出版社 2006 年版。

王绳祖:《国际关系史第 7 卷（1945—1949）》，世界知识出版社 1995 年版。

王晓生等:《西方马克思主义意识形态理论》，社会科学出版社 2009 年版。

王小彬:《经略西藏》，人民出版社 2009 年版。

王逸舟、苏绍智:《波兰危机》，四川人民出版社 1988 年版。

王正泉:《普京对苏联历史及苏联解体的评价》，《百年潮》2006 年第 11 期。

王作安:《面向新世纪的中国宗教和宗教工作》，学习出版社 2000 年版。

王作安:《我国宗教立法的回顾与思考》，《世界宗教研究》2008 年第 3 期。

［德］马克斯·韦伯著，于晓、陈维纲等译:《新教伦理与资本主义精神》，三联书店 1996 年版。

［德］马克思·韦伯著，张乃根译:《论经济与社会中的法律》，中国大百科全书出版社 1998 年版。

［德］马克斯·韦伯著，王荣芬译:《儒教与道教》，商务印书馆 1999 年版。

魏宗雷、邱桂荣、孙茹:《西方"人道主义干预"理论与实践》，时事出版社 2003 年版。

［美］亚历山大·温特著，秦亚青译:《国际政治的社会理论》，上海世纪出版集团 2000 年版。

［澳］安德鲁·文森特著，袁久红等译:《现代政治意识形态》，江苏人民出版社 2005 年版。

［英］雷切尔·沃克著，张金鉴译:《震撼世界的六年》，改革出版社 1999 年版。

吴玉荣:《"意识形态终结论"的百年历程及其对立》，载于《中国特色社会主义研究》2003 年第 2 期。

习五一:《简评美国〈1998 年国际宗教自由法案〉》，载于《新疆师范大学学报》2010 年第 3 期。

夏保成、刘凤仙:《国家安全论》，长春出版社 2008 年版。

肖虹:《美国对华关系中的宗教问题》，载于《中国宗教》1999 年第 2 期。

辛程:《研究苏联演变问题的一份宝贵材料——读〈撒切尔夫人谈苏联解体〉有感》，载于《中华魂》2011 年第 11 期。

辛华文主编:《拉萨"3·14"事件真相》，新华出版社 2008 年版。

徐明旭:《雪山下的丑行：西藏暴乱的来龙去脉》，四川教育出版社 2010 年版。

徐弢:《当代疆独的意识形态分析》，载于《中国党政干部论坛》2012 年第 3 期。

徐弢:《后"9·11"时代的疆独及其活动特征分析》，载于《科学与无神论》2012 年第 2 期。

徐以骅：《美国新教海外传教运动史述评》，引自《宗教与美国社会》第 1 辑，时事出版社 2004 年版。

徐以骅：《宗教新右翼与美国外交政策》，引自《宗教与美国社会》第 1 辑，时事出版社 2004 年版。

徐以骅：《试析美国 "1998 年国际宗教自由法"》，引自《宗教与美国社会》第 2 辑，时事出版社 2004 年版。

徐以骅：《当前国际关系中的 "宗教回归"》，引自《宗教与美国社会：宗教与国际关系关系》第 4 辑（上），时事出版社 2007 年版。

徐以骅：《宗教与当前美国外交》，引自《宗教与美国社会》第 5 辑，时事出版社 2008 年版。

徐以骅：《当代国际传教运动研究的 "四个跨越"》，载于《世界宗教文化》2010 年第 1 期。

徐以骅：《全球化时代的宗教与国际关系》，载于《世界经济与政治》2011 年第 9 期。

晏可佳：《中国天主教简史》，宗教文化出版社 2001 年版。

杨恕、王静：《基督教在中亚的现状研究》，载于《俄罗斯中亚东欧研究》2011 年第 3 期。

姚大志：《西方关于 "意识形态终结" 的辩论》，载于《哲学动态》1988 年第 10 期。

叶小文：《中国宗教的百年回顾与前瞻》，载于《中国宗教》2001 年第 2 期。

叶小文：《变与不变：宗教发展的中国模式》，载于《中国宗教》2008 年第 2 期。

尹保云：《现代化意识形态发展的模型》，载于《战略与管理》2000 年第 4 期。

于本源：《清王朝的宗教政策》，中国社会科学出版社 1999 年版。

俞其锐：《美国政府反对邪教的措施》，载于《人民政坛》2000 年第 4 期。

余英时：《从价值系统看中国文化的现代意义》，引自中国与世界编委会：《文化：中国与世界》第一辑，三联书店 1987 年版。

宇杰：《新殖民主义寿终正寝了吗?》，载于《世界经济与政治》1996 年第 6 期。

［美］罗纳德·L. 约翰斯通著，尹今黎、张蕾译：《社会中的宗教》，四川人民出版社 1991 年版。

曾国藩：《曾国藩全集·奏稿十二》，岳麓书社 1987—1994 年版。

章太炎：《驳康有为论革命书》，引自《章太炎政论选集》上册，中华书局

1977 年版。

章太炎：《建立宗教论》，引自黄夏年主编：《章太炎、扬度集》，中国社会科学出版社 1995 年版。

张广智、张广勇：《史学，文化中的文化》，浙江人民出版社 1990 年版。

张继安：《对"宗教是人民的鸦片"这个论断的初步理解》，载于《世界宗教研究》1981 年第 3 期。

张继安：《学习马克思关于宗教的几个基本理论问题：纪念马克思逝世一百周年》，载于《世界宗教研究》1982 年第 4 期。

张桥贵主编：《云南跨境民族宗教社会问题研究（之一）》，中国社会科学出版社 2008 年版。

张钦士：《国内近十年来之宗教思潮》，燕京华文学校 1927 年版。

张三丰：《张三丰全集》，方春阳点校，浙江古籍出版社 1990 年版。

张顺洪、孟庆龙、毕健康：《新殖民主义论：对当代世界的一种解释》，载于《马克思主义研究》1999 年第 4 期。

张文武、赵乃斌、孙祖荫主编：《东欧概览》，中国社会科学出版社 1991 年版。

张新鹰：《台湾宗教势力的"政治关怀"——从"万佛会"说起》，载于《台湾研究》1995 年第 2 期。

张训谋：《欧美政教关系研究》，宗教文化出版社 2002 年版。

赵龙庚：《从世界民族分裂主义看车臣危机》，载于《东欧中亚研究》2002 年第 2 期。

郑羽：《苏联解体以来美国对中亚政策的演变（1991—2006）》，载于《俄罗斯中亚东欧研究》2007 年第 4 期。

中国基督教协会、中国基督教三自爱国运动委员会印：《新旧约全书》，南京 1985 年版。

中国社会科学院世界宗教研究所编译：《苏联宗教政策》，中国社会科学出版社 1980 年版。

钟崇东：《论全球化的意识形态性》，载于《新视野》2001 年第 6 期。

中共中央党史研究室：《中国共产党历史》第 2 卷（1949—1978），中共党史出版社 2011 年版。

中共中央统战部研究室编：《历次全国统战工作会议概况和文献》，档案出版社 1988 年版。

中共中央文献研究室综合研究组、国务院宗教事务局政策法规司编：《新时期宗教工作文献选编》，宗教文化出版社 1995 年版。

周恩来：《周恩来统一战线文选》，人民出版社 1984 年版。

周恩来：《周恩来选集》下卷，人民出版社 1984 年版。

周琪：《意识形态与美国外交》，上海人民出版社 2006 年版。

周尊南：《成也苏联，败也苏联——东欧剧变的历史思考》，载于《外交学院学报》2000 年第 3 期。

卓新平：《当代中国宗教研究：问题与思路》，引自金泽、邱永辉：《中国宗教报告（2008）》，社会科学文献出版社 2008 年版。

二、外文参考文献

Lloyd E. Ambrosius. *Wilsonian Statecraft：Theory and Practice of Liberal Internationalism during World I.* Wilmington：SR Books，1991.

Peny Anderson. "Inside Man". in *The Nation*，2006/4/24.

Raymond Aron. *The end of the ideological age?* In C. I. Waxman（Ed.）. *The end of ideology debate.* New York：Simon & Schuster，1968.

Yehoshua Arieli. *Individualism and Nationalism in American Ideology.* Cambridge：Harvard University Press，1964.

David Armstrong. *Revolution and World Order.* Oxford：Clarendon Press，1993.

George C. Bedell，Leo Sandon，Jr. Charles T. Wellborn. *Religion in America.* New York：Macmillan，1982.

Robert N. Bellah. "Civil Religion in America". *Beyond Belief：Essays on Religion in a Post–Traditional World.* Berkeley：University of California Press，1991.

Michael Bourdeaux. *Religious Ferment in Russia：Protestant Opposition to Soviet Religious Policy.* New York：ST. Martin's Press，1968.

Donald E. Buechterlein. "The Concept of National Interest：A Time for New Approaches". *Orbis*，Vol. 23，No. 2，Spring 1979.

Walter Carlesnaes. *Ideology and Foreign Policy：Problems of Comparative Conceptulization.* New York，1987.

John I. Chase. "Defining the National Interest of the United States". *The Journal Politics*，Vol. 18，No. 4，Nov. 1956.

John A. Coleman. "Civil Religion". *Sociological Analysis*，31（2），Summer 1970.

K. R. Dark，ed.. *Religion and International Relations.* Basingstoke：Palgrave，2000.

Y. Dinstein. "Collective Human Rights of Peoples and Minorities". *International and Comparative Law Quarterly*，1976，25.

J. F. Dulles. *War or Peace.* New York: MacMillan, 1957.

Emile Durkheim. *Emile Durkheim on Morality and Society.* ed. by Robert N. Bellah, Chicago: University of Chicago Press, 1973.

Sherwood Eddy. *The Kingdom of God and the American Dream.* New York: Harper & Row, 1941.

Thomas F. Farr. "Diplomacy in an Age of Faith, Religious Freedom and National Security". in *Foreign Affairs*, March/April 2008.

Alexander George and Robert Keohane. "The Concept of National Interests, Uses and Limitation". Alesander George, ed.. *Presidential Decision – Making in Foreign Policy: The Effective Use of Information and Advice.* Boulder, Colo. : Westview Press, 1980.

Andrew Gyorgy and George D. Blackwood. *Ideologies in World Affairs.* Waltham, MA: Blaisdell Publishing Company, 1967.

Louis B. Hartz. *The Liberal Tradition in America: An Interpretation of American Political Thought Since the Revolution.* New York: Harcourt, Brace, 1955.

Jürgeen Heideking. "The Image of an English Enemy During the American Revolution". in Ragnhild Fibig – von Hase and Ursula Lehmkuhl, eds.. *Enemy Image in American History.* Providence, RI: Berghahn Books, 1997..

Will Herberg. *Protestant – Catholic – Jew: An Essay in American Religious Sociology.* New York: Doubleday, 1960.

Dell G. Hitchner and William H. Harbold. *Modern Government: A Survey of Political science.* New York: Dodd, Mead, 1965.

Samuel P. Huntington. *Who Are We?* New York: Simon & Schuster, 2004.

Samuel P. Huntington. *American Politics: The Promise of Dishamony.* Cambridge: Harvard University Press, 1981.

William R. Hutchinson. *Errand to the World.* Cambridge: Harvard University Press, 1987.

Thomas B. Jabie & Richard P. Claude. *Human Rights and Statistics.* Philadelphia: University of Pennsylvania Press, 1991.

Thomas Jefferson. *Writing of Thomas Jefferson.* Vol. XVI, Washington D. C. : The Thomas Jefferson Memorial Association, 1904.

Bruce Jentleson and Thomas Paterson (eds.). *Encyclopedia of US Foreign Relations.* Vol. 2, New York, 1997.

Douglas Johnston and Brain Cox. "Faith – Based Diplomacy and Preventive Engagement". in Douglas Johnston, ed.. *Faith – Based Diplomacy*: *Trumping Realpolitik*. New York: Oxford University Press, 2003.

Charles W. Kegley, Jr. and Eugene R. Wittkopf. *American Foreign Policy*: *Pattern and Process*. New York: St. Martin's Press, 1991.

Emmet Kennedy. *A Philosophe in the Age of Revolution*: *Destutt de Tracy and the Origins of* "*Ideology*". Philadelphia: American Philosophical Society, 1978.

Emmet Kennedy. *A Philosophe in the Age of Revolution*. Philadelphia: American Philosophical Soc, 1978.

Hans Kohn. *The Idea of Nationalism*. New York: Macmillan, 1961.

Walter LaFeber, ed.. *John Quincy Adams and American Continental Empire*: *Letters*, *Papers and Speeches*. Chicago: Quadrangle Booksm 1965.

Kenneth Scott Latourette. *A History of Christian Missions in China*. New York: The Macmillan Company, 1929.

Arthur Roy Leonard (ed.). *War Addresses of Woodrow Wilson*. Boston: Ginn and Company, 1918.

Werner Llevi. "Ideology, Interest, and Foreign Policy". *International Studies Quarterly*, Vol. 14, No. 1, March 1970.

Robert Lowell. "On the Gettysburg Address". in Allen Nevins (ed.). *Lincohn and the Gettysburg Adress*. Urbana, III.: Univ. of III. Press, 1964.

Semour Martin Lipset. *American Exceptionalism*: *A Double – Edged Sword*. New York: W. W. Norton, 1996.

Bayless Manning. "Goals, Ideology and Foreign Policy". *Foreign Affairs*, Vol. 54, No. 2, Jan. 1976.

A. Margalit and J. Raz. "National Self – Determination". *Journal of Philosophy*, 1990, 87.

Martin E. Marty. *Modern American Religion*. Vol. 1, Chicago: The University of Chicago Press, 1997.

Sidney E. Mead. *The Lively Experiment*. New York: Harper & Row, 1963.

A. Glenn Mower. *Human Rights and American Foreign Policy*: *the Carter and Reagan experiences*. Westport, CT: Greenwood Press, 1987.

Reinhold Niebuhr. *The Structure of Nations and Empires*. New York: Scribner, 1959.

Robert E. Osgood. *Ideals and Self – Interest in America's Foreign Relations*. Chicago: The University of Chicago Press, 1953.

Richard V. Pierand & Robert D. Linder. *Civil Religion & Presidency*. Grand Rapids, MI: Zondervan, 1988.

Dimitry Pospielovsky. *The Russian Church Under The Soviet Regime* (1917 – 1982). New York: St. Vladimir's Seminary Press, 1984.

John Prados. *Presidents Secret Wars—CIA and Pentagon Cover Operation since W · W II*. New York: William Morrow and Company Inc, 1986.

James D. Richardson. *A Compilation of the Messages and Papers of the Presidents*. New York: Bureau of National Literature, 1897 – 1913.

Russell E. Richey & Donald G. Jones (eds.). *American Civil Religion*. New York: Harper & Row, 1974.

James N. Rosenau. "National Interest". David L. Sills (ed.). *International Encyclopedia of Social Sciences*. New York: Macmillan & Free Press, 1968.

Jean – Jacques Rousseau. *Oeuvres Complètes* 2: *Oeuvresphilosophiques et politiques: des premiers écrits au Contrat social*. 1735 – 1762, Paris: Seuil, 1971.

Stephen W. Rousseau and James Farganis. "American Politics and the End of Ideology". in *British Journal of Sociology*, XIV, 4 (1963).

Arthur M. Schlesinger Jr.. *The Cycle of American History*. Boston: Houghton Mifflin, 1986.

Robert A. Seiple and Dennis R. Hoover (eds). *Religion & Security: The New Nexus in International Relations*. Lanham, Boulder: Littlefield Publishiers, 2004.

Edward Shils. *The End of Ideology? Encounter*, November, 1955.

Edward Shils. "The concept of ideology". In D. Sills (Ed.) *International encyclopedia of the social sciences*. New York: Macmillan & Free Press, 1968..

W. C. Smith. *The Meaning and End of Religion*. New York: The Macmillan Company, 1963.

Anders Stephanson. *Manifest Destiny: American Expansionism and the Empire of Right*. New York: Hill and Wang, 1995.

Составитель Герд Штриккер. *Русская Православная Церкоь в советское время* (1917 – 1991). *книга* 1, Москва: Издательство "ПРОПИЛЕИ", 1995.

Составитель Герд Штриккер. *Русская Православная Церкоь в советское время* (1917 – 1991). *книга* 2, Москва: Издательство "ПРОПИЛЕИ", 1995.

Anson Phelps Stokes. *Church and State in the United States*. Vol. 1, New York: Harper, 1950.

Scott M. Thomas. "Religion and International Conflict". in K. R. Dark, ed.,

境外宗教渗透论

Religion and International Relation, Basingstoke: Palgrave, 2000.

Kenneth Thompson. *Belief and Ideology*. London: Tavistock, 1986.

Antoine – Louis – Claude Destutt de Tracy. *Elémens d' idéologie*. Paris: J. Vrin, 1970.

James Ward and A. Leland Jamison (eds.). *Religious Perspectives in American Culture*. Princeton: Princeton University Press, 1961.

Philip Walters. *A survey of Soviet religious policy*, *Religious policy in the Soviet Union*. Edited by Sabrina Petra Rament, Cambridge: Cambridge University Press, 1993.

Robert Wuthnow. *The Restructuring of American Religion: Society and Faith Since World War II*. Princeton: Princeton University Press, 1988.

Qiang Zhai. *The Dragon*, *the Lion and the Eagle' Chinese*, *Britches*, *America Relation*, (1949 – 1958). Kent Ohio, 1994.

参考文献

教育部哲学社會科学研究重大课题攻関項目
成果出版列表

书　名	首席专家
《马克思主义基础理论若干重大问题研究》	陈先达
《马克思主义理论学科体系建构与建设研究》	张雷声
《马克思主义整体性研究》	逄锦聚
《改革开放以来马克思主义在中国的发展》	顾钰民
《新时期　新探索　新征程 ——当代资本主义国家共产党的理论与实践研究》	聂运麟
《坚持马克思主义在意识形态领域指导地位研究》	陈先达
《当代资本主义新变化的批判性解读》	唐正东
《当代中国人精神生活研究》	童世骏
《弘扬与培育民族精神研究》	杨叔子
《当代科学哲学的发展趋势》	郭贵春
《境外宗教渗透论》	段德智
《服务型政府建设规律研究》	朱光磊
《地方政府改革与深化行政管理体制改革研究》	沈荣华
《面向知识表示与推理的自然语言逻辑》	鞠实儿
《当代宗教冲突与对话研究》	张志刚
《马克思主义文艺理论中国化研究》	朱立元
《历史题材文学创作重大问题研究》	童庆炳
《现代中西高校公共艺术教育比较研究》	曾繁仁
《西方文论中国化与中国文论建设》	王一川
《中华民族音乐文化的国际传播与推广》	王耀华
《楚地出土戰國簡册［十四種］》	陳　偉
《近代中国的知识与制度转型》	桑　兵
《中国抗战在世界反法西斯战争中的历史地位》	胡德坤
《近代以来日本对华认识及其行动选择研究》	杨栋梁
《京津冀都市圈的崛起与中国经济发展》	周立群
《金融市场全球化下的中国监管体系研究》	曹凤岐
《中国市场经济发展研究》	刘　伟
《全球经济调整中的中国经济增长与宏观调控体系研究》	黄　达
《中国特大都市圈与世界制造业中心研究》	李廉水
《中国产业竞争力研究》	赵彦云

书　名	首席专家
《东北老工业基地资源型城市发展可持续产业问题研究》	宋冬林
《转型时期消费需求升级与产业发展研究》	臧旭恒
《中国金融国际化中的风险防范与金融安全研究》	刘锡良
《全球新型金融危机与中国的外汇储备战略》	陈雨露
《全球金融危机与新常态下的中国产业发展》	段文斌
《中国民营经济制度创新与发展》	李维安
《中国现代服务经济理论与发展战略研究》	陈　宪
《中国转型期的社会风险及公共危机管理研究》	丁烈云
《人文社会科学研究成果评价体系研究》	刘大椿
《中国工业化、城镇化进程中的农村土地问题研究》	曲福田
《中国农村社区建设研究》	项继权
《东北老工业基地改造与振兴研究》	程　伟
《全面建设小康社会进程中的我国就业发展战略研究》	曾湘泉
《自主创新战略与国际竞争力研究》	吴贵生
《转轨经济中的反行政性垄断与促进竞争政策研究》	于良春
《面向公共服务的电子政务管理体系研究》	孙宝文
《产权理论比较与中国产权制度变革》	黄少安
《中国企业集团成长与重组研究》	蓝海林
《我国资源、环境、人口与经济承载能力研究》	邱　东
《"病有所医"——目标、路径与战略选择》	高建民
《税收对国民收入分配调控作用研究》	郭庆旺
《多党合作与中国共产党执政能力建设研究》	周淑真
《规范收入分配秩序研究》	杨灿明
《中国社会转型中的政府治理模式研究》	娄成武
《中国加入区域经济一体化研究》	黄卫平
《金融体制改革和货币问题研究》	王广谦
《人民币均衡汇率问题研究》	姜波克
《我国土地制度与社会经济协调发展研究》	黄祖辉
《南水北调工程与中部地区经济社会可持续发展研究》	杨云彦
《产业集聚与区域经济协调发展研究》	王　珺
《我国货币政策体系与传导机制研究》	刘　伟
《我国民法典体系问题研究》	王利明
《中国司法制度的基础理论问题研究》	陈光中
《多元化纠纷解决机制与和谐社会的构建》	范　愉
《中国和平发展的重大前沿国际法律问题研究》	曾令良
《中国法制现代化的理论与实践》	徐显明

书　名	首席专家
《农村土地问题立法研究》	陈小君
《知识产权制度变革与发展研究》	吴汉东
《中国能源安全若干法律与政策问题研究》	黄　进
《城乡统筹视角下我国城乡双向商贸流通体系研究》	任保平
《产权强度、土地流转与农民权益保护》	罗必良
《矿产资源有偿使用制度与生态补偿机制》	李国平
《巨灾风险管理制度创新研究》	卓　志
《国有资产法律保护机制研究》	李曙光
《中国与全球油气资源重点区域合作研究》	王　震
《可持续发展的中国新型农村社会养老保险制度研究》	邓大松
《农民工权益保护理论与实践研究》	刘林平
《大学生就业创业教育研究》	杨晓慧
《新能源与可再生能源法律与政策研究》	李艳芳
《中国海外投资的风险防范与管控体系研究》	陈菲琼
《生活质量的指标构建与现状评价》	周长城
《中国公民人文素质研究》	石亚军
《城市化进程中的重大社会问题及其对策研究》	李　强
《中国农村与农民问题前沿研究》	徐　勇
《西部开发中的人口流动与族际交往研究》	马　戎
《现代农业发展战略研究》	周应恒
《综合交通运输体系研究——认知与建构》	荣朝和
《中国独生子女问题研究》	风笑天
《我国粮食安全保障体系研究》	胡小平
《城市新移民问题及其对策研究》	周大鸣
《新农村建设与城镇化推进中农村教育布局调整研究》	史宁中
《农村公共产品供给与农村和谐社会建设》	王国华
《中国大城市户籍制度改革研究》	彭希哲
《国家惠农政策的成效评价与完善研究》	邓大才
《以民主促进和谐——和谐社会构建中的基层民主政治建设研究》	徐　勇
《城市文化与国家治理——当代中国城市建设理论内涵与发展模式建构》	皇甫晓涛
《中国边疆治理研究》	周　平
《边疆多民族地区构建社会主义和谐社会研究》	张先亮
《新疆民族文化、民族心理与社会长治久安》	高静文
《中国大众媒介的传播效果与公信力研究》	喻国明
《媒介素养：理念、认知、参与》	陆　晔
《创新型国家的知识信息服务体系研究》	胡昌平

书　名	首席专家
《数字信息资源规划、管理与利用研究》	马费成
《新闻传媒发展与建构和谐社会关系研究》	罗以澄
《数字传播技术与媒体产业发展研究》	黄升民
《互联网等新媒体对社会舆论影响与利用研究》	谢新洲
《网络舆论监测与安全研究》	黄永林
《中国文化产业发展战略论》	胡惠林
《20世纪中国古代文化经典在域外的传播与影响研究》	张西平
《教育投入、资源配置与人力资本收益》	闵维方
《创新人才与教育创新研究》	林崇德
《中国农村教育发展指标体系研究》	袁桂林
《高校思想政治理论课程建设研究》	顾海良
《网络思想政治教育研究》	张再兴
《高校招生考试制度改革研究》	刘海峰
《基础教育改革与中国教育学理论重建研究》	叶　澜
《我国研究生教育结构调整问题研究》	袁本涛　王传毅
《公共财政框架下公共教育财政制度研究》	王善迈
《农民工子女问题研究》	袁振国
《当代大学生诚信制度建设及加强大学生思想政治工作研究》	黄蓉生
《从失衡走向平衡：素质教育课程评价体系研究》	钟启泉　崔允漷
《构建城乡一体化的教育体制机制研究》	李　玲
《高校思想政治理论课教育教学质量监测体系研究》	张耀灿
《处境不利儿童的心理发展现状与教育对策研究》	申继亮
《学习过程与机制研究》	莫　雷
《青少年心理健康素质调查研究》	沈德立
《灾后中小学生心理疏导研究》	林崇德
《民族地区教育优先发展研究》	张诗亚
《WTO主要成员贸易政策体系与对策研究》	张汉林
《中国和平发展的国际环境分析》	叶自成
《冷战时期美国重大外交政策案例研究》	沈志华
《新时期中非合作关系研究》	刘鸿武
《我国的地缘政治及其战略研究》	倪世雄
《中国海洋发展战略研究》	徐祥民
＊《中国政治文明与宪法建设》	谢庆奎
＊《非传统安全合作与中俄关系》	冯绍雷
＊《中国的中亚区域经济与能源合作战略研究》	安尼瓦尔·阿木提

……

＊为即将出版图书